U0837972

新使命 新担当

上卷·胜利突破

韩 辉◎主编

中国经济出版社
CHINA ECONOMIC PUBLISHING HOUSE
中国石化出版社
HTTP://WWW.SINOPEC-PRESS.COM

图书在版编目（CIP）数据

新使命　新担当．胜利突破／韩辉主编．-- 北京：中国经济出版社：中国石化出版社，2022.10

ISBN 978－7－5136－7097－5

Ⅰ．①新…　Ⅱ．①韩…　Ⅲ．①报告文学－作品集－中国－当代　Ⅳ．①I25

中国版本图书馆 CIP 数据核字（2022）第 175425 号

策划编辑　崔姜薇
责任编辑　贾轶杰
责任印制　马小宾
封面设计　久品轩
封面摄影　王国章
封底摄影　陈　东　边广志　孙光明
　　　　　马　翔　赵汝国　刘家辰

出版发行　中国经济出版社
印 刷 者　北京富泰印刷有限责任公司
经 销 者　各地新华书店
开　　本　710mm × 1000mm　1/16
印　　张　47.25
字　　数　780 千字
版　　次　2022 年 10 月第 1 版
印　　次　2022 年 10 月第 1 次
定　　价　158.00 元（两卷本）
广告经营许可证　京西工商广字第 8179 号

中国经济出版社　**网址** www. economyph. com　**社址** 北京市东城区安定门外大街 58 号　**邮编** 100011
本版图书如存在印装质量问题，请与本社销售中心联系调换（联系电话：010-57512564）

版权所有　盗版必究（举报电话：010-57512600）
国家版权局反盗版举报中心（举报电话：12390）　　服务热线：010-57512564

《新使命　新担当》
编委会

主　　编： 韩　辉

副 主 编： 朱红涛

执行主编： 王如涛　马　行

编　　委（按姓氏笔画排序）：

马　行　马祥民　王如涛　王劲松

王　瑾　丛松彪　孙仁宝　朱红涛

吕志强　张志斌　沈顺万　姜化明

黄　丽　韩　辉　樊俊利

序言

牢记再立新功再创佳绩新使命
增强扛好旗帜当好栋梁新担当

2021 年 10 月 21 日，习近平总书记亲临胜利油田视察，先后到勘探开发研究院、莱 113 区块生产现场考察指导，详细了解油田开发建设历程和总体情况，同干部职工亲切交流，并发表重要讲话。这是石油石化战线的至高荣耀、无上荣光，让我们倍受鼓舞、倍感振奋、倍增信心，必将永载油田发展史册、产生重大而深远的影响。在习近平总书记视察胜利油田即将一周年之际，由胜利油田文联作家协会的文学工作者们，集体创编的报告文学集《新使命 新担当》之《胜利突破》《胜利脚步》，全面记录了油田广大干部员工学指示、悟精神、见行动、促发展，在各条战线各个岗位上拼搏付出和无私奉献，充分彰显了油田牢记总书记嘱托，坚定不移走高质量发展之路，为端牢能源饭碗再立新功、再创佳绩的信心、决心。

习近平总书记重要指示精神高屋建瓴、思想深邃、内涵丰富，是胜利油田当前和今后一个时期各项工作的指导思想，必须在学懂弄通做实、内化实践落地上持续发力、久久为功，切实做好这项长期的重大政治任务，为油田建设领先企业、打造百年胜利提供总遵循、总指引、总方向。

——再立新功、再创佳绩，最根本的是思想政治上深度对标对表，持续学懂弄通做实习近平总书记重要指示精神

只有思想上对标对表，行动上才能紧跟紧随，落实上才能坚定坚决。必须聚焦贯彻总书记重要指示精神，着力推动再学习、再部署、再落实，以旗帜鲜明讲政治的态度和自觉，推动学习贯彻全面覆盖、贯穿到底、落实有力。**总书记重要指示精神是我们再立新功再创佳绩的强大政治动力。**总书记视察油田重要讲话，是石油工业发展的行动指南，更是指引油田高质量发展的根本遵循，我们必须同学习领会习近平新时代中国特色社会主义思想贯通起来，同全面落实集团公司党组决策部署融通起来，持续往深里走、往心里走、往实里走，切实提高政治判断力、政治领悟力、政治执行力，不断增强捍卫“两个确立”、践行“两个维护”的思想自觉、政治自觉、行动自觉。**总书记重要指示精神是我们再立新功再创佳绩的有力思想武器。**总书记从保障能源安全、加快科技创新、推进绿色发展、确保安全生产、弘扬石油精神、做好群众工作等6个方面作出重要指示，这就是思想对表、行动对标的方向所在，我们要对表总书记关于能源饭碗的重要要求，坚定保障国家能源安全的责任担当；对表总书记关于科技创新的重要要求，努力担当油气勘探开发领域的战略科技力量；对表总书记关于安全生产、绿色发展的重要要求，把思想观念、思维模式和运行方式转变到以安全、绿色、低碳为核心的高质量发展轨道上来；对表总书记关于弘扬石油精神、做好群众工作的重要要求，进一步弘扬胜利价值观、构建起新时代胜利人的精神家园。**总书记重要指示精神是我们再立新功再创佳绩的引航指路灯塔。**总书记作出的一系列重要指示，站在党和国家事业发展高度，既立足全局、又着眼局部，既针对当前、又面向长远，所蕴含的战略思维、全局观念和发展定位，必将长期指引油田始终沿着正确方向前进。我们要以总书记重要指示精神为指引，及时跟进党和国家及集团公司重点部署，与时俱进丰富完善百年胜利发展的思路规划和目标举措，高标提升“十四五”规划目标，推动总书记重要指示精神成为油田改革发展实践的长期指导思想。

——再立新功、再创佳绩，最关键的是行动实践上加快推进落实，全力推动各项既定目标任务和工作部署落地见效

围绕重点工作任务目标，强化实时督导、动态跟踪和打表推进，以高质量发展实绩实效，向习近平总书记和党中央报告落实成效，迎接党的二十大胜利召开。**全力加快推进增储增产增效。**深入贯彻“四个革命、一个合作”能源安全新战略，以完成七年行动计划目标为底线，大力提升油气勘探开发力度，为推动能源革命、建设能源强国作出更大贡献。政治责任上，能源高效保供事关国家安全，发挥央企重要能源资源生产自给的支撑托底作用，提升初级产品特别是能源资源供给保障能力，狠抓高质量勘探、效益开发、优化运行，以进攻姿态打好建产上产进攻仗，为国内原油产量重回2亿吨和端牢能源饭碗、保障能源安全作出胜利贡献。经济责任上，“保增长”是国企应尽之责，当前经济形势复杂严峻，各种不确定因素日益凸显，在国际油价持续高位运行情况下，多产油就能多创效，我们必须提高站位、找准定位、主动作为，在持续降低盈亏平衡油价的同时，进一步加大原油上产力度，提升油田价值创造能力。**全力加快推进科技攻关突破。**依靠科技进步引领转型升级，通过创新驱动增强内生动力，把油田打造成具有领先水平的技术先导型企业和油气领域重要创新策源地。充分把握数字技术、人工智能、绿色低碳等技术发展方向，对接油田在智能油田建设、微生物驱油、安全绿色生产等方面的需求，持续放大科技支撑作用。着眼打造开放包容的创新生态，对内打破体制机制壁垒，深化院厂合作、院院合作、厂厂合作，释放科技资源最大潜力；对外以更加开放的合作态度，集中行业最优秀人才组建创新团队，不断增强科技攻关能力。持续加大科技投入，在“舍得投”上解放思想，在“如何投”上创新机制，从研发、评价、运行、转化进行全方位创新，不断提升科技支撑力。**全力加快推进管理效能提升。**以增强企业活力、提高效率为中心，全面提升油田发展的核心竞争力，进一步深化油公司建设，推动专业化发展、市场化运营、社会化创效，开展现代企业管理提升机制、油田机关职能优化、制约生产经营难点痛点堵点问题针对性研究，不断强化企业发展的内生动力。聚焦管理效能最大化，根据价值最大化原则重构业务流，以业务流重构体制、机制、制度、流程，最终实现“四流合一”。**全力加快推进绿色低碳发展。**作为传统能源企业，必须在保障能源供给总体能力的基础上，加大新能源增量供给，扩大新能源用能结构占比，加快打造综合能源服务商。突出产业链发展思维，加快探索构建清洁供电、清洁供热、氢能供给、储能配套、脱碳固碳融合发展的绿色低碳创新产业链。突出市场化运营思维，做实项目部的责、权、利，提升企业化运营能力，以新体制、新机制运行新业务，形成统一的新能源开发供给使用体系，搭建市场化合作双赢平台，让供能单位、用能单位都有积极性，真正靠市场驱动新能源产业发展。

——再立新功、再创佳绩，最重要的是精神作风上强化提振鼓舞，努力营造奋发进取、担当实干的浓厚氛围

我们要再立新功、再创佳绩，就必须在讲政治上更加旗帜鲜明，在抓党建上更加理直气壮，持续提升引领力、厚植保障力、增强推动力，把员工群众思想统一起来、力量凝聚起来、积极性调动起来，更好地推动油田高质量发展。**进一步强化政治功能。**注重发挥党委“把方向、管大局、促落实”作用，把方向的核心是确保企业沿着正确的道路前进，在“把牢方向”上体现政治态度，任何时候都要旗帜鲜明讲政治，始终听党话、跟党走；在“把准方向”上体现政治能力，深入贯彻“两个一以贯之”，把党的领导体现到各领域各环节。管大局的关键要强化系统观念和统筹思维，以系统化观念统筹工作、统筹资源、统筹改革发展稳定，注重从产业产能产量等结构优化中找大效益、大突破，从油田各业务整体发展中解决局部问题，推动油田体系最简化、系统最优化、效益最大化。促落实的根本在推动政治优势高质量转化，通过管干部聚人才、建班子带队伍、抓基层打基础，把党的政治优势、思想优势、组织优势，转化为现代企业管理能力、执行能力和风险管控能力，凝聚各方力量、形成最大合力，推动各项决策部署有效落实落地。**进一步激励担当作为。**在选人用人上看担当，树立正确的用人导向，选任那些敢于担当、善于担当的干部担当重任，通过正确的用人导向引导各级干部在机遇面前主动出击，不犹豫、不观望；在困难面前迎难而上，不推诿、不逃避；在风险面前积极应对，不畏缩、不躲闪。在考核激励上重担当，进一步解放思想、提升思维，不断创新考核管理方式，强化绩效考核导向，在关键业务、重大工程、重点项目上建立更加灵活的考核激励政策，真正让敢于担当、勇于探索、创出实效的干部有实惠、得回报。在能力素质上强担当，加强理论学习，厚实理论功底，自觉用新时代党的创新理论观察新形势、研究新情况、解决新问题，坚持理论和实践相结合，注重在实践中学真知、悟真谛，加强磨炼、增长本领。**进一步激发奋进干劲。**在提振队伍精气神上下更大功夫，以“牢记嘱托、再立新功、再创佳绩，喜迎二十大”主题行动为载体，强化思想文化引领，引导广大干部员工从总书记亲切关怀中汲取力量、鼓舞干劲，从总书记重要指示中激发动力、明确方向，强化“走在前作表率”的志向追求，凝聚“团结一心加油干”的强大力量，用再立新功、再创佳绩的丰硕成果展示新作为、体现新担当。在调动员工积极性上下更大功夫，牢固树立以人民为中心的发展思想，带领员工群众把企业发展好，把员工群众的根本利益维护好，深入研究和准确把握新形势下群众工作特点和规律，不断改进群众工作方法，提高群众工作水平，多深入基层、多了解群众，深入细致做好思想引导和凝聚服务工作，为油田事业发展打牢坚实的群众基础。

2022 年 9 月

目录

黑金流向

新的“一页”

一盘大棋

黑金流向

有一种历史，几多慷慨，几多磨砺；

有一种胜利，几多豪迈，几多辉煌。

站在渤海之滨，驻足胜利大地，回望胜利化学驱技术的成长，澎湃的力量撑起一个硬核的胜利——化学驱油技术已成为大幅度提高采收率的“撒手锏”技术。

胜利油田化学驱技术从无到有、从弱到强，走过的历程与胜利的历史一样悠远。通过不断探索，胜利人让驱油剂有了灵性，让复杂的分子结构有了灵魂，让化学驱油有了精神和文化的内涵。

胜利化学驱的发展与时代有关，与科技有关，与胜利人的奋斗有关。胜利化学驱与提高油藏采收率有着明确的关联，胜利化学驱的发展与胜利油田、与石油工业、与国家能源安全相关联。随着时代的脉动，胜利油田化学驱技术不断迭代升级，实现了从跟跑到并跑再到领跑的跨越，成为胜利油田科技领域的一张靓丽名片。

胜利“天问”

姜化明

引 子

习近平总书记指出：“科技是国之利器，国家赖之以强，企业赖之以赢，人民生活赖之以好。中国要强，中国人民生活要好，必须有强大科技。”

胜利油田的发展史，就是一部科技创新史。数十年来，胜利油田持续推动大幅度提高油藏采收率技术攻关，先后推动实施化学驱项目 78 个，勘探地质储量 5.6 亿吨，累计产油 7200 多万吨，累计增油 3400 万吨，折算吨聚合物增油 28.1 吨。如今，胜利油田化学驱已经成为提高资源利用率、提高采收率、增加可采储量的“撒手锏”技术。

科技创新承载发展希望，持续超越成就胜利梦想！化学驱的胜利奇迹如何写就，胜利人一直在探索与追问——

春天的黄河口，到处生机盎然。适值“五一”国际劳动节，一档《胜利家庭会——牢记嘱托话未来》的谈话类节目竟刷爆了朋友圈。节目到底有多精彩？对于不熟悉油田领域的人们来说，或许这是天书般的存在，甚至还有一些生涩难懂，根本谈不上多么精彩。可它却实实在在流转在朋友圈里，成为节日里最引人关注的话题。

毋庸讳言，生于斯、长于斯、奋斗于斯的胜利人，自然对这档节目有着不一样的感情。他们仿佛从中听到了一代代胜利人铿锵而行的足音，犹如看到了一代代胜利人踔厉奋发的状态，更像是读懂了胜利人对美好未来的憧憬与希冀……

当时，中国石化高级专家曹绪龙把一些瓶瓶罐罐带到了节目现场，而瓶瓶罐罐里装着一些类似洗衣粉一样的白色粉末。

这些粉末是什么？

轻轻地拿起来，感受不到有多少分量，似乎比等量的洗衣粉还要轻了一些。但就是这些粉末，这些看似普普通通的粉末，却吸引了数万观众的眼球。

驱油剂！驱油剂！！驱油剂！！！

呈现在观众面前的粉末，就是胜利人具有自主知识产权的驱油剂干粉。看似不起眼的物质，却承载着胜利人数十载的探索，凝成众人心血的结晶，有着沉甸甸的分量。2021 年 6 月，“一种部分支化部分交联聚合物驱油剂及其制备方法”荣获中国发明专利金奖。

看似普通的粉末，何以支撑起金灿灿的奖牌？带着疑问，走进与这些粉末有关的人与事，在抽丝剥茧中打开了胜利记忆。

这项殊荣，已不是人们眼中的一纸奖状、一枚奖章、一个称号、一尊奖杯或一面锦旗，而是一个团队或者胜利人沉甸甸的奋斗果实，是一段奋斗历程的写照和辛勤汗水浇灌出来的幸福之花；是气度、担当和责任支撑起的崇高信念，是国家和社会给予的肯定、鼓励和表彰，书写出胜利人一个甲子的向天而问。

问道，何由考之？

问道胜利油田化学驱，从哪里追溯，又从哪里产生？“让历史告诉未来。”说起胜利油田化学驱，勘探开发研究院采收率室经理元福卿特别崇尚这句话。在他的眼中，胜利油田化学驱不仅承载着胜利人的过去，也传递着胜利人的辛酸苦辣，更诉说着胜利人矢志探索的执着与坚韧。

直面化学驱，不得不陈述一个概念。实在是难以用更文学的语言描述，只能以百度百科的叙述以记之：化学驱，又称改型水驱化学法，是指向注入水中加入化学剂，以改变驱替流体的物化性质及驱替流体与原油和岩石矿物之间的界面性质，从而有利于原油生产的一种采油方法。

化学驱主要包括聚合物驱、聚合物 / 表面活性剂二元复合驱、表面活性剂 / 聚合物 / 碱三元复合驱等，所使用的药剂为聚合物、表面活性剂、碱以及其他辅助化学剂。

……

其实，追溯胜利油田化学驱的历史，可以说它与时代同步同向而来，与胜利发展同步同向而行。智慧的胜利人、睿智的胜利科技工作者，让生涩难懂的化学驱变得一目了然，并且为其赋予了灵性，赋予了更加纯洁而高尚的灵魂，让它有了更深远的精神和文化内涵。

20 世纪 40 年代以前，我国的油田开发主要依靠天然能量开采，其采收率仅仅在 5% ~ 10%，这个阶段也称为一次采油。这反映了早期油田开发技术水平比较低，90% 左右的探明石油储量留在地下采不出来。

随着渗流理论的发展，人们认识到：一次采油采收率低的主要因素是油层能量的衰竭，于是便有了人工注水、注气，保持油层压力的二次采油，使油藏采收率提高到了 30% ~ 40%；二次采油是世界上各大油田的主要开发方式，标志着油田开发技术的一次大飞跃。

“二次采油仍有 60% 至 70% 的剩余油留在地下。”为适应油田开发需要，老一辈胜利人像国内外石油工作者一样，坚持把提高采收率作为永恒的目标，进行着大量的室内研究，加速着三次采油的探索。

“三次采油远不同于二次采油。”元福卿 1984 年大学毕业，便与化学驱结下不解之缘，可谓目睹了二次采油到三次采油的发展变迁。元福卿介绍，二次采油是依靠人工补充油层能量的物理作用提高采收率，而三次采油方法是在注水保持油层压力基础上，又依靠注入大量新的驱油剂，改变流体黏度、组分和相态，具有物理、化学的双重作用，不仅扩大注入水波及范围，而且能把分散的、束缚在毛细管般孔喉中的残余油重新聚集而采出来。

1979 年，原石油部将三次采油列为我国油田开发十大科学技术攻关项目之一。当时，我国组织科技工作者进行技术调研，并积极推动与国外的技术合作，揭开了我国三次采油高速发展的序幕。

回望胜利化学驱，曹绪龙是重要的参与者、探路者，更是创造者、见证者。1973

年，曹绪龙参加工作，近 40 年一直从事化学驱研究。拜访曹绪龙时，油田群团工作部有关人员正与曹绪龙在办公室对接《胜利家庭会——牢记嘱托话未来》特别节目录制事宜。

"我一辈子只干了一件事，还没有干好！"我们在曹绪龙办公室外等待的间隙，传出他谦和而低调的声音，仿佛一下子明白了化学驱的内涵。胜利油田一代代化学驱团队，在默默探索与耕耘中托起了化学驱技术的数度跨越发展。

"我是一个有福之人，承担了胜利化学驱老前辈和后面年轻人的桥梁作用。"曹绪龙娓娓讲述着胜利油田化学驱的历史过往。20 世纪 60 年代那会儿，老前辈们就很有眼光，把提高采收率作为永恒的目标，贯穿到油田开发全过程。"搞开发，就是把地下的资源最大程度拿出来，化学驱就是干这个事的。"

曹绪龙说，胜利油田勘探开发研究院成立之初，当时研究的方向叫稠化水，把水弄得黏黏糊糊再注到地下，搞了一些瓶瓶罐罐的实验。虽然都没有成功，可老一辈胜利人却毫不气馁，信念坚定地坚持着、坚持着，坚信化学驱一定能够突破，一定能有用武之地。

1982 年，我国对国外五个主要石油生产国十余种三次采油方法筛选标准进行了综合分析，相继对我国 23 个主力油田进行了三次采油方法粗筛选。

1984 年，开始在大港、大庆、玉门等油田进行聚合物驱油、表面活性剂驱油的国际技术合作，为我国在较短时间内吸收和掌握当时的国际三次采油技术创造了条件。

科技是国家强盛之基，创新是民族进步之魂。谁牵住了科技创新的牛鼻子，谁就能占领先机。伴随着我国科技的发展，胜利油田坚持科技创新，在科技创新的赛场上奋起直追、力争超越，化学驱技术发展保持着高度自觉。

历史沉寂在过去的年轮里，可胜利人的记忆一直深刻，情怀不变，梦想犹在。正如曹绪龙所说，正是有了老一辈胜利人的"板凳坐得十年冷"，才有了一代代胜利人的坚持与坚守，才有了化学驱的今天和明天。

其实，无论历史走多远，人们都没有忘记胜利油田化学驱先行者的拼搏奋斗，更没有忘记他们留下的宝贵精神财富。走进化学驱，走进以化学驱为业的胜利科研人，化学物质似乎变得有了灵性，赋予分子结构以灵魂，甚至有了精神和文化的内涵。

从小处说，化学驱与提高油藏采收率有着明确的关联；从大处说，化学驱的发展与胜利油田、与石油工业、与国家的能源安全相关联。随着时代的发展，化学驱技术发生了翻天覆地的变化。驻足有着一甲子发展历程的胜利油田，化学驱油技术成为其中的靓丽名片。

胜利化学驱的发展与时代有关，与科技有关，与胜利人的奋斗有关。在胜利人一甲子的探索里，胜利化学驱书写着跟跑、并跑、领跑的跨越，记录了胜利科技的发展历程。从历史中走来，胜利人对化学驱的探索，昭示着他们今天孜孜以求的奋斗，更昭示着他们大幅度提高采收率的美好追求！

天问，谁能及之?

胜利油田的地质世界可谓光怪陆离，充满了太多的迷幻和神奇的色彩。这里被誉为“石油地质大观园”，地质构造极为复杂，断层密布，落差悬殊，像“一个盘子摔在地上、摔得粉碎、又被踢了一脚”，其复杂程度可见一斑。

胜利油田“一分为二”认识断层，破除“断层有害”论，像查“楼房”、查“房间”一样，搞清断层和油层的特点，高水平、高效益地勘探、开发了东辛、滨南、河口、临盘等地区的复杂断块油田。

提高采收率是石油人永恒的追求。自胜利油田发现以来，胜利人始终对提高采收率充满了遐想与憧憬。这或许是在弹性开发阶段，胜利人就推动化学驱研究的动因所在吧。石油作为不可再生的化石能源，提高石油采收率对于世界石油工业来说，都有着十分重要的意义。

从国内外油田开发历史来看，许多水驱开发油田已处于开发后期，采收率不高的问题普遍存在。剩余石油储量的挖掘具有巨大的潜力，最大限度地提高油藏采收率，成为现代石油工程与技术发展的趋势。

20 世纪 20 年代，美国就发明了注碱水提高采收率的专利；60 年代，他们将稠化剂由最初的纤维素改为用聚合物，并提出了对三次采油技术有较大影响的胶束驱。1964 年，美国进行了聚合物驱现场试验，并在其后的 6 年时间里进行了 61 个油藏的聚合物驱，其中有 10 个试验结果令人欢欣鼓舞，采收率增值最高的达到 8.6 个百分点。由此有力地证明，聚合物驱可以成功地应用于油藏特性和流体性质范围很广的油田。

到 1985 年，美国共进行聚合物驱矿场试验 183 次，试验区内原油黏度的变化范围在 0.3 ~ 160 毫帕·秒，成功的试验项目占 31%，有经济效益的项目占 56%，聚合物驱采收率提高值一般小于 5%，主要原因是聚合物用量小。

除此之外，聚合物驱在苏联的奥尔良油田和阿尔兰油田，加拿大的 Horsefly Lake 油田和 Rapdan 油田，法国的 Chatearnard 油田和 Courtenay 试验区及德国、阿曼等都进行了工业性试验，聚合物驱成为提高采收率的重要技术方向。

谁掌握了前沿技术，谁就能握住能源发展的主动权。为追踪国际提高采收率前沿技术，新疆克拉玛依油田率先推进了提高采收率研究，并于 1958 年开始研究火烧油层。20 世纪 60 年代初，大庆、胜利油田一投入开发，就开始了提高采收率研究，先后开展了混相驱、聚合物驱、胶束驱和微生物驱等技术的研究。

“敬佩老前辈们的超前眼光。”谈及化学驱的历史，曹绪龙多次提及老一辈石油人的超前意识，很是感动于他们在“冷门”上的艰难跋涉。他说，1964 年 7 月胜利油田就成立了开发试验室，研究采收率的只是里面的一个组，包括化学驱、气驱、微生物等好多方向，现在的采收率试验室只是继承了化学驱的部分，已发展成为集应用基础研究、驱油方法开发、产品研制、方案设计与数值模拟、矿场动态跟踪与调整、注采水质控制于一体的综合研究试验室。

20 世纪六七十年代，老一辈胜利人虽开始了化学驱提高采收率的技术攻关，但由于胜利油田油藏条件复杂，开展化学驱三次采油曾饱受业内质疑。他们坚持解放思想、自力更生，开辟了一条不寻常的创业创新之路。

1989 年，胜利油田曾先后邀请几家外国石油公司来油田开展聚合物驱试验，一番考察下来，他们很快就知难而退了。外国专家临行前，给化学驱在胜利油田的应用判了“死刑”。外国专家认为，胜利油田化学驱油藏地层温度高、地层水矿化度高、原油黏度高，严重影响驱油剂选择，而且严重影响驱油效果，在这样的条件下开展大规模化学驱无疑是挑战极限。

胜利油田没有放弃，胜利科研工作者没有放弃，反而憋了一口气要开展好化学驱研究。面对“先天不足”的权威论断，胜利油田科技工作者不盲从、不放弃，默默地开展室内研究。实验人员为掌握现场的第一手资料，人随钻头走，挑着简易设备步入井场，凝练形成的“货郎担精神”成为精神引领。

时光回放到 1964 年，胜利油田会战打响了，首站东营拿下胜坨后，大战“通、王、惠”拉开序幕。10 多台钻机轰鸣，急需快速、准确地确定地层层位、完井井段，而当时必须依靠岩石矿物标志分析。如果把岩屑长途跋涉送到基地分析鉴定，就会贻误战机。于是，胜利油田的地质工作者主动挑起担子，走出试验室。他们一头挑着显微镜，一头挑着简易磨片设备，用手工代替机器磨制磨片，深入现场分析化验。不论是严冬酷暑，还是白天黑夜，只要接到通知，他们就挑起“货担”，或沿路搭车或徒步行走，直奔现场。“货郎担”的出现，及时解决了生产中的地质难题，确保了钻井工作正常运行。

东营地区属于典型的盐碱地带，当时工人住的是“干打垒”，吃的是窝窝头，工作条件和生活条件十分艰苦。在大战坨 21 井的日子里，正值隆冬季节，为了尽快卡准层位，地质工作者吃住在井场，随时准备现场化验。一天夜里两点多钟，他们忽然接到调度的化验通知。于是，他们立即挑起扁担，赶到泥浆池边捞取新钻的岩屑样品，立即进行简易的人工磨片。

一片、二片、三片……腿脚冻麻了，手指磨烂了，殷红的鲜血与砂浆凝在了一起，刺心地疼痛，但是那磨盘上的双手却仍在灵活转动，直至将岩石薄片磨到了 0.3 毫米的厚度，然后放在显微镜下细心鉴定……时间一直持续到次日中午时分，目的层岩矿标志终于被发现了，“货郎担”们高兴地大声呼喊：“找到目的层了，可以停钻了。”于是，井队工人们一齐涌到“货郎担”跟前，欢呼着、雀跃着，自豪之情溢于言表……

1965 年 4 月，胜利油田召开表彰大会，科研工作者的“货郎担”精神受到表扬，参战人员披红戴花。从此，“货郎担”美名传扬，“货郎担”精神也在科技工作者心中扎下了根，成为科研攻关的精神滋养。

20 世纪 80 年代末，胜利油田许多老区采出液含水率大幅度提升，采收率不高，这意味着老区还有很大的开发潜力，亟须探索出新的开发路径。胜利人知道，一项化学驱油技术的诞生，要经过室内研究、单井试验、先导试验、推广应用等一系列重要环节，每个环节都要克服诸多不可预知的困难。

物质条件匮乏的年代，矿场条件简陋，配注设备短缺，国产聚合物的生产缺乏干粉造粒工艺，运到现场的是聚合物胶块。没有粉碎机，他们就用剪刀剪成碎末，每个人的手都磨出了血泡；实验材料不足，他们就千方百计从现有材料中寻找替代品；没有可以借鉴的经验，就从最基础的实验方法入手，逐项测验调试。

历经“二十年磨一剑”的艰辛，胜利人终于成功筛选出来适合胜利油藏条件的聚合物。1992 年在孤岛油田投入现场先导试验。

孤岛安静地坐落于黄河三角洲盐碱滩涂，黄河故道——神仙沟在其旁缓缓流淌。历经沧海桑田，不毛之地变成宜居宜养的现代化石油工业小镇，成为黄河三角洲上一颗熠熠闪光的绿色明珠。孤岛油田曾创出连续 39 年产油保持在 300 万吨以上的佳绩，连续六次被评为全国“高效开发油田”，如今年产原油仍在 230 万吨以上。

时光定格在 1992 年。孤岛油田含水率突破 90% 后，自然递减加剧、产量开始下降。其后 6 年时间里平均年递减 21 万吨。常规注水开发，显然不能满足开发需求。此时，孤岛向三次采油张开怀抱，聚合物驱油技术开始落地。面对高含水、可采储量高采出程度、高剩余油速度“三高”问题，孤岛采油厂为改善流度比，扩大波及体积，在中一区馆 3 单元开展聚合物先导试验。

国庆将至，祖国各地国旗飘扬、花团锦簇，节日氛围日渐浓厚。1992 年 9 月 28 日，临近国庆的孤岛，因为国家“八五”重点科技攻关项目——孤岛中一区注聚合物试验站的投产，让节日的孤岛平添了更多的喜庆。

“聚合物注到地下，如何注、注多少、注多长时间，这些在室内经过上千次试验、论证的问题，一进入演习阵地还是会出现意想不到的困难。”孤岛采油厂油藏动态分析专家王宏说，聚合物驱油技术能在孤岛发挥能量，离不开胜利油田主动拥抱技术迭代，“思想认识不停、攻坚克难不停”的执着。她说，正是胜利科技工作者的反复研究与实践，才推动了聚合物驱油技术在胜利油田生根发芽、开花结果。为保障化学驱发挥效用，孤岛采油厂还自主研发了十大配套技术，聚驱后累计增油 20.6 万吨，提高采收率 8.5%，翻开了孤岛聚合物驱提高采收率的新篇章。

2022 年，适值孤岛采油厂应用化学驱技术 30 年，从王宏的话语里透出她发自内心的自豪。位于黄河尾闾的孤岛油田，自 1992 年作为胜利油田第一家聚合物驱先导试验区块取得成功以来，整整走过了 30 年化学驱开发之路，累计投入化学驱储量 2.5 亿吨，为国家贡献原油 4014 万吨、增油 1869 万吨，提高采出程度 16.1%、提高采收率 7.5%，成为中国石化最大的三次采油基地。

不止孤岛油田的王宏心潮澎湃，孤东采油厂地质研究所副所长陈芝孝同样信心满怀。他说，自1994年11月到1997年7月期间，孤东油田七区西Ng52+3北部进行了聚合物驱工业性扩大试验，为聚合物驱油技术的工业性推广应用积累了矿场经验，并发展成为一项成熟、经济的提高采收率技术。

“九五”以来，孤东采油厂逐步扩大推广应用规模，相继投注八区、七区西Ng52+3南部、七区西Ng54-62北部、七区中、六区东南部、二区等区块，化学驱进入大规模工业性推广应用阶段。目前，胜利油田东部老区每年自然递减率达6%以上，而孤岛历经28年，综合含水率仍控制在93%以内，采收率达到45.3%。老油田保持了高效发展的“年轻态”，功不可没的化学驱繁荣了一座美丽富饶的石油小镇。化学驱之美，包括聚合物驱技术牵动的石油之美，在胜利大地上绚丽绽放！

攻坚，岩何越焉？

习近平总书记强调，科技成果只有同国家需要、人民要求、市场需求相结合，完成从科学研究、试验开发、推广应用的三级跳，才能真正实现创新价值、实现创新驱动发展。

科技之路从来不是一片坦途。胜利油田化学驱的道路上或许有沟有坎，或许有着一个个横亘在面前的艰难险阻，但胜利人迎难而上不停步，以创新实践实现了“三级跳”的一个又一个连环，不断续写出化学驱的传奇。

有人曾算过这样一笔账：我国老油田的采收率每提高1个百分点，就可增加可采储量1亿多吨，相当于发现一个5亿吨级的大型新油田。作为能大幅提高油藏采收率的化学驱三次采油技术一直备受瞩目。

然而，任何技术都不能一劳永逸，聚合物驱油技术也不例外。要更大幅度提高油藏采收率，迫切需要寻求新的更为高效的驱油方法，于是，“聚合物＋表面活性剂”的二元复合驱进入科研人员“十五”攻关视野。

胜利人对复合驱油技术并不陌生。早在“七五”后期，科研人员便着手复合驱的室内研究，于1992年在孤东油田进行了我国第一个“聚合物＋表面活性剂＋碱”的三元复合驱现场试验，于1997年在孤岛油田进行了常规井网三元复合驱扩大试验，均取得重大突破。

如果说胜利聚合物驱油技术从横空出世到日臻成熟，是胜利油田化学驱三次采油发展史上的第一个传奇，那么胜利油田二元复合驱技术则是胜利油田科研人员续写的另一个传奇。过去，胜利人凭着“没有条件创造条件也要上”的精神，探索形成了独具胜利特色的聚合物驱油技术。到 2005 年 6 月 2 日，已结束的 4 个注聚单元平均提高油藏采收率 7.3%，累增油突破 1000 万吨，一举摘得中国石化集团公司科技进步一等奖。

一山放过一山拦。令人遗憾的是，胜利油田储层水具有高矿化度的特点，其中丰富的钙、镁与三元复合驱中的碱结合产生沉淀，严重的结垢问题成为三元复合驱难以推广的“致命伤”。

“聚合物 + 表面活性剂 + 碱”的三元复合驱油体系具有水驱后大幅度提高采收率的功效被业内所公认。但其中大量碱的存在，直接导致注采系统结垢、产出液难以处理、储层伤害等诸多困境，如同“高尔丁死结”横亘在胜利人面前。

“高尔丁死结”，是西方的一个寓言故事。传说，谁能解开奇异的“高尔丁死结”，谁就会成为亚洲王。所有试图解开这个复杂怪结的人都失败了，后来轮到亚历山大，他想尽办法要找到这个结的线头，结果还是一筹莫展。他说：“我不能跟在别人后面亦步亦趋，我要建立自己的解结规则。”于是，他拔出利剑，将结劈为两半，找到了解结的新路子，成为亚洲王。

开采多年的油田要想大幅度提高油藏驱油效率，就必须将油水界面张力降至超低的水平。如果有碱的作用，这一问题并非难事，但对于无碱驱油体系来说，这就是一个亟须解决而又未能解决的国际难题。

当胜利人悄然躬身二元复合驱之时，中国石化集团公司果断做出决策：2003 年 2 月启动了 6 个油田开发重大先导试验项目，推进探索提高老油田采收率新技术，以期形成技术储备，保障老油田持续稳产。胜利油田首当其冲承担了 4 项课题，“孤东油田七区西南部 Ng54-61 层二元复合驱油先导试验”位列其中，这无疑为科研人员全力开展二元复合驱研究铺平了道路。

理论上讲，二元复合驱油既具有聚合物驱的优势，又有表面活性剂驱降低油水界面张力、提高洗油效率的功效。但二元复合驱较之三元少了“碱”的作用，现有的表面活性剂降低界面张力的能力不尽如人意。如何仅靠表面活性剂使原油水界面张力再下降4个数量级达到10-3mN/m，把残余油“强洗出来”，则成为困扰胜利油田乃至石油界的另一个难题。

作为无碱二元复合驱研究的先行者，一切都得靠自己摸索，“使油水界面张力下降4个数量级”，就像一座山压得胜利科研人员有些无所适从。曾有一段时间，研究人员把市面上所有的上百种表面活性剂全部搜刮来一一测试、一一筛选，希望找到理想的产品，结果一无所获。

在经过“碰运气”的盲动之后，科研人员意识到，必须从基础研究做起，明晰分子构效关系，搞清致效机制。于是，聚合物与表面活性剂如何作用、表面活性剂与原油如何作用、表面活性剂中的主剂与助剂如何作用等一系列研究相继展开，但一直难以找到突破口。

山重水复疑无路，柳暗花明又一村。一次，曹绪龙在医院看到大夫开药方的瞬间，让他有了灵感，医生可以配药方，复合驱为什么就不能配活性剂产品？沿着这一思路，科技工作者以分子模拟为重点，通过成千上万次试验，提出“油剂相似富集，阴非加合增效”的驱油剂加合增效理论，配套形成无碱二元复合驱油技术，终于攻克了这一国际难题。

研究是细微而艰苦的，如何让化学剂分子排布达到理想状态，常让科研人员食不甘味、夜不能寐。在经过理论计算、分子模拟和科学实验后，科研人员逐步摸清了降低油水界面张力的关键所在，纷繁复杂的配方设计逐步清晰顺畅起来，以胜利系列石油磺酸盐产品为主剂的二元复合驱油体系浮出水面。

正是有了对创新的执着，胜利油田相继突破了二元复合驱数值模拟、复合驱分层注入、二元复合驱开采动态评价、驱油剂跟踪分析等一系列关键技术，形成了集成配套，困扰国内外化学驱油界的“高尔丁死结”迎刃而解。

“我们是站在前辈的肩膀上。”曹绪龙深有感触地说。正是因为胜利人在三元复合驱积累的宝贵经验，成为国内“第一个吃螃蟹”的创新者，使二元复合驱进入真枪实弹的矿场试验。

当各大油田三次采油攻坚战愈演愈烈之时，胜利油田传出捷报：一种新的更为有效的三采技术——二元复合驱油技术获得突破，提高试验区采收率18%。2003年，孤东七区西南Ng54-61层进行的二元复合驱油先导试验，是中国石化重点科技先导试验项目，也是国内首例二元复合驱油项目，为探索研究无碱体系的复合驱油技术在胜利油田的应用与发展提供了良好的技术储备。

细雨润无声。二元复合驱矿场试验降水增油效果明显优于聚合物驱。试验区含油面积 0.94 平方千米，地质储量 277 万吨，日产油由试验前的 27 吨升至 172 吨，综合含水由 97.8% 降至 68.8%，提高采收率 18%。

变化让胜利人欢欣鼓舞，二元复合驱工业性扩大试验迅速展开。2006 年 6 月，在孤东六区 Ng5-6 单元开展扩大试验。2010 年开始，相继在孤东六区 Ng3-5、七区西 Ng54-61、七区西 Ng41-51 和八区 Ng3-4 共四个单元推广实施，覆盖储量 3595 万吨，提高采收率 10 个百分点以上，孤东油田成为二元复合驱技术应用的典范。

截至 2021 年底，胜利油田二元复合驱油覆盖地质储量 1.9 亿吨，累计增油超过 1000 万吨，增加可采储量 2300 万吨，提高采收率 12% 以上。人们高兴地感叹：二元复合驱技术成为三次采油的一次“创举”，成为世界化学驱领域的“靓丽名片”。一位资深院士评价称：“胜利油田二元复合驱油技术推动了复合驱油技术的进步，具有很高的推广应用价值。”

创新永远，胜利永远。在大幅度提高油藏采收率的征程上，胜利人始终在创新的路上不懈登攀，不断续写着新的传奇……

挑战，孰能克之？

“挑战极限　创新无限”，8 个大字挂在胜利油田勘探开发研究院采收率试验室进门的墙上。当读出这 8 个字时，试验室党支部书记李德庆脸上的表情凝着深刻与坚定，给人无限的启迪，给人向上的力量。

或许正是这种“挑战”的精神，让胜利油田化学驱一路走来，实现了从无到有的突破，实现了从聚合物驱技术到二元复合驱技术的超越，实现了从跟跑到并跑、再到领跑的跨越。在李德庆的眼中，“聚焦国家能源安全，聚焦原始自主创新，助力油田高质量发展”，他们有着义不容辞的责任，就是要敢于接受挑战、勇于应对挑战。

其实，他们一直在挑战，挑战权威、挑战自我、挑战复杂的地质条件。那么，陆相碎屑岩油藏石油采收率 60%，孰能克之？只要路是对的，就不害怕遥远。胜利人从来没有畏惧过攻关的艰辛，一直在挑战极限的路上激情跋涉。现在，胜利油田的整体采收率为 28.2%，而 71.8% 的储量还在地下。如果采收率每提高 1 个百分点，就相当于发现了一个亿吨级的大油田！如果把平均采收率提高到 50%，就相当于重建了一个胜利油田！全国老油田平均采收率只有 35% 左右，老油田采收率每提高 1%，就相当于每年增加上千万吨可采储量！

时光荏苒，经历注聚的荣光后，含水再次上升的问题成为胜利人躲不过、绕不开的又一道坎。科技创新既要敢于“顶天”，面向世界科技前沿，致力于未来发展；又要善于“立地”，面向能源发展需求，赢得发展的主动。创新的胜利人激情澎湃、壮怀激烈，开始了“顶天立地”的挑战。

非均相复合驱技术，是胜利油田针对聚驱后油藏进一步提高采收率而研发的一项全新化学驱技术。“它最大的特点是固相、液相同时存在于一个驱油体系里，是非均相的，就像小米粥里有液体也有颗粒。”曹绪龙形象地比喻非均相。

这种颗粒不是一般的颗粒——它并非来自天赐，而是胜利人潜心研究发明的成果。水驱二次采油、化学驱三次采油，技术的力量改变了油藏的孔喉通道。有的孔道越来越宽大，犹如在地下世界形成了“高速公路”。用专业术语来说，油藏非均质性变强了。水、驱油剂越来越喜欢走那里，“小路”边上低渗透区的油藏无法得到有效波及，采出液含水越来越高，含油越来越少。一增一减间，效益不见了踪影。

如何攻克这一难题？堵住“高速公路”，迫使驱油剂去走“小路”，是业内普遍采用的办法。至于怎么堵，各有各的招数。“驱油过程就像扫地，扫不到的地方灰尘停滞不动，扫到了但不用力，还会留下很多灰尘。驱油也是这样，不仅要波及，还要提高驱油效率。”曹绪龙说。结合注聚后的油藏特点，既能把岩石壁上的油驱赶出来，又能把形成的大孔道给堵住，迫切需要一种能边运移边封堵大孔道的堵剂。

想象的翅膀扇动起科技创新的劲风。2003 年，胜利油田创新性地提出了黏弹性颗粒驱油剂概念——同时具有黏性和弹性，能封堵住孔道，又能变形通过。这种新型黏弹性颗粒驱油剂，分子结构要同时具有支化结构和交联网络结构，在分子结构设计、引发体系和聚合工艺等方面都面临着巨大挑战。

胜利油田找到了国内高分子合成名校四川大学黄光速教授团队。2007 年，通过多功能团引发、控制交联度，形成三维网络与高分子支化链共存结构的黏弹性颗粒驱油剂 B-PPG 设计及合成完成，产研结合成功落地。专家表示，创新性的合成制备出一种部分交联并含有大量支链的黏弹性颗粒驱油剂，具有突出的新颖性和独特的创造性。

B-PPG 具备了设想中边运移边封堵大孔道的增油机理，但它的发明不过是万里长征走出了第一步。工厂放大实验能否成功，才是决定它是否具有工业化应用价值的关键。就在那时，当时还是在读研究生的胜利油田勘探开发研究院采收率试验室副经理姜祖明与 B-PPG 结缘。

早上一上班，称量药剂，进行充氮反应，氧化还原，每隔 5 分钟记录反应温度；反应结束后冷却，把形成的凝胶钩取出来剪碎，烘干，粉碎，筛分，测试性能——任何一个实验因素发生变化，姜祖明就要按照这样的步骤再次实验，而实验过程中还伴随着这样那样的失误。

用药正确，用量准确，火候恰当，熬制时间恰如其分，方能熬出一剂良药。姜祖明与团队的伙伴们，经历上万次失败，只为找到最优的工业化生产配方。失败和枯燥之外，还有风险相伴。姜祖明至今还记得，第一次进行工厂放大实验，压料时产品在反应釜中产生了轰隆隆的巨响。没有经验的他们，吓得纷纷逃离了现场。

“实验室里用的剂量很小，比如引发剂，用量只有毫克级别。而到了工厂里，用量是千克级别的。从试验室到工厂，反应产生的热量、热的传递速度等变化，不是所用剂量乘以一个倍数那么简单，复杂程度几何倍数增加。”说起黏弹性颗粒的研发，姜祖明仿佛像一个陀螺，从试验室到现场，再从现场到试验室，一直在跋涉的路上、求索的路上。

实验室里，姜祖明模拟了一个“黏弹性颗粒”膨胀的实验。搅拌器在量杯中快速地旋转着、旋转着，水中的颗粒慢慢膨胀，逐渐与水融合在一起，慢慢地，量杯里的溶液越来越黏稠，凝结在搅拌棒的周围，形成了一个向上盛开的喇叭花，而更确切地说应该更像一个旋转的立体的奖杯，这旋转的“奖杯”不正象征着胜利科技的高度吗？

经历无数次失败，不断总结经验，不断调整与完善。当一釜实验完成，测试得到产品性能，显微镜下心心念念的一幕发生了——B-PPG 颗粒遇水溶胀，封堵住了孔道；持续注入溶液，压力增大到一定程度时，它变形通过了孔道。

然而，PPG 洗油能力不强的问题仍然难以突破。“化学驱有点像洗衣服，加入表面活性剂起到类似于洗衣粉的效果，帮助石油从岩石上脱落下来，从而增强洗油能力。”元福卿说，为增强洗油能力，胜利科研团队设计出“B-PPG+ 聚合物 + 表面活性剂”的非均相复合驱油体系。

B-PPG 以优异的黏弹性能、运移性能、调驱性能，扩大驱油剂在油藏里的波及范围；表面活性剂则以良好的热稳定性、界面性能、洗油能力，把石油更多地从岩石上洗下来；聚合物以优良的流变能力、抗剪切能力、增黏性能，进行驱油剂的流度控制。

大模型物理模拟实验结果表明——聚驱后使用这种驱油体系，最终采收率达到 67.4%，比水驱提高采收率 22.2%，比聚驱提高采收率 13.6%。

实践是检验真理的唯一标准。从室内试验到矿场应用，一场将被定格在石油工业史上的先导试验呼之欲出！

胜利人果敢而坚定地走向矿场。非均相复合驱技术先导试验最终落地孤岛油田中一区 Ng3 单元。该单元是胜利油田率先开展聚合物化学驱的区块，注入前综合含水 98.2%，地层水已经淹到了“下巴”，而且地层温度达到 70 摄氏度，矿化度达到 8120mg/L，是聚驱后油藏含水再度上升的典型代表。

从 2010 年 10 月开始投注到 2015 年 12 月结束注入，日产油量从 3.3 吨最高上升至 79 吨，增加了 24 倍；综合含水从 98.2% 最低下降到 81.3%，最大下降 16.9%；提高采收率 8.5%，采收率高达 63.6%，略显年迈的老油田焕发出青春容颜。2015 年，非均相复合驱迈入工业推广阶段。孤岛油田、孤东油田、胜坨油田等Ⅰ类、Ⅱ类聚驱后油藏应用和推广非均相复合驱技术均实现了降水增油。

由此，胜利人自信且自豪地宣告：一套完整的非均相复合驱技术，在研发、试验、推广中磨砺而出，聚驱后提高采收率这一世界性难题被攻破，闪现出科技的光芒，像一道光照亮了老油田大幅度提高采收率之路！

2015 年，“黏弹性颗粒驱油剂及其制备方法”发明专利荣获第十七届中国专利优秀奖，同时取得了美国发明专利；2016 年，非均相复合驱先导试验获得中国石化集团公司技术发明一等奖；2017 年，非均相复合驱大幅度提高石油采收率的理论与实践获得中国石油和化学工业联合会技术发明一等奖。

……

奖项只是一种肯定。非均相复合驱技术不仅能够有效驱替黄河三角洲地下广袤的剩余原油，更让数万胜利人“百年胜利”的梦想照进了现实。同时，它可覆盖全国 15

亿吨聚驱后难动用储量，让特高含水后期老油田重新焕发青春，延长10年以上的经济有效期。

如今，非均相复合驱技术已成为胜利油田大幅提高采收率的关键核心技术，已动用地质储量9301万吨，可覆盖10.5亿吨储量，预计提高采收率8%以上，为胜利油田“十四五”期间化学驱每年增油150万吨提供坚实的技术保障。

技术无界，洞见未来。非均相复合驱技术不仅让胜利油田受益，河南油田也因为它带来了新的发展希望。新区无规模储量投入，老区已动用储量“三高一低”矛盾突出——一边没有新粮入库，一边旧粮难以入口，同样诞生于大会战时期的河南油田，面临着稳产难度逐年加大的难题。

2018年11月12日，“非均相复合驱提高采收率示范工程”项目通过中国石化集团公司立项论证，在胜利油田、河南油田开展非均相复合驱示范区建设。事实上，早在示范工程立项之前，河南油田已经到胜利油田取过经。河南油田率先推广应用，成为胜利油田之后第二家应用非均相复合驱技术的油田。

非均相复合驱技术的发明，为我国东部老油田的持续高效开发指明了方向。大庆、胜利、辽河、华北、大港、吉林、中原等东部老油田，年产量占中国石油总产量的近二分之一。老油田平均含水高达90%，产量逐年递减，非均相复合驱技术适用于聚驱后油藏和特高含水水驱后油藏，可覆盖东部35亿吨左右的石油储量。

专家表示，全球原油产量的70%依靠老油田挖潜，老油田仍将是未来全球石油供给的主力。如果全球老油田采收率提高1%，就将增加可采储量50多亿吨，并将迎来全世界油田开发的春天。

人们犹记得，2017年7月9日，油气行业的奥林匹克——第22届世界石油大会在土耳其召开。来自全球油气行业的领袖和精英人物聚集于此，带来了最新的理念、最前沿的技术成果。

两天后，曹绪龙代表胜利油田把非均相复合驱技术作为大会第6会场的压轴报告，向与会同行展示。获得的反馈让他意外——当他走下报告席，意犹未尽的各国代表围着他问个不停。曹绪龙说，每每回想起当年那个情景，作为一名中国人，作为一名石油科技工作者，总会油然而生一种扬眉吐气的荣誉感和自豪感，由衷感叹困难磨砺胜利、创新成就胜利！

落地，何以兴之?

习近平总书记指出："科技创新绝不仅仅是实验室里的研究，而是必须将科技创新成果转化为推动经济社会发展的现实动力。"

"科技转化"，胜利油田深谙此中之道。大幅度提高油藏采收率，不是一场战役，却胜似一场战役；持续实现老油田稳产，更是一场我不进、敌即进的拉锯战。如何打好老油田的"保卫战"，睿智的胜利人把科技创新与转化作为驱动高质量发展的先导，以担当作为实现基业长青的华章。

科技成果转化是复杂的系统工程，更离不开落地的实践与探索、创新与发展。"立足化学驱现场问题，攻关提升化学驱效果。"李健康是胜利采油厂安全总监，他与化学驱打了 24 年的交道，在推动化学驱落地上有着自己独到的见解，"科技人员研发聚合物驱技术、二元复合驱技术和非均相复合驱技术，而开发单位就是保证这些技术能够落地见效，解决好矿场上遇到的一些难题，最大限度支撑科技向现实生产力转化。"

在李健康的引领下，来到胜利采油厂管理二区 2 号配注站。站长王文涛早就在门口等候了。王文涛自来到站上，就与化学驱打交道，说起小站的情况信手拈来。小站主要承担胜一区沙二 1-3 非均相复合驱 Ⅰ 期和 Ⅱ 期 2 个项目的注入母液配制和传输，管理着筒仓 3 座、分散装置 2 套、熟化罐 4 座、外输泵 3 台，以及搅拌机、清水罐、离心泵等设备和自动控制系统。他们以"创新精细管理方式、提升注聚质量水平"作为管理理念，做到了"精准操作每一秒，用心注聚每一方"。

在一番安全讲解后，才走进配注站的小院。小院四周的山楂树已经抽出嫩嫩的枝芽，在暖阳里闪耀着晶莹的光，让普通的小站充盈着勃勃的生机。王文涛说，一到秋天，山楂树就会结出红红的山楂果，让他们的小站变得红红火火。我想，其实红火的何止是一个小院，还包括胜利采油厂员工在内的胜利人对化学驱落地的美好期待，期待着红红火火的山楂果摇曳在秋天，美在油层，美在现场，美在每一个为化学驱而奋斗的人们的心里。

的确，胜利采油厂已成为胜利油田化学驱落地的重要基地。自 1998 年以来，胜利采油厂先后开展 14 个化学驱先导试验和推广项目，实现了聚合物驱、二元复合驱和非均相复合驱三项核心技术的现场突破，累计三采增油 282 万吨。目前，胜利采油厂化学驱资源储量2.99亿吨，正注项目7个，地质储量2546万吨，年产油20.0万吨，已成为效益稳产的有力支撑。

正如胜利油田勘探开发研究院主要领导所说的那样，胜利采油厂在推进化学驱落地上实现了“全周期高效优化、全流程质量管控、全方位智能绿色”，打造大幅度提高采收率“撒手锏”技术。

“全周期高效优化”，就是构建缩短等待期、延长高峰期、控制回返期的化学驱全生命周期高效优化调控模式，初期加强流线均衡和射孔优化，促整体见效，见效率95.6%；中期强化层间接替，构建动态井网，延长高峰期15个月。

“聚合物黏度合格率、浓度合格率、注聚时率三大指标一直保持在95%以上。”从勘探开发研究院主要领导自信的目光里，仿佛一下子读懂了他们的“全流程质量管控”。他们对化学驱全流程进行节点细分，将“药剂、配制、混配、运行”细分为9个二级节点，做到全流程体系化管控，配好每一罐母液、处理好每一方水、调配好每一口井。

“化学驱落地，并非一帆风顺，攻关现场的难点问题，方能实现高效注聚。”说起化学驱技术的落地，李健康颇为自豪。他们围绕母液配制、混配水质等环节存在的痛点、难点问题，自主技术攻关完成了防母液倒流、产出水曝氧和硫化氢防治等多项配套技术，成为提升现场注聚质量和时率的“利器”。

“穷理以致其知，反躬以践其实。”为解决采出污水注聚黏度低的问题，李健康从污水水质分析入手，经过数百次室内和现场实验，终于找到了导致聚合物溶液黏度低的罪魁祸首——污水中二价铁离子含量偏高。

当时正是雨季，李健康蹚着水，深一脚、浅一脚赶到试验场，设计安装了曝氧除二价铁的装置。装置让二价铁离子充分接触空气，氧化成三价铁，阻隔了聚合物分子遭到破坏的可能，采用处理后污水配制的1500ppm聚合物溶液黏度与原来2500ppm聚合物溶液黏度相当，不仅满足了化学驱方案的要求，而且聚合物干粉投入量也大大降低。如今，在胜利油田，在很多注聚现场，仍能看到这套装置在使用，为聚合物驱技术工业化应用撑起了“保护伞”。

不仅如此，为了非均相复合驱在Ⅱ类油藏的试验成功，李健康和同事们动了一番脑筋、琢磨了很多办法。

在2号配注站第一个房间，三个四五米高的大罐占据其中，内部盛满的聚合物干粉可为这个单元提供一周的补给。大罐叫做筒仓储存投加一体化装置，也是中国石化第一套自动干粉添加装置。

“通过配套干粉投加工艺、信息化自动化技术，保障了非均相复合驱试验推广工作顺利开展。”驻足高高的筒仓储存投加装置，李健康脸上写满了自豪，“这套装置是我们团队自主研发的，能够依托鼓风机的风力将干粉鼓入装置内，改变了之前依靠人抬肩扛的方式填装干粉。”

李健康介绍，之前每袋25千克、共计七八吨的聚合物干粉，对于员工是不小的工作量。新装置的密闭操作环境减少聚合物粉尘对员工的伤害，每年还能够减少12万个包装袋的固废处理工作。

繁重的体力劳动，让一些员工对注聚又爱又恨，爱的是仿佛能听到汩汩流淌的油流之音，恨的是繁重的重复劳动让大家苦不堪言。如今一套装置，彻底把员工解放出来，让现场的员工喜上眉梢。

此外，2号站内的信息化自动化技术也是一大特色。生产指挥系统、筒仓存储、聚合物自动化分散配置、注聚增压撬等系统集成后，让配注站及注聚站内不再需要固定人员值守管理，劳动用工从31人降至12人。员工只需要轻点鼠标，即可调节浓度、流量、瞬时等各个参数，从干粉入罐、配制母液到注入聚合物的全过程，不再需要员工到现场操作。

“接下来，将以非均相复合驱进一步提质增效为目标，重点开展含水回返井区流线调整抑窜聚、分层注聚促动用和低效油井引效等工作，延长见效高峰期，确保高效开发。”对于继续实施聚驱后非均相复合驱技术推广，Ⅱ期覆盖地质储量728万吨，实现提高采收率7.0%；Ⅲ期推广2022年开始投注，覆盖地质储量1800万吨，预计提高采收率7.5%。李健康满怀信心。

“很好！经过多年研究，化学驱技术使用范围越来越大，成本逐渐降低，大大提振了稳油增气降本的信心，要持续攻关研究；非均相复合驱技术具有鲜明的创新性，增油效果好，值得大力推广。”2019年7月12日下午，中国石化主要领导来到胜利采油厂调研高温高盐Ⅲ类油藏非均相复合驱先导试验开展情况，询问技术的适用范围和成本情况后，给出了这样的评价。

其实，在胜利油田2万多口油井中，产出液含水大于98%的油井超过3600口，单井日产量小于1吨的油井近6200口。实践已经让人们深切体会到，化学驱无疑是高含水油井赢得新生的重要支撑，已经在身体力行推动着化学驱的落地。

“让化学驱新技术落地，助高温高盐油藏起飞。”在东辛采油厂营8断块注聚现场，厂工艺研究所所长李力行对于化学驱的落地很有信心，“把实验室的成果用到现场，让成果在现场绽放光彩，是我们义不容辞的责任。”

李力行说，聚合物驱过程中，温度是一项重要指标，温度越高，难度越大。高温容易引发聚合物变性、失灵，高温油藏需要聚合物达到的性能更高，而营8断块是Ⅲ类油藏中的高温、高矿化度区块，聚合物驱的挑战性更大，在国内研究中属于技术空白。

然而，营8断块油藏温度84摄氏度，地层水矿化度30600mg/L，钙镁离子含量1550mg/L，储量110万吨，实施聚驱前，油藏综合含水达97%，采出程度31.6%，陷入“食之无味，弃之可惜”的境地。

“这一试验一旦突破，不仅是高温高盐的突破，更重要的是化学驱挑战极限的突破。”李力行说，结合城中油田的特点，他们应用了类似集装箱的撬块注聚设备，在全密闭的注聚环境下，用氮气将氧气隔绝开，最大限度减小二价硫和二价铁对聚合物性能的影响。

营8断块从2018年3月开始注聚合物，污水配注和稀释要求其浓度和黏度达到稳定，9口试验井已有6口见效，累计增油8400吨，含水呈现下降趋势，提高阶段采收率0.74%。

同时，他们还在永8区块推进高温高盐非均相复合驱试验，涉及含油面积0.3平方千米、地质储量110万吨，油藏温度80摄氏度，矿化度330001585mg/L，钙镁离子含量1585mg/L，综合含水94.1%，采出程度29.0%，注聚周期8年，预测提高采收率12.1%，累计增油13.3万吨。

“从三元复合驱到聚合物驱，再从二元驱到非均相复合驱，孤东经历了4项三采开发技术的先导、扩大试验及工业化推广，适合化学驱的优质资源量已全部动用。”孤东采油厂地质研究所副所长陈孝芝无不自豪地说，孤东采油厂如今已开展了20个工业化学驱项目，累计动用地质储量1.47亿吨，累计增油888.97万吨，提高采收率6.04个百分点。

“我知道，我们干的是最平凡、最朴实的工作；我坚信，我们创造的是更辉煌更光明的未来……”在营8断块，面对着撬装式注聚设备，东辛采油厂工艺研究所朱大伟道出了基层科研人的心声。

长风破浪会有时，直挂云帆济沧海。有了新的技术，胜利人就有了无限可能；有了新的技术，老油田再焕青春不是梦！

逐梦，何道取之？

纵观胜利油田的发展历程，胜利人始终在追梦的路上执着前行。

大术无极，胜利人何道取之？走进胜利人中间，融入胜利科研团队里，一张张年轻且自信的面孔，一双双睿智而深邃的眼睛，一个个充满活力的团队，仿佛一下子找到了答案。

“加入采收率团队重任在肩，传承三采精神，为更大幅提高油田采收率贡献青春力量。”1990年出生的李硕轩，2015年硕士毕业成为石油人，2018年进入勘探开发研究院采收率试验室团队，如今他已经完全融入团队。

从陆地到海洋，是胜利油田的重大突破；从陆上油田化学驱到海上油田化学驱，胜利人一直在探索、在追梦，纵使如同海上的波浪迭起，但胜利人义无反顾。

李硕轩作为海上化学驱的参与者，跟着试验室副经理赵方剑等科研人员一起编制《胜利油田海上三次采油规划方案》，重建精细埕岛大模型，借助数值模拟技术，摸清地下油水关系，推进海上规模化化学驱。

“我来自海洋采油厂，对海上相对熟悉，所以上手速度较快。”李硕轩侃侃而谈，海上化学驱主要是受平台大小影响，不能像陆地的采油厂一样搞大型注聚站，如何在小平台上实现高效的地面系统，是科研攻关难点之一。同时，海洋区块的地下井距相对较大，对化学驱的配方性能要求更高，油藏设计要求更加精细。

胜利人信念如磐，与大海搏击，与难题对弈，让海上化学驱从方案逐步变成了现实。2022年春天，元福卿站在位于渤海南部的埕岛油田，徐徐的海风划过发丝，乍暖还寒的阳光洒他的脸上，一个与化学驱有着近30年情缘的汉子信心满怀。

埕北22FB-4井是埕北22F区块先导试验区的一口油井，地质储量1204万吨，累计采油 300 多万吨，综合含水率近 90%。2020 年底，埕北 22F 区块先导试验区开始注入化学剂。全区 57 口油井含水下降、产量上升。

从陆地到海洋，化学驱技术“下海”不仅仅是空间的转变。“刚开始还是用陆上化学驱的经验，可是实施效果没有达到预期。”元福卿说，和陆地化学驱不同，海上推广应用化学驱面临着井网、井距、环境空间等一系列掣肘：海上油田注采井距是陆上的 1.5 倍，长距离运移导致化学剂性能大幅下降；陆地上行之有效的“清水配制母液产出水稀释”配聚方式，因清水水源限制高，走不通。同时，面临工作量大、投资费用大、建设周期长等问题。

胜利科技人通过室内实验及数值模拟，结合海上环境及油藏条件，研发出新型驱油剂和驱油体系，为海上化学驱的实施提供技术支撑。他们还引进世界领先的配聚工艺，改变固有的新建注聚平台开发思路，采用集约化的设计思路和先进的工艺技术，对现有的采修一体化平台进行改造，实现了设备制造小型化、集约化和现场管理模块化、智能化。

经过不断攻关，胜利油田成功攻克海上油田化学驱配方设计、采出水配注、平台空间影响等技术难题，实现了化学驱技术从陆地到海上的跨越。元福卿介绍，海上平台一般使用寿命为 30 年，如果仅靠水驱开发方式，采收率最多达到 40%。同时海上油田井网调整基本到位，利用水驱大幅度提高采收率已经到了“天花板”的高度。而实施化学驱，采收率可以提高 10 个百分点以上，相当于多产 2000 万吨原油，且盈亏平衡油价低于 35 美元。

目前，埕岛油田主体储量有 2 亿吨，而采出程度不到 30%，还有大量的资源滞留在地下。随着埕北 22F 区块化学驱见效，目前埕岛 11N 平台、25G 平台的三次采油方案也进入实施论证阶段，覆盖地质储量 2720 万吨。

感受着埕岛油田化学驱带来的变化，李硕轩和室里的年轻人一样心潮澎湃，科研道路可能会有曲折，面对的困难会比前辈们更多，他们要接好前辈们传下的精神旗帜，让技术更加创新，思路更加开阔。

其实和李硕轩一样，1990 年出生的徐建鹏，自 2021 年 5 月进入采收率试验室，就积极参与海上化学驱的方案编制。徐建鹏说，刚刚进入采收率团队，他深深感动于石静博士的细致，即便是使用旋转流量计测表面活性剂混合的黏度，都会提示避免弄脏试管的细节。同时还感动于徐辉博士的探索精神，在海上测试时，聚合物粉末颗粒物会吸潮结块，博士们会反复调整修直测试仪，解决聚合物锥度问题，很好地保证了聚合物的性能。

虽然入行比较晚，但从徐建鹏青春的脸上，让人感受到一种发自内心的激情，深深感动于他要“理论与实践结合，精益求精，勇攀高峰”的精气神。

不止海上化学驱，李硕轩还在导师的引领下，向着注聚后化学驱和更高温更高盐化学驱持续迈进。

在胜利科技团队里还有很多年轻人，从他们的谈吐里、从他们自信的目光里，仿佛读懂了胜利科技的担当与未来——王毅是标准的“油三代”，进入采收率团队还不到两年，他已经开始上手方案的编制，从他朴素的话语里，仿佛看到了胜利价值观的传承，他决心要补齐短板，提升自身软实力，做到永不掉队。

岳静是 2020 年走进采收率试验室的，虽然进入科研团队不长，但已完全融入团队，柔弱的身体里是强大的内心。她要像师傅们那样坚守、那样奉献，在科研的征程上挑战无限、创新无限，为三采事业作出新的贡献。

“从开发单位到研究院，从水驱到化学驱，我感受了油田发展从一次采油到二次采油、再到三次采油的一个必然发展过程。”石晓燕与岳静一样，进入采收率团队不过一年有余，说起化学驱，脸上掩饰不住地自豪。她说，特别是从现场到研究院的变化，看待问题、分析问题以及问题导向更加从研究的方向出发，更增强了方式方法的适应性和波及面。

其实，无论是刚入职的科研人，还是挑大梁的博士后群体，他们都有着同样的颜色，那就是青春的颜色。

创新是胜利人最深沉的禀赋，在提高采收率的瓶颈期激发出撬动地球的能量。如今，胜利人还在为扩大非均相复合驱技术的应用范围、实施效果，不断迸发出新的思路，不断进行着创新性实验——高温高盐聚驱后油藏适不适用、水驱后能不能跳过聚合物驱直接应用……其实，胜利人一直在探索的路上，季岩峰就是其中之一。

1983 年出生的季岩峰，大学和硕士期间学的都是化学，博士攻读的是油田化学，2015 年进入胜利油田博士后工作站，2017 年出站，2021 年获“中国石化优秀青年科技创新人才”奖。

季岩峰可谓酷爱化学，一谈起实验，一谈起与化学有关的事，眼中就放射出光芒，一种热切的光芒。特别是说起实验室里的研究，声调明显地激昂起来，就像热爱童话的孩童，一旦进入他的童话世界，便进入一种忘我的境界。“作为科研人，在独创独有上下功夫，勇于挑战最前沿的科学问题，提出更多原创理论，作出更多原创发现，力争在化学驱领域实现跨越发展，才能保持好科技领跑的姿态。”谈及化学驱的未来，季岩峰仿佛又进入了他童话般的创新空间，所不同的是季岩峰的童话世界是聚合物研究试验，他始终在化学驱最前沿的“童话”里追逐探索。

2020 年以来，季岩峰和他的同事们，正在推进Ⅴ类聚合物的研究，要把聚合物的适应温度推到 90 摄氏度到 120 摄氏度。如今，他们已选择了东辛的莱 1 西、现河梁 11 两个区块，作为更高温聚合物驱的先导试验。“一旦成功，必将成为重大的技术突破。”从季岩峰目光里，读出了青年人追求极致的情怀，只为造出“世界上最好的驱油剂”。

“一名合格的科研工作者，一定要‘耐’得住科研的寂寞，‘品’得了科研的苦，坚信前面的光明。”如今，季岩峰又有了新的灵感——微胶囊靶向增黏聚合物。就是把聚合物包在胶囊里头，定向投入目的油层，然后胶囊融化了，释放出来的聚合物就增黏了。

其实，像季岩峰一样，石静、徐辉、于群等博士后都有着过人的奇思妙想，他们经常会在一起辩论。在一次次的思维碰撞中，催生出化学驱美好未来的璀璨之花。

处在日新月异、百舸争流的新时代，胜利油田已明确了新的攻关方向：挑战百度高温、突破含盐量 10 万毫克 / 升、探索拓展海上，向着再一个“百万吨增油量”的极限挑战，在回答一个个“天问”中续写新的传奇。

“关键核心技术要不来、买不来、讨不来，必须在自力更生的奋斗中获取，过去、现在和未来都是这样。”胜利油田主要领导表示，他们将对表习近平总书记关于科技创新的重要要求，更加重视科技创新、支持创新，把科技创新作为发展的最大增量，充分发挥科技资源优势，突出基础理论研究、“卡脖子”关键技术、前沿技术攻关和装备研发，全力推动勘探开发领域科技自立自强，把胜利油田打造成为技术先导型企业和油气领域重要创新策源地。

让剩余油“手拉手”

孙仁宝

亿万斯年，石油在地球的深处形成。把它们采出来，是一个惊天动地的大事件，也必是一种惊天动地的大动作。经过依靠其自身能量的一采和物理水驱的二采之后，剩下的石油，便像受惊的鱼儿躲进石缝，再也不肯出来了。

怎么办？

化学驱工作者有办法！

《古小说钩沉》里有一则神话：始皇作石桥，欲过海观日出处。时有神人，能驱石下海，石去不速，神人辄鞭之，悉赤！化学驱工作者就是那举鞭的神人，只不过他们驱的是石油而不是石头。他们以油藏为对象，以化学及化学材料和油藏地质认识为基础，以大幅提高采收率为目标，将化学与地质有机结合，通过向油层合理注入高效驱油化学剂，把石缝里的石油像扫把一样把它们“扫”出来，像洗衣粉一样把它们“洗”出来，从而让地下分散的石油重新“手拉手”，让残留的油滴重新聚合成石油“墙”，以此，达到三采的开采价值！

神哉，化学驱工作者！

—

当忠诚改变你的思想与行动时，那就是信仰。

——李·斯莫林

走进勘探开发研究院，院内宣传橱窗的主题内容告诉我们，研究院近来有大事、喜事发生。牢记习近平总书记嘱托——大力弘扬石油精神，在新征程上高举旗帜、再立新功、再创佳绩；牢记习近平总书记嘱托——强化关键技术攻关，在高水平科技自立自强上发挥引领作用；牢记习近平总书记嘱托——大力提升油气勘探开发力度，在保障国家能源安全上扛起胜利担当……

2021 年 10 月 21 日下午，习近平总书记来到了胜利油田勘探开发研究院，了解页岩油、CCUS 和大幅度提高采收率技术攻关情况，参观了页岩油重点实验室、二氧化碳气驱实验室，勘探开发研究院负责人向习近平总书记介绍了油田坚持自主创新、加快技术应用、保障国家能源安全等情况。随后习近平总书记来到科研楼前，对科研人员作了重要讲话。是的，习近平总书记的到来，在胜利油田、胜利油田勘探开发研究院广大干部职工的心中腾起了一团团火焰！

接受我们采访的勘探开发院采收率试验室博士后姜祖明，没有直接把我们领到他的办公室，而是首先领我们走了一趟习近平总书记在勘探开发院视察时走过的路线。每到一处，他都详细地给我们叙说当时的情景，脸上始终洋溢着一种自豪和喜悦的神情。在勘探开发研究院科研楼大厅，摆放着 16 个样品瓶，瓶里盛放的，是胜利油田的原油油样及各种化学驱油药剂。姜祖明说，习近平总书记在这里停留的时间较长，询问的问题比较多，也很感兴趣。而这些化学驱油剂，就是我们科研的主题，也是化学驱油的关键要素！他这样介绍时，脸上越发地有了喜悦感和自豪感！

这种喜悦感和自豪感是由衷的！我们不仅仅把这当成是对领袖的热爱来看待，内心更深处，这是一种“与党同心，跟党奋斗”的忠诚。这种忠诚，具体到我们每一位胜利人的身上，那就是对岗位的热爱，对责任的担当，对事业和理想的坚定，对党的无比信仰！

有了信仰，就有了道路！

2008 年，还在四川大学读硕士的姜祖明因一个课题，与石油结缘，与胜利油田结缘。老师让他研发一种驱油剂，它既能堵水，又能驱油。“有的油藏含水达到 98%，也就是开采 100 吨液量里面只有 2 吨石油。”当时给出的这一组指标，是作为研发驱油剂的技术参数用的，然而，这一组指标却在姜祖明的心中掀起了波澜，含水量这么高，怎么得了！他忽然有了一种责任感，有了一种担当的冲动。他一定要研发出一种驱油剂，把水含量降下来，为胜利油田作出自己的贡献！他还是一介学子，就自觉地把自己与胜利油田“链接”了起来，就有了责任感，就有了担当意识！

经过两年努力，他合成了30克达标产品。当时心里特别激动，毕竟这是他合成的第一个化学驱油产品。为了让这30克实验室产品尽早地实现工业化生产，尽快地应用于矿场生产，大学毕业后，姜祖明推掉了一些知名公司的邀请，毅然地选择了胜利油田，进入了胜利油田勘探开发研究院采收率试验室。他研发的这种产品叫黏弹性颗粒驱油剂，在胜利油田发挥了重要作用，在孤岛中一区馆3先导试验区取得良好成效后进一步扩大应用，已推广到胜坨油田一区、孤东二区、孤东七区西、孤岛中一区馆3扩大等四个单元，覆盖地质储量1500余万吨，累计增油20余万吨。

我吹过你吹过的风，这算不算相拥？

我走过你走过的路，这算不算相逢？

实际上，这种为“胜利担当”的精神，在一代代化学驱工作者身上是一脉相传的：

采收率室前身是开发试验室的采收率组，早在20世纪六七十年代，他们就开始了用化学驱提高采收率的技术攻关。胜利油田油藏条件复杂，开展化学驱曾饱受业内质疑，化学驱工作者解放思想、自力更生，开辟了一条不寻常的创业创新之路。

他们迎难而上，挑战业内权威论断。胜利油田的油藏条件苛刻，油藏温度高、地层水矿化度高、原油黏度高，不利于化学驱的开展，业内权威人士曾断言：在这样的条件下开展大规模化学驱无疑是挑战极限。几家国外石油公司曾先后来胜利开展聚合物驱试验，很快就知难而退了。面对“先天不足”的权威论断，老一辈化学驱工作者不盲从、不放弃，从头摸索，默默地开展室内研究。研究人员为了掌握现场的第一手资料，人随钻头走，挑着简易设备步入井场，由此逐步凝练成为胜利地质十大传统精神之一的“货郎担精神”，成为研究院宝贵的精神财富。

“货郎担精神”——映照着一个多么具有象征意义的意象。一代代化学驱工作者正是沐浴着这种精神，把对党的事业的无比忠诚担在肩上，把为胜利油田的增储上产做贡献的使命担在肩上，从而化为自己搞科研的不尽动力！

季博士的实验室：反应釜里的溶液在氮气注入下，嘟嘟嘟地冒着气泡，随着各种引发剂的先后加入，溶液开始变得黏稠。接下来将是漫长的反应时间。这段时间里，我们开始等待，四月的天气室内的温度还很低，身上渐渐地感到冷起来。我问季博士，平常在这里做试验，一待就是十几个小时，不冷吗？季博士拿眼瞄了一下反应釜说，它不冷就行了。我心里一动，心里想，如果反应釜能听懂季博士的话，它会不好意思不出精确数据的！

胜利油田东辛采油厂营二采油管理区营 8 注聚站是胜利油田与法国艾森公司的合作项目，由法国艾森中国分公司提供设备。这是国内引进的首套撬装全密闭设备，便于移动，担负着海上油田的先导试验任务。当问到这套设备什么时间引进时，工程师李艳霞随口答道："到今天已经 2315 天了，共配注干粉（聚合物）1986.9 吨了！"竟然具体到了天数，这让我想到了一些青年人谈恋爱，男方深情时，往往会对女方说，亲爱的，我们已经相识多少多少天了！李工程师这是在跟设备"谈恋爱"呀！这是在跟事业"谈恋爱"呀！

作为中国石化高级专家，曹绪龙为油田三采技术的发展做出突出贡献。就在攻关二元复合驱油的过程中，曹绪龙遇到了前所未有的挑战。

他已经连续加班多天，"如何降低油水界面张力"的难题一直让他焦头烂额，连日来的超负荷运转让他病倒了。医生建议他，服用中药好好调理一下身体。看着大夫在处方上写着一剂剂药材的名字，曹绪龙顿时闪出一个念头："我们研究化学驱的配方，能否借鉴这一原理呢？"顾不上拿药，曹绪龙直奔实验室。

要想大幅度提高油藏驱油效率，就必须将油水界面张力降至超低水平。但对于无碱驱油体系来说，这是一个国际难题。前期，大家想尽办法、颇费周折地把市面上所有的上百种表面活性剂全部搜刮来一一测试、一一筛选，希望找到理想的产品，利用单一的活性剂来达到界面张力，结果一无所获。而中药配方中几味药之间的加合作用，让曹绪龙认识到，通过两种或两种以上活性剂的加合作用来降低界面张力，应该是一个不错的研究思路。

说干就干，曹绪龙带领大家又投入新一轮的研究实验中。随着研究的深入发现，无碱时获得超低界面张力的必要条件是表面活性剂在油水界面上有序排列、致密富集。于是，他们从建立界面表征方法入手，从分子水平、纳米尺度直接表征与研究驱油体系界面微观行为。

为了探寻表面活性剂的结构性能、排布规律、复配机理，大家在经过炼狱般的求索之后，终于创新提出了“驱油剂加合增效理论”。该理论指出，“阴、非离子表活剂复配是得到超低界面张力的有效途径，油水界面张力可达到 10-3mN/m”。

从中药配方中得到启示，这算不算是灵感？《吕氏春秋》曰：盖闻孔丘、墨翟，昼日讽诵习业，夜亲见文王、周公旦而问焉。用志如此其精也，何事而不达？何为而不成？故曰精而熟之，鬼将告之。非鬼告之也，精而熟之也。——科学的灵感原来只不过是来自“精而熟之”！

……

一代代化学驱工作者就是这样——他们把信仰写在旗帜上，把担当融进事业里。他们用自己的智慧和汗水不断地把三采技术推向前进，前进，而他们的初心不变！

二

当理论改变你的思想与行动时，那就是哲学。

——李・斯莫林

姜博士和季博士又“吵架”了！采油率实验室的工作人员心里又偷着笑了！两位博士的办公室对门，每当一方有了什么新的想法，便去找另一方交流，交流来交流去往往就“吵”起来了。一方正辩，一方反辩，谁也不让谁。其他人员乐见两位博士吵架，因为他们一吵架，就意味着又有新的课题诞生，或者又有新的技术突破了。他们也往往会“不怀好意”地撺掇两位博士往深里“掐”，赌饭局，输者请客，他们作陪！听两位博士在饭桌上继续掐，又能长学问又能白蹭一顿饭！

科学家们为什么都喜欢“吵架”、喜欢“打赌”呢？《时间简史》的作者霍金就爱跟物理学界的同行打赌，总是输掉赌约，却乐此不疲，因为输掉了赌约却弄清了事物的真相，发现了真理！

实际上，一代代化学驱工作者，正是通过思想的碰撞、辩论甚或“吵架”这种“方法论”，使胜利油田的化学驱事业，从最初的跟跑阶段，一步步地发展到并跑阶段，继而到今天在世界范围内进入行业领跑阶段！

20 世纪 80 年代初，胜利油田就开展了碱水驱、活性水驱、胶束驱、聚合物驱试验，但都没能取得成功。1982 年原石油工业部对国外五个产油国的 10 余项三采方法筛选标准做了分析后，对国内 23 个主力油田进行三采方法初选；1984 年开始国际合作——大港：日本三洋聚合物驱（国内第一的港西聚合物驱试验），Halliburton、ARCO 等国际石油公司先后对胜利油田化学驱可行性进行评价，认为胜利油田高温、高盐、高原油黏度条件下开展化学驱不可行。胜利油田的化学驱工作者，以“胜利担当”为使命，不畏权威，先从理论认识上突破，认为高温、高盐、高原油黏度条件下，碳链并不断裂。在当时条件匮乏的年代，矿场条件简陋，配注设备短缺，国产聚合物的生产缺乏干粉造粒工艺，运到现场的是聚合物胶块。没有粉碎机，老师傅们就用剪刀剪成碎末，每个人的手都磨出了血泡；实验材料不足，他们就千方百计从现有材料中寻找替代品；没有可以借鉴的经验，他们就从最基础的实验方法入手，逐项测验调试。以“碳链并不断裂”认识为基础，历经“二十年磨一剑”的艰辛，适用于胜利油藏条件的聚合物终于成功筛选出来，并于 1992 年投入现场先导试验。聚合物注到地下，如何注？注多少？注多长时间？这些在室内经过上千次试验、论证的问题，一进入演习阵地还是会出现意想不到的困难。经过数年反复实践，他们终于摸索出一套有效的配注工艺，聚合物驱油技术在胜利油田生根发芽、开花结果。1992 年在Ⅰ类油藏孤岛油田中一区 Ng3 开展了聚合物驱先导试验。地质储量：165 万吨；注入井：4 口；生产井：10 口。地层温度：70 摄氏度；地层水矿化度：5293mg/L；钙镁离子含量：84mg/L。提高采收率 12.0％ (OOIP)，吨聚增油 143 吨，采收率达 58%，内部收益率 34.3%，财务净现金 1678 万元。

1998 年在Ⅱ类油藏胜坨油田一区沙二 1–3 构造井开展了高温高盐聚合物驱先导试验。地质储量：1089 万吨；注入井：32 口；生产井：58 口；地层温度：80 摄氏度；地层水矿化度：21000mg/L；钙镁离子含量：311mg/L。提高采收率 7.2％ (OOIP)，吨聚已增油 102 吨，内部收益率 125.4%，财务净现金 25881 万元。

这一阶段，业内称之为胜利油田三采的跟跑阶段！

对于碱这种物质，我们都很熟悉：蒸馒头加一点，馒头就会发起来；洗衣服时加一点，就能把衣服上沾的油洗下来。是的，碱能把油洗下来。聚合物驱提高采收率 6% ~ 10%，能否更大幅度提高采油率？化学驱工作者想到了碱。聚合物 + 表面活性剂 + 碱——1992 年，化学驱工作者在国内率先开展了三元复合驱油先导试验和扩大试验，均取得了降水增油的显著效果。但配方中大量碱的存在，直接导致注采系统结垢、产出液难以处理等诸多“致命伤”。经过无数次艰难的思维转换，他们果断地放弃了既有的研究成果，转而开展无碱二元复合驱油攻关。新思路也意味着新困难，二元复合驱油技术有一个国际性难题——“仅靠表面活性剂将油水界面张力降至 10-3mN/m”，这被称为化学驱油界的“高尔丁死结”。面对这个繁杂无序的结，他们经过长期艰苦的攻关之后，创新提出了“油剂相似富集，阴非加合增效，聚表抑制分离”的二元复合驱油理论，形成了二元复合驱数值模拟、复合驱分层注入等一系列配套技术，在国内率先实现了二元复合驱油技术的工业化推广。

由此，胜利油田的三采进入世界三采技术的并跑阶段！

油田经过水驱二次采油、化学驱三次采油，地下流体的渗流通道发生了改变，有的孔道越来越宽大，犹如在地下世界形成了“高速路”。不难理解，水、驱油剂越来越喜欢走这种“高速路”，而不走旁边的“乡间道”。这就导致“乡间道”边上低渗透区的原油无法得到有效波及，驱油的效果越来越差，采出液含水越来越高，含油越来越少。一增一减间，效益不见了踪影。如何有效动用“乡间道”边上的剩余油？如何堵住“高速路”，迫使驱油剂去走“乡间道”？勘探开发研究院采收率试验室科研人员探索“运用一种能边运移边封堵大孔道的驱油剂，促使驱油剂去驱替低渗透区的剩余油”思路，从而提出了攻关研发一种软固体颗粒驱油剂。油田已有的化学剂并不能满足这种需求，线性聚合物主要作用是增加黏度、改善流度比，堵不住大孔道。全交联聚合物主要作用是调堵大孔道，但是难以运移到油藏深部进行有效封堵。如果能将二者的功能结合起来，将会具有调堵和驱替一体化的功能。攻关团队突破传统化学驱油剂设计思路，创新提出支化—交联共存的软固体颗粒分子结构，使其同时具有黏性和弹性，其线性支化部分溶于水，增大了分子流体力学体积，可提供优异的悬浮性能和运移能力；交联网络结构吸水膨胀形成强且耐温抗盐的水凝胶骨架，通过支化链内增塑交联网络，显著提高了驱油剂的吸水能力、抗剪切能力、变形—恢复能力。这种创新的分子结构使得新型驱油剂产品既克服了线性聚合物封堵能力弱、耐温抗盐性差的缺点，又克服了全交联聚合物弹性过高、无法在地下运移的不足。

运用此理论，历经 3 年，攻关团队终于“熬”出了一剂良药——一种部分支化部分交联的聚合物驱油剂。由此，攻关团队设计了 B-PPG+ 聚合物 + 表面活性剂的非均相复合驱油体系——B-PPG 以强黏弹性能、较好运移性能和调驱性能，扩大驱油剂在油藏里的波及范围；表面活性剂具有高洗油能力，把石油更多地从岩石上洗下来；聚合物以流变能力、抗剪切能力、增黏性能，进行驱油剂的流度控制。勘探开发研究院基于此发明专利产品创建了具有国际领先水平的非均相复合驱技术，可驱替出不同类型、不同孔隙中的剩余油，有效解决了老油田大幅度提高采收率的难题。

2010 年非均相复合驱技术在孤岛中一区 Ng3 聚驱后油藏开展先导试验，矿场降水增油效果显著，再提高采收率 8.5%，最终采收率高达 63.6%；2016 年非均相复合驱技术在胜一区沙二 1-3 开展扩大试验，原油产量比水驱增加了近 3 倍，提高采收率是水驱的 3.8 倍。

由此，胜利油田的三采进入世界三采技术的领跑阶段！

不断地挑战极限，便无极限——这是化学驱工作者科研之路上的哲学信条！

三

当事实改变你的思想与行动时，那就是科学。

——李 · 斯莫林

2017 年 7 月，曹绪龙又一次站上国际会议的讲台。在第 22 届世界石油大会上，他用流利的英语向世界三采同行宣讲了胜利油田化学驱油技术。此次大会在土耳其伊斯坦布尔召开，出席大会的，除了各国三采专家外，还有 8 位总统、32 位总理，可见规格之高。大会进行期间，大会主席团把曹绪龙的报告，由中间报告变成压轴报告，并且发言时间不受限制。走下报告席后，他被代表们团团围住，挪威、丹麦等一些大石油公司要求互相留下联系方式，显示出合作意向！

国外石油公司如此倾心于胜利油田三采技术，看重的当然是它的实用性与实效性！

是的，当胜利油田化学驱工作者把他们的汗水与智慧聚焦在实验室的一支试管里，标注在万千数据的一个小数点上时，他们的眼界、心胸却早已投放到石油的奔腾中。一项化学驱油技术的诞生要经过室内研究、单井试验、先导试验、推广应用等数个重要环节，推广应用是最后的环节也是最重要的环节，只有推广应用，才能用事实说话，才能让数据说话，才能断定技术的成功与否！

目前，在胜利油田不同类型油藏，他们因地制宜，创造性地运用化学驱油技术。化学驱技术不断地落地生根，展枝散叶，开花结果：

“胜二区东三 4 砂层组聚合物驱”是中国石化工业化推广项目，位于胜坨油田胜利村构造西南翼，为三角洲前缘沉积为主的中高渗亲水砂岩油藏。注聚区含油面积 3.2km^2，地质储量 421 万吨，平均渗透率 1700×10−3μm^2，地下黏度范围 65 ~ 78mPa·s，地层温度为 65 摄氏度，原始地层水矿化度 17435mg/L，钙镁离子浓度 660mg/L，属于典型的高盐高钙镁油藏。

为优化项目注入方案，研究人员利用数值模拟技术进行多方案预测对比，优选注聚参数，优化措施制定，完善注采井网，为项目见效打下了坚实的基础。

他们创新实施注聚用油田采出污水处理工艺，确保项目聚合物溶液黏度。在油田首创了注聚用污水曝氧处理工艺，将污水中的二价铁氧化成稳定的三价铁，然后用处理后的污水来配制聚合物溶液，从而保证聚合物溶液的黏度。

自项目投产后，针对曝气量不足的问题，他们更换了大排量曝气泵，将排量由 90m^3/h 提高至 150m^3/h。针对曝气头出气不均的问题，加装了分路计量气表。通过种种措施，曝气后污水的二价铁离子浓度保持在 0.6ppm 以下，聚合物溶液井口黏度保持在 25mPa·s 以上，成效显著。目前，注聚用污水处理工艺已在油田范围内得到了大面积推广，并先后在孤岛、孤东采油厂的 4 个新上注聚项目中进行了广泛应用，为油田污水注聚项目扩大推广提供了有力技术支撑。

为促进项目见效，胜利采油厂在做好跟踪试验，及时录取吸聚剖面、示踪剂等资料，全面掌握项目注采动态的基础上，针对注聚区不同井况、井组，“量身裁衣”制定调整优化方案，“对症下药”采取配套工艺技术进行“诊疗”。共实施分层注聚、堵水调剖、套管贴堵等调整、工艺措施 28 井次，单元形成比较均衡的注采流线，初步形成了均衡推进的优质段塞。该项目自 2013 年第四季度开始见效，目前注聚区综合含水 93.6%，含水低于数模预测 1.8%，日产油由 85 吨上升到 167 吨，16 口见效井含水由 96.0% 下降到 89.4%，日增油 74 吨，见效率 50%，中心井见效率达到 93.3%。

胜二区东三 5 区块用 3 年半的时间打了场漂亮的“翻身仗”：日产油量翻了 7.1 倍，综合含水下降 7.5%，完全成本由 73 美元 / 桶降至 46 美元 / 桶，已创效 4500 余万元，一路向好的指标让这个过去的“差等生”一跃迈入了“优等生”的行列。

胜二区东三5区块矿化度高、钙镁离子含量高、边水能量强。通俗点说，就像一个天赋极不好的“孩子”，常规化学驱技术用在这里不一定能起到作用。高投资带来的高风险使得这类油藏成为不敢动用的“禁区”，但如果实现技术突破，在胜利采油厂可推广聚驱地质储量2700万吨，这可是极具诱惑的一块“肥肉”。

“摸着石头过河”也是没有办法的办法。经过近60年的开发，该区块综合含水高达98%，20余口油井的日产量不到20吨，该采出来的油都采出来了，滞留在地层里的都是“钉子户”，想要在老区里谋求突围，就必须大胆地进行试验和探索。

近年来，在油田可持续高质量发展目标引领下，胜利采油厂持续开展化学驱技术攻关和矿场实践，不断深化化学驱剩余油变化规律和致效规律研究，创新形成了“全周期高效优化、全流程质量管控、全方位智能绿色”的化学驱高质量开发模式，实现了缩短等待期、延长高峰期、控制回返期的效果。

结合这种开发模式，采油厂技术人员对东三5这个“差等生”倾注了更多心血，制定和实施了更有效的调整对策。通过前置水驱井网调整，优化了井网井距，有效抑制强边水内侵；通过曝氧除铁等工艺优化，大幅提升注入黏度；通过信息化建设，有效提升注入时率；通过分井组差异化注采调整，有效扩大聚合物驱波及体积，让每一吨药剂都释放最大效能。

付出得到了回报。19吨、34吨、59吨、80吨、147吨……胜二区东三5区块日产油量的纪录不断刷新，这不仅为同类油藏存量效益提升提供了认识和技术支撑，更为重要的是给了技术人员极大的信心，增添了更多敢于冒险的勇气。

胜一区沙二1-3单元属于二类油藏，温度、矿化度均偏高，对非均相复合驱试验工作提出更高要求。非均相复合驱在胜采厂二类油藏试验成功，会对油田其他同类油藏有很好的借鉴意义。在胜采厂从事三采工作20余年的安全总监李健康表示，采油厂通过配套干粉投加工艺、信息化自动化技术，保障了非均相复合驱试验推广工作顺利开展。

胜利采油厂采油管理二区二号配注站，承担起为该单元注入聚合物的职能。除院内老房子粉刷一新外，与之相匹配的是，屋内全流程配套信息化技术、远程数据采集和智能调控，让无人值守变为现实，劳动用工由31人降至12人。

参与配注站信息化设计的技术管理部三采工程主管周天福说：该配注站是“旧瓶装新酒”，“旧瓶”能够节约成本，“新酒”能够降低员工劳动强度、更好地服务非均相复合驱试验推广工作。

在二号配注站第一个房间，三个五米高的大罐占据其中，内部盛满聚合物干粉，可为这个单元提供一周的补给。大罐叫做筒仓储存投加一体化装置，是胜采厂与其他单位共同研发而成。据了解，这套装置也是中国石化第一套自动干粉添加装置。

“这套装置能够依托鼓风机的风力将干粉鼓入装置内，改变了之前依靠人抬肩扛填装干粉的方式。”采油管理二区副经理冯益富介绍，之前每袋 25 千克、共计七八吨的聚合物干粉，对于员工是不小的工作量。新装置的密闭操作环境减少聚合物粉尘对员工的伤害，每年还能够减少 12 万个包装袋的固废处理工作。

此外，该站内的信息化自动化技术是一大特色。生产指挥系统、筒仓存储、聚合物自动化分散配置、注聚增压撬等系统集成后，让配注站及注聚站内不再需要固定人员值守管理。员工只需要轻点鼠标，即可调节浓度、流量、瞬时等各个参数，从干粉入罐、配制母液到注入聚合物的全过程，不再需要员工到现场操作。

在注聚井旁边，注聚增压撬正在向地下源源不断挤入聚合物。“撬装方式的最大好处是方便灵活，在区块不需注聚后，可以吊装到其他位置实现二次利用。”周天福介绍。非均相复合驱在胜采厂胜一区沙二 1-3 单元试验推广中，取得了良好效果：单元日产量由 43.8 吨升至 144.2 吨，累计增油 12.6 万吨，提高采收率 2.9 个百分点，完全成本降至 38 美元 / 桶。

到“十三五”期末，化学驱油技术将实现年增油 150 万吨，年产油达 350 万吨以上。谈到以后的发展方向，采收率室经理元卿福说：一是攻关海上油藏化学驱技术，实现化学驱从陆上向海上拓展；二是攻关纳米化学驱技术，实现化学驱从高渗透油藏向中低渗油藏拓展；三是攻关温度 120 摄氏度油藏化学驱技术，实现化学驱从高温高盐油藏向特高温高盐油藏拓展；四是攻关靶向增黏化学驱技术，实现化学驱向智能化升级。

让胜利化学驱的过去告诉未来，胜利的未来更可期！

追光者

董 玮

艰难起步，胜利化学驱勇闯禁区的先行者

从蹒跚起步，到一份完美的答卷

——1986 年 7 月，在中国北方海滨城市大连。

全国提高采收率会议如期召开，大会主办单位为原石油工业部。大会的主体报告是有关美国三次采油现状，主讲人为石油部勘探开发研究院杨普华教授。

胜利油田在会议中做了题为“重质油碱水驱可行性分析研究”的报告。

——1986 年 10 月，在第一次全国化学驱资源评价中，确定了化学驱油作为我国三次采油主攻技术，其中以“聚合物驱为形成生产力的重点”进行了深入讨论。

——不久后，中国石油学会石油工程委员会召开“提高石油采收率技术研讨会”，来自石油部门、科学院系统、化工部门、有关高等院校的专家、学者、工程技术人员等参加了为期七天的研讨……

凡此举措，无不释放出一个明确信号：中国石油工业要大发展，不能老是依靠以往的原油开采方式，唯有创新发展，提高采收率才是出路。

众所周知，自 20 世纪 60 年代初胜利油田勘探开发以来，到 80 年代末已普遍进入高含水开发阶段。当时采用二次采油技术，采出 1 吨液体 90% 以上是水，急需一套

科学高效、革命性的技术，摆脱油田开采中后期遇到的普遍“瓶颈”期制约。

旌旗猎，风萧寒，从事油田开发与科研的大批有识之士深知，大幅度提高采收率迫在眉睫。

据统计，全球原油产量的70%依靠老油田挖潜，老油田仍将是未来全球石油供给的主力。

着眼国家能源安全的大局和东部老油田长期稳产，胜利油田未雨绸缪、提前着手，统筹资源、聚力攻关，不断实现化学驱油技术的突破。

“聚合物驱后油藏采收率的技术方法尚属空白，作为东部开发时间最长的老油田，胜利有责任为东部原油稳产蹚出一条新路。”胜利人的发声，有胆识，有信心。

追溯起来，20世纪90年代之前，胜利地质院（即后来的“勘探开发研究院”）开发试验室仅仅设置有采收率组及复合驱、聚合物、油层保护等岗位。无论从人员结构，还是技术综合实力及实验室设备等方面，还仅仅处于化学驱发展的初级阶段，开展的一些项目也仅限于实验室研发，受诸多条件制约，难以支撑油田化学驱油的进一步开展。

经过30多年披荆斩棘，开拓进取，现如今，胜利油田勘探开发研究院采收率试验室60人的创新团队里，就有12名博士，其中5名博士后。胜利化学驱发展的实力日益壮大，是后续技术储备与科研力量的强大。拔地而起的实验室大楼，设施齐全，实验设备先进一流，经过多年来的持续发展，已挂牌为中国石化集团公司“化学驱提高石油采收率重点实验室”，获得了一系列令人称道的科技成果，其中“一种部分支化部分交联聚合物驱油剂及其制备方法”获得第二十二届中国发明专利奖金奖，引领国内外化学驱发展。

这在当初是做梦都不能想象的。

从蹒跚起步，到实现了与国际领先水平，从跟跑、并跑，到领跑的不可思议的超越。

几代人的坚守与执着，胜利化学驱工作者现已破解高温高盐油藏提高采收率这一世界难题。

尤为令化学驱工作者振奋的是，2021年10月21日，习近平总书记来到胜利油田勘探开发研究院采收率试验室，进行实地考察，这对广大油田科技人员无疑是个极大的鞭策和鼓励。习近平总书记看到宽敞明亮的实验室与展示的各类科研成果，十分高兴，对他们取得的成就给予了肯定。

实验室年轻的博士后姜祖明谈及此，难掩激动之情，能当面聆听总书记教诲，让他终生难忘。对于习近平总书记所说的“端牢能源的饭碗”，对已勘探开发的油田要吃干榨净，他深有感触。在接受山东电视台采访时他说，这正是自己现在正做的事，感觉目前所从事的化学驱事业特别有意义，对油田未来化学驱发展充满信心。

唯创新才有出路，唯不畏失败才是发展之道！

胜利油田从 1996 至 2015 年，年产量连续稳定在 2700 万吨以上。胜利化学驱经过三十载寒暑历练成长，与那些寂寞荒原中艰苦奋斗的石油人一样，为油田的高产稳产保驾护航。

他们始终就在我们身边，就在我们眼前，即使长河落日，即使无人喝彩。

2022 年 4 月，坐落于黄河入海口之地的油城东营，雁鹤北归，大河奔涌，花锦风畅。

采访胜利油田化学驱奠基人与“开疆拓土者”——中国石化高级专家曹绪龙是我们此次采访的重头戏。

没想到一大早赶到曹总办公室时，已有一波人早早等在那儿，正准备向开完例会的曹总汇报工作。

之前，有关曹绪龙的传奇故事已略了解一二，且令人充满期待。

落座后，他悉心聆听我们一行人的采访内容，静静思考中，显出沉稳与内敛，同时眼神中透出温和的笑意。

“投身胜利化学驱领域，我自认为是特别幸运，并且一生只做了这一件事。”他的开场白是由衷的表达，亦充满了无限感慨，同时，他拿出一份有力的数据，说明了这些年来，胜利油田化学驱在现场实际运用取得的效果，极有说服力。

勘探开发研究院采收率试验室成立至今，经过不断攻关克难，发现与探索，在历经聚合物驱，三元至二元复合驱，以及非均相技术进一步广泛推广运用，至 2021 年底，已累计产油 7300 多万吨，效益可观。

这一份如此完美的、令胜利人振奋的答卷，其背后，势必有着超出人们想象的艰难求索之路。

新起点，新理念中孕育的希望之光

20 世纪 90 年代，一个古老东方大国正迎来改革开放的崭新时代，一切蓬蓬勃勃。出生于 60 年代的曹绪龙，那时正值而立之年，适逢其时。曹绪龙学的专业是化学分析，1983 年毕业分配到胜利油田勘探开发研究院开发试验室采二组，从事化学驱研究工作。一个初出茅庐的小青年，从事当时好多人听都没听说过的化学驱三次采油，可能对于刚分配来的他来说，也是始料未及的。

早在 20 世纪 60 年代，油田领导高瞻远瞩，成立了开发试验室。然而，受当时技术条件所限，仅仅处于探索阶段，但他们从未放弃，仍旧在一条看似前途未知的崎岖之路上继续摸索，前行。

当时我国还处于国民经济相对落后时期，从国情出发，在较长时期内，还没有条件投入大量人力、物力、财力，去全面大规模地发展高新技术。那时虽未取得技术上的突破，却留下了他们艰苦创业，不畏缩、不言弃的宝贵精神财富。比如，地质院岩矿组的地质工作者主动挑起担子，走出实验室。他们一头挑着显微镜，一头挑着简易磨片设备，用手工代替机器磨制磨片，深入现场分析化验。不论是严冬酷暑，还是白天黑夜……

前方的光虽然微弱，但那是希望之光，奋进前行的动力与支撑，不容怀疑，也从不会被岁月抹去。他们攻坚克难、三老四严的精神也深深、长久地感染、照亮着曹绪龙和后来从事化学驱的年轻一代。

所以，他回过头来，说出生而逢时之话，是不无缘由和道理的。

承前启后，胜利化学驱需要一个人，或一群人，勇立潮头，撑起衔接与桥梁作用。胜利化学驱也就从那时起，徐徐开启一个分水岭时代的序章。

1993 年，首都国际机场，某日凌晨一点十分。

从一架美国航班走下来的一行人，将十四个行李箱堆放在那儿，十分引人注目。

由于东西太多，出租车司机根本不愿意拉这费油劳力的差事。直到早上八点多钟，他们才找来两辆出租车勉强同意接了这活儿，嘴上还老大不愿意。

“到底装些啥玩意呀，这么沉，今天这活儿实在划不来。”司机问不出个所以然，见一行人小心翼翼抬上、摆放的样子，断定对他们来说，那一定是顶顶重要的东西。

出租车司机极不愿意地驶出机场，乘客这才舒口气，稍稍闭上眼，缓解一下漫长行程的疲惫。

“这可是两个月来，我们在美国得克萨斯大学及美国能源部学习的资料与实验积累的心血。”说着曹总起身，从身后书柜里拿出一本略显厚重、铜版印刷的外文专业书。算来此书已收藏有30年之久，但除却几处折角，仍旧整洁、干净如新，足见主人对其珍爱程度。

“大部分书籍与资料，留与采收率室共享了，对于当时的我们来说是如获至宝。”而今谈及，他仍觉欣慰。

不走出去，你永远不会知道到外面的世界。那时中国太渴望了解世界，走出一条自己的快速发展之路。

当时中国改革开放的总设计师邓小平曾语重心长，又掷地有声地说过：现在也好，将来也好，中国在高科技领域，必须要有一席之地。从此，中国的高技术研究发展进入了一个新阶段，中共中央、国务院同时批准了中国《高技术研究发展计划“863”计划纲要》。

在几个最重要高技术领域跟踪国际水平，缩小同国外的差距，并力争在我们有优势的领域有所突破；培养新一代高水平的科技人才……

总之，当时国家“863”计划的实施，大大提高了我国高技术研究开发水平，增强了我国高技术研究开发实力，使我国在当今国际竞争十分激烈的主要高技术领域，有了自己的阵地。

当时的中国石油天然气总公司，派出十几名石油技术人员。飞越大洋彼岸，学习别人的先进技术与理念，是有远见与前瞻性的决策。

“从认识到思维，从驱油机理到研究方向，一切都是全新的，甚至是颠覆性的。”

年轻的曹绪龙怎能不感慨，不辗转反侧。之前从事的10年化学驱研究，与之相比，简直不值一提。

“那时，我们搞研究，连一台像样的黏度计都没有。”转而，他又想，后发而超越者，更应当被敬重。更何况这样难得的学习机会，站在别人已搭建好的平台上，已看到了更远、更美好的前景，利用后发优势，凭借海纳百川之力，不信我们不能做得更好。

同时，他也想到了老一辈地质人，他的师傅王宝瑜、俞进桥，想到还在有限条件下摸索前行的同事们，他们的一番话犹在耳畔：“我们从事的化学驱三次采油，是让老油田延年益寿的崭新事业！”让他最终认定发展胜利化学驱事业是油田的需要、国家的需要。

期望与嘱托，倏然，让他觉得时不我待，只有争分夺秒，方才不辜负此行，此生。

回转来看，正是这两个月，足以使其脱胎换骨。

三十载艰难坎坷历程，从聚合物驱，至无碱二元，至非均相复合驱技术，每一步都是锻造、淬炼，锋芒之剑，苦寒自知。

如痴如醉，忘我投入，两个月时间对他来说如同白驹过隙，飞逝而过。

人一旦打开眼界与胸怀，看待事物的眼光一定是全新的，有着不同于以往的开阔和认知。打破原有思维壁垒，攀上更高平台，对于一个科技工作者意义何其深远。

沉甸甸的责任感、使命感，对今后油田化学驱的朦胧设想，让他的思索跨越蔚蓝、深邃的太平洋，落地黄河入海口这片热土。

摸索中前行，迎着朝阳启程的跋涉者

深度疑问中驱动前进的动力

在老油田的勘探开发过程中，总有疑虑困扰着人们，油田还能持续开采多少年？

据数据统计，大庆、胜利、辽河、华北、大港、吉林、中原等东部老油田，年产量占中国石油总产量的近 1/2。但随着开采的延续，相继出现平均含水率高达 90% 以上，并且产量呈逐年递减趋势，这似乎成为不可避免的“瓶颈”期。

老油田稳产，不单单关系到油田企业自身的生存发展，更关系到国家能源安全。

那时，胜利油田 2 万多口油井中，含水大于 98% 的油井超过 3600 口，单井日产量小于 1 吨的油井近 6200 口。一系列令人忧心的数据，让胜利油田的决策者和科研人员寝食难安。早在油田开发初期就开展化学驱提高采收率研究，20 世纪 80 年代初开展了碱水驱、活性水驱、胶束驱、聚合物驱试验，但均以失败而告终。

采收率的出路究竟在哪里？

前赴后继，又一群有担当的油田化学驱的跟进者、实践者，已整装待发，踏上了一条艰难探索之路。

1994 年 7 月 4 日，胜利油田化学驱终迎来了可喜可贺之日。胜利油田勘探开发研究院采收率试验室正式成立。

采访过程中，无论是曹总，还是采收率试验室的元福卿经理，以及水质化验组的张书栋等几乎想都不想，都能将成立那天的日期脱口而出，这令我们颇为惊讶。

也由此可见，采收率试验室成立之日，就蕴含了他们的无限期待和愿景，时至今日，又倾注了他们太多的心血和挚爱，不然是难以解释的。

眼中有光，做事有干劲，有奔头。

如何起好步，迎头赶上，走“借鉴，跟跑，吸纳再创新”之路，使化学驱技术真正根植于黄河三角洲盐碱之地，成为油田提高采收率的利器，是归国后曹绪龙及他的团队思考最多的问题。

1984 年，我国主力油田开展了大规模国际间技术合作，促进三次采油技术短时期内得以有效提升。国外五家石油大公司先后对国内 23 个主力油田进行三次采油方法初选。其中国内大庆、大港等油田分别与美、英、法、德及日本三洋等开展了合作，聚合物驱的引进与运用，很大程度上促进了采收率方面的提高，在当时各油田现场应用中均取得了好的效果。

回想当年，国外专家来到胜利实地考察之后，给出的如同宣判般的结论，曾使曹绪龙与他的团队成员们的满腔热忱遭遇当头一棒，几乎是毁灭性的。

坦言之，当时对于与 Halliburton、ARCO 国际石油公司的合作，胜利油田最初还是给予了很大的厚望。这两家石油公司也表达了浓厚的合作意愿，并先后实地对胜利油田化学驱进行了可行性论证。

可是，最终他们得出的一个几乎相同的评价结果：胜利油田高温、高盐、高原油黏度条件下，开展大规模化学驱难度过大。

外国专家很无奈地耸耸肩，并重申胜利油田是开展化学驱的禁区。

如今来看，当时对于还处于起步阶段的胜利化学驱，若没有胜利人大无畏的气概，没有一往无前的勇气和敢于实践的精神，胜利化学驱的发展无疑会是另一种结局。

绝地而后生，他们别无选择。在得到上级领导坚定的支持和鼓励后，曹绪龙及团队成员们果断、义无反顾达成坚定的共识。

雄关漫道真如铁，而今迈步从头越。

从创业之初，胜利人倔强、坚韧的个性就已经成为一种精神标志和宝贵的精神财富。从 1961 年 3 月，华 8 井取芯见到油砂，就击碎了“华北无油”的断言。

何其相似的艰难命题，何其相同的胆识与勇气。

铆足一股劲：就不信那个邪！他们干不了，我们自己来！

坐标地点：孤东油田七区西——国内首例三元复合驱先导实验

说一千，道一万，科学不是凭一时意气用事，元福卿经理在谈及当初时说了这样一番话，搞科研是“强撑”不来的，还得要有一个科学的态度。既不盲从于权威，也不妄自菲薄。

坦言之，较之于其他老油田，胜利面对的油藏条件“先天不足”，这是一个不争的事实。胜利油田油藏地质构造十分复杂，世界上 75% 的油藏类型胜利都有，因此被称为“石油地质大观园”。

胜利油田化学驱资源丰富，但自身条件太苛刻了，开展化学驱难度之大，令人难以想象，足以使人望而却步。

高温、高盐、钙镁离子高：这“先天不足又顽劣”的孩子，让胜利化学驱科技人员伤透了脑筋。

在采收率室会议室挂着一张济阳坳陷构造图，那似乎能流动的色块，不规则的几何图形，极富生命力又充满自然内在的神奇力量，令人叹为观止。当然，其斑斓迷人中蕴含的光怪陆离，看似充满魔幻主义色彩的构造图，外行人根本不知其所以然。问及才了解到，上面星星点点分布的红色标志，即为油田已开发的地域和区块。

胜利人 60 多年勘探开发，追寻的能源之梦，正是在这迷宫般的地质构造中，探寻发现这黑色神秘的自然之子，接近熟悉它，勘探开采它，用大地赐予的能源，造福于现代人类社会。

化学驱到底是什么概念？或许从事石油勘探开发许多年的人，若非有专业认知，都很难给出一个清晰、准确的答案。

从专家的解读中，让我们了解一二。化学驱是以化学方法及化学材料和油藏地质认识为基础，以大幅度提高采收率为目标，将化学与地质有机结合，通过向油层合理注入高效驱油化学剂来大幅度提高石油采收率的一种方法，是多学科结合的前沿性科学技术。其机理为：注入化学驱油剂，增加驱替相黏度，改善流度比，封堵高渗条带，扩大波及体积；降低水油界面张力、乳化夹带等，提高驱油效率。

1989 年，他们选定了油藏条件相对好一些的孤东油田七区西，在这片共和国最年轻的土地上，开展了国内首例小井距三元复合驱矿场试验。同时，此项先导试验被列为国家攀登（B）计划。

正视困难，才是解决问题的关键——胜利化学驱在行动

他们经过科学论证，认为原油酸值适合有碱三元复合驱体系。地质储量：7.8 万吨；注入井：4 口；生产井：9 口……出方案，优化配比，开分析会，出现场，研究解决办法。记不清多少次，他们奔波于荒原之地、井场之间，严寒酷暑，霜露雨雪，见证了流逝中的韶华岁月，也留下了足以铭刻不凡人生的印记和足迹。

从 1989 年至 1996 年孤东油田七区西小井距三元复合驱中心井生产曲线中可以看出，经过 7 年多的努力，终于见到了成效，提高采收率 16.8 %（OOIP），当量吨聚增油 110 吨。为此，1997 年他们又在孤岛西区开展了三元复合驱常规井网的扩大试验……

从一次采油，到二次采油，再到三次采油；从利用地层天然能量，到利用人工注入水的力量，再到利用物理、化学方法，不断挑战采收率极限。一次技术的进步，就是一次采收率的提升；无数次的创新，最终造就了采收率新纪录——何谓吃干榨尽，经过近十年的极限手段开采，他们给出了一个极限的答案。

挑战极限，创新无限——团队精神的愿景如一道光，在每个人心中，可见，可感知。

元福卿经理谈到挑战极限时，说的最为经典的一句话是：极限其实就在你的大脑中，我们要做的，就是要不断冲破固有的藩篱。敢于实践又尊重科学是他们充满自信的源动力。

高温，高盐，从 60 摄氏度到 85 摄氏度，再到下一步他们要在广利油田 120 摄氏度油层条件下化学驱的极限，他们做的一直是挑战不可能，实现一个个突破。

采访中，问到他们在那时遇到的最大难题是什么？

当然是无时无刻不伴随胜利化学驱成长的质疑声。

最初充斥着太多这样的声音，贯穿上上下下，业内业外，有担忧，有疑虑，有观望，有极力反对的。甚至危言耸听，一旦上马，就得不停地往里面扔钱，那是一个无底洞。

发展化学驱技术，是油田大幅度提高采收率的必然选择，不容怀疑。

所有的质疑声当然不会就此烟消云散，还会在化学驱攻坚克难的发展中一路伴随，直至最后完全信服。

当时化学驱的研究人员长期驻扎在现场，及时跟踪现场情况，密切关注各项指标动态，精心反馈和调整解决方案，经过多年摸索实践，从最初井网布局，到配方优化设计，再到形成三元复合驱配套技术，他们终于得出了一个科学完整的采收率数据71.2%，目前，也是国内公认的石油开发的极限。

为啥有底气与专家据理力争

1996 年底，首都北京的冬季已下过了第三场雪。

这段时间，元福卿跑北京已成家常便饭。当然，作为年轻的胜利油田化学驱科技人员，他觉得自己就应该多干些，多努力些。

一大早，北京的总部石油勘探开发研究院，塔松与冬青上还有积雪，晨辉中反射着细碎的喜悦之光。

小元已来到时任石油勘探开发研究院院长、国内化学驱领军人物沈平平的办公室门口，怀里抱着是他此次进京精心准备的一大摞沉甸甸的资料。

走廊里陆续响起脚步声，有人开始上班，忙碌起来，等了好久，未见他想见到的身影。

站累了，小元就直直身子，仍守在门口。

一个小时，两个小时，每当听到楼梯上有脚步声，他都会焦急地望向那里。

这时，在一间敞开的办公室里，走出一位中年人，问道：“小伙子，一上午看你站了这么久，是等沈院长？”

他礼貌地点点头，开口说：“是的领导。”

那人和蔼地说：“你早说呀，院长上午有个重要会议，还不知进行到几点呢。”

“没事，我再等会儿吧，谢谢，您忙吧。”

待到整个楼层人都下班时，元福卿略有些失望，刚准备要转身离开，忽然见一个人拿着记录本出现在他面前。他穿着灰色呢子大衣，儒雅，颇有学者风度，步履沉稳。功夫不负有心人，此人不正是沈院长吗？

元福卿连忙走上前去，说明来意。见其嘴唇干裂，且由于激动，操着并不顺畅的普通话，有点语无伦次，院长温和地让他坐下，并倒了一杯温水。

“小伙子，你来自哪里呀？”院长平易亲切的问话，让他稍稍平复了下紧张的内心。多年后每每提及，元福卿还是从内心感叹沈老的为人很好。

“东营，胜利油田地质科学研究院。”

为了建立化学驱油藏筛选标准，元福卿特意来向当时国内最顶尖的专家学者讨教。

为了筛选全国适合化学驱的油藏，提高采收率的预测精度，当年石油行业正制订一项标准，为国内同类型油藏采收率预测做参考的一种标准。

但缘于胜利油藏的特殊性，这项标准显然是不适用的，提供不了科学对应性。

沈平平当时作为北京石油勘探开发研究院采收率研究所所长、研究院院长、国家攀登（B）计划项目专家委员会委员、国家 973 项目“大幅度提高石油采收率的基础研究”首席科学家，治学严谨，德高望重。

他悉心听取了元福卿的观点，锁紧了眉头。

是啊，他极其明晰，长期以来，国内油藏前期采收率评价是以大庆油田为标准。当时按此制定的标准，把胜利油田的油藏归类为Ⅲ类油藏，根本不具有广泛开展化学驱开采条件与价值。

同时，他也对眼前小伙子的勇气极为欣赏。从事科研多年的经验告诉他，没有向权威提出质疑、提出异议与不同观点的认识，还不足以称之为一个合格的科研工作者，起码不具备挑战与推翻固有认知的思考和勇气。

当然，这必须是建立在坚实理论和实践证明过的基础上。

这时，元福卿正准备打开了那一大摞资料，忽然意识到什么，说，“不好意思，耽误您这么久。”

沈院长听得正感兴趣，招呼他继续讲下去——

从 1989 年开始，从孤东油田小井距三元复合驱先导试验，再到孤岛油田中一区

Ng3 聚合物驱先导试验及扩大试验，历经 7 年摸索和现场实践，所有汗水和付出有了回报，强有力的现场数据最具说服力。元福卿越说觉得越有底气，沈院长也是频频点头。

要想延长油田的高产稳定期并能够保障石油的开采量，石油储层的地质构造状况是至关重要的因素，而这种内在的因素，往往还需要我们通过对外部因素的改造，进而突破其固有特性，这是无法变更的事实。

据后来人分析，若不是胜利人据理力争，胜利化学驱可能会倒退 20 年，更有可能被扼杀在摇篮里。

不屈不挠的决心，科学的态度与使命担当，胜利化学驱之路可谓走得如此艰难，但又一步一个脚印。

胜利把创新作为孤岛油田陆上产量最高的油田的“撒手锏”，创造了年产 500 万吨保持 12 年、年产 400 万吨持续 20 年的辉煌。

同时，在“八五”至“九五”期间，攻关形成高温高盐聚合物驱技术，覆盖地质储量突破 1.6 亿吨，年增油量突破 100 万吨。

挑战无极限，敢于再次踏上征程的攀登者

坐标地点：孤东油田——国际首例无碱二元复合驱先导试验

器大者声必闳，志高者意必远。胜利化学驱工作者无论用心用力，竭尽所能黾勉从事，正是因为他们认识到，要想解决好胜利油田的提高采收率问题，必须不断突破并超越。

2003 年胜利化学驱人开展了国际首例无碱二元复合驱先导试验，可谓“逼上梁山”。

三元复合驱提高采收率的效果，经过 10 年来验证，已是一个不争的事实。但由于碱的加入，结垢和乳化严重，产出液破乳困难。虽然采取措施，处理周期由 20 天左右延长至 3 个月左右，但残酸排不净，影响复合驱的效果。解决思路只有一个：有碱三元复合驱变无碱二元复合驱。

从事过化学驱的人都知道，化学驱油剂包括：聚合物、表面活性剂、黏弹性颗粒驱油剂及其碱。提出“无碱二元复合驱”是让有些专家都大跌眼镜的大胆想法，“前无古人”的三采技术“无碱二元复合驱”这个新思路，让很多业内人士产生了深度质疑，并认为是不可能成功的想法。

一切知识的更新均是在质疑中产生，一切创新都是对固有体系的颠覆。

整个研究团队以提高采收率为己任，迎难而上，排除各种质疑的声音。要通过不断的理论创新、技术创新、精细开发，为石油工业可持续发展奠定基础，是不可能永远停滞不前，故步自封的，甚至有些冒险——科学探索之路上从来就是充满挑战，从泰勒斯，阿基米德到哥白尼，科学史上这些最为璀璨耀眼的伟大科学家，无一不具有革故鼎新的创造品性。

九月的孤东采油厂辖区地处偏远，但自然景物令人顿觉开阔，豁达。满目银白的苇絮绵延起伏，候鸟鸣叫翱翔，更显碧空高远。

孤东采油厂位于黄河新淤积冲积扇平原，所辖区域东北面临渤海，南倚黄河，是集油气勘探、开发、处理、集输为一体的采油厂，管理着孤东、红柳、新滩三个油田，辖区含油面积 94.3 平方千米，探明石油地质储量 3.3 亿吨。

记不清多少次了，他们目光与思绪随着驰骋的车轮，激荡如飞。

在这片黄河入海口神奇的土地上，胜利化学驱工作者将一个伟大起点的旗帜牢牢插在了这里。具有里程碑意义的无碱二元复合驱先导试验在此拉开了序幕。

那时研究人员还长期驻扎在现场，半个月一轮换，与基层职工们同甘共苦，水质组与化学组的检验员也定期到现场解决问题，做好一切保障。

孤东油田二元复合驱先导试验，地质储量：277 万吨，注入井：10 口，生产井：16 口，地层温度：68 摄氏度，钙镁离子：244mg/L……自 2003 年伊始，经过 10 年发展，终于取得了突破和成效，二元复合驱已成为胜利油田化学驱主导技术。年增油达到 105 万吨，占油田化学驱年增油的 70%，支撑了化学驱年增油量连续 12 年保持在 150 万吨以上，获国家科技进步二等奖，中国石化科技进步一等奖。提高采收率由聚合物驱的 8% 提高到 12% ~ 20%，实现了由并跑到领跑。此项研究还获得了国家发明专利，在大庆、辽河、大港、吉林、克拉玛依等油田推广。

除此以外，所有的精彩背后，一定是充满荆棘的道路，以及开拓者留下的艰难探索的足迹。

传说阿波罗是古希腊神话中人类的保护神、光明之神、预言之神。阿波罗又被称作福珀斯·阿波罗，意思是“光明”或“光辉灿烂”，寓意人类要迎接光明，需要战胜难以想象的困苦，才能获得涅槃重生。

由此，我们知道，他们背后一定有更多鲜为人知的艰难攀登的故事。

表面活性剂，逼入“绝境”重生的驱油剂

从三元复合驱到无碱二元复合驱，及后来被称作新一代提高采收率技术方法的非均相复合驱，无不经过艰难的求索，经过了十年磨一剑，甚至更久的淬火、打磨。这不但是对技术方面的摸索，更是对他们意志力的考验。

难点：如何在无碱条件下达到超低界面张力？

要想大幅度提高油藏驱油效率，就必须将油水界面张力降至 10-3mN/m 的超低水平。但对于无碱驱油体系来说，这是一个国际难题。前期，大家想尽办法，颇费周折地把市面上所有的上百种表面活性剂全部搜刮来进行测试、筛选，希望找到理想的产品，利用单一的活性剂来降低界面张力，结果都一无所获。

这是在攻关二元复合驱油的过程中，曹绪龙与他的团队遇到了前所未有的挑战。

在科研领域中即使取得如此巨大成功，亦不会有奥运赛场上的万众瞩目，没有太多公众关注与掌声；即使在现代信息传播如此迅捷之下，也不会有一夜传遍街巷的所谓网红效应。

所以从另一种意义而言，他们终是一群长久以来耐得住寂寞的修行者，不以物喜，不以己悲。

越过去，可能就是柳暗花明。记得陈忠实在一次采访中曾提到，在完成茅盾文学奖作品——其呕心沥血之作《白鹿原》时，那是一个下午，当写下最后一个标点符号时，他觉得眼前有点发黑，感觉几年以来在一条隧道中行走，就是期待看到洞口，今天终于见到了洞口的那束光。

天道之可循，莫不如此，成功的光束只为执着与坚守者照亮。

在采访中，感受最深的一点是，采访对象每个人身上具备的不同品质、遮掩不住的闪光之处：曹总的沉稳大气、坚韧担当和让整个团队充满凝聚力的人格魅力；元福

卿经理的低调谦逊，踏实肯干；年轻一代博士们的崭新精神风貌。他们思想活跃，独立思考能力更强，充满活力和个人创新力，尤为难能可贵的是对待化学驱事业的使命感和事业心，有的放弃了国外优越的条件，有的排除各种困难，坚定选择化学驱，其间有许多感人的故事。此外还有几十年如一日默默奉献的化学组与水质组的张书栋、庞雪君，他们都给我们留下了极为深刻的印象。

敬业，奉献，严谨，求实，勇于探索，开拓进取……突然，当你在想到这些似乎能概括一些优秀的人或事物品质的词汇时，又顿觉是苍白无力、概念化的表述。

在采访每个受访者的过程中，他们总是更多地谈到别的同事所做的贡献，觉得自己做的仅仅是本分之内的工作，而又能从另外之人口中，了解到那位受访者如此之多的闪光点，几乎无一例外。

想来这是件很有意思的事，这是我们遇到的一个素质极高的团队与如此优秀的团队，还有什么是战胜不了的呢？

同样面对失败的态度，也极其考验一个优秀团队的“自我认同感”与“综合能力”。难以想象，日复一日，他们每一天面对最多的就是失败，对于所有课题和实验来说，失败几乎是百分之九十以上的。若丧失整体良好心态，绝难坚如磐石。

“宽容失败，允许失败”——这就是曹绪龙与采收率室一众人的态度，失败就是离成功更近一步，从某种意义上来说，成功更是因无数失败累加而成。

破解无碱条件下的难题，实现了二元复合驱技术突破

“没有一个开阔的眼界与胸襟，顶多是一个优秀的研究员，你无法做到成为一个优秀的科研工作者。”这是曹总说得最多，也最感染人，被他的团队和学生们接受的理念。由此忽然明白了，一个从事科研项目的人，以及这些天接触的采收率实验室里的兢兢业业的人们，还有分布在基层每一名从事最基础工作的员工在整个胜利化学驱的发展壮大过程中的思想脉络。

建设世界领先提高采收率试验室——看到这样的团队愿景，你还会怀疑他们行动力吗？

鼓励创新，宽容失败——如此的创新理念与思维方式，不令人为之一震吗？

还记得影响最深的那次采访目前主攻“高分子聚合物设计与合成”的胜利油田优

秀青年知识分子、博士后季岩峰时，听到这样一个感人的故事：当时毕业于澳大利亚墨尔本大学的季博士已有留校做助理研究员的意愿，回国探亲时，干了一辈子石油事业、有着很深石油情结的父亲，骨子里还是希望他留下来。而一向尊重父母的季博士，最初只是出于对他们的心理安慰，答应可以去了解。

当第一次接触到曹总及他们的团队时，没想到一向心高气傲的他，竟被曹总的一句话问得“死死地”。

“小季，你可以告诉我，我国目前高分子发展的现况如何？你能告诉我，中国目前有几位这方面的院士？以及张希院士你可曾听说过？”

三个极其有分量的连环问题，让其哑口无言，又羞愧难当。

更为震撼他内心的是，在胜利会有眼界如此宽广的领导，如此不可小觑的化学驱团队。如果一个人没有坚定的理想和奋斗的方向，所有的努力又何所为？

如今扎根十年的他，在“高温高盐提高采收率无机、有机超分子驱油体系研究”上取得可喜成果，获得了中国博士后科学基金一等资助。

还有排除万难坚定选择胜利化学驱的姜博士，以严谨著称的毕业于新加坡国立大学的石静博士……在这片沃土上，聚集着一群默默无闻的奉献者们，多么值得我们敬重。

当然，“剥鳞蜕皮”——那种终寻不得，得其不果，正是由他们口中，才让我们真切体会其中的煎熬。

那年夏天出奇地热，午后知了的鸣叫在打蔫的柳叶下也有一搭，没一搭。

一直破解不了的难题让曹绪龙焦头烂额，他已经连续加班多日，之前还出差上海、天津、西安等联系高校及厂家，寻找可匹配的制剂，可谓天南地北，踏破铁鞋，但也没找到理想的解决办法。作为此项目负责人，久攻不下，他与大家的压力可想而知，当初的质疑声又再度泛起，更紧迫的还是现场的井也在急等出方案，如同病人已经推进了手术室……

连日来的超负荷运转，寝食难安，让他明显感到体力不支，妻子和同事们都劝他还是先调理好身体要紧，本地有经验的中医号过脉，说是急火攻心。老中医继续问着诊，斟酌地在处方单上写着黄连、芍药、黄芩、阿胶等几味中药，并叮嘱要注意休息。

雨后微风习习的黄昏，吃过晚饭，他下楼在小区散步，满脑子还是在琢磨“界面张力”挥之不去。走着走着，他想起下午看中医之事，忽然灵光一现，“中药配方中几味药之间的加合作用”让曹绪龙认识到，通过两种或两种以上活性剂的加合作用来降低界面张力，应该是一个不错的思路。

他急急地朝实验室而去，急于印证他刚才的想法。加比例，配比，等待，似乎尤为漫长的等待，此时，实验室钟表的转动仿佛更为缓慢，莫名地安静下来。

太神奇了，正是预想的效果。一个良好的开端就是通往彼岸的渡桥，那一刻，他知道，终于找到了。

同时，他又有片刻不太敢相信自己的眼睛，甚至有些不真实感。待进一步确认后，他一个人走到窗前，看到满天星光，蓦地感到一阵释然，压在心底快让他窒息的巨石消失不见了，终于可以舒口气了。

这时，他抄起电话，给师傅俞进桥拨通了，只说了一句“师傅，我们成了”，就再无语了。

师徒间的默契，让老俞一下子就明白了他没说出的那部分，他只轻轻地“嗯”了一声，便表达了彼此的理解。

第二天上班，待他来到室里，见全室人员都围着一块小黑板沸腾了。原来是师傅一大早就以“打油诗”的形式将此公之于众，他深知大家的压力并不比自己小一分一毫，也看到了每个人的脸上都洋溢着说不出的喜悦，心中有种说不出的欣慰。

曹绪龙意味深长地说：“采收率室之所以能取得这么多的成绩，这也是源自志同道合的职工的‘加合增效’。”

由此，他带领大家又投入新一轮的研究实验中。随着研究的深入发现，无碱时获得超低界面张力的必要条件是：表面活性剂在油水界面上有序排列、致密富集。于是，他们从建立界面表征方法入手，从分子水平、纳米尺度直接表征与研究驱油体系界面微观行为。

为了探寻表面活性剂的结构性能、排布规律、复配机理，大家在经过炼狱式的求索之后，终于创新提出了“聚合物加合增效理论”。该理论指出，“阴、非离子表活剂复配是得到超低界面张力的有效途径，油水界面张力可达到 10-3mN/m”。

针对不同的油藏开不同的药方，其复杂性同样要求我们对症下药，寻找适合各区块最佳的驱油剂配方。

有人会感叹道："通往成功的大门，往往是给有准备的人。"却不知人们往往忽略了中间最重要的积累，如果没有深积厚养，有时机会来了也会稍纵即逝，如庄子的《逍遥游》篇：且夫水之积也不厚，则其负大舟也无力。风之积也不厚，则其负大翼也无力。如厚积薄发，蓄势而动。

二元复合驱已成为胜利油田化学驱主导技术，经过十年发展，年增油达到 105 万吨，支撑了化学驱增油连续 12 年保持在 150 万吨以上，获国家科技进步二等奖，实现了与国际先进水平的并跑到领跑。

不断跟进的步伐，老油田焕发无限生机

孤东油田二元复合驱先导试验的成功，无疑给胜利化学驱应用推广极大增强了信心。

在胜利油田的"地质大观园"里，化学驱高温高盐Ⅲ -3 类油藏储量 3.77 亿吨，主要分布在胜坨、东辛等油田。综合含水率均在 95% 以上，平均采出程度 41%。

曾经辉煌时期 600 余万吨年产量的胜利采油厂，到如今年产量降为 160 万吨；对于 20 世纪 80 年代末期就进入高含水期的老采油厂，不得不说，挑战性极大。

胜利采油厂化学驱资源分类复杂，可动用储量多为Ⅲ类油藏，其中高温高盐油藏Ⅱ类，"探索胜坨油田高温高盐油藏化学驱技术，不仅关系着老油田的持续发展，更对油田同类油藏开展化学驱有重要意义"。

储层非均质性严重，开发形势日益严峻。但如此大量的剩余储量不能在地下沉睡，必须想办法提高采收率。

在油田可持续高质量发展目标引领下，胜利采油厂持续开展化学驱技术攻关和矿场实践，不断深化化学驱剩余油变化规律和致效规律研究，创新形成了"全周期高效优化、全流程质量管控、全方位智能绿色"的化学驱高质量开发模式，实现了缩短等待期、延长高峰期、控制回返期的效果。

其实，早在 1998 年，随着第一方聚合物溶液在胜一区沙二 1-3 区块注入地下，胜利采油厂化学驱就此拉开了三次采油的序幕。24 年来，以高温高盐油藏聚合物驱、二元复合驱及非均相复合驱为核心的化学驱技术不断挑战采收率极限，胜利采油厂通过化学驱技术已实现累增油 282 万吨。

见证采油厂化学驱成长历程的李健康老总深有感触：胜利采油厂化学驱资源储量2.99亿吨，1998年以来先后开展14个化学驱先导试验和推广项目。当然，他们也经历了探索，经历了无数失败和艰难坎坷的历程，科研团队面对的现实问题是：Ⅲ-3类油藏地层温度高、地层水矿化度高、硬度高。以胜坨油田胜三区坨28断块沙二1-3单元为例，油层温度82摄氏度，钙镁离子含量549mg/L，盐度平均21053mg/L。

多年来采油厂充分发挥贴近现场的优势，定位在化学驱应用技术攻关方向，油藏、工艺、地面一体化优化攻关研究，实现化学驱全过程、全链条闭环技术整体提升，形成了油藏优化选区，全周期优化调整，地面配套高效注入，精细管理配套。

目前，已实现聚合物驱、二元复合驱和非均相复合驱三项核心技术突破。部署项目7个，地质储量2546万吨，年产油20万吨，已成为采油厂效益稳产的有力支撑。

胜利采油厂分管领导向我们介绍说，老油田要提高采收率，化学驱必须先行，大力推进技术攻关，打造采收率挑战60%的技术先导型采油厂，“要有招，有对策”。

同时，他们还与院校结合，曹总定期带领勘探开发研究院到各采油现场调研，发现问题，解决问题。

日前对胜二区东三5二元复合驱的现场应用，就打了场漂亮的“翻身仗”。新增见效井10口，见效率由16.7%提升至56.5%，单元日产油上升最高至145吨，是方案前的7倍，共超计划608吨，已创效4500余万元。

他们制定和实施了更有效的调整对策。通过前置水驱井网调整，优化了井网井距，有效抑制强边水内侵；通过曝氧除铁等工艺优化，大幅提升注入黏度；通过信息化建设，有效提升注入时率；通过分井组差异化注采调整，有效扩大聚合物驱波及体积，让每一吨药剂都释放最大效能。

同时，他还向我们算了一笔账，对于储量五亿吨，采收率已达40%的老采油厂，要焕发生机，就是要有一套针对性的做法，并提出剩余油在哪里，调整就在哪里——延长高峰见效期，缩小见效等待期，控制含水回返期。同时，他带我们展望，若采收率整体提升至60%会是一个什么概念，不言而喻，“百年胜采”不是梦。

他们深化特高含水期水驱开发理论，攻关高温高盐化学驱提高采收率技术，拓展非均相体系应用领域，不断增强油气生产能力。通过持续攻关研究和高效运行，“十三五”采油厂化学驱开发在Ⅱ类聚后油藏非均相复合驱和Ⅲ-1类低温高盐油藏二元复合驱取得突破，累计增油 54.49 万吨，创效 4.99 亿元。

“十四五”期间，胜利化学驱创新团队将紧紧瞄准油田开发需求，以大幅度提高采收率为目标，以技术创新攻关为手段，倾力打造油田大幅度提高采收率撒手锏，为效益稳产提供技术保障，为人才成长提供沃土，为油田走高质量发展之路提供强有力的支撑。

别开一枝

——胜利化学驱技术创新突破之路

任厚毅

石油工程技术研究院紧跟并携手勘探开发研究院，在化学驱攻关上，披荆斩棘，蹚开一条化学驱技术创新突破之路。他们的交联聚合物驱、活性高分子驱、纳米聚合物微球堵调驱等技术，都在油田化学驱开发史上留下浓墨重彩的一笔。

交联聚合物崭露头角

即使在今天，石油工程技术研究院退休干部吕西辉的胳膊上还依稀可见蚊子咬伤的疤痕。

是的，是蚊子咬伤的。

这些疤痕是约 30 年前留下的。

1991 年，时任采油工艺研究院三次采油研究所副所长的吕西辉参加了一场战斗。战斗的对象并不是人，却更难缠。

它们是蚊子以及其他叫不上名字的叮人的小虫豸。孤东“三个蚊子一盘菜”的俗语绝非妄言。

它们数量庞大，如影随形，赶不完、躲不开，随手一挥就可以感受到噼里啪啦的撞击，即使用花露水一瓶一瓶往身上浇，也阻断不了蚊子隔着工作服往身上叮。

虽然吕西辉并不是一个人在战斗，他和同事们想尽了各种招儿，但还是败下阵来。

一天晚上，吕西辉在蚊帐里睡着了，胳膊贴着蚊帐的一侧让蚊子“吃了个饱”，醒来胳膊沉沉的一片麻酥酥，仔细一看，蚊帐外趴着一层蚊子，个个吃得肚子滚圆飞不动，红彤彤的像小灯笼。

战斗始于 1991 年的夏天。

为了向同行们证明交联聚合物驱油技术的有效性，三次采油研究所的几名技术人员把现场试验选在了蚊虫肆虐的孤东油田。

放眼望去，天苍苍、野茫茫，在没有会战的地方，看不到树，一片茫茫野草，路上不停滚动着大团灰尘；有会战的地方，场面宏大，人车穿梭，钻机轰隆，气势恢宏。

他们当然是在一些不需要再聚集很多人的偏僻角落。那是孤东油田七区北区块的两口注水井。据说，吸引他们的是这两口注水井对应的产油井比较多。

“这里注水能力和油层发育好。”吕西辉说，“最关键的是，油井采出液含水已经高达 92%。”

含水高之所以成为他们的首选指标，是因为交联聚合物驱油体系解决的就是含水高的油层在添加聚合物时窜流严重，达不到预期效果的问题。

当时的情况是，胜利油田整装油田如孤岛、孤东油田的含水量都达到了 92% 以上，进一步提高采收率迫在眉睫。三次采油开始进入人们的视野，并被逐步工业化应用。

当时胜利油田已经开展聚合物驱油试验。但由于经过长期注水冲刷，部分井的地层形成了大孔道，甚至特大孔道。可以想象，注入地层的聚合物都随着这些“优势”水道流走了，周围地层得不到驱动的油，只能“眼巴巴”看着。关键是，由于越流越顺畅，“大水流”格外欢快，那些剩余油却仍待在原地不动。

注水、注聚合物都是成本啊，相当于钱在“哗哗”地流，却没有回账。

难题像“山”一样实实在在摆在了科研人的面前。遗憾的是大家有心无力，都一筹莫展。

时至 1989 年，终于有一个人站出来“揭榜”了。

他提出了通过加交联剂来改善单纯聚合物的稳定性以及抗氧化性，提高阻力系数的思路。

此人就是 1988 年从美国学习三次采油归来的刘玉章。

从 1986 年以来，刘玉章先后 8 次出国考察，搜集到了不少先进的三次采油资料，每次都带回许多灵感和新思路。

1986 年，他被总公司公派赴美。一年的访问期结束后，他的导师要他留在美国攻读学位，甚至开始在美国为他联系工作。

“不，我要回到祖国去。我所见到和学到的，对我的祖国非常有用。”他坚定地说。

他是采油工艺研究院的第一个本科生。

早前，刘玉章曾是河口采油厂的一名铆工。一个偶然的机会使他走上了科研道路。

有一件事给他留下了深刻的印象。

他的师傅——一位 1956 年就参加工作、没受过多少教育但有着一手好活的四级工，在预制一个大件时遇到了麻烦。

他让人把大件样品抬到一个大水泥广场上，然后用他熟悉的钣金展开法丈量尺寸。

他在水泥地上画了半天，按比例放大后，又用尺子量了好几遍。费了一个上午的工夫才把几个主要数据量出来。而一位年轻的师傅并不动手，笑眯眯地抽着烟看着师傅折腾。随后，仅用一支烟工夫，便用中学所学过的正余弦定理和勾股定理算了出来。

比较两个数据，基本是一样的。

这使老师傅出了“洋相”，非常恼火。一旁的刘玉章悟出了一个道理：知识就是力量，会给人以不尽的财富，最起码能省不少事。

后来，通过发奋学习，刘玉章考进了石油大学采油工程专业。

1982 年 1 月，他以优异的成绩毕业，分配到采油工艺研究院研究化学堵水。

刘玉章在科研活动中遵循一个原则：工程设计尽量简单，尽量想得周全、严密，尽量一次成功。

一次，一位工程人员在交给他的一份“黏土胶试验中心井堵大孔道设计”中，加有一趟管柱的设计。

他说：“我们能不能再想一想办法，再简洁一些，省事一些。”十几分钟后，他和那位工程人员对设计稍作修改，设计出了能达到同样效果的另一套方案，并不需要管柱。

那位工程人员感慨地说："我们十分钟，他们三天工啊！"

在当时，交联剂还是一种新生事物。太新了，刘玉章想"省事"也无从下手，只好老老实实做研究。

国外研制的交联剂成本高、使用条件苛刻，受水质、聚合物、盐和温度的影响变化大。他们搞研究，还存在仪器、条件、设备落后和资金不足等额外困难。

那有什么，没有条件创造条件也要上。

他们小心翼翼进行着各种试验。

试验大部分是强氧化反应，一旦外部条件发生变化，如降温等，就容易发生危险。另外，烫伤、碰伤、毒性、腐蚀性等危险也时刻在威胁着他们。

克服了重重困难，一年之后，也就是 1990 年，一种以铬离子为基础的复合交联剂终于新鲜出炉了。

交联剂刚刚面世，效果怎么样还未知，却引来了业内的一片质疑。

尽管这种交联剂被当时的中国石油天然气总公司科技局组织专家鉴定为在国际上处于领先水平，也没有平息质疑的浪头。

"也不怪人家不买账。"刘玉章心里明白，毕竟是试验室里出来的产品，没有经过现场试验。其一，室内试验和现场工业化应用还有着巨大差异，这在意料之中。其二，受传统的聚合物驱的影响，短时间内也不容易认可这种产品的效果。

正因为受到了质疑，他们反而更加坚定了通过现场试验证明这种驱油工艺可行性的想法。他们一方面通过大量的室内模拟试验改进完善交联剂的性能，另一方面在试验之前对现场实施进行了种种设想。

针对现场可能出现的各种问题，他们又对交联剂进行了重新筛选和大量的对比评价。

当时孤东油区经常在冬天搞会战，根本无暇顾及新产品试验。无奈之下，为不耽误会战上产，在 1991 年的夏天，一群科研人员开进了孤东油田。

因为存在这样那样的质疑，可想而知试验也在艰难中进行。

受设备和工艺的限制，一切都是土法上马。吃饭也是饥一顿饱一顿，没有住的地方，他们只能住在附近采油队的会议室里，还要等到采油工人打完扑克睡觉后，才能躺在会议桌上休息一会儿。

这个时候正是蚊子最疯狂的时候。条件确实很艰苦，不仅展开人蚊大战，就连洗漱、冲凉用的水，也是他们一桶一桶提来的。

功夫不负有心人。

两个月之后，他们在孤东油田七区西馆上 63 层，注入添加交联剂的聚合物溶液 6000 多立方米，对应油井含水下降 2 个百分点，6 口油井日增油 20 多吨，终于得到同行和采油厂的认可。

随后，研究人员又开始根据现场需要研制普适性交联剂，让交联剂适用于不同的水质、聚合物和地层。交联剂的普适性获得突破后，1992 年，他们开始扩大现场试验，先后在孤东油田三区、七区试验了 8 口水井。

这期间，刘玉章、吕西辉们一直在跑现场。有一次，在去孤东途中，他们的 130 车发动机坏了。适逢大雨，为了赶时间，他们就在雨中修车，每人都淋成了“落汤鸡”。

“孤东累，孤东苦，四两馒头二两土”“人无歇脚处，鸟无树做窝”……这些都是当时人们耳熟能详的顺口溜。尤其是夏季，一则进入了高温酷暑天气，再是进入雨季，多数井场积水严重，路难行，车难进，施工难度可想而知。

1993 年，刘玉章担任了采油院副总工程师后，仍然保持一周至少两次去现场，试验到紧要关头，仍然毫不犹豫住在井上。

那次住在孤东采油 18 队，一待就是七八天。他们去孤岛买来米面，自力更生、自给自足，一大伙人喝米粥、吃煮面条，一点儿也不觉得苦。这样断断续续，时时上井，有时住在井上，一折腾就是几个月。

一直到 1993 年底，现场效果越来越明显。孤东两个区块注交联聚合物后，大获全胜，含水下降 10 个百分点，累计增油 4.4 万吨。

尽管如此，困难似乎一点儿也没有减少。

因为没有搅拌器，所以在配置交联剂浓度时只能采用离心泵，导致交联剂黏度难以控制。因为对应的油井多，几个小时就需要取样，他们经常干到晚上 12 点后，还要继续化验检测，根据结果再进行方案设计。

算起来，从 1989 年刘玉章提出交联聚合物思路以来，用了 5 年时间，他们终于配套形成聚合物—交联聚合物驱油技术，并已基本成熟。

该项技术后经鉴定，整体成果达到了国内领先水平，为胜利油田注聚合物驱防止聚合物窜流、改善注聚效果提供了有力技术支撑。

《胜利报》1994 年 3 月 29 日一版刊登报道：

我局 1992 年 9 月在含水大于 90% 的孤岛中一区开展聚合物驱现场试验，至去年底，见效最好的中心井含水下降 4.7%，采收率提高 0.68%，日产量从 14 吨上升到 24.6 吨。试验区增油 4583 吨，目前见效动态基本正常。

并称：采油院研究试验工作在国内走在了前列。

还说：交联聚合物驱和黏土胶驱为我局在国内首创，黏土胶驱近日已上报申请国家专利。

报道最后，还对 1994 年的三次采油工作进行了总结：

1994 年我局加快了三次采油实验步伐。聚合物驱在孤东、孤岛扩大 80 口井，交联聚合物驱在孤东扩大 20 口井，进入工业性试验阶段。

据统计，1992 年至 1997 年，胜利油田先后在孤东七区西 Ng63、孤东三区、孤岛西区西 4-172 井组开展交联聚合物驱油先导试验。

其中，孤东七区西 Ng63 注入井 4 口、采油井 13 口，注入交联聚合物溶液 114.2 万立方米，累计增油 3.0431 万吨，提高采收率 4.5%，投入产出比 1 ： 3.59。

在孤东三区注入井 5 口、采油井 13 口，注入量 101 万立方米，累计增油 8787 吨，投入产出比 1 ： 3.06。

在孤岛西区西 4-172 井组注入井 4 口，注入过程历时 15 个月，实际注入 15.5 万立方米，含水由试验前的 94.3% 下降到 93.4%，日产油由 85.4 吨上升到 107.5 吨，累计增油 9800 吨。

交联聚合物驱的后话

愈战愈勇。

1997 年，乘交联聚合物驱顺利开展并逐步扩大应用的东风，采油院开始组建三次采油化学注剂开发生产中心，以黏土胶、注交联聚合物为主导产品，并向微生物细菌生产扩展，逐步形成油田三次采油产业。

1998年，采油院承担了“九五”攻关专题“孤岛—孤东油田交联聚合物驱油工业化应用技术”，经过大量的室内研究和现场试验，逐步完善了实施方案，许多实施油井见到了明显效果。

通过“八五”和“九五”攻关研究，交联聚合物驱油技术已成为油田非均质严重油藏高含水期提高采收率的有效途径之一。

但从室内研究和矿场应用情况看，交联聚合物的动态交联规律、在油藏条件下的流变特性以及地层非均质对其渗流的影响等仍不清楚，困扰着交联聚台物驱油技术的更大规模矿场应用。

时势造英雄。这时，另一位高知识人才出现了，时间是2000年前后。

他叫孙宝江。

孙宝江的履历异常简单。

他从1981年考上大学开始，18年都没有离开过大学校园。也正因为如此，已获得博士学位的孙宝江深刻认识到，只有和生产实践有机地结合起来，自己在专业知识上的优势才能充分发挥出来。

正当这时，胜利油田设立博士后工作站的战略举措深深地吸引了孙宝江。

胜利油田需要他，或许，他也更需要胜利油田。

孙宝江毫不犹豫地选择了胜利油田。

一进入采油院，他就马不停蹄地投入工作。课题组人员落实了，资金落实了，没有实验器材就自己动手设计研制。

新成果很快面世——阻尼式交联剂微流量分配装置填补了国内空白。

该装置是针对矿场采用的一泵对多井添加交联剂，调节流量误差较大问题而研制的，它克服了微流量情况下，流量计无法准确、稳定计量造成的分配误差，具有分配精度高、运行稳定可靠、造价低、操作简单等特点，对提高交联聚合物驱油的现场效果有重要意义。

该装置在现场4个注聚站30口井上应用，一直运转良好。

他还在充分调研国内外资料的基础上研制了“交联聚合物动态交联和渗流规律实验系统”，可在不同温度、流速条件下，模拟交联聚合物在多孔介质中的动态交联规律，对交联剂进行质量评估，以及进行交联聚合物调剖实验。

系统设计具有多用途、多功能、自动化程度高、性能可靠的特点。实验参数采用智能自动化控制，可在无人值守的条件下长期运行。

该系统研制成功后，经过试用，运转良好，进行了交联聚合物渗流和动态交联实验，取得较好的实验认识，经鉴定达到国际先进水平。

向更高目标迈进是孙宝江不懈的追求。

他又向交联聚合物渗流规律研究项目发起了挑战。这项研究为交联聚合物数模模型修正和交联聚合物驱油方案设计提供了重要理论支持，项目总体达到国际先进水平。

无独有偶。同时期，还有一位博士后，与他在这一领域比翼齐飞。

王业飞，1999 年 9 月获得石油大学油气田开发专业博士学位，1999 年 12 月进入胜利油田博士后流动工作站。

他将之前的黏土胶调驱技术进一步发扬光大。

随着黏土胶调驱技术研究工作的不断深入，以及实验规模的不断扩大，现场逐渐暴露出一些问题。王业飞博士入站后，与课题组的同志一起，对现场试验情况进行了认真分析。

他认为黏土胶是通过提高注入波及系数起作用，从提高采收率的机理来看，仍是一种二次采油技术。

他认为，在坨七块注黏土胶试验进入后期，一些问题开始暴露出来的情况下，应积极探索其他提高采收率的机理和方法，适时引入三次采油技术，使之能与黏土胶调剖技术配套使用，形成一种既能提高波及系数，又能提高洗油效率的复合技术，即注多级化学段塞提高采收率技术，以获得最佳的现场应用效果。

基于此，王业飞博士提出了详尽的研究思路和具体的试验方案，经有关专家评审，获得认可和好评。

他在“注多级化学段塞”（简称注胶）领域渐行渐深。

注胶提高采收率是一项全新的技术，没有成熟的理论指导和试验方法可借鉴，研究难度比较大。

为了搞清楚试验区块的地质情况，他除到胜利采油厂地质所、工艺所认真查阅相关地质资料、施工设计和记录外，还经常一个人到各注水站、施工队了解情况，以取得可靠的第一手材料。

同样，为建立合理的试验模型，他不知和周围同志及学校的老师进行了多少次讨论。正是由于有充分的调查研究，踏实认真的工作作风和尊重实际、积极创新的精神，在王业飞的指导下，注胶提高采收率试验的总体设想很快付诸实施，无论是在室内还是现场，都取得了较大进展。

坨七 9 单元注胶试验区 34158 井，按照王业飞的试验方案进行封窜施工后，对应油井 33112 井的液面由井口降至 360 米，综合含水下降 1 个百分点，充分验证了室内研究成果的正确性，为注胶驱的下一步综合治理指明了方向。

另外，王博士的研究成果还在东辛采油厂进行了推广，东辛莱 11-531 井组因而获得了一个新身份：注胶化学驱提高采收率试验现场。

初步试验结果表明，高效驱油剂段塞能显著提高原油采收率。

其实到目前，交联聚合物驱的普适性问题已经解决了，随之而来的是胜利油田Ⅲ类油藏因为高温高盐带来的难以提高采收率的问题。这个问题可以说是世界性难题。

科研人员没有退缩。遇山开路遇水搭桥，勇往直前。根据以前积累的经验和知识，他们又研制开发出耐温抗盐交联剂，可用于高温 90 摄氏度和高盐含量达 10 万毫克 / 升的油藏条件，形成了耐温抗盐交联聚合物驱油技术。

该项技术通过向常规聚合物溶液中加入缓交联型交联剂，使体系在高温高盐油藏条件下仍然能保持较高的黏弹性，扩大波及体积，提高采收率。

该项技术为解决胜利油田Ⅲ类高温高盐油藏提高采收率提供了技术支撑。

2003 年 8 月，该项技术首次在东辛采油厂辛 50 区块进行了先导试验。

试验区有 3 口注水井，对应 5 口生产井。截至 2006 年 8 月，3 口注水井累计注入聚合物干粉 468 吨，交联剂 92 吨，注入聚合物溶液 297551 立方米。对应 5 口生产井效果：注入井压力上升、吸水剖面得到明显改善，油层能量得到恢复。生产数据更是直观：日产油从 11.6 吨上升到 28.9 吨，含水下降 3.7 个百分点。

有一个细节不得不提。在进行耐温抗盐交联聚合物驱油技术先导试验时，井口取样不是没有黏度就是黏度降得很低，这在当时被认为是公认的现场难题。

没有准确的黏度，就不能顺利进行先导试验。这也成为矿场实验最大的制约，即使遍求专家也未能解决。

科研人员下决心自己克服这个难关。他们通过查阅资料、现场试验，一路摸索，边试边干，终于研究形成一种“聚合物溶液黏度取样稳定技术”，完美解决了现场取样不能保持黏度的难题。对此，一些老取样人甚至不相信，到了现场亲眼见证才心服口服。

耐温抗盐交联聚合物驱油技术先导试验在国内外均属首次，课题研究和现场应用均达到国际先进水平。可以说，胜利油田Ⅲ类高温高盐油藏资源提高采收率的难题已被破解。据统计，适用推广应用的油藏资源达到 3.745 亿吨。

为此，2006 年到 2010 年，油田先后开展东辛营 8 块、滨南利 33 块、32 块等耐温抗盐交联聚合物驱现场推广应用。

如今，交联聚合物驱油效果明显好于聚合物驱已得到公认。但该项技术从来也没有停滞不前，一代代科研人员不断接力，砥砺前行，精进不止，使其在油田提高采收率过程中持续发挥着重要作用。

活性高分子横空出世

2012 年，在北京举办的中国石化科技成果验收会上，采油院一项“活性高分子体系提高采收率技术研究”项目被鉴定为整体达到国际领先水平。2013 年，该项目又喜获中国石油化工集团公司科学技术进步二等奖。

该技术成果自进入现场应用以来，已累计增油 4.52 万吨，提高采收率 2.3%，成效非常显著。

何为“活性高分子”？其实是一种超分子结构。

一方面，这种超分子结构具有较高黏度、弹性，能够主动吸附在砂岩表面、降低水相渗透率，起到封堵以及进一步扩大波及体积的作用；另一方面，它还可以与岩石表面的原油相互置换，因而具有高效分散原油性能，从而提高洗油效率。

“活性高分子体系是一种两亲高分子接枝共聚物。有点像有智能的高分子，能敏锐捕捉原油的信息，并与之互动。”石油工程研究院分管领导这样解释“活性高分子”。

室内研究表明，该体系聚驱后可以提高采收率 13.4%。

其实，早在 2005 年，采油院就提出了活性高分子驱油技术研究课题，并且当年就被立为中国石化重点科技攻关项目。

这一领域的领军人物，正是汪庐山，目前担任中国石化集团公司高级专家。

汪庐山，长期从事采油工程、油田化学和提高采收率技术研究与科研管理，中国石化学术技术带头人，胜利油田科技英才银奖获得者。

1978 年，汪庐山考进西南石油学院后，才知道中国有个胜利油田。那一年，胜利油田的原油产量只有 1946 万吨。

到他开始研究活性高分子时，胜利油田已经连续多年稳产原油 3000 多万吨。

随着三次采油技术的快速发展，胜利油田适合聚合物驱的优质储量已基本动用完毕，优质资源少、接替难度大，注聚转后续水驱单元日益增多，三采增油难度加大，因此进一步提高聚驱后原油采收率成为油田开发十分迫切的任务。

以孤岛油田中二南单元来说，注聚驱后仍有将近 40% 的剩余地质储量没有动用。这些剩余油分布更加零散，油藏非均质性加剧，增加了提高采收率的技术难度。

针对聚驱后油藏“非均质加剧、剩余油分布更加零散”的难题，汪庐山带领团队开展了新型驱油活性高分子体系的研究攻关，它具有扩大波及体积和提高洗油效率双重功效。主要通过分子结构设计理论，研发合成集增黏、活性于一体的单一组分的活性高分子驱油剂。

研发过程艰难、琐碎、时日漫长。实验室成功之后，同样还要进入现场检验。

“2009 年的春天将来还没来，我记得很清楚，乍暖还寒，我们开始筹备上现场了。”时任采油院三次采油研究所工程师的张广政是团队中研发与现场实施的核心科研人员。

该体系研发成功之后，又经过多年的摸索攻关，不断改进完善，逐步形成系列配套工艺技术，终于具备了矿场试验条件，于 2009 年初进入现场试验阶段。

2009 年 3 月，活性高分子矿场试验首次在孤岛中二南 22-610 井组实施。该井组试验前综合含水 96.3%，采出程度 53.7%，注入井 6 口，对应油井 18 口。

三个月后，现场统计数据显示：中心井 22-610 井含水由最初的 98.7% 下降到 80.7%，日产油由 1.7 吨上升到 19 吨，增油效果非常明显。

“大家都太高兴了！此前可以说一直是‘鸭子下水，暗中使劲’，方向对不对、到底会出什么效果也不知道。多年憋着的情绪可以说是得到了释放。”张广政与课题组成员们着实开心了一番。

又过了一年，一切平稳运行。试验区水井注入压力平均上升 2.36 兆帕，对应 18 口油井中有 8 口见效，综合含水从 96.3% 降到 90.8%，下降 5.5%；日产油由 28 吨升到 57.6 吨。试验区累计净增油超过一万吨，先导试验取得较好的前期效果。

截至 2012 年 10 月，该区块已累计增油 4.52 万吨，提高采收率 2.3%，中心井区提高采收率 4.5%，含水由 97.8% 最低下降至 88.2%，而且减少污水排放 37.9 万立方米，创经济效益上亿元，取得显著成效。

活性高分子现场试验的成功，为油田聚驱转后续水驱单元提高采收率提供了一条新技术途径，在高含水水驱单元同样具有应用潜力，在胜利以及国内其他油田都具有广阔的推广应用前景。

胜利油田此类油藏储量达到 3.1 亿吨，在中国石化有 7 亿吨储量。

“如果有效实施，最终将提高采收率 6%，增加可采储量 4200 万吨。”汪庐山信心满满地说。

纳米聚合物微球登上舞台

一纳米的大小相当于人类头发丝直径的万分之一。聚合物堵水调剖，是油田生产的一项重要技术，对稳产增产意义重大。

王涛博士的存在，前所未有地将这二者紧密地联系在了一起。

王涛，女，1976 年 11 月出生，理学博士，教授级高工，现任胜利油田化学高级专家，供职于石油工程技术研究院，兼任山东省科学技术协会第九届委员会副主席。

2004 年，王涛还在中国科学院攻读有机化学专业理学博士时，她跟着导师来到胜利油田做调研，在现场看到堵水调剖用的交联聚合物在水中的交联情况，在不同的水中，交联效果很不一样。

“我就是好奇，”王涛说，“微观世界里到底发生了什么？”

爱因斯坦曾预言：“未来科学的发展无非是继续向宏观世界和微观世界进军。”如果要给科研工作者分类，很显然，王涛就是主攻微观世界的那一类。这也确实是她的兴趣，很小的时候，她就很爱拿个放大镜东照照西看看。

“我觉得微观世界是解决问题的根本，它决定宏观世界的变化。就像人生病，表面上看起来发烧难受，实际上是细胞层面出了问题。”王涛说。

聚合物的作用，在堵水调剖时，与交联剂发生交联反应，增加驱动液的黏度，进而尽可能多地扩大波及，增加原油产量。但当时由于水质的问题，原本黏度很高的聚合物交联体系一入水就变稀了，根本起不到作用。

“我们聚合物干粉加得很多，但是作用却很小，成本大，却不出油，唉。”现场的人很着急。

一定是水里有什么成分干扰了聚合物交联，可是又不明白机理是什么。王涛似乎更着急。她用矿泉水瓶盛了好几瓶现场的水，又跟现场要了一些聚合物干粉带回去。

随后几天，她就一直琢磨，怎么样可以削弱水质的影响？

回到中科院，她一头扎进图书馆，两个月翻阅的文献垒起来有两米高。偶尔有一次去食堂打饭，她看到煮在锅里的汤圆，不断地翻动浮起，突然眼前一亮，饭也顾不上打了，三步并作两步赶去实验室。

她记得喷墨打印纸领域有一种微球，有良好的黏弹性，若在此基础上引入交联线团，像汤圆一样内外包裹两层离子，不就能实现交联线团的自行交联了吗？

这项研究就是后来她著名的博士后课题“聚合物微球逐级深部调剖技术研究”。她在该领域内首次从微观角度提出“进得去、堵得住、可移动”的深部调剖体系设计理念，获得业界广泛认同。

这个理念很早就被提出来，但真正走向现场付诸实施，其实走了很长的路。

2005 年，作为博士后的王涛走出中国科学院来到采油工艺研究院。每个人一见她，几乎都觉得眼前一亮，“这个女博士挺特别”。

确实，面前的人窈窕的腰身，飘逸的长发，清丽的容颜，白皙的肌肤，用这样的词汇形容王涛一点儿也不过分，这可能是一个女博士吗？！

没错，王涛确实是一个美女。实际上她的美不仅仅在于容貌、衣着和发型，更在于她的谦和、活泼和亲和力。随着对王涛的逐步了解，这个挺特别的女博士更让人们佩服有加。

在王涛所在三采所的楼道里，人们经常看到连走路都小跑的她。“有这么忙吗？！”许多人不理解，也有人劝她：“姑娘，工作是忙不完的，你这样累坏了身体找谁去呀？”王涛甚至搭话的时间都没有，只好说：“试验正到关键时刻，一点也不能停啊。”

事实上是，王涛已经忙碌惯了，真要闲下着，心里就会发慌。

2008 年，这个美女博士在胜利油田博士后中评估和出站答辩中，以“全票优秀”的成绩通过，这个成绩在 2008 年之前所有出站的 100 多名博士后中，仅有 3 位。

为了多了解现场，王涛多次跟随施工人员到现场进行堵水调剖作业，虚心向老师傅请教施工流程、各种工艺参数的设置以及存在的问题。

师傅们说：“姑娘，你不用老跟我们来现场，坐在办公室看看方案就行。”王涛说：“如果不到现场，我就不了解现场真正存在的问题，看不到聚合物会由于溶解不好大量浪费在罐底，也不会清楚现场的施工实际操作起来是如此复杂啊。”

正是由于对一线的充分了解，她根据现场施工情况研发的“复合阳离子封窜技术研究”获得中国石油和化学工业协会科技进步一等奖。该项技术着意于施工简单化，给现场的工人们减轻了很大负担，“真没想到啊，小博士干大事！”现场师傅们由衷竖起了大拇指。

王涛还是念念不忘她的微球。经过反复尝试试验，聚合物微球技术终于解决了现场聚合物浓度变稀的问题，并且开始走出实验室，成功应用于现场了。

到 2013 年底，该研究成果已在油田多个矿场推广应用，累计增油 4.8 万余吨。

此后，该项技术日趋成熟并稳步推进，先后在胜利油田孤岛、现河、海洋等采油厂，青海采油厂、冀东油田、华北油田、准东油田等进行了 21 个矿场试验，共施工井组 40 个。截至 2018 年底，各矿场累计注入聚合物微球 2835.6 吨，累计增油 15.2 万吨，吨微球增油量达 53.6 吨，可以说是大放异彩。

王涛研究出聚合物微球时，不过才 30 来岁，对于一个女性来说，实际上尤为不易。

首先研究有瘾，她像着了魔一样。一次，两次，三次，失败接踵而至，可越是这样，她的“魔性”越大，天天扎在实验室。

有一次已经凌晨两点了，爱人打电话怎么也联系不上她，带着担心与焦灼，赶忙到实验室去找。门打开的那一刻他的眼睛湿润了，只见王涛手里握着烧杯竟然趴在实验台上睡着了。后来才知道，王涛一个人在实验室连续工作了 10 多个小时，幸好烧杯里装的不是腐蚀性试剂。

2006年底，王涛怀孕了，但她依然坚守在实验室。为了前后填砂物模试验的一致性，她坚持亲自手工筛完后续试验用的几百公斤油砂，后来眩晕被送进了医院。

量完血压，医生就急了："低压50，高压80，你还要不要孩子了？你必须卧床休息！"

但王涛没有遵从医嘱，稍事休息没几天又投入她热爱的工作中。

孩子刚满月，她就开始准备项目验收报告；孩子两个月时，她完成了博士后出站答辩；孩子刚四个月，她就完全回到了工作岗位。

刚到三采所时，王涛接到新任务，参与国家863项目"海上油田活性聚合物乳液驱油体系"和胜利油田攻关项目"速溶聚合物的研制与评价"研究，负责乳液聚合物的合成工作。

聚合物合成试验毒性大，丙烯酰胺的单体水溶后是剧毒，最危险的是聚合后还遗有单体。当时孩子还小，正是最依恋她的时候，一见到她就在她身上脸上到处舔蹭。

怎么办？孩子小，离不开自己，但是如何保证儿子的健康和安全？

正在为难之际，婆婆很无奈又理解地说："你安心工作吧，孩子就交给我和你爸。"就这样，王涛回到家第一件事就是先洗澡，每次给孩子喂奶之前，还要清洗一下，然后换上干净衣服再给孩子喂奶。孩子吃饱了，婆婆就把孩子领走，晚上搂着孙子睡觉。

事实上，对孩子来说，饿了能按时吃上奶有时也是一种奢望。因为为满足实验的连续性，有时候王涛在实验室一待就是一整天，饿了的孩子就只能喝奶粉了。

2012年，她主持的"相渗透率调节体系提高采收率技术研究"项目第二天就要进行授奖汇报，要求必须是技术首席亲自汇报，但头天早晨她却突然接到姥姥病危速归的电话。

王涛是姥姥带大的，与姥姥的感情最深，接到电话后泪如雨下。

王涛其实并不在乎得不得奖，可整个课题组的研究人员都盼着她拿回好成绩呢。于是她选择了第二天汇报完再赶回去。

就是这个决定，让她抱憾终身，错过了见世界上最疼爱她的人的最后一面。

更多化学驱新技术缤纷出场

科研路上没有止境。在瓶瓶罐罐中，王涛与她的团队成员也在前进中摸索。

针对不同油层特征，他们又研制了新型有机硅酯凝胶封窜体系、遇水膨胀橡胶微球体系和微观油水调控相渗调节体系，其中遇水膨胀橡胶的专利获得国际发明展览会金奖。

针对常规调驱剂用量增大效果变差、严重影响开发效益的问题，王涛独创开展了“纳米自适应体系调驱可行性研究”。2015 年初，该项目在低成本体系研发和设计理念上取得重大进展，并获中国石化前瞻性基础性科学奖，利用该理念指导研发的硅盐树脂调堵剂累计增油 3.2 万余吨，实现了低油价下稠油的有效开发。

一路过关斩将。终于，抬头望见高温高盐油藏开发这个世界级难题了。

王涛知道，早晚有一天她要面对这个“桥头堡”。

现有以聚丙烯酰胺为主剂的冻胶调驱主导提高采收率治理技术受聚合物特性限制，热稳定性差，耐盐性差，有效期短。因此，要想进一步提高采收率，高稳定性调驱聚合物的研制及其矿场应用技术是必须解决的重大技术难题。

王涛当仁不让，作为技术首席带领团队开展了“调驱用延时增黏功能聚合物的研制”课题攻关。

常规聚合物都是初始黏度高，在高温高盐环境中，随着时间的增长，黏度越来越低。这几乎就像水始终向低处流一样自然。绝大多数科研人员的思路也是如此，老是纠结于怎么保持黏度。老实说，一开始王涛也没有摆脱俗套。顺着这个思路，一遍遍进入死胡同。她不服，还是进入死胡同。

百般走不出迷局。突然有一天，王涛突发奇想，能不能反其道行之，让它一开始黏度低，随着时间的增长，越深入地层黏度越高。

思路打开，死局活了。

基于这个想法，2017 年，此时已是研究这个世界级难题的第三年，具有延时增黏功能的新型聚合物分子结构终于揭开了面纱。由王涛创新设计，并确立了引入潜在阳离子的合成方法，根据温度、矿化度等不同，还研究形成了适合不同油藏的调驱配方及工艺参数。

这种单组份、低吸附、高稳定性，具有延时增黏特性的新型耐温抗盐聚合物，室内研究表明：在胜利Ⅲ型盐水中 75 摄氏度下，3 个月无氧黏度保留率大于 115%，远高于耐温抗盐Ⅱ型聚合物体系 75% 和常规体系 42% 的黏度保留率，显示了很好的稳定性。

进入矿场应用的结果表明，调驱后对应油井含水降低 2% ～ 30%，增油效果和有效期均为常规调驱体系的 2 倍。因为效果出众，很快实现了规模化应用，累计增油 3 万多吨，创效上千万元。

目前以延时增黏聚合物及其制备方法为核心的技术已获 3 件国家发明专利授权。

该系列技术意义重大，为胜利油田 10.14 亿吨高温高盐水驱油藏进一步提高采收率提供有力技术支撑，可以说在中国石化乃至全国同类油藏中也立了一个范儿。

参加工作 18 年，一路走来，王涛一刻也没有停下过前行的脚步。年年有立项，年年有成果，多的时候同时进行着五六个课题的攻关研究，5+2、白加黑是生活常态。近几年，响应国家绿色低碳发展要求，王涛的目光又瞄准了绿色低碳技术。

真可谓想什么来什么。王涛在纯梁采油厂进行技术讲座时，下面技术人员反映，高 89 块二氧化碳驱部分油井出现严重气窜，影响驱油效果，问有没有什么办法可以解决。

二氧化碳驱既节能减排，又可以提高原油采收率，是新的发展动能——王涛眼前一亮：这个问题多好啊！基层的疑问，就是我们的课题。

王涛迎难而上，带领团队确立了“二氧化碳气溶性发泡剂研制”的攻关课题。这也是个相当耗时耗力的项目。

在实验室开展合成及物模实验，反复对比、优化实验数据，寻找最佳方案，王涛自己常常在实验室一待就是一个通宵。那时候，星空下实验室里亮起的微弱之光，就像星辰一样照亮了王涛的前进之路。

经过 1000 多个日日夜夜的攻关，终于研制出了具有国际领先水平的二氧化碳气溶性发泡剂封窜技术，在注入剂的分子结构设计及注入工艺等方面均取得突破，现场投入产出比达到 1 ∶ 4。既为国家和社会减了碳，又为基层解了难题，还大幅提高了原油采收率，可以说一石三鸟，收获颇丰。

深度堵调技术“围魏救赵”

伴随着付出，王涛的收获也很丰厚：工作 18 年来，共主持和参与了 19 项国家、中国石化课题研发，获国际发明展览会金奖 1 项、省部局级科技进步奖 15 项。授权国家发明专利 21 件（排名前三位 15 件）。2015 年荣获国家“孙越崎青年科技奖”，2017 年被评为“山东省有突出贡献的中青年专家”，2018 年荣获“全国五一劳动奖章”，2020 年荣获“全国劳动模范”。

随着名气越来越大，一些国内外企业和高校纷纷高薪向她伸出橄榄枝，她都一一谢绝了。她对党和油田充满了感恩。

王涛常说：“我的事业在胜利油田。”

她开始注重、关心身边青年人才的成长。

她说：没有哪一项成果是个人能够独立完成的。研发一流的技术，创造一流的效益，离不开一支一流的团队。

在日常工作中，她与团队成员坦诚合作，并且坚持传帮带，对刚入职的年轻人，手把手地教；对科研骨干，靠上去指导课题立项、解决实际困难。外出参加学术交流，她总会把资料拷回来与大家分享。如今，她的课题组成员中，徐鹏、史树彬、韦雪、王昊、尹相文等团队成员也逐渐成长起来，并成为现如今以及今后化学驱科研的主力。

一项新课题，展现出这批青年人的活力和干劲。

孤东七区西 Ng63+4 单元综合含水高达 98.6%，但开发单元“旱涝不均”，有的地方让水给“撑着”了，有的却“渴”得要命。

“地下储层渗透率有高低之分，渗透率高的，水容易流动，易形成水流高速通道；渗透率低的，水流量小，有的甚至无法形成水流通道。”石油工程技术研究院三次采油研究所调驱二室经理尹相文说。

青年科研人员构成研究主力“围魏救赵”，把高含水的地方堵住，迫使水流向干涸的地方。该项研究最终成功，使该区块综合含水下降 2.1 个百分点，累计增油 2.26 万吨，采收率提高 2.6 个百分点。

成功“围魏救赵”的战术就是 2021 年底，经鉴定达到国际领先水平的中国石化“十条龙”科技攻关项目“胜利整装油田特高含水期深度堵调技术”。

“堵调，即堵水调剖，在井网不发生变化的情况下，应用化学剂堵住大的水洗带，把水流引向剩余油富集的地方，扩大注水波及体积，提高驱油效率。”石油工程技术研究院三次采油研究所副经理史树彬说，“这就像高速公路和三、四级公路：高速公路四通八达，车流量大；而高速公路覆盖不到的区域，车流量小。如果限制高速公路车流量，迫使部分车流改道，就能增大三、四级公路的车流量。”

早在2017年起，青年骨干们就展开立项研究。

根据取心井水驱效率及剩余油分布特征，他们把储层划分为极端水洗带、强水淹带和弱水驱带，创新形成了极端水洗带深部高强封堵、强水淹带流度调控、弱水驱带扩大水驱的分级调控技术对策。

“过去业内也对特高含水油藏储层有过划分，有的依据含水率划分，缺点是无法判断地层水淹的差异；有的依据耗水量划分，缺点是没有体现剩余油分布特征。”史树彬介绍说。

项目开展前期，史树彬和同事们特意去了一趟胜利油田岩心库，观察从地下取出的岩心。他们发现，同一口井不同位置的岩心“颜色”不同，有的地方白，有的地方稍微有点黑，还有的地方则是乌黑一片，“这说明过水量不同，含油量不同。”史树彬说。

颜色白的地方代表极端水洗带，如同水流高速路，水注进去就跑；稍微黑一些的地方是强水淹带，就像“省道”，水波及了，但是波及量少；乌黑的地方是弱水驱带，就是像羊肠小道，水基本到不了。

过去的研究更多的是关注“堵水”，堵住大通道，但是科研人员发现，光“堵”不行，效率太低，还要配合“驱”，让水流过就能把油剥离下来。

正是由于受岩心水驱特点启发，他们创建了用于深度堵调的水驱“三带”划分方法。

尹相文的研究，就是从“三带”出发，形成一套“方法”，把“三带”的特征、体积分析明白，为下一步给油藏“对症下药”打好基础。

项目开展之初，尹相文的研究格外“顺利”。

他们首先以物理建模的方式，根据某个油藏的储层特点，在实验室建立可视化油藏物理“模型”，通过模拟注水过程，观察水的流向，明确水驱带形成特征和主要影响因素，利用注入井对应油井的生产数据，找到“水窜”特征值、“水窜”形成时间等，进一步推导计算各级次水驱带体积。

只用了几个月时间，尹相文就找到了“方法”。按理说，这么快找到方法，尹相文应该高兴才对，可他总觉得“这也太简单了”，心里不踏实。

于是，他决定先给自己“挑挑毛病”。

尹相文解释，这套算法决定了一个油藏有什么样的水驱带、不同级次水驱带的体积是多少，是后续体系研发和工艺优化的基础和依据。相当于为油藏“看病”提供判断依据，如果判断依据不准确导致“病”看错了，那么后续给油藏用再高级的“药”也不对症。

在“挑毛病”的过程中，尹相文发现了不对劲：物理建模的时候，是一口水井对应一口油井，通过油井数据算出水驱带体积，但是在现实中，一口水井往往对应多口油井，通过一口油井的数据推算水驱带显然是不合理的。

兴奋很快被迷茫取代，到底该怎么做？他想到了大学学过的“能量叠加”概念，于是赶紧翻出了自己大学三年级学过的“渗流力学”专业课的课本，找到了“流场叠加”“势的叠加”相关理论，从理论上找依据。

“研究方向没有错，但是一对一的模型并不能代表整个油藏，要把水井对应的各个方向的油井数据叠加起来考虑才行。”尹相文说。

在原算法的基础上，尹相文和同事们又进行了改进，最终形成“一种判断特高含水带形成时间的方法及系统”，为整个项目深入研究打好了基础。

与此同时，“药剂师”也在“平行”地准备着“对症下药”的“药”。

王昊说自己就是一个油藏的“药剂师”。作为石油工程研究院调驱一室的科研人员，他在这个项目中负责化学剂研发与性能评价。

“药”制得对症，油藏问题才能迎刃而解。

项目开展以来，他们不光是自己制药，还牵头联合了上海石油化工研究院、北京化工研究院等 4 家研究院。

2020 年，一家研究院主动与王昊取得联系，推荐一种硅盐类体系，其最大的优点是成胶强度特别强，“单看数据，这种体系的强度比‘果冻’还要强，就像是‘橡皮球’，能够堵住大孔道，实现液流转向”。

在拿到体系样品后，王昊迫不及待开展试验，却发现这个体系虽然强度表现优秀，但是成胶速度特别快，3 ~ 5 分钟就能成胶。这就意味着，如果应用到生产现场，还没等注入井里，就会结成胶块。

“方向没有问题，主要问题是下游科研单位不了解上游应用场景。”王昊不想就这么放弃，“更重要的是，硅盐类体系十分环保，非常符合胜利油田绿色发展要求。”

于是，王昊决定当好联系科研院所与油田生产的纽带，与该研究院科研人员详细沟通并提出性能要求。两个月后，该院科研人员拿着改良过的体系样品赶赴胜利油田。

这次的体系成胶时间延长为 1 ~ 2 小时，实验室化学评价试验和物理模拟试验均取得不错的效果，封堵率达到 95% 以上。但是进行现场试验时，仍然达不到现场要求。

王昊发现问题出在水上。原来，实验室用的是清水，而生产现场用的水质根本达不到实验室的水质条件。带上现场的水样，科研人员返回再次展开改良配方之旅。

3 个月后，适用于胜利油田水质条件、具有良好封堵率的硅盐类体系“缓凝凝胶体系”诞生了。在 LUCP7 井上进行的试验结果表明，该体系在高强度封口段塞方面发挥出优异作用，有效封堵住了出水通道。在 200 天试验有效期内，该井累计增油 209 吨。

整个项目三道主要难关，至此可以说是一一攻克了。

第一道关着重针对“油藏”，对特高含水期油藏剩余油分布、地下优势通道建立情况进行描述，就相当于给油藏“看病”；第二道关针对“体系”，开展不同水驱带分级调控体系的研发，相当于给油藏“对症下药”；第三道关针对现场，开展现场注入工艺先导实验，相当于给油藏“喂药”，是喂“片剂”“汤剂”还是“粉剂”，要依据现场情况，选择最优解。

深度堵调使水驱终于实现了从“大水漫灌”到“精准滴灌”的转变。

与传统的近井堵调不同，深度堵调瞄准的是储层深部封堵，而且从单一封堵变为综合调控。为了提高强水淹带和弱水驱带驱油效率，在封堵极端水洗带的同时，科研人员还在水中加入化学驱油剂，提高洗油效率。

截至目前，胜利油田 677 井组（次）试验应用了该技术，覆盖地质储量 1.02 亿吨，累计增油 31.83 万吨。采收率提高 2.6 个百分点，相当于把老油田经济开发寿命延长了 5 ~ 10 年。

黑金流向

王 瑾

始自 20 世纪 60 年代的胜利三采事业，经过多年探索，在 90 年代前后，彻底打破了国外专家关于胜利油田是化学驱“禁区”的断言，研发了适合胜利油藏条件的聚合物产品，设计了清水配制聚合物母液、产出水稀释注入的配注方式，证明了高温高盐油藏化学驱的可行性。

2001 年至 2010 年，十年磨剑。鉴于胜利油区主力油田逐步进入高含水开发阶段的现实情况，胜利三采人攻关形成驱油剂加合增效理论，配套形成二元复合驱油技术，2008 年进行工业化推广。

2010 年至今，特高含水老油田在应用聚合物驱、二元复合驱技术深入开发后，油藏的采出程度和含水率逐渐逼近极限，胜利三采人应时而动，创新理论与技术，破解了聚合物驱后大幅度提高采收率这一世界难题；发明了非均相复合驱油技术，探索实践了海上化学驱的崭新驱油阵地，让驱油技术从理论走向实践。

冲破“禁区”

高温高盐油藏被称为化学驱开发的“禁区”，室内实验证明，温度由 50 摄氏度升到 80 摄氏度，常规聚合物黏度降低 40% 以上；地层水矿化度由 5000 毫克 / 升上升至 10000 毫克 / 升，常规聚合物黏度降低 30% 以上。而胜利油田温度超过 80 摄氏度，矿化度超过 3 万毫克 / 升的油藏储量近 4 亿吨，高温高盐油藏广布。20 世纪 80 年代，哈利伯顿等国际知名公司专家在评价胜利油田油藏条件后，坚定地认为：在胜利，开展化学驱不可行。

2006 年 4 月中旬，成都的清晨雨雾蒙蒙，湿润的空气好像流动的云，给四川大学望江校区披上了一层薄纱，缥缥缈缈，仿若仙境。

8 点刚过，从飞檐雕花、高雅气派的北门走进两位中年人，他们步履匆匆，不时小声交谈几句，对周围的美景视若无睹，明显与在校学生和前来参观的人有很大区别。

两人径直穿过荷花池和行政楼，直奔高分子科学与工程学院。他们正是来自胜利油田的高级专家曹绪龙及其助手，这次是为拜访四川大学高分子材料系主任黄光速教授而来，想就一种新型驱油剂的研发寻求合作。

怎么会把高分子材料和油藏开发两个看似风马牛不相及的事物联系起来呢？这还要从化学驱油剂种类和驱油方式研究的先导试验说起。

自 1992 年胜利油田在孤岛第一次化学驱先导试验成功，几代胜利三采人通过努力基本摸索出了在胜利油田高温高盐油藏实施化学驱的方法。但新的难题随之浮出水面，即胜利油藏非均质特点决定其油藏内孔道大且多，尤其到开发后期“水窜”问题严重，驱油剂无法“留驻”，自然也起不到应有的驱油效果。驱油剂在最佳黏性条件下注入井口，依然会出现“注了就窜”的现象，老油区的地下的大孔道严重制约了驱油剂作用的发挥。在这种情况下，以曹绪龙为首的胜利三采团队开始尝试“封堵”这些孔道的思路。

用什么材料“堵”是首先要解决的问题，要求只能堵住地下水道，不能堵住注聚通道。

单纯提高聚合物浓度，受限于成本控制不可行，曹绪龙的团队尝试用一种低浓度的交联剂“胶”住这些聚合物，以便大幅度提高驱油剂黏弹性，起到“堵”的作用。因为胜利油藏的复杂性，地下交联不可控，因此主要突破点放在实验室里已合成的几种效果较好的交联剂。2000 年起，曹绪龙相继用在实验室评价性能很好的几种“交联”聚合物在现场做先导试验，却发现大部分“堵”不住，偶尔有个效果好的也说不清楚原理。

本着追根究底的探索精神，曹绪龙带领团队做了深入细致的研究，终于在 2003

年，创新提出了地上半交联注入地下的思路，并摸索出第一代黏弹性颗粒驱油剂雏形。新的驱油剂与原有二元驱油体系混合后，形成了崭新的驱油体系——黏弹性颗粒不能完全溶解，保存了固态颗粒的相态，按照其物理化学性能，被命名为“非均相”。这种化学驱技术作为无碱二元复合驱后的一种新体系化学驱技术，实现了胜利三采人在整个世界化学驱领域的“领跑”。

为了认识非均相化学驱油剂在油层“孔道”内如何流动的问题，胜利三采人与山东大学、西安交通大学、中国科技大学、清华大学等许多高校学科跨专业合作，研究出了一整套黏弹性颗粒渗流驱油理论。

有了原理，有了黏弹性颗粒结构的首创，怎样让这种材料在油层中“动”起来，就涉及材料的合成了。曹绪龙的团队对高分子国家重点实验室相关研究方向做了筛选，最后锁定产品合成领域的权威黄光速教授。

2006 年开始，就非均相化学驱油体系想法的完善问题，曹绪龙团队与黄光速教授开始了接触。当年 4 月，曹绪龙就迫不及待来到四川大学，开始正式与黄光速教授会面。

“我们搞石油的人，有时候提出分子设想还可以，真正要实现还得靠这些专家。”事后，曹绪龙回忆说，“我当时立刻就决定要跟黄教授面谈，也是想多从专家那里取取经。”

“我的主业是高分子物理、功能性弹性体的合成与改性等研究方向，之前主要承担的是国家自然科学基金、农业部和军工项目，没有做过油田的项目，所以曹总找我说这个课题时，我觉得还是有一定挑战性的。”黄光速教授也在事后回忆，“但现在跨专业是一个大趋向，而且作为一名科研工作者，我对这种应用型的项目也比较感兴趣，希望自己的成果能落到实处。”

2006 年 4 月的那一次会面是非常成功的，曹绪龙一说明意图，黄光速教授就表现出极大的兴趣，很快在四川大学组建了油田化学剂研发攻关团队，开始进行相关研究。

日复一日，月复一月，年复一年，在 2006 年 4 月那个葱茏的清晨之后，三代“天府之国”代表学府的学子牵手万里黄河之畔的石油人，为着一个简单的梦想，不断重复着单调枯燥的实验，面对着无休止的挫败感和其中存在着的微乎其微的成功喜悦。

2010 年，产品在实验室合成成功，初步达到了胜利油田最初提供的设想结构，小试结果功能非常优异，于是开始考虑放大生产。同年，黄光速教授就带领学校的科研骨干来到东营，进行生产。

“实验室里做的小试只是几十克的量，逐步放大过程中对产品的性能影响还是很大的。放大生产不是将小试配方简单倍数相乘就能实现的，这个过程相当于又要进行一轮新的攻关研究。”已经在胜利油田扎根的博士后姜祖明那时候还是跟着导师出去见世面的研究生，回忆起来一脸苦涩，“第一次工厂放大实验时，反应完的料压不出来，正常情况下 10 吨反应釜给出压力后，应该能把料像果冻一样挤出来，但我们的产品明显硬度太高，加了压还是出不来。当时，在车间干活的生产厂家的工作人员也没有相关的生产经验，不敢贸然处置，所以我们就等了一夜，最后靠重力把它‘垂’下来了。”

这次经历之后，黄教授的团队第一时间与有经验的车间主任结合，对配方和工艺做了调整，避免了类似情况出现。

“聚合反应其实是很‘娇气’的，任何一点调整都可能带来整体效果的改变，”姜祖明说，“所以我们又针对这种情况做了新一轮攻关研究，为了保持产品性能，把以前所有的配方都做了调整。合成、评价，再合成、再评价，经过反复的攻关研究，终于确定了最佳的工业生产配方。”

2010 年非均相复合驱技术在孤岛中一区聚驱后油藏开展先导试验，矿场降水增油效果显著，再提高采收率 8.5%，最终采收率高达 63.6%。

“之后，非均相复合驱在胜利油田被广泛应用，我们开始不断对产品进行有针对性的优化，以便适应越来越苛刻的油藏条件。包括配方、加料方式和烘干造粒参数等都做了多轮调整。”姜祖明回忆，有一次生产比预定时间延长了两个月，从秋天一直工业化试生产到冬天，大家都没有带够衣服，姜祖明便让师弟师妹们在相对暖和的化验室等待，自己在冷如冰窖的厂房里一待就是 10 个小时，每隔 5 分钟记录一次聚合反应釜内的温度变化。

寒风呼啸，外面飘起了小雪，在半露天的厂房里，姜祖明手脚冻得麻木，耳朵都失去了知觉。他不停地跺着脚，在记录温度间隙用手搓揉耳朵。作为一个“80 后”的博士生，姜祖明从没有过这么寒冷的经历，好像天地都被冻结了，除了反应釜，其他物件连一丝声音都没有。想起连日来的失败，他不由涌上了一股浓浓的无助感，觉得自己心底那一直燃烧的热情之火快被消磨殆尽。

“但总还有别的东西支撑我坚持下来。比如说，一想到我们的产品能实现工业化生产，应用到油田现场，实实在在地采出地下的原油，为国家能源安全起到一份助力作用，就又觉得干劲百倍了。”姜祖明说，“我一直在做这个产品。2010 年初次工业化后，随后的两年又几次过来调试。2013 年我博士毕业时，婉拒了上海、西安等大城市知名企业科研院所抛出的橄榄枝，坚持来到胜利油田。我觉得这里承载着包括我自己在内的川大三代学子，以及后继师弟师妹们的期盼，毕竟让自己的产品工业化并创效是每一个科研人员的梦想。”

每天一上班，姜祖明做的第一件事就是根据前一天的实验结果改进当天的实验。上百种材料，5 个为一组，重复做正交试验，只是剂量存在些许变化，同时记录随温度的变化带来的不同结果，反应完后，再做测试，直到寻找到油田开发需要的最佳配方。枯燥、机械、千篇一律。从 2008 年在四川大学接到这个课题开始，姜祖明三分之二的时间都是在实验室里度过，实验了上万次都不止。除了做实验，他还海量阅读各类专业书籍。据说，黏弹性颗粒驱油剂的一种核心组分就是姜博士在阅读生物类专业文献时获得的灵感。

莫嫌天涯海角远，但肯摇鞭有到时。

2016 年非均相复合驱技术在胜一区沙二 1-3 开展扩大试验，原油产量比水驱增加了近 3 倍，提高采收率是水驱的 3.8 倍。2017 年 6 月 1 日，第一釜低成本黏弹性颗粒驱油剂工业化产品问世。测试结果显示，产品性能与矿场在用产品相当，成本每吨降低 1000 多元，在国际油价持续走低的大环境下，打破了制约该技术推广的成本限制。

“所有的研究都是针对胜利油田油藏开发的需要，是为了油田生产，这种‘务实’的研究是每一个科研工作者的梦想，也是我要来胜利油田的原因。”姜祖明说着高兴起来，“这项技术曾先后两次荣获国家发明专利奖，2021 年更是获得中国发明专利金奖。对于同一项技术，两次获得国家发明专利奖代表着最高肯定，我们还在美国获得了发明专利授权，说明已经达到了国际领先水平。”

黄河落天走东海，万里写入胸怀间。

2021 年 10 月 21 日，习近平总书记来到胜利油田，走进实验室，登上钻井平台，看望慰问奋战在石油能源建设第一线的胜利人。从激情燃烧的战天斗地，到与时俱进的科技创新，胜利油田矢志打造技术先导型企业，累计获得各类科技成果 7900 余项、国家级科技奖励 120 余项。在深秋的黄河三角洲，喜悦的胜利油区，姜祖明这一代的年轻胜利勘探开发科研人员一起近距离聆听了习近平总书记的殷殷嘱托。

说起这些，姜祖明的目光里带着一丝神往，眼神透过窗外的春晖洒落到广场的玉兰花树上。就在那里，习近平总书记对着所有翘首期盼的人，颔首而笑，留下一个时代的灿烂……

截至 2022 年 3 月，包括非均相复合驱技术在内的化学驱系列技术，在胜利油田实施 34 个项目，动用石油地质储量 5.8 亿吨，累计增油 3380 万吨。而且，非均相复合驱技术还在胜利以外的河南油田等特高含水油藏获得了广泛应用，实施的开发单元延长经济寿命期 10 年；在为胜利油田保持产量稳定提供技术支撑的同时，也为全国高含水油藏高质量发展开辟了新途径，引领了国内外特高含水油藏大幅度提高采收率的技术方向。

大海召唤

胜利海上油田主体地质储量超过 2 亿吨，而采出程度不到 30%，大量油气资源滞留在万顷碧波覆盖着的古老地层中。海上平台的使用寿命一般为 30 年，在这个时限内如果仅靠一次、二次采油方式，采收率最多只能达到 40%；同时，海上油田井网调整已基本到位，利用水驱大幅度提高采收率已届极限。2015 年起国际油价断崖式下跌，与很多开发单位的盈亏平衡油价差值越拉越大，那时只有海上原油开采尚存在一定成本优势。有鉴于此，化学驱阵地向海上转移，可在现有资源条件下再把海上油田采收率提高 10 个百分点，相当于多产 2000 万吨油，盈亏平衡油价却低于 35 美元 / 桶。于是，胜利三采人再度把目光集中到海上，尝试开辟化学驱油技术的新阵地。

2019 年 7 月 29 日，天有些阴沉，灰白的云从西南角翻滚着漫过来，聚集在头顶不停打着旋，看样子要有一场暴雨。

17 时 47 分，勘探开发研究院采收率室油藏组年轻的负责人赵方剑在院子里停好车，穿过楼前的广场来到东实验楼。今天，他接了化学驱物理模拟实验的通宵加班任务，早早回家吃了晚饭后返回来。

18 时整，赵方剑准时来到实验室与上白班的同事做了交接。实验已经开始，赵方剑只需在岗处理一下紧急情况，半小时测点记录一下数据即可。可以说除了熬夜，这是个比较轻松的活。于是，赵方剑随身带来了笔记本，准备用这一夜时间再理一理海上化学驱方案编制思路。

这一年，赵方剑刚满 34 岁，负责海上化学驱油藏工程方案的编制工作已有两年多了。

18 时 30 分，赵方剑做第一次记录。之前他已经检查了一遍实验装置，也定好了闹钟，记录之后就可以暂时空闲近半个小时。赵方剑取出笔记本，开始在脑子里回想海上化学驱方案出现的几个问题。一直以来的工作习惯，让他很快进入状态。

兼顾海工建设情况是海上化学驱方案编制的一个关键点，他想。胜利海上化学驱方案涉及平台上百座，投用时间有长有短，30 年的设计寿命是一个限定，为保证产油平稳，需要充分考虑平台的承载力，合理优化每批次的投注时间。再则，海上不比陆上，空间受限，再细微的因素都会影响化学药剂使用效果，需要预判。

赵方剑端正地坐着，脑中在高速推演，时不时在本子上记下几笔。又根据闹铃记录了两次实验数据后，总算觉得思路理顺了一点，大量的计算和建模工作还是要回到办公室才能做。赵方剑在本子上划了一道长横，准备思考下一个问题。

这时手机响了，赵方剑接电话之前先看了一眼时间，19 时 32 分。

打电话来的是赵方剑的一双儿女，下午他回家吃晚饭时大儿子还没有放学，现在男孩抢着汇报自己学校的见闻，女儿也在一边帮腔，赵方剑评价了几句，惹得孩子们欢快地笑成一团。赵方剑烧得一手好菜，平时也会在工作不忙时带孩子们出去游戏踏青，希望尽可能地尽好一个丈夫和父亲的责任。妻子很支持他的工作，孩子们也十分崇拜“掌控石油走向”的爸爸，工作疲累时想到这些，赵方剑都觉得干劲十足。

“爸爸，爸爸，我要去睡觉了，明天上学前能见到你吗？”儿子恋恋不舍地问。

“恐怕不能，爸爸要先完成工作。”赵方剑回答。

“那好吧，爸爸好好工作，我自己去上学。”儿子颇有风度地招呼，“妹妹，过来跟爸爸说‘晚安’。”

于是电话挂断前，女儿糯糯的声音传过来："斑斑，安安。"

这边，赵方剑坐在椅子上又回味了好一会儿。

孩子总是有让人柔软的魔力，赵方剑不由得嘴角上翘。想到了那个每次见到他都会亲切地叫他"孩子"的人——曹绪龙。

曹绪龙是胜利海上化学驱技术探索的先锋，虽然由他参与立项的国家"863"课题以失利告终，但在这条路上，他无疑是一位值得所有后来者尊崇的先辈与师长。2017年油田党委提出增储上产部署，再次把目光瞄准海上油田，曹绪龙又成为海上化学驱重启工作的推动者和领路人。

赵方剑清楚地记得，曹总第一次称他为"孩子"是在2年前的海上化学驱方案启动大会上。曹总完成了专业点评后，突然有些动容地对年轻的赵方剑说："孩子，你今天要走的路，我曾经在十多年前尝试过，很艰难，给我留下的遗憾至今仍历历在目。我很庆幸有生之年看到你能重整旗鼓，请务必汲取我们失利的教训，仔细分析、科学研判，拿出最可靠的方案。"

根据陆上取得的经验，化学驱技术增产的可行性毋庸置疑。但如何把这项已臻成熟的技术应用到海上油田，尽快找到新的产量增长点，是十分具有挑战性的。这是一片化学驱技术的空白领域，尤其在海上化学驱方案正式启动后，现场磨合出现的问题，让赵方剑的团队认识到编制规划标准的重要性，而这项工作千头万绪，赵方剑就像手持神笔的马良，明知可能无限，就是无法落笔。于是，他找到曹总诉说自己的想法。

曹总期许地拍着他的肩膀说："孩子，过去，我只为你证明了一件事，那就是海上化学驱可行。现在，我也只告诉你一件事，那就是咱们胜利需要海上化学驱技术，我们的党、我们的祖国同样需要。放心大胆去做吧，未来，无论有什么困难，胜利油田都是你最可信赖的后盾。"

赵方剑眼前豁然开朗，他觉得曹总这番话让自己从一个"孩子"成长为了一名真正的胜利三采人。那之后，无数不眠之夜精益求精、孜孜矻矻的勤奋攻关，都让赵方剑甘之若饴。他如饥似渴地吸收知识，踏实论证，终于带领团队成功编制出了《胜利油田海上三次采油规划方案》，在有效指导海上规模化实施化学驱的同时，创造性地建立了吸潮速率这一评价指标，完善了整个海上化学驱实施体系标准。而在整个过程中，背后始终默默支持这项工作的，绝不止曹总一人。

三个月前，海上化学驱技术遇到了一个亟需解决的瓶颈问题：因受限于海上平台空间，药剂搅拌时间过长，聚合物溶解速度无法满足实际需要。赵方剑的团队发现这个问题后立刻向室领导做了汇报。室领导十分重视，第一时间组织整个采收率室的核心科研力量进行技术攻关。带队的季岩峰博士很快提出了“速溶”思路，当即马不停蹄地调整药剂配方，如今吃住都在实验室里。

天已经黑透，闷热得让人喘不过气来，一直被忽视的蝉鸣声透过敞开的窗子传进来，喧闹，嘈杂，但赵方剑想到的事情让他心情很好。

20 时整，赵方剑又做了一次数据记录。然后，吃了两片作为加班餐的饼干当夜宵，就又开始翻看笔记本。

油田此次重启海上化学驱方案之前，赵方剑特意重新研读了“863”课题的所有资料及数据，有关专家也系统总结了其失利的原因，针对海上现场和实验室内水质差别的问题，设计了“双保险”应对方案——一面通过注入氮气隔绝氧气的作用，一面除去现场水中的还原性离子。按这种思路执行，应该不会在同一个地方跌倒第二次。还有什么是忽略了的吗？

窗外明亮地闪过一道光，片刻之后雷声隆隆。赵方剑起身去关窗，在手碰到窗棂的刹那突然灵光乍现：天气！

在海上，所有补给都要用船往平台上运，天气不好船无法出海，但化学驱药剂的注入需要有一定持续性，也就是一旦开始，就得每天保证“匀速”地注入。怎样经济又实用地为海上平台提供药剂？

后面的两个小时时间里，除了正常记录实验数据，赵方剑一直在思考这个问题：可以借助海上产区的气象数据，也可以问询当地渔民，找到天气变化规律，储备下一定量的药剂，但不能太多，否则平台空间和承重无法保证……

22 时的记录完成后，实验室的门毫无预兆地开了，蹦进来一个人，他脚还没有落地就大力拍着赵方剑的肩膀狂笑：“哥们儿，我成功了！”

蹦进来的这位，正是针对海上油田实施化学驱面临的平台空间受限问题，连续泡在实验室攻关速溶性聚合物的博士后季岩峰。赵方剑记得，今天应该正好是第六十天。

“溶解时间小于 30 分钟，打破了常规聚合物 2 小时溶解熟化工艺时限。”季岩峰顶着两只黑眼圈和一堆青胡茬依然神采飞扬，他克制住仰天长啸的冲动，跟赵方剑紧紧抱在一起，然后不等赵方剑回话，就又喃喃嘟囔着飘向门口："我终于可以回家睡个好觉了……"

23时前，赵方剑的思考告一段落，起身又检查了一遍试验装置，确定没有问题，才继续翻看笔记本。

这时候他已经感到有些疲惫了，本子一页一页翻过，思绪却飘远了……

针对国际油价断崖式下跌，2017年油田党委确定了化学驱阵地向海洋转移的大思路。2018年开始海上化学驱方案编制，之后反复论证，到如今已经两个年头过去了。赵方剑记不清自己为汇报跑了多少次北京，也记不清自己修改过多少次方案细节。从接到这个任务起，他几乎所有的时间都花在打磨、完善海上化学驱方案上，以至于每次满怀信心地递交方案之后，就立刻做好了修改完善的准备。但赵方剑知道这些远远不够，毕竟海上化学驱方案一旦论证通过就意味着巨额的投入，所以方案预判越完善就越有利于现场实施。但赵方剑也明白，就算方案制定得再完备，在现场也会遇到这样那样的问题，没有丝毫捷径可走。

午夜时分，赵方剑又一次记录数据之后，调好闹钟，趴在桌子上闭目养神。

窗外不知何时已是一片静谧，天光好像渐渐泛起，他看到一片明亮的青绿色，从脚下一直蔓延到远方，耳边似乎有人在说话。赵方剑仔细听了听，是送他过来的船夫正操着一口东营味十足的普通话告诉他："别往下看，抬头看平台，上了平台低头看甲板……"

赵方剑转头，发现面前树立着的海上平台，像钢铁的庞然大物，钢梯一路延伸到眼前，身体还在随着驳船晃得七荤八素——这是不久前去平台看现场时的情景。

钢梯很窄，只能放他半个脚，下面铁板镂空，余光能看见波光粼粼的青绿色海面，他一步一步向上攀爬，就好像从海中出发，一路慢慢登上高空。二十米的距离，脚下是万顷碧波，海风扑面而来，他觉得自己有一瞬晕眩，听到一个悠远的声音在耳中回荡，好像是来自大海深处的召唤，不远处一群洁白的海鸟依次起飞，翅膀带起风声，让耳中的声音更加清晰……

赵方剑猛然惊醒——

片刻之后，他才分辨出了窗外的风雨声、仪器运转时的滴答声，还有耳边刚刚响起的闹铃声。

梦境如此清晰，以至于赵方剑回忆不起那天登平台时是不是真的听到过那神秘的声音，但赵方剑感觉这是冥冥之中大海要对他说的话。

赵方剑又回味了一下梦境中的感觉，不由自主翻开笔记本，在上面记下一首很久前读过的诗：

少时，喜欢在你身边堆沙嬉戏
飞浪穿空是你无畏的身影
后来，看你每天为太阳洗去尘埃
给地球一个蔚蓝色的梦想
永远懂不了你的浩瀚神秘
永远悟不出你的胸纳百川
走过岁月的地老天荒
在喧嚣过后永恒的沙滩上
……

2020 年，胜利油田首先选取埕北 22F 区块开展先导试验。

2022 年，22F 先导试验初见成效，日产原油由 833 吨升至 1000 吨，综合含水率下降 2.1 个百分点。实施化学驱以来，埕北 22F 区块重新焕发活力，2022 年一季度累计增油 1.5 万吨。2022 年 3 月 31 日，埕北 22B-2 井日产原油 44 吨，综合含水率 63%；而在四个月之前，这口井的日产油量只有 16.4 吨，综合含水率 90.5%。除此之外，埕岛 11N 平台、25G 平台的三次采油方案也进入实施论证阶段，覆盖地质储量 2900 万吨。

化学驱油技术是海上油田高含水期大幅度提高采油速度和采收率的接替技术。目前，胜利油田海上化学驱油技术已经在实践层面证明了其“注”和“驱”的可行性，下一步只要将“采”的问题落地落实，就可以形成整个海上化学驱技术开发油藏的完善闭环。可以预判，胜利油田这次化学驱阵地由陆地向海洋转变的尝试，必将对保证国家能源安全，持续推动效益稳产至 2060 年，盈亏平衡点降至 45 美元 / 桶以下，起到十分可观的作用。

极限突破

有人曾算过一笔账，我国老油田的采收率每提高 1 个百分点，就可增加可采储量 1 亿多吨，相当于发现一个 5 亿吨级的大型油田。据不完全统计，在胜利油田，适合化学驱的地质储量超过 20 亿吨，其中适用于 75 摄氏度以下的 Ⅰ 类、Ⅱ 类油藏化学驱相关技术已经比较成熟。自 2015 年起，胜利三采人用 4 年时间将适用于温度达到 80 摄氏度以上、矿化度 30000 毫克 / 升以上的 Ⅲ 类油藏的化学驱油技术推向矿场。但这之上，还有温度矿化度更高的 Ⅴ 类油藏，目前在全世界化学驱领域都属于“极限”。2019 年起，胜利三采人开始研究可适用于 Ⅴ 类油藏且更高效的化学驱油技术，并已经开始进行先导试验，一旦成功，将能实现原油增产百万吨以上，何其可观！保障能源安全的未来之路在哪里？百年胜利的底气又是什么？从这些有潜力的数字中或许可见一斑。

“温度上百是目前化学驱技术发展在全世界面临的一个难关，因为水在这个温度下会沸腾，而现在驱油用聚合物通常最高的耐受温度也只有 93 摄氏度。因此改变原有药剂的分子构型，是我们目前研制针对 Ⅴ 类油藏化学驱技术的主要工作。”采访中，季岩峰博士针对自己的领域侃侃而谈，优雅中透着一股势在必得的自信。“我们的研究可以让驱油温度突破到 120 摄氏度，目前全世界在 120 摄氏度这个范围尝试化学驱的只有我们胜利油田。当然，这也是因为我们胜利复杂的油藏环境所决定的。”

目前，胜利油田这种攻关温度在 120 摄氏度左右油藏的化学驱技术已经开始在广利油田莱 1 西区块进行先导实验。这个区块地层温度达到 115 摄氏度，矿化度 44592 毫克 / 升，共有油井 6 口，注入井 3 口，设计提高采收率 9.5%。

“在纳米材料化学驱技术领域，我主要是做零维纳米研究，我称之为微胶囊靶向增黏化学驱技术。通俗地讲，就是把聚合物用纳米级的胶囊包裹起来，注入油藏内部缓慢释放，实现有针对性的靶向增黏、智能扩波及。”季博士拿出示例图片展示给我们，上面的每个聚合物分子外面都包了一层“囊衣”，就像冰墩墩的水晶外壳。季博士解释说，这层外壳有化学惰性，所以用来隔绝油藏中的还原离子效果很好，避免了聚合物过早降解，能起到很好的驱油效果。

“就像肠溶性胶囊可以保证药物平安通过唾液、胃酸等消化液，最终在小肠内实现吸收，达到药效最佳一样。”季博士微微一笑，顾盼间神采飞扬，“这是一种全新的化学驱油思路，不但可以‘对症下药’，还减少了药剂黏度在注入前的损耗，注入过程也十分简便，甚至不用配制母液溶解，直接注入水中即可，真正实现了绿色、高效、智能，目前已经选定孤岛油田馆 1+2 区块进行先导试验。”

绿色、高效、智能是季岩峰对自己的新型“微胶囊”靶向增黏化学驱技术的定位。绿色，是指大量节约化学驱用药剂，纳米级颗粒抗剪切性能好，可以大幅度提高有效黏度，减少药剂损耗，还能保证应有的驱油效果。高效，是指地面不需要做任何配套，可以直接配注，一步到位，大幅度降低了地面投资。智能，是指药剂在地面和油藏内运移时都不释放黏度，以减少损耗，只有在到达靶点，才会实现深部增黏，智能扩波及，起到更好的驱油效果。当然，这三点的实现都要通过精准化学分析控制胶囊厚度才能完成。季博士预言，未来，整个世界的化学驱技术都将朝着更绿色、更高效、更智能的方向前进。

“成本还比正常的驱油药剂每吨低大约 1800 元左右，整个工艺也比较简单。”季博士眨眨眼睛，“由于纳米颗粒本身具有活性高的特点，其化学驱油原理的高效性能不容置疑，我们的产品可以适用不同深度的油藏，应用前景非常广阔。”

与季岩峰博士同样在纳米化学驱领域小有成绩的是新加坡海归博士石静。她为人低调，从事基础理论研究多年，更多的贡献是在对化学驱工作的基础性和标准化方面。

“我从事的就是普通的工作，太普通了。”石静博士低下头，抿着嘴笑，脸上有一丝羞赧的红晕，但在几日的采访过程中，所有人在提到她时都竖大拇指。

“小石从事的是一维、二维纳米技术研究，目前还在攻关阶段，难为她一直不骄不躁。”勘探开发研究院采收率试验室经理元福卿经理说，作为团队负责人，他很看好石静。

“石姐是新加坡国立大学的正牌博士，这是世界著名的大学，我曾经也神往不已。”姜祖明博士一脸陶醉地叙述。

“石博士是回国后入的党，有时候我觉得在党性方面，她比我这个学生党员都要先进。”采收率室副经理赵方剑若有所思地感叹。

“石静姐的实验数据我们都可以直接拿来用，她能做到我完全无法想象的精确。”季岩峰博士对石静也是赞赏有加。

“石静博士自律到近乎苛刻，她在带我时手把手教我做实验，甚至连擦手纸的放置都会指点。”新入职的一名年轻人笑着说。

“我确实是这样的。”石静也笑笑说，“我 2008 年回国就在勘探开发研究院采收率室工作，特别幸运的是，我的专业就适合化学驱机理研究和分子结构设计，学的东西都能用上。我一直习惯自我要求完善，不止工作方面，学习和生活也是一样，要精益求精。”

石静工作之初，就带头优化了试验室的各项采样、检验流程，提高效率、避免时间浪费。原来一天做一个样品，优化后效率翻倍，如果石静亲自做，一天可以做三个样品。

开始接任务之后，石静又接了胜利石油磺酸盐检测、稠油降黏型驱油剂等几个公认的领域内“硬骨头”。

“我对这份工作很感恩，也就没有考虑太多。”石静回忆说，“接了就开始尝试，我的观点是做起来，先做起来才能发现问题，才有提升的空间。”

2012 年 5–6 月，石静带领团队从尝试降低稠油黏度入手，试了许多不同浓度的药剂，效果却并不理想。之后通过与降黏剂生产厂家联系，多方论证、共同攻关，又历经了几年摸索，终于选出了最合适的药剂，并建立起了一套针对稠油的驱油药剂选择方法和标准，为胜利油田稠油化学驱技术的发展奠定了基础。

在这个过程中，有一次，石静连续做了 20 多次降黏复配试验，以便测试原油样品黏性，突然感到双手针扎一样地疼。石静急忙在同事帮助下脱手套查看，发现手上多处都有些泛白，没有了知觉。

“是低温烫伤，那时候没有经验，以为原油样品只有 70 多度不算太烫没关系，就只戴了一层手套，差点烫熟了。”石静笑笑，轻描淡写地说，“之后，就知道要多带几层手套防护了。”

“现在已经开始做纳米驱油剂了，更前沿一点。”石静表情还是淡淡的，“希望采收率能突破 70%，是一个很大的挑战。”

石静从调研文献入手，尝试纳米驱油技术突破。之后，结合胜利油田油藏的实际情况选择纳米材料尝试配制驱油药剂。经过多方筛选发现，用有乳化和洗油性质的纳米材料制作的驱油剂，可以有效把油藏中的原油“铲”下来。现在这项技术尚处在科研攻关阶段。

目前，石静博士还在探索纳米技术在二元驱后油藏应用的增油可行性，一旦取得突破，又将是化学驱油技术领域的一项重大成果。

不断突破采收率的极限，同等条件下，让油井能多出油是胜利三采人助力能源发展的担当；从被认定为化学驱“禁区”，到“跟跑”“并跑”“领跑”世界化学驱技术发展方向，胜利三采人用不服输的韧劲诠释了在科技攻关领域的胜利担当。

新的“一页”

地宫拉响警报！

当前我国石油产业面临勘探难度大、油藏含水高，井网、井筒、主阵地老化，东部老区分散、隐蔽等困境，由于勘探开发技术不足，中国石油行业生产量长期下滑，同时国内原油需求量不断攀升，中国将被迫扩大原油进口，2019 年上半年原油进口升至 72%。

胜利人胸怀国家能源安全的大局，牢记“我为祖国献石油”的初心，肩负为国找油、为国献油的使命，弘扬石油精神，攻坚克难，勇于拼搏，书写新时代的新篇章。

页岩油在当今资源危机的重重迷雾中闪现一缕曙光。

打开地宫之门，必须依靠先进的科学技术破解“密码”。胜利油区地质结构复杂、埋藏深、成熟度较低、温度高、油质较稠，世界罕见。

在一代又一代科技工作者的努力下，胜利油田不断获得新的突破，一项项贴着“胜利”标签的技术成果，钻探着通向“地宫”的“隧道”……

寻找明天

——胜利油田页岩油勘探开发纪实

樊俊利

何为胜利？

一路辉煌，一路凯歌。

胜利油田1987年至1996年连续9年原油产量保持3000万吨，1996年至2015年连续20年原油产量保持2700万吨以上。胜利人因“胜利”感到自豪和骄傲！

然而，世事变幻，前途难测，一直高举“铁人火把”创业奋进的胜利人，突遇茫茫迷雾，进入坎坷爬坡之路。自2014年下半年到2020年，国际油价断崖式下跌，生产经营进入寒冬期，胜利油田负重前行，面临着又一场生存之战。

寒潮来袭，胜利陷入“重围”

告急！地宫拉响警报！

改革开放为东方巨龙插上了腾飞的翅膀，随着经济的高速发展，原油需求量不断攀升，中国被迫扩大原油进口，对外依赖度逐年增加，从2015年的60%，逐年升高到2019年的72%。2020年底，中国原油库存仅11.5亿桶，只能用100天。

能源危机，就是经济危机，就是国家危机！

实现中华民族伟大复兴的中国梦，石油能源起着中流砥柱的作用！

然而，当时代的列车进入2016年，我国石油产量却连续三年下滑，地宫拉响警报！作为不可再生资源的“黑金”，勘探难度越来越大，油藏含水量高。在胜利油田油井综合含水达76%，有的甚至高达90%以上。胜利采油厂油井含水达到96.8%。首先，远古时代留下的宝物面临库存危机，井网、井筒、主阵地老化，东部老区分散、隐蔽等。其次，由于勘探开发技术不足，采收率低，产量下滑，由“高山头”到“山脚下”。2019年胜利油田原油产量下滑到2341万吨，开采难度越来越大，保持年产量2300万吨，犹如泰山压顶，举步维艰。

山重水复疑无路。一个特大型油田的发展之路，似乎看到了尽头。

胜利石油人寝食难安、心急如焚！

油啊，油啊，真是让人愁让人忧啊！

一个美丽的传说

相传很久很久以前，自从七仙女与牛郎有了一段天地之缘之后，众姐妹常常偷偷溜到人间探亲。天宫几繁华，凡世多苦难。夜晚一片漆黑，夏经酷暑，冬受严寒，就连生火做饭也要靠上山打柴。人间的疾苦，让善良的五仙女感到心酸。她思量着怎样帮助人间。

玉皇大帝担心太阳老了以后，会影响到天宫的正常生活秩序，下旨令太阳神苦炼一种宝物，以备危急之时，能够代替太阳继续发光发热。经过九九八十一万年的精心熬制，终于成功炼制一种液体宝物，用火一点就会燃起熊熊烈火。一日，五仙女趁人不备，偷得宝盒来到人间。从此人间夜晚一片灯火通明，取暖做饭再也不用忍受打柴之苦。然而，好景不长，玉皇大帝得知宝盒被盗，十分恼怒，派天兵天将到人间捉拿五仙女。为了继续造福人间，五仙女揣着宝盒跳入水中躲藏，无论怎样软逼硬施，死活不肯出来。玉皇大帝恼羞成怒，使用法力，一刹那，天崩地裂，火光冲天，大海和湖泊被深深埋入地下。危急时刻，五仙女担心宝盒被夺走，将其藏在了水下的污泥之中。

这件宝物现代人称之为页岩油，在当今资源危机的重重迷雾中闪现一缕曙光。

柳暗花明又一村。

我们真的要感谢这位善良勇敢的五仙女。其实，她当年预测到后人会寻找地下的宝藏，把地宫的钥匙交给“地姑姑”保存在一座神秘的仓库里。

但找到这个仓库的钥匙、打开地宫之门，必须依靠先进的科学技术破解“密码”。

近年来，以页岩油气为代表的非常规能源迅猛发展，已在全世界范围掀起新一轮的能源革命。2012 年 10 月 3 日，日本宣布从地下 1800 米深处的页岩层中提取出页岩油。全世界页岩油储量丰富，远远超过常规石油储量。

常规油气藏是先跑到裂缝，再储存在大孔隙砂岩之中的油气资源，而页岩油的开采是直接到生油母岩里找油。这就好比一个是在院子里捡鸡蛋，一个是伸到母鸡肚子里掏鸡蛋。好比一张千层饼，页岩油是层层夹在里面的黄油和糖粉。储集空间大多为微纳米级，两者的储集空间就像黄豆和小米的区别。

毫无悬念！最早找到“钥匙”的必然是科技跑在最前面的，美国第一个“吃到了螃蟹”。

20 世纪 70 年代中期，美国在东部的页岩区块中开采天然气。伴随相关勘探设备的升级改造，80 年代初，页岩油气资源开始迈向大规模商业开采时代。2011 年以来，页岩油改变了美国的国运，由石油进口国变为出口国，在随后的 7 年时间里，一举成为全球第一大产油国。

大洋彼岸这些红彤彤、香喷喷的“果子”，着实让中国石油战线羡慕得蹦出眼珠子、馋得流哈喇子、急得跺脚板子。

“擦肩而过”的“偶遇”

难以割舍的情缘，像久久思念的情人，时常偶遇在铁树焦灼的眼神里。身居“地宫”的宝物，渴望人间的光明和爱情，有时偷偷溜出“牢狱”，向地面传递着求救的信号。

自 1972 年到 2006 年，胜利油田在常规油气勘探过程中，多口油井在页岩发育段见油气显示。截至 2006 年，在济阳坳陷 45 口井泥页岩发育段进行测试，其中 30 余口井初产达到工业油流标准，累计产油超过 7 万吨。

胜利地下有丰富的页岩油！这地宫的“叛逆者”就是最好的例证。

胜利勘探早、中期以常规油气为主。当时在阵地上激战正酣，还没精力和能力解救囚禁于深宫的“情人”。

难，难，难在哪里？

找到新的接替资源，就是为大油田的发展找到新的出路。

明媚的阳光总比春风的步子快了许多，这些新鲜的消息还在路上，金色的阳光抢先一步，已经焐热了黄河口大荒原，春意萌动，跃跃欲试。

地质科技工作者敏锐的眼光率先捕捉到了来自大洋彼岸的消息。一粒种子播在心中的田野，开始发芽、拔节，在野草丛生、荆棘布满的野地，他们迈开了脚步……

颇具战略眼光的大油田果断做出决策：一边保油稳产，一边着手页岩油的勘探开发。

2008 年，油田地质专家把页岩油勘探列入第一个研究课题。

2010 年在罗 69 井、樊页 1、利页 1、牛页 1 等 5 个“碗底”分别取得 1144 米岩心。

1144，“跃跃欲试！”这个吉利的数字为破解地宫仓库的密码提供了要领。

然而，侦查到的消息并不乐观：地质结构复杂、埋藏深、成熟度较低、温度高、油质较稠，世界罕见。

难啊，难于青天摘月，难于地宫寻针！

老天啊，你咋这么偏心哟，或许是要考验一下胜利人的意志和战斗能力？

那就请教世界最厉害的“教官”吧，借鸡生蛋嘛。

2011 年，胜利油田请进美国贝克休斯公司帮助勘探页岩油。这是一家有着丰富钻井与地层评价、完井与生产经验的国际一流品牌公司，有着先进的水平井和压裂技术。

河口的渤南油区竖起了来自“老美”的井架子，蓝眼睛、高鼻梁、黄头发的“老外”昂首挺胸，趾高气扬。

渤页平 1、渤页平 2 和渤页平 1-2 井三口探井在世界最先进的“洋”技术指导下开钻了。

高高的井架托起了胜利人的明天梦，轰隆隆的钻机唱起了石油之歌，一棵棵芦苇摇摆着身躯欢快地舞蹈……打井的那段日子里，现场的胜利人心脏跳动得要蹦出来，期待那一伟大时刻的到来，仿佛黎明就在眼前，滚滚油流呼啸而出。

然而，希望越大，失望越大。

井打完了，起钻时井壁塌陷，费了九牛二虎之力的井口瞬间被掩埋，毁于一旦。

厚重的乌云遮蔽了荒原的天空，也遮蔽了创业者心中的蓝天，一盆冷水浇向熊熊燃烧的火苗。

胜利油田不具备页岩油商业开发价值。“老外”耸耸肩、摇摇头，把手一摊，一副无可奈何。

这是世界权威给下的结论啊。

在场的胜利人惊诧、迷惑、沮丧，但头低下后又抬起来，怎让人甘心呢？一位怀胎九月的婴儿，还未面世，就宣布死于腹中，哪个父母会接受嘛？！

2012 年，油田又把赫世石油天然气公司（HESS）请进来，对博兴区块进行了评价，得到的还是胜利页岩油没有开采价值的结论。

第一轮战役宣告失败。

世上没有救世主，必须靠自己！

何为胜利？

失败 + 失败 + 失败……= 胜利！

历史竟是这样惊人的相似：历史上，国外专家曾做出华北无石油的定论，在经过一连串的失败之后，最终华 8 井打碎了权威的“无油论”，建设了共和国第二个大油田。

今日，美国专家又对胜利页岩油进行了彻底否定。

失败接踵而来……

时代早已发生了翻天覆地的变化，当初的干打垒、地窝子被现代化的高楼大厦所替代，啃菜窝窝头、喝羊屎蛋蛋水的日子一去不复返。过去是靠着一身硬骨头与天斗、与地斗，革命加拼命，时下却在科技上较劲，在电脑上攻“碉堡”。

然而，唯一不变的是胜利人心中坚定的信念、崇高的精气神和手中不灭的

“火把”……

当头一棒并没把胜利人的信念打碎。

跌倒了，要再爬起来！

伟大的导师马克思曾说：“在科学上没有平坦的大道，只有不畏劳苦沿着陡峭山路攀登的人，才有希望到达光辉的顶点。”

从不信神的胜利人进行了认真的反思，查找到了“症结”：一是地质认识不到位，井打得浅。二是工程技术不到位。井壁发生坍塌，是因地质技术、钻井工艺不过关。

久别的“情人”就在滚烫的眼神里，却摸不到够不着，怎样才能把她解救出来呢？

真是心急如焚哟！

何为胜利？

屡战屡败，屡败屡战，逆流而上，绝不服输！

偏僻荒凉大荒原走出来的专家，要开阔眼界、学习先进技术，他们曾先后到大庆、大港、北美等国内外页岩油成功企业取经。

然而，最终却一无所获。

美国海相页岩油沉积时间早，具有两三亿年的历史，成熟度高，储层脆性强，是熟透了的“果子”，采摘容易。因为“战场”有着本质的区别：人家都是海相，也就是过去是一片大海，而胜利是陆相，是一片湖，而且地质构造独一无二，根本无经验可借鉴。

摆在眼前的是一张白纸，扛在肩上的是一座山。通过 10 多年的苦苦探索，他们深刻认识到：必须靠自己！

一条条圆柱形的页岩岩心，整齐地排列成一列列、一行行，足足有三层楼高，共有 2 万米长。

在油田勘探开发研究院岩心库中，我们惊奇地看到了来自地下从不同地域采出的神秘圆柱岩石，有的浅灰色，有的黑灰色，有的赭红色，有的青石色……有的裹着砂粒粗糙无比，有的摸上去似孩子的肌肤细腻光滑，纹理清晰。

当年康世恩定义的胜利地质“大观园”“碎盘子”，今天得以呈现在人们的面前。

这是一个规模较大的地质“图书馆”，是地质工作者心爱的宝贝。

一块块岩石，像一个个胶卷，向我们回放了几千万年前，甚至更早时期胜利油区主阵地、现在被称为“济阳坳陷”的世界模样。

浩瀚湖水，碧波荡漾，藻类丛生，占湖为王，这是一个方圆20000多平方千米的大湖。随着火山爆发和地壳抖动，形成了四个湖：东营凹陷、沾化凹陷、惠民凹陷、车镇凹陷。地球还在抖动，后来又形成湖中湖，其中东营凹陷又形成了博兴洼陷、牛庄洼陷、利津洼陷、民丰洼陷。随着日月更替和地壳抖动，湖水渐渐沉入地下，湖面消失，形成陆地。

埋在地下的藻类等有机物质在高温高压下，经过漫长岁月和地下环境的熬制，以石油和天然气的形式储存在砂岩、泥页岩中。存在砂岩中的石油就是常规开采的石油，由于缝隙大、砂岩脆等原因开采较为容易，而储存在泥页岩中的石油就是页岩油，开采难度大。

胜利面临着更狡猾、更强悍、更阴险的“对手”，“固防能力”非常强。

这是一场艰苦的攻坚硬仗哟！

突破，夺取“地宫”宝库的钥匙

何为胜利？

胸中有国，心中有油。

“今朝石油工人还要吼，誓让地球抖九抖！”为国担当的担子必须挑起来，“油老二”的桂冠不能丢，石油精神的“火把”必须传承下去，胜利的旗帜不能倒下！

他们主动挑起国家能源安全的担子，一路奔波，赓续前行，在充满艰难与困顿、光荣与梦想的上下求索中，展开了又一场艰苦卓绝、气势恢宏的“突破”之战。

冲破重重阻力，打到地宫去，解救出“心上人”！

高高的大山、一座座堡垒摆在面前，需要搬移、攻克。

再打一次集团化大会战！

摸着石头过河，可没“石头”可摸。那就打开石油史记，触摸一下历史吧。

油田的发展史也是一份不可复制的宝贝呢，既是一部艰难的创业史，也是一部开创石油之路的“筑路史”，同时也是一部胜利的《孙子兵法》，有许多珍贵的经验可借鉴嘛。

在杂草丛生的荒芜之地开辟新路，伸到“母鸡肚里捞鸡蛋”，胜利地下找胜利，不仅仅是石油工业发展的战略，还是一场战争，一场攻坚战、信息战、科技战。

既然是战争，那么就按战争的思维积极备战吧。

在勘探开发研究院科研楼八楼会议室，赫然挂着“作战室”的牌子，由 17 个研究室组成了“最高作战指挥部”。统一指挥，协同作战。

一块牌子不仅是名字的变化，更是理念和认识的变化、战略战术的变化。

胜利人改变常规油开采“铁路警察各管一段”的管理模式，打破行业、部门之间的壁垒，勘探与开发、地质与工程协同作战，实现一体化、集团化作战，专门组织成立了由勘探、开发、采油工程、物探、测井、录井、钻井等部门参加的 200 多人研发团队。

接着，石油工程技术研究院、物探研究院、钻井工艺研究院等科研单位，再到生产单位的地质所、工艺所，一夜之间迅即成立了“作战室”。

时代经历了一个甲子的轮回，黄河口大荒原又进入“战时”状态，第二轮大战役就要打响了！

油城的夜空，要么乌云重重，要么星光璀璨。

地处油城中心地段的勘探开发研究院，在外人看来颇为神秘，因为出入的大都是戴着眼镜、文质彬彬的知识分子。据说，进入这个大院的“通行证”起码是硕士研究生，现在有院士 9 人，博士后 70 人，博士 200 人，是名副其实的“石油精英殿堂”。

一路之隔，对面就是胜利广场。

勘探开发研究院放在这个显赫的位置，体现着一个大油田的定位：科技至高无上，科技为先，尊重知识，尊重人才。

这是时代的声音，是一个央企的发展理念，也是地宫深处“黑色金子”的呼唤！

每当夜晚，灯火通明，锣鼓声声，音符跳跃，欢歌笑语。忙碌了一天的石油人，要么跳起健身舞，要么扭起秧歌，一派和谐欢乐景象。

这也是胜利文化的一个“窗口”，是胜利文化厚重底蕴的展现。

再往东北角200米就是中心商业圈，百货大楼、商业大厦、东胜大厦等高楼林立，灯红酒绿，时潮滚滚，柔歌情语，擦肩搭背，人来人往……

而神秘大院的这些不食“人间烟火”的精英们，像是“得道高僧”，他们与外面的车水马龙、灯红酒绿似乎分属两个世界，甚至，他们中的许多人几年来都没有踏入这些商场、大厦一步。此时，这座闪烁着智慧光芒的科研大楼内，一排排整齐的灯光闪烁，好像集合的星星，又好像大油田明亮的眸子。

你看，“佛家弟子”正在修炼“内功”，做功课呢。他们或伏在电脑前紧盯着一道道曲线，或在开会研究方案，或在实验室一丝不苟、目不转睛地啃着“硬骨头”……

大院里面有“花果山”，他们像齐天大圣一样要炼出“火眼金睛”，穿透地下十万八千里呢。

对于石油科技工作者来说，实验室就是战场，办公室就是家，电脑就是爱人，石油就是孩子，油井、岩心就是自己的亲人、朋友。

大院内没有春夏秋冬，没有白天黑夜。

时间忘记了他们，他们忘记了时间。加班加点成了家常便饭，没有周末，没有节假日，有家顾不上。饿了要份盒饭，困了在办公室的沙发上躺一会儿。忘记了节气，忘记了季节变换，分不清白天黑夜，全部心思伏在地下的战场。

其实，他们并不是什么神仙，也是有着七情六欲的肉身。

每天盯着电脑十几小时，有时会出现“视觉起义”：一看电脑，就会头晕。

有人却称他们为时代的骄子，羡慕得不得了：风刮不着雨淋不着，不用出力流汗，每天穿得体体面面，领导关心百姓尊重……

哦，朋友，你可以问问天上的星星、无眠的灯盏，你可以走进被冷落的家，看看老人、孩子无奈的泪水……

他们把亲情、爱情、友情深埋在心底，把所有的情感拴在地宫大门的石柱上，把时光和生命透支给地下深不见底的战场……

“堡垒一天攻不下来，我们心上就像压着一座大山，每天晚上12点之前从没有睡过，常常晚饭忘记吃！”今年52岁的页岩油首席专家蒋龙，看上去比实际年龄大许多，一头苍发，犹如浮着一朵白云，又像冬天一支开花的芦苇。听人说，一年多的工夫，他的头发全白了。

有的人忍受不了这份艰苦辛酸和“冷板凳”，打起“退堂鼓”，当了“逃兵”。

坚守的都是英雄。

何为胜利？

天下没有攻不破的碉堡，永不言败。

科技是攻坚的利器。

在中国，有一种怪现象：为了集体利益，极少有人愿意“出风头”，大多数人喜欢“跟风”随大流，跟着别人学走路。这也难怪哟，“枪打出头鸟”嘛。您看，多少拓荒者、改革家不是“头破血流”、伤痕累累呢？

当“拓荒者”、做改革先锋必须满足两个条件：一是舍我其谁、忘记自我；二是义无反顾不回头。

张林晔就是这样一位“出风头”的“鸟儿”。

在勘探开发研究院，一谈起页岩油，大家首先想到的是张林晔，称她为当之无愧的胜利页岩油“奠基者”呢。

这是胜利油田第一位女博士后。在北美页岩油开发取得成功的时候，她的“长鼻子”第一个闻到了“味道”，率先提出在胜利找页岩油的念头。于是，找油田领导、到北京四处奔波，寻求支持。那时，在国内专家头脑中，页岩油还是一块厚厚的“冰”，绝大部分人对其知之甚少。

“打页岩油？笑话！现在油田一年几千万吨有的是油哩。”

“打页岩油会浪费多少钱啊！有人就是拿国家财产不当回事呢！”

“页岩油技术是国际难题，就凭咱们能攻下来？哈哈，大白天说梦话哟！”

……

“愚公”少见，“智叟”颇多。流言蜚语像一块块巨石、一枚枚利剑，射向一位柔弱的女地质专家。

张林晔却轻轻一笑，她想到了“铁人”王进喜，如果一个人连生命都豁出去的时候，还会在乎这些不足称道的唾沫星子？

嗯，还是做“铁人”好嘛，厚厚的“皮壳”可以当作盾牌嘛。

义无反顾，走自己的路，让别人说去吧。

她以一位地质工作者的责任心和对能源的敏感度，组织成立了工作小组，对胜利地质构造进行了深入研究和积极探索，在野草丛生、荆棘遍布的荒原上要蹚出一条新路来。

越来越多的人认识到了页岩油，越来越多的科技工作者开始关注页岩油、研究页岩油。

这位令人敬重的女地质专家以自己的执着，点燃了胜利的又一个黎明。

在一代又一代地质工作者的努力下，《陆相页岩岩相划分方案》《页岩油含油性表征技术》《页岩油储集性表征技术》……一项项贴着“胜利”标签的技术成果，钻探着通向“地宫”的“隧道”……

没有硝烟四起、隆隆炮声，却有了春天的味道。阳光明媚，春风拂绿，春雨润泽，小草破土，花儿孕育……

胜利页岩油的春天来了！

开发页岩油已列入油田发展战略，各级领导亲自挂帅，“四大院”“十大部门”层层成立专门机构。

作为“侦察兵”的勘探攻关项目组是一支 90 多人的团队，全部是硕士研究生以上学历，博士占到三分之一，博士后 10 人，可谓精英汇集、精兵强将。

他们依托国家“973”、重大专项科研项目，组织团队进行科技攻关，不断深化地质评价、甜点预测、钻井技术和压裂工艺的研究，在老井多次试用，边应用边完善。有时在井上一住就是五六个月，进行井位跟踪设计，遇到温度高、仪器失灵等状况，连夜开会讨论，研究对策。

“甜点”，多么生动的名词啊！就是甘蔗最甜的那部分，在地质评价中也就是含油量最多的页岩层。

突破，突破！

走出去，请进来，他们组织团队赴北美进行页岩油专题调研，与有关大学和研究机构广泛合作。同时，针对“胜利”特色的地质构造，研究自己的特色攻关技术。

这些默默无闻的科技工作者把每天的日子过得紧紧凑凑没有缝隙，把全部心思倾注在那些枯燥的数字和图纸上，以鼠标和键盘向顽固的“对手”展开一次又一次进攻，系统开展基础地质研究与关键技术攻关。

四月中旬，勘探开发研究院大院内樱花烂漫，春意盎然，我走近神秘的“白衣战士”。

一说到家，李军亮眼圈开始发红，喃喃地说着亏欠。

作为勘探首席专家、勘探攻关项目组常务副项目长的李军亮肩上沉甸甸的，忙得每天的时间连支针也插不进来。

那是5年前的一个早上，李军亮肚子疼得直冒虚汗。因为每天早上几乎顾不得吃饭，他患了胃炎。突然接到安丘老家哥哥打来的电话：“咱爹住院了，是心梗！”

李军亮捂着肚子支撑着站起来，向领导请了假匆匆驾车上了高速。

等赶到安丘人民医院已是中午11点多钟。他紧攥着父亲皮包骨头、粗粝的大手，流下了滚烫的热泪……

“咱爹是昨天下午突然晕倒的，我开车送到镇医院，说是心梗很危险，必须转院。我打了120，在半路上又转到救护车上……”哥哥抹着眼睛向他絮叨。

李军亮低下了头。虽然老家不远，但他回家的次数却扳着指头能数过来，而且每次都是来去匆匆，照顾老人的重担全落在哥哥的肩上。这时，他的电话又急促地响起，是同事们打来的，商讨业务。

“你抓紧回去吧，单位的事要紧哩！放心吧，这儿有我呢。”通情达理的哥哥拍着他的肩膀，一个劲地催促。

此时，李军亮的一条腿被家扯着，另一条腿被事业拽着，他终于尝到“忠孝不能双全”的滋味。

他从衣兜中掏出5000元钱塞到哥哥手中，哽咽着跟哥哥说“照顾父亲拜托你了！”

那晚他又加班到凌晨三点。

李军亮的妻子有一个“老寿星”奶奶，今年105岁。前年夏天，突然连续发烧两个多月，在滨州住了3个月的院却始终没有查到原因。他与妻子商量后，把老人接到东营治疗。打听到东营区医院有一个中医医术非常高明，好不容易挤出点时间，把老人带到医院，刚安排好病房，他火烧屁股似的跑回办公室。

一直忙活到凌晨两点多，47 岁的李军亮打了个哈欠，伸了伸懒腰，刚在沙发上躺下，突然脖子一阵疼痛。原来，因为长时间与电脑“谈情说爱”，颈椎已经严重弯曲、突出。他只能侧身入睡。忽然，他想起什么，像被针扎似的一下坐了起来，披上衣服急匆匆出了门。

油城一片寂静，天上的星星眨着疲倦的眼睛。

原来，刚躺下一会儿，才想起一周没能到医院走一趟。他感到心里很不安。

夜静得能听到星星的鼾声，路灯正在打着瞌睡。单位离医院不到两千米，走了 20 分钟就到了。病房大楼稀疏亮着几盏灯，李军亮盯着奶奶病房黑黑的窗户，心中一阵愧疚，流下了热泪……

战场，没有硝烟和鲜血，却有泪水和辛酸。

男儿有泪不轻弹哟，若弹烫如地下岩浆！

地质科技工作者就相当于战场上的“作战参谋”，勘探“侦察兵”把侦察到的“敌情”送到“参谋部”，“作战参谋”看图纸、找规律、剖析、分类、对比、做实验，开始研究具体的“作战方案”。

有一次，地球化学实验室主任李政接到一项研究课题，一连三天三夜把自己封闭在办公室里，搜集数据、绘制图纸。

那天，有位同事因工作要找地质工程师包友书，办公室、实验室找遍了却不见人影，打电话没人接，向家里询问，得到的答复是去上班了。于是，全室的人分头找，最后发现他晕倒在厕所里。

原来 50 岁的包友书正逢感冒，因忙着技术攻关，一连几天几夜加班，身体透支严重。大家急忙把他送到胜利油田中心医院，打了几天吊瓶才缓过劲来。

有的职工住上了大房子，但为了工作方便，就在单位附近租住老旧的小房子。因为石油，他们早把家扔得远远的。

这些知识分子哟，干起活来也是不要命，石油人都有“铁人精神”的基因啊！

老天，借我一双慧眼吧，找到打开“地宫”的钥匙！

老天，给我打造一支利箭吧，让我杀向黑暗，杀出一条血路！

汗水浇花果更甜。一个又一个“碉堡”终于被攻破了！

世界上最大的“瓶颈”是认识，最大的困难是突破自己。

经过多年辛勤探索和苦苦追求，地质科技工作者终于取得令人振奋的成果。

首先在地质认识上取得重大突破：首次提出陆相页岩岩相划分方案，突破有机孔是页岩主要储集空间的认识，突破演化程度0.9%是页岩油成熟度勘探下限的认识，突破页岩内中质油可动性差的认识。

在技术上突破：形成了基于“含油性、储集性、可动性、可压性”四性分析的陆相页岩油地质综合评价技术，建立“甜点”分类分级评价法；形成了页岩油储集性评价8个实验技术系列，为页岩油勘探开发打下了基础。

理论来源于实践。一边摸索，一边钻探。

2018年，随着技术突破，压裂测试了樊159井，获得日产40吨页岩油。

希望的火苗照亮前行的崎岖道路。

首战告捷，夺取“地宫”钥匙

油田领导又把目光盯在了渤南洼陷，准备再打一口探井：义页平1井。

压裂技术是页岩油开发的关键，压不开，油就“无路可逃”。前面打的几口井之所以没有取得完全成功，压裂技术不过硬是主要因素。

“如果这次义页平1井不成功，胜利页岩油的路子就会滞后10年啊！”油田主要领导对石油工程技术研究院负责人忧心忡忡地说。

义页平1井是油田页岩油钻探的第一口风险勘探水平井，钻杆打到地下一定深度之后再横向穿进，相当于在错综复杂的地层中修路，让石油沿路走出。怎样把地下“乡间小路”修建成“高速公路”，让油快速跑出来，是“工程兵”攻关的“靶子”。

然而，既无经验可循，也无参照可鉴，迷雾重重，如同“盲人摸象”。

这是一口突破井，只许成功不能失败！

从石油工程技术研究院的院长到每一位研发人员，心中沉甸甸的，仿佛全油田几十万双火辣辣的眼睛盯着他们。天降大任于斯人也。院领导带领部分业务骨干到大港油田“取经”，然而，转了一圈却没“经”可寻，只能自力更生，自主研发。

他们转变压裂理念，由常规油岩层“打碎”转变为“剁碎”，应用体积压裂技术。

每一个洼陷具有不同地质特点，不断丰富新技术，量身定做新工艺。形成了针对页岩油埋藏深、温度高、压力高、裂缝发育的三开井深结构、旋转导向结合地质导向、常规空压钻井等可推广的页岩油水平井优快钻井技术；形成了“酸蚀扩孔 + 二氧化碳改性扩缝增能 + 脉冲柱塞式通道加砂”的新一代页岩油水平井组合缝网体积压裂技术。

这口井的井下设计具体工作落在了压裂酸化研究所副经理杨峰肩上，他带着 5 人的项目组白天讨论，晚上做设计，饿了叫外卖，24 小时连轴转。仅仅半个月，杨峰和他的团队把义页平 1 井的设计方案全面完成，打破油田新纪录。

石油把女人变成了男人，把男人打造成铁人。

在石油工程技术研究院，有一间“业余托儿所”，起因是卢娜娜。

1985 年出生的卢娜娜毕业于石油大学（华东）石油工程专业，如今已是页岩油室的技术首席，也是两个孩子的妈妈。在设计义页平 1 井方案时，周末加班孩子没人看，她只能把 9 岁的儿子锁在家里，带着 4 岁的女儿去上班，到了单位，把孩子反锁在办公室，她参与项目组的讨论会。中午时分，当她打开办公室门时，一阵骚臭扑面而来，原来女儿拉尿在地上。

领导知道这件事后，很是着急。单位的女性科研人员多，而且大都孩子小，周末的时候，孩子没人管，放在家里不放心。于是，领导决定腾出一间办公室，把周末来的孩子聚在一起。孩子们在一块有了玩伴，过得很开心。这间办公室被妈妈们亲切地称为“业余托儿所”。

42 岁的吕永利毕业于中国科学院高分子物理化学系。2012 年经过 33 天攻关，他研究出一种高分子压裂液，获得国家发明专利。随着科技水平的提高，几年后，这种压裂液耐温化较高，渐渐没了优势。他改变压裂理念，改变黏度和浓度，来到井场，一天实验 60 多次，经过几千次模拟，终于研制成功一种新型的功能性压裂液——合成基钻井液，具有成本低、防堵、防喷等优点。

创新令页岩油破“壳”而出。

千呼万唤始出来，禁锢在 3000 米地下的页岩油终见天日。

义页平 1 井硫化氢含量高，河口采油厂的地质师们日夜攻关，自主研发了一套脱硫设备，在现场应用，效果显著。一个月后完钻，终于获得了成功。喷油嘴从 16.8 毫米调至 7 毫米、5 毫米、4 毫米，压力平稳，日产页岩油峰值 79 吨，天然气 7.1 万立方米。

苦苦探索十几年，胜利人终于夺取了“地宫”钥匙，赢得了胜利！

这是完全利用自发研制技术工艺钻探的第一口水平井，相当于当年的华 8 井，具有战略突破意义。

从此，胜利页岩油没有商业开发价值的论调，像一个肥皂泡泡般破裂了。

消息传到“作战室”“参谋部”，没有欢歌笑语，只有奋斗者紧紧的拥抱和落下的激动泪水……

新路终于找到了！

大油田有了崭新的明天，胜利人又把“胜利”垒高了、拓宽了。

不到一个月，一场疫情突然而至，由于这口井硫化氢含量较多，中和硫化氢的药剂运不来，只能暂时关停。

创新无止境。失败了爬起来，是一种境界；胜利了，不骄不躁，继续前行，更是一种崇高。他们研究的“高速公路”与“乡间小路”交叉压裂工艺被列为国家重点课题。

四面开花，点亮春天

初战告捷，有了“地宫”的“钥匙”，就要吹响“冲锋号”，乘胜追击。

“四面出击，各个击破。”油田果断地制定了在牛庄洼陷、博兴洼陷、沾化洼陷等分头作战的新方案。

敢于和权威叫板的“花木兰”

牛庄，位于东营南、广饶北部，是著名的吕剧之乡，在油区划分上属现河采油厂的“地盘”。

其实，牛庄洼陷作战的条件早已成熟，这得益于一位女“侦察兵”、地质工作者赵海燕。

在现河采油厂，这是一位被称作花木兰式的人物，也是张林晔精神的传承者。

今年 48 岁的赵海燕毕业于中国地质大学油藏地质专业，分配到现河采油厂地质所，一直从事勘探、地质工作。

“勘探是一个良心活，要干好必须打心里热爱。”她深情地说。

那是 12 年前一个偶然的机会。

一个流金淌银的秋日下午，赵海燕来到勘探开发研究院测井专家朱家俊的办公室，无意中她看到办公桌上有一本《页岩油勘探技术探秘》，眼睛一亮。

“朱老师，能借给我看看吗？”情真意切，有点志在必得。

“哈哈，我知道你喜欢钻研，拿去吧！”真是一位痛快、豪爽的好老师哟。

说起朱家俊，人们褒贬不一。有的人说他工作严细认真，为油田页岩油勘探开发立下汗马功劳；有的人则说他做事呆板，不灵活。这主要因为牛页 1-1HF 井，这是牛庄洼陷第一口页岩油水平井。当时，设计方案已经敲定，他却“唱反调”，举着岩心说设计不对，水平井不能放在这个层位，让有的人下不来台。为了表明观点，他甚至半夜给领导打电话，谈认识、提建议。

说到这里，赵海燕一阵激动，流露出敬佩之情。

对于那本书，赵海燕如获至宝，白天端着饭碗，眼睛埋在书中；夜晚，灯光下，一字一字、一句一句细细咀嚼品味，重点的记在笔记本上。先进的理念和技术像一粒种子，在她头脑中扎根发芽、开花。

最终她没舍得把书还回去，给朱老师打了个电话，“得寸进尺”替人家保管。

对于牛庄页岩油开发的历程，赵海燕是见证者、参与者、贡献者。那一页页认识、部署的新篇章，历历在目，如数家珍。

2019 年在官斜 26 井压裂之后，意外得到 27 吨页岩油。

真是“无心插柳柳成荫”哟！

随后，在关斜 17 井射孔中，又获得十几吨页岩油。

牛庄油区地下有丰富的页岩油层！

外表看起来柔弱似水，其实骨子里赵海燕就是一位“拼命三郎”，活不干完饭也不顾得吃。单位食堂离着办公室也就几十米，她经常错过饭点。有时，下午两三点手头活刚完，肚子咕咕直叫，饿得浑身冒虚汗，身子软得像块橡皮泥。她像一只觅食的小猫，可怜巴巴地挨个办公室找吃的，含一块糖、吃一块饼干就心满意足。有天晚上 12 点钟，在办公室忙活完，她步行回家，突然发现公路旁的草丛上躺着个黑乎乎的东西，似乎还有声音。她惊出一身冷汗，打开手机灯光，小心翼翼走近一看，啊，原来竟是个人！

她急忙给值班调度打电话，叫来几个人把那名醉汉送回了家。

赵海燕心中有一块最厚重、抹不去的阴影。

2017 年的秋天，每年一次的健康查体刚结束不久，她发现丈夫有点不对劲：他笑得不自然，还经常偷偷叹气。几天后，她拿到了自己的化验报告：肺部有阴影，怀疑肿瘤！她眼前一黑，差点跌倒在地。

其实，医院几天前就把结果电话告诉了她的丈夫。

怪不得近段时间一直咳嗽呢。领导和同事们得知后，劝她抓紧治疗，工会通过"绿色通道"迅速联系了最好的医院。

"不，不要紧的！眼下页岩油刚有点眉目，我不能这时候离开。"

"没有好的身体，怎么开发页岩油哩？放心吧，等回来有的是活要你干的！"同事们硬是把她拽出了门。

在北京住院期间，她一直放心不下页岩油的研究，多次打电话询问进展情况。

老天眷顾有心人，她的手术非常成功。

按理，这么大的手术少说也要休个一年半载。待了 40 天，她却又出现在办公室，夜晚，一盏明灯又开始无眠。

"其实，我不是怕死，而是担心刚刚起步的页岩油研究会夭折了哦！"

当我采访赵海燕，谈起这件事的时候，一直笑盈盈的她，突然眼圈水盈盈的，转过头擦拭眼泪。等再回过头时，俊秀的脸上挂满忧伤。

她心中装得最多的是页岩油哩。

辛勤的付出得到了丰厚的回报。通过地质分析、对比，做了大量的研究，赵海燕得出令人振奋的结论。

于是，她四处游说，到勘探开发研究院、石油工程技术研究院、物探研究院找专家论证，拿着"证据"找领导，争取早日立项；与采油厂 10 个有关部门协调，到现场考察，不放过蛛丝马迹，获取第一手资料，提高地质认识。她就像一根竹签，将“糖葫芦”穿成串，推进页岩油勘探、开发实现一体化运行。

牛斜55井作为牛庄油区第一口页岩油预探井，于2019年7月20日打响了向“地宫”进军的第一枪。

这口井设计层位于沙四上纯上。赵海燕建议再往下打一层。“哈，说起来简单哩，你知道向地下多打一米，多花多少钱吗？年轻人啊，必须慎之又慎哟！”在胜利油田页岩油推进会上，有权威专家提出不同见解。

这时，赵海燕站了起来，唱起了“对台戏”：“通过我的认识和推断，下面一层储油非常丰富！煮熟的鸭子若飞了，那会多么令人遗憾啊！”

哈，哪儿来的黄毛丫头，这么不知天高地厚？

敢和权威叫板，真是不想混了！

这是一次高规格会议，座无虚席，面面相觑，一片惊讶、不解和担忧，气氛骤然紧张。

“赵海燕，这可是你说的？”主持会议的油田领导反问道。

哈，这领导就是高明哩！既考验赵海燕的胆识和信心，又打破僵局，解了围。

赵海燕坚定地点了点头。

于是，她把自己的认识一五一十地向与会者进行了详细的讲解，有理有据，在场专家频频点头。

好一位厉害的“花木兰”哟，如果我们每一个科技工作者都这样认真，那么可以少走多少弯路呢？！

请为当下油田百家争鸣、百花齐放的科技生态鼓个掌吧，领导不一定正确，权威也不一定不能挑战，真理来自实践嘛。

从会议室一走出来，大山般的担子落在她柔弱的肩上。唉，这个不知深浅的傻丫头哟，如果跌了跟头，你将功亏一篑，成为众矢之的啊！

在井场取心后经过分析论证，果然，下面一层有油气显示，事实证明赵海燕是对的！

她长长舒了一口气。

然而，时隔不久，这位温顺的女性又要与权威唱一出“对台戏”了。

那是在打牛页 1-1HF 井时，在现场赵海燕又提出少打一层，提前完钻。下面是膏盐层，不具备页岩油特征。她的建议并没有被完全采纳。只是在取心时，原计划取 100 米，只取了 70 米，结果最下面显示的果然是膏盐。

赵海燕又对了！

看来她的“上下斗争”并不是凭头脑发热和胆大敢言，而是来自对专业知识的积累啊。

“其实，从事勘探这么久，没琢磨透的没弄明白的事还有很多。我不用这么拼命也行，领导让干啥就干啥，钱可能一分也不少拿。新发现、新突破是勘探人的追求和良知啊！现在看到牛庄洼陷取得这么大的战果，我们的付出值了！”

哈，赵海燕，原来你也不傻啊！我刚认识你是谁，我更知道你是为了谁！

2022 年“五一”假期刚过，我们费尽周折，终于在东营广利河湿地公园找到现河采油厂六户采油管理区。

大家正在会议室观看一个宣传片，门突然被撞开，莽莽撞撞走进一个人来，一边走着一边大声地打着电话。脸黑得像锅底，挂着厚重的风霜，满是汗珠儿。稀疏的头发就像荒原春天刚露头的芦苇，身上发白的红工衣到处是石油和泥土。

哪里来的民工呀？

“这是我们生产办的王主任，您可以向他了解一下。”年轻的党支部副书记、工会主席王琮介绍道。

“有啥事，快说！”他的手机接连不断响起，坐下又站起，简单粗暴，真是一个“民工头”的做派。

我窘起了眉头。

“我们一连几个月像台高速运转的机器没闲下来，节假日没人休息，一直坚守在岗位。开采页岩油任务重，我们心里着急啊！”

哈，快言快语，真是个急性子。

他叫王秉跃，今年 50 岁，却像 60 多岁的“小老头”。

听说，他接连住了几次医院。

牛斜 55 井投产后，获得日产峰值 50 吨的页岩油。捷报连连，一个比一个战果更大，牛页 1-1HF、牛页 1-2HF 获得百吨以上峰值日产油。

成果喜人，成果也累人。

由于油气水分离，两口油井的原油只能输进储油罐。然而，由于含蜡严重，只能靠人工加热、搅匀，然后由油罐车马不停蹄拉到 40 千米开外的草南联合站。人手不够用，机关工作人员全部顶上去，2 人一组站在罐顶不停地搅动着原油，一刻也不能停下来，吃住在现场。几天下来，人累得疲惫不堪。有的站在罐上就睡着了。

王秉跃作为现场生产负责人，说得多，干得也最多，一天下来累得腰酸背疼。

那是一个深夜，王秉跃突然接到牛页 1-2HF 井穿孔的报告。他与值班的经理刘辉迅速赶到现场。停井后，落地油迅速被处理。井不能停时间太长啊，否则可能造成井涌、井堵的后果。

与时间赛跑，将损失降到最低!

两人以最快的速度挖坑。胳膊酸了，顾不得歇一歇；汗水湿透了衣服，干脆把上衣脱了。

一钩弯月悄悄地从东边溜到了西边，一直笑盈盈地盯着，为他们照亮。

凌晨 5 点钟，一个长 3 米、宽 3 米、深 2 米的大坑挖好了，及时对孔隙进行焊补处理后，井又开了，油流滚滚。

因超负荷工作，王秉跃站不起来，被同事们送到医院，因为腰椎间盘突出，做了 5 次小针刀手术。

今年清明节，王秉跃上午跑现场，下午在值班室却感到一阵头晕目眩，站立不稳。到医院一检查，高压 190，低压 160。原来是甲亢引起的。医生说，这种病是因为长时间休息不好、压力大造成的呢。

“以后你要好好保重身体啊，已经越过警戒线了！”医生真诚劝告。

“哎，真的没办法，就干的这行，鱼和熊掌不可兼得。为了页岩油，还得要豁出去！”质朴实在的每一个字，在我的心上都会砸出一个坑。

不知咋的，我对这位穿红工衣的“民工头”竟有几分喜欢。

在六户采油管理区采访，给我影响最深的亮点就是“绿”，绿色的观念、绿色的措施、绿色的石油。

这绿哟，犹如春天嫩叶，仿佛湖中碧水，沁人心脾，沁入血液，沁入灵魂。

油井在钻探过程中，泥浆、压裂液、原油、天然气……难免会发生跑冒滴漏，尤其是页岩油井在压裂过程中，由于地下情况复杂，时常发生井涌现象，实现绿色生产无疑是一个不小的难题。

迎难而上，创造奇迹！

“地下高效采油，地上观光旅游。”这是现河采油厂六户管理区的绿色发展理念。

这个管理区管理油井 172 口、水井 88 口，年产原油 10.4 万吨。

“植绿、懂绿、会绿、真绿、全绿、长绿”是他们精心培育的“绿种子”，全员播撒，入脑入心。

“原油不落地、污泥不掩埋、采出液不外排、废气不上天、噪声不超标、垃圾不乱倒”是六项具体措施，“实打实、石碰石”。

大力利用新工艺、新技术，对广蒲沟、四干渠等水系采用无人机巡查。

页岩油含蜡高，必须加热搅匀。集中拉油点原先采用高价罐电加热，耗电量大。改用多功能罐后，通过改造流程，利用自产气加温，既节约了电能，又避免天然气外排，污染环境。

在多功能罐安装低氮燃烧器，降低燃料排放物烟尘颗粒、二氧化硫等废气含量，燃烧排放达到核心区域控制标准。

推广应用原油回收装置、盘根盒接油装置等绿色技术创新成果，不让一滴油冒出来，固废、固液处置率 100%。

4 月 30 日放假第一天，老天一改往日的激情，阴沉沉的，大概是因为疫情提醒人们少出远门。凌晨 3 点，管理区经理刘辉、副经理张鹏等刚从现场回来，稍微休息了一会儿，又接着赶赴牛页 1-3HF 井场。

他们既是现场指挥员，又是绿色生产的监督员、消除隐患的“灭火员”，哪个施工现场不到，就会感到不放心。

5 月 4 日晚上 10 点，张鹏拖着疲惫的身躯回到办公室里。他打开灯，烧了一壶水泡了一杯热茶。

哦，真香哟！

5 天了，终于能喝上一杯热茶了。“五一”长假从早到晚泡在现场，奋战了 144 小时，5 口重点页岩油井不间断施工，作为管理区主管生产的副经理，他一天到晚连轴转，连喝口热水的工夫也没有。

“最辛苦的工作，党员必须先上”“为了页岩油这个大家，我不能回家”。六户管理区的党员干部没人在节假日休息一天，全部投入生产一线，过了一个真正意义上的劳动节。

牛页 1-3HF 页岩油井井场过去是一排建筑，现场砖瓦、石块建筑垃圾到处都是，好像被炮火轰炸过似的。

5 台推土机大嗓门地吼叫着，突突喘着粗气，张着大嘴不停地把垃圾吞进去，仰头、低头，吐出来装入翻斗车，而一台台翻斗车像一只只忙忙碌碌的蚂蚁，脚步匆匆，一刻闲不下来……张鹏带领机关的弟兄们，手握铁锨，把角角落落推土机够不到的地方再进行清理，个个满头大汗，热气腾腾。

两天两夜的连续奋战，6000 余方垃圾清理了，眼前是垫的一片新土，平整如镜，找不到一块垃圾。铺设管排 2000 平方米，钢板 4000 平方米，井场进井路初步具备压裂条件。

一把铁锨，是张鹏在现场不离手的伙伴。一粒沙、一棵草，他都会上前铲除，井口喷出一滴岩浆，他也清理干净，不留蛛丝马迹。

年轻的王琮饶有兴致地带领我们参观现场。

在湿地公园的一座座井场，铺着整齐的石子、彩砖，围着整齐的栅栏，油井被一圈蓝色的彩钢包裹着，穿上了“衣裳”，听不到一点动静。

停井了？

“现在井还正常工作哩，设备都是静音式的，油井裹起来是为了防止游客触摸发生意外啊。”

真是细致入微哟。

粉蓝粉蓝的彩云铺在湿地的一棵棵树木脚下，哦，莫不是在天上累了下来打个盹？

它叫马辫草，头顶上翘着两根小辫儿。

此刻的槐树繁花似锦，挂满珍珠，像蓝天上一颗颗新奇的眼睛。春风不安分的手采下一朵朵花瓣，啊，一阵槐花雨飘然而至，“大珠小珠落玉盘”，排列成一句句咏叹的诗行……一只只信鸽在油井旁溜达，自觉地担当起“哨兵”，见到人来，扑棱棱飞起，像跳动的音符……

王琮还介绍，平时就是一片树叶也不能在井场见到，每隔两小时值班员就巡视一次。

“那你们的工作量不就增加许多吗？”

“是啊，为了能产绿色石油，辛苦并快乐着嘛。”

在东营火车南站北一千米的地方，是牛页平实验井组。远远望去，四棵高高的铁树耸立，比着高低。

经过严格的健康二维码和测温检查手续后，我们得以进到井场。

哈，足足几个球场大，硬化的场地整洁敞亮，连一粒土块都找不到，四周没有硬化的地方覆盖着绿色的塑料草坪。整个井场出奇地安静，既像广场，又似公园。

这是目前国家页岩油示范区之一，也是最大的实验井组。规划设计 20 口页岩油井，有 4 支钻井队正在作业。

身穿红袄白裤的井架光亮如新，地上一层层排列整齐的钻杆干干净净，钻井工人的红工衣虽经风吹日晒褪了颜色，但也是干净整洁的。

我头脑中那种钻机轰鸣、大地颤抖、满地污油，“油鬼子”爬上爬下的场面一去不复返喽。

“这几口井正在打着呢，现在生产条件改善了许多，职工的安全保障也比过去不知强出多少倍哩！”在现场，我们巧遇带班的黄河钻井总公司副经理，一提到绿色生产他马上来了兴致，滔滔不绝。

是啊，钢铁的井架再也不能被称为铁树，而是名副其实的常青树呢。

到目前，牛庄洼陷已经设计 49 口页岩油井，完钻 32 口，投产 11 口。

淬火成钢

几乎同时，另一个战场摆在博兴洼陷。这口探井的名字定为樊页平 1。

博兴洼陷地质断层多、埋藏深、热盆高蜡，更为复杂。同样是一场硬仗、恶仗、大仗，但有了义页平 1 等战场积累的作战经验，作战将士心中有了底气。

“好储层是改造出来的！”

作为钻头的“眼睛”，石油工程技术研究院举全院之力，努力提高技术进步，优化生产参数，应用大量自主研发的新技术、新工艺，能动向效益转化，第一次采用“酸蚀扩孔＋二氧化碳改性扩缝增能＋脉冲柱塞式通道加砂”井网体积压裂技术，搭起28层楼房高的“铁筒井网”，连续加砂补能量。

老天要给你最大果实的时候，往往对你有更大的考验，让你经历一道道难关。

2020年11月8日，樊页平1进入压裂阶段。

“其实，在压裂前几段并不顺利，当时盯在井场，我几欲崩溃了，打了好几次退堂鼓，但在大伙的一致努力下，我们克服了重重困难，终于取得了成功。”说起那段经历，作为压裂总设计师的“90后”张子霖，还是一脸激动。

因前15段每段地层各有特点，第一段开始后，坐在仪表车显示屏前的张子霖紧紧盯着屏幕，突然，压力曲线居高不下，他赶紧跑到井口现场了解情况，指挥放液。

深冬的天气，风像恶狗狂吠着，天上的星星随时会被吹落下来。脸上好像被刀子一下又一下切割着，身上的棉衣早被吹透了，全身麻木。嘴里钻进沙子，一咬咯吱咯吱地响。张子霖只有时不时捂捂耳朵、哈一口热气暖暖手，来回走动跺着脚。他和现场的工作人员边研究边调整方案，让钻头规避“障碍”，打到哪儿预测到哪儿。

一波未平一波又起。前三段压裂困难重重。张子霖不分白天黑夜在寒风中工作，腮蛋子被冻裂了，嘴唇起了厚厚一层白皮，好像粘着一块透明胶，嘴角起了一个大血泡，似嵌着一枚红枣儿，人又黑又瘦，掉了好几斤呢。

“回去吧，不干了！啥时候遭过这种罪嘛！”是啊，从小在爸妈手心里长大，衣食无忧，有求必应，在家里呼风唤雨，是响当当的“小皇上”，没经一丝风雨，现在却过着“乞丐”不如的日子！

战胜一个人仅靠摧残他的肉体是不够的，一个人只要精神不垮，就无法被战胜！

作为一名“油三代”，张子霖传承了老一辈身上的“油味”和钢铁的性格。

他首先战胜自己的脆弱和娇气，为自己要当逃兵的念头而羞愧，咬着牙一天天坚持下来。

艰苦和困难就像炉火和锤子，一块新铁经过淬火，被锤炼成钢。

经过和大伙儿商议，他大胆提出试用世界领先的CCUS（二氧化碳的捕集、利用和封存）技术，把液态二氧化碳压入井口，补充地层能量，把油“挤”出来的方案，得到领导和大家的同意后立即实施。

钻杆好像给加了油似的，嗡嗡叫着、旋转着，源源不竭的动力钻向地下。

此后，每段压裂竟出奇地顺利。

这项先进技术，变废为宝，一举两得，取得重大突破。

樊页平 1 战役期间，遭遇几十年不遇的风暴潮，经过作战将士的团结协作，顽强奋战，战果取得新突破：日产原油峰值达百吨以上，创造了国内页岩油单井日产纪录。

刚听到汇报，油田领导甚至不相信自己的耳朵：这是真的吗？

国内外专家提出了质疑：不可能，在那么复杂的地层下，不可能有这么高的产量，是不是搞错了？

……

然而，猜疑也罢，质疑也罢，黑黑的石油会说话呢！

奇迹在不服输的人手中诞生了。

欢呼吧，我们有足够的资本！举杯吧，我们有充足的理由！

我们又一次向共和国交了一份优秀的答卷！

我们又一次以实际行动书写了胜利的答案！

胜利的明天必将又是一个艳阳天！

樊页平 1 井的勘探成功标志着技术的进步与成熟。

趁热打铁，乘胜追击！勘探取得了成果，那就准备发起总攻！

胜利页岩油正式进入开发阶段。

在距离樊页平 1 井南方 600 米的位置，部署了 8 口页岩油新井。8 月 10 日，由油田开发管理中心、勘探开发研究院、难动用项目部、东胜公司、经纬公司、定向井公司、黄河钻井总公司组成的专业团队于钻井现场全部集结完毕。

樊页平 1 页岩油开发试验井组采用的是井工厂开发模式，8 口水平井平均单井水平段设计位移 2000 ~ 2480 米，钻井轨迹控制难度大，并且页岩油开采中的长井段水平井，国内并没有可参考借鉴的例子，只能在摸索中前行。这时候，处于“隐蔽战线”

的地质工作者冲锋在第一线。

由勘探开发研究院、东胜公司地质所组成的轨迹跟踪 5 人小组住到了现场。办公室是井场的板房，在 800 米开外的是采油队。

从此，他们开启了“5+2”“白 + 黑”的驻井监督模式。

今年 48 岁的王传忠是东胜公司地质所的一位主任师，他的主要任务是当好现场“作战参谋”和钻头的“眼睛”，对入靶、过断层、变倾角等重要节点展开密切跟踪分析，随时了解钻头所处地层以及下一步将钻遇的地层，并根据地层倾角的变化趋势，对轨迹调整做到“调一步、看二步、想三步”，通过优化轨迹，减少调整次数，确保轨迹平滑。有时，在做数据分析时，5 名“作战参谋”争得面红耳赤，惊得窗外一棵棵玉米竖起了耳朵，正在唱歌的蟋蟀屏住了呼吸。

10 月，一连几天下着小雨，井场的路泥泞不堪。晚上，王传忠借着手电微弱的光芒，往宿舍赶，边走边思考着井斜数据和地层倾角的变化。没想到一脚踩空，他重重摔在地上，头撞到地面的一块石头上，弄得一身泥水，脸也湿漉漉的，一摸竟是鲜血，他急忙到队上擦了点酒精，半个月后伤口才慢慢愈合。

2021 年的最后一场雪如期而至，樊页平 1 井组银装素裹，披着一层洁白的外衣。樊页 1-2HF、1-3HF 井钻探进行到关键阶段。这天晚上，9 点 30 分，王传忠在交代完井上的情况后前往宿舍。

一条腿刚迈进门，手机响了：“王主任，樊页 1-2HF 井井斜达到了 87 度呢。”

他立马跑步返回，向定向跟踪人员了解情况。原来是由于天气原因，值班人员没有及时调整泥浆密度造成的。他果断下令调整钻压为 6 吨、保持 86.5 度钻进。处理完后，已是凌晨 2 点钟，王传忠疲惫地躺在床上。

“滴、滴——”电脑里每隔一小时就发送一次数据提示音，在寂静的深夜格外刺耳。

那夜，他一夜无眠。

王传忠有点“洁癖”，每天要洗两次澡，否则就会全身不舒服，但井上条件有限，洗澡成了最大难题。后来，东胜滨博管理区的同事们在宿舍之间的空隙，安装了一个小型热水器，两面拉上布帘子，一个露天澡堂就成了。

到了冬天，外面有时气温达到零下 15 摄氏度，穿着棉衣冻得人打哆嗦。王传忠利用中午温度最高的时候，冲洗一下。一会儿的工夫，浑身上下被冻透了，上下牙齿之间“得得得”响个不停。洗完澡，他常常头上缠着一条白毛巾，被同事们戏称“油大婶！”

“家是顾不上了，钻头不停，我们不能离开呀。”王传忠感叹道。他又说，一想起油井就感到很自豪，苦点累点不算啥。

目前，樊页平 1 页岩油开发试验井组 8 口井全部完钻，正在压裂之中，是中国页岩油示范区之一。

沾化洼陷：哪里跌倒哪里爬起来

一缕春风吹醒了一个老油田。

十年磨一剑，今非昔比，再向强敌亮剑，把“硬骨头”啃下来。

进入 2021 年初，油田决定在渤南地区再打一场突破战。当年的痛还装在地质工作者的心里，必须稳扎稳打，不能有丝毫的马虎和轻敌。

“选井口我们就跑了好几个月，一定要选准啊，这口井关系到整个渤南洼陷战役的成败呢。”河口采油厂地质勘探主任师单宝杰介绍道。

会议室的墙壁上挂着一张《河口采油厂勘探开发形势图》，下面赫然写着：制图单宝杰。我有点吃惊，这位年过半百的汉子看上去有点不简单哩！

这位中国地质大学毕业的高才生，对河口地质构造情况研究得非常透彻，全部储存在大脑的“芯片”里。随便指出哪个地段，单宝杰就会描绘出那里地下的地质构造情况，好像眼睛长在地下，被人们称为“地质活字典”。

这是河口油区第一张采用自动工业化绘图技术编制的巨幅图纸。他说，绘图整整用了一年时间，读了厚度几米高的技术资料，解释了几千平方千米的三维地震测线，自己研发了配套编图程序。失之毫厘，差之千里啊。每天他大多忙活到深夜，困了就抽支烟，一天不少于两包。

“神出鬼没”是渤南油区页岩油的特点，地质是灰质夹层，储藏较深，在 4500 米之下。“饭”就在“锅”底，没有“勺子”，只有“筷子”，怎么捞上来哟？

那就自己动手，将“筷子”变成“勺子”。

地质工作者迅速按下“白加黑”“5+2”工作键，将以前钻遇页岩层的测井资料收集到一起，逐条曲线进行分析，总结规律特征，并结合国内外先进的页岩油评价方法，提出了适用河口页岩的评价方式，对地下“敌情”侦查得更清楚。

原先，渤页平 1、渤页平 2、渤页平 1-2 井是在“碗”的腰部钻探，这次是选在成熟度最高、“最甜”的地方，结构单一，压裂难度相对较小。

4 月，风险探井渤页平 5 井开钻。

“小尤，准备马上去现场！”已是晚上 10 点多了，正在办公室加班的尤磊被师傅刘国宁喊了出来。

原来，收到钻井队消息，预计当晚设计能够钻遇设计层位。

2019 年 7 月，尤磊于中国石油大学石油与地质工程专业毕业后，分配到河口采油厂地质所开发二室，成为一名地质师。很幸运，副所长刘国宁成为他的师傅。

夜漆黑，风嚎叫。沙尘、残叶不时击打着门窗。坐在驾驶室里的尤磊却有几分兴奋：这是跟踪的第一口页岩油井，还没见过页岩油的真实面目呢。

到了井场，寒风在荒原上更是肆无忌惮，铁皮房的化验室，内外温度相差无几，冻得人直打哆嗦。他们迅速投入紧张的工作，展开资料与目前的测井曲线对比，确定钻遇层位。时间让狂风卷着飞跑，不知不觉已到凌晨两点了。

“你快去眯一会儿吧，眼睛都睁不开了，等快进层了再叫你！”

“师傅，我不困！还能坚持一会儿哩。”

凌晨三点一刻，室内一阵兴奋：“进层了，快拿曲线对比对比！”

确定进入目标层位后，他们又来做荧光分析试验。

“嗯嗯，有油气显示哟！”一张张疲倦的脸上，绽放着鲜艳的花儿。

天好像提前亮了，有点急不可耐，一抹彩霞像一卷红绸带，在东方的天边涌动着。这注定是不寻常的一天，值得庆贺的一天，注定书写在河口油区历史上的一天。

为了保证后续的钻遇情况，他们一直坚守到第二天早上完钻才离开。

尤磊感到很幸运，一上班就与页岩油结下了情缘，他像一片嫩绿的树叶，把自己青春的汁液通过扎根在荒原的根须，源源不断地输送到地下，传递给牢笼中的“情人”。

今年“五一”前夕，他参加了河口区团委主办的青年事迹报告会，作了题为“我与页岩油的故事”的报告，赢得了阵阵掌声……

2021年4月，渤页平5井钻探正酣，井场位于渤南荒原，四周是茫茫盐碱滩，没有一户人家，荒凉寂寞。离着石油工程技术研究院将近百十千米，工程技术人员和钻井工一样住板房，喝野水，生活条件十分艰苦。

在一线才能锻炼人哩。

卢娜娜、陈磊、李晓倩三位“80后”女采油工程师主动要求驻井。当时，她们孩子大都在十几岁，正需要照顾。为了页岩油，她们抛家忘我。

她们的任务是负责及时调整施工参数，把好“方向盘”，“指挥”钻头的前进方向。

因为女厕所在井队生活区，相隔较远，而她们负责监控井下压力曲线图，眼都不敢眨一下，连口水也不敢喝，嘴唇上暴起一层层皮。这样一干就是半个多月，被称为“渤南页岩油三朵金花”。

河口地质师宗丽的女儿马上面临高考，在东营市胜利一中附近租了房子。每天下午下班后，她驾车到东营为女儿做饭，再连夜跑回河口，到井上进行现场对比、数据分析，来回100多千米。有时在现场的值班室，有时在办公室忙一整夜，那段时间，她竟忙活得一双袜子穿了7天，没来得及换洗，每天折腾得吃不下、睡不好，但工作一点也没耽搁。

鱼和熊掌兼得，她既是一位称职的好妈妈，也是一位优秀的地质专家。

背后付出多少心血和汗水哟！

目前渤南油田已经设计了84口页岩油井，正紧锣密鼓实施，同时在车镇、郭局子地区也陆续发现了良好的页岩油储层。

渤南战役取得了胜利，将士们终于洗刷了10年前的耻辱，扬眉吐气！

四面开花，荒原的春天来了！

腿越来越有劲，步伐越来越轻快！

2021年10月21日，一个激动人心的日子，黄河奔腾，渤海欢跳，阳光明媚，鸟儿飞翔。习近平总书记走进胜利油田勘探开发研究院，参观了页岩油、二氧化碳气驱实验室。对于胜利页岩油勘探开发工作，习近平总书记给予了高度评价。

殷殷嘱托，备受鼓舞。

在勘探开发研究院，我们看到了几只装着页岩油油样的玻璃瓶：有的晶莹剔透，似橄榄油；有的呈乳状似土蜂蜜；而胜利油田的页岩油却纯黑如墨。

“像埋藏这么深、这么稠的页岩油，在国际上还没有成功开发的先例，一系列关键技术都是我们自主研发，一一攻克的！”说到这里，蒋龙有点自豪。

新征程启航，前面的路还很长很长。

胜利油田绘就了新的蓝图。全力攻关发展更长水平段、多层、立体开发技术，创新应用井工厂模式，积极开创新技术、新工艺，降低页岩油开发成本。预计“十四五”期间实现效益开发，为实现夯实国内产量基础、保障国家能源安全再立新功。

新时代、新梦想。石油人把梦想的种子播撒于盐碱滩、地宫、大山、大海、沙漠……在石油精神的滋润下，处处盛开着鲜艳的花朵。这些梦想之花开在新时代的额头上，那样绚丽，那样灿烂……

曙光

——樊页平1井勘探纪实

铁 树

首战告捷！

义页平1井积攒了作战经验，“作战室”又把目光聚焦在第二个战场——东营凹陷。这是没有完全成熟的“果子”，采摘难度非常大。

而博兴洼陷页岩油埋藏深、温度高、压力大，钻井及压裂改造工程工艺技术要求高，页岩储存空间小，比头发丝还要细。页岩油演化程度低、密度大、流动性差，开发难度大。只有几千万年的历史，成熟度低，储层塑性强，地层压不开、撑不住。国际理论认为成熟度小于0.9%不具有开发价值。樊页平1井页岩油成熟度只有0.8%。像埋藏这么深、这么稠的页岩油在国际上还没有成功开发先例，一系列关键技术的“碉堡”被油田科技工作者一一攻克，研发了胜利特色的钻井技术和压裂技术，揭开了页岩油的“庐山真面目”，让页岩油在人工制造的毫米级“高速公路”上流出，提升了单井产能。

樊页平1井是2020年中国石化在页岩油勘探领域的重点探井，重点探索博兴洼陷北部沙四纯上亚段页岩含油气情况，设计井深5386米，目的层垂深3700米，水平段1694米，预测含油面积8.0平方千米，地质储量560万吨。

一

2020 年 9 月 30 日，油城天高云淡，秋高气爽。

“这口井的压裂试油地面配套施工、日常维护和生产就由东胜公司负责！”

字字如钉，斩钉截铁！

油田领导下达命令，参加会议的两位东胜公司主要领导临危受命。

哟，这手怎么顿感沉了许多哩？光荣和压力同时来了嘛。

“嗯，怎么会交给他们呢？”

“不交他们交给谁啊？东胜公司就是油老虎，专门啃硬骨头的哩！”

在场的其他几家采油厂的领导议论纷纷，他们可是怀着志在必得的心情来参加会议的哟。

樊页平 1 井对中国石化页岩油的突破至关重要，压裂施工也是胜利油田勘探开发 60 年来，规模最大、区域最新的压裂施工。由胜利油田油气勘探管理中心负责探井，胜利油田工程公司负责压裂施工，东胜公司承担该井压裂前、压裂施工全过程及压裂后所有配合保障任务。

东胜公司是胜利油田改革的第一块“试验田”，第一块开发难动用储量的“处女地”，也是中国陆上石油开发行业第一家股份制油公司。

拥有多个“第一”的东胜公司，创造的就是第一！

紧接着，油田历史上又一个“第一”被创造出来：施工保障项目组和保障运行计划不到 12 小时就出台！

命令当日传达到位，担子最终落在东胜公司滨博采油管理区。

山来扛，水来挡，没有丝毫的讨价还价！

还是用一句话最合适：“责任重大，使命光荣！”一想到政治责任，从事基层管理工作 20 多年的王永生额头上立马渗出些许汗珠，作为滨博采油管理区党支部书记，他肩上的担子沉甸甸的，脸色凝重，既有压力又有自豪。

这是一场只能胜不能败的战役！

既然是战役，那就用战争的手段！

60 年前，从部队转业的“老石油”打的是歼灭战、大会战，解放军精神融入不息油脉，演变成“苦干实干、三老四严”的石油精神，流传至今，这些传统和精神还在赓续！

“提高站位，统筹安排，突出重点，展示特色！”作战方案干净利索，钢钉落地，火花四溅！

项目组迅速成立，24 小时内敲定方案。干部打头阵，党员挑重担，以“5+2”“白加黑”的模式迅速投入战斗，支委成员分别带班，轮流驻现场，百十号员工重新回到会战的岁月，触摸到久远的记忆。

从此，滨博东胜人像一棵棵玉米，把长长的根须深深扎在那片玉米地！

从此，滨博东胜人要经历风吹日晒、风餐露宿、雨吹霜打的磨炼！

一周洗不上一次澡，头发满是灰尘，打绺，痒得难受；嘴上起了血泡，嘴唇上结了痂，嗓子沙哑，疼得说不出话来。

从此，滨博东胜人就像附近村庄的农民，播种、洒汗、收获！

这一年的国庆节长假，井场却是一番热火朝天的景象，整个管理区的职工精神焕发，斗志昂扬，一连 4 个月无一人休息。

二

这是一顿“无米之炊”，但“无米”也要做成“熟饭”。

石油人不只是“巧妇”。

井位在一片田地里。小麦的芽儿破土而出，羞涩地笑着，正享受着晚秋的暖阳。看到身着红工装的“红军”，麦苗儿摇曳着身子交头接耳，然后呼啦啦鼓起了掌。

有了绿色的陪伴，精神便有了依靠，似乎有一双双目光流盼的眼睛，驱散了寂寞和孤独。

在征地时，地方政府和当地村民给予了巨大支持，一听说要打油井，就像当年支援八路军打鬼子，村民忍痛将麦苗儿拔了，给井场施工留出空地。

几台推土机连夜行动，宽敞的土路、平整的井场初步形成。

高青供电公司开辟了特别通道，按照正常程序 3 天才能完成的送电手续，一晚上解决！

安装井场照明设备 7 套，架设高压线缆 1.2 千米，12 天完成！这真是神速，在高青的地面上又是第一次。

压裂施工，水是重要的增能资源。起初，他们协调到附近村庄的一个水湾，用水泵 24 小时不停抽水维持日注水量。设计突然出现变化，注水量加大，水不够用，怎么办？

万事开头难。

11 月 14 日，进入压裂施工的第 6 天，按计划当天将完成第 9、10 段的压裂。但从 12 日起，因地层复杂、施工难度大，实际压裂用水远超原设计，日用水需求量超计划 20% 以上，原日供水 5000 方的供水标准已经不能满足现场用水需求。

压裂施工不能停！

13 日，星源公司作业队进入现场进行抢接，连夜施工。当天晚上 8 点半，第二水源供水欢快地流入井场蓄水池，保障了当天的压裂用水需求。

第 9 段施工注水量达到了 3713 方，供水再次告急！

险情就是命令，保障就是责任。油田领导要求：请东胜公司克服一切困难，保障供水！

“附近哪儿还有水源？”管理区副经理蒋建亮凌晨接到经理张彬的电话后急得嘴上起了两个大血泡。

“最近的只有附近村民的鱼塘了！”负责联系水源的生产指挥中心主任朱同同直叹气，“但是工农关系……”

“联系高青县油区办帮助协调吧！组织党员干部准备抢供装备赶往现场，等到通知就上！”王永生的脑袋都大了，难题一个接着一个，一刻也闲不下来。是嘛，这也是一次考试，考题的难度是前所未有哟。

哈，这真是奇怪的命令！还没得到鱼塘“主人”的同意呢，这边立马启动应急预案，组织了 20 多人及车辆、物资装备赶赴现场，一场保障压裂供水的战役打响了！

在东胜公司统一协调指挥下，滨博管理区高青管理区作业承包商及员工 40 余人、星源公司 3 支队伍 18 人，火速赶到现场投入战斗。王永生带领注采站职工携带工具及发电机驰援现场。

人拉肩扛，铺路搭桥，下水泵、接管线、上卡箍，紧螺栓……村里赶来几只凑热闹的狗，不再左嗅嗅右闻闻，寻觅着食物，仿佛也被机器的轰鸣所震撼，傻愣愣站着，昂着头，竖着耳朵，摇摆的尾巴停了下来，一动也不动，仿佛怕惊扰了机器的歌声。

岁月将诸多的往事钉在历史的板壁上，雕刻在油田的历史印迹中，那些浸润在骨髓里的记忆，让许多雕塑矗立在王永生的灵魂之中。他感到天空逐渐明亮，一抹金色的云霞从东方冉冉升起，将他疲惫的身体向上托举，那身愈劳弥坚的骨头，在晨曦的照耀之下，咯咯作响。

紧张的 12 小时过去了，1.1 千米补水管线铺设完成！

人心齐，泰山移！

一听说“油大哥”要用水，油区办负责人亲自出面去村民家做工作，问题很快解决。晚上 7 点 30 分，三段供水管线同时为压裂施工蓄水池供水，提供了每小时 600 方供水量。这些救急的水，像一排排义不容辞的士兵，奔赴战场，钻入地下换防，让那些坚守在地下的黑色金子重见日月，发挥更大的作用。

有了水，一台台压裂机叫得更加欢畅。

三

井场开辟的土路容得下带着泥土的双脚，却容不下滚滚车轮。

每天来来往往几十台重型车辆，拉运物资、设备，每车至少几十吨，再加上刮风下雨，路面泥泞，路面上的垫板被挤压滑出，于是，坑坑洼洼，稍不注意车就会掉坑抛锚。24 小时站在风雨里现场值班的管理区带班干部，立即组织人员、挖土机把抛锚车辆“解救”上路。

但老天爷的考验才刚刚开始！

进入 11 月下旬，天气预报显示，20 年一遇、持续半个月的雨雪极寒天气将随之而来！“不能被老天牵着鼻子走，这可不是个长法哩！”负责基建保障的邢照峰裤腿沾满了泥水，一脸愁容，额头上一个大大的“川”字。

是哩，雨雪天气持续这么久，路会越来越难走，怎么办啊？

项目组现场召开了“诸葛亮会”，决定增加一台挖土机，加铺道路垫板，边施工边修路。

石油人就是直性子，说干就干！还是靠自己，再组织一次小会战。党员冲在前，干部员工齐上阵。天空飘起了冰雨，大多数职工没穿雨衣。淅淅沥沥的雨水很快浸透了红工衣。水珠滴答滴答，顺着安全帽檐儿向下淌，滴到脸上、身上，分不清是雨水还是汗水。没人停下来，垫土、加固、铺设。

“哈，这包子可暖手哩！”午饭送到现场，满手污泥来不及洗，就着雨水吃包子，大伙边吃边说笑道。

“这帮石油人可真能干哟！”

“唉，石油工人真不容易啊！”

现场看热闹的村民发出感慨。

机器轰鸣，打破了日出而作、日落而息的村庄的宁静，为固守在田野的村民打开了现代工业文明的一扇大门。他们感到新鲜、惊奇。看着从井场出来的石油“泥人”那高兴劲头，他们打心眼里佩服。

路，垫好了。车辆没有一台延误。

有家回不了。滨博采油人的家大都在 80 千米开外的东营，以前一周还能回去一次。现在，为了油他们把家甩在了天上，变成了一颗颗闪亮的星星，只有夜深人静的时候，才会瞅一瞅、望一望，流下几滴眼泪。

岗位就是家，井场就是亲人！

四

到了 2021 年 11 月 25 日，樊页平 1 井已进入压裂完成倒计时，30 段压裂施工，共加液 8.3 万余立方米，加砂量 5129 立方米，伴注二氧化碳 5708 吨。万事俱备。

机器隆隆作响，高速飞转，注液伴随一粒粒砂和二氧化碳带着石油人的信念和梦想，源源不断地输入大地的“胸膛”，地球开始颤抖。

从第一粒砂注入起，就牵动着千百颗心，滨博采油管理区 117 名员工的心更是被吊着，担心、期望交织在一起。

中午 11 点 58 分，随着“施工顺利完成，停泵！”的施工指令，历时 18 天的樊页平 1 井压裂施工圆满完成。

当天上午，东胜公司、油气勘探管理中心、石油工程监督中心、石油工程技术研究院、井下作业公司、测井公司等单位召开了现场总结会。

“页岩油的勘探开发是胜利人多年来的梦想，也是集团公司未来的攻坚方向。集团公司计划在胜利油田建成页岩油产能示范区。希望大家再接再厉，在樊页平 1 井的施工中务必取全取准各项资料，为页岩油的下步开发打下坚实基础。”油田领导寄予了很大希望。

五

11 月 25 日下午，樊页平 1 井进入放喷试油阶段。

一连半个月的冬雨连绵，井场到处是稀泥和水洼，参与压裂施工的设备及车辆陆续撤出。

试油开始的每一秒都是苦苦的等待！等待的日子特别漫长，等待也是一种煎熬哟。

从开钻以来，一口气没白没黑地干了 425 个日日夜夜，在这起起伏伏、蹦蹦跳跳的光阴里，他们低头做事，今天，头一回朝着井口的地方伸长了脖子、屏住呼吸，眼睛不敢眨一下，每个人都按捺不住弹簧一样跳动的心。

是哩！一个多月来每个人像高速运转的机器，没有合过一整夜的眼，没有穿过一天干净衣服，没有吃过一顿囫囵的热乎饭。

“就像期盼分娩生孩子一样！”负责项目后勤的党支部副书记刘永泉深情地说。

终于“预产期”来临！

曙光显现，试油放喷日产油达 170 多吨！

这令人激动的消息扇动着翅膀，以最快的速度传到整个大油田、传到北京。

一条通向明天的“我为祖国献石油”“新路”终于铺就而成！老油田又焕发出勃勃生机！

欢喜之后，并没有轻松和懈怠。

“孩子”刚生出来，作为“甲方”的东胜公司滨博采油管理区干部员工，满怀做“父母”的喜悦，劲头更大了，瞪大眼珠子，全力保障该井试油放喷。

11 月 28 日夜，高青县气温已降至 0 摄氏度，泥土已开始上冻，持续保障工作仍在连续进行。樊页平 1 井压裂返排液由放喷计量池经外输管线泵输送至樊 11－斜 10 井回注，启泵端由 2 名滨博管理区值班人员 24 小时现场值班，部署 5 辆罐车进行压裂液倒运，井口已由 3 毫米油嘴换至 8 毫米油嘴控制放喷。原油油气量大、倒运频次多、距离远、操作节点多，每天有 3 名值班人员 24 小时现场值守，不间断对 5 个多功能罐进行倒液、排水、校产，每小时一次倒油切水，全天倒阀门 200 余次。

这 5 个多功能罐有 8 米多高，值班职工需每天爬上爬下 50 余次。一个七八平方米的小板房就是他们的“家”，距离操作区域不足 100 米距离，但“家”中常常空无一人，因为操作太频繁，实在离不开、走不出这 100 米啊！累了就地坐几分钟，常常是一会儿鼾声高起，进入甜蜜的梦乡，不到 2 分钟便被同伴叫起。夜深了，几十只灯光吃力地托举着。田野的狂风吼叫着，气温达零下 18 摄氏度，戴着棉手套，手很快冻麻了。操作完毕，人就往车里钻，不到几分钟，又下来进行下一轮次的操作。

注采站长赵磊在办公室搬桌子时，不慎扭了腰，造成尾骨骨裂。就医时，医生开出了建议卧床休息 1 个月的诊断。但他知道此刻是单位最需要人手的时候。

“有病好好休息，单位离开你就不转了吗？”妻子埋怨道。

他什么也没说，第二天夜里，赵磊的身影便出现在试油放喷现场。

累了，骨头疼痛，干脆在地上躺一会儿。有人劝他回家休息。

“大老爷们又不是挺不住，只要能坚持，咱就顶得上哩！”回答硬邦邦。

因为没有铺设输油管线，从井里打出的原油只能输到储油罐，然后再用油罐车向外倒。如果倒油不及时，就会发生原油外溢事故。拉油的油罐车像来回奔波的蜜蜂一刻也闲不下来，一分钟也不能停。

这可苦了罐车司机和押运员！

女子押运班应时成立，负责 9 台油罐车的装卸。自从干了押运员，这 11 名姐妹就把家安在了驾驶室，每天早上 6 点起床，晚上 12 点后才能躺下，一天到晚跟着车轮连轴转。手机、小镜子、防晒霜、红工衣是女子押运员的“四件宝”。她们把家浓缩在小小的手机屏幕里，小心翼翼，只有坐在车上才掏出来，按下键钮，亲情便汩汩流出来。小镜子是用来照照脸上的原油，及时擦洗。风吹日晒，时间一长，细皮嫩肉的脸蛋儿都成了“黑蛋蛋”。女人嘛，天生爱美，有空的时候就擦一点防晒霜。其实，也只是心理作用，骄阳似火，油罐上面的温度有时高达近 80 摄氏度，罐体烫得工鞋鞋底都化了，汗水一个劲地向下流，衣服湿透，挂一脸的汗水，防晒霜早已冲得无影无踪。夏天，汗水、雨水和油泥黏满了红工衣，衣服洗得勤，慢慢褪了色，油渍渍的夏装工服从来没有干过；冬天，披着一身风霜雨雪，再加原油“挂彩”，那身棉工服几乎分辨不出本来模样。

12月8日21:50，已是第6趟原油内倒了，这时大雾弥漫，车灯打开，眼前一片白茫茫。因22:00后罐车不能走高速，值班干部李楠、王晓明驾驶一辆吉普车在前面，黄色的紧急灯光闪烁，当起了向导，引导罐车走下道绕行。凌晨1:00，第6车排液在滨博接转站卸下。

她们几乎没有在前半夜睡过，回到宿舍，不敢惊扰睡梦中的同伴，轻手轻脚脱了外衣，身穿湿漉漉的内衣钻进被窝。

今年30岁的李婕是女子押运班年龄最小的一个，她在工衣的前胸处别了一个蝴蝶结，被人称为“小蝴蝶”。宿舍里满箱子的时装，几个月都不曾动一下，根本没机会穿。

去年女儿报名上幼儿园，她早许诺和孩子一块儿去。那天，押运任务紧张，她实在抽不出身来，只能把孩子托付给身体不太好的公公。

孩子生病，母亲怕她担心，不想告诉她。去了胜采医院，回来后孩子病情加重，迫不得已要去胜利油田中心医院诊断治疗。深夜，她突然接到母亲的电话，才知道孩子病了，吃什么吐什么。一边是紧张的工作，一边是日思夜想的孩子，她心里好难受，好想真的变成一只蝴蝶飞回家！

当她拉完最后一车油回到宿舍时，已是凌晨1点多。拿出手机听到孩子的语音留言：“妈妈我想你了！”她的眼泪瞬间扑簌簌掉下来……

第二天，早上6点她又匆匆出门上了油罐车。

狂风似脱缰的野马，夹裹着倾盆大雨，吼叫着、横扫着田野，乌压压的黑云压在头顶，积水已没过膝盖。那是台风“利奇马”袭击了高青，一人多高的玉米被吹得东倒西歪，唯一的一条马路被洪水吞噬。白昼如夜，油罐车开启了灯，像一名步履蹒跚的老人，仅靠两旁的树木、庄稼当作参照物，小心翼翼在水中跋涉。到了井场，一出驾驶室，百十斤重的李婧好像一朵花被风吹得摇摇摆摆。她顺着旋梯一点点爬上油罐，把安全带挂好，打开了阀门。那天，她一连倒运了8车油，回到宿舍已是凌晨3点钟。

“樊页平 1 井锤炼了我，第一次接触这样的油井，我感到很自豪！”谈到这里，李婕两眼湿润，但笑得很开心，像一朵盛开的野菊花儿。这质朴的笑，田埂上的野草听到了，风一摇，满头满脑的赞许。

一阵野风吹过，玉米地里哗啦啦，一阵热腾腾的气息扑面而来。看着不远处恬静的村庄，她眯着眼睛，打了一个哈欠，似乎身体软瘫下来。

一口油井，一支团队，面临着新的困难，顽强奋发，勇于攻坚，为一个大油田找到战略“突破口”、一条新路，把共和国能源的饭碗牢牢端在自己手中，描绘了一个灿烂的明天！

2021 年 6 月 9 日，中国石化主要领导一行来到樊页平 1 井生产现场。看到井井有条、规范整洁的生产井场，总部领导频频点头：“这是一座具备国际水准的三标井场！”

截至 10 月 28 日，樊页平 1 井峰值日产油达百吨以上，创国内页岩油单井日产最高纪录，累计生产原油 12800 吨。

2021 年 11 月，中国石化发布消息，胜利油田济阳页岩油勘探取得多点突破，目前已具备全面开发条件。

随后，新华社、中央广播电视总台、《人民日报》、《参考消息》、《科技日报》、《环球时报》等多家媒体、多个平台对胜利油田页岩油取得战略突破进行了报道。

新的“一页”

咔 咔

胜利油田拥有丰富的页岩油资源，就像“饭”在难以揭开盖子的“锅”里。

胜利油田科研工作者怀揣“胜利之下找胜利”的梦想，向地下深层拓展，在页岩油勘探开发领域潜心钻研十余年，取得一系列重大技术创新突破，锻炼出“揭得开盖，端得上桌”的能力，胜利油田的油气事业将因此翻开新的一页！

胜利油田科研工作者以夯实资源基础，以“端牢能源的饭碗”为使命，以认识—实践、再认识—再实践的实践论为指导，“十二五”以来，历经两轮主动探索，通过持续攻关，在济阳坳陷页岩油勘探开发理论及技术上取得一系列成就，实现了页岩油规模化增储建产，在保障国家能源安全上展现了胜利担当。

十年磨一剑，回首胜利油田的页岩油勘探开发征程，肩负为国献油使命的胜利人，每一步都迈得艰辛而勇敢、稳健而智慧。从系统取心井、专探井、风险探井到先导试验开发井组，每一口井的诞生和面世，都见证了胜利人迈出的坚实步伐。

每一口页岩油井都是胜利人砥砺奋进的“里程碑”，每一口页岩油井都是胜利人奋力前行的“新路标”，每一口页岩油井都是胜利油田科研工作者呕心沥血种下的“丰收树”。页岩油井工厂正是胜利油田实现能源战略接替的新高地。

樊页平 1 井：里程碑

“截至 2021 年 10 月 28 日，胜利油田已完钻的 4 口页岩油专探井之一的樊页平 1 井峰值日产油达百吨以上，创国内页岩油单井日产最高纪录，标志着济阳坳陷页岩油实现商业产能的战略性突破。”

看到这篇报道，胜利油田勘探开发研究院专家唐东十分欣慰，他和页岩油有着很深的缘分。

再回首，樊页平 1 井实现勘探突破并不是一蹴而就的事，从首轮主动探索到新一轮主动探索，如同向着战略高地发起一次又一次冲锋，胜利油田的页岩油勘探走过了一条从失败到成功、蜿蜒曲折却又锲而不舍的探索之路。

2006 年，北美页岩油气勘探开发相继获得突破，消息传到国内，引起了油气专家们的广泛关注。

页岩里真的有油吗？

即使是有几十年工作经验的“老石油”也觉得不可思议，这是与原有理论体系相反的，在大家头脑里，页岩不可能作为储油层，粒度非常细，孔隙用肉眼基本看不见。从砂岩到页岩，从常规油藏到非常规油藏，认知的颠覆性改变考验着地质工作者：必须相信科学！

页岩油究竟什么样？

地质工作者这样描述：我们可以把页岩油储层想象成“千层酥”，油气就蕴藏在层层叠叠如书页般的泥页岩中，就像所夹的黄油和糖霜，富含页岩油的层段被称为“甜点”。

胜利油田有没有页岩油呢？

胜利油田的科研人员对页岩油的认识，走过了一个从自我质疑到信念坚定的历程。

早在 1972 年，胜利油田勘探初期就在钻探过程中偶遇过页岩油，在济阳坳陷泥页岩中发现了工业油气流，比如渤南洼陷就已有 5 口井、东营凹陷有 2 口井获万吨以上的累计产油量，但当时人们的地质认识比较局限，简单归类为“泥岩裂缝油气藏”，是可遇不可求的。

2006 年，胜利油田启动页岩油首轮主动探索。勘探开发研究院的张林晔专家向时任油田分公司领导提出了研究济阳页岩油的想法，备受支持。

2008 年，胜利油田启动济阳页岩油专题研究与勘探，通过对 300 余口泥页岩段具有油气显示的探井复查，初步明确了济阳页岩油的勘探潜力与方向。

作为国内知名地化专家的张林晔牵头展开专题调研，李军亮跟随张林晔到昌乐五图煤矿看剖面，看岩心，坚定了对济阳页岩油的勘探信心。

勘探开发研究院的科研人员针对取心井岩样做了大量实验分析，通过研究其生烃参数验证了济阳泥页岩具备生油能力的认识。

胜利油田的页岩油到底能不能找到并开采出来？

2010 年，中国石化下达了勘探开发页岩油气的指令，要求各油田开展有关工作。

2011 年，胜利油田先是聘请外国公司，以国外页岩油气评价的技术体系为指导，设计并钻探了 3 口页岩油探井，但均未取得预期效果。

胜利油田的页岩油勘探为什么不行？是不是研究方向和攻关认识有偏差？哪些地方走了弯路？

急需"破茧"的油田地质工作者们通过国内外调研继续寻求突破，其他地区的页岩油的钻探实践迫使他们逐渐清楚地认识到：在自己的勘探区域，只借鉴别人的理论认识，没有自己的基础研究和评价体系，是行不通的。

经慎重思考和研究，胜利油田决定投资几千万元，选择济阳坳陷常规油藏富油洼陷，在渤南、博兴、利津、牛庄等 4 个洼陷实施了罗 69 井、樊页 1、牛页 1、利页 1 井等 4 口页岩油系统取心井，累计取心 1010 米，一举奠定了济阳页岩油攻关研究的资料基础，强力支撑国家"973"项目研究，为页岩油持续攻关起了很大作用。

2012 年，胜利油田又相继部署了渤页平 1、渤页平 2、渤页平 1-2、梁页 1HF 等页岩油专探井，探索裂缝型与基质型页岩油产能。

渤页平 1 井钻遇裂缝段油气显示强烈，为了取全资料，胜利油田在常规测井后邀请国际知名油服——斯伦贝谢公司进行成像及核磁等特殊测井，但因井壁保护经验不足，长时间反复施工导致井筒垮塌；渤页平 1-2 井与渤页平 2 井未钻遇到裂缝发育段，工程压裂试油效果不理想；因此随后完钻的梁页 1HF 井未压裂，采用筛管完井投产。

4 口页岩油专探井投产效果均不理想，单井初产和累产都较低——这意味着在渤南洼陷的首轮主动探索失利。

地质科研工作者分析认为：首轮探索失利的第一个原因是，为满足工程施工条件，首轮钻探挑选的是比较浅的井，页岩成熟度低，油非常稠，除非发育有较大的裂缝，否则很难流动，开采难度大，地质上没有开展充分的研究，入靶层没有选对，选的块状泥岩层并不是最佳地质“甜点”，当初的设想是向上向下打开最好的页岩段，尽管钻井轨迹后半段穿过了“甜点”层，见到较好油气显示，但不理想；失利的第二个原因是，工程上对地层脆性认识不足、对工程“甜点”认识不清，油田缺乏过硬的水平井压裂技术，照搬国外公司的技术导致“水土不服”。

胜利油田首轮主动探索中，最初的国外调研只有学术交流，缺乏实践认知，对济阳页岩油赋存机理和富集规律没有清晰的概念和认识，工艺技术也不适应。

首轮主动探索失利后，胜利油田的地质科研工作者始终没有放弃在页岩油领域的开拓进取。尽管首轮主动探索失利，但 4 口页岩油取心井犹如奠基石，奠定了胜利油田在页岩油领域进取的根基。

页岩油勘探开发究竟难在哪儿呢？页岩油成熟度低为何不利？

唐东打了个形象的比喻：如果页岩像砖一样烧得不硬、火候不够，那么孔缝发育不足，深藏其中的页岩油密度大、流动性差，就不容易开采。

中国石化派专家到国外调研曾得出一个认识：泥页岩成熟度足够高才能开采，要打“深坑”里成熟度高的页岩油，而济阳页岩油成熟度低于国际公认的 RO 值 0.9%，地下流动能力差。

有人曾断言：胜利油田的页岩油属中低成熟度，油那么稠，即使花大价钱能采出来也不会有效益，没有勘探开发前景。

勘探开发研究院勘探首席专家却信念坚定：既然济阳坳陷常规油藏富集，烃源岩（母岩）也一定能生油，值得探索！

这不是盲目自信，而是有理论研究和实践探索做支撑的，胜利油田科研工作者对济阳页岩油的认识，是一步步踏踏实实走出来的。

胜利油田该如何科学认识济阳页岩油？

向世界学习，这是胜利人的首要选择：坚持“走出去，请进来”的开放理念，组织地质与工程团队赴北美进行页岩油专题调研，邀请国内外知名专家讲座交流，与大学和研究机构广泛合作。

自“十二五”开始，胜利油田吸取经验教训，组织各专业领域科研人员重整旗鼓，依托国家“973”项目、重大专项以及中国石化集团公司科技攻关项目，开展济阳富有机质页岩“储集性、含油性、可动性、可压性”基础地质研究和关键技术攻关，边研究边实践，在废弃井上做实验，深化地质评价、钻井技术、压裂工艺研究，在页岩微观表征、富集模式、有利区预测、工程工艺技术等方面取得重大进展。

十年间，科研人员针对页岩油的研究课题先后立项 40 多个，这些前瞻性的积累给科研以极大支撑，为页岩油的突破持续积聚新能量。

板凳要坐十年冷。勘探开发研究院科研人员潜心研究，围绕 4 口取心井做了大量实验分析工作，几乎尝试遍了所有能够想到的技术手段，对济阳页岩油重新认识并取得重大突破，发现富有机质纹层状泥质灰页岩具有商业开发价值，揭开了有利岩相的神秘面纱。

胜利油田科研人员对页岩油的研究从宏观到微观逐步开展，寻找页岩油是通过电子或原子显微镜以微纳米尺度进行的，微观颗粒比头发丝细得多，肉眼不可见。

油田高级专家杜玉山说：科研人员看镜下岩心薄片常常累到想吐！微纳米级的孔隙放大几万倍，一颗黄豆粒大小的岩石碎屑就有几百幅照片。要想描述整体面貌，必须看成千上万张片子，结合专业知识分析研究找出规律，一条路走不通再试另一条，一旦解决难题就像中了大奖一样高兴！

勘探综合室的博士后王勇首次提出陆相页岩“四要素三端元”岩相划分方案，从宏观上揭示了岩相空间发育规律，解决了地质预测问题，奠定了陆相页岩油“甜点”预测的基础。

勘探综合室的博士后张顺建立了济阳页岩储集空间微观表征技术，突破了有机孔是页岩主要储集空间的认识，提出济阳咸化—半咸化环境主要发育无机孔—缝网络，富有机质纹层或层状灰质页岩是有利岩相类型的新认识。

地球化学实验室通过实验测试研究，创建了济阳页岩油赋存形式定量评价方法，突破了 RO 值 0.9% 是页岩油富集可动勘探下限的认识，极大扩展了陆相断陷盆地页岩油有效勘探空间，提出济阳中等成熟度页岩油资源潜力大的新认识；突破了页岩内中质油可动性差的认识，提出地层压力高、渗透性好决定了济阳页岩油具有较好可动性、具备高产稳产条件的新认识。

地层古生物实验室开展了大量的天然岩心压裂裂缝扩展形态物模实验，建立了济阳陆相页岩可压性评价方法，突破了济阳富碳酸盐纹层状页岩可压性差的认识，提出采用组合缝网压裂改造新技术大幅提升人工裂缝控储体积的新认识。

这些创新成果，奠定了济阳页岩油勘探战略性突破的理论认识基础。

科研人员通过实验认识到了济阳页岩油的独特之处：既能演化生烃也能储集。济阳坳陷为中国东部新生代典型富油断陷盆地，具有北断（层）南超（覆）特点，构造形态就像一个深埋地下的巨大"簸箕"，不利之处是时代新、油藏埋藏深、成熟度较低、油质较稠；有利之处是厚度大、地层压力高、页岩地层天然裂缝发育较好。

胜利油田先后在 12 口常规油气探井的优质页岩段进行取心分析化验，在对牛斜 55 等井开展页岩层段测试并取得成功的基础上，深化地质评价、钻井技术、工艺技术研究，创建济阳页岩油"四性"、21 参数地质评价体系，勘探突破页岩油"甜点"目标优选流程，摸索形成具有胜利特色的五项配套技术，奠定了济阳页岩油勘探战略性突破的勘探技术保障基础。

胜利油田科研人员经过全面研究，明确了对济阳页岩油的认识，在理论认识和勘探技术上取得全面进步。

在国内外已相继取得进展的大环境下，胜利油田的页岩油勘探急需突破！

2015 年，恰逢国际油价下跌，不看好胜利页岩油开发前景的美国公司放弃了合作计划。

2018 年，荷兰壳牌公司提出合作意向，又因工程费用问题搁浅。

两轮可能的对外合作先后终止，胜利油田决心自主勘探页岩油。

勘探开发研究院委任李军亮担任页岩油勘探攻关项目组项目长，他带领攻关项目组展开了新一轮的页岩油勘探研究，择机向中国石化提交了打风险探井的申请。

连续两年，胜利油田上报中国石化的申请多次被驳回，李军亮和攻关团队并不气馁，反复论证后再次上报。精诚所至，金石为开，论证精细程度的提升降低了投资风险，中国石化集团公司同意打一口页岩油井试试。

经过充分论证，胜利油田决定选择既能满足工程条件又能满足地质条件的层位打井，通过地质工程一体化来实现勘探突破，勘探开发研究院运用自己的评价技术，通过平面选区和纵向选层部署的三口探井分别代表不同油藏类型，各具探索意义：一口是中等成熟度的义页平 1 井，一口是成熟度 0.9% 的樊页平 1 井，一口是埋深超过 4000 米的渤页平 5 井。

中国石化集团公司给胜利油田下达的指令是，新一轮主动探索只许成功不许失败！

从科学角度讲，探索是允许失败的。地质科研工作者发现，要摸清不同类型页岩的“脾性”还需多实践，路还很长。

2019 年，胜利油田申报的三口页岩油风险探井获中国石化批准，胜利油田在沾化凹陷渤南洼陷部署钻探第一口页岩油风险探井——义页平 1 井。

工程技术突破不了，是胜利页岩油勘探开发的最大障碍。

义页平 1 井完钻后，油田领导对油田高级专家钱钦说，如果这口井再“动”不了，将耽误页岩油发展十年。

箭在弦上，不得不发！胜利油田页岩油的勘探开发，必须过工程技术关。一代人有一代人的担当，在这个历史节点上，如何扛起页岩油的使命？钱钦深感责任之重。一刻不敢耽搁，他带领石油工程技术研究院（原称“采油工艺研究院”）科研团队到大港油田学习取经，他们对比研究发现，两个油田地质条件截然不同，没有经验可借鉴，胜利油田还得靠自主研发突破工艺技术瓶颈，科技创新必须自立自强。

近年来，石油工程技术研究院不仅与勘探开发研究院通过“地质工程一体化”解决了工程“甜点”与地质“甜点”相结合的问题，更是集全院之力投入页岩油攻关，通过牛斜 55 等直斜井做试验，围绕效益开发进行了大量科研攻关，在实践中总结分析，更新了理念、提升了认识，不断丰富优化压裂工艺，取得了一系列技术进步。

义页平 1 井的钻井压裂施工较顺利，2020 年初获初期产能，峰值日产油近百吨，首战告捷，实现了济阳中等成熟页岩油技术产能突破。

勘探取得产能突破的同时，开发紧密跟进，运用地质工程一体化手段分析评价试油效果。勘探开发研究院油藏评价室非常规开发研究室主任师程紫燕既感到“惊喜”又有些“提心吊胆”：“惊喜”的是如此致密的页岩中居然真的采出了这么多油，页岩油未来前景可期；“提心吊胆”的是该井目的层距膏盐层很近，产出气中含硫化氢，会不会因安全问题关井，导致页岩油开发研究刚起步就被搁浅？

试采一段时间后，程紫燕担心的事情还是发生了！令人惋惜的是，在放大油嘴全力求产时，出口气脱硫前硫化氢浓度达到了 8000ppm 以上。因新冠疫情的耽搁，2020 年底压裂施工一个月后，高密闭防硫设备运到井场时，已错过黄金期，未取得稳定产能，没有实现真正意义的商业突破。

于不利中见有利，勘探首席专家李军亮阐释道，义页平 1 井的真正意义在于实现了页岩油在地质认识和工程配套技术上的突破，使科研人员树立了信心、看到了希望。

2020 年，胜利油田再接再厉，在东营凹陷博兴洼陷部署第二口页岩油风险探井——樊页平 1 井。

所有人又把希望寄托在樊页平 1 井上，真的有把握吗？

唐东参与了风险探井樊页平 1 井的地质选层和钻井轨迹设计任务。汇报会上，他斩钉截铁地回答：有！

尽管嘴上如此答复，心却突突跳，手心里捏了把汗：樊页平 1 井投资一个多亿，假如失败，代价太大。

那时，油田内部对页岩油的认识仍不统一，仍有人在打退堂鼓，认为投资大，承担不起风险。李军亮力排众议，满怀信心地率领地质科研人员投入紧张的“备战”中。

最关键的难题是选地质“甜点”，如何进行评价？

唐东在和外国专家学术交流中得知：壳牌公司做了一个大型页岩油模拟器，在电脑程序中输入地质参数，通过大数据算法模拟判断有利的“甜点”段，再通过工程的压裂模拟选入靶层。有利的一面是：通过地质认识输入电脑程序能比较快速地判别出来；不利的一面是：在资料条件不够的情况下会自动判别为风险地区。牛庄地区就曾被壳牌公司的页岩油模拟器评价为风险地区，胜利油田的科研工作者偏不信这个邪，通过大量科学实验和研究分析，得出牛庄地区有勘探开发潜力的结论。

重任在肩的页岩油勘探攻关项目组背负重重压力，周密设计方案，步子迈得很谨慎。

2021年，聚焦地质、工程双“甜点”，油田上下齐心协力，相关部门通力合作，把能考虑的因素全都考虑到了，地面多次选井位，东胜公司出面与地方协调使樊页平1井的钻井施工如期进行。

樊页平1井属于博兴洼陷，页岩油目的层的地下温度高达150多摄氏度，这样的地质条件对促进油气生成有利，对钻井施工却不利，这是页岩油勘探开发面临的难题之一。

樊页平1井采用的是贝克休斯公司的旋转导向工具，超过130摄氏度就失灵了，改用常规导向工具后，钻头找不到水平段井眼，又打进了原来的导眼井筒内。曲折反复的钻井过程让地质人员的心始终纠结着、焦灼着，这种状态持续了一周，施工前线通知唐东做好重新设计水平井轨迹的准备。幸运的是，工程技术人员几经努力终于找回了水平段窗口，有利的地质条件使井筒没有垮塌。

钻井过程中，唐东团队的地质设计人员刘鑫金24小时驻井值班，地质、工程技术人员共同决策，对樊页平1井水平段轨迹做了微调，方案设计为1600米，实际钻探水平段1706米，目的是尽可能多创造效益。

地质科研人员对樊页平1导眼井取心进行了化验分析，选择纹层发育比较好、碳酸盐岩含量较高、脆性强的层段，通过工程技术研究院压裂模拟，确定了可获得最大压裂缝高的最佳入靶层位置。

尽管樊页平1井按照设计完钻，但气测显示条件比义页平1井差。

樊页平1井到底怎么实施压裂呢？

胜利油田邀请了许多国内外压裂专家一起来出谋划策，唐东汇报了对樊页平1井的地质评价认识。

讨论会上，大家对樊页平1井水平段实施压裂到底行不行产生了巨大分歧，不少人表示疑虑：水平段气测显示指标不高，说明含油性不好。这口井会不会不行？

抽丝剥茧地仔细研究后，唐东充满信心地分析道：为了保证钻井施工安全，选用的钻井泥浆密度偏高，在高密度重压之下，气测值显示当然较小，但这不代表樊页平1井没有潜力。

很多时候，坚持就是胜利！越是艰难的时刻越要坚持住，必须干！

石油工程技术研究院专家认为，从可压性评价，樊页平 1 井碳酸盐岩含量很高，有利于压裂施工。对此，西南石油大学知名学者卢聪特别提醒：一定要注意这种硬脆性地层，有可能特别难压。

于是，石油工程技术研究院针对碳酸盐岩含量高的地质特点，增大了前置固体酸用量，对富碳酸盐泥页岩进行了改造。

油气勘探管理中心的油田高级专家周广清把富碳酸盐岩硬脆性地层形象地比喻为“钢化玻璃”，如果压裂施工造成的裂纹太细，压裂液能渗透进去，支撑剂却进不去，造缝不会成功。

为了解决造缝技术难题，石油工程技术研究院科研人员郑彬涛带领团队绞尽脑汁进行攻关：先用粗砂打磨扩宽缝隙，再用不同级别的细砂作为支撑剂，使用 8 万多方压裂液、5000 多方压裂砂，一步步完成了水平井段的 30 段压裂任务。

樊页平 1 井的压裂难度之大超乎想象，压裂施工曲线剧烈变化，现场指挥人员得有一颗非常强悍的心脏，所有参与其中的人都为之捏把汗，大家互相打趣：得准备速效救心丸啊！

压裂施工完成后，通过微地震手段监测，樊页平 1 井的水平段造缝高度平均达到了 30 米，是真正的纵横交错的复杂网状缝，效果十分可观。

唐东说，如果用一个汉字形象地描绘水平井压裂造缝效果，大庆油田造的缝像“串”的话，胜利油田造的缝就像“井”或“米”！胜利油田的特色压裂技术正是樊页平 1 井后来产量高的原因之一。

一步又一步地攻克难关，结果还是令人欣慰的。樊页平 1 井的钻遇情况基本与设计相吻合，压裂放喷第 10 天见油，投产第 15 天峰值产量达百吨以上，投产一年半的时间内，累产油量超万吨，并保持稳产至今，极大地鼓舞了士气。

樊页平 1 井再战告捷，突破了济阳坳陷中等成熟页岩油商业产能，犹如一座“里程碑”，标志着胜利油田页岩油勘探取得战略性突破！

胜利油田进一步拓展勘探目标，在沾化凹陷渤南东次洼部署第三口页岩油风险探井——渤页平 5 井。

渤页平 5 导眼井完钻后，通过取心分析，人们发现：其地层条件与设想差别很大。

有人又打退堂鼓，算了吧！设计人员却坚持到底，重新选择了“甜点”层段。

渤页平 5 井成功运用石油工程技术研究院创新研发的“组合缝网压裂工艺技术”顺利投产后传来喜讯：峰值日油气当量达百吨以上，累计过万吨，实现了济阳坳陷 4000 米深，深层高等成熟页岩油井商业产能突破。

渤页平 5 井不负众望，连战告捷！它的成功，既在预料之外，又在预料之中。

从 2019 年到 2020 年，科研人员透彻分析不利因素和有利因素，通过锲而不舍地探索创新攻克了一个个技术难关，打出了志气，打出了信心：济阳页岩油确实有潜力，且资源规模大，实现规模化商业开发指日可待。

胜利油田制定了“战略侦察，风险勘探引领突破产能”的思路，在济阳坳陷先后部署并完钻的义页平 1 井、樊页平 1、渤页平 5 三口页岩油风险探井均获得成功，为实现页岩油开发铺下一条光明之路。

2020 年底，在樊页平 1 井投产之际，大家像宝贝一样珍视。

勘探开发研究院主要领导问徐耀东：你认为樊页平 1 井突破产能了没有？

曾参与完成国家重大专项课题“页岩油流动机理研究”、中国石化集团公司前瞻性课题“页岩油开发基础研究”，负责跟踪研究页岩油井开发规律的徐耀东回答：我不敢确定，这口井的生产规律还不明确。

页岩油这个新兴领域，要求勘探开发科研人员跨界学习，既要懂地质，又要懂工程。页岩油项目组油藏工程组长徐耀东带领 15 个年轻人开展调研，学习国内外页岩油气开发文献资料，认识把握页岩油投产井的生产规律，解剖分析影响产量的主要地质工程因素，运用软件创建地质模型，为将来页岩油开发方案设计提供技术依据。

勘探开发研究院主要领导曾告诫他们：一口页岩油井投资一个亿，从设计到钻井、压裂、投产、管理，任何一个环节出了问题，都可能把它毁了！

时任勘探开发研究院副院长（现任油田高级专家）的杜玉山总结到：打一口页岩油井十分不易，实现效益开发的条件是井位要设计好，钻井要钻好，工程要压裂好，后期更要管好！

他们把每一口页岩油井都当成自己的孩子，跟踪成长，乐此不疲。

2021 年 3 月，义页平 1、樊页平 1 井地质工程再认识工作讨论会总结了宝贵的经验：从整体的压裂效果来看，产量较高、产能较好的都是压裂上窜得很厉害的段（樊页平 1 的 5-12 段，义页平 1 的 13-15 段），也就是说，压裂形成的缝网越复杂，改造就越有效。

油田要求：针对页岩油钻探的不同阶段，要形成钻前—钻中—钻后（压裂前）—钻后（压裂后）一体化跟踪评价规范；要重视合成地震记录的精细标定，物探研究院针对樊页平 1 井的标定办法值得学习，微地震研究建立团队可以配合石油工程技术研究院针对压裂缝的监测继续做工作；老断层在压裂的过程中再次开启，沟通深部的硫化氢，这个需要引起重视；相邻井段压裂效果差异较大，需要加强岩性、物性、含油性以及裂缝的综合分析；此外还有很多关系不明确，有困惑的地方要想办法去解释；要加强不同地质背景下（岩相组合、地质条件），不同类型页岩油［高碳酸岩含量（樊页平 1 型）、中等碳酸盐含量（义页平 1 型）、长英质型（丰页平 1 型）］专探井的横向对比分析，将来在内涵上扩展对页岩油的认识……

工程技术上的进步对页岩油的勘探开发起到了至关重要的作用。

洼陷不同，油藏不同，岩相不同，工艺技术适应性就不同，一口井一个样，没有现成经验可复制。就像老中医开药方，一类储层完全改造、二类储层充分改造、三类储层适度改造，石油工程技术研究院正在尽最大努力扩大油藏可动用能力，全力以赴提产能、降成本，胜利油田页岩油实现效益开发指日可待。

如今，石油工程技术研究院页岩油攻关项目组带头人钱钦十分自信和自豪：胜利油田页岩油压裂工艺可以说实现了自给自足，胜利人牢牢地把核心技术掌握在了自己的手中！一是用暂堵工艺解决二次改造问题，二是充分提高有效压裂可动用体积。这些技术学不来、买不来，而是靠我们自力更生、自立自强研究来的。

近年来，石油工程技术研究院在页岩油井压裂工艺上取得了长足的进步，科研人员们感叹：樊页平 1 井的压裂总体上是成功的，但还不够理想，如果我们现在接手施工任务，一定能干得更好！

走过十余年探索期，胜利人对济阳页岩油的认识逐渐清晰。回望那些至关重要的决断时刻，胜利油田科研人员能顶住各种压力坚持下来实属不易，每一步都走得分外艰辛。

胜利油田济阳页岩油的埋深超过 3000 米，渤页平 5 井所打到的页岩油气藏埋深更是达 4000 多米，地下温度超过 170 摄氏度，这给钻井工程、压裂工艺、设备性能带来了极大挑战。

为解决页岩油勘探开发难题，胜利油田先后开展各层级页岩油攻关课题 40 余项，并于 2018 年成立油田页岩油综合攻关项目组，推动勘探开发、地质工程协同高效运行。

十余年来，科技工作者矢志攻关，创新建立陆相断陷盆地页岩油成藏富集模式，研发出页岩油突破目标优选评价技术，揭开了页岩油“藏身之地”真面目；研发优快钻井技术，在地下 3300 米以深，使得水平段超 2000 米以上的水平井得以高效钻进；形成的缝网压裂技术，让页岩油在人工制造的毫米级“高速公路”上流出，极大提升单井产能。

胜利油田通过勘探实践证实，济阳坳陷页岩油资源规模大、产能高，已具备通过试验区、示范区建设全面展开勘探开发的条件，未来可期！

牛页 1-1HF 井：新路标

2019 年 10 月，勘探开发研究院召开了一次特殊的讨论会，为负责新区评价、工作量不够饱满的油藏评价室寻找出路。作为非主力研究室，15 人的油藏评价室没有属于自己的资源阵地和发挥空间，正处于迷茫“闲置”期，下一步科研工作的研究方向在哪里？

会上，油田高级专家询问每个人的意见和建议。

时任油藏评价研究室非常规开发研究室工程师（现任主任师）的程紫燕第一个发言：我们现在很尴尬，未动用储量评价经过 6 年的攻关实践，已经走入正轨。这两年我们在砂砾岩、滩坝砂等致密油研究上有些新突破，能不能让与我们相关的兄弟研究室一起分一杯羹，让我们也有自己的“一亩三分地”？如果领导为难，把现在试采刚见曙光的页岩油开发给我们也行，我们不怕从头再来。

作为油藏评价研究室的“元老”，程紫燕见证了油藏评价研究室因中国石化探明储量申报工作两次改革全过程，对研究室因业务面窄且没有自己的油藏类型阵地等问题深有感触。

程紫燕说完后，任敏华毫不犹豫地回答：我想从事页岩油方向的研究工作！建议研究室下一步的研究方向瞄准页岩油！

这次讨论会召开前，时任油藏评价室主任的蒋龙给了大家一周的思考准备时间。任敏华日思夜想，有关非常规油藏和页岩油的念头在脑海中盘旋，并时常出现在梦境里。她和同事们多次讨论发展前景：胜利油田的页岩油真的可以，唯有页岩油才是我们的出路！

不久传来喜讯，研究院果真确定油藏评价室的研究方向为页岩油。

“油二代”任敏华欣喜地告诉在东辛采油厂工作的母亲和父亲：我们下一步的研究方向真的是页岩油！

自己的想法竟然与院里不谋而合，像老中医把准了脉搏，像现实印证了梦境，这让她激动不已：到底哪来的灵感促使自己想到了页岩油？

迄今，任敏华对开采页岩油层段喜获高产的樊159井记忆犹新，在纯梁采油厂工作期间，“老井复查”证实了济阳页岩油很有潜力，大有可为。

胜利油田页岩油勘探的战略性突破，使大家的信心越来越坚定。勘探开发研究院专门出了一期页岩油专刊，要求大家关注学习页岩油相关文献。理想照进现实，任敏华的事业心被熊熊点燃。

2019年底，胜利页岩油勘探取得重大突破！油田领导作出决策，尽快在探井周围部署开发井，页岩油开发工作正式拉开了序幕。

为了实现页岩油效益开发，油田调集各级部门精兵强将成立了页岩油项目组，采用“兵团作战”方式，积极推进“勘探开发一体化”“地质工程一体化”协作，通过页岩油的研究、部署、实施、管理，在理念的提升、技术的进步上取得巨大飞跃。每逢重大决策，项目组发挥团队精神，在亲密无间的合作中共同确定方向和思路，共担压力，共克难关，互相学习，共同进步。

勘探开发研究院更是举全院之力研究页岩油，勘探与开发同步，20个研究室的科研人员以极大热情投入攻关，劲往一处使，心与心相连，科学研究与生产实践相结合，反复迭代学习、推倒重建，通过总结汲取经验教训迅速成长成熟起来。

牛庄地区的牛斜 55 井压裂获高产后，胜利油田又部署了两口开发评价井：牛页 1-1HF 和牛页 1-2HF。

油藏评价室接到了牛页 1-1HF 井的开发方案编制任务，杜玉山专门点姜官波、程紫燕两位研究室分管领导分别负责地质、油藏专业技术具体指导，张玉亮、任敏华、宋阳分别负责井区构造解释、地质研究和开发方案编制工作。

牛页 1-1HF 是胜利油田部署的第一口页岩油开发水平井，油田上下对它寄予厚望：假如这口井不成功，不知过多少年再有勇气打开发井。

到底该怎么布井？

平面和纵向的井距过大会造成资源浪费，井距过小又会造成相互干扰，要想认识好、开发好，科研人员必须勤思考、苦钻研，通过科技攻关冲出重围，把成本降下来、把产量提上去。

油田要求 2020 年 3 月拿出设计方案，时间紧，任务重。任敏华和同事争分夺秒地钻研，依托学习勘探研究成果，查找并调研有关文献资料，分析论证可行性，整个春节都在加班中度过，每天忙到凌晨三点多，年三十也没休息。

从正月十五起，油田执行两班倒休防控疫情，为了赶进度，油藏评价室的科研人员决定集体上班。因为疫情原因，油藏评价室四位室领导被隔离在家，单位的上传下达和工作现场推进全靠姜官波一人，这可急坏了在家隔离的蒋龙和程紫燕。

一天傍晚，杜建辉带着宋阳一起分析牛斜 55 井的生产动态规律，他给程紫燕打电话："牛斜 55 井今天油压又降了 0.1 兆帕，含水又涨了 0.5%，领导让咱们再重新抓紧分析。"程紫燕的心就像热锅上的蚂蚁一样焦虑不安，因为她知道这句话的意思是领导对他们的分析成果不认可。

对于第一次接触页岩油这种新油藏类型的他们，常规致密油的动态分析方法根本解决不了现场的实际问题，隔离在家没法直接讨论和思维碰撞，这让分析难上加难。为了尽快解决这个问题，程紫燕发动油藏专业的全体同事一起集体调研国内外页岩油气开发动态分析方法，自己也不懈怠。程紫燕深知，现在和当初油藏评价室成立时一样，又是一个难过的关口，干好了就能打开新局面，没干好就会停滞不前。

这天晚上，几位室领导同样夜不能寐，想办法解决大家在隔离期间对项目进行交流沟通比较困难的问题。经过院领导、党群工作部（宣传）、计算机室和油田信息中心等的大力帮助，勘探开发研究院首创了网络办公模式，建立视频会议组，通过召开网络视频会议，牢牢抓住科研服务工作主动权。

视频开通第一天的9:00，油藏评价室讨论了牛斜55井区页岩油开发先导试验方案设计。

开发方案编制的首要任务是：平面选区和纵向选层。

胜利油田的页岩层厚度达300 ~ 500米，科研人员只能选取条件最好的二三十米作为开发目的层。

首先要找页岩油的开发“甜点”，即地质、工程双控“甜点”：地质“甜点”是指含油性、储集性、可动性好的目的层段；工程“甜点”是指可压性好的目的层段。同时具备“四性”的页岩层段才具有商业开发价值，地质研究人员研究筛选出哪一块儿页岩油品质最好，即找出地质“甜点”；开发研究人员论证打哪个层，怎么打井，往哪个方向打井，即找出地质工程双控“甜点”。

“甜点”到底在哪儿？怎么描述预测它？找到“甜点”后怎么开发？如何把井位部署在最好的“甜点”位置？这是方案设计所面临的最主要、最关键的问题。

济阳坳陷岩相类型很多，究竟哪种类型值得开发，应该怎么选呢？

对于页岩油开发这个新领域，大家都没有经验，难度高，压力大。既然北美实现了页岩油大规模开发，胜利油田借用北美的评价技术和手段行不行？

科研人员通过调研发现，世界各地的地质条件差异巨大，北美页岩属海相沉积类型，胜利油田属济阳坳陷陆相断陷湖盆富灰质岩相类型，照搬国外的方法肯定行不通！

勘探开发研究院聚焦中国东部断陷盆地页岩中页岩油的赋存特征和富集机理，形成了国内第一个页岩油资源评价标准《陆相页岩油评价方法》，指导了中国石化工区页岩油评价。

2020年3月，负责编写任务书的任敏华参加了牛页1-1HF井的方案汇报会。油田对于第一口页岩油开发井非常谨慎，提出了很多问题，要求勘探开发研究院进一步论证。

为了认识清楚牛庄洼陷的地质情况，胜利油田在牛庄地区打了一口系统取心井：

牛 55- 斜 1 井，录取岩心 138.5 米，为攻关研究提供基础资料。

7 月，正值雨季，牛 55- 斜 1 井正在取心，倪良田与录井技术人员交流，通过这口井的分析认识，了解地下哪个层位发育有利岩相，以确定靶盒层段，为打好牛页 1-1HF 井做准备。

他的博士后在站课题是“牛庄洼陷沙四上有利岩相评价”，科研与生产紧密结合，任何实践机会都很宝贵。

倪良田的任务是岩心实验分析，从宏观到微观对岩心进行描述分析，通过地层古生物实验、地球化学实验和储集性分析实验等多手段结合对不同岩相进行分析，评价储集性、含油性、可动性、可压性“四性”特征。

检测条件有限，一块直径 2.5 厘米的柱体送到大学重点实验室，通过 CT 扫描仪、核磁共振等技术手段分析化验，造价高达三万元。到底哪些化验有必要做，必须衡量再三。油田要实现效益开发，地质、钻井、压裂、地面建设等各方面都要合理用度。

目前，东营凹陷的有利岩相评价基本明了，如何展布仍未知。油田页岩油开发的紧迫性要求地质科研工作者加快科研进度，边打井边学习。

倪良田把实验室搬到了阵地最前沿，在显微镜下观察录井取出的岩屑，带着问题做分析对比，通过一粒从地下 3500 米处取出的砂子式颗粒可以补充认识一口井，从点到面认识牛庄洼陷，他的研究结论对开发方案编制很重要。

8 月至 10 月，任敏华每天看岩心、描岩心，分析牛 55- 斜 1 井的岩心资料，对比测井曲线梳理总结适用于牛庄洼陷的“甜点”分布规律。

找到“甜点”后，就要在地面选一个最好的布井位置——任敏华和同事们把能考虑的因素全都考虑到了，努力做到万无一失。

如果说勘探科研人员注重刻画的是济阳页岩油的“骨架”，那么开发研究人员注重刻画的就是济阳页岩油的“血肉”。

术业有专攻，从事开发研究的地质、地震构造、油藏、测井等各专业技术人员既有分工又有合作，相辅相成、紧密结合、互相纠偏、彼此印证。

地质专业根据测井曲线、完钻深度做地层对比，找出产油贡献较好的层位，形成分层数据；地震构造拿到分层数据，结合地震资料，解剖、分析、刻画空间展布和裂缝的发育程度，研究工区内哪些层位是有利岩相的埋藏深度、厚度、地层倾角，画出立体构造图；油藏结合地质、地震构造论证：井网怎么部署、井距多少、怎么避开断层、是否打裂缝发育区、是否需要压裂改造等问题，拿出最合理最优化方案。

张玉亮的地震构造解释属于基础研究工作，相当于打地基，其认识有没有偏差如同直接决定了楼房盖得是否结实稳固。

10 月，胜利油田最终敲定了牛页 1-1HF 井的部署方案。

页岩油井的打井成本很高，每一口页岩油井的钻探压裂施工，都是一场战役！

为了集中各专业优势兵力解决遇到的“急难险重”问题，油田专门成立了“页岩油作战室”，最重要的功能就是实现一体化决策，油田不同部门、不同专业的技术骨干常驻页岩油作战室值守，前后方作战室联动，技术人员 24 小时在线提供技术支持，有巨大分歧时出谋划策，共同商讨解决办法。

跟踪调整靶点，求同存异，综合判断，达成共识，齐心协力打一场硬仗！比如，钻井过程中遇到井涌、井漏、钻遇断层等复杂情况，钻井队不能停钻，必须紧急判断决策下一步往哪儿打，穿出目的层“靶盒”（页岩油“甜点”段）打到差层是最大的问题，每米进尺都要控制在目的层内，参与作战的将士“压力山大”。

任敏华记得，2018 年初见蒋龙时，他还是一头黑发。从 2019 年起，蒋龙在页岩油攻关课题中担任技术首席，分管开发工作，把方向、定方针、做决策，坐镇指挥过许多大小“战役”，严格把关井位设计参数，承受着常人难以承受的巨大压力，头发掉了三分之一，又白了三分之二。

牛页 1-1HF 井钻井施工过程中，任敏华和张玉亮在后方作战室值守，姜官波和彭新国在前方作战室轮班，他们 24 小时跟踪进度，了解钻井参数，观察上返岩屑特征是否属有利岩相，通过气测指标、随钻测井曲线等判断有无油气显示。

牛页 1-1HF 井水平段设计为 2000 米，在水平段 158 米钻遇超级天然裂缝，发生了大规模“井涌”现象，重演了 20 世纪 70 年代偶遇“裂缝型页岩油”层段的情景，无法继续钻进，而钻井过程中就有非常好的油气显示，被喻为“点着火把”打的井。

2021 年 2 月，牛页 1-1HF 井常规投产，峰值日产油达百吨以上，创下了页岩油开发新纪录，证实了济阳页岩油天然裂缝发育更加成熟并可取得较高产能，标志着胜利油田页岩油开发实现了开门红！

2021年3月，胜利油田部署的第二口开发井牛页1-2HF开钻。

页岩油的类型十分复杂。牛页1-1HF井属于典型的“裂缝型页岩油”，天然裂缝可遇而不可求、难以预测，而牛页1-2HF井属于裂缝不发育的“基质型页岩油”，是油田第一口长段页岩油水平井，这口井的成败决定了今后开发的方向，油田上下都很重视。

任敏华借鉴了牛页1-1HF井钻探过程中遇到裂缝的问题，在设计牛页1-2HF井开发方案时做了充分考虑，同时为牛页1-3HF井和樊页平1井组的开发方案积累了丰富经验。通过这种迭代学习，科研人员从零起步、快速成长。

早在2021年1月，勘探开发研究院的任敏华就把地质工程双控“甜点”段设计方案发给了石油工程技术研究院的郁东朗，考虑整个井的钻遇情况，提出了相应的压裂建议。郁东朗又把“甜点”段压裂模拟设计方案反馈给了任敏华。

为了保障牛页1-2HF井压裂成功实施并获得理想投产效果，勘探开发研究院与工程技术研究院的科研技术人员沟通交底，从设计到跟踪，在牛页1-2HF井上充分体现了油田“地质工程一体化”的理念和工作融合。

4月至5月，牛页1-2HF井三开井身期间，油藏评价室党支部书记吕琦身先士卒，带领着技术骨干杨依庆24小时在施工现场驻井，与钻井队、经纬公司等技术人员结合，掌握钻遇情况、调整靶点位置。

牛庄洼陷的目的页岩油层纵向埋深3400米~4000米，负责构造解释的张玉亮建议把牛页1-2HF井的靶位设计在3620米。通过反复研讨，方案最终调整为3625米，钻井过程中实际入靶位置为3618米，误差控制在了10米以内，这是相当精准的预测。

通过各部门、各专业技术人员共同努力，牛页1-2HF井于6月顺利完钻，9月28日投产后日产峰值达百吨以上，刷新了全国页岩油单井日产纪录，实现了济阳页岩油真正意义上的商业产能突破。

在牛庄洼陷找到了“金疙瘩”！大家悬着的心放下来，更坚定了打好页岩油开发井的信心。

两口开发井的成功，验证了科研人员对济阳页岩油的地质认识和理论、技术突破上的卓有成效，犹如胜利油田在页岩油勘探开发路上树起的“新路标”。

丰页 1-1HF 井：丰收树

为了探索不同洼陷、不同层系、不同岩相类型的页岩油，进一步拓展页岩油资源新阵地，在民丰洼陷以勘探前期研究成果为基础，针对性地部署了油田第一口“混积型页岩油”水平井——丰页 1-1HF 井，向着页岩油的效益开发又迈进了一步。

2021 年初，油田在部署樊页平 1 井先导试验井组的同时，启动了丰页 1-1HF 井的开发部署工作。

勘探开发研究院油藏评价室的杨依庆主导地质论证和设计实施，王云鹤负责方案编制。

他们的任务是通过基础地质研究，完成不同层系、不同井段的理念性设计，而后是地质、构造、测井结合，把沉积岩相、地质大规律等整体认识清楚，完成整个区域评价后，科学合理地部署井网，充分考虑钻井工程、压裂工艺适应性，设计好水平井的部署方向和沿程角度，把一口井的设计理念逐项优化落实到具体可操作层面的一件件细节上。

他们学习钻研勘探开发已有的研究模式，仔细分析了民丰洼陷的地质特征：如果说东营凹陷像个巨大的簸箕，民丰洼陷正处于簸箕后沿儿，页岩油的有利面积为 140 平方米，却从南向北逐渐增厚，缓坡到陡坡的构造变化剧烈，形成南升北降之势，像个敞开的喇叭口；地层厚度差异大，从 200 米到 1100 米不等；油藏的埋深在 3500 米之下，地震信号速度变化快，在现有资料的前提下很难校准，实施水平井的钻井风险大。

地层为什么会增厚？增厚的又是什么？岩相从南到北是否统一？有利层段是在什么时期、什么温度环境下成岩的？形成的范围有多大？一个又一个的问题萦绕在研究人员的脑海里，挥之不去。

民丰洼陷的地质复杂性是布井的最大难点，要寻找成熟度好、孔隙结构好、具备工程施工条件的地方部署井位，接踵而至的这些难题需要一一攻破。

页岩油的基础研究比常规隐藏类型更细、更深、更复杂，没有教科书可参考，一切认识要靠科研工作者从零起步，带着问题寻找解决办法，带着理念搞研究，梳理方方面面的研究工作烦琐而细致，可谓沿着“大胆假设，小心求证”的路径不停探索。

2021年5月1日，油藏评价室的管倩倩接到“解释丰页1-1HF导眼井测井曲线”的任务，可是民丰洼陷处于泥灰砂混积带，只有测井曲线，没有任何实验分析化验资料，该如何解释命名？

没有取心井资料做参考，管倩倩首次将人工智能结合地质认识应用到页岩油的测井解释中，综合运用网络编程和地质模型构建地下情况，从而预测出准确的岩相模型，并结合测井参数“四性”，综合确定了有利岩相组合体即“甜点”段的位置，并应用到民丰洼陷中。

完成一口页岩油井的设计，地质上最难的是认识岩相，开发上最难的是布井方式，不仅要从技术上考量工程可实施性，还要算经济账：水平段多长才能实现效益开发等。例如，在储层的“喇叭口”位置布井选择什么方式？

如果平行层打井的话，总有不平行的地方，会形成三角区，造成储量失控；如果从厚的地方往薄的地方打的话，东辛为城中油田，地面找井位难。到底怎么打井呢？

地质专业必须把打井位置了解清楚才能帮助开发专业，王云鹤很纠结，百思不得其解。

方案讨论会上，油田高级专家孟阳建议：能否错开靶点打？这样是不是能控制住？

油田高级专家说：我们还有一个观点，从“喇叭口”到“喇叭尾”的正中间立井台往两边打井，就像胡子一样往左右两边撇，窄的地方少打井，宽的地方多打井。王云鹤茅塞顿开，十分敬佩他们的思路开阔。

一口页岩油井的投资相当于常规油藏二十多口井的投资总和，每一个环节都关系到成败，个人判断、技术能力、敬业精神至关重要。

作为一名地质工作者，必须具备“十项全能”，要：严谨，能思考，会分析，有判断力，思维敏捷，空间想象能力强，记忆力好，擅多方沟通，吃苦耐劳，乐观向上。

2021年10月8日，国庆假期结束后的第一天，他们向油田做了汇报，顺利通过了各级论证，同意实施。

为了深化丰页1-1HF井区的认识，在站博士后倪良田研究了导眼井取心资料，通过分析基础资料形成立体认识框架，把地层的厚薄、岩相优劣、深度误差、断层影响、岩相解释、布井层等诸多信息汇集在一起，结合实验室数据进行综合评价。

杨依庆、王云鹤依据岩心分析结论，重新论证层位，细化井位设计，修改和完善了开发方案。

2021 年 11 月，杨依庆负责现场跟踪，与页岩油项目组的驻井人员开启了一个多月的高度紧张而又忙碌有序的钻井指导工作。

丰页 1-1HF 井的钻井施工过程比较复杂曲折，每钻进一柱（近三十米），都会出一套新数据，包括钻遇岩屑、全烃情况、随钻测井和工程参数等。他要应对各种突发情况，及时消化所有信息，综合分析判断，及时解决各种问题。比如，随钻曲线突变异常时，24 小时在岗，逐项梳理可能导致的所有因素，逐项排查，最终找到真正的原因，并制定应对策略，保证数据准确、分析可靠，制定钻进策略，来指导下一柱怎么打。一个个不眠夜成就了这口井的顺利完钻，有利岩相的钻遇率获得新高，超过 90%。

对于杨依庆来说，勘探开发研究院这种科研生产一体化的工作模式加速了他的成长、成熟：钻井过程中的每一次判断都会在下一环节验证对错、体现效果，是对科研成果认识在快速生产实践中的强力检验，每一个指令都可能影响一口井的成败，担子重，责任大。这是一个节奏快、压力大、大脑高速运转、时刻绷紧神经弦的痛苦过程，极其磨炼心智、考验体能，没有精神力量的支撑，很难坚持得住。

每一口页岩油井都不同，地质差异性决定了工程“甜点”的个性化需求不同，地质工作者必须通过迭代学习，不断更新理念、转变观念，积极参与到每个环节中做好技术衔接，提出专业化建议，包括怎么钻、怎么压、怎么生产管理等，把科研认识深度融入生产，用生产经验丰富充实科研，各专业紧密结合、相互协调，在提质提速提效上交流意见、达成共识，这也正是油田深化“地质工程一体化”的意义所在。

如今，丰页 1-1HF 井 2000 米的水平段，峰值日产油达百吨以上，投产四个月累计产油过万吨，商业产能再创新高。

丰页 1-1HF 井犹如一棵硕果累累的丰收树，载入胜利油田页岩油开发史册。

页岩油井工厂：新高地

2020 年 12 月，樊页平 1 井投产后不到一个月，油田分管领导要求勘探开发研究院汇报对樊页平 1 井试采情况的认识。

12 月 31 日下午，勘探开发研究院汇报了对樊页平 1 井这口探井的认识以及今后如何保持稳产、高产的单井工作制度优化方案。

刘艳记得，油田分管领导在汇报会充满豪情地给大家鼓劲儿：今天是 2020 年的最后一天，我们要围绕这口探井部署一个开发井组，明天就是国家“十四五”规划的新开端，大家要开个好头！

一枝独放不是春，百花齐放春满园。取得页岩油勘探开发突破后，胜利油田决定部署开发井组。

十余年来，胜利油田在不同地区、不同层系、不同类型部署了一系列水平井，展开了全盆地评价。尽管单井产量较高，济阳页岩油勘探实现了多点开花的良好局面，要实现效益开发，还要看未来能否形成规模化建产。

勘探开发研究院的张玉亮分析了樊页平 1 井区的沉积、构造演化特征，结合樊页平 1 导眼井伽马曲线和声波测井曲线，用常规方法对有利岩相进行了一系列精细刻画，就像拿着一把放大镜力图看清平面分布规律和层位差异性，为建设“井工厂”做准备。

2021 年元旦，油田开始部署樊页平 1 开发先导试验井组，为今后的页岩油规模开发积累经验。

油田要求勘探开发研究院尽快拿出樊页平 1 页岩油先导试验井组的开发设计方案，时间很紧，任务很重，该怎么部署呢？

一口页岩油井投资巨大，怎样才能实现效益开发？在页岩油开采这个新兴领域，从理论到方法，一切都是新的，刘艳和同事们心里没底，对开发前景无法自信地给出预测，对要提交的设计方案心里没谱。

为了做好这份设计方案，勘探开发研究院组织专业人员到处“取经”，向国外学习“大平台”和大型压裂等开发理念，向国内借鉴页岩气的其他开发经验，通过广泛深入调研，逐步明晰了胜利页岩油的开发思路。

开发是一门涵盖地质、地震、钻井、测井、工程、工艺等专业学识的综合学科。勘探是精准地“找到”；开发是有效地“吃到”。

页岩厚达几百米到上千米，为了提高动用程度，必须采用“多层楼”开发模式，就像在地下盖房子。樊页平 1 试验井组设计为“三层楼”，在樊页平 1 井突破层段部署 4 口开发井，在突破层段上方两个层段各部署 2 口评价井——为了丰富油藏开发经验，专门部署 1 口针对裂缝发育区的评价井和 1 口近似平行断层的评价井。

8 口井的井筒平行间距设计为多少米才合理？为了避免投产后压力互相影响，樊页平 1 试验井组最终确定为间距 400 米。

2021 年 3 月下旬，樊页平 1 试验井组开发方案编制完成了，经过论证完善，于 5 月 8 日顺利通过了第二次汇报。

2022 年 3 月 7 日，樊页平 1 页岩油试验井组的 8 口井全部完成，从设计部署到完钻仅用了一年的时间。

如何评定是否成功？即通过钻井轨迹判断，到底穿过了多少好的页岩油“甜点”层。

樊页平 1 试验井组处于博兴洼陷，地质情况十分复杂，为了降低施工难度，必须实时调整钻井轨迹。钻进过程中，姜官波、倪良田、彭新国 24 小时驻井值班。

水平段的施工误差要求在 10 米以内，经过各专业部门的一体化协作努力，8 口井的目标层钻遇率从 60% 提升到了 83%，基本实现了开发部署的设计要求。

胜利油田的页岩油开发是世界性的难题：穿越断层是难点；地层温度高达 150 甚至 170 多摄氏度，会导致导向仪器失灵，只能靠人工分析打到了哪里。钻井队伍随时等待指令：下一步往哪儿走？

为此，油田成立页岩油现场跟踪作战室，前方驻井跟踪，后方技术支持，前后方作战室联动，24 小时紧绷神经弦，跟踪判断并实时定夺钻进方向。

樊页平 1 试验井组的 8 口井分三轮开钻，樊页 1-7HF 在第一梯队，因地层倾角大（陡峭），钻头穿越断层较多，导向仪器信号失灵。到底钻井轨迹还在不在目标层内？大家常常争得面红耳赤，两种相反的观点激烈碰撞，讨论持续到晚上十点多，最后达成了共识：还在目的层内，但须调整角度。完钻后总结发现，这口井的目标层钻遇率只有 65%，说明此类断块型油藏的高度复杂性探索认识仍有待提高。

通过樊页 1-7HF 井总结实战经验教训，进一步校准了地震资料误差，为打好后面的井铺路。

石油工程技术研究院专门成立了“页岩油技术攻关团队”，举全院之力进行工艺技术创新。油田高级专家钱钦亲自率领科研团队攻关，取得了多项工艺技术新突破。

目前，解决了单井压裂难题，立体井网开发又是难中之难。博兴洼陷地质情况十分复杂，最难的是确定井网井距，跨断层压裂改造、平行断层改造都是难点。

石油工程技术研究院的攻关目标是通过樊页平 1 试验井组，既解决平面可动范围的问题，又解决层系开发的问题。如何提高钻井储层利用率？如何发挥现有压裂装备性能？这是攻关项目组要做的事，理念突破首当其冲，创新突破势在必行。

石油工程技术研究院樊页平 1 试验井组压裂攻关团队顺利完成了压裂工艺设计任务，郑彬涛提出了“一高两深三复杂”差异化设计方案，博士鲁明晶研究编制了放喷制度优化开发方案。樊页平 1 示范区将成为胜利油田实施电驱压裂的第一个井工厂。

从布井到钻井，从压裂方案设计到采油技术对策，如何保持页岩油井后期稳产，不可避免地要走一条“摸着石头过河”的认知之路。胜利油田正全面推行“一体化”建设，通过部署井网，批量钻井、批量压裂，最终形成规模化建产。

2021 年，宋阳、任敏华、张玉亮完成了牛页 1 区开发先导试验井组 20 口井的开发方案编制工作。

他们的目标任务是：对未认识层系进行评价，对高产层进行开发技术政策设计，建立适合页岩油的开发理论体系，做好经济效益评价。

胜利油田页岩油开发正面临着许多挑战，必须尽快掌握页岩油井生产规律，分析不同井距和层距对产能的影响，最大限度提高采收程度，制定合理的工作制度，以期实现页岩油井长期稳产。

牛页 1 区开发先导试验井组是目前国内规模最大的页岩油水平井立体开发井网，面临纵向“甜点”认识不明确、纵向开发层系划分方案不明确、平面井距不明确、水平井的设计参数不明确、井组内多井开发方式不明确等诸多难题，油藏设计人员充分调研了国内外页岩油气开发方式，寻求解决办法。

针对国内页岩油立体开发资料少、部署方式不明确、开发效果不落实等一系列问题，宋阳多次与石油工程技术研究院等各专业研究人员对接，利用压裂模拟、数值模拟、油藏工程计算等手段，提出了纵向 20 ～ 30 米层距、平面 200 ～ 300 米井距的交错布井部署模式，将井组范围的有效储层按照“切豆腐块”的方式进行最大程度的动用，各项技术参数均为国内领先。同时结合钻井工程、采油工艺、经济效益等多专业共同论证了试验井组方案的可行性，详细设计单井参数。

在立体开发模式下，无论是纵向还是平面，各井之间势必会产生干扰，那么如何利用这些干扰效果去最大程度发挥井组产能，宋阳就此提出了多井协同工作制度调控方法，目前已有雏形。该方法一旦试验可行，将对济阳页岩油的开发调整工作有重大指导意义。

2021 年 12 月，伴随着页岩油示范区的审查通过，牛页 1 区开发先导试验井组方案也顺利完成并提交。

回忆起牛页 1 区试验井组方案的编制过程，宋阳说，这个方案意义重大，对今后济阳页岩油产能建设工作具有非常强的指导意义，必须把页岩油开发可能面临的所有问题考虑周全，对所有的设计参数必须保证其可靠性。有时为了方案设计中的某一个参数，就要多专业结合进行反复的迭代论证，以此来确保方案中的每一项内容都扎实可靠，每一个数据都经得起推敲，每一种思想都能有效实施。

在方案编制过程中，宋阳和同事们几乎是每天加班至深夜，在四五十次的方案修改完善与汇报经历中，完成了自身的成长和蜕变。

目前，博兴示范区先导试验井组首批 8 口井已全部完钻，正在实施压裂；牛庄示范区先导试验井组 20 口井正由 4 台钻机同时钻进；渤南示范区先导试验井组前期开发方案设计为“28 层楼”立体开发井网；民丰洼陷先导试验井组正在设计中。建设超大开发平台需要强大的技术支持，胜利页岩油开发要走的路还很长。

在丰页 1-1HF 井突破之后，为了试验民丰洼陷产能接替，加快济阳页岩油建产工作，油藏评价室接到了编制民丰洼陷试验井组方案的任务。宋阳与任敏华又挑起担子，积极投身于方案编制工作中。

针对民丰洼陷构造复杂、厚度变化大、地面条件复杂的难题，油藏工程设计人员宋阳结合牛页 1 区试验井组方案编制的经验，在多次与石油工程技术研究院、钻井工艺研究院及东辛采油厂研究人员沟通之后，首先落实了各项经济参数，建立了水平井长度经济图版，确定了合理的水平井长度，在此基础上，结合地应力在平面上的变化规律，提出“扇形”井网；其次针对民丰洼陷“北厚南薄”的地质特点，提出穿层布井与顺层布井相结合的布井模式，保证纵向上的储量动用率。这些想法得到了方案负责人王云鹤的大力支持，并最终按照这些思路进行了设计。

2021 年 6 月，国家能源局指令胜利油田申报“陆相断陷湖盆国家级页岩油示范区”，程紫燕、宋阳、刘艳参与了示范区的方案编制工作。

示范区应该建在哪个地方？经过多方论证，胜利油田计划在博兴洼陷樊页平 1 井区、牛庄洼陷牛页 1 井区、渤南洼陷渤页平 5 井区建设开发示范区。这些开发示范区各具代表性：博兴示范区代表微裂缝发育的复杂断裂带地层；牛庄示范区代表洼陷稳定带地层；渤南示范区代表断陷盆地陡坡深洼带巨厚地层。

为了做好示范区方案编制工作，宋阳积极协调各专业、各单位，对目前胜利油田页岩油开发前沿技术进行了详细总结，提出页岩油开发下一步攻关方向；同时针对示范区的三种典型类型，分类进行了方案的设计与规划部署，保障了示范区建设的切实可行理论技术的先进指导意义。刘艳对储量产量规模进行了预测，落实探明储量和油井试采后的控制储量，预测示范区到底能为国家贡献多少油，示范区的近期和远景目标是什么。

这份方案对“十四五”期间的建产规模做了规划：前两年要打评价井，评价“甜点”分析对不对，跟踪开发效果；第三年开始扩大开发规模。

2021 年 12 月 1 日，程紫燕、宋阳、刘艳等人完成建设胜利济阳陆相断陷湖盆页岩油国家级示范区的报告，通过国家能源局组织的院士专家组论证，获批投入建设。

胜利油田设立示范区，将推进陆相页岩油技术革命，积极攻关断陷盆地页岩油有效开发技术系列，有望释放东部断陷盆地页岩油资源潜力，形成增储建产战略接替阵地，缓解能源严重依赖进口的被动局面。济阳坳陷初步评价页岩油，规模增储建产前景广阔。按照示范区建设目标，“十四五”期间将建成我国重要的页岩油生产基地之一，对我国东部老油田可持续高质量发展、保障国家能源安全具有重要意义。

目前，胜利油田正攻关发展更长水平段、多层、立体开发技术，创新应用“井工厂”模式，加快了创建济阳陆相断陷盆地页岩油国家级开发示范区的步伐。

管倩倩的测井解释工作涉及牛庄、博兴、利津、民丰等多个洼陷：岩相和测井属性的加入使得地质认识从“四性”到“六性”更加清晰、精准；首次把大数据应用到测井解释中评价页岩油参数；通过分析博兴樊页 1 系统取心井建立测井模型，顺利完成了樊页平 1 井的测井解释工作；通过牛庄洼陷和博兴洼陷的两口井——牛 55- 斜 1 井和樊页 1 井建立岩相“铁柱子”，以及相应洼陷的测井模型，并推广应用。

胜利油田岩心库里竖起了三根“铁柱子”，全方位展示了牛庄、博兴、渤南洼陷类型的综合研究成果模型，以经得起置疑推敲的姿态彰显了胜利油田对页岩油认识的阶段性成果。这些扎扎实实建立在实践与理论基础上的研究成果，扳不动更扳不倒。

物探研究院副总工程师高秋菊正率领科研团队针对页岩攻关更高精度的全三维采集地震技术，夏志威和同事们整理完成了樊页平 1 井地质工程再认识报告。

页岩油勘探开发已纳入国家能源战略发展蓝图。

2021 年 1 月 27 日，国家能源局在北京组织召开 2021 年页岩油勘探开发推进会，深入贯彻落实习近平总书记关于油气勘探开发系列重要指示批示精神，总结前期页岩油勘探开发工作进展，研究下一阶段攻关目标、工作重点及主要措施，全力推动页岩油勘探开发加快发展。

会议指出，面对新冠疫情、超低油价的冲击，在党中央的坚强领导下，相关部门、地方和油气企业共同努力，迎难而上，2020 年油气增产成效显著。为进一步做好原油稳产增产，需要突破资源接替、技术创新和成本降低等多重难题，在页岩油等新的资源接续领域寻求战略突破。

会议要求，要提高政治站位，认清加强页岩油勘探开发具有较好现实条件，具备加快发展的基础。下一步，要加强顶层设计，将加强页岩油勘探开发列入“十四五”能源、油气发展规划；聚焦科技创新关键问题，深化地质基础理论研究，攻关适应页岩油勘探开发的新技术、新装备；落实资源保障，查明我国页岩油发育特征及富集规律；强化管理方式创新，探索页岩油勘探开发领域融资新模式；做好政策保障，建立专项推进机制；强化生态环境保护，推动页岩油绿色开发。

会议强调，2021 年是中国共产党建党 100 周年，也是“十四五”的开局之年，有关能源主管部门、油气企业要时刻将工作进展与党中央要求对标对表，大力弘扬石油人精神，全力推动原油产量稳步增长、天然气产量持续快速上产。

会上，中国石油、中国石化、国家油气战略研究中心汇报了页岩油资源情况、勘探开发进展及后续工作思路，胜利等 8 个页岩油主产油田作了表态发言。

胜利油田的页岩油勘探开发工作正在有序推进，全国页岩油工作会议即将在胜利油田召开。

胜利油田的页岩油勘探开发走过了很曲折的道路，可谓“十年磨一剑”。迄今，每口页岩油井的类型都不同。为了加快探索步伐，胜利油田决定不重复规划，不走老路。

2022 年 1 月 11 日，总部油田事业部召开了济阳页岩油 2022 年工作计划汇报会，听取了胜利油田关于济阳页岩油 2022 年工作计划及“十四五”工作设想的汇报，与会专家经充分讨论研究，对下一步工作提出了明确要求：一是按照“十四五”实施方案部署，加强博兴、牛庄、渤南洼陷评价；二是进一步完善济阳页岩油“十四五”勘探实施方案，确保国家级示范区建设有序推进；三是按照济阳页岩油国家级示范区建设要求，明确产能建设阵地，开展不同井型评价试验，深化页岩油井生产动态规律认识，提升勘探开发效益。

2022 年 1—4 月，胜利油田在济阳坳陷部署了 25 口页岩油专探井。

油田主要领导到勘探开发研究院调研时强调：在胜利油田的未来发展中，页岩油是最切合实际的接替阵地，要持续攻关，把资源摸清楚，形成规模化产量！

2022 年 4 月，油田专门成立了页岩油项目部，每周召开专班会，作为职能部门协调页岩油领域的科研进度和生产运行，集中力量办大事。

2022 年 4 月完钻的丰页 1-1HF 井勘探的是胜利页岩油的新层系，如果地质评价和工艺技术取得实验成功，这些成熟的方法将进一步推动勘探进程。

5 月 26 日，在民丰洼陷丰页 1-1HF 井的压裂方案讨论会上，油田分管领导为大家鼓劲儿：现阶段的页岩油井，一口井一个样儿，咱们得结合地质实验分析，一口井开一个“药方儿”，还得保证每口井都是最优方案，布井、钻井、压裂都得达到最优效果，一步一个脚印地积累宝贵经验，出色完成示范区建设的“十四五”规划目标。

油田上下对页岩油勘探开发前景寄予了厚望。李军亮说，胜利油田的页岩油勘探开发目前还处于起步阶段，需要大家共同发力夯实基础，“十四五”宏伟目标的实现将指日可待。

什么是胜利担当?

为了胜利油田的基业长青，页岩油领域的奠基人不辱使命、勇挑重担、齐心协力、无私奉献，共同开创一个属于胜利人的页岩油新时代。这就是胜利担当。

页岩油领域的拓路者全身心投入页岩油事业，重走从初期勘探到大规模开发建产的“长征路”，精益求精、攻坚克难。这就是胜利担当。

认准的事儿就要坚韧不拔地去实现，不行就要找出原因。李军亮带领勘探开发研究院页岩油勘探攻关项目组八十多人披荆斩棘，奋力前行。这就是胜利担当。

纪录片《不老人生》中石油地质学家李德生院士的话深深感动着杨依庆：搞石油工作需要踏踏实实地去刻画，地质上一遍一遍地去描述，把我们这个“冷板凳”坐热。

油田党校孙宝珍教授讲述的老一辈石油工人艰苦创业历程深深感染着张玉亮，在生产生活条件越来越好的今天，胜利精神更需要弘扬传承，他将用毕生所学服务于页岩油的大开发。在专业技术上独当一面的张玉亮说，页岩油的勘探开发是挑战，更是机遇；年轻一代理当抓住这个机遇，勇立潮头有所作为，在科研生产中贡献自己的一份力量。

如今，时代在进步、技术在跃升，老一辈石油开拓者的精神依然在传承。页岩油事业需要新一代科研人员并肩战斗、追求探索，在实践中贡献智慧和力量，使命在肩，必须担当。

勘探无禁区，开发无止境。

胜利油田勘探开发 60 年来，常规油藏挖潜难度越来越大，广大科研技术工作者顶住巨大压力默默无闻攻关十年，济阳页岩油终于取得了历史性突破。

不久的将来，页岩油井工厂必将成为胜利油田实现能源战略接替的新高地，为打造百年胜利注入新活力。

亿万年沉积：一朝生花

徐智华

序

北京的春天来得晚些。2019 年 3 月 27 日，正是春寒料峭，胜利油田勘探开发研究院一行三人的心境，也如这料峭的寒风，虽然知道春天就在前面不远的地方，可依然能感受到阵阵寒意。

他们心情忐忑地走进会议室，要向中国石化总部汇报义页平 1、渤页平 5、樊页平 1 三口井的定井情况。这三口井将决定胜利油田第二轮页岩油勘探开发的命运。

会议室里除了中国石化总部的有关领导，还会集了多位院士，以及来自全国油气勘探领域的专家。会场气氛有些凝重，每个人心里都有这样一个疑问：胜利页岩油到底行不行？

代表胜利油田进行汇报的是时任胜利油田高级专家的刘雅利，他稍稍平复了一下激动的心情，缓缓开始了他的汇报。短短几十页的 PPT，汇集了胜利勘探开发研究院多少同事近十年的艰辛努力，也汇集了整个胜利油田对页岩油开发的殷殷期盼。

刘雅利以他的职业素养和精深的专业知识，精准地阐释了胜利油田最新的地质研究成果，以海量的实验数据、翔实的基础资料说服了在场的专家。三口井全部获批。他们能够感受到，虽然获批了，但专家们对这三口井并未抱有多大的期望，真正打动评委的，也许只是胜利人骨子里那种锲而不舍的精神。

汇报结束了，也获批了，但大家并没有因此感到轻松，反而像在心上又压了一块巨大的石头。

接下来要怎么干才能保证万无一失？上一次失败的经历还历历在目。一次失败，让胜利页岩油整整停滞了十年，这一次如果再不成功，胜利油田还要再等一个十年吗？还能再等一个十年吗？还是就此宣告胜利页岩油的彻底失败？你能接受胜利页岩油没有商业开发价值的最终判决吗？

一个又一个质问不断地在刘雅利他们脑海中浮现，每个人都感受到这几个问号的分量。三个人中更年轻一些的周爱华脑中不禁闪现出另一个问题：胜利油田页岩油真的有开发价值吗？这并不是他第一次产生这种自我怀疑，但这时候已经是箭在弦上了，是不允许再出现这种怀疑的声音的。在近十年的研究中，他们面对着更多的质疑是：胜利油田到底有没有页岩油？他们已经用大量的事实和研究证明了这一点：有。但要如何开采出来，把它呈现在世人面前，证明它的存在，这才是当前最紧要的任务。

首战告负

胜利页岩油，是一个让胜利油田的地质工作者们魂牵梦萦了十几年的名字。

早在 2006 年，胜利油田就开始关注页岩油，同时加快了济阳页岩油的专题研究与勘探步伐。

21 世纪初，随着北美海相页岩油气勘探开发取得重大突破，美国凭借页岩油的成功开发，一举扭转了 20 世纪 70 年代以来原油产量下滑的颓势，原油自给能力大幅提高，同时也在重塑着世界石油市场格局。国际能源署认为，2024 年之前，全球新增石油供应的 70% 以上将来自美国，且美国有望在未来 5 年内取代沙特，成为全球最大的原油出口国，这一切都得益于页岩油。

一个又一个重磅消息刺激着胜利油田勘探工作者的神经。那么，胜利有没有页岩油呢？如何找到胜利自己的页岩油呢？最初，所有人都满怀信心，认为胜利油田开发了数十年，地下有常规油，一定也有页岩油。

2008 年，胜利油田开始专题立项研究济阳页岩油。

2010 年开始，先后钻探了罗 69、樊页 1、利页 1、牛页 1 等 5 口页岩系统取心井，总取心量达 1000 多米。

2011—2013 年，相继部署了渤页平 1、渤页平 2、渤页平 1-2、梁页 1HF 等页岩油专探井。

然而，一轮井打下来，专探效果均不理想，单井初产累产都很低。

犹如一盆凉水兜头泼下来，把所有人的兴致一下浇了个透心凉。

要知道，这一轮勘探是应用了国外的理念，还请了国外的队伍，设备、技术都是当时最先进的。外国专家表示，北美的页岩油 Ro 值在 0.9% 以上，成熟度较高，而胜利的页岩油多数都在 0.7% 左右，成熟度太低，油品不好，根本不具备开发价值。外国专家手一摊，耸耸肩，遗憾地表示无能为力。

一时间，质疑声四起。“胜利页岩油的成熟度太低，根本就不具备可开采性”几乎成了定论。

国外的专家、队伍纷纷撤离，并表示不会再介入胜利页岩油开发。课题就此停滞下来。

然而，胜利人怎么可能这么轻易地服输呢？当年，不也正是在一片“华北无油论”的质疑声中发现了“华八井”吗？胜利在诞生之日起，就带有一股不服输的基因。

你相信泥巴里有油吗?

没有了外国专家，我们自己研究；没有了外界的关注，更适合让人静下心来思考。

课题组解散了，但在勘探开发研究院的页岩油项目组仍保留了下来。小组仅有不到 20 人，有做基础理论研究的，有做岩相分析的，有做地层分析的……大家都回到各自的岗位上，回到页岩油勘探的原点，从基础理论开始，从最基本的实验数据开始，没有捷径，只有靠自己摸索！

国外的理论不支持，那就研究自己的理论；没有可参考的国外数据，那就自己做实验，自己找数据。真正的科学是讨不来，买不来的。

油田勘探优化部署高级专家张学才说：“对于油气勘探来说，油是在地质专家的脑子里的。”油气勘探就是一个从认识到实践、再认识再实践的过程。回顾我国的石油开发史，所有的油气开发都是实践先于理论的，都是在摸索中前行的。

2014年第四季度，国际油价断崖式下跌，胜利油田常规油藏开发难度越来越大，胜利人再一次站在一个进退维谷的关键历史时刻，亟待一个新的资源接替阵地，来实现“百年胜利”愿景。

油田领导班子提出了“胜利之下找胜利”的指导思想，胜利油田进入了一个“藏下找藏，藏内找藏”“顺源找油，进源找油”的勘探开发新纪元。

页岩是生油岩，就是油气的源头。过去，常规石油地质理论找的是满足成藏条件的油藏；如今，他们在向源内找油，直接向油气的源头要油。

地质工作者们有一个共同的信念：胜利地下蕴藏的石油已经供我们开采了60年，有如此丰富的油藏，生油岩里一定会有更丰富的油气。一轮的失败决不能就此否定胜利页岩油的存在。

正所谓，“勘探无禁区，创新无止境，找油有灵魂”。要找油，地质学家们首先要突破脑子里的禁区。

页岩油作为一种新的非常规油气资源，没有资料可以借鉴。在过去油气专业的教科书里，页岩是不被看好，甚至被认为是根本不可能有油气储集的岩层。要突破这个理念并不是那么容易的，勘探开发研究院岩心管理室主任师杨光是一位工作近30年的“70后”老地质工作者，2010年他接收罗69井的岩样时，内心的震惊仍记忆犹新，他的第一反应是：“这里面会有油吗？”继而是另一个更扎心的想法：“胜利油田要在‘泥巴’里找油，可见形势不是一般的严峻啊。”

当时，抱有同样想法的人不在少数。

“专探井还不如兼探井显示好。”这一结果让胜利页岩油处在一个十分尴尬的境地。

然而，另一种声音却使得胜利页岩油在一片质疑声中顽强地走了下去。早在1972年，沾化凹陷渤南洼陷的义18井在泥页岩中钻遇了工业油气流，后来又有多口井钻遇泥页岩层段发生井涌或见油气显示，当时被称为泥岩裂缝油气藏。“这些‘偶遇’，就预示着页岩油的存在，要透过偶然的现象看到本质的存在。”胜利工程首席专家、难动用项目主要负责人万绪新就是坚信胜利页岩油存在的笃信者之一，在他看来，之前的“偶遇”就是一种提示，他坚信胜利的页岩油终有一天会见天日。

勘探开发研究院沾车室周爱华是“80后”，他更快也更乐于接受新兴事物，因为他相信事物存在多种可能性。他说：“油其实很聪明，好像在和我们捉迷藏，地质学家要学会像油那样思考，才能找到它躲藏的地方。”

第一轮失败，再加上油价下跌，导致页岩油研究处于半停滞状态，油田不可能再投入太多的人力物力去打新的勘探井。于是，前期几口系统取心井成了仅有的研究对象。

勘探开发研究院就以这些岩心为基础资料，进行了大量的研究，做了大量的地层试验，取得了珍贵的第一手资料。然而，仅凭这些还不够，还需要更多的基础数据，于是，他们又对过去几十年里取出的岩心进行重新梳理。

勘探综合研究室的银燕就在这一时期加入了页岩油项目组，主要负责对过去页岩岩心进行整理的基础性工作。银燕和她的同事一起到岩心库找岩样，偌大的岩心库里，密密麻麻摆满了岩心，架子一层一层摞起来足有几层楼那么高。身材瘦小的银燕站在岩心库的架子下面，就像哈利·波特来到神秘事物司，一排排岩心就像数万个水晶球，哈利要找的是与他相关预言的水晶球，而她们要把每一块页岩的数据摸清楚，从中找到油气暗藏的密码。

她们把跟自己体重差不多的岩心搬下来，小心地擦去上面落满的灰尘。过去，这些岩心都无人问津，谁会想到，几十年后，终于有一群不服输的胜利人，硬要在这些“泥巴”里找油呢。

银燕她们找遍了位于东营、河口岩心库的每个角落，摸遍了所有泥页岩的岩心，为后续页岩油勘探研究积累了大量可靠的数据资料。

周爱华认为地质学家最重要的品质是要有魄力，有担当，要敢想，要敢于定井位。当然，这样的魄力都是建立在银燕她们大量实验数据的基础之上的，有了这些坚实的基础，才能成就胜利地质人的气魄，否则就是鲁莽和冒进。

等一等，再等一等

义页平 1、渤页平 5、樊页平 1 三口井的井位同时获批了，但是，先打哪一口井又成了问题。

先打哪一口？要知道，这口井至关重要，它注定会备受关注，这一口井的成败关系到整个胜利页岩油的命运。也就是说，这口井只能成功，不许失败。

基于北美页岩油理论体系，渤南区块成熟度较高，Ro 值能达到 0.9%，于是大部分人更倾向于先打渤页平 5 井。但胜利油田的决策者们却决定先打义页平 1 井。这样的考虑综合了多种因素：由于渤南区块埋深达 4000 多米，地层温度高达 180 摄氏度，给钻井带来极大难度；虽然义页平 1 井成熟度低，但在工程上更容易实现，况且，胜利油田蕴藏着大量成熟度在 0.7% 左右的页岩油，它的成功也将会有更重要的意义。

决策者们在确定井位时无比坚定，此时却异常谨慎："地质上有一个认识不清楚不打，工程上有一个环节准备不好不打。"

他们像经验丰富的猎手，紧锣密鼓地布好天罗地网，耐心地等待着最佳时机。一切看起来风平浪静，实则在酝酿着一场大战。

十年，对一个好猎手来说，并不算长。

十年的沉寂，人们听不到页岩油的消息，而所有与之相关的技术却在悄然间发生着翻天覆地的变化。

通过电镜扫描，给地层做 CT 等技术手段，地质研究方式从宏观进入微观视界，地层划分已经从百米级细分到亚微米级。当地质分析进入纳米级别时，地质学家们看到了致密的泥页岩里并非铁板一块，而是富集着多级孔缝网络，这也正是他们坚信胜利油田的"泥巴"里含油的根本所在。

通过十年的研究，地质学家建立了胜利自己的页岩油理论体系，建立起了游离油定量评价技术方法系列，从上百个地层参数中找到了最具参考价值的 21 项参数，建立了针对济阳坳陷断陷湖盆富有机质页岩的"储集性、含油性、可动性和可压性"综合评价体系，为页岩油资源潜力评估、页岩油选区评价和综合评价提供了技术支持。

钻井技术在难动用储量开发的带动下，已经发生了大幅度的跨越。"井工厂"模式已经逐步推开，随着装备、工具、仪器、钻井液等页岩油井配套技术的不断完善，队伍管理不断提升，长水平段水平井的钻井技术日臻成熟。

唯有一个让人不太放心的就是压裂技术。

早在第一轮开发过程中，很多人认为最直接的原因是压裂技术跟不上，地层压不开，导致没产量。要知道，当时渤页平 1 井、渤页平 2 井用的可都是国外的压裂队伍、国外最先进的设备，现在，国外公司已经给胜利页岩油判了"死刑"，不再参与胜利的页岩油开发，那就只能靠自己的队伍。胜利的压裂技术行不行，是眼下最大的问题。

既然没有十足的把握，就先等一等。

此时，大家的目光都聚焦到了石油工程技术研究院，在页岩油项目组开会时，石油工程技术研究院主要领导转述了油田领导的话：如果这次不成功，胜利页岩油就要再等十年。话虽不多，字字千钧。

由于第一轮的失败，大家对胜利页岩油的关注度一下降到冰点，加上油价下跌，油田不再进行大量投入。但这十年里，压裂所仍然在坚持着压裂工艺的改进和研究，进行了大量的模拟压裂实验，积累了相当数量的实验数据。

但实验终归是实验，模拟终归是模拟。要把纸上的东西搬到实践中来，谁也不敢打这个保票。

石油工程技术研究院决定先试一下。

其实，在 2016 年，曾经在义 283 井上做过小型压裂试验，令这口废弃井起死回生，压出了 40 吨油的日产量，但是仅仅三天后就没油了。在这种情况下，谁也不敢说压裂技术没有问题。

这次选择在义 176 井进行压裂试验，把十年来所有的压裂技术成果全部用上，试验结果令人非常满意。

一切准备就绪，只等一声令下。

曙光乍现

义页平 1 井正式开钻了。此时距井位获批已经过去了半年。

11月，义页平 1 井正式完钻，水平段只打了 942 米，由于地质预测不精确等原因，其中 500 米打进了泥岩里，岩相对压裂非常不利。压还是不压，能不能压开，大家都在等待决策。

胜利石油工程技术研究院压裂所页岩油室经理张子麟和他的团队先进行了数值模拟，通过计算，认为可以压。油田邀请了中石油、中国石化甚至是国外公司的压裂专家进行评审，最终决定可以压。

压裂过程由张子麟指挥，油田领导坐镇。第一段压裂最为关键，所有人的目光汇集在张子麟一个人身上，虽然是在 11 月的隆冬时节，他依然觉得冷汗直冒。

从宣布开泵的那一刻开始，张子麟的心就随着施工曲线上下波动着。当泵压升到88兆帕的瞬间，他的心也提到了嗓子眼，要知道他们计算的压力峰值就是90兆帕，要是达到峰值还压不开，就意味着压裂失败了。泵压在88兆帕维持了几分钟，随即快速下降，意味着地层已经压开了。张子麟的心也稍稍放下一些，这几分钟犹如一个世纪那么长。

到第二段压裂时，他心里就有底了，正好赶上有利岩相，随即创下了最高排量、最大液量、最大砂量等几项指标纪录。到地层转换带的时候最难干，刚开始压就遇到了砂堵，但有前几段的经验，张子麟处理起来已经能够得心应手了。

最终，义页平1井峰值日产原油93吨，可以说取得了济阳页岩油技术产能的战略性突破。

然而，老天似乎在故意考验胜利人，只让他们尝到一点甜头，却不肯轻易地让他们品尝整个的胜利果实。几天后，义页平1井出现了硫化氢，最高浓度达到100ppm，最终不得不关井处理。义页平1井累计产油3606吨。

虽然结局并不完美，但人们还是看到了胜利的曙光。这口井为人们展现了中等成熟度页岩油的勘探潜力，突破了灰质页岩压不开的传统认识，人们重新看到了希望。

重装上阵，势如破竹

义页平1井让人们重拾对页岩油的信心。各参战单位把义页平1井所有的细节重新进行梳理总结，分析每个环节中暴露出来的问题，重新整装待发，誓要在樊页平1井上打一场漂亮的翻身仗。

在国外压裂队伍宣告失败后，这次要完全依靠国内的压裂技术和队伍，多少还是让人有些不太放心。决策层给胜利石油工程技术研究院选择了一个强有力的竞争对手——中国石化勘探开发研究院，两家单位背对背设计压裂方案。

张子麟负责樊页平1井压裂工艺设计，经历了义页平1井压裂的考验，这个出生于1989年的年轻人已经颇有了些大将风范，这次可以说是胸有成竹了。

他的自信心并不是无来由的。参加工作的第二年，他就被分到了页岩油项目组，他的全部工作经历与页岩油开发历程几乎是重合的。可以说，自参加工作以来，他只做了一件事，那就是研究页岩油压裂工艺。页岩油就埋在地下，就看你有没有开采出来的本事。十年来，他一直在苦练的就是“拿油的本事”。

第一轮页岩油开发过程中，压裂部分直接包给国外公司，张子麟作为甲方代表参与了全部过程。当时刚参加工作的小伙子年轻，对什么都充满了好奇心，英语也不错，就天天跟在老外队伍里，听他们开会，看他们如何处理问题，所有细节一一作记录。不懂的就回来跟所里的老师傅请教，自己慢慢消化吸收，虽然当时压裂并没有取得成功，但这个年轻人却悄悄地成长了起来。

国外队伍撤走后，张子麟仍然留在页岩油室，在张潦源、黄波带领下继续进行压裂技术研究。

他们一方面继续学习国外的相关资料，另一方面与勘探开发研究院密切结合，重新认识地层。经过多年的研究、反复的试验，他们找到了第一次失败的根本原因：当时所有的东西都是照搬美国的，理论、技术、设备全部拿来就用，然而，北美的地层与胜利的地层是截然不同的。一个是海相地层，一个是陆相断陷湖盆地层，两者的岩相存在很大差异。前者是好压裂的，而且整个层系几乎随处皆可压，而后者不同地层间存在非常大的差异性，因此，胜利页岩油首次提出了地层可压性的概念。首先要找到可压开的地层，除了要考虑地质“甜点”，还要考虑工程“甜点”，这是胜利页岩油的特有模式。

认识了可压性的概念，如何解决造缝的问题？没有大量资金投入，数值模拟仿真技术帮上了大忙。数值模拟仿真技术可以模拟地层压裂造缝的过程，缝的走向、结构，都在一台计算机上模拟完成。原来国外的压裂技术多用于页岩气和流动性好的轻质油，只要有缝就能出油出气，对于胜利油田这种成熟度低、流动性差的稠油，这一技术不能拿来就用。张子麟他们在国外压裂技术的基础上又进行了升级，把原来片状的平面缝升级成为立体组合缝网，把原来的羊肠小道之间串连起来，打通一条“高速公路”。井下的缝网结构如同人体的血管，由主动脉不断分支，直到细分为毫米级别的“毛细血管”。经过了反复的数值模拟之后，又进行了大量的天然岩心压裂裂缝扩展形态物模实验，形成了胜利特色的组合缝网压裂工艺。

井下的缝网造出来了，有了血管，中间还要有流动的血液，那就是压裂液。吕永利博士自主研发的强悬浮压裂液体系就是压裂的血液，此时的压裂液已经研发至第二代，不仅起到携砂、支撑缝网的作用，还具有增加地层能量，置换原油的效果。

所有的技术都准备好了，张子麟要代表院里去作设计方案汇报，面对强劲的对手，多少还是有些紧张。

知己知彼，方能百战不殆。张子麟知道自己的弱项在于地质认识的不足，但他最明显的优势就在于院里全力以赴的支持，再加上长达十年的基础研究，有大量的实验数据，还有大量可参考借鉴的邻井资料，最重要的是，他有义页平 1 井的实战经验。

知道短板在哪里就抓紧时间补起来。于是，张子麟开始恶补地质知识。胜利勘探开发研究院的唐东、周爱华就成了他的活辞典，只要遇到不懂的地方，就随时打电话咨询，有时甚至是凌晨一两点钟，他们都会不厌其烦地给他耐心解释。

汇报当天，中国石化勘探开发研究院先进行汇报，听完对方的汇报，张子麟顿时感到心里有底了。在地质认识上，他临时抱佛脚学到的那些知识稍有劣势但相差不大，而自己的强项则明显优于对方，自己手里这些数据可都是这十年来胜利页岩油一点一点摸索、一点一点积累下来的。结果自然是顺利通过了评审。樊页平 1 井顺利开钻了。

接下来，好消息接踵而至。

樊页平 1 井再战告捷，峰值日产油达百吨以上，累计产油 14999 吨（8 个月累产原油过万吨）；

渤页平 5 井峰值日油当量达百吨以上，累计油当量过万吨。

至此，第二轮三口页岩油井都成为高产的明星井。此时，胜利油田才真正向世人宣告：胜利页岩油取得了重大突破。

来自大地母亲的馈赠

在勘探研究阶段，除了勘探开发研究院，还有物探研究院、石油工程技术研究院、钻井工艺研究院也同时参与进来。整个勘探研究过程大家分头研究，发挥各自的技术专长，实现资料共享、研究成果共享，大大缩短了研究进程。

勘探开发研究院油藏评价室的王云鹤和同事们对于这种跨专业的研究模式非常期待。每次集中汇报井位都不亚于一次跨专业、跨学科的学术论坛，地质、地球物理、石油工程、压裂工艺等各领域的顶尖技术都会集在这里，以前从未接触过的领域、从未见识过的研究成果都在这里一一亮相，每一个参与者都觉得大开眼界。每次井位汇报，油田领导都要听“跟井故事”，王云鹤和同事们要把每一口井的跟踪细节详细汇报。遇到断层怎么处理的，过了断层找不着层怎么处理，遇到岩相不好怎么处理，构造起伏变化怎么处理……一个个“跟井故事”把井下遇到的各种情况都展现出来。在讲故事的过程中，专家们会及时指出一些处理不当或是被忽视的细节，顿时有种醍醐灌顶之感。

有时候长久困扰着自己团队的难题，会在别的专业那里找到灵感，猛然间找到突破口。打破了专业界限如同被打通了任督二脉，研究工作以令人难以置信的速度向前推进着。

2017 年，当年在岩心库里摸岩样的银燕准备休育儿假了。做了五六年的基础研究，在页岩油领域却看不见一点希望，很多同事转去做别的课题了。看着自己一点一滴收集起来的资料，此时她内心的无奈和落寞能说给谁听呢？对一个科研人员来说，五年时间是多么宝贵啊。但这一天什么时候能够到来呢？

银燕恋恋不舍地离开了工作岗位，两年后，她再回来的时候，三口页岩油探井已经实现了重大突破，页岩油已经进入了如火如荼的大开发阶段。她不由得惊叹：我到底错过了什么？短短两年里，大家从地质认识上、研究理念上都发生了翻天覆地的变化，自己不得不加紧学习，利用所有可利用的时间才能追上同事们的步伐。但当她看到大家现在的研究使用的正是当年她们采集的数据时，心里多少感到了一丝安慰。

物探研究院的王甜则更幸运一些。她从 2013 年开始进入非常规油气藏研究，对过去的老井进行一一梳理：从 20 世纪 60 年代的井开始，把整个东营凹陷的 1000 多口探井的录井资料重新逐一做地质体分析。把过去的老井资料运用现代的技术手段加以分析，对于地层构造又有了全新的认识。2017 年休完产假回到工作岗位，就投入页岩油的勘探研究中，已成为母亲的王甜感到自己肩上的责任更重了。在经历了多次的自我怀疑后，她以所有母亲共有的坚韧鼓励自己：坚持一下，再坚持一下。当官斜 26 井、牛斜 55 井先后试油成功，牛页 1-1 井、牛页 1-2 井成为百吨井后，王甜难以抑制自己内心的激动：大地母亲是多么仁慈和宽厚，以如此丰厚的礼物回报给她的孩子们。她感恩大地母亲慷慨的馈赠，每一个胜利油田的科研工作者都深怀着一颗“为国找油”的赤子之心，对脚下这片土地充满着热切的眷恋之情。

“大胜利”军团

在三口探井取得重大突破后，胜利页岩油开启了快速推进、全面开发的大幕。

胜利页岩油从一开始就定下了大军团作战的基调。

“十三五”期间，胜利油田坚持价值引领、合作双赢，加大分公司与工程公司合作力度，出台了《难动用储量合作开发管理办法》，变甲乙方为合作联合体，建立利益共享的激励机制，推动胜利石油工程公司从单纯挣工程款到一起挣效益油转变。“大胜利”的概念就此形成。

油田实施一把手工程，创建“1 个领导小组 +2 个服务团队 +16 个项目组”管理架构，配套运营权流转、项目化管理和市场化运营机制，解决了储量画地为牢、专业融合不充分、管理接力式运行、定额标准结算等多项束缚，大大激发了动用活力。

“胜利的一体化是融合最为紧密的，也是最有成效的。”负责难动用项目的胜利工程公司首席专家万绪新是一体化的倡导者、推动者、实践者，同时也是受益者。胜利工程难动用项目管理中心和胜利油田油气开发管理中心、工程技术管理中心一样，在页岩油开发中发挥着重要的枢纽作用。

胜利页岩油的开发实现了物探、地质、工程一体化论证，地质、工程、工艺一体化实施，一厂、两部、三院的三位一体管理。这在以前是从未有过的。通过一体化运行，实现了地质认识到哪里，工程设计就到哪里；地质预测到哪里，钻头跟踪就到哪里；钻头到哪里，下一步的预测就到哪里。从第一个试验井组樊页 1 井组开始，胜利页岩油开发把集团作战优势发挥到了极致。

樊页 1 井组虽然是开发井组，但在很大程度上还带有试验的性质。它第一次把钻井从平面轨迹发展成立体轨迹，设计了三层楼 8 口井，实现从二维到三维的维度升级。

胜利页岩油最大的优势就是厚度达几百米，甚至上千米，如此厚的油层最适合以井工厂模式规模化开发。目前国际上普遍应用的是人字形、三到四层楼的开发模式，而胜利页岩油最终要实现单束 28 层楼设计！这对钻井工程来说是一个巨大的挑战。

胜利页岩油有它的独特之处，胜利油田素有“地质大观园”之称，在页岩油地层上也同样堪称“大观园”。与其他地区的连续性海相地层不同，胜利页岩油二十多个大大小小的洼陷，没有一个洼陷是完整的，每个洼陷都各不相同，即使是同一个洼陷，不同方向上的地质构造也完全不同。

经过60年的不断探索，地质勘探人员总结出了胜利油田“深、高、断、缝”的地质特征。地层压力高、裂缝发育都是地质上希望看到的，这就预示着油气好采出，可这些却是钻井过程中最怕遇到的。深且地温梯度高，要求工具仪器抗温性能高；天然裂缝发育，且异常高压，钻井过程中涌漏并存，安全钻井难度大；断裂系统发育，钻井轨迹跨越多个小断层，跨断层钻井找层困难。两者如何协调，就要靠“一体化”的智慧了。

樊页1试验井组又将是一场重要战役，胜利油田干脆把指挥中心设在了岩心库，勘探开发研究院、石油工程技术研究院、物探研究院、钻井工艺研究院等各参战单位会集在一起，看着岩心选层、定靶点。勘探开发研究院先标示出地质“甜点”，石油工程技术研究院压裂所现场模拟压裂效果，根据地层可压性给出工程“甜点”，两者权衡确定目的层位。钻井工艺研究院根据层位、靶点画出井身轨迹图，再投影到物探研究院的地震资料图上。物探研究院利用最新的五维多域解释，根据对地质构造更细致的刻画给出意见，尽量避开断层、大的裂缝等不利地层。经过反复修改确定一口井的井身轨迹。

各参战单位都成立了自己的“页岩油作战室”，一切行动都如同作战一般，统一指挥，统一行动。

樊页1虽然只设计了8口井，但由于区块地层角度倾斜，又有大的断层，不能采取人字形排列，只能沿地层倾向朝一个方向打。8口井呈单梳式密密麻麻排列着，这种排列方式大概只有在胜利油田才能见得到。同时，它还兼具更多的试验功能：要试验钻井、压裂等技术最佳的生产参数，要找到最佳的井身结构，要找到最佳的井距，要找到最佳的钻完井工艺……

试验井组由黄河钻井总公司施工，他们派出了两支老牌标杆队——70185队和70797队。胜利油田东胜公司派出了实战经验丰富的叶志富负责现场协调，已经退居二线的老叶再次披挂上阵，带着几件换洗衣物就住到了井上，这一住就是11个月，从年头住到了年尾。

老叶是个经验丰富的地质工程师，有多年的地质录井工作经验，到东胜公司后就干起了钻井监督的工作，在地质和钻井两个专业都有非常丰富的实践经验，这给现场施工人员带来很大帮助。

长水平段钻井离不开旋转导向（简称“旋导”），但当地层温度超过130摄氏度时，旋导就开始不稳定，不得已，只得使用螺杆＋方位伽马的组合来代替旋导。但方位伽马距离钻头较远，信号传回滞后，不能及时掌握钻头轨迹。要保证钻头在设计地层中穿行就要不停地调整轨迹，但频繁调整轨迹又会给后期下套管、压裂等工序造成困难。

此时的钻头就如同一个人被蒙上双眼，深一脚浅一脚地走在一条崎岖坎坷的小路上。

“工程和地质是存在矛盾的。”老叶深有感触。他知道地质上的目标，也能理解钻井的苦衷。地质上不再给出一个靶点，而是给出一个上下5米、左右各15米的动态靶盒，以保证钻头在目标地层里穿行，同时保证轨迹相对平滑。然而，这个看似宽泛的“靶盒”放到3500米以下的地层里，又要拉长到2000米以上的范围内，就不那么容易实现了。勘探开发研究院首席专家蒋龙带着姜官波、杨依庆到井上支援，和老叶一起通过软件模拟来判断钻头的穿行轨迹，判断有没有出层，是从哪个方向出层，如何调整轨迹。

水平段钻进时，老叶他们几乎一刻不敢离开井场，哪怕井队宿舍离井场只有2千米路程，他们也不肯回去，吃住全在井场上。

同时，由油田开发地质高级专家杜玉山亲自挂帅的后方作战室的智囊团们也在昼夜不停地关注着钻井过程的进展，仅钻樊页1-1HF一口井就下达调整指令十余次。

樊页1-4HF断层多，地质复杂。夜里十点多，地震资料显示已经偏出地层，但老叶和住在井上的姜官波表示仍在靶盒里。杜五山马上召集作战人员进行讨论分析，经过多种数据综合分析，认为极大可能是地质录井资料遇到干扰导致的，“一家人”这才放下心来。原本预计十点过断层，由于白天井上不太顺利，直到半夜还没有打到断层，姜官波在群里说：一时还打不到断层，大家先休息一下吧。

凌晨两点多钟，不知谁在群里发了个消息询问井上的情况，马上收到了不止一条回复。原来，群里没消息并不是大家去睡觉了，只是怕打扰别人休息，一看大家都没睡，索性在群里讨论起来。这注定是个不眠之夜，没有人睡得着，直到打过断层，顺利打到层位，大家才稍事休息一下。

胜利油田“地质大观园”的名号决不是白得的，第一轮钻井就让他们见识了。

樊页 1 井组是参照樊页平 1 井的参数钻进的，谁会想到那么近距离的两口井地层变化竟然会那么明显。第一口井就出现了钻井液的大量漏失，一漏就漏了 800 多方，水平段钻井使用的是特殊的合成基钻井液，一方就一万元，这一下就白白漏掉了 800 多万元，最后不得不提前完钻。第二口井又同样出现了井漏。

在第二轮钻井过程中，只能把钻井液密度降下来，又出现了井涌。经过反复的试验，发现密度窗口太窄，1.53g/cm^3 会漏，降到 1.51g/cm^3 就会涌。这对钻井液密度调整的要求过于苛刻，经过专家论证，决定使用精细控压装置，把井底压力控制在一个相对稳定的范围内，顺利打完了其余几口井。

最终，樊页 1 井在井深增加、水平段增加的基础上钻井周期缩短了 50%。尤其是樊页 1-3HF 井、樊页 1-1HF 井均实现了钻井周期 50 天以内的目标，8 口井平均钻井周期 44.95 天，初步形成了胜利页岩油优快钻井的基本技术模式，创下了多项指标。

樊页 1-8HF 井三开填井侧钻后旋导一趟钻完成进尺，刷新旋导单趟进尺（1771 米）最长纪录，钻井周期仅为 9.79 天；

樊页 1-3HF 井钻井周期 47.83 天，有效钻井周期 41.18 天，创页岩油水平井钻井周期最短纪录；

樊页 1-1HF 井三开使用两趟钻完成 2627 米进尺，三开钻井周期 18.35 天，创页岩油水平井三开周期最短、趟数最少等纪录；

樊页 1-4HF 井完钻井深 6023 米，水平位移 3604.17 米，水平段 2273 米，创下胜利工区页岩油水平井井深最深、水平位移最大、水平段最长等纪录。

高新技术的大阅兵

牛页 1 示范区要创建国家级页岩油示范区，这是对胜利工程近年来技术发展的一次大检阅。

牛页 1 示范井组，8 层楼 20 口井，设计难度倍增。还是由设计樊页 1 井组的窦玉玲负责钻井设计，设计过程中她不断地与勘探开发研究院、物探研究院进行协调，一方面要考虑地质“甜点”，照顾到地层的可压性，又要考虑钻井施工过程中的防碰绕障；另一方面还要考虑 4 部钻机同时钻进，选择什么样的钻井顺序才能更科学，又要考虑尽量避免两部钻机之间的交叉打井。哪一个环节考虑不到都要推倒重来。

经过反复修改权衡，仍然不能避免两部钻机之间的轨迹交叉，窦玉玲只能采取立体防碰设计，但以现有的设计软件很难实现，她不得不采取大量的计算来辅助实现立体防碰。当设计交出去的一刹那，她的心不由得又揪了起来。这些设计，理论上都是没问题的，可是钻井过程中，是不是真的能实现，她还是替黄河钻井总公司捏了一把汗。“姐，你怎么设计的？这怎么打呀？”定向服务人员拿着设计一脸困惑地找到她，她反而感到一阵欣喜，随即把设计理念、施工中防碰的注意事项一一做了详细解释。设计交出去了，对窦玉玲来说，听不到消息就是最好的消息，她期待着井队能够实现她的全部设计意图，取得最后的胜利。

在牛页 1 示范井组，胜利石油工程公司的各项科研成果轮番登场，上演了一场技术创新的大秀。

近年来，钻井技术实现了由量变到质变的飞跃。先是从水平段二三百米发展到两三千米，又实现了从二维到三维的维度提升，随着“四提一降”的不断推进，在钻井难度不断加大的情况下，钻井周期仍然实现了大幅度的缩减。巨大的技术飞跃都是从一个个科技创新成果的不断累积中得来的。

早期页岩油井钻速慢、井壁稳定性差、固井质量难以保证，于是胜利石油工程公司主导研发了高效 PDC 钻头、提速工具、合成基钻井液、防窜水泥浆体系、高效驱油前置液等，一项项新技术在页岩油井中推广应用，取得了可观的成效。

“要回到科学的原点，寻求技术上的突破，实现技术赋能。”这是万绪新作为一名探索钻井技术的老专家多年来一贯秉承的理念。

近年来，胜利石油工程公司钻井技术的研发始终围绕一线生产，以问题为导向，生产需要什么就研究什么，什么技术先进就研究什么。目前，在水平井钻井上，最先进的装备无疑就是旋导，经纬公司高温旋导正在加紧研制中，胜利工程围绕旋转导向开展了一系列配套技术研究。

胜利页岩油地层温度可达 170~200 摄氏度，旋转导向仪器最高耐温 165 摄氏度。旋导就像钻头的眼睛，高温地层使旋导致盲，在这种情况下，只能依靠纯机械导向工具——螺杆进行钻进。当储层发生变化时，需要通过螺杆滑动钻进来调整井眼轨迹，滑动钻进时钻具与井壁之间磨阻大，容易造成托压。为解决这一问题，钻井工艺研究院研制了双向扭摆系统，还研发了水力振荡器等相关工具。

他们还针对不同地层设计了多种钻头，仅 PDC 钻头复合片就有锥形齿、屋脊齿、奔驰齿等多种异形齿。有一种牙轮和 PDC 组合在一起的复合钻头，以它威猛的外形和强劲的地层切削能力，被形象地称为“狮虎兽”。

地层压力大，裂缝发育，导致钻井液密度窗口窄。为了保证安全快速钻进，并对油层起到更好的保护作用，钻井工艺研究院研制了精细控压装置，压力控制精度达到 0.1 兆帕，大大减少了井涌、井漏等井下复杂情况。

他们还研制了多种自动化装备，铁钻工、自动排管机、自动猫道机、钻井液自动上料机械手、钻井液实时监测系统、自动坐岗系统、MRO 物联网系统等一系列信息自动化装备，大大减轻了一线操作工人的劳动强度，井队操作人员只要按一下按钮就可以实现所有操作。2021 年习近平总书记视察胜利油田时，夸赞井队司钻操作就像在开飞机。下一步钻井设备的发展方向就是一键式操作。

这些信息自动化装备的另一个重要功能就是实现数据采集。通过采集第一手的数据，运用大数据分析，为将来实现专家远程会诊提供依据。

目前所采集的数据还很有限，但通过学习曲线的建立，同样实现了技术的快速迭代。

回顾胜利油田第二轮页岩油开发过程，给人印象最深的就是各项技术都在快速地更新迭代，而且迭代的速度越来越快，用“士别三日，当刮目相看”来形容一点都不为过。

虽然胜利页岩油的每个洼陷都不一样，但在同一个台子上的井却大致相同。就是利用这一点，每打一口井都是一轮经验总结，每打一轮就把有利的参数固化下来，下一轮再进行优化，把优化后的参数再次固化下来。每一个井台都在不断地重复并螺旋上升着学习、迭代、再学习、再迭代的过程。在一轮轮的学习过程中，钻井指标一次次被刷新。

胜利页岩油钻井从首轮钻探到再实践，水平段长由原来的 400 ~ 1200 米增长到 2000 多米，平均机械钻速提高 54%，单井钻完井周期降至 65 ~ 82 天，各项指标明显提升，配套技术日趋完善。在新一轮页岩油钻探过程中，通过进一步完善井工厂模式和现有技术，不断探索激进参数，提高机械钻速、钻井时效，钻井周期将进一步缩短到 45 天左右。

为了实现双碳目标，近两年，钻井、压裂都采用了低碳环保的网电钻机和电驱压裂车，减少了碳排放，也大大降低了井场周围的噪声。现在的井场上，再也听不到钻机、压裂车的轰鸣，再也闻不到刺鼻的柴油味。位于东营市园博园景区边的丰页 1 井压裂期间，十几台压裂车排列整齐，阵容强大，一时间还成了网红打卡地。

“科技创新就是要不断打破思想的禁锢。”万绪新说。作为一个长年探索钻井技术的老专家，把技术的完美当作他一生的追求。他用“土豆开花赛牡丹”来自勉，同时也在勉励着他身边的年轻人，搞技术要不求花艳，但求果实。

花絮：页岩油带来的不只是油气

页岩油作为一种全新的事物，首先带给人们观念上的冲击，尤其接受传统油气专业训练多年的人更是如此。

杨光作为一个有近 30 年工作经验的老地质工作者一时就很难接受这种新事物。在岩心库工作多年，每天看着一块块从地下取上来的岩心，杨光基本上靠看、闻、摸就能判断哪些岩心有油。当他第一次看到取上来的页岩，怎么也不能相信这里面会有石油。在他的经验里，那些含油的岩心应该是油汪汪的。即使是在第二轮勘探过程中见到了很好的油气显示，他还是不能相信是这些“泥巴”里的油，他还在期待能见到一块“油汪汪”的岩心。在一次次捷报传来后，他才逐渐接受了这些看来灰突突的岩石里能产油的事实。

在页岩油开发过程中，多少科研人员就是在这样一次次的否定与自我否定中摸索前行。当人们在完全没有经验可借鉴、可参考的情况下，最容易产生自我怀疑，在长时间没有取得成果的时刻，多数人选择了放弃。正所谓行百里者半九十。

吕永利博士在研制压裂液过程中，经历了数以万次的失败。对这些失败他看得很淡：“搞科研，失败是常态，成功才是偶然。”他从来不把自己看作一个做学问的人，而更愿意把自己定义为一个搞应用的人。在他看来，成果获奖和得到一线人员的认可同样能够给他带来成功的喜悦。

他研制的压裂液在行业内始终处于领跑者的地位，要当领跑者就要忍受常人难以忍受的孤独。为了解决压裂液体积大、运输难的问题，他研制了可现场调配的压裂液，原来4万方压裂液需要运输2000多车次，到现场调配后，体积压缩了近100倍。业内人士评价说，这种压裂液在业内至少领先十年。他还记得第一次带着他的压裂液上井试验，当他推开井上会议室的门，屋里十几个人马上停止了谈话，挤得满满的会议室里变得鸦雀无声。他明明听到人们正在讨论他的压裂液，有人说："这是什么东西，跟猪大油似的，这玩意儿能行吗？"

他并不在意大家的质疑，而是用实际行动证明了他的产品性能。人们也开始接受了他这个混迹在井场上的博士，没有人把他当博士，他也不喜欢别人给他贴上"博士"的标签，他笑称自己只是个"土博士"。

吕博士享受着作为领跑者的孤独，而油藏评价室的王云鹤则有另一种孤独。

她们的研究当时并不被人们看好，所以没有人感兴趣。当页岩油有了好的显示以后，人们接受了页岩里有油的观念，又有人表示：页岩油开发多简单，那么厚的油层，随便打呗，打哪都能出油。对于这样的说法，她也并不想一一解释。当页岩油取得突破的时候，她多想找个人分享她的快乐，可是由于保密等原因，不能对外界说起，个中滋味只能自己默默地品尝着。当从电视上看到页岩油取得突破相关报道的时候，她只能微微一笑，对家人说："这口井是我们布的。"

说到布井位，除了勘探开发研究院、物探研究院这两大院之外，有些采油厂的地质所也参与了进来。东辛采油厂地质所就在最近一次井位布置时提交了6口井位，其中4口井位获得了批准。如此高的通过率让东辛采油厂油气勘探专家欧浩文颇感骄傲和自豪。一个小小的地质所，技术手段、人员配备上都远不及两大院，他们依靠的是扎实的基础工作，把东辛采油厂多年来积累的生产井数据重新进行分析研究。通过的4口井里有2口井与勘探研究院提出的井位完全一致，还有2口井则是完全独立的井位。他们并没有因为"小"而放弃，反而找到了一条别人都不注意的路，颇有些"苔花如米小，也学牡丹开"的意思，与万绪新的"土豆开花赛牡丹"有异曲同工之妙。

同样奇妙的还有一些似乎是命中注定的缘分。王云鹤的父母是青海油田的职工，她自己也是"油二代"，远离父母从大西北的青海湖畔来到渤海之滨的东营。从事地质研究要具备复原地层远古时期样貌的能力，要在脑子里形成古环境的概念，为了让大家能对东营济阳凹陷形成更直观的认识，院里找到了与之最相似的陆相断陷盆地的“活化石”，那就是青海湖。一个青海姑娘因为地质紧紧地将青海和东营联系在了一起，不得不说这是冥冥之中的缘分。疫情前，院里每年都会组织地质人员到青海湖进行实地考察。别人去旅游，他们则带着地质锤沿着湖岸敲石头。

物探研究院的王甜小时候对各种彩色的小石头十分好奇，因而迷上了地质，从小就看从事土建工程的父亲绘制图纸，她又喜欢上了工程师这个职业。长大了，她就成了一名地质工程师。如今，在她女儿的眼里，地质工程师是非常厉害的职业。女儿说：“我长大了也要当地质工程师。”王甜的心里也充满了骄傲。

压裂所的张子麟，是名副其实的“油三代”。祖父工作时是胜利油田大开发时期，正是依靠自然产能的富油阶段；父亲工作时，胜利油田已经进入高含水阶段，研究内容是堵水调剖；到了张子麟这一代，油田已经进入向难动用致密油发展的阶段，并且亟待找到可接替的阵地，于是，他的研究对象就成了页岩油。祖孙三代恰恰代表了胜利油田 60 年发展的不同时期，三代人也肩负着各自不同的使命。

胜利页岩油正处于起步阶段，一切方兴未艾。“十四五”期间，胜利油田将建成 3 个国家级页岩油示范区。

胜利页岩油的成功汇集了多少科研工作者的心血，页岩油的发展维系着多少胜利人的命运，承载着多少胜利人的希望，胜利页岩油也必将在新的时代里生出璀璨之花。

磐石上的家园

田　华

科学的长河从“天上”顺流而下，经历了一个较为漫长的时代，19 世纪末到 20 世纪中期是科学大爆发时期，在第二次技术革命期间，比原子、分子更小的微观世界，被人类一步步打开。在人类社会进程里，这条河迈过第二道门后豁然开朗，科学的分支一条条流淌开来，随后一百多年的时间里，这条人类智慧的大河，已经浩浩荡荡，向更远、更宽阔的领域奔流而去。

一

勘探开发研究院古生物实验室的科研工作者说，在科研领域，他们就像黄河里的一粒沙那样微小，能为胜利油田页岩油开发成功尽一份力，他们就有了一粒沙存在的最大满足感。

胜利油田页岩油开发，从 2006 年主动探索开始，到 2019 年页岩油风险探井义页平 1 成功试油，其中走过了诸多艰辛的历程。2008 年胜利油田启动页岩油专题研究与勘探。进入 2013 年，随着渤页平 1、渤页平 2 等 4 口页岩油专探井失利后，地质方面突破难点就凸显出来，总结失利原因，集中在对济阳坳陷地下几千米的页岩油层富集规律认识不清、沉积岩机质不清、渗透机理不明几方面。想要从纳米和微米孔隙内把页岩中的石油开采出来绝非易事，勘探开发研究院地层古生物实验室诸多科研人员，遇到了前所未有的难题。

2013 年秋，地层古生物实验室科研人员在会议室开会，讨论页岩油地层研究方向。会后王伟庆对徒弟们说：“科学基础研究要树立曾国藩带兵打仗时稳扎稳打的‘结硬寨，打呆仗’理念。科学基础研究和应用研究有很大区别，基础研究周期比较长，有些研究成果不能马上应用，见到经济效益，但基础研究是根本，是磐石。而应用研究就像盖房子，总要盖在牢固的石头上。所以基础研究要耐得住寂寞，绝不能因为页岩油专探井开发失利而停止基础研究，失利原因里的难点和疑点，恰恰是将来突破的垫脚石。”工作一年多的徒弟开腔：“咱们研究方向无从借鉴，国内没有，国外的页岩油资料又完全不同，从哪里下手呢？”王伟庆给他打气：“谁生下来也不知道子午卯酉，他们从零开始时也是我们这个样子，干好基础研究，将来什么时候都能用。”

当时业界普遍认为，只有 RO 值达到 0.9% 的中高成熟度的页岩油才有开发价值。美国页岩中有机质的成熟度高，有机孔隙多，易于流动，利于开发。因而判断页岩中有机质的成熟度成为评价页岩油“甜点”的重要内容之一。胜利油田页岩油与美国页岩油区别很大，RO 值达到 0.9% 的很少，多为 0.5% 到 0.9% 之间，有机孔隙少，无机孔隙占多数。按照这种思路，胜利页岩油哪个方面都不具备开采价值。

能不能设想我们的无机孔隙是页岩油中主要的储集空间呢？在当时这种思想别说美国不认可，国内地质专家也不认可。可科学是要有质疑精神的，许多技术标准不是一次次被打破吗？时时处处都是一成不变的标准，何谈科学发展，又哪会有人类进步呢？

这一切疑问都需要他们从最基础的研究做起，而基础研究是烦琐的、艰辛的。地层古生物实验室地质科研工作主要是在镜下，通过普通电镜和岩石薄片观察，判断出地下页岩层的岩性、孔隙度、渗流机理等数据，来确定开采区域、井位部署等后续开采方向。王伟庆和实验室的地质工作者们，一步一个脚印，开始扎实结好营寨。

王玉环、陈菁两位硕士是地层古生物实验室的科研工作人员，主要工作是判断岩层岩性等。一口井 600 多块岩心样品，她们通过镜下数地层的层数。一米取 4 块岩心，在几厘米左右的页岩层岩心里，一块岩心岩层层数最多时，能达到上千层。两个人在实验室镜下观察，眼睛都数花了，几天时间过去了，这一口井的纹层竟达 288 万层。从实验室出来，她们看什么都是一层层的，但她们谁也没有叫苦。

王伟庆说："我们这很多硕士研究生都在做类似这样的基础科研，大家多年来形成一个共识，并不认为这是枯燥的事。基础科研需要严谨，只有把最基本的东西做出最翔实的数据，我们自己用起来才放心，对外才有说服力。搞基础工作，没有'结硬寨，打呆仗'的精神是不行的。科学研究不能走捷径，越难越麻烦的工作越要敢于迎难而上。"

每年室里的科研经费是有限的，既要做常规油井的地质科研工作，对页岩油这块的研究也不能停，怎么办？室领导研究后决定，对页岩油层的重点区域、重点层位继续研究，形成"以点带面"的方法，找出一条路来。而科研之路是艰难的，局部研究上的失败像一日三餐那样陪伴着他们，他们像牛反刍一样，在失败里不停地咀嚼，反复分析，以防那些有用的养分从他们手里遗失。

遇到急难问题时，加班就成了他们的常态，有一次对岩性做 X 射线衍射实验时，分析出几种识别不出来的物质，鉴定人员通过晶面间距得出结论是辉石，但辉石是不应该在页岩中出现的。为了搞清楚原因，他们通过扫描电镜分析物质来判别，但也只能判定是一种化合物，无法得出合理的结论，这样出具鉴定报告时他们犯了难。

第二天他们仍然没有解决这个问题。王伟庆是比较失落的，回家后吃过晚饭和妻子一起在小区散步时，妻子注意到他的表情。妻子曾经也在地层古生物实验室工作，不仅操劳着家里的生活，在工作上还是单位的骨干，可以说是岩性分析的专家，有很多别人弄不懂的问题，常在她这里迎刃而解。在妻子调离地层古生物实验室之后，两个人在休息散步时也常探讨一些科研中遇到的问题。

王伟庆向妻子聊起了他们遇到的难题。妻子告诉他，在自己以前的研究中，遇到过一种相似的情况，当时分析是页岩埋藏比较深的地方，存在着与地层深处热源活动浅变质的矿物，多数属于一些硅铝酸盐，是岩浆剧烈活动高温高压时发生的岩性变化，他们可以朝着这个思路去分析一下。循着妻子提供的思路，王伟庆和同事们找出了多年前的报告，认真做了对比，很快得出正确结论。同事开玩笑说，还是让嫂子这个专家再调回来吧。王伟庆也开玩笑说："有我在，你嫂子就在。"

勘探开发研究院地层古生物实验室共有三十多人，在对页岩油科研工作没有方向时，党支部书记刘宁讲得最多的就是"货郎担"的故事。在 1964 年胜利油田会战初期，地质科研人员一头挑着显微镜，一头挑着简易的磨片装备，用手工代替机器磨制化石薄片，深入现场分析决策。无论严寒酷暑，还是白天黑夜，只要接到通知，他们就挑起担子，或沿路搭车或徒步行走直奔现场，脚冻麻了，手磨烂了，直至把钻探取出的岩石磨成 0.3 毫米的薄片，判断出目的层。

刘宁善于与人沟通，也深知思想工作的重要性。他不定期地邀请老一辈地质专家给刚分配的硕士生讲工作经历，讲老一辈的敬业精神。他总结说：“无论干什么，吃苦都是一个不可避免的过程，只有经历辛苦，才能在工作中有韧劲，有担当。不要害怕危机，要善于利用危机，因为危机中常常包含着转机。只有经历前期点滴的各项工作，才能有后来的成功。在页岩油攻坚上，不能缺少这种韧劲和拼搏精神。”

这些鲜活的例子和故事，打动了实验室的每个人。实验室传承的导师带徒、老少搭配，很快把青年人积极地带入工作中，也让他们这个团队在基础科研这条道路上，一次次跌倒，又一次次爬起来。

科研之路永不止息的法宝就是学习和交流。2016 年，依托国家“973”、国家重大专项等科研项目，地层古生物实验室的科研进展迎来重大转机。他们与中科院、中国地质大学、南京大学、无锡研究所等科研单位建立直接交流通道，通过这样的合作，获得更多资源。反过头来分析失败原因，提出更合理、更有效的思路，大家相互交换研究思路，有了共同进步。

好消息不断从这些一线的地质研究工作者中传来，岩石薄片分析人员发现无机孔中含油现象越来越多，通过大量样品观察和统计，综合研究人员的分析，他们得出结论：济阳坳陷页岩主要发育无机孔缝网络，纹层状灰质页岩岩相是页岩油有利的生储岩相类型。科研人员还不知道，他们正在攀登地下一座之前还未踏足的“高山”。

他们开始对页岩微观表征、页岩油富集模式、有利区预测等方面认知越来越自信，各方面工作开始取得突破。2017 年 8 月，北京召开页岩油科技交流会，分管院领导带领地层古生物实验室方正伟、滕建斌两位“85 后”业务骨干去参加会议。临到机场，领导接到电话有紧急工作需要回去处理，他交代两位年轻人说：“按照我们的实验数据汇报，做好反馈记录。”两个年轻人到北京后第二天冒雨打车赶到会场，会议在中国石化昌平会议中心举行，当他们汇报结束后，很多与会专家还是不认可他们的理论。无机孔隙是主要存储空间？中低演化阶段无机孔储油论点还是不被认可。两人回来后向领导汇报，领导笑了笑：“没事，学术讨论是允许有各种声音的，百家争鸣才是发展的阶梯。我们的方向没问题，要对自己有信心，不要太在意别人的看法和说法，理论最终是需要实践去验证的，等我们找到油、打出油来大家就认可了。”

他们的研究结果得到了院领导和油田领导高度认可，2018 年开始筹备；2019 年第一口页岩油风险探井义页平 1 井首战告捷，峰值日油 93 吨；2020 年第二口页岩油风险探井樊页平 1 井取得重大突破，峰值日产油达百吨以上。

地层古生物实验室的研究人员通过十多年的基础研究工作，研究出来的页岩油的含油性、储集性、流动性评价技术，虽然只是页岩油开发的一部分，但为后续的页岩油开发提供了有力支撑。

长河旭日，春风万里，科学的河水流动着，无穷无尽。他们这一粒粒沙般的存在，让不远处流经胜利油田的黄河，像母亲般看了看这些孩子们，折曲回头时留恋的旋涡，又像是母亲欣慰的笑。

二

这里没有山，百里平川。九曲十八弯的黄河走到这儿，慢了下来，敞着衣襟坦坦荡荡，任背上踩着明晃晃的阳光，一漾一漾地迈入大海。这里风性子直，春夏秋冬，东南西北，呼啦啦地吹。不知何时，远来的鸟衔来的种子在这里扎根萌芽，一丛丛、一片片的芦苇铺满大地，从此日月轮转，芦苇们浩浩荡荡，遍布东营这片热土。

她叫商伟，一个活泼、直爽、干练的年轻人，现任物探研究院东营东部研究室经理。她是忙碌的，约定了两次采访都没成，她实在脱不开身，因东部探区 2022 年第一季度井位论证会正紧锣密鼓地进行。第三次她有些不好意思，我们如约开始访谈，她向我解释说在论证会期间，晚上九点多能回家就算早的了，这让我对这些科研工作者肃然起敬。

2009 年，商伟怀揣着石油强国梦来到了胜利油田这片沃土，让梦想在这里生根发芽。她是一粒种子，不挑选地域，不挑选环境，紧握住脚下的泥土，努力向下扎根，向上结果。

她长期坚守科研生产一线。面对东营凹陷页岩油“低、深、厚、三高、三复杂”的地质特征，在资料不足和可借鉴经验少的情况下，她带领页岩油项目组成员全力以赴，日夜奋战，钻研新思路、新方法，攻关新技术，最终创新研发了页岩油“甜点”关键要素地震预测技术，揭开了页岩油“藏身之地”的真面目。通过精心论证，他们参与了丰页 1HF、利页 1HF、莱页 1HF 等多口风险探井以及评价井和开发方案井的部署论证。多口井初期日产油当量均超百吨，实现了页岩油勘探开发的战略性突破。

谈到孩子和家人，她心中还是充满了亏欠。她觉得自己是个粗线条的人，在家里丈夫付出的比较多。我想继续采访时，她电话响了，她必须参加一个论证会，向我深表歉意后，这个风一样的女子，拿着材料离开了。

技术室的夏主任带我们到他办公室等其他同行，办公室另外两个人工作很繁忙，一个忙着接电话，一个忙着整理资料，一会儿工夫，他们都出去开会了。他正坐在办公室里分析汇总勘探资料，出于礼节，放下手中的工作，和我聊了起来。当聊起东营有没有山这个问题时，他告诉我说，东营当然有山，我们脚下到几千米的地层深处，几千万年前的山连绵起伏，有高峰有低谷，有坳陷也有湖泊。这是一个地质工作者专业的描述，也是很客观的回答。当知道我刚才在采访商伟，他笑着告诉我，那是他的妻子，随后我们放松地聊了起来。

我问他有几年没有回东北看望父母了，他无奈地笑笑。其实每年他们都计划着回的，但是已经五六年没有回去了。第一年他准备带妻子和孩子一起回，但孩子那年突然因为上学的事没有回成。第二年他已经订好了火车票，但妻子页岩油科研攻关遇到紧急任务，又没有回成。第三年他放低“标准”，想着自己一个人回去总该行了吧，结果新冠疫情开始了……他指着一幅地震勘探图告诉我，想家的时候，所有山的一切景观，就呈现在他眼前了。

他叫王静轩，从 2007 年在大庆石油学院毕业后，就开始在这片土地上生根发芽。2019 年，页岩油的勘探开发进入攻坚阶段，他和妻儿不能回东北老家过年了，初冬的第一场雪刚下完，就接到了父亲的电话。

“静轩，今年你们过年回来吗？”

“爸，单位有些忙，过年回不去了。”

“我懂，没事，那我和你妈就不忙了，今年你哥在哈尔滨也回不来。家里都挺好，我们出门村里人老羡慕我们了，说你和你哥比同村的孩子都出息，我们脸上老有光了。”

“人都说养儿防老，您别得意啊，别人过年都有儿女陪着，您心里不空啊。”

“不空，我和你妈也过过清闲日子，我们腿脚都还行，过完年我们去你那，给我看好孙子啊，还挺想小犊子。挂了吧。”

放下电话，他知道父亲理解他，有哪个父母不希望过年有儿女陪伴呢？

说起他和妻子所从事的工作，他给我做了一个比喻，说很像他小时候在山里采蘑菇，在山坳里的枯木旁，拨开隆起的落叶，看到一簇簇破土而出的蘑菇，那种喜悦是发自内心的。现在他们是通过地震勘探资料在地层里寻找油藏，当页岩油勘探开发成功后，他心里也是满满的喜悦。

2021 年，王静轩从地震资料处理二室调到了生产科，工作比以前更忙了。孩子一开始还有商伟父母照看，自打 2021 年岳母去西安给商伟姐姐看孩子，照顾孩子的重任就落在了两个年轻人的身上。晚上加班时，王静轩和商伟就把孩子带到办公室，孩子倒是不缠人，常在一边自己玩，玩累了就躺在沙发上睡。这种模式在孩子上学时还好，但放暑假就只能把孩子放在家里。两人给孩子买了个电话手表，一来可知道孩子随时的状态，二来也能监听孩子打电话，这样孩子的举动他们就可以知悉了。

2021 年 8 月，妻子去北京参加一个页岩油分析讨论会，王静轩一个人带着孩子。那个假期里，孩子电话费直线上升，这让王静轩好奇，一次手机显示孩子那边向外打电话，他很想听听孩子给谁打电话，悄悄地摁下接听键，只听孩子正在给远在西安的姥姥打电话。

“姥姥，我哥哥去哪里了？我想和他说说话。”商伟姐姐的孩子同是七岁，比儿子大一个半月，两个孩子时常打电话交流。

“他妈妈带他去公园了，和姥姥说说话吧。”姥姥知道，肯定是孩子自己在家里了。

“我妈妈出差了，说是坐高铁去的。姥姥，你坐过高铁吗？”

“姥姥当然坐过。”

“我哥哥坐过吗？”

“你哥哥坐过呀，上次去你家就是坐高铁去的。”

“那我什么时候能坐？”

“等你长大点就可以坐了。”

“姥姥，你快点来我家吧——再不来，我就长大了……”

放下电话，王静轩沉默了一段时间。是的，家和工作对他来说同等重要，他需要调整自己，但一时又不知如何解决这些问题，他想起远在哈尔滨的哥哥。

王静轩回东北次数少，照顾不了父母，去年他就想出钱劝父母每年去做一次体检，但父亲认为身体好好的，不需要花那冤枉钱。父亲犟，他也犟，说不通时他就给哥哥打电话，想让哥哥劝一下父母。哥哥告诉他，他情绪不对，好心办事怎么还生气呢，出发点是好的，情绪不稳定，做事情就不稳，即使办成了也有违初心了，孝敬的本质是听得进父母的意见。对于哥哥的劝说，他心服口服。

那次当他把电话打给哥哥时，那边沉默了一会儿，然后告诉他，既然感觉没有时间兼顾工作和家庭，就学着做一个时间的管理者吧，这个世界上，比他们忙的人多得是，但多数人工作、家庭的关系都能处理好。那天他们谈了许多，通完电话后，他阴郁的心情已经云开雾散了，回家的路上，他就已经开始规划自己的时间表了。

列好计划表，他发现，很多时间都是被自己的思虑、懒惰、爱好、情绪、手机占用了。当排除掉这些，时间果真变得多起来。后来他每天上班会把手头的工作分类，给自己设定一定的时限，他发现很多工作完成的速度并不取决于难度，而取决于对时间的容忍度。下班回家后的碎片时间也做出规划，吃饭、辅导作业、陪孩子互动，既保证陪孩子的时间，也提高陪孩子的质量。他把学习、研究中的理论用到了工作和生活当中，当自己在时间里真能主导自己并养成习惯时，他体会到真的自由了：是的，时间是可以掌握的。

生活这个试炼场，在经历阳光静美的同时，也经历风吹雨打。上天真是奇妙，一株植物的生长是这样，一个人的成长也是这样，一个家庭的和谐也遵循着这个法则。

孩子上学后，妻子经常加班，孩子学习没少让他操心。他知道爱玩是孩子的天性，也花时间带孩子玩，但看到孩子学习不认真时，他还是没少生气。有一次他实在没压住火，狠狠地训起孩子，妻子商伟加班回家后，看到他情绪不对上来劝时，他把矛头转向了妻子。总有些时候，生活这辆车，他感觉自己驾驶得有些吃力。他想不通，面对自己心爱的人，怎么就压不住这内心突然闯出的猛兽，它们原在何处躲藏，那心灵深处又有没有城墙？为平复自己情绪，那晚他走下楼，烟一根一根地抽。虽然事情第二天结束了，但那些疑问还是留在了他的心里。不久之后，在一次单位组织的党章学习课上，他听到了关于“做人民的公仆”的讲解：“在家庭里，一个父亲不能高高在上，一个丈夫也是如此；公仆是谦卑的，没有自私自利的人，而逆向表现为很多事情都是站在自己的立场，自己认为的，当不同意见出来时，自己是不愿意听从的。”听到这里，这句他从小就耳熟能详的话语，给了他全新的认知，也解开了他许久的疑问，他如释重负。

人生的真理，就藏在我们生活的细节里。

此后在生活里，他常俯下身子谦卑下来，和妻子产生争执的时候，他学着冷静处理，多站在对方的角度看问题。教导孩子的时候，他也不再把自己的感觉强加给孩子，慢声细语引导孩子，虽然也会有失败，但生活已经开始向好的方向改变。

2021 年底，他们买了胜利花苑的新居，他相信日子会越来越好。周末的时候妻子商伟还在加班，他带着孩子去装修市场挑选装修材料，一家家转，用视频通话随时争取妻子的意见。

孩子问他：“爸爸，男子汉不是该干大事吗？逛市场算大事吗？”

“当然算大事，我们要选出好的方案，房子将来是我们新家。”

“那我喜欢的床也能自己选吗？”

“当然可以，我们每个人的态度都很重要……”

采访时王静轩说：“无论工作、生活上遇到什么问题，人的第一反应往往是不可取的，安静之后的第二反应往往是对的。当工作不被领导认可时，第一反应往往是失落沮丧消极的。当一个人不想做事时，会找出一堆理由拒绝，容易把正确的思路堵死。但安静后的第二反应，知道有些事情是必须做的，就会想着怎么做成，这时候思绪是主动积极的，筛选失败因素，分类优选可行次序，一项项再落实去干，相信办法总是比困难多的。”

现在他和妻子仍旧加班，仍旧在柴米油盐的忙碌里。闲暇时，他们也带着孩子去公园，去看风吹动芦苇，看孩子笑声遍布的沙滩，看湖水荡漾着，欢快的小鱼儿慢慢游向远方。

人生的道路是漫长的，又是短暂的。这两棵胜利油田的芦苇，他们脚踏实地，对未来充满希望，在工作、生活开花结果的同时，也把生命的真谛传递了下去。

三

春雨过后，绵延起伏的麦田呈现出抖擞的绿，雨后大地安静，如果靠近，你能听到麦苗的拔节声。

镶嵌在麦田里的樊页平 1 井组，像麦田的守望者，又像村庄的远亲，此刻也安静着。它们的根系在地下五千米的油层，那里是一片更大的禾场，页岩里的油流此时也静静地流淌着。而谁能想到，在一个月前，这里是何等的繁忙。在这片井场上，有无数的车辆穿梭，众多机器轰鸣，有一群身穿红工衣的胜利石油人，他们在这片大地上热爱着，忙碌着，思索着，欢笑着。

这春天的黎明，不久之后将被打破，那些页岩层系里的油流将顺着这些井组，经过那些渗透着汗水的钢铁管路，从地下喷薄而出。

我们采访的最后一站是东胜公司地质所。初次见到张子杰，是在东胜地质所的会议室，这个个头近一米九，帅气、沉默的大男孩，忙着给我们端茶倒水，此后便安静地坐着听我们谈话。作为刚参加工作一年多的硕士生，他在半年前婚假三天后便参与了樊页平 1 井组八口井的钻探开发。当所长和师傅夸奖他时，他不好意思地笑，忙站起来给大家倒水，这个和我外甥一般的大孩子吸引了我，他身上有着怎样的成长故事？

张子杰印象最深的事是离别。

2018 年准备去俄罗斯乌拉尔矿业地质大学留学，同在青岛大学读医学的恋人丹阳虽然口头上没有反对，但话语间眼眸里还是有种种不舍。大学四年时间里，他们一起陪伴着，帮助着，争吵过，欢笑过，但想到未来三年各处异国，两人内心总是有种本能的抗拒，撕扯着两个单纯相恋的心，隐隐地疼。最后丹阳还是鼓励他说，放心地去吧，照顾好自己，我等你回来。

张子杰出国前一天的下午，女友丹阳来到他家送他，帮他收拾衣物时，女友不停学着妈妈以前唠叨自己的话语：

“俄罗斯很冷，你一定要多带些衣服。”

“做饭千万别糊弄。”

“多带上些感冒药……”

女友强忍着不去看他，当两人分别深深拥抱时，子杰还是看到丹阳的泪水奔涌而出，啪嗒啪嗒像钉子一样钉在了他的心上。

“等我回来，给你一个幸福的家。”听到子杰说完这句话后，女友冯丹阳头也不回地离开了。

在俄罗斯读研的日子里，每当想起祖国，思念父母和恋人时，他用如饥似渴的学习去抵抗一个人的孤独。不仅学习上成绩优异，他还学会了做饭。每当和同学相聚的时候，他总能炒一桌中国菜——白菜粉条、猪肉炖土豆、红烧可乐鸡翅，俄罗斯同学吃了都不住地伸出大拇指夸赞他。他也愿意和大家讲中国美食，讲中国的发展，讲中国的各大城市，俄罗斯同学听到后羡慕地说，毕业后一定去中国看一看。随着走过三年异国分别之苦，张子杰体悟到对待爱情，要有信心，有盼望。当毕业回国时，飞机落地的那一刻，他再也不想离开祖国了。走出首都国际机场，看到父母迎面走来，他跑过去紧紧抱住了妈妈，父亲拍着他的肩膀，他抬眼看到，女友冯丹阳，站在那里，远远地看着他笑。

张子杰归国后，2020 年入职胜利油田东胜公司，在基层管理区工作一年后，张子杰因着吃苦耐劳肯钻研的干劲，已经在工作上得到了领导和工友们的高度认可，他从东胜公司河口管理区调到了东胜公司地质所勘探室。

2021 年 10 月底，工作一年的张子杰和冯丹阳手拉手站在婚礼上。那一刻，八年时间长跑恋爱后，他们多么不确定自己是否在做梦。两个年轻人还时不时地掐一下对方的手，对视一笑肯定着，现在这一刻都是真的。当音乐响起时，人们安静的那一个片刻，泪水已经在他们各自的眼睛里幸福地舞蹈。同时，油田页岩油樊页平 1 开发井组已经开钻三个月，急需地质研究人员驻井跟进进度，因驻井工作环境艰苦，要求只能是男性。结婚第三天还没度完蜜月，他就准备去另一个地方的钻井施工现场了。他安慰新婚的妻子说，工地离家就两个多小时车程，不算太远，如果有时间他就回来。这一次离别，等他们再见，近三个月时间已悄悄流逝。

张子杰来到的樊页平 1 开发井组，北面 600 米就是页岩油新井樊页平 1 井。在他到达的同一天，该井出现在新华社、央视新闻和人民日报等多家媒体的报道中。樊页平 1 井峰值日产油达百吨以上，创国内页岩油单井日产最高纪录。

第一次接触页岩油，也是第一次来到有两个钻机的钻井现场，一切对他都是新鲜的。隔着车窗看到钻井队员正在吃午饭，只见他们在井场上站着围成一个圈，一只手拿两个馒头，一只手拿筷子夹菜，初冬的风来回掀动着他们的衣襟。偶然传来他们谈论所发出的笑声。但张子杰心里对工作不熟悉的担心，大过对工作环境的好奇。下车一瞬间，他第一次见到师傅王传忠和叶志富。只见王传忠穿着工服，个子很高，简单寒暄几句后就对他说："小张，我给你拷些资料，把页岩油这块你先了解了解，有不明白的随时问我！"简单的一句话让他放松了紧张的心情，善解人意是他对王传忠的第一印象。

他知道这是难得的机会，也为了抓牢这难得的学习机会，他夜以继日开始学习资料上的知识。在学习过程中，他把自己不明白的地方都记了下来。有这样直面众多石油"大咖"的机会，接触页岩油领域顶尖技术，他感觉自己是幸运的。除了求师傅解答疑问，他还每天都做总结记录。作为整个会战小组最年轻的人，他也抢着干一些搬抬的活。抱着一切从头开始学习的态度投入工作，他感觉自己是一张白纸。而工作和生活，已经在他这张白纸上书写他了。

在劳动中，他感恩读过的一段话——"劳动能与大地和大地的精神同步。而总有人会说，工作是诅咒，劳动是不幸。而我要对你说，在劳动中热爱生命，才能领悟生命中的秘密，若厌弃劳动，不如放弃，坐在门前等待劳动人民的施舍。劳动是有形的爱，让你充满力量而富有。"在体力和脑力结合的劳动中，他渐渐找到了存在感，也尝到了劳动中一些小小的幸福。

在樊页 1-7HF 井轨迹跟踪过程中，一开始的钻井入靶追层都十分顺利，但后面马上要经过一条断距将近百米的大断层。勘探开发研究院姜官波建议提前降斜，这样过断层后能尽快进入目的层；而师傅王传忠认为对断层的认识尚不明确，无法确定具体断距，如果提前降斜将会损失掉前面部分的有利岩相段，还会对过断层后找层位产生影响。他们产生了激烈争论，张子杰只是默默地在旁边听着，感觉谁说的都是对的，谁说的都有道理。王传忠拍了拍他的肩膀，对他说："年轻人，这是咱们地质研究人员常有的辩论，大家难免有不同的观点，一个人难免会有失误的时候，但一群人一起就会把失误率降到最低，这样才是对每口井负责。"张子杰默默记住了师傅的话。

后来大家根据两种观点进行讨论，将讨论结果汇报给勘探开发研究院，最后按照院里的要求采取提前降斜办法，并加大对断层的研究认识，最终过断层后顺利找到层位。

“总协调”叶志富经常对年轻的子杰说：“好记性不如烂笔头。工作中要多听多记多分析，才能有条理，总揽全局。”在一次施工中，当施工方人员按设计 1.65g/cm^3 配比压井液时，叶师傅思考后提出反对意见，那样做虽然确保了井控安全，但大大增加井漏风险，增加成本不说，还极有可能给日后生产带来严重影响。里外扔钱不讨好的事，过不了师傅老叶这一关，他通过前期井漏数据分析，坚持把压井液配比下调至 1.46g/cm^3，面对叶志富的“固执”，施工方选择了退让，而实践证明这份“固执”是对的。

随着时间的流逝，他发现两位师傅对待工作，是相当认真负责、一丝不苟的。他内心默默地开始敬佩这些老师傅，并努力学习着，希望有一天他能形成自己的观点。

驻井生活是忙碌的，每天的钻井进程顺利，他们就随时跟进，没有休息的时间。一个月的时间转瞬即逝，两位师傅也体贴他的情况，对他说，给你一天假回去看看新婚妻子吧。可张子杰知道，两位老师傅比他早来三个月，到现在一直也没有回家，他又怎么能只考虑自己呢。如果钻机那边出现了异常情况，大量的数据是需要他统计的，三个人已经够忙了，他一走耽误工作不说，遇到这紧急情况，两位老师傅也会更忙，这样他内心实在不忍。

虽然每天和妻子有电话联系，但妻子总是想念他，不停地问他什么时候能回家。他只能安慰她说，快了快了。每当他走出作战室休息时，看到天边美丽的晚霞，还是会拿出手机拍给妻子看。下雪的时候，也会挂念地提醒妻子多穿些衣服。他知道，自己安慰妻子的话说多了，就积累起了更多的愧疚。

在驻井工地上，张子杰与王传忠、叶志富、姜官波朝夕相处，很快熟络起来，他给他们讲在俄罗斯的见闻，他们也给他讲经历过的趣事，时间一晃就快到春节了。距离年三十还有两天时，钻井过程中又出现了新的状况，他们在作战室正讨论着井斜数据和地层倾角的变化，这时张子杰的电话响了，一看号码是新婚妻子，子杰悄悄挂断了电话。王传忠注意到这个细节，温和地对他说：“我们不能回家，家里电话不能不接，万一家里有情况怎么办，你抓紧把电话回过去吧，免得家人担心。”张子杰知道，是妻子问他请假回家过年的事，过春节期间钻井是不能停的，他确实是回不去的，可妻子不理解，昨晚和妻子因这个问题已经在电话里发生了争执。王传忠看出来他脸上的表情变化。

讨论会过后，王传忠找子杰问清了情况，劝慰说：“不能回家过年已经是亏欠家人了，怎么还能赌气呢？家是讲爱的地方，你看我平时怎么哄妻子的，男人要大度点。”子杰听了这番话，把自己的脾气放下，好言好语跟妻子解释，这个电话打了很长时间，最终妻子理解了他。

大年三十的下午，张子杰父母带着妻子从东营开车两个多小时，来到工地上看他。张子杰激动地换上了新工服，见到亲人的那一刻，他们彼此牵挂的心放下了。由于井场周围不能停靠私家车，他们只能把车停在井场旁边的村子里，在附近找了一家小饭馆。母亲不停叮嘱他注意安全，不停给他夹菜，父亲叮嘱他一定跟老师傅学好业务。而可爱的妻子，和他脚碰着脚，微笑着，目光一刻也不想从他身上挪开。时间长着飞毛腿呵，一个多小时转瞬即逝，把他送回井场下车时，妻子给了他一个紧紧的拥抱。他感恩亲人们，虽然只有一个多小时，他内心已经很满足了。

年三十的晚上，钻井跟进组迎来了短暂的欢庆时刻，他们互相录制视频，用家乡话给公司的同事和家乡的亲人们拜年。王传忠打电话时叫着爱人的昵称，姜官波忙着给老师写感谢信——半年多的时间在井上，无法照顾妻儿，儿子学习成绩有所提高，怎能让他不感谢家人和老师呢？大家出谋划策，有说录制音频的，有说加上背景音乐的。

青春是多么美好，充满了力量，充满了探索。青春，又是一道分水岭，它不分年龄，不分家庭，它却手握利剑，将积极与消极劈开，将担当和懈怠对立，将光明与黑暗呈现出明显的分界线。

随着对工作内容的熟悉，接触的知识越来越多，在“大咖”们不厌其烦地教导下，张子杰慢慢在地质轨迹跟踪中有了自己的体会。在樊页 1-8HF 井钻进过程中，对比导眼井和地震资料在这个深度会钻遇一条断层，但研究中却发现过断层后找不到前期预测的层位标识。就在大家都在为此困扰时，张子杰脑中灵光一现：会不会是区块构造复杂，导致地震资料不准，万一这个断层在这口井的断距比导眼井小，或者这个断层在这口井已经不存在呢？带着这些疑问，他立刻按照不经过断层的假设轨迹与当前实钻轨迹进行对比，发现十分契合，于是提出了他的想法。大家一起进行对比发现真如他所说，在场的领导和师傅们都对他表示了赞许，事实证明这个想法是对的。他完成了从一个小小学徒向一名出徒的地质跟踪成员的转变。

每个到过樊页平 1 井组的人都会有一种感觉，就是一股浓浓的团结齐心的氛围。大家心往一处想、劲往一处使。2022 年 3 月，樊页平 1 页岩油试验井组 8 口井顺利完钻。

走出象牙塔的他，干净得像一张白纸，而那只书写人生之笔仿佛不在他手中，又在他自己的手里。上帝给每个人都有选择的权利，无论是三十岁、四十岁、五十岁，每一天都是一个新的开始。二十多岁的张子杰已经开始在人生这张纸上起笔，尽管他学到的那些坚守、担当、包容以及爱的轮廓还有些模糊，但他相信，以后的日子，这些词汇在他的人生中会越来越清晰。

采访结束后，我的心默默为这位年轻人祝福，也为他经历的人和事感恩。心里总想送点什么给他们，思索良久，就把我人生最受益的两句话编辑成短信发了过去。

“给子杰，无论对工作还是生活，愿你懂得，爱是恒久忍耐又有恩慈，爱是不嫉妒，不自夸，不做害羞的事。”

“给丹阳，无论工作生活中遇到何种境遇，愿你记住，期盼带来轻蔑，而感恩带来尊重。”

此时，春天已经浩浩荡荡地涌来，上天是公平的，对每个人，每一天都是新的开始，每一天都是一张新的白纸。

一盘大棋

CCUS，即碳捕获、利用与封存。

通常我们所说的“碳”，主要是指温室气体。21 世纪以来，全球气候变化越来越严重，除自然因素外，人为因素加快了全球变暖速度。全球气候变化，对自然界和人类的影响之大，超出了我们的想象。

目前，国际上公认的减排途径是：减碳，提高能源利用率；无碳，开发清洁可再生能源；去碳，碳捕集、利用、封存，即 CCUS。今年春节前，我国首个百万吨级 CCUS 项目——中国石化齐鲁石化—胜利油田 CCUS 项目全面建成。

将炼化企业的二氧化碳捕集、输送至油田，可实现二氧化碳驱油与减排双赢。不仅可以创造经济效益，还具有显著的社会效益、生态效益。不仅可以变废为宝、化腐朽为神奇，还是一项利国利民、造福世界和人类的德政工程。

一盘大棋

马祥民

CCUS 是英文“Carbon Capture，Utilization and Storage”的缩写。

CCUS 是目前应对全球气候变化最重要的技术手段之一。主要内容包括：二氧化碳捕集，将工业和能源产业所产生的二氧化碳分离出来；二氧化碳利用，就石油企业来说，就是将其注入地下，用于油田开发，变废为宝，提高采收率，实现原油增产、二氧化碳减排“双丰收”；二氧化碳封存，就是将其埋存于地下。

二氧化碳是一种碳氧化合物，常温常压下是一种无色无味的气体，在空气中占比约 0.03%。

二氧化碳在空气中的含量虽低，产生途径却非常多。有机物（包括动植物）在分解、发酵、腐烂、变质过程中产生二氧化碳；石油、石蜡、煤炭、天然气燃烧过程中产生二氧化碳；石油、煤炭在生产化工产品过程中产生二氧化碳；粪便、腐殖质在发酵熟化过程中产生二氧化碳；包括人类在内，所有动物在呼吸过程中都要吸入氧气，呼出二氧化碳；等等。

大气中的二氧化碳在大量吸收地面长波辐射后，又向地面辐射出波长更长的长波辐射，对地面起到了保温作用，由此引发温室效应。

工业革命以来，人类活动排放了大量二氧化碳等温室气体，大气中温室气体浓度急剧升高，造成温室效应日益增强。资料显示：工业化以前，全球大气中的二氧化碳浓度为 278ppm（1ppm 为百万分之一）；2012 年增长至 393.1ppm；2014 年 4 月，首次超过 400ppm，增长速度惊人。

温室效应导致全球气候变暖，引发一系列气候问题。国际气候变化经济学报告披露，如果人类一直维持如今的生活方式，到 2100 年，全球平均气温将有 50% 的概率上升 4 摄氏度，地球南北极冰川融化，海平面上升，全世界 40 多个岛屿国家和人口最集中的沿海大城市将面临被淹没的危险，甚至产生全球生态紊乱，导致大规模迁移和冲突。

面对日趋严峻的生态环境和生存危机，人类不得不约束自己，倡导低碳生活，实施节能减排，减少能量消耗，调整能源结构，降低二氧化碳排放，减少大气污染，减缓生态恶化。

目前，国际公认的减排途径是：减碳，提高能源利用率；无碳，开发清洁可再生能源；去碳，碳捕集、利用、封存，即 CCUS。

15 座注气站拔地而起，银白色的罐体熠熠生辉，新鲜得像刚出锅的馒头。白天车轮滚滚，机器轰鸣；夜晚灯火通明，人头攒动。这里就是正理庄油田，我国首个百万吨级二氧化碳捕集、利用与封存项目现场。

该项目是我国目前最大的碳捕集、利用与封存全产业链示范和标杆工程。胜利油田有关单位的员工正在不分昼夜，加紧施工，往数千米深的地下注二氧化碳，用二氧化碳像赶羊一样，把赖在地下、不愿意出来的原油驱赶出来。

胜利油田横跨山东省 8 个（地）市、28 个县，主体部分位于东营市。如果把陆上主体部分比做躯体的话，那么，海上和西部就是胜利油田的两翼。陆上，钻塔高耸，采油树林立；海上，平台座座，浪卷云飞；西部，风沙漫漫，大漠孤烟。这就是享誉中外的胜利油田。

胜利油田勘探区域主要有两部分。其中，东部拥有探矿权面积 3.53 万平方千米，西部拥有探矿权面积 5.13 万平方千米，适合二氧化碳驱油的地质储量 10 亿吨以上。潜力巨大，前景广阔，大有作为。

百万吨级二氧化碳捕集、利用与封存项目启动之前，胜利油田已经在东部油区多地、多点进行二氧化碳驱油先导实验，后来，又在西部油区进行先导试验，获得了比较好的效果。

以大地为棋盘，油井做棋子，胜利油田以博大的胸怀、宏大的气魄，正在下一盘利国利民、惠及世界与全人类的大棋。

百万吨级二氧化碳捕集、利用与封存项目，就是这盘大棋的先手。

一、天时地利

孟子说，天时不如地利，地利不如人和。

悠悠万事，唯油为大。对石油人来说，国家需要就是最大的天时。

肩负着“我为祖国献石油”的神圣使命，一代又一代胜利人闻油则喜，为油而战，献了青春献终身，献了终身献子孙。这不仅是一种家国情怀，也不仅是胜利油田的文化符号、精神元素，更是一种基因序列，血脉传承。

胜利油田油藏类型复杂，全世界 2/3 的油藏类型在这里都能找到，给以油为业的胜利人提供了广阔平台和用武之地，这是最大的地利。

抱定“功成不必在我，功成必定有我”的信念，赓续石油血脉，传承石油基因，久久为功，接续奋斗，这就是最好的人和。

占尽天时、地利、人和的胜利油田，在CCUS 技术开发利用等方面取得骄人业绩，就是一种必然。

1965 年，曹银盛毕业于四川石油学院，被分配到胜利油田地质所（胜利油田勘探开发研究院前身）实验室工作。除了三间平房和简单的工具外，没有一台像样的实验设备。所有添置的设备，都是自己设计、自己画图、自己拿着去机修厂加工，自己组装、调试等，其艰苦程度可想而知。这种经历，锻炼了他超强的动手能力。

从 1967 年，曹银盛最早进行二氧化碳驱油研究，到 2022 年，百万吨级二氧化碳捕集、利用与封存项目启动，已经过去了 45 年，16400 多个日日夜夜。

是责任驱使，还是灵感启迪，或者二者兼而有之，使曹银盛选择了二氧化碳驱油这条艰难的探索之路？

当我在电话里向老人提出这个问题时，已经 82 岁的曹银盛停顿了一下，非常真诚地说：“当初选择这条路的初衷，主要是为了完成任务。”

有心栽花花不开，无心插柳柳成荫。当年，胜利油田在滨南打井时，无意中发现了二氧化碳气藏，可谓“天赐良机”。

当时包括曹银盛在内，大家对二氧化碳普遍缺少了解。但做梦也没想到，油田领导交给他一个出乎所有人预料的任务：研究二氧化碳气藏利用。换句话说，就是如何利用二氧化碳驱油。

这项任务对曹银盛来说实在太难了，难得无法完成。换作别人，同样也是这个结果。明知如此，曹银盛还是应了下来。这是他的习惯，任务面前从不说“不”。

曹银盛打心里佩服油田领导的思维、站位，还有其独到的眼光。那时候就能想到二氧化碳驱油，绝对高瞻远瞩，这样的领导确实不简单。

别无选择，曹银盛只好就把二氧化碳驱油作为自己的研究方向，但想不到如此艰难和漫长，甚至可以说耗费了自己毕生的精力。在人类社会发展史上，任何一项科技创新、科技发明，无一不是对不可能的挑战，并使之成为可能。

没有资料，没有实践，更没有经验，难度可想而知。唯一的优势，就是领导的信任和支持。

“这事我不懂，你是学这个的，将来说不定能成为这方面的专家。我相信你、支持你，放心大胆去干，出了成绩归你，出了问题我兜着。我总觉得这事很有意思，很有干头。”油田领导当时的话，曹银盛至今记忆犹新。

用石油书写胜利华章，是一代又一代胜利人颇有浪漫色彩的理想、追求。士为知己者死。从此，曹银盛没白没黑，食不甘味，废寝忘食。总之一句话，跟二氧化碳“杠”上了。大有“黄沙百战穿金甲，不破楼兰终不还”的豪气。

史无前例，一切全靠自己，摸着石头过河，重重关隘，重重险阻。

曹银盛是理性的，也是谨慎、务实的。作为科技工作者的直觉和常识告诉他：越是在困难的时候，越是要保持理智和冷静，一切从零开始，从实验室做起，弄清机理，寻找突围路径。

尊重科学，尊重规律，不急功近利，按事物的本来面貌认识世界。这是良知、良心，也是科技工作者起码的职业操守和道德底线。

跌倒了，爬起来，失败了，从头再来。失败并不可怕，可怕的是违背规律，急功近利。

曹银盛像西班牙作家塞万提斯笔下的堂吉诃德，骑马执矛，与一个看不见、摸不着，却又实实在在存在的强大对手搏斗。试验，失败；再试验，再失败。到底失败了多少次，连他自己也记不住了。能够记住的，除了使命还是使命。

研究与试验的方向有两个：一是碳酸水驱，另一个是二氧化碳吞吐。

碳酸水驱就是根据二氧化碳溶于水的特征，形成碳酸水注入地下驱油。二氧化碳吞吐就是在油井里直接注入二氧化碳，然后再进行开采。就像呼吸一样，先把二氧化碳吸进去，然后再呼出来。呼出二氧化碳时，有原油随之而出。

碳酸水驱易造成腐蚀，当时条件下，难以克服，以失败告终。二氧化碳吞吐，获得初步成功，20 世纪 70 年代得到推广应用，后来一度被叫停。

二氧化碳驱始终是曹银盛的一块“心病”，一直耿耿于怀，念念不忘，时刻关注这方面的信息，只要有这方面的资料就加以收集整理，一有时间就刻苦钻研。

1994 年，胜利油田勘探开发研究院组建采收率室，曹银盛任党支部书记。在他的授意下，采收率室专门设立了一个气驱组，进行二氧化碳等气体驱油研究。

设备短缺致使二氧化碳驱油等相关试验受阻，曹银盛就组织带领业务骨干集智攻关，亲自动手绘制图纸，设计加工了第一台长岩心驱油实验设备。当时，这种设备在全国也很少见。

全国第一幅二氧化碳驱油相图，也是在曹银盛带领下做出来的，可说是开一代先河。

1996 年，曹银盛从党支部书记位置上退了下来。按照当时的惯例，退居二线之后，曹银盛可以上班，也可以不上班。上班就意味着出力干活受累，同时还要受约束。对此，曹银盛心知肚明。

人生不过几十年，岂为衣食名利权。曹银盛太爱自己的事业，太在意自己的工作了，情愿成为实验室里的普通一兵，从事最基础的研究工作，也不愿“天马行空”，无所事事。

不再担任室领导职务，操心少了，压力小了，工作轻松了。曹银盛依然保持早上班、晚下班的习惯，板板正正、不苟言笑的习性也改变了不少。每天哼着小曲上班，业余时间还学起了摄影。

工作认真，业务熟练，再加上经验丰富，曹银盛很快就成了实验室的“大拿”。实验室里的不锈钢容器，一个六七十斤，年轻人搬起来都很费力，他竭尽全力，照搬不误。看到这个情景，每每让人感动不已。

退休后，曹银盛依依不舍与实验室告别，但依然关注着胜利油田二氧化碳驱的动向。听到百万吨级 CCUS 项目启动的消息，他高兴得手舞足蹈、热泪盈眶，大有“漫卷诗书喜欲狂”之态。

人事有代谢，将来成古今。功成不必在我，功成一定有我，曹银盛就是这样的人。

现在已成为中国石化集团公司高级专家的李振泉，那时是曹银盛的继任者，对二氧化碳驱同样一往情深。

2000 年前后，作为采收率室主任的他，曾陪着时任勘探开发研究院党委书记向胜利油田常务副局长汇报工作，申请二氧化碳驱项目，添加实验设备。

何生厚副局长听他们说明来意，当场表态予以支持，还拨出专款，从国外购买了一套当时最先进的实验设备，为开展提高采收率研究和二氧化碳驱研究提供了支撑。

说到曹银盛，李振泉深有感触地说：真佩服那些老专家、老同志，那么难的课题，那么简陋的条件，那样艰苦的工作，真不敢想象是怎么啃下来、干出来的。

1997 年，李振泉跑遍了北京的图书馆，也没找到几本化学驱的书，更不要说 CCUS 了。大学里最新的专业教材，也只有一两页纸内容。

李振泉生在农村，长在农村。刚参加工作时，李振泉仅是个中专毕业生，从专科到大学，从硕士到博士，都是自学考的。同时，他也由一名普通科研人员，成长为胜利油田勘探开发研究院采收率室主任、分管开发的副院长、胜利油田提高采收率办公室主任、中国石化集团公司高级专家。步步艰辛，步步踏实，一步一个脚印，就像他的为人。

在李振泉办公室里，我们看到一个小本本，是中专毕业时同学赠给他的。上面密密麻麻记载着他的工作经历、承担的科研课题、获奖的科研项目。其中，最高奖项是国家科技进步一等奖。

也许是命运使然，也许是此生有缘。2003 年，吕广忠博士毕业，进入胜利油田博士后工作站。2006 年博士后期满，他义无反顾选择留在胜利油田。

一开始，吕广忠在勘探开发研究院断块低渗透室从事研究工作；2018 年调现代试井室任党支部书记；2019 年被聘为胜利油田高级专家，目前已是业内小有名气的“大咖”。

早在 1998 年，在校读硕士研究生时，吕广忠就跟着导师参加了二氧化碳驱油课题研究。从此，与 CCUS 结缘。参加工作后，对 CCUS 更加痴迷。

为了 CCUS，他顾不上照顾月子里的妻子，一直忙到腊月二十九下午，才匆匆忙忙购买年货；为了 CCUS，父亲得了不治之症，不能在身边照料，从查出患病到去世，不到 3 个月，成了吕广忠的终生愧疚；为了 CCUS，岳母在老家去世，他也不能陪妻子前往。事业小有成就，亏欠家人太多，是吕广忠常说的一句话。

出生于 1984 年的张勇和 1988 年的郑文宽，年富力强，堪称后起之秀。参加工作以来，常有力不从心之感，恨不得生出三头六臂，一天当成三天用。

如果院领导现在让你提个要求，你会提什么？当我把这个问题向他们提出来时，他们几乎不假思索就做出了回答。要求实在太简单了，简单得出乎预料。就是安安稳稳睡一觉，然后抽 2 天时间，陪着老婆、孩子在东营附近的景点转转。并不是院领导不近人情，而是工作太多，实在忙不过来，连这点可怜的愿望也实现不了。在我们的追问下，他们终于说出憋在心里已久的心声，竟然还有些不好意思，眼睛里有泪光在闪，或许是因为触动了心中的柔软。

有时候真想停下来，放松一下，任性一下。一出现这个念头，就习惯性地看一下周围的人，尤其是那些老同志、室领导、院领导。一看之下，脸就红了，心就虚了，甚至连念头也不敢有了。

经过近半个世纪的探索，2017 年，胜利油田终于在二氧化碳驱油研究方面取得突破，相继开展了高 89-1 区二氧化碳驱先导试验和樊 142 区二氧化碳混相驱试验。其中，樊 142-7- 斜 4 井组混相驱后，初期单井日产油由 0.5 吨提高到 6 吨，增油效果非常显著。

2018 年，胜利油田勘探开发研究院牵头的中国石化重大示范工程项目“胜利油田低渗透油藏二氧化碳混相驱技术研究及示范应用”得以实施，与此同时，气驱提高石油采收率实验室被评为第三批中国石化重点实验室，这也是勘探开发研究院建院以来获批的第二个独立建设的中国石化重点实验室。

2019 年 3 月 22 日，对整个胜利油田来说，都是一个意义重大的日子。这一天，胜利油田勘探开发研究院气驱试验室宣布成立。这是在原现代试井室、采收率室气驱组基础上，整合全院力量成立的集室内研究、现场试验、矿场跟踪、油藏工程于一体的综合性研究室，为胜利油田实施二氧化碳驱油提供了强有力的技术支撑。

从一定意义上说，这是勘探开发研究院乃至整个胜利油田二氧化碳驱研究的转折点，也是气驱试验室发展的新起点。

纵然前面有山一样的重重困难，胜利油田科研人员依然信心满满，牢记使命，勇担责任，创新发展气驱理论与技术，吹响了胜利油田二氧化碳驱的进军号。

运筹帷幄

这是中国石化的高光时刻，也是胜利油田、齐鲁石化的高光时刻，甚至是共和国的高光时刻。

2021 年 7 月 5 日，中国石化集团公司以视频会的形式召开了“齐鲁石化—胜利油田百万吨 CCUS 项目启动会”。国家发改委、能源局、国资委等有关部委的领导也亲自参会。这是我国首个百万吨级 CCUS 项目，标志着我国 CCUS 项目建设取得重大进展。

该项目将齐鲁石化煤制气尾气中的二氧化碳捕集、提纯后，运送至胜利油田纯梁采油厂管理的正理庄油田，进行驱油、封存。油气集输系统全部采用密闭管输，采出气及采出水全部回收回注，进一步提高二氧化碳封存率，实现二氧化碳捕集、驱油与封存一体化应用，将正理庄油田着力打造成为我国最大的碳捕集、利用、封存全链条示范基地。

该项目每年减排二氧化碳 100 万吨，相当于植树近 900 万棵、近 60 万辆经济型轿车停开一年。预测未来 15 年可累计增油 300 万吨左右。

开局关系全局，起步决定后势。中国石化明确要求：咬定国内“规模第一、技术第一、效益第一”目标，把项目打造成示范基地和标杆工程。

大气魄，大手笔，大格局，大作为。电视里有影，电台上有声，各大媒体纷纷报道，溢美、赞扬之词纷至沓来。荣誉、鲜花和掌声的背后，更多的是默默付出，还有许多感人至深、催人泪下的故事。

没有一个工业项目不是从实验室里走出来的，CCUS 也不例外。胜利油田持续加大资金、人才投入，建成了“气驱提高石油采收率”“碳捕集、利用与封存（CCUS）”两个中国石化重点实验室，持续开展理论研究与技术攻关，形成了二氧化碳捕集、驱油利用、地质封存全链条一体化技术系列，积累了丰富的理论技术和实践经验，在高89-1块、樊142块取得较好效果。

思想是行动的先导。任何一项科研创新、技术突破，无一不是从理论认知和思想突破开始。思想认知上首先需要解决的是能不能、行不行的问题。就像过河，首先要解决船和桥的问题一样。

美国石油地质学家华莱士 · 伊 · 普拉特在其名作《找油的哲学》中有句名言："首先找到石油的地方是在人们的脑海里。"油田开发也是如此，必须敢于打破常规，异想天开，另辟蹊径，挑战不可能。

CCUS在美国率先获得成功，并得到推广运用，带给胜利人的不仅是震撼和示范，还有心灵撞击、脑海风暴。

美国油藏在地下1000多米，埋藏浅，地质条件较好，渗透率较高，开发难度较小。胜利油田起步晚，油藏埋深3000多米，地质条件差，渗透率低，开发难度大，技术也不够成熟。但胜利人坚信：美国人能做到的，我们一定也能做到；美国人做不到的，我们也一定能做到。只要脚步不停，再长的路也能抵达终点。

二氧化碳溶于水，生成碳酸，腐蚀性强，是油井套管、油管、管线、设备的"克星"或"杀手"。地上设备还好说，地下部分更换既耗成本，又影响油井的生产时效，必须进行防腐处理。

防腐处理用什么工艺、用什么防腐剂等一系列困难和问题摆在胜利人面前，亟须研究，并给出答案。

往地下注二氧化碳，是气体好还是液体好？二者比较，哪一个更经济合算，又不容易发生泄漏，造成二次污染，而且效果又好，必须有个明确态度、准确说法。同时，还要考虑二氧化碳从哪里来、用量多大、如何解决、如何运输、如何注入等问题。

二氧化碳注入地下后，与原油会发生什么反应、起什么变化？什么状态下驱油效果最好？不同的油藏类型、地质构造分别需要多大注气量？地层保持多大压力比较合适？注气速度如何把握？各种各样的问题层出不穷，各种稀奇古怪的现象都会发生，真正是"压力山大"。

不当家不知柴米贵，不养儿不知爹娘恩。说话容易，做事难，许多事情看起来简单，做起来却艰辛，而且局外人很难理解和体会。

科学技术容不得虚假，必须用事实和数据说话。于是，就有了各种各样的试验。名目之繁多，过程之复杂，要求之严格，工作之艰辛，超出常人想象。

科学可以容忍失败、包容失败，但不允许人为的失误。一个数据不准确，就会“失之毫厘，谬以千里”；一道工序不合乎要求，一项操作失误，就会前功尽弃，付之东流。科学技术只相信事实和真理，让所有的情感、情面、眼泪等远离科学技术本身。

所有实验必须模拟3000多米的地下，在高温、高压下进行。准备时间长，试验周期长，中间不能离人。有一次，做二氧化碳驱油试验，2米长的岩心，在50兆帕压力下，用了7天时间，才从这头跑到那头，这种速度算是快的。

不包括前期准备，许多试验最快两星期，最长一个月。甭说试验了，光是驱油试验准备工作——清洗岩心，就足够复杂，足够费工、费时、费力。

清洗前，先把岩心放在做试验用的装置里，高温高压下，加入清洗剂，使之通过岩心，把里边的油和水带出来，而且必须带得干净彻底，一次不行两次，两次不行三次。然后，再用风吹干。也许有人不信，一段2米长的砂砾岩岩心，有时要清洗一个月。而且，这种情况不在少数。

准备工作合格不合格，能不能达到做试验的要求，不是个人说了算，必须经过仪器检验、测试，各项指标符合要求才算达标。否则，必须推倒重来。

室内试验成功之后，接下来是先导试验，而且不止一次。先导试验成功后，才能推广应用。看似复杂也寻常，道理就像种庄稼一样，先选种，再试种，再大面积种植。

樊142区块是在高89区块先期试验的基础上，进行的又一次先导试验。6口油井，关闭三年，先注气，后开采。关井期间，每天少说影响10吨产量。一年就是3600多吨，三年10000吨以上。一个先导试验，产量没了，效益没了，还要大把大把花钱。有的人不理解，私下里说：只有傻子干这种事。

二氧化碳需要花钱，仪器、设备需要花钱，管理需要花钱，人工需要花钱，而且不是小数，说出来能吓人一大跳。

钱是挣出来的，账是算出来的。不算不知道，一算吓一跳。单从钱上来算，越算越亏本，越算越划不来，越算越舍不得，越算越难下决心，就像拿刀子往自己身上割肉。

一块“烫手的山芋”，一个难以割舍的选择。生产任务重，产量压力大，还要创效益、控成本，困难像山一样，压得人喘不过气来。同时，也考验着决策者的魄力、勇毅和担当。

当年，樊 142 区块属胜利油田鲁明公司管辖。时任鲁明公司总经理把情况了解清楚后，毫不犹豫，满口答应。要人给人，要井给井，凡能做到的一定给予支持。

试验成功了，产量增加了，对鲁明是好事，对胜利油田是好事，对国家和人民也是好事。

放着这种事不干，不是傻瓜嘛。就是试验不成功也没多大问题，受损失的只是鲁明一家，只要对大家没影响、对油田没影响就行。这笔账划算，这事一定要干。

同一笔账，格局不同，算法不同，效果不同，高低优劣，立见分晓。

樊 142 区块的先导试验，可分为两个阶段。第一阶段选的是樊 142-3- 斜 7 井组，时间是 2012 年。做完方案，通过审查，再组织实施，20 多天注了 700 多吨二氧化碳。

没想到，试验一上来就遇到了“气窜”，光出气，不出油。科学实验，失败是一种必然，成功是一种偶然，偶然存在于必然之中，但失败原因一定要弄清楚。分析来，分析去，原因终于找到了。原来该区块地质构造特殊，地下存在裂缝，在注气井与生产井之间形成了连通。

注下去的二氧化碳，在暗无天日的地下，像只没头苍蝇，左冲右突，终于找到一条既便捷又顺畅的通道，就顺着裂缝直接跑了出来，把驱油的事“忘得”一干二净。

看似心血白费，所有努力变成了竹篮打水，其实所有的失败或付出，都会变成登顶的台阶、引航的灯塔。

第二阶段选的是樊 142-7- 斜 4 井组，共 7 口井，1 口注气井、6 口生产井。从 2013 年到 2015 年，3 年时间，只注不采。井下安着仪器，井上常年住人，持续不断地监测、记录井内的压力、成分、二氧化碳含量等多种数据及变化。

一位英国南岸大学华人教授听了勘探开发研究院的介绍，对这个试验很感兴趣，不无感慨地说：“据我了解，你们录取的资料，是世界上时间最长、也最完整的。”并且以合作的名义，向院里索要这套资料，被婉言谢绝。

3 年时间到了。开井后，意想不到的事情发生了。3 口井产量成倍增加，而且自喷生产；另外 3 口井毫无起色。为什么会出现这种情况？勘探开发研究院的科技人员困惑之后，紧接着是一片繁忙。

他们把每一口井的井位部署、钻井方案、开发方案、维修作业、施工报表、产量曲线等海量的资料数据收集起来，夜以继日，废寝忘食，逐一进行分析、对比、排查，终于找到了症结。

地下情况不仅像一个迷宫，而且千变万化。表面看，7 口井的位置很近，地质构造、生产层位相同，相互之间应该是有关联的。但阴差阳错，地下存在着断层，6 口井分别属于两个不同的断块，三三对应，一家一半，倒也公平，只是让那些辛苦的人们不能接受。

上帝又一次与他们开了一个不大不小的玩笑。

大地神奇，奥妙无穷，把一个个难题推到胜利人面前。面对困难和问题，除了战胜和解决，胜利人别无选择。这也是对“愈挫愈勇，愈挫愈强”的最好诠释。

春夏秋冬，寒来暑往，一千多个日日夜夜悄然而去。试验过程遇到了太多问题，克服了太多困难，多得让数据和词汇黯然失色。汗水多于收获，痛苦多于欢乐，失败多于成功，创新本无捷径，一切都是正常。

在国家层面，CCUS 不仅有经济效益，还有政治效益、生态效益。在中国石化集团公司层面，在上下游之间形成了一个产业链，变废为宝，化腐朽为神奇。单从经济角度来看，胜利油田有许多苦衷，突出表现就是往地下“砸钱”，而且数额巨大。

从企业的角度来看，胜利油田期盼碳交易市场尽快建立、完善和运作。或者与国际接轨，像欧美等国家那样，对企业进行政策性经济补偿。

虽是“砸钱”，但非常值得，其意义怎么评价都不为过。世界上许多伟大的事情，往往是从“砸钱”开始的。“苟利国家生死以，岂因祸福避趋之”，胜利人早有心理准备。

胜利油田注汽技术服务中心刚成立，就把眼光投向高端、投向国外，先是派人去华东、吉林等兄弟单位学习，然后又派人去美国、加拿大学习、培训。按照他们的标准，培养自己的技能人才，为 CCUS 提前做好准备。

夫英雄者，胸怀大志，腹有良谋。有包藏宇宙之机，吞吐天地之志。见人之长，容人之长，学人之长，用人之长，方以曲曲溪流不断汇聚，终成滔滔江海。

有先进理念引导，有成功的先导实验支撑，有上下同欲的追求，还有血脉里的激情、基因里的挚爱，足以让领导者们运筹帷幄，决胜千里，尽显大将风度，大家风采。

干一番事业，创辉煌业绩，胜利人干劲倍增，信心满满。

C座202

C座202是胜利宾馆的一间会议室，也是胜利油田分公司CCUS项目部办公所在地。

设施简单，摆设简洁，格调明快。几张长条桌被摆成一个“凵”字形，缺口朝外，靠门一侧放着一个大大的显示屏。“凵”字形下端，横着两排桌椅。这里更像作战指挥室或CCUS运行调度室，说像又不全像，没有座机电话，没人值守，没有地图，没有表格。一天碰两次头、开两次会。时间分别是上午8点，下午4点。开会时间由内容决定，该长则长，该短则短。

坐镇指挥的，是中国石化高级专家陈军。

陈军是“70后”，中等个，眼睛大大的，皮肤白白的，人长得很精神、精干，看起来像个白面书生。说话得体，办事利索，考虑全面，决策果断，颇有大将之风。

为现场感受会议气氛，我们曾3次参加CCUS项目部工作运行会，印象最深的就是：时间紧，任务重，标准高，难度大，涉及面广，需要解决的棘手问题很多……如果不是亲眼所见，亲耳所闻，绝对难以想象。

难点在地下。地下是一个神秘的世界，看不见，摸不着，弄不准，吃不透，不知什么时候就出情况、闹“动静”，让人难以应对，无所适从。

73口二氧化碳注入井，对应166口生产井，这是明的。看得见，找得着，算得出。还有暗的，早年的探井、开发井、报废井等，两下里加起来500口以上。

这些早年的探井、开发井、报废井表面好像没有意义，存在价值近乎为零，实际上则是暗潮涌动，千丝万缕，关联无限。如有裂缝相通，就会形成二氧化碳通道；如果封堵不严，就会形成“气窜”；如果发现不及时，地下的油、气、水一起喷出来，就会形成重大事故。这也叫“成事不足，败事有余”。

管理正理庄油田的纯梁采油厂和东胜公司采取的对策是：能开尽开，见气就关，通盘考虑，综合施策，不求短期效果，但求长期效益。

纯梁采油厂和东胜公司至关重要，必须思之在前，谋之在先，两利相较取其重，两害相权取其轻。

他们算不上决策者，但绝对是知情者和执行者。回旋余地大，施展空间大，应对措施多。责任必须全负，思路必须开阔，工作必须到位。凡能想的必须能想尽想，凡能做的必须能做尽做，绝不能困难下沉、矛盾上交。

这样做的前提就是把每一口井的情况摸清楚，因井制宜，一井一策，该封则封，能用则用。难度太大，工作量太大，大得让人难以承受。

面对困难情况，陈军果断拍板：不讲条件，不讲价钱，必须执行，只能干好，不能干坏。

理论上，注气井与生产井之间应该一一对应，相互关联，实际上可能大相径庭，起码不完全与理论相吻合。该受效的井没情况，不该受效的井有反应等“南辕北辙”的事情时有发生。

还有的油井压力明明上来了，过几天又突然下降了。把原因弄清楚很难，但又必须如此。否则，就是蛮干乱干，“死了”都不知道咋回事。

不能把眼睛只盯在 73 口注气井上，必须通盘考虑 500 多口井，重点是 166 口生产井。只满足于把 73 口井上的气注好，显然是不行的，实际上也是行不通的。

说起来真的有些神奇，油井和地层的压力竟然与潮汐变化、月球引力相关，只不过有的明显、有的不明显而已。二氧化碳在地下的运移状态并不是四面出击、匀速推进，而是有快有慢、有进有退，选择性非常明显。总之，就是哪里好走走哪里，与开车一个道理。

二氧化碳注到一定程度，局部区块的地层压力就会升高，高到一定程度，地层疏松的部位就可能被挤开，并顺着被挤开的通道运移，压力就随之下降。这就是部分区块地层压力忽高忽低的原因。

设计方案中，一口注气井的套管坏了，没法注气。采油厂的意见是上大修。

就这个问题，陈军一一征求意见，尤其是专家的意见。经过一番讨论，最后决定不上大修，把那口井直接封上。在附近重新选一口井，或者将油井改为注气井。理由是：费用高，耗时长。上大修的费用快赶上打新井了，而且需要大半年时间，那时“黄花菜都凉了”。

百万吨级 CCUS 项目是一个完整的产业链，二氧化碳由齐鲁石化提供，胜利油田实施二氧化碳利用与封存。二氧化碳的捕集与提纯，类同于工业化生产，技术要求高，储存难度大，而且容量受限，最好是产多少运多少，运多少注多少。

理想很丰满，现实很骨感。达到这个水准近乎不可能，注二氧化碳也是如此。

按设计方案，日注气量要达到 2000 立方米，地层压力要提升到 40 兆帕，实际上很难做到。就像吃饭一样，如果一个人的饭量是 3 个馒头，让他吃 4 个就很困难。同样道理，如果地层压力和注气量达到一定程度，哪怕再提升一点点都非常困难。对设备的质量要求大幅度提高，管理难度成倍增加，成本费用严重超标，甚至得不偿失。

深入现场实地考察，反复与现场施工人员沟通，广泛征求专家意见，经油田领导研究批准，最后确定：把注气量稳定在 1300 立方米左右，地层压力控制在 35 兆帕左右。陈军和他的团队是务实的。

兵马未动，粮草先行。物资采购和供应是 CCUS 项目非常重要的一环。

在人们印象中，物资采购就是花钱买东西。采购程序无非是：先由用户报采购计划，然后进入采购流程，接下来进行招投标，由中标的生产厂家或供货商提供所需的设备、材料；再就是对采购来的机械设备、原材料检查验收；最后，交到用户手里。于是大功告成，万事大吉。

对 CCUS 项目部负责物资采购和供应的胜利油田高级专家沈岳的采访，彻底颠覆了我们的认识。

在沈岳的公文包里，不仅有采购计划表，还有施工图、工艺流程图。外行看热闹，内行看门道。那些写满了数字，画满了点、线、符号的施工图、设计图，在别人眼里如同天书，沈岳却看得津津有味，而且在上面做了许多记号。

不管天气好坏，时间长短，每天的碰头会一次不落，凡涉及物资、材料供应的事情，都问得清清楚楚，记得明明白白，接下来逐项落实。

沈岳发现单凭各单位报上来的物资采购计划，有时会出现应提前采购的物质器材放在了后面，不需要提前采购的物质却放在了前面，按照用户要求采购的物资、材料、设备反而不符合要求等现象。

问题虽然不在他们身上，但耽误了时间，影响了进度，最终受损失的还是油田，这是谁也不愿意看到的。

为避免这种现象，沈岳坚持提前介入，主动与设计、工程、基建、生产等有关单位和人员联系，根据项目进度和施工方案制订采购计划；按照施工图和设计图确定的规格、标准、型号，审核采购计划。发现问题及时与设计、施工、使用单位等沟通联系，达成一致意见，再行采购。

按规定，物资采购须经过招投标，目的在于引入竞争机制，压低价格，收获价廉物美，而实际运行中存在一定难度。人家生产厂家也不傻，指着这个赚钱，养家糊口，不可能做亏本买卖。

如果把标底定得太低，就会导致招标流标，说明采购方没有诚意。下次招投标人家就不来了。人无信不立，出现这种情况，怪不得人家。千万不要以为，现在是买方市场，买家就是理所当然的上帝。优质优价，高质高价，好产品必须有好价码，此乃经济规律，不以人的意志为转移。

受疫情影响，许多厂家停工停产，合同不能执行。为了减少等待时间，沈岳就一遍遍给人家打电话、说好话，有时候还主动帮人家出主意、想办法，求人家早日复工复产，早日供货。

一辆辆货车，从长江南北、淮南淮北、燕赵大地、齐鲁大地，风尘仆仆，日夜兼程，奔赴胜利油田送货，没想到竟“卡了壳”。东营市是山东省唯一没有被新冠染指的“净土”，严防死守，御疫于“市门”之外，是当务之急。

运货司机只能从一个高速路口下来，进入服务区后，首先对车辆消毒，然后贴上封条，连窗玻璃都不能摇下来，人车不得分离。同时，还要办理特别通行证。一车一证，一证一办。谁的货谁负责，全程监控，不留死角，送到目的地，卸货后立即返回，不准逗留。否则，追究货主责任。

前后 10 多个小时，货车司机吃喝拉撒全在车上。同情也好，怜悯也罢，想送点吃的喝的都不行。胜利人要做或能做的就是宁可人等车，不让车等人，争取用最短的时间让送货司机卸货走人。

道路被挖，车辆被扣，人员被困，施工受阻，是 CCUS 项目部经常遇到的事。因此，派生出一项特殊工作：处理工农关系。

土地征用，国家有专门规定和补偿标准。但是，如果补偿款不能按时、足额发放到农户手里，肯定会引发矛盾。这种事应该找政府解决才对，但人家偏不。谁征的地就找谁，所以就找上了胜利油田。

上门找事的还有养猪、养鸡、养狐狸的。把死猪、死鸡、死狐狸往地上一扔，就狮子大开口要求赔钱。你们没捣鼓这些事之前，一切都好好的。现在鸡不下蛋了，猪不下崽了，狐狸被吓死了。你说这事儿咋办？非得让胜利油田给个说法，不赔钱就赖着不走。

还有的已经赔过钱了，还要再赔。理由是这次与上次不是一码事。只要在俺地里干活或从俺地里路过就得给钱。钱固然是国家的，但国家的钱也不能这个“讹”法。胜利人心里很委屈，也很无奈。

农民的日子比过去好了，致富的门路比过去多了，与石油工人相比还是差了一大截。由此产生心理失衡，并引发矛盾是正常的，这事不难理解。但不能把“账”记在胜利油田头上，更不能拿胜利油田“开刀”。

一条管线从村里经过，该办的手续办了，该补偿的补偿了。施工过程中，文旅局又不干了，说这个村子原来是个古镇，地下文物需要保护，挖沟可以，但不能超过1米。管线设计的深度，恰好是1米。只好在地下挖半米深的沟，地上盖半米深的土。

百万吨级CCUS项目是一个样板工程，胜利油田是在聚光灯下干活，不能出现任何闪失，项目部的压力之大，可想而知。

工作千头万绪，问题一个接着一个，既然躲不开，绕不过，就直接面对，迎难而上。

“让暴风雨来得再猛烈些吧。”一种诗意的豪气，在CCUS项目部成员心中升腾。

旌旗猎猎

科学道路上，没有平坦大路可走。

和同龄人相比，小王杰给人最突出的印象就是：苍老、瘦弱。如果不是他亲口所言，真的不敢相信他是“80后”。

之所以在名字前面加个“小”字，是因为单位里还有个同名同姓的王杰。领导和同事们就以年龄为序，分别在姓名前面冠以“大”“小”，以示区别。小王杰比大王杰小1岁，毕业和工作却比大王杰早一年，依此而论，应该把两人的大小顺序颠倒过来才对。

大大的眼睛，目光炯炯，一副眼镜更增添了些许学者气息。年纪轻轻，鱼尾纹已爬上鬓角。发际靠上，凸显了前额的开阔，一缕头发很随意地搭在上面，实际上应是有意为之。点点斑白，记载着岁月沧桑。头发早该理了，若不是耳朵长得有些张扬，恐怕早被盖住。脖子细长，喉结突出，声音不乏磁性。这是我给小王杰的画像。

小王杰，就读于中国石油大学（北京），硕士毕业。大王杰读研与小王杰同校，本科就读于中国石油大学（华东），从同校读研开始，两人就结下了缘。

有一次，小王杰去图书馆还书，图书管理员提醒他："你还有书没还。"小王杰感到莫名，但又不好发作，只好辩解道："你可以查我所有的借书记录，只要是我借的，必有借有还。你好好查查，看看到底是不是我借的。否则，就太冤枉我了。"

"我借的书明明都还了，为什么还说我没还？"从此，在他心中留下一个谜。

硕士毕业后，胜利油田勘探开发研究院成了他择业的首选。于是报名应聘，没想到一举而中。不知是机缘还是巧合，一年后大王杰也应聘到此。

从应聘到勘探开发研究院那天起，两人就暗下决心，一定竭尽全力，干好工作，以油报国；不负青春，不负韶华；不负梦想，不负未来。

时间不长，类似于学校图书馆里的那种情况再次发生。一同学打电话给小王杰："你要的资料，已寄给你了，收到了也不说一声，让我老挂心。"

疑窦丛生之际，邮件已至面前，且原封未动。因此，两人想到了同一个问题，相互查询，很快找到另一个王杰。随便一聊，竟有诸多相似之处。感谢上苍，从此多了一个同名同姓的弟兄。

小王杰燕赵人氏，大王杰齐鲁人氏，同名同姓，志趣相投，脾气相似。为减少误会，一开始两人被安排在不同的研究室。没想到，相同的责任和担当，相同的志向与追求，使他俩又一次走到一起。2018 年 1 月，两人同时入选二氧化碳驱油研究室，并且分别担任气驱研究室两个油藏组的组长。

为了共同的理想和目标，他们几乎没有工作日与节假日、白天与黑夜之分。常年伏案工作，体力与精力透支，损伤了大王杰的身体。2018 年 8 月的一天下午，年纪轻轻的他，竟晕倒在工作岗位上。120 救护车风驰电掣，将他送到胜利中心医院抢救。

医生对陪伴他的小王杰说："这是累的，不能这么拼命。你们是同事，看得出关系很好，以后要经常劝他，保重身体，注意休息。一看就知道，你的身体也比他好不到哪里去。也要注意，不能这样透支。”接着又宽慰他们：“放心吧，好在你们都还年轻，好好休息，肯定会好起来的。”然后就给大王杰开了病假条，让他回家静养。没想到，第二天上午，他又出现在班上。

小王杰承担的科研任务之一，就是利用海量数据，建立三维模拟油藏地质模型，用计算机全方位、多角度展示剩余油分布、含水变化、开发现状等。

2022 年 4 月 12 日下午 2 点左右，我们 6 人集体采访小王杰。太阳公公用金色的胡须，挠得人心里发暖、身上发热，再加上受他的激情感染，不由自主把外衣脱掉，只穿一件衬衣。

小王杰心平气和，正襟危坐，丝毫不为所动。衬衣外面是件薄毛衣，薄毛衣外面是件薄羽绒服，身体裹得严严实实。在衣服的帮衬下，小王杰丰满了许多，但依然不乏骨感。那嶙峋瘦骨挺起的是民族脊梁。

小王杰给我们讲了许多身边的人和事，唯一没讲的就是自己。天天忙工作，早来晚走，顾不上妻子，顾不上孩子，心中必有苦难之处，只是他把这些全部承担了下来，也是一种胸怀和担当。

采访结束，已是下午 5 点，小王杰还要回去上班。站在胜利油田文联三楼会议室窗前，隔窗看着他匆忙离去的身影，不由地心生感动。

一阵风吹过，掀起他的衣角，宽大的衣服旗帜般扬起。那扬起的衣服，就是猎猎旌旗。

阎燕是胜利油田勘探开发研究院气驱研究室的“五朵金花”之一。从 2013 年开始，她一直对樊 142 区块二氧化碳驱油情况进行数据跟踪，同时，还参与了胜利油田“十四五”二氧化碳驱油规划方案、齐鲁石化—胜利油田百万吨二氧化碳驱油项目方案的编制。

日子一天天地过，工作一天天地忙。时间又那么吝啬，总是感到不够用。2020 年，已经到了腊月二十九，阎燕才不得不抽出时间，回家准备年货。作为职场女性，绝对称得上优秀；作为家庭主妇，就有些勉为其难。

疫情原因，学校停课，让学生在家里上网课。女儿是初中生，处于青春叛逆期，一个人在家里，没人管、没人陪，迷恋上了网络，学习成绩明显下降。尽管阎燕很着急，但就是没有时间和精力陪她。

早晨，孩子没起床，她已上班走了；晚上回到家，孩子已经睡觉。一气之下，她把孩子的手机给摔了，过后又非常后悔，深感自己没尽到责任，对不起孩子。其实现在的孩子也挺不容易，出了问题不能全怪孩子。一想到这些，阎燕心里就非常内疚，甚至想大哭一场，当着孩子的面，又放不下架子，心里一直很纠结。

2019 年，妈妈被查出肝癌，听到这个消息，阎燕一下子蒙了。妈妈平时身体很好，心地善良，待人热情，乐于助人，左邻右舍没有不说她好的，怎么能得这种病呢？

第一次在北京住院时，阎燕匆匆忙忙赶过去，在病房里陪了一个晚上，第二天一早，不得不和妈妈告别，回去忙她的工作。一出病房，眼泪潸然而下，差点哭出声来。妈妈第二次去北京住院，她实在脱不开身，只好让老公代劳。

巾帼不让须眉，那飘逸的长发，就是猎猎旌旗。

通水、通电、通路，平整场地，业内称作“三通一平”，是 CCUS 项目的前提条件和必然要求。

胜利油田纯梁采油厂正理庄管理区注采三站站长赵一霖，是名“90 后”。为实地勘察“三通一平”线路，半个月时间，他行走 57 万多步，平均每天 3.8 万步。

一路走来，有风有雨，有泥有水，有沟有坎，还有烈日炎炎。为了那份责任，赵一霖一直不停地走，在走的过程中，还要查看、记录、询问、画图等。脚被泡胀，磨起血泡，血泡被磨破，染红了鞋子。

2022 年春，新冠疫情在全国多地多点暴发。除东营外，山东其他地市全部“沦陷”。纯梁采油厂周围的淄博、滨州等地相继“飘红”。地方政府采取“封堵”措施，直接把警车开到纯梁采油厂和正理庄管理区门口，实施就地隔离，不许人员、车辆进出。

高 89 注水站正在拆迁，遇上这种事只好作罢，一大堆设备设施需要看管，50 多岁的老职工李季春主动请缨，担起了这项任务。他一个人在站上，一待就是 64 天。其间，单位领导多次准备派人换他，均被拒绝。理由是“我年纪大了，干不了太重的活，干这些事绝对没问题，换了别人我还不放心”。

没有疫情的时候，职工按时上下班，天天能与家人见面。遇上疫情，不仅把人给隔离了，而且时间还很长。员工心理落差大，情绪有些波动，再正常不过。注采 4 站的李方前、方楚汉两名干部，与员工逐个谈心，沟通思想，交流感情，帮员工释放压力、宣泄情绪。再不行，就陪着他们喝两杯，吼几嗓子，方法“老土”，但确实有效。

正理庄管理区人员较多，洗澡成了难题。他们就把一个废弃的太阳能热水器卸下来，修了修，竟然还能用。但洗澡时间受限，尤其女工洗澡很不方便。员工苏祥就把家里的电热水器拆下来安装在站上，解决了问题。

配送的饭菜比较单调，天天面条、米饭、馒头、咸菜，吃不了几天就够了。管理区党支部书记焦俊杰、经理芦剑，就带领员工利用交班后的时间挖荠菜，用荠菜包水饺、包包子，还学着做水煎包，组织开展厨艺比赛等，改善了生活，提高了水平。员工们吃饱喝足了，精气神都不一样，干起活来嗷嗷叫。

为办理特别通行证，员工齐建伟穿着防护服，步行到博兴县卫健委，用一小块面包充饥，排了 30 多个小时的队，终于办下来 18 张特别通行证。

活多，人少。18 张特别通行证，相对于庞大的工作量，无异于杯水车薪，但总比没有强。正理庄管理区挑选精兵强将，组成特别突击队，分门别类，按轻重缓急，没白没黑，轮番上岗，维护正常生产，最大限度减少损失。

正理庄管理区日产原油 400 吨以上，一半产量靠单井拉油。封门期间，大部分车辆被停运，储油罐快满了，面临关井停产风险。万一出现这种情况，造成的损失更大，分管这项工作的副经理白圣方急得快哭了。

办法是想出来的，活人不能让尿憋死。焦俊杰、芦剑就召集大家开会，一起商量对策。从晚上 7 点一直开到凌晨 2 点，终于有了办法。

他们按轻重缓急，把单井上的原油就近拉到输油站，找了个备用泵，用泵把原油打进输油管线，实现管线外输。没想到，刚外输不久，泵就坏了。焦俊杰、芦剑连夜给油田物资配送服务中心打电话，让他们想方设法，务必从东营赶紧送一台新泵过来。

高速路被封，油田物资配送服务中心只能把泵送到高速路口，纯梁采油厂正理庄管理区用吊车把泵卸下来，再装到别的车上，运到现场换上，问题迎刃而解。

泵的问题解决了，计量又出了问题。管线口径小，泵压高，流速快，导致自动化计量仪器计量不准，输进去的液量与计量器上的数字差了一大截。这下子可把焦俊杰、芦剑急坏了。那么艰难的情况下，他们带着一帮兄弟姊妹坚守岗位，想方设法维持正常生产，千方百计多产原油，这下子所有的努力都白费了。

肉烂在锅里，反正没跑到别的地方去。话是这么说，理是这个理，关键是员工的薪酬与原油产量是捆绑在一起的。按照计量器上的数字，产量明显少了许多。这样一来，员工的收入就会受到很大影响，当领导的于心何忍。

欲哭无泪，愁肠百转，都不能表达焦俊杰、芦剑当时的心情。好在下一个集油站的计量是准确的，其他方向的来油都没问题，多出来的油当然是正理庄的。一颗悬着的心终于落地，他们恨不得亲吻那个计量站的计量器。

为避免此类现象发生，他们在另一条输油管线上又增加一个输油点，问题得到圆满解决。

门被封了，人被隔离了，但油井没封，管线没封，设备没封，工作不能停，活必须照干，而且必须干好。

隋高芳是一名女工，“80后”，一个人守着一个输油站。输油站属易燃易爆、高风险岗位，禁止动火。她只能用电炉子烧开水，泡方便面，一待就是45天，吃得看到方便面就反胃，但工作没受丝毫影响。

岗位人员是这样，被“封”在家里的人也没闲着。他们成立了志愿者服务队，尽最大努力，为被“封”在岗位上的员工家庭排忧解难、提供服务。

刘海滨是正理庄管理区的员工，一直坚守在一线岗位。妻子怀孕4个多月，需要定期去医院孕检，身边没人照顾，多有不便。管理区领导知道后，立即安排志愿者服务队，派专人陪着做核酸检测和孕检。

注采3站副站长李宁一直坚守在岗，他的爱人在大芦湖区域上班，同样被“封”在岗位上。两个孩子由爷爷奶奶照看，被“封”在家里上网课。爷爷奶奶年龄大了，既辅导不了，也照顾不了。单位就安排志愿者定期上门服务，帮助买菜、做饭，辅导功课。有时候还直接把馒头、水饺、包子、蔬菜等送到家里。

5月1日早上6点多，纯梁采油厂正理庄管理区生产指挥中心副经理商建亭还在去单位的路上，妻子的电话又打了过来，一遍又一遍叮嘱：不要忘了定好的事。

受疫情影响，商建亭在高青被“封”了40多天。解“封”后，他和妻子约定，“五一”期间一定回去陪老婆孩子过节，并探望双方老人。

正理庄管理区3条管线铺设工程提前运行，又一次打乱了两口子的计划。他一大早就赶往工地，怕妻子不高兴，临出门还信誓旦旦：晚上一定回来，陪她一起看望岳父岳母。

工作上的事，商建亭从不忘记，家里的事，却丢三落四。妻子提前买好礼品，做好一切准备。可以说万事俱备，只欠东风，这东风就是商建亭。

上午 10 点左右，商建亭带领作业队完成搬家任务，又赶到高 891- 斜 29 井施工现场，忙到下午 1 点多，才在管理区旁边一个水煎包店前停下来。店老板一看是他，直接端来 6 个水煎包、1 碗西红柿汤。“吃吧，又过食堂饭点了。”店老板说。

他急急忙忙吃完午饭，赶到高 94- 斜 6 井现场，叮嘱现场施工人员通知每一台车辆，谨慎驾驶，避开附近的水井和浇水管线，以免影响农田灌溉和农业生产。接着，打开齐鲁石化至正理庄油田二氧化碳输送管线设计图，寻找需要实地勘察的路线。今天肯定又要爽约，他把对妻子的承诺早已忘得一干二净。

胜利人心中那份崇高的责任，也像一面猎猎旌旗。

魔术大师

当温度达到 31.26 摄氏度，压力达到 7.38 兆帕时，二氧化碳进入超临界状态。

超临界条件下，二氧化碳黏度接近于气体，密度接近于液体，具有超强的溶解能力。CCUS 就是利用这一原理，将二氧化碳注入地下的。

注入地下的二氧化碳可溶于原油，降低原油的黏度，增加原油的流动性，进而把地下的原油从致密的岩层中驱替出来，大幅度提高采收率。同时，实现二氧化碳地下封存。

在数值模拟与动态监测基础上，胜利油田以“控气窜、提效果”为目标，探索并提出了一系列二氧化碳驱油技术途径。

胜利油田把二氧化碳驱油分为注气初期、受效期、见效初期、气窜初期、气窜后期等不同阶段。对不同阶段面临的主要矛盾，给出了不同对策和调整目标。

如此精准的“火候”把握，如此娴熟的技艺，像满汉全席大厨，又像是技艺精湛的魔术师。

上中学的时候，王其伟就接触了化学，包括化学实验、化学反应、化学元素周期表等。真正领略化学的神奇，是在上大学之后，尤其是参加工作之后。

1990 年，王其伟大学毕业被分到勘探开发研究院工作。1992 年，他和室里的同事一起，去胜利油田孤东采油厂，做小井距三元复合驱提高采收率实验。从住地到井场七八千米，王其伟每天骑着自行车或步行去实验现场，一干就是 3 年。

1994 年的一天，正在实验现场忙碌的王其伟，看到采油工正在为量油和计算含水发愁。取的样说红不红、说黄不黄、说黑不黑，油不像油，水不像水，不知怎么办好。王其伟就主动帮忙，从实验用品里挖一勺盐，倒进样桶里，不大一会儿，油和水的界面一下子变得清清楚楚。采油工高兴坏了，一个劲儿向他表示感谢。

油和水本来是不相融的，出现上述现象，是因为化学元素的作用，水把油给包起来了。加进一勺盐去，破坏了原有结构，油和水就分开了。王其伟告诉我们，这是“盐隙”作用。

在化学元素作用下，井里的采出液乳化很厉害，过滤纸滤不下去。过滤不下去，就不能准确计量；不能准确计量，就导致数据错误；数据出现错误，就意味着失败。

传统法子行不通，何不打破常规，另辟蹊径？于是，王其伟就地取材，从黄河边上的泥土里冲洗出一些细碎的沙子替代过滤纸，一举解决了问题。“雕虫小技，不值一提，”王其伟谦逊地说，“因为是第一次，所以印象特别深刻。”

把王其伟引上 CCUS 这条路的，是一个人的一句话、一本书。2000 年，已到退休年龄的曹银盛告诉他：“二氧化碳驱油，发生气窜是肯定的，你要关注一下。”同时，还给了他一本书。是信任，是叮嘱，或许还是接力传递，王其伟郑重地点点头，从此走上一条艰难困苦的探索之路。

一间小屋，几个量筒，几个漏斗，撑起了一个实验室。所有这些传递着一个信息，那就是“简陋”。一有空，王其伟就钻进去捣鼓“名堂”。功夫不负有心人，经过不懈努力，终于捣鼓出来一种驱油用的“泡沫剂”。

2004 年，在孤岛中 28-8 井上，正在进行的“强化泡沫驱提高采收率”现场试验，因“泡沫剂”生产跟不上，材料供应不及时，只能干干停停。没想到，这个在众人心目中最不像试验的试验竟大获成功。

1 口注剂井，对应 12 口生产井。其中，8 口井见到显著效果，日产量由 10 吨左右，增加到 30 吨，最高达到 70 吨。作为科研人员，没有比这更值得高兴的事了，王其伟心里乐开了花。

后来，胜利油田又先后在河口采油厂、胜利采油厂进行先导试验。这两次试验一改孤岛现场试验时的窘况，从上到下，高度重视。材料备得足了，现场条件好了，操作规范了，要求严格了，就像现在照顾孩子，爸爸妈妈、爷爷奶奶、姥姥姥爷齐上阵，没想到竟失败了。对此，王其伟一直耿耿于怀，成了心中一个难解的“结”。

水的渗透性和流动性优于原油，二氧化碳的渗透性和流动性优于水。CCUS 项目就是利用二氧化碳能够溶于原油、渗透性和流动性优于水的特性，先是将大量的二氧化碳注入地下，使之与原油充分混合在一起，专业术语称之为“混相”，然后把油井打开，让二氧化碳把地下的原油尽快尽可能多地带出来。

还有一种开发方式叫“耦合”，换句话说就是“边注边采”。在一口井上注入二氧化碳，周围的油井照常生产。让二氧化碳在后面推着原油往外跑，以达到提高采收率的目的。

跟赛跑一样，速度快的肯定会跑在前面，二氧化碳驱油也是如此。一旦二氧化碳跑到了原油头里，就会形成“气窜”。见效初期，就要采取分层注气、水气交替等措施，控制或减缓“气窜”产生。

形成“气窜”是一种必然，区别在于时间早晚。王其伟要研究解决的问题就是：出现了“气窜”怎么办？

能不能研究出来一种东西，把形成“气窜”的“高速路”堵住，让二氧化碳只能从“乡村公路”或“土路”上推着原油往外走。王其伟又一次想到了“泡沫”。

他要研究的“泡沫”或“堵剂”，遇水则堵，遇油不堵，遇到渗透率高的地方就形成“栓塞”，遇到渗透率低的地方基本不堵，让二氧化碳按照他的设想乖乖行事。这是个神奇的领域、梦幻的世界，充满了奇妙、未知、诱惑、刺激，王其伟沉迷其中，难以自拔。

在科学探索的道路上，只怕想不到，不怕做不到。在没有找到其他方法之前，所有的奇思妙想都是“锦囊妙计”。失败了是措施，成功了是方法。失败并不可怕，只要永不言败，屡败屡战。有多大能力承担失败，就有多大机遇通向成功。

大丈夫千金一诺，王其伟没有食言。10 多项专利发明，30 多篇论文就是对曹银盛最好的回答。

王君智是胜利油田勘探开发研究院的高级工程师，被称为“敲”出来的专家。

钢铁的管子，内径 2.3 厘米，长度有三种规格，分别是 40 厘米、60 厘米、100 厘米。管子里装的是石英砂。石英砂有不同规格，6 个桶里分别装着目数为 30~40 毫米、40~60 毫米、60~80 毫米、80~100 毫米、100~150 毫米、200~300 毫米的石英砂。

王君智的主要工作之一，就是用装在管子里的石英砂，敲打出模拟岩心，用来作各种试验。敲打出模拟岩心后，还要用模拟地层水、矿化度等苛刻条件，进行渗透率试验。1000 个毫达西，正负不能超过 3%，否则就是失败，必须倒出来重敲。

苦，累，单调，没技术含量，敲不出成绩，出不了成果，没人愿意干，却又离不开。“别人不干我干，干就要干好。”说这话的人就是王君智。

敲打铁管的工具是一根铁棍。一只手转着铁管，一只手拿着铁棍敲打。转的速度，敲击的部位和频率都有讲究。敲上七八下加一次砂，一次加 30 克。

在王君智心目中，或许那敲击之声堪比金声玉振。实际上，为减少噪声对环境和别人的影响，每次敲击时，王君智都把门关严，那噪声就是他的“独奏音乐会”。

2021 年 10 月 21 日，习近平总书记视察胜利油田，第一站就到了勘探开发研究院，还看了胜利油田勘探开发研究 3 个省部级重点实验室中的 2 个。CCUS 重点实验室就是其中之一。

CCUS 重点实验室旁边有一间陋室，陋室的主人就是王君智，陋室就是敲铁管的所在。CCUS 重点实验室里的设备非常先进，可以说是世界领先、国内拔尖。王君智的陋室却有些过于寒酸，寒酸得有些让人“目不忍睹”。

陋室里有一台设备，是他的专利发明，不用说就知道，用来制作模拟岩心用的。其余的都是些扳手、钳子、螺丝刀，还有铁丝、酒精、棉纱、钢丝球之类的工具或物料。当然钢管、铁棍、石英砂必不可少。

明知道这活又苦又累，不出成绩、成果，但别人干王君智不放心。他说自己这是“犯贱”。“犯贱”的原因有二：别人干的时候，心里没底，手上没数，往往请他做指导，但敲出来的“产品”又入不了他的“法眼”；本来人手就紧张，许多工作压在那里等着去干，与其那样，还不如自己干。久而久之，那活儿就成了他的“专利”。

再坚硬的钢铁也经不住长年累月的敲打，渐渐地，笔挺的身躯弯曲了，像个弯腰驼背的老人。弯曲的管子只能用手工敲。管子是进口的，一根好几千块钱，只要不影响试验效果，王君智不舍得更换。

日复一日、年复一年的敲击，使王君智患了肩周炎，但敲击声依然铿锵，且从未停止。每年他敲出来的“岩心”，就有六七十根之多。

这是一个神奇的世界，变化之快，超出人们的想象；这是一片知识的海洋，在里面畅游是一件非常惬意的事。不变的是一颗报国心，一片家国情，一个石油梦。

一下敲击，一声铿锵，诠释着石油人的情怀与担当，还有平凡与普通中的壮怀激烈。转眼间，王君智已经敲击了 17 年，2023 年就将退休。但钢铁的敲击声，依然会延续下去。

在各自岗位上，王其伟、王君智堪称“魔术大师”。

长路漫漫

20 世纪 60 年代，胜利油田便开展了将二氧化碳应用于稠油、低渗透油藏开发的室内实验研究。

1994 年，胜利油田勘探开发研究院采收率试验室成立，专门设立了二氧化碳项目组，主要从事二氧化碳驱和气驱相关的室内实验和现场试验研究工作。

日复一日，月复一月，年复一年，胜利人肩负着神圣使命，沿着由 365 个日日夜夜组成的生命之路，从青春到白头。

面对复杂的油藏类型和诸多不确定因素，为了寻找石油在地下的不同层位及运移特点、规律，提出最佳勘探、开发方案，胜利人穷尽心思，与时间赛跑，向困难挑战，成百上千甚至上万次进行试验。

持续深化对页岩油、稠油、特高含水等油藏的认识；对原油在不同层位、温度和地质构造中的存在方式、运移趋势，有了更加深刻的了解；对油藏勘探、开发理念有了新的突破。所有这些都是在试验基础上得来的。

除研究二氧化碳驱油外，胜利油田还开展了氮气、烟道气等不同气体的驱油试验。那看似简单、实则复杂，充满艰辛和挑战的试验，被赋予了特殊的历史和现实意义。同时，也寄托着胜利人的理想、信念、追求和情感。

1998 年 9 月下旬，郭平带车去高青购买实验用二氧化碳气，回到院里，已过了下班时间，不愿意给其他人添麻烦，他就和司机一起将好几个重达 70 公斤的二氧化碳气瓶往二楼实验室搬，不慎造成腰部受伤。

第二天，他疼得起不了床。爱人心疼他，要陪着去医院检查，被他拒绝了。孤东油田油层保护研究报告，必须尽快完成；10 月初，还要出差去塔里木油田，许多材料也要准备。哪一样事都不能耽误。

郭平每天忍着腰部剧烈的疼痛，进行数据处理、分析，还要编写报告等，经过 10 来天努力，终于完成任务。留给他的是：腰痛将伴其一生。原因是耽误了治疗。

2006 年的一天，李焕臣像往常一样，正在实验室里忙着做实验。突然一阵头晕，天旋地转，站立不住，倒在地上。那是他再熟悉不过的实验室，那是他终生痴爱的工作岗位。同事们立即叫来救护车，用最快的速度把他送到东营市唯一的三甲医院——胜利油田中心医院抢救。遗憾的是，他再也没有醒来，那年他 62 岁。

李焕臣，出生于 1944 年，毕业于北京大学，学的是地质专业。来胜利油田后，一直在勘探开发研究院工作，曾担任气驱研究室副主任，退居二线后，继续在实验室工作。

通风条件不好，原油的味道、恒温箱里材料的味道、化学药品的味道、试剂的味道充斥着实验室。外人一进去就感到受不了，李焕臣却浑然不知。

实验设备选用的材料存在缺陷，安全性能差，再加上二氧化碳遇水形成碳酸，腐蚀性强，穿孔现象时有发生。出现穿孔，就意味着试验失败，必须推倒重来。

准备时间长，试验周期长，试验过程中不能离人。24 小时连轴转，两人一班，12 小时轮换一次。每个班 10 ~ 15 分钟记录一次数据，最长不能超过半小时。一个试验做下来，最快两周，最长一个月。他饿了就吃方便面，把各种口味的方便面吃了个遍，也落下了看到方便面就“反胃”的毛病。

特别是值夜班，那才叫难受。上半夜还好些，困了累了，可以说话、聊天，或者抽烟提神。下半夜两三点钟，是最困和最难熬时候。话也不想说，烟也不愿抽，脑子里像灌了铅，上下眼皮一闭，就像粘上一样，再也睁不开。

用凉水洗头、洗脸，在实验室里转圈，蹦高，做俯卧撑，抹清凉油，甚至扭胳膊掐腿，所有的办法几乎都用过了，有时竟然也不管用。最后，不得不采取轮流休息的办法。定上闹钟，每人最多休息半小时。3 个椅子排起来，头上一个，腰上一个，腿上一个，竟然就能睡着。

有一次，盛强和李焕臣一起值夜班。零点左右，李焕臣看到盛强没了精神，就让他先休息一会。盛强确实很困，但他不能睡，也不敢睡。李焕臣是老领导，论年龄可以当长辈，自己年纪轻轻的，怎么好意思让他值班，自己休息呢。他就让李焕臣先休息。李焕臣不肯，两人谁都没睡。

凌晨两点左右，盛强趴在桌子上睡着了。一睁眼，天已大亮。第一个反应就是急忙看数据，做记录。李焕臣在一旁告诉他："我已经记好啦，看你睡着了，没喊你。"这次经历让盛强终生难忘。

每个人都会老去。李焕臣悄悄地走了，就像他悄悄地来。没有轰轰烈烈，没有大红大紫，甚至可以说平淡无奇，波澜不惊。但丝毫不影响他人格的伟大，精神的崇高。

2013 年 5 月，中国石化先导课题"注二氧化碳驱矿场试验项目"在胜利油田樊 142 井区正式展开。

二氧化碳的特殊性，再加上井口低温高压、井底高温高压，井场情况复杂，环境恶劣，要进行长期动态监测，艰苦程度不言而喻，不仅是对仪器设备的考验，也是对人的考验。

人上去不久，就赶上了雨季。50 多岁的郭建福带着测试组，在泥水里日夜奔波。测试井周围一片汪洋，通往井场的路泥泞不堪，车辆根本进不去，只好在离井约 1 千米的地方停了下来。

天色已晚，雨丝毫没有停的意思，郭建福第一个跳下车，对大伙说："不能再等了！大家辛苦一下，把仪器抬到井上。"所有人二话不说，三三两两，肩扛手抬，来回搬运仪器设备。

井场周围是洼地，一脚踩下去，雨靴就没了顶，里边灌满了泥水，又湿又滑，走起来很费劲。他们干脆就把雨靴脱掉，赤脚在泥水里行走。风大雨猛，衣服湿透了，有的扎破了脚，有的碰伤了手，但没有一句怨言。

接下来，就是往井里下仪器。上天好像故意和他们过不去：第 1 次，刚下几百米，电缆信号中断了；第 2 次，快到指定位置时，数据出现异常；第 3 次，还是不行；第 4 次，终于成功。他们精神一放松，累得一下子瘫坐在地上。

防气窜泡沫剂研究，是一项重点工作，仉莉是其中一员。从 2020 年开始，两年下来，她做的实验记录就用了 4 个厚厚的笔记本。一次不行两次，两次不行三次，三次不行四次。每次实验结果，好像只有两三行字，4 个厚厚的笔记本，不知记录了多少实验数值和内容。目前，这项研究还在继续，仉莉的实验记录不会停止。

2021 年 2 月 2 日，气驱试验室接到上级下达的编制“齐鲁石化—胜利油田百万吨级 CCUS 项目”规划的任务，要求用一周时间拿出初步方案。

从那天开始，气驱试验室全体人员进入了会战状态。勘探开发研究院首席专家、气驱实验室主任张传宝，身先士卒，昼夜奋战。一次又一次开会，一遍又一遍修改，一直忙到年三十，累得坐在椅子上，站不起身。

春节过后，第一天上班，晚上六点半院领导听取了规划方案汇报。根据院领导的意见，气驱实验室连夜进行修改方案。第二天一早，张传宝又向油田领导汇报。后又根据油田领导的意见，反复进行修改。

3 月 31 日，凝聚着胜利油田勘探开发研究院集体智慧的“胜利油田—齐鲁石化 CCUS 工程规划方案”终于出炉。4 月 1 日，在首都北京，胜利油田主要领导带队，向中国石化总部领导做了汇报。按照集团公司主要领导“加快工作进度”的要求，新一轮紧张的工作重新开始……

“我还没有看到花开，春天怎么就过去了。”气驱实验室党支部书记李友全不无遗憾地说。

联合国政府间气候变化专门委员会第五次气候变化评估报告指出，如果没有 CCUS 技术，几乎所有气候模式都不能实现《巴黎协定》目标，而且全球碳减排成本将会成倍增加，预计增幅平均高达 138%。

据国际能源署发布的数据，CCUS 将实现 38% 的化工行业减排，预计到 2050 年，CCUS 将贡献约 14% 的二氧化碳减排量。

从我们国家来看，未来仍有 10 亿吨碳排放量要靠 CCUS 实现中和，其中，石油化工占 2 亿 ~ 3 亿吨、天然气占 3.6 亿吨。

二氧化碳在驱油过程中，有 40% 左右封存于地下，60% 左右随原油产出。采出液中含有甲烷及二氧化碳伴生气。

胜利油田石油工程技术研究院地面工程技术中心研发的“撬装化二氧化碳驱采出气分离提纯技术”，应用于滨南采油厂二首站，取得良好效果。日处理气量 10000 立方米，经过分离提纯，每天回收含甲烷天然气约 3000 立方米，回收高浓度二氧化碳气体 7000 立方米，约 14 吨。这项技术的试验成功，实现了二氧化碳伴生气的高效低成本资源化利用。

实现采出气中二氧化碳的分离、提纯与回注，是保障二氧化碳驱顺利实施和实现碳减排的关键。该技术的成功应用，有效解决了二氧化碳排放难题，为胜利油田规模化实施二氧化碳驱提高采收率及页岩油高效开发提供了技术支撑，前景非常广阔。

CCUS 涵盖二氧化碳捕集、利用和封存三个环节，其发展应用将有效提升“碳消耗”能力，为搭建“人工碳循环”提供新可能，并将推动传统化石能源行业的低碳转型。

为响应党中央“2030 年碳达峰、2060 年碳中和”的重大战略决策，中国石化明确提出，要在 2050 年实现碳中和，全力打造世界领先洁净能源化工公司。

我国约有 100 亿吨石油地质储量适合二氧化碳驱油，预计可增采 7 亿～ 14 亿吨，加快 CCUS 产业发展将会对保障国家能源安全提供支撑。中国石化所属油田企业，适合二氧化碳驱油的石油地质储量约 25 亿吨。

将炼化企业的二氧化碳捕集、输送至油田，可实现二氧化碳驱油与减排双赢。在这方面，中国石化具有得天独厚的条件和优势。

朝阳产业，广阔的发展平台，必定大有作为。封碳驱油、保护环境，变废为宝、利国利民，功莫大焉。着力降低成本，加快突破技术瓶颈，严密防控运行风险，及时总结和推广成功经验，胜利油田任重道远。

做 48 小时核酸检测，扫行程码，查二维码，还要实名登记身份证、电话号码、出发地、目的地等，没想到去正理庄采访也这么不易，其他就更不用说了。不可否认，这是对人民负责，对生命负责，是爱的表现，必须积极配合，于情于理都应如此。

从施工现场返回正理庄油田管理区时，巧遇一对新人结婚。庄重气派的拱门上，赫然写着新郎：金刚，新娘：刘翠。

金刚，一个多么响亮的名字，真的名不虚传。金刚小时候，父母忙于工作，不能随时照顾他，就把他一人锁在家里。不满 4 岁的他非常顽皮，一不小心，从 4 楼摔了下来。爸爸妈妈得到消息，急急忙忙赶回来，抱着他到医院检查，结果并无大碍。于是改名“金刚”。金刚，一个多么真诚的名字，彰显着石油人的特质、秉性。相信不久的将来，会有一个“小金刚”或“小石油”诞生。

疫情期间，投注设备上不来，一个环节受阻，其他环节也会叫停，“牵一发而动全身”，时间耽搁不起。

温度、压力变送器是CCUS的重要设备，必须尽快抢装。正理庄管理区党支部书记焦俊杰、经理芦剑亲自带头，组织党员突击队，采取接力传递方式，把设备设施从高速路口弄下来，然后一口井一口井安装，2天时间，安装200多口井。

对油水井进行分级分类管理，按照风险等级，从高到低，依次标注为红、橙、黄、蓝色，通过电脑可直接查看。可视化、标准化、程序化、自动化管理的雏形已初步显现。

人工巡井，一圈下来3小时；自动巡查，只需15分钟。电机皮带打滑、有不穿工衣的人进入井场、抽油机光杆松动，甚至井口有一滴原油渗出，都能及时发现。无人机巡航、自动检测、自动加固等高科技的运用，大大减轻了劳动强度，提升了管理水平。

路漫漫其修远兮，吾将上下而求索。道阻且长，行则将至，行而不辍，未来可期。

正理庄，一个名不见经传的地方，将因百万吨级CCUS示范项目，载入共和国石油工业史册。

CCUS奏鸣曲

甄宇宁

他们用二氧化碳驱动地底储层黑色的石油；他们用理想和信念驱动能源那温暖的太阳……

——题记

18世纪60年代工业革命以来，随着石油石化工业的不断发展，化石能源燃烧产生的二氧化碳累计超过2.2万亿吨，导致地表平均温度已升高1.1摄氏度。据测算，本世纪中叶升温如果超过2摄氏度，将给地球造成难以承受的生态灾难。

习近平总书记在2020年9月22日的第七十五届联合国大会一般性辩论上提出了“二氧化碳排放力争于2030年前达到峰值，努力争取2060年前实现碳中和”的宏伟目标。

因此利用二氧化碳在超临界状态时具有较大溶解能力的物理特性，将二氧化碳捕集纯化后注入地下用于油田驱油，既能有效提高油田的采收率及低渗透油藏的动用率，使得大量的低品位油气资源获得解放，提高石油产量，又能实现二氧化碳安全地质封存，是实现“碳达峰、碳中和”的重大技术支撑。

昨天的脚步

2021 年春天，一辆 SUV 车驰骋在东营到滨州市高青县的马路上，车上乘坐的是胜利油田高级专家吕广忠和他的助手。此时，他们正赶往高青县境内的纯梁采油厂正理庄油田，为即将开工的胜利油田百万吨级CCUS项目规划编制，做前期的考察调研。

碳捕集、利用与封存，简称 CCUS，是减少二氧化碳排放的关键技术之一。

正理庄油田的我国首个百万吨级CCUS 项目，涵盖碳捕集、利用和封存 3 个环节，建成后将成为国内最大的 CCUS 全产业链示范基地，为国家推进 CCUS 规模化发展提供应用案例。

有一个形象的比喻：正理庄油田百万吨级 CCUS 项目实施后，可每年减排二氧化碳 100 万吨，相当于植树近 900 万棵、近 60 万辆经济型轿车停开一年。

车很快到达正理庄油区，吕广忠又闻到了亲切又熟悉的味道。

他对这里的一切太熟悉了。十几年的打拼，这里踩下了他深深的足迹，他的心和这里结下了深厚的情谊。这片旷野、这里的油井、这里的小路，甚至每口井地下的油藏分布，早已经变成了他熟悉的朋友。

他习惯性地把视线撒向遥远天际。远处白云悠悠，早春的气息充满了诱人的味道。井场边当年那几棵白杨，现在早已遮天蔽日，枝繁叶茂。

那些嫩绿色的树叶在春风里摇曳着，发出沙沙的响声。几株黄色的迎春花依旧灿烂地向他微笑着。他仰望蓝天白云下的一口口油井，想象着即将开启的百万吨级 CCUS 项目，心里久久不能平静。

粗略算起来，他从事 CCUS 研究工作也有十几个年头了。

有人说，胜利油田的发展史，就是一部科技创新的历史。

胜利油田被称为石油地质的“大观园”，这里囊括了全世界三分之二以上的油藏类型，构造复杂，断层密布，就像“一个摔碎的盘子，又被踢了一脚”，勘探开发难度之大，为世界所公认。

针对胜利油田油藏“薄、小、碎、深”的特点，油田科研人员通过大量的实践，自主研发出了诸多勘探开发新技术。如果说单点高密度地震技术，就像给地层做“CT”，更容易锁定石油的“藏身之处”，领跑世界的化学驱油技术，相当于用扫帚将岩石缝隙中的石油“扫”出来，成为大幅度提高采收率的“撒手锏”的话，那CCUS就是“干毛巾里往外挤水”，把低渗透油藏从磨刀石般的石头缝隙里“赶”出来。

16年来，他和勘探开发研究院的科研团队，在“磨刀石”中找油藏，在低渗透里增产能，创造了一个又一个的科研成就，为油田CCUS工作奠定了坚实的基础，做出了令人钦佩的成就。

16年看似漫长，其实就是短暂的一瞬，特别是对一个一心一意投入工作的人来说。

吕广忠说，胜利油田二氧化碳驱油规模化应用面临混相压力高、不易实现混相、驱油效率低和储层非均质性强、连续气驱为主、易气窜等问题。针对这些问题，胜利油田开展了一系列的二氧化碳驱油的技术攻关。

20世纪60年代，借鉴国外的经验，油田石油地质工作者曾经试验过氮气驱油的方法。但由于当时条件所限，这项研究一直断断续续。70年代，当时胜利油田地质院（勘探开发研究院的前身）开发实验室的科研人员，曾试探通过二氧化碳驱动孤岛油田平方王油田的黏稠油，改变低渗透油藏的注入性问题。

90年代初期，鉴于国外在二氧化碳驱油开发领域的成绩，油田对此项工作逐步重视。二氧化碳驱油在东辛采油厂、现河采油厂曾作为一种增产工艺措施实施。断断续续的实验，虽然跨距比较大，但由于当时的环境与条件有限，二氧化碳驱油技术水平基本在原地徘徊。

1996年，油田在地质院筹备气驱实验室；1997年，地质院采收率实验室气驱实验组成立。

历史的时针指向21世纪。

国内外研究发现，要实现二氧化碳驱替，解决“混相”是关键。

所谓“混相”，就是当地层压力达到一定条件，二氧化碳密度和原油密度相当时，二者就能像水和酒精一样融在一起，从而实现二氧化碳对原油的驱替，达到开发效果。

为了研究不同注入方式下的驱油效率，勘探开发研究院的专家们自主设计研制了二氧化碳驱非均质长岩心物理模拟装置，利用从地下3000多米采的岩心样本进行模拟试验，岩心长度为2m。

2008年1月，油田在位于滨州市高青县境内的高89-1进行了第一个二氧化碳混相驱先导试验。开展试验的目的是探索滩坝砂特低渗透油藏二氧化碳驱补充能量的可行性。

这也是吕广忠进入勘探开发研究院，从事二氧化碳驱油研究后，作为“操刀手”和大家一起干的第一个大项目。

此后，胜利的二氧化碳驱油事业步入快车道。

2010 年，吕广忠和同事一起联合油田设计院等单位实施了胜利发电厂烟气二氧化碳捕集纯化工程试验。这也是国内外首个燃煤电厂烟气二氧化碳捕集、驱油与封存全流程绿色试验项目。

2013 年，在同样位于高青的正理庄油田，樊 142-7-X4 井组二氧化碳混相驱试验也拉开了帷幕。

樊 142-7-X4 井组包含注气井 1 口、油井 6 口。该项试验于 2013 年 6 月开始注气，试验开始后，6 口油井关井恢复地层压力。2016 年 12 月，开井后全部自喷生产，单井日产油由原来的 1 吨升为 6 ～ 9 吨，并以日均产油 5 吨的水平稳产两年。

由此，樊 142 成为油田对二氧化碳驱探索的里程碑。

当然，樊 142 的成功，绝非一帆风顺。但其成功坚定了胜利油田推广二氧化碳驱油的信心和决心。

经过多年室内研究和现场攻关，吕广忠和他的团队成员针对油田油藏物性差、混相压力高、易气窜等条件，逐渐形成了二氧化碳混相驱、气水交替驱等国内外领先的技术系列。在滩坝砂樊 142、高 89-1、高 899，浊积岩商 853 以及复杂断块莱 113 等区块开展了规模化应用，取得了显著的增油效果。

半个多世纪的试验，半个多世纪的创新，半个多世纪的奋勇攀登，从无到有，从弱到强，从室内研究到国内最大的百万吨级 CCUS 项目启动建设，勘探开发研究院 CCUS 团队不断创新发展，实现了二氧化碳驱油与封存的双赢。胜利人在这条路上留下了一连串坚实的脚印，闯出了一条绿色低碳的发展之路。

这是一条荆棘之路，这是一条勇者之路。

春风吹过了吕广忠的头发，他从久远的记忆中又回到了眼前的正理庄。他想，半个多世纪的胜利科技进程里，有许多油田的科技先贤在这个领域里开拓进取，攻坚克难，他们为今天油田 CCUS 的发展打下了坚实的基础。CCUS 的接力棒现在传到了我们手里，我们一定会干出一番成绩，不辜负他们的期望。

想到这里，吕广忠仿佛进入了大战之前的一种兴奋状态。他的脑海里像演电影一样，一遍又一遍地过着油藏工程优化设计和油藏工程方案。针对气窜、波及体积低等可能出现的问题，他们又反复从井网井距设计入手，对井网井距与储层分布相适配，实现均衡驱替的方案进行了全方位的再审核。对优化注入方式，提高波及体积以及通过压力水平、注采参数优化，最终达到目标中的安全、环保，以及环境监测等都逐一进行了落实。

他的心情又激动起来，他又一次眺望正理庄天空的白云。他畅想着几个月后，这里百万吨工程实施的情景。数十年胜利地质科研工作者为之奋斗、为之追求的百万吨CCUS 项目即将变成现实，胜利油田发展史上首个百万吨 CCUS 项目将在他们这代人手中实施。习近平总书记提出的 2030 年碳达峰、2060 年碳中和目标的实现，我们胜利石油人将为之添上浓浓的一笔。

爱与恨

“我对二氧化碳是又爱又恨。”这是吕广忠见到我们的第一句话。

这个开场白有点出乎我的意料，我知道吕广忠是油田 CCUS 方面的专家，一直从事低渗透油藏开发、气驱开发和数值模拟等技术攻关与应用研究工作，具有丰富的专业理论和实践经验，在开发基础理论与方法、复杂油气藏开发关键技术等方面取得多项成就。

我怀着有些好奇的心情，与吕广忠慢慢聊。

吕广忠的老家是聊城高唐赵寨子乡。20 世纪 80 年代的鲁北平原还比较穷困，但吕广忠小学和中学的读书成绩几乎一直名列前茅。在农村小学，那时能读到的书并不多，但吕广忠总是想办法找课外书来读。一本本好看的书让他着迷，一个个精彩的故事令他神往。特别是周恩来青少年时代发奋读书的几本连环画，让他非常痴迷。那时他开始崇拜伟人，并暗暗下决心要努力读书，改变家乡的面貌，改变自己的人生。

1993 年，他以优异的成绩考入石油大学开发系油藏工程专业。大学五年他几乎每学期成绩都是年级第一，5 年后被学院保送读研。硕士、博士一路走来，2003 年博士毕业的时候，系领导满心希望他留在学校，做一名既舒服又体面的大学教师。可他不干，他提出要去胜利油田科研一线，去火热的油田生产实践中去学习锻炼。

选择了石油也就选择了风险，选择了石油也就选择了忠诚、责任与勇气。从此，吕广忠在胜利这个人生舞台上开始了他的职业旅程。

地质院渗流力学室成为他博士后期间进站的第一个单位，他主动要求去了断块低渗透研究室。这期间吕广忠开始接触水平井、二氧化碳驱油等勘探开发新技术。

2006 年秋天，他在水平井技术提升和动态分析方面忙得不亦乐乎。有一天，当时的院主要领导对他说：二氧化碳驱油是个新技术，有可能成为未来低渗透油藏开发的发展方向，你能不能先试一试。

从那时候开始，他就一边忙水平井，一边忙气驱。后来实在忙不过来，他就完全转型到了 CCUS 二氧化碳驱油研究上。

自从接触二氧化碳驱油的那一天，他就深深地爱上了这份艰辛却充满希望的职业。他说，把二氧化碳“吃”进去，把原油“吐”出来，是个多么聪明多么划算的好事。

开采石油，通常是将水注入油层，用水来驱替原油。但吕广忠为我算了一笔账：二氧化碳驱油效率比水高 40%，采油成本比水低 20%，封存率一次能达到 60% 至 70%，既能提高石油产量，还减少了二氧化碳排放，兼具生态效益与经济效益。

二氧化碳驱油最早在欧美国家发端，技术也比较成熟。但国外大都是埋藏比较浅的优质油田，技术要求比我们简单得多。并且他们大多自身就有二氧化碳气田，直接注入驱油。我们虽然在 20 世纪 60 年代就开始了二氧化碳驱油的探索，这几十年也做了不少的科学实验，但技术一直不成熟。

技术水平偏低，制约规模化发展，与国外百万吨以上的驱油项目相比，我国 CCUS 项目仍面临规模小、驱油效果不稳定、驱油收益偏低等诸多问题。

在二氧化碳捕集环节，以前国内许多项目的实际年捕集能力较低。在从捕集提纯二氧化碳，再运输到油田进行驱油和二氧化碳地质封存这一过程中，一直存在着多个技术难题。

以前国内二氧化碳大多依靠罐车运输，而部分发达国家已经有超过 5000 千米的专用二氧化碳输送管道。由于技术水平限制，CCUS 的大规模应用成本偏高，我们还未能建立相关的产业链集群，因而难以产生大的经济效益。还有驱油效果不稳定的问题，严重影响了二氧化碳驱油产量。特别是胜利油田“打碎了盘子”的油藏特点，导致二氧化碳驱油工作一直断断续续，有时云遮归途，有时柳暗花明。

这些都让吕广忠着急，作为从事了十几年 CCUS 研究的专家，他恨自己还没有大的突破，恨自己科学研发的脚步太慢太慢。为此，他常常为了一个方案彻夜难眠，为了现场一个良好的试验结果而兴奋不已。为了攻克那些实践中的技术难题，他常常在实验室的窗前，仰望深邃的夜空。有时他想化作一颗流星，去探究那些勘探开发知识的海洋深处的奥秘；有时他想化作一缕二氧化碳的气流，深入到 3000 米的地层去窥觑低渗透油藏的世界；有时他想化作一粒粒岩石，去封堵住那些“气窜”的缝隙与漏洞。

“爱之愈深，恨之愈切”，我似乎明白了吕广忠爱与恨的缘由。为了心中的这份爱与恨，20 年来，吕广忠像一个行者，一直在这条崎岖的山路上攀登不止。

“最难熬的日子莫过于樊 142 区块先导试验的那三年。”吕广忠说。

在进行了大量的相关试验，并通过低渗油田二氧化碳驱油启动压力梯度和有效压力梯度，对低渗二氧化碳驱油非达西渗流规律的研究，对驱油过程中原油黏度变化、压力变化、压力梯度变化等指标进行了全方位反复分析，反复调整、反复确认后，2013 年春天，油田决定在樊 142 进行 CCUS 二氧化碳驱油先导试验。勘探开发研究院与鲁明公司成立了混相驱项目组，开始了艰难的探索。

为了获知油藏压力的提升状态，项目组开展攻关活动，解决了二氧化碳对电子仪器、橡胶件的腐蚀问题，并在 6 口油井、1 口注气井下放入电子压力计，每天跟踪分析矿场动态，通过组分数值模拟掌握二氧化碳在油藏中的运移规律，不断调整压力和试验路径。

这年冬天，正忙得满头大汗的吕广忠接到在聊城老家父亲的电话，老人提出要来油田看看。

没几天，父亲来到东营。看到忙得团团转的儿子，住了一天，老人就要回去。

吕广忠带着歉意说：“既然您来了，就多住几天吧，我这几天先忙，过几天再和您聊天，让建乔先陪您转转。”

“年轻人多忙点好啊！你忙吧，我不耽误你的事。”老人说。

忙过了几天，吕广忠觉得父亲来去匆匆，应该有点儿什么事。他就给娘打了个电话，娘开始还躲躲闪闪，几句话后，娘给儿子道出了实情。

“你爹这几天总是不得劲，人瘦得不轻，也吃不下饭去，在咱这里也没查出什么病来，要不过完年你带爹去济南看看？”娘说。

日子过得飞快，转眼年过了。吕广忠带父亲来到济南齐鲁医院，并找到了多年的老同学帮忙。挂号、问诊、拍片……

很快，检查结果出来了。在劈头盖脸地埋怨声里，他颤颤巍巍地接过老同学递过来的化验单。当他看到“恶性肿瘤”几个字时，怎么也无法接受眼前的现实，他的眼里淌出两行愧疚的泪。

回到老家，他给娘把实情都说了。娘一时也六神无主，姐姐、弟弟听说了父亲的病情后都回到了家，大家商量下一步的治疗方案。

他后悔当时只顾了忙工作，耽误了老爹的病情。但他想现在只要有一线生机，也绝不能放弃，于是，他立即联系了上海的几家大医院，带着父亲又匆匆地赶赴上海。但是，上海的专家在看了各项化验单后，也都惋惜地摇着头说：回去吧，晚期了……

吕广忠带着父亲无奈地回到了老家。事已至此，他和母亲以及兄弟姊妹，只能慢慢地接受这个残酷的现实。

正理庄的电话仍是一个接着一个。受地层能量不足及人工裂缝等不利因素影响，樊 142 出现了混相能力不高、注气井波及系数低等问题。此时，他只能先把父亲委托给姐姐、弟弟，返回单位继续投入正理庄樊 142 的紧张试验中。

忙完了那段时间，吕广忠请假回家，陪陪病重的父亲，在父亲的床前好好尽尽孝。可回家没几天，父亲就与世长辞，永远离开了他们。

“我不是一个孝顺的儿子，也不是一个合格的丈夫，更不是个称职的父亲。在我的生活里，我对得起大多数人和我这个岗位，但我对不起自己父亲、妻子和女儿。”说到这些，吕广忠哽咽了……

此时，正理庄的春天里正在上演着一幕幕 CCUS 的大戏。上百台车辆排成一字形，源源不断地把二氧化碳运输到油区，二氧化碳像一队队尖兵进入低渗透油藏的心脏。我想，为了这一天，吕广忠和油田的 CCUS 团队默默付出了多少智慧、多少汗水，他们舍家忘我，他们默默无闻，他们执着顽强，他们筚路蓝缕，披荆斩棘，他们用奉献和大爱照亮了共和国能源的希望之光。我似乎更明白了吕广忠对 CCUS“爱”与“恨”

的理由。我想，这种“爱”是一种情怀，一种眷恋，一种忠诚；“恨”则是一种责任，一种担当，一种舍我其谁的勇气与胆识。他们就这样爱着、恨着，在默默的爱与恨里，在平凡寂寞而又高尚伟大的事业里无怨无悔，奋力前行。

石油之魂

胜利人在 60 余年勘探开发建设进程中，不断厘清、选择、确立了自己的价值信仰，这种信仰就是将自己的人生价值与国家的命运紧紧联系在一起的责任感与使命感。

作为胜利科研战线上一位孜孜不倦的探索者，吕广忠始终有一份用自己所学的知识报效祖国的情怀。这种情怀是胜利人不断开拓前进的动力，也是新时代胜利人的不懈追求。

说起胜利发电厂 4 万吨二氧化碳捕集装置的突破，吕广忠至今记忆犹新。

当时全球的气候变化已经成为世界各国关注的问题，这其中以二氧化碳为主的温室气体排放尤其让人瞩目。

勘探开发研究院领导对吕广忠说，我国走绿色低碳发展道路，以能源绿色低碳发展为关键，逐步形成节约资源和保护环境的产业结构和生产生活方式。下一步生态优先、绿色低碳的高质量发展将迎来更大的发展空间，CCUS 工作将迎来更好的发展机遇。

吕广忠心想，“双碳”目标对我国绿色低碳发展具有引领性、系统性，可以带来环境质量改善和产业发展的多重效应。降低碳排放，有利于形成绿色简约的生活方式，降低物质产品消耗和浪费，实现节能减污降碳。加快降低碳排放步伐，有利于引导绿色技术创新，加快绿色低碳产业发展，在可再生能源、绿色制造、碳捕集与利用等领域形成新增长点，提高产业和经济的全球竞争力。这是多么伟大的事业，这是多么宏伟的目标！我们要抓住这个有利时机，把我们手中的 CCUS 工作推上一个新的高峰，为油田二氧化碳的捕集与驱油闯出一条新路。

说干就干。2009 年，根据油田的相关安排，吕广忠带领团队对胜利发电厂所排放二氧化碳进行捕集驱油的研究。

他们计划设计一套二氧化碳捕集装置，这套装置采用化学吸收法，利用化学溶剂与二氧化碳在低温下的反应，将烟气中的二氧化碳吸收出来，高温加热后进行二氧化碳的释放，从而实现二氧化碳的捕集。捕集起来的二氧化碳经过压缩和冷却变成液态的二氧化碳，然后通过车辆运往采油厂。

当时胜利发电厂每年排放二氧化碳超过 400 吨，造成了比较严重的大气污染。在油田 CCUS 研究发展的历程中，这是一项充满挑战性、开创性的工程。那些日子，吕广忠和项目组的同事收集资料、编写方案。由于国内没有可以直接借鉴的资料，他们不等不靠，迎难而上，结合相关单位设计捕集装置的每一道流程。

2010 年，工程开工建设。2012 年，国内外首个燃煤电厂全流程 CCUS 示范工程建成。

燃煤电厂烟气具有二氧化碳分压低、强氧化、气体组分复杂的特点，同时用于驱油的二氧化碳纯度要求较高 (99%)，增大了捕集难度。经过反复试验，吕广忠和研究团队最终选用以胺类溶液为主的化学吸收工艺，通过二氧化碳与化学吸收液的可逆反应实现二氧化碳捕集，研制形成了燃煤电厂烟道气二氧化碳捕集纯化成套技术。将二氧化碳从烟气中捕集后，再经过压缩、干燥、液化及存储，通过罐车输送至油区用于二氧化碳驱油与封存。

当年经过专家评审，胜利油田自主开发的高效二氧化碳捕集溶剂及工艺比常规 MEA 工艺再生能耗降低 20%，同时吸收剂损耗有大幅下降，捕集成本降低到 191 元，同比降低 35%，达到国际先进水平。

在胜利发电厂二氧化碳捕集项目现场，笔者仍然可以看到烟气水洗塔、吸收塔和再生塔错落有致地林立着。

近十年过去了，现在回头看，虽然由于配套设备等种种原因，设备的运行周期不长，但那已经是在当时条件下一个超前的、大胆的探索。这也是胜利 CCUS 迈出的重要一步。

捕集装置建成后，国内外的很多媒体都对此项目给予极大的关注。2012 年，中国工程院副院长谢克长院士率领黄其励等 5 位院士，到现场进行了参观考察。在项目的研发和实施过程中，油田与国内外知名研究机构开展了广泛的合作交流，并共同开发研究 CCUS 相关技术，这个项目获得了油田科技进步一等奖。油田也参与了中国 CCUS 技术路线图的编写，为推动 CCUS 的发展做出了重要贡献。由于这个项目的影响，油田被邀请参与国际CCUS大型技术研讨会，并在大会期间宣传中国的CCUS技术，为中国在世界碳减排领域树立了良好形象。

吕广忠是一个具有责任和担当意识的学者，责任感、使命感驱使他不断迎接新的挑战。他常说的两句话就是“把事情做到极致”“今天再晚也是早，明天再早也是晚”。他是一个爱“较真”的人，为了一个数据，为了一项实验，宁可不吃饭，宁可不睡觉。

正理庄油田樊142区块的问题接踵而至。他们和项目组的现场管理人员找症结、调方案，一个个挠头的问题逐渐破解。

二氧化碳注进去了，一时见不到效果。大家的心情很沉重，可更着急的是他这个项目的“操刀手”。

那年冬天，大地奇寒。一入冬，凄厉的北风就掠向华东大地，扬起漫天尘土。白天太阳的脸被吹成了铁青色，夜晚的月亮失去了皎洁的光泽。荒原上泛起的一层层白霜，把枯草冻得生硬。

2015年春天，在二氧化碳注入两年多后，监测显示，油井里的二氧化碳与原油终于实现了混相。在现场油井旁的吕广忠兴奋得几乎一夜睡不着觉。于是他们研究决定开井。可井开后，产油量并没有达到他们的预期。

这时疑惑的眼神、奇怪的议论，以及对这个项目整体的怀疑与不信任都一股脑地来到他的面前。他感到了前所未有的压力。

理想与现实的距离使他迷惘与困惑。茫茫旷野，早春的寒风吹拂面庞，远处几棵不知名的大树已绽出新绿，大地即将苏醒。但他当下还看不到任何结果。

3000米地下的油层是在神秘地舞蹈还是昏昏欲睡，静默不语，都是一个未知数。他反复问自己，问题到底出在哪里？二氧化碳驱油研究了这么多年，现场的成绩在哪里？

他期盼着樊142的春天早日到来，盼望开井的日子能够油流奔涌。他时而相信自己，时而又怀疑自己，他甚至想到了退缩。这时有人也劝他调整一下岗位，继续搞他熟悉的丛式井或换一个容易出成绩的专业。

但这不是他的性格，他自小就有一股不服输的犟劲。正是凭着这股不服输的精神，他才有今天在油田科研领域的成绩。他想，坚守，是一种信念，更是一种力量。他要凭着这种力量，在这里一直走下去。

此时，他的脚步似乎沉稳了许多，每一脚踩下去，也更有了一种奋进的力量。他去请教领导和油田其他专家的意见，请他们指导逐一分析6口油井的各种数据，并及时调整每口井的方案。

再调整后，他们做出了一个更加大胆的决定：把1.9万吨二氧化碳再次注入井底。

2016年10月，一个收获的季节。

蓝天白云下的红色抽油机格外鲜活。此时，6口井压力均升至40兆帕。

吕广忠和团队果断决定开井。

开井后的6口油井全部实现自喷，单井日产由原来的1吨飙升到6～9吨，并以日均产油5吨的水平稳定两年。

这是一个历史性的突破。它的成功，标志着几代人为之奋斗的CCUS工程结出了胜利的果实，进一步树立了胜利人对CCUS工程的底气和信心，为后来的胜利油田CCUS百万吨驱油工程打下了坚实的基础。

吕广忠笑了，笑得像洒向井场的阳光一样灿烂。

“十三五”以来，胜利油田已经利用二氧化碳驱油增产10万吨。成绩来之不易，这期间的甘苦只有吕广忠自己知道。

这些年，一间实验室就是一个世界，他在各种数据的世界里徜徉。由于常年熬夜，他患有高血压等好几种疾病，经常在办公室大把大把吃药。疲倦时他会抬起头来，看油田的夜色，看万家的灯火。

那天晚上，加班累了，他和几位助手随意聊天。小王说：“吕高级，您现在要地位有地位，要成绩有成绩，干起活来还这么拼命，您这是为啥呀？”

吕广忠回过头来微笑着一字一句地说：“是国家把我这个农民的儿子，一步一步培养成一个大学生、博士生，现在我又荣幸地成为高级专家。你要问为什么，你去看一看电影《我和我的祖国》，就找到答案了。”

此时我想，有的人把工作当成一种谋生的手段，而有的人则把工作当成一种信仰、当成一份事业、当成一种终生的追求。在吕广忠的心里，CCUS已不再是纯粹的科研工作，而是与油田与祖国未来息息相关的一种责任、一种信念、一种忠诚。信念铸就了力量、信念铸就了忠诚。正是这种责任、信念与忠诚，铸就了我们的石油之魂，铸就了我们的胜利之魂。

春天的理想

张传宝是一个有几分武将相貌的人。高大的身材、微胖的面庞、宽敞的前额、儒雅的微笑，让我很难把他和我想象的石油地质专家联系起来。

2019 年春天，张传宝来到新成立的气驱室。

为了进一步加强对二氧化碳驱油的研究，勘探开发研究院决定将原来的低渗透室、试井室、采收率室等科室方向性合并，编成一个专门从事二氧化碳驱油实验研究的“航母编队”。

“航母编队”浩浩荡荡向着 CCUS 专门研究的彼岸出发。

张传宝成为这个“编队”的首任室主任。

油田和研究院给气驱室的职能定位是：当好油田科研领域的“尖兵”，做好油气勘探开发的“大参谋”，特别是在 CCUS 领域蹚出一条新的路子来。

春暖花开，草长莺飞的时节，大家怀着一个共同的信念，一起踏上了一条新路。

人员陆续就位，职责逐渐明晰。可如何带好这支队伍，如何让大家在有限的时间里实现快速转型，在油田大地上写出一篇高水平的论文，实现多方期待的业绩，张传宝和室里的李友全书记等班子成员着实费了一番脑子。

把价值管理目标定位在启迪人智、凝聚人力、激扬人生的人文基础上，他们针对队伍的构成状况，通过强化思想教育、强化案例剖析、强化传统教育，积极打造锐意进取、爱岗敬业的队伍。

“我们的第一项重点工作就是从团队建设入手的。”张传宝介绍说。

熟悉张传宝的人都知道，他是油田低渗油藏开发的“大拿”。其实他的成长道路并非一帆风顺。1993 年，年轻的张传宝从石油大学毕业后，被分配到试井室从事试井解释工作，在这个岗位上一干就是 10 年。

2003 年他调到断低室。这是油田断块油藏开发研究的“参谋部”，他的主要职责是断块油藏提高采收率技术的攻关等。面对新的陌生领域，张传宝工作一时没了头绪。但很多基础活儿忙得还是不可开交。他只能在边学边干中，开始了他的低渗透油藏研究工作。

“自己不明白的就请教同事，大家总是热心地帮我，也会经常遇到别人不愿意解答的尴尬，但书本是我最好的老师。”为此他翻遍了《油气藏工程方法与应用》等专业书。由于他良好的大学专业基础，并且肯学习爱动脑子，随着理论与实践的快速融合，他逐渐让师傅们跷起了大拇指，并在这个室走上领导岗位，成为这个室的技术掌门人。

从“外行”变“内行”的张传宝，深知从不同岗位来到气驱室的新人们业务上的苦楚。于是，为了快速提高大家的技术水平和认知能力，他们首先搞了一个以流程化、模块化、“兵团作战”为特点的试验作业流程。

“在大办公室一块干！齐步走，一步步上台阶！”每个人几乎都成为这个流程上的节点，一块儿做项目，一块儿搞试验，互相交流，互相启发，共同进步成长。对于一些重点项目，张传宝则“领着干、伙着干、亲自干”。年轻人在心里都十分佩服他。

对于一些注水井、采油井距离的参数计算，油层有效厚度下限的确定等，张传宝有着厚实的理论和丰富的实践经验。“这是自己吃饭的饭碗。”但就是这些看家本领，他也不藏着掖着，而是将各种数据、原理、方法制作成文件夹，放在公用电脑上分享给大家。不止如此，大家都公认他是个很厚道的人。

“这样大家可以少走弯路，特别是年轻人进步会快很多。”

“张经理最大的好处就是不保守，他把所有的本事都拿出来给大家分享，而且包教包会。所以在这个集体里我们能快速成长。”新到气驱室的小王深有感触地说。

“5+2”“白加黑”，主动加班加点的人越来越多。

有时晚上干累了，张传宝就请大家喝啤酒、吃烧烤放松。忙碌了一天的小伙子们，此时是最开心的时刻。

在阑珊夜色里，大家海阔天空地聊。有时有了难题，酒桌上还讨论起挠头的试验项目。团队既努力向上，又友爱宽容的精神风貌，感染团结了一批人。不知不觉，大家如沐春风，如逢甘霖，干起活来也都有了一种“精气神”。

“在自家家里干活，不用人指挥。”

“不用看远处，就看看你周围的人，你好意思不去努力吗？”有人这样扪心自问。

“生命不是一个可以孤立成长的个体，他一面成长，一面分享沿途繁华的茂叶和温暖的阳光。”有人在日记上记下了这样的感受。

文化建设有了成效，管理者也相对轻松了。员工们的主观能动性得到了充分的发挥。良好的感情纽带，把个人的感情转换成了团队的凝聚力，气驱室的各项工作走在了整个勘探开发研究院的前面。

作为胜利油田二氧化碳驱油最前沿的科研尖兵，CCUS 项目组的每位科研人员都夜以继日地忙碌着。在与他们交流的过程中，我们无时无刻不感受着他们对胜利石油勘探开发事业的热爱之情。

“大战一百天，决胜 CCUS”——走进 CCUS 项目部的会议室，一条红色的条幅格外引人注目。张传宝给我们讲起这个条幅背后的故事。

2021 年 2 月，油田向集团公司领导汇报了樊 142 等区块的 CCUS 工作准备情况。总部领导指示，要利用我们的优势，把 CCUS 做大做强，形成齐鲁石化等全产业链的综合利用。之后，方案编制工作在 CCUS 项目组全面展开。

参数在研究人员的脑子里。夜深了，可几个办公室还亮着灯，为了保证现场参数的合理与可靠，他们共同研究设想到了各种问题，并根据专家们提出的不同问题，用有力的数据进行着论证。两个油藏组之间，你一言、我一语互相启发，互相借鉴。为了保证现场实施的安全性，他们“一块一测，一井一法”，像给自己的孩子梳洗打扮一样，把每一个方案做到完美无瑕。

为了把各种可能都考虑到，他们把穿过樊 142 区域油层的 400 多口井的参数全部掌握起来，做好各种预案。“气注进去是否见效，问题会出在哪里，脑子里时刻要有各种情况的多种应急预案，一旦现场遇到问题要给现场提出思路。特别是万一出现压力、产量、含气的变化等问题，要马上采取相关措施。”张传宝介绍说。

段新明是 CCUS 项目组聘请来的气驱专家。当过地质所长和采油矿长的他，在气驱现场操作方面有着丰富的实战经验。来到项目组，他感觉自己好像焕发了青春，和年轻人一样加班加点，分析储层的连通情况、找井筒的井身结构，还结合自身工作经历，对现场的实施提出建议，反复排查各种可能性。虽然还有一年多就退休了，但他和年轻人一样摽着干。他说：我是冲着“信任”两个字来的。我喜欢这里的工作状态，仿佛当年的孤东会战一样，我要用自己的努力为 CCUS 再助力。

“为了 CCUS 百万吨方案，我们的团队几乎都在加班。与此同时，我们还搞出了‘征沙村地区征 1-4 井组二氧化碳驱开发先导实验方案’‘正理庄油田高 899 块二氧化碳驱方案’‘二氧化碳封存埋藏的课题研究’等一批科研成果。”

“一遍遍调整，一遍遍提升，一遍遍修改，仿佛整个春天都在做方案。感觉还没看到花开，春天就过去了。”韩凤蕊感慨地说。

几乎与此同时，张传宝和几位科室领导继续花力气抓中国石化和国家级高水平实验室的申报工作。

“一是把实验基础打牢，支撑下一步的科研生产；二是为年轻人的成长，打造更高更好的平台。”张传宝给我们介绍说。

国家级高端重点实验室的申报，需要具备高水平的科研队伍，有行业领先的科研能力，还有对研究人员的年龄、知识结构都比较苛刻的要求。

所谓的国家重点实验室，是围绕国家发展战略目标，面向国际竞争，为增强科技储备和原始创新能力，开展基础研究、应用基础研究和基础性工作，为国家宏观决策提供科学依据的机构。

“对于我们来说，有高端的实验室，才能出更大的成果，年轻人才能快速成长。我们不能等，我们更没有等。”

2019 年 9 月，张传宝去北京中国石化总部汇报“二氧化碳驱油注采偶合物理模拟试验研究”重点实验室课题立项开题报告。由于路上堵车，他们晚上 10 点才赶到北京，但第二天早上汇报的时间不会改变。

“凌晨 1 点他还在熟悉多媒体材料。我们劝他，心脏不好搭过桥，要早点休息。可他说，我最少还要默讲 20 遍，讲得自己心里跟明镜一般。”同科室的王博士介绍说。第二天一早他们一行 5 人，骑单车猛蹬 20 多分钟赶到中国石化总部。由于事先的充分准备，张传宝的汇报非常顺畅，非常精彩，现场的每一位评委都给了较高的分数。

重点实验室花落胜利。

经过这些年的不懈努力，2018 年，中国石化气驱提高采收率重点实验室在胜利挂牌。

2021 年，中国石化碳捕集、利用与封存(CCUS)重点实验室落户勘探开发研究院。重点实验室下设碳捕集技术实验室、二氧化碳驱油实验室、地质封存实验室、碳捕集工程实验室、碳足迹实验室 5 个专业实验室，致力于碳捕集、利用与封存的基础理论和应用技术研究，承担国家和集团公司 CCUS 领域重大科研及生产项目，为 CCUS 技术创新提供平台支撑。

目前，山东省 CCUS 实验室已经完成了前期的申报，国家级 CCUS 研发中心也在积极申报中。

被形象地比喻为地质大观园的胜利油田，勘探开发之难世界公认。特别是随着油田勘探开发的不断深入，从20世纪80年代起，油田整体开发难度越来越大。

地层几乎被钻成了“马蜂窝”，但随着高含水的油田占比面积不断攀升，油田整体综合含水一直居高不下。很多老油田区块含水高达90%以上，每采13～14吨油液才能出1吨油。且注水的压力越来越大，有些低渗透油藏甚至无法实现注水开发。

低渗透油藏是指用常规开采方式难以开发的渗透率低于一定数值的油气藏。由于单井产能低或无自然产能，多需采用非常规开发技术才可见到经济产能。而胜利的低渗透油藏相对于国内外其他油田，埋藏更深，渗透率更低，开发难度更大。

“油藏在缝隙极小、滴水不透的‘磨刀石’里。”张传宝拿着一块铁疙瘩一样的滩坝砂岩心说。

以前对付这种低渗透油藏，一般都会采用压裂工艺，依靠天然能量开发。这类油藏压裂后，起初开发效果比较好，但是想长时期保持比较难。

“针插不进，水泼不进”，老区低渗油藏难见天日，怎么办？唯有科技创新。创新，才能发展。

创新，必须有自己的理论体系做支撑。

“为此我们必须搞出自己特色的高压混相驱理论体系。用理论体系来支撑后期的实验。”张传宝把这称作“强根基、创品牌”的系统工程。

“高压混相驱油，当时国内国外都没有现成的理论和技术。”张传宝介绍说。

搞一套理论谈何容易？路就在脚下，但路走得也异常艰辛。大家从一点一滴做起。

于是，针对低渗透、特低渗透、致密油藏和页岩油的大量相关技术先导试验陆续展开。

一个项目，一次、两次、三次、N次……每一次尝试，都是汗水；每一次尝试，都是信念。

无数次的试验，使陆相沉积油藏二氧化碳驱油理论的认识不断推进，二氧化碳高压混相驱的技术思路越来越清晰。高压驱油混相气窜、油井腐蚀等一道道技术难题不断有新的突破。

“经过不懈努力，在高压混相驱油技术上，胜利油田已经走在了世界的前列。随着探索的不断深入，相信我们的高压混相驱理论会更成熟，我们的技术会更完善！”

“正理庄樊 142 已经开注了。前几天，一天是 800 吨，最高峰的时候是 2000 吨。2000 吨，场面很是壮观！我们现在最大的任务就是保证 100 万吨工程安全、有序、平稳运行！”说这话时，张传宝扭过头望了一眼窗外绿色的春天。

“要实现国家要求的“碳达峰、碳中和”目标，我们还有许多工作要做。”

“莱 113 区块的含水已经相当高了，我们会设计新的气驱方案，争取找到新的产量增长点。”

“前年西部的低渗透油藏用二氧化碳驱油效果也不错，有一口井日产量从 0.8 吨提高到 9.3 吨，下一步西部会是我们努力的一个方向。另外，页岩油的部分区块，我们也准备采用二氧化碳混相驱的办法进一步开发。”

“二氧化碳的封存也是一项大的工程，这项工作前景会非常广阔。我们会结合地方相关部门，对当地的化工企业信息全面摸排，建立源汇匹配的企业资料，初步谋划年封存 300 万～500 万吨，到 2030 年争取搞到 1000 万吨，那将是对我们的碳达峰和碳中和最大的贡献。”

张传宝继续望着窗外。

滩坝砂上的花朵

科学找油的道路磕磕绊绊，但二氧化碳驱油的理论与实践一直在油田上下不断探索。

“勘探无禁区，开发无止境。”几十年来，胜利人开拓进取、不断寻求理论创新、技术进步，不断探索压驱新技术、新领域，努力寻找油田低渗透油藏开发方法，并改写了世界石油曾一度普遍公认的“金科玉律”。

由于时间的关系，很多有价值的试验探索都湮没在历史的尘埃里。我想，在这些探索的过程中，有多少科研工作者前赴后继，攻坚克难，不断攀登油田科研的新高峰。

让我们回望几个他们的故事。

李相良是当时气驱实验室的创始人之一。

1996 年，他和曹银盛、李焕辰、郭平等筹建二氧化碳气驱实验室。

1997 年，二氧化碳驱油实验室成立。二氧化碳的注入量、注入时机、注入方式等试验研究在这里陆续展开。

胜利油田二氧化碳驱油的室内试验也由此拉开序幕。

当时，这只是一个平常得不能再平常的实验室；现在回头来看，这却是一个具有重大意义的实验室。它不仅对胜利油田的 CCUS 项目具有里程碑意义，而且也探索了油田勘探开发的多学科走向，并在一定意义上改变了油田 CCUS 发展的历史进程。

“当时的实验室里连台电风扇都没有，通风基本靠开窗。”李相良和郭平的几句话，把我们拉回到了实验室初创时期的岁月。

但简陋的设备、艰苦的实验环境，也未能阻挡他们的探求科技找油的热情。

所有的实验都是在模拟高温高压下进行，气体又不容易密封，使实验的过程存在比较大的隐患。且实验只要一开始就不能停，以致 24 小时值守成为一种工作常态。

由于设备的管线质量不过硬，穿孔时常发生，前面的功课常常前功尽弃；实验好不容易得出的数据也常常因为停电而丢失；还有原始的高温高压的烘箱，高温、高压、高腐蚀，稍不注意就把手烫个泡；室内排风不畅，浓郁的油气味道常常让人喘不过气来；一道实验结束，清洗岩心的过程也非常复杂，二甲苯常常把人熏得头昏脑涨……

特别是长岩心驱油模拟实验，一个实验的周期大约半年，包括所有休息日也必须 24 小时连轴转。夏天实验室 40 多摄氏度，如 只大蒸笼，热气腾腾。即使只穿一条大裤衩，还是汗流浃背。由于当时的人力物力有限，方便面成为家常便饭，一项实验下来，桌子底下往往堆起来好几个方便面空箱子。

提起当年樊 124 区块二氧化碳驱油实验，他们仍然记忆犹新。那是第一个针对一个区块的全方位系统实验。实验的方案非常细致，包括相态、混相压力测试、长岩心驱油、二氧化碳注入后对地层压力的影响等。一系列的数据要求，让他们一时无从下手。

然而压力催人奋进，困难促人崛起。没资料，他们把院图书馆有关的书都借来，然后一手捧着书本，一手观察着恒温箱的相关数据，边学边干；没经验，他们就虚心向曹银盛、李焕臣两位老专家虚心请教。没设备和材料，他们就提出设备要求，与生产厂家结合研制设备。凭着这样一股艰苦创业、顽强拼搏的精神，仅用半年的时间，他们就递交了第一份实验报告。

这里必须提一下曹银盛和李焕臣两位老师傅。

曹银盛是油田最早搞二氧化碳驱油研究的科研人员。20 世纪 60 年代，他就断断续续开始了对二氧化碳驱油的研究。曹银盛也是这个实验室的第一位负责人。当时他和李焕臣前后从室里的管理岗位上退下来，一起加入实验室的创建工作中来。

如今曹银胜虽然已经退休多年，李焕臣也已经故去多年，但一提起他们，所有的采访对象都会情不自禁地竖起大拇指。这里面除了对老一辈科研工作者的严谨、细致的赞美，更多的是对他们当年那种忠于职守和无私奉献的高尚品质的赞扬。

我们没有采访到曹银盛，由于时间的关系，我们也无法了解到当时他工作的许多细节。但曹银盛、李焕臣身上刻苦攻关的意志和信念、创业创新的精神和严谨的学术态度，作为一种传承，一直影响着这个不断探索、不断创新的团队。

“2013 年连续监测樊 142 的日子是最紧张忙碌的。”气驱试验室主任高安邦回想起用三年多时间，测试樊 142 断块 7 口井的日子，仍然激动不已。

“接到二氧化碳混相驱试井通知是 2013 年 2 月，试井成功就到了 2016 年 12 月。”

2013 年 5 月，高青县境内的樊 142-7- 斜 4 井组试验即将展开。

现代试井室的任务是要在该区块 7 口井中均下入压力计，对整个井区进行长期动态监测，实时记录油井每一分钟的压力情况，跟踪分析矿场动态，掌握二氧化碳在油藏中的运移规律。

这也是试井室当时接到的最高级别的任务，其重要性不言自明。

团队整班人马陆陆续续到位，测试工作随即展开。前两口井仪器顺利下到了指定位置。第三口井按既定的时间继续。

那天，一场大雨不期而至。快到井场时，大家都傻了眼。原来雨水让通往井场的土路早已变得泥泞不堪。车辆根本开不进去，只得在离井较远的地方停下。大家看了下天色，雨没有丝毫要停的样子，心里只能干着急，不知道这雨要下到什么时候。

“不能再等了！大家辛苦下吧，都过来搬，先把仪器下进去。”高安邦喊了一声。

大伙什么话也没说，穿上工服，套上雨衣，蹬上雨靴。

脚下的土地早已塌软成淤泥，一脚踩进去，雨靴靴筒直没到头，泥水混在一起，一股脑儿灌进靴子。雨衣被风吹得飘了起来，裹着风贴到身上，雨水和汗水搅和在一起。可谁也没有一句怨言，大家肩扛手抬，在雨水和泥水里，把一车的仪器设备一趟趟搬到了井场。

现场的情况一切如意料中的并不轻松。尽管有着丰富的现场经验，但是由于二氧化碳的特殊性，井口的低温高压、井底的高温高压、仪器设备长时间置于酸性环境中的腐蚀等各种问题，关乎的不仅是整个测试的成败，还有仪器和人员的安全。从注入的压力温度、管线的流程、阀门的控制、工具的摆放，到环保的处理，每一个步骤都必须巨细无遗，容不得半点马虎。

不知道仪器设备是不是故意要应这场春雨，和老天沆瀣一气来点雪上加霜的刁难。第一次，测试仪刚下几百米，电缆的信号就中断了。

第二次，快到指定深度时，数据出现异常……“调整了几次都不行，后来发现密封圈出了问题。井底 30 兆帕（大约 300 个大气压）的高压和 150 摄氏度的高温，密封压力计的橡胶圈在井底像爆米花一样爆开，随后又恢复原状，但其实已失效了。”高安邦说。

拆掉报废的橡胶圈，换上新的。来来回回开井、拆装既耗时间又耗精力。随后，他们改进测试工艺，将压力计释放出来挂在油管的内壁上，解决了问题。看着滚筒上的钢缆“吱吱呀呀”地逐渐进入井里，大家有一种责任落定的踏实。

试验区的 7 口井陆续全部成功下入压力计，开始了对整个区块的长期监测。井场一时一刻也离不开人员值守，他们就三四人一组，每组轮流倒班。除了这里的任务，他们还要完成其他井区的测试、取样任务。就这样，这个团队一直在井口 24 小时值守，吃住都在车上。

由于高 89-1、樊 142 的监测，还有油田的许多重点井的试压取样，人员出现了危机，高安邦就带领大家逐步自己研究改造设备，解决密封的问题。他们还研究发明了脱挂器上的拖放装置，大大提高了设备利用率。

披星戴月，风雨兼程，这次试井前后工用了 1000 多天，据说这也是目前为止全国最长的试井纪录。有关采油指数、吸气指数、地层压力等数据，成为樊 142 区块混相驱油试验决策的重要依据。

岩心驱替实验是气驱室方法组实验的重要课题。这类实验的目的是，通过测定岩心的进出口压差和流过岩心的流体流量，计算出岩心液体渗透率，对地层敏感性做出评价。

当时的二氧化碳长岩心驱替实验装置，存在长岩心夹持装置密封性不够好的情况，从而导致实验数据不够准确的问题。为此，他们更新设计研制了二氧化碳驱非均质长岩心物理模拟装置，利用从地下 3000 多米采的岩心样本进行模拟试验。

王君智从 2005 年起就负责长岩心的制作。这是一个需要通过套筒的不间断振动，逐渐填充压实岩心的技术活儿。成型后的岩心沙砾的间隙误差不能超过 2%。

这活开始干的时候，王君智也挠头。他就钻进实验室反复试验和摸索规律方法，并做好记录。通过一个多月的努力，王君智终于摸索出来一套敲打套筒制作岩心的方法。后来，先放多少沙子，一次敲几下，先敲哪个部位，以及底部、中段、上部的敲打分别又有哪些技巧，他都烂熟于心。

2 米长的岩心不断敲打需要技术和体力，因而能达到试验的标准并非易事。有时候试验的任务接踵而至，王君智的岩心制作任务就排成了队。有时一天下来，腰酸腿疼，耳边的“铛铛”声嗡嗡作响，但是一想到就要开始的试验中，自己敲打的岩心又能派上大用场，心里便踏实了许多。

粗略计算，从 2005 年开始敲，王君智累计敲了 1000 多根，成了一名“敲”出来的“专家”。

王其伟是一个有梦想的人。

搞了大半辈子化学驱油研究的他，有一个人生最大的职业梦想，就是他花了 20 多年研究的泡沫驱油，能为油田的低渗透油藏开发干出一番大的成绩。

生在泉城济南的他，有着北方男人的执着。2003 年，王其伟梦想着再长些本事。那一年他考上了石油大学应用化学的硕士。2006 年硕士毕业，在和比他小十六七岁的应届生比拼中，他硬生生地考上化学工程与技术的博士。“一家四口，三个博士”，他们家成了响当当的博士之家。

博士毕业的那年，王其伟痴迷上了泡沫驱油。之所以如此痴迷，是因为他认为在解决二氧化碳驱油的“气窜”问题上，泡沫驱可能会有效地发挥作用。

“室内长岩心试验采收率明明可以提高 80% 以上，但现场往往不到 30%，那问题出在哪里呢？”他常常发出这样的疑问。

经过大量的试验研究，他发现泡沫驱渗透率越低，堵得越弱，而渗透率越高，越容易漏的地方则封堵效果越明显。

最初的泡沫试验是从 2000 年开始的，当时的技术储备一无所有，试验条件也可以说无从谈起，但这挡不住王其伟搞泡沫驱油的梦想和热情。

2003 年，试验在孤岛中 2 区 28-8 井单井开始后，1 口注入井、12 口生产井中的 8 口井见到良好的效果。12 口井每口日增油到 20 吨左右。其中最高的一口日产油从 10 吨提升到 70 吨。

这可是一个了不起的成绩，那时王其伟着实兴奋了一把。趁着热乎劲，2004 年，河口采油厂搞了一个中国石化垦东西区氮气泡沫复合驱先导试验。六年实验结束后，11 口井共增油 2 万吨。该项目还获得 2010 年中国石化技术发明二等奖。

大量的试验，让王其伟对泡沫驱油的信心越来越大。但河口试验这口井后期也出现了问题。“由于聚合物注入过于集中，高温高压下氧在进入了水里后，又和管道的铁锈产生反应，产生了二价铁、二价硫，氧化剂等将聚合物体系破坏后，体系没完全达到要求。”

随后，2013 年 7 月在胜采的高温高盐油藏低张力泡沫驱先导试验中，由于氮气注入量过大造成“气窜”，试验未取得成功，王其伟掉到了“坑里”。

成功需要 99 个条件，但失败往往一个条件就够了。“掉到了坑里”的王其伟，一个骨碌爬起来，仍然有着他的梦想。随着油田二氧化碳驱油的不断延展，他又结合自己的实践提出了泡沫驱辅助二氧化碳驱，并治理“气窜”的理论方案。

“泡沫不当饭，而是当药吃。”根据泡沫驱油的特点，“先注液态泡沫，再注水，形成封堵，然后注二氧化碳，逼二氧化碳引领油藏改道，用泡沫把驱后的油路堵死，让油流改变油路”。

这些年，王其伟仍在马不停蹄地进行着他的研究。他在不同的时间、不同的场合，不断为自己的方案鼓与呼，成了一个不断为油叨叨的“祥林嫂”。他梦想在退休前，能看到泡沫驱油的春天。

遗憾的是，由于种种原因，王其伟的这个理想现在还没有实现。但他坚信泡沫驱的春天一定会到来。“多相态的‘组合拳’，只要有油，总有办法把它弄出来！”说这话时，王其伟挥起了拳头。

在去实验室参观的时候，我见到了几块磨刀石般的滩坝砂岩石。粗粝的外表、坚硬的内核，我很难相信在这样坚硬的石缝里，还藏着黑色的石油。我想象着它们被驱替出来，爬满岩石的情景，仿佛看到了那些岩上开出的黑色花朵。

我想，我们勘探开发研究院的科研人员，就是那些盛开在滩坝岩石上的花朵。面对复杂的地质条件，他们在勘探开发科研的道路上，坚持理论创新、不断挑战禁区，他们耐住寂寞，守住平淡，勠力前行，为胜利迎来一次次飞跃与发展。他们默默装扮着胜利科研工作的春天。他们凭着坚韧不拔的毅力，顽强地支撑起国企发展的脊梁和民族复兴的希望。

恍然间我记起了哪位诗人的诗句：
是他们的生命之花
与矿物一样
绽放在朴素的外表之下
成为时代最美的影子
石油的浪漫
就在与光交织的刹那间
绽放

在十几天的采访过程中，我无时无刻不感到 CCUS 项目组科研工作者身上的那种精神和力量。如果说古希腊神话中，那位名叫普罗米修斯的神是用牺牲自己的生命代价从天堂取来天火，将光明与温暖带给人间，那么，我们的胜利科研工作者就是现实生活中的普罗米修斯。他们用甘于平凡、求真务实的实干精神驱动地底沉睡的黑色石油；他们用不畏艰辛、勇于探索的科学精神，驱动起能源那温暖的太阳，为共和国的建设贡献出光和热。

2021 年 10 月 21 日，习近平总书记视察了胜利油田。习近平总书记要求我们“要坚定走绿色低碳发展道路，推动流域经济发展质量变革、效率变革、动力变革”。可以预见，顺应绿色潮流、实现“双碳”目标，是抢占发展先机、赢得竞争主动的战略抉择，向绿色低碳转型是石油石化行业实现高质量发展的必由之路。不久的将来，我国这些领域将有更大的变化和发展，这种变化，令人向往，值得期待。

就在我写这篇文章的时候，正理庄的百万吨 CCUS 项目正在紧锣密鼓地实施。此刻，站在 CCUS 理论技术前沿的科研功臣们，没有为来之不易的成绩摇旗欢呼。他们回头望一眼身后那些崎岖的小路，欣慰地笑过之后，又立刻把目光投向前方更高的峰巅。

挑战和较量永无止境，胜利人勘探开发攻坚克难的步伐，也永远不会停止。

二氧化碳之恋

张宏德

莱 113 的蓝

沿着快速路向东再向南，一路经过森林公园、植物园和湿地公园，车在天鹅湖湿地区域的一处开阔优美的地方停下，我们的目的地到了。天兀自蓝着，路两旁的几片水闪着光芒，远方的树青翠着奔来。2021 年习近平总书记来到这里的时候，还矗立着高高的钻塔，红白相间的钻机直插向蔚蓝的天空，一大朵白云静静地注视着它，就像一片帆渴望着一只桅杆，等待着一股好风，就要扬帆出海，或者乘风而起，驶进蔚蓝的辽阔的地方去。是的，国家最高领导人的到来，是对 60 年来创业创新，一路向前奔跑着的胜利人最高的肯定。记得习近平总书记健步登上钻机平台，对紧握刹把的司钻说："你就像开飞机一样。"这看似不经意的一句话，不正说出了胜利人的心声和情怀吗？在这块共和国最年轻的土地上，在这处河海交汇生机蓬勃的东部大陆，在氤氲湿地和蔚蓝大海和谐相处的绿色海岸，满怀创业豪情的胜利人正孕育着一场深刻的变革，这不啻一场凤凰涅槃般的新生哟。

就在习近平总书记到来之前的 8 月 17 日，胜利油田莱 113 区块重点探井的莱深斜 2 井，正在按二氧化碳封存及驱油示范站标准快速钻进，这里是东营市天鹅湖蓄洪滞洪生态湿地公园的美丽景区，有着优美安静的钻井环境，更有胜利人按生态油田标准打造的整洁的站容站貌，同步应用配套绿色节能钻井技术，实施绿色注采方式，建设绿色生态花园井场，几乎做到了从钻井、作业到二氧化碳注入以及绿色采油的全链条绿色生产。

10 月 21 日下午，习近平总书记在这里边看边问，认真察看主罐、输入泵、计量分配等地面注入装备，详细了解二氧化碳存储注入驱油以及二次埋存等流程。现有 26 口油水井的莱 113 区块，设计将二氧化碳注入 4 口井，目前已经开始注入了 2 口，一年可注入 5 万多吨二氧化碳，年注气能力将达 5.4 万吨，相当于 2 万辆轿车一年的碳排放量啊。在减少碳排放的同时，通过往地层下面注入二氧化碳，可有效驱替原油，提高采收率 16.5 个百分点。世界仿佛突然发现了胜利，这个已经有着 60 年辉煌历史的老油田，正在领袖的注目下，在全中国人的目光里获得了新生，似乎只是偶然借助了双碳的契机，正在重聚往昔的荣光。然而，人们不知道的是，在这高光一幕的下面，在这一切的背后，是一部胜利人前赴后继、探索追寻的，不为太多人知晓的隐秘历史，它有着与胜利油田开发建设漫长历程一样悠远深长的、不懈追寻与爱恋的足迹。

20 世纪 80 年代，当我来到这这片土地求学时，读到一部颂扬胜利人创业史诗的长篇小说《眷恋》，我依稀记得作品中的那一句话，“这淌金流银的蟹子滩哟”，它在那些充满青春和理想的岁月里，给过我多少奋斗遐思与精神抚慰哟！现在它又把我拉进胜利人如泣如诉的创业史之中，进入他们生死眷恋着的这片土地和为油而生、为油而活的动人故事里。今天，我见到许多不曾接触过的石油人，他们的努力奋斗和牺牲奉献，继续演绎着一支动人心弦的胜利人的眷恋之歌。有这么多富于远见、充满理想和怀有担当情怀的人，在暗夜里苦行，在寂寞中坚持，用青春的接力和科研的步履，谱写了一曲深沉激越的、对一种人们司空见惯的气体的眷恋长歌。

那个创业年代的眷恋长歌是红彤彤的，是奔涌的热血，是奔放的热情，是火红的奉献和忠诚！今天，在这片蓝色的天空下，在这片深蓝的大海边，新时代的胜利人正用智慧和奉献描绘着又一种色彩，它有大海的广阔，更有天空的深邃，那是用把握命运的手，牢牢掌握现代石油勘探开发的前沿科技，调制出引领时代发展潮流的石油科技蔚蓝色。它将使胜利油田持续高效发展，进入国家双碳战略高地，成为新时代高质量发展的参与者和领跑者，步入全新的蓝海领域！

靠近它，像命运

2022 年 4 月上旬，从齐鲁石化到滨州高青油区的道路上，运输二氧化碳的特种车辆隆隆驶过，仿佛阵阵春雷滚过原野，给疫情封锁下的春天带来了勃勃生机，路旁青青的麦田更充满着绿色的生机，春天不知不觉间已经蔓延到了心头。齐鲁石化—胜利油田百万吨级的 CCUS 项目正式拉开了帷幕，进入到矿场注气的关键环节。在正理庄油田 48 平方千米的土地上，选择 70 多口井注入二氧化碳，受效油井达到 160 多口。这胜利油田开发历史上，这样规模的运用二氧化碳驱油还是第一次，在驱油增产的同时还能将温室气体二氧化碳封存地下，预测 15 年累计注入 1000 多万吨二氧化碳，累计增油 300 万吨。

正是在这样一个不平凡的春天里，我们拜访了中国石化高级专家李振泉，在他明亮整洁的办公室里，儒雅而睿智的专家以条理清晰、凝练准确的话语，充满感情、委婉细腻的语调，给我们讲述了二氧化碳在胜利油田的前世今生，那是一段几乎不为人知而曲折动人的历史。他不无感慨地说，没有任何东西是凭空而来的，每一项发明创造都凝结着许多人的心血和汗水，一代一代人接续探索前行，后人总是站在前人的肩膀上才有了今天的高度。是的，在 20 世纪 60 年代胜利油田开发初期，就有人在极其困难的条件下，开始关注二氧化碳。我提到了曹银盛等老一辈石油科技工作者，得到了他的确认。我们已多次听到别人谈起他们的事迹，却因种种原因没有亲睹老先生们的风采。当年在那样艰苦的岁月里，在那样简陋的条件下，是什么力量促使他们以坚韧的毅力和勇敢的精神，向世界石油科技的前沿课题发起了冲击？在那一无设备，二无技术，更没有可资借鉴经验的岁月中，他们几乎白手起家，有的只是对国家的赤胆忠心和对石油事业的强烈的责任担当。他们铺开了摊子，扑下了身子，义无反顾地干了起来，靠自己的双手建起了实验室，夜以继日地开展起室内的研究。他们对二氧化碳的机理进行了初步的室内实验，对二氧化碳气驱理论进行了初步的探索，是他们绘制出了胜利油田第一张二氧化碳气驱相图，为胜利油田的二氧化碳气驱事业开启了一扇门。虽然这种技术对当时的胜利石油开发建设还没有用武之地，但是随着大量低品质石油储量的发现和开发，它们的价值日益凸显，这足见他们的远见和担当。正是由于他们的探索和技术储备，为后来者进行二氧化碳驱油开辟了一条平坦的道路。

1997 年，当李振泉担任地质院（胜利油田勘探开发研究院前身）提高采收率室主任时，曹银盛已经作为前任室书记退了下来，李振泉带领大家接续前行，把二氧化碳气驱事业推上了新的阶段。当时随着越来越多的埋藏 3000 多米深的低渗透油藏的出现，传统的开发技术面临着诸多的困难。由于低渗透，水注不进，油出不来；由于埋藏深，化学驱也难以发挥出优势；因为是稀油质，热采派不上用场，于是二氧化碳驱油排上了议事日程。当时的提高采收率技术，不外乎这样几种主要方式：一是注水驱油，开发初始依靠地层压力油井自溢出油，到地层压力降低到不能靠自身压力产油时，最经济廉价的方式是注入水，提高地层压力驱替原油；二是化学方式驱油，在水驱效果不理想时，在水中加入化学泡沫溶剂等活性物质驱替原油；三是对于稠油用热蒸汽驱油。除此之外，还有气驱方式，可运用天然气、氮气和二氧化碳等气体进行驱油。在当时的条件下，胜利油田考虑了使用氮气驱油，正好利用纯梁采油厂有井产出的氮气开展了试验，但由于氮气很难与油混相，效果不理想。于是，他们开始考虑运用二氧化碳。二氧化碳驱油在西方特别是美国已是比较成熟的技术，当时的美国在提高采收率方面主要是运用二氧化碳驱油，美国油藏普遍浅，只有 1000 米左右，他们是利用将丰富的地下二氧化碳气藏开采出来，再注入地下的方式驱油，方便经济，规模也大，可提高采收率的 50%。而我们就困难多了，胜利油田发现的低品质、低渗透，适合二氧化碳方式驱油的油藏约有 3000 万吨，占到总储量的近二成。如果运用这种驱油方式，鉴于胜利油田的适合的油层普遍埋藏深达 3000 米左右，储油岩坚硬致密堪比磨刀石的特点，需要建立实验室，有针对性地进行科学细致的室内研究。在地质院和油田领导的大力支持下，实验室 2000 年开始筹备，经过两三年初步建成，经过几年艰辛的室内研究，基本弄清了二氧化碳与石油混相条件下的驱油机理和相关数据，下一步就是进入矿场进行先导试验。他们选择位于纯梁采油厂的高 89 － 1 低品位储量区块，作为先导试验阵地。二氧化碳气源有两个：一是就近打井开采，用管线运输到井场注入，每天 100 多吨；二是利用胜利发电厂的烟道气，由于电厂排放的废气中二氧化碳含量只有百分之十几，需要加工提纯，所以由设计院研究开发建设了一套二氧化碳捕集提纯设备，当时还是国家科研课题项目。先导试验取得了成功，使试验油井提高采收率达到十几个百分点。这项名称为“燃煤电厂烟气二氧化碳捕集驱油与封存示范应用”的先导试验，是集团公司的重点科研课题，2007 开题，2008 年 1 月开始进入矿场试验，2012 年获得集团公司科技进步一等奖，这可是国内第一个 CCUS 项目。

2013 年初，李振泉调到油田开发处提高采收率办公室工作，又以极大热情积极推进更大规模的二氧化碳驱油项目，当时就有想法利用齐鲁石化的高纯度烟气中的二氧化碳，进行更大规模的矿场驱油试验，为工业化应用积累更多经验。但由于各种原因，项目推进得不太顺利。过去十来年了，我们依然能感受到他当时的雄心，和由此而留下的遗憾之情。值得欣慰的是，2022 年隆隆轰响的车轮，毕竟已在高青的道路上传递着春天的消息！

这不是迟到的春天，而是孕育新生机的蓬勃的季节的开端，在东部大陆这块共和国最年轻的土地上，一场科技的春天来临了。半个多世纪了，在这片可歌可泣的热土上，黄河的波涛汹涌澎湃，地下的石油河热血奔涌，人们也许没有看到的是，在胜利人石油报国拼搏奉献的铁人身躯背后，还有另一条河，始终静静流淌波澜不惊。这片土地还有另一个名称——石油地质大观园，这里的地质状况之复杂，就像大家听到的那个比喻所描述的：一个盘子摔碎在地，一匹奔跑的马又将它踢得七零八落。几十年高产稳产的背后，是胜利石油科技人的肩膀和担当。在高含水高难度开发的老油田上，在绿色发展的大背景下，他们几十年义无反顾，殚精竭虑，勇敢攀登石油科技的高峰。二氧化碳过量排放无疑是人类的噩梦，也是他们的实现理想的机会，靠近它是宿命。长时间的坚守，终于在春天看到了萌动的一抹新绿！

胜利油田开发地质首席专家、胜利科技的领军人杨勇自豪地说：燃烧煤所产生的二氧化碳，我们把它注入地下去，既实现了对二氧化碳的减排和埋存，又能实现效益，把更多的油采出来，这是一个双赢的结果。对社会效益来讲，对我们这个绿色发展来讲，也有非常大的社会效益。这是胜利科技工作者为人类贡献的“碳之道”！

春天里，碳之道

2022 年春天，在勘探开发研究院，地质专家张传宝给我们上了一堂课《胜利油田 CCUS 技术进展及下一步攻关方向》。他重点向我们讲述了 CCUS 技术发展的背景、技术进展、矿场实践以及胜利油田—齐鲁石化 CCUS 示范工程情况，对 CCUS

面临的挑战及下一步攻关方向进行分析。张传宝的那堂课是关于二氧化碳的，必定会在我的记忆中占据重要的位置。二氧化碳其实是再平常不过的了，它就在我们的生活中，就在我们的生命里。人们都知道，绿色意味着万物生长的生命力，它带来了负离子和氧。初中生物课本也讲述了另一个浅显的道理：绿色植物的光合作用离不开二氧化碳。人是多么奇妙，有时惯性和惰性会让其几十年如一日，在一条轨迹上循环往复，无法走出习惯的怪圈；有时又会像在宇宙中遭遇了不明天体的撞击，瞬间改变了轨道。这堂关于二氧化碳的课程，竟然有如此的能量吗？CCUS 是英文 Carbon Capture, Utilization and Storage 的缩写，是化石能源大规模低碳利用的新兴技术，可实现石油增产和二氧化碳减排双赢，也是实现“碳达峰、碳中和”的重要途径。“碳达峰”就是指在某一个时点，二氧化碳的排放不再增长，达到峰值，之后逐步回落。“碳中和”是在一定时间内，通过植树造林、节能减排等途径，抵消自身所产生的二氧化碳排放量，实现二氧化碳“零排放”。在 2022 年 4 月的开始，我们坐上电梯上升至大楼的最高层，在那里有一间会议室，相当于一个教室的大小，张传宝给我们上了这样一堂课。尽管我听过的课不计其数，但这堂两小时的课程依然将长久留在我的记忆里。我来到这里 36 年，对在这块土地上创造过辉煌历史并载入共和国史册的人，充满着感激。我现在才深切体会到，我从来没有走近过他们，走进他们的生活，他们只是一幅远景。这堂课将是一个契机，对在这里创造历史并继续创造历史的人，我对他们的一切产生了浓厚的兴趣，我想走近他们。他们的事业和人生，他们的追求和付出，他们的爱恨和歌哭，以强大的力量破门而入。

张传宝，就像他的名字一样，在这个春天，他张开了怀抱，敞开了胸襟，把一件宝贝，确切地说是一种宝藏，毫无保留地给予了我们。他微胖的身躯不失灵活，麻利地边讲解边做着示范动作。他的话带着乡音，他说话的节奏稍快，会突然放慢下，为此我还以为他是西北人。他说的话我几乎都听清楚了，但其实我几乎听不懂他讲的内容。然而，这堂课又深深打动了我，这似乎有些矛盾。我虽然听不懂他讲的理论知识，但它让我激动。热情、埋想和追求，信心、责任和担当，怎么能不感动人？他兴奋得像个孩子，他满脸放着红光，他的双目炯炯有神，他讲得满头大汗，不停地用手擦拭，我真是被感动了，我知道了这堂课对这方土地这方人的意义。直觉告诉我，目前还没有人像他一样给我们提供类似的课程，它的研究价值应用前景和通俗风格，在这个领域在这个企业，对未来可持续发展的意义和价值难以估量，我的一个提问得到他明确的回答，确定了我的判断。

听完他讲的课，我的心有了莫名的冲动，我澎湃着从大楼里出来时，就一头扎进了春天里。天蓝蓝地洒下明亮的色彩，樱花和绿树扑面拥来，一群人在跟着音乐的节拍做广播操，我仿佛又走进了学校，走进了书声朗朗的中学时代，一束阳光多么强烈，晃下来满面的泪水。曾经有这么一群人不懈地追求，几十年如一日，在为这个企业关键性技术刻苦攻关，为解决卡脖子问题，殚精竭虑取得重大的突破，这就足够了。我想说，2022 年高青油区道路上，那些隆隆轰鸣着经过春天的车轮，是他们推动的。他们是一群我在这个春天遇到的，与二氧化碳打交道的人。许多天来，我见到了几十个与我不一样的人，让我似乎走进了陌生的世界。他们其实与我生活在同一座城市，甚至同属于一个大型国有企业。也许我们曾经许多次擦肩而过，却浑然不识。我专心地听着他们的故事，我边听边记，甚至有一种错觉，仿佛他们讲着我的故事，我也做着同一件事，我肯定是被一种很强的能量吸引住了。事实是，他们的专业我一窍不通，简直如同天书。我只是读懂了他们的表情，只是感受到了他们那一颗颗炽热的心，他们的追求与执着，他们的付出与泪水，他们得到时的快乐和失去时的伤感。我记了一本又一本笔记，我有时心情澎湃着，有时获得了一种能量，我不止一次地流下了眼泪，这种感觉甚好。你在世上过了许多年，还能感受到青春时你想要的那种样子，这是多么不同寻常的一个春天呐。

他们的讲述几乎围绕着同一个东西，同一样物质，同一个道理。我们明白了，CCUS 是应对气候变化、控减温室气体排放的方案。工业革命以来，化石能源燃烧产生的二氧化碳累计超过 2.2 万亿吨，大气中二氧化碳浓度达到 412.89ppm，由此导致地表平均温度已升高 1.1 摄氏度。据 IPCC，也就是政府间气候变化专门委员会测算，本世纪中升温将超过 2 摄氏度，将造成难以承受的生态灾难。多个国家制定碳中和行动计划，我国“双碳”目标的提出不仅彰显我国应对气候变化的大国担当，更是实现经济高质量发展、构建人类命运共同体的重要举措。2020 年 9 月 22 日，习近平总书记在第七十五届联合国大会一般性辩论中庄严承诺：“二氧化碳排放力争于 2030 年前达到峰值，努力争取 2060 年前实现碳中和。”我国从全球应对气候变化事业的积极参与者逐步转变为引领者和主导者。CCUS 也是保障国家能源安全的重要工具。能源是国民经济发展的重要支撑，能源安全直接影响到国家安全、可持续发展以及社会稳定。

中国从 1993 年起，从一个石油净出口国变成了净进口国后，石油对外依存度持续上升。一旦国际石油供应出现动荡，将对中国社会安定和经济发展产生严重的影响。目前我国是油气进口第一大国，2020 年石油、天然气对外依存度分别攀升到 73% 和 43%。我们终于明白了，他们是站在国家能源安全的高度，用他们的智慧和汗水，要掌握现代石油勘探开发的前沿技术，把能源的饭碗牢牢抓在自己的手里。我姑且称其为“碳之道”吧，碳是石油的主要元素，碳是他们攻关驱油技术问题的二氧化碳，碳是国家“双碳”目标的核心。

他们几十年如一日研究着“碳之道”。目前国外 CCUS 技术相对成熟，已实现工业化应用。截至2020年，美国有142个二氧化碳驱油项目，年注二氧化碳5000万吨，其中工业捕集的二氧化碳约占 1/3。国内 CCUS 处于先导试验阶段，起步较晚，年注气规模小于 50 万吨。胜利油田二氧化碳驱油藏具有渗透率低、轻烃含量低、原油密度高、原油黏度高、非均质性强的特点，无法照搬国外成熟经验。在胜利石油地质大观园面前，勘探开发的技术只有依靠自己，没有捷径可走。他们用担当和奉献、用勤劳和智慧在这片创业者的沃土上，谱写着胜利科技的神话，拥抱着胜利石油勘探开发技术的春天，创造着引领 CCUS 技术前沿研究的蓝海，形成了一整套应用于胜利油田开发的关键核心技术。一是形成高效低能耗捕集技术，保障气源。针对不同捕集气源，二氧化碳捕集方法主要有固体吸收法、溶剂吸收法、离子液体法、膜分离法和低温蒸馏法，其中低分压烟气捕集方法主要采用溶剂吸收法。二是深化驱油埋存理论研究，指导优化设计，深化机理认识，创新提出高压混相驱技术方向。目前国内二氧化碳驱主要应用于低渗透油藏，一般为近混相驱。国外主要应用于中高渗油藏，以混相驱为主；国内主要应用于低渗透油藏，近混相驱为主。这符合胜利石油的开发实际，能够有效解决现实问题。三是建立二氧化碳驱油开发模式，提高开发效果。胜利油田滩坝砂、砂砾岩、浊积岩低渗透油藏地质特征和开发特点差异大，二氧化碳驱面临的问题不同，针对不同类型油藏地质特点和开发矛盾，形成了注采耦合混相驱、水气交替混相驱开发技术。四是形成数模和试井监测技术，降低气窜风险，形成二氧化碳驱数值模拟技术，准确描述二氧化碳驱前缘；建立了二氧化碳驱油机理表征方法和相态拟合技术，准确刻画二氧化碳与原油之间传质过程及混相变化，建立了二氧化碳前缘描述和混相状态判识方法，明晰气驱前缘运移规律，可进行气窜预警，在樊 142-1 块应用取得较好效果；研发二氧化碳驱动态监测技术，实现二氧化碳驱全过程监测，自主研发耐二氧化碳腐蚀的试井测试工艺，实时监测二氧化碳驱压力变化；建立了驱替前缘试井解释方法，实现了气驱前缘的实时动态判识，预判气窜风险。二氧化碳驱试井监测工艺在樊 142-7- 斜 4 井组应用，连续测试达 66 个月，实时判识驱替前缘；形成全过程气窜防治技术，提升开发效果，在数值模拟与动态监测基础上，以“控气窜、提效果”为目标，提出不同开发阶段二氧化碳驱调整技术系列，进一步扩大波及体积，提升开发效果。五是配套完善注采工艺，安全高效注采，形成高气油比举升技术，实现了高效采油，针对常规注入管柱气密封能力差的问题，攻关形成 Y445J 型长效安全注气技术，解决气密封难题，基本满足连续合注需求；研制了高效密封注气管柱，实现了安全注入，针对高气油比泵效低的问题，研发了“基于泵上分级承压、泵下高效气液分离”的高气液比井举升技术，最大气油比可达 $400m^3/m^3$。六是形成安全评价与监测技术，保障安全埋存。他们建立 CCUS 环境监测体系，实现了二氧化碳埋存泄露的全方位监测，建立了风险高、中、低三等级，空中、地面、地下三层次，气体、液体、固体三介质的环境监测体系，已具备对土壤、大气、地下水、地面变形、植被等环境介质的监测能力。

他们几十年如一日实践着“碳之道”。这些关键技术已经运用到胜利石油开发的矿场实践并见到了很好的效果。胜利油田 CCUS 矿场实践分几个阶段实施。第一阶段是在高 89-1 块特低渗透油藏进行二氧化碳驱先导试验，以探索坝砂特低渗透油藏二氧化碳驱补充能量的可行性试验目的。2008 年 1 月注二氧化碳，累注 31 万吨，区块采出程度 14%，中心井区达 18.4%。第二阶段在樊 142 块二氧化碳高压混相驱取得突破。樊 142 块地层压力低，从 43.4 兆帕降至 17 兆帕；单井产量低，单井日油 1 吨。根据这些现实情况和问题，在樊 142-7- 斜 4# 组设计一注六采的方案，自 2013 年 6 月注入二氧化碳起，截至 2016 年 12 月，累计注入二氧化碳 21.9 万吨，油藏压力从 17 兆帕恢复至 40 兆帕，达到混相。2016 年 12 月，3 口井依次开井，均自喷生产，初期单井日油 6 至 9 吨，后两年稳定在 5 吨，远高于注气前的 1 吨，累计增产石油 0.79 万吨。

他们几十年如一日传播着“碳之道”。古老的东方智慧揭示了阴阳互生的道，科学也告诉人们是二氧化碳孕育了绿色世界，从某种意义上说，它也是生命的摇篮呢。然而，地球的未来确实让人忧虑不已，人类生活生产时产生了大量的二氧化碳，使地球难以承载，生存家园面临着诸多威胁：温室效应让气候变暖，海平面上升，多个物种灭绝，极地臭氧层产生溃疡，紫外线侵害着人类的肌体，这也是确凿无疑的事实。事物总是存在着相辅相成的阴阳两面，过犹不及，反者道之动，事物总会走向它的反面。人类要做的是认识事物的客观规律，循道而行，趋利避害，道法自然，善于利用事物为人类造福。张传宝和他的团队关于二氧化碳的传播就充满着这样的智慧和远见。道是需要讲的，需要传播的，碳之道更需要如此，要让更多人的明白、认同并义无反顾地加入进来，造福这个企业、这个国家、这个民族，乃至整个人类和星球。张传宝以及他所带领的这个团队，正是这样的布道者，充满理想追求和崇高担当的“碳之道”的传播者。他们正在做，并一直在这样做，讲给了太多的人。他们为了准备一堂课会非常认真，甚至会事先给自己讲上 30 多遍。去年他们北上讲了一堂课，应该说做了一个汇报。后来，一个中国石化重点实验室落户在油田，将助力他们的事业蒸蒸日上。

超临界状态

为什么是二氧化碳？在这么多气体中为什么选中了它？在一开始没有温室气体治理和减碳目标的情况下，它就被选中了，减排只是其中一个因素，而且是后来的因素。国外早在 20 世纪早中期就大规模运用它去驱油，是因为它有一项独特的性能，那就是在一定的压力和温度下，它会进入一种“超临界状态”。在这种状态下，它同时具有气态、液态和固态的特征，是此也非此。更为魔幻的是，在此状态下，它具备一种超级能力，流动性接近或超过水，在地下岩层中来去自由，如入无人之境；又有一种超强的吸附能力，能够把躲藏在致密储油岩中的油质吸附出来，真是手到擒来，如探囊取物一般。在这种超临界状态下，它与油充分混合在一起，专业术语称为“混相”。同时，它在驱油的过程中，还会牺牲自己，在岩层中驱替石油填补其空间，大约 70% 的二氧化碳在此过程中被封存在地下，在驱油的同时还有降碳的环保效益。这简直是上天送给人类的一份大礼。

如何将二氧化碳驯服以更好地为人类服务，这是一个大问题。超临界二氧化碳是在温度 31.26 摄氏度，压力 7.38 兆帕的条件下，具有黏度低、混相后界面张力低等特性，是提高低渗透采收率和动用率的优越的驱油剂。低渗油藏是一个相对概念，不同国家、不同时期资源状况和技术、经济条件不同，划分标准不同。胜利油田不同类型低渗透油藏埋藏地质特征明显。已开发低渗透储量 8.42 亿吨，以水驱为主，“三低”特征明显，“注不进、采不出”的矛盾突出，稳产难度大。未动用储量已探明 3.24 亿吨，可控制 2.32 亿吨，丰度低、物性差，常规水驱难以动用，效益建产难度大。勘探开发研究院专家学者们已经为此进行了半个多世纪的研究和探索，根据胜利低品质储量埋藏深达 3000 米的状况，要弄清在如此深的地方，油与二氧化碳形成混相的压力是多少，温度是多少，在什么压力和温度条件下混相效果最佳，达到更好的驱油效果等一系列问题。要经过室内实验进行反复验证，等室内实验成功可行了，还要在现场进行先导试验；先导试验成功了，还要扩大规模进行验证，制定方案和流程，进行设备配套和工艺完善。这是科学严谨的系统工程，是开创性的科学技术。针对胜利油田的地质情况进行的大量艰苦细致的科研攻关，是石油地质工作者前无古人、外无借鉴的前沿课题，只有依靠自己，别无坦途可走。

超临界二氧化碳黏度低，在地层中的黏度约是地层水的 1/10，高压下大量二氧化碳溶解在原油中可以达到混相状态，既能增加地层能量，又能增强原油在地层中的流动性，可解决“注不进、采不出”的难题。这种超临界状态是怎么得到的？那是一群处于超临界状态的人所创造的！高安邦 1992 年来到油田地质院，学测井技术，干测试工作 30 多年。郭建福是做现场试井工作，也是干了 30 多年了。他们回忆起在樊 142 井组，那些难忘的现场监测工作的日日夜夜，仍然感慨不已。做先导试验的 7 口井，每口井都得有人值守，5 分钟记录一次数据。在野外靠电测车供电，车一响一晚上，夏天热还是次要的，主要是蚊叮虫咬。最长的一次测试是从五月份做到年底，过年是在井场，听着远方的鞭炮声过的。在现场试验的 3 年里，6 口油井始终处于关井状态，项目组 15 人围着一口注入井搞研究。试验结束时，他们也意外创了一项世界纪录，那就是二氧化碳驱长时间试井达 1860 天。2017 年，在注入 1.9 万吨二氧化碳后，试验井组的油井地层压力由 17 兆帕升至 40 兆帕，实现高压混相，二氧化碳在超临界状态下创造了奇迹，油井开井后全部自喷生产，单井日产油由原来的 1 吨升为 6~9 吨，以日均产油 5 吨的水平稳产了两年，二氧化碳高压混相驱技术取得了历史性突破，为“齐鲁石化—胜利油田百万吨级 CCUS 项目”奠定了坚实的技术基础。

一米远的跋涉

二氧化碳驱油的关键是弄清楚二氧化碳驱油的机理，机理是要经过实验室的反复试验和论证，关键环节是还原模拟地下环境，摸清二氧化碳驱替原油的过程中那些复杂的问题和原理，那一系列的参数、曲线和公式。2021年习近平总书记来到勘探开发研究院时，观看了用岩心做成的“金箍棒”，那是胜利石油地质人入地下油海战无不胜的有力武器。20世纪60年代，他们踏上一条艰难的路途，路途是那样短，方才一米长的距离；又是那样漫长，几代人走了60年。

曹银盛，生于20世纪40年代，是老一代胜利石油地质人，他以非凡的勇气和坚韧的毅力，参与开启了这条充满曲折的道路。我们没有采访到这位可敬的老石油科技工作者，但是许多人都不约而同地，怀着深深的敬佩之情提到了这个名字，谈到了他的事迹。岁月久远，往事在记忆长河中飘零消融，许多东西难闻其详，只能从岁月深处打捞上一些片段。但那些精神依然熠熠闪烁着光芒，照亮了那条多少人接续前行的崎岖小路。我清楚地记得，当我们在管理局办公大楼一间明亮的办公室里，向中国石化高级专家李振泉询问起那些二氧化碳驱油的前生今世之事，他略作沉思，郑重地告诉我们说，是曹银盛他们绘制了胜利油田第一张二氧化碳的驱油相图。

在许多人记忆里，我们努力还原拼接着那段淹没在历史烟尘中的往事，那个河流开端的涓涓细流清澈而又模糊。大约20世纪60年代，人们在纯梁一个叫平方王的油区发现了二氧化碳气藏，原以为是天然气，后来懊丧地发现是二氧化碳。在地质科学家的眼里，它并非一无是处，当时在孤岛有难以开采的稠油矿藏，二氧化碳有一种特性，可以降低油的黏性，让稠油流动起来，就可以开采了。作为一个有责任心的石油科技工作者，解决油田开发中遇到的问题，是责任是担当，曹银盛义不容辞地挑起了这副担子。然而任何事物总有两面性，二氧化碳可以降黏，但它遇水会生成弱酸，具有较强的腐蚀性，先不考虑降黏驱油的效果如何，搞不好还会对油井管壁和地下岩层造成伤害。科学容不得半点马虎，要解决这些石油开发中遇到的实际问题，就要开展科学的研究，弄通基本的机理，找到问题的关键，得出确切的数据，为现场操作提出科学的指导意见。然而，说说容易，真正去做又谈何容易，当时在国内，几乎没有可以借鉴的经验，没有任何先例可供参考。在一张白纸上描绘出清晰的路线图，用于解决开发生产中的实际问题，难度可想而知。于是，曹银盛带领大家，毅然踏上一条异常艰辛的，弄清楚二氧化碳机理的科研之路。这一汪清泉的流溪，成为在2022年4月涌动洪波的一条大河的源头。

2022年春天，当我们一行人走进勘探开发研究院的时候，樱花正缀满了枝头。在中国石化CCUS重点实验室，在那些精密仪器和设备中间，一件一米多长、一握多粗、圆而细长的石柱吸引着大家的目光，这可是他们的宝贝，重点实验室里的当家设备——长岩心。它是用从几千米深的地下岩层取出的岩心连缀而成，科研人员洋溢着遮掩不住的自豪之情，如数家珍般谈起它的价值、它的非凡，它的出类拔萃，他们兴奋的表情俨然像介绍自己的孩子一般。就是为了在这一米多长的距离里的艰辛爬行，几代人一头扎进黑暗中去，日复一日、年复一年，披星戴月、废寝忘食，摸爬滚打里无怨无悔，荣辱得失中心甘情愿。1997年，已是提高采收率研究室书记的曹银盛，从领导岗位上退居二线，他做出了又一个出乎大家意料的选择，以普通一兵的身份重新加入一线科研试验，和年轻人一起进行繁重又艰辛的二氧化碳驱油机理研究。和他一起重返岗位的，还有比他大一岁同样退居二线的李焕臣，一个北大毕业的老地质工作者。当时一起参与研究的还有两人，他们同是60年代出生的年轻人——李相良和郭平。他们说起那些辛苦的研究岁月，好像只剩下了快乐还充盈在眼里。他们回忆道，曹银盛他们每天是哼着曲子踏进实验室的大门的，老知识分子严谨认真而又积极乐观的精神影响着他们，大家拧成一股绳，劲向一处使，把忙碌又繁重的日子过得有滋有味。

那时的实验室是如此简陋，在房顶安装了吊扇都让大家高兴得不行：一是凉快些了，二是可以驱赶室内难闻的气味。冬天，室内实验设施工作的恒温箱内，达到几十摄氏度的高温，室内实验人员还得穿着军大衣取暖。因为恒温箱隔热材料在高温烧烤下散发出刺鼻的气味，本来大房间暖气就不太好，还要一直敞开着房门，好及时散开难闻的气味，所以室内温度很低。即使这样，别人初来乍到都掩住口鼻，说“你们怎么受得了”，可他们早已习以为常，处鲍鱼之肆，久而不闻其臭了。实验设备更是短缺，由于是比较前沿的课题研究，大家只有自力更生，根据实验要求自己设计图纸，请厂家代为加工。在高温高压下进行实验，为安全着想，使用材料往往用粗重的钢制设备，在一个实验周期几十天时间里，几十斤重的设备搬上搬下、搬来搬去。李相良说那时年轻力壮，也不觉得是事儿。年轻人还好说，曹银盛和李焕臣两个老先生也和年轻人一样轮班倒。二氧化碳实验有时达到几十兆帕的高压，就像一个炸弹，时刻需要小心看护不能离人，还得每隔几分钟记录一下数据。后来更先进的设备有自动记录功能了，但为了万无一失，还要人工录入做到双保险，假如数据丢失，几个月才能完成的实验就会前功尽弃。因为那时常常停电，经常会弄得措手不及。郭平说做实验都做怕了，一个实验下来，几十天吃不好，也睡不安稳。后来人手多了，自己值班不用说，如果别人值班自己也不安心，在家也睡不了囫囵觉，特别是新手值班更是让他放心不下，他随时准备处理突发事项，晚上一有电话就心惊肉跳，骑车飞奔实验室帮助解决问题。二氧化碳具有腐蚀性，一开始经验不足，实验设备又不耐腐蚀，经常发生实验泄漏，值班人员需要及时处理。那时候防护措施基本上就是白大褂和手套，手得伸进到恒温箱内处理渗漏管件，一不小心就会烫出一个大泡。实验工作苦累不说，关键是要耐得住寂寞。年轻人来到实验室，即便硕士、博士，没有几年的操作实践，也根本无法掌握要领。动手操作能力不经过那些漫长的程序，不经过那些重复烦琐的实操，是学不会的。老的要手把手教，年轻人要虚心耐住性子学，师傅带徒弟，一代一代传。这种基础研究又难以很快取得成绩，见效慢，如果不是心中有一份信念，有一份热爱，是坚持不下来的。我突然又记起李振泉专家不无感慨的话语，他说，曹银盛和李相良他们是一流的二氧化碳室内实验人才，到现在仍然是。

李焕臣和曹银盛，英雄不减当年勇，以不服老的劲头每天和年轻人摸爬滚打在一起。一开始因为人手少，倒班一次一天一夜，如果加上交接班时间，值一次班要二十五六个小时。有时值了一夜班，第二天还要开一上午会，日子就是这么一天天过来的。后来曹银盛和李焕臣年龄大了，年轻人就不忍心再让他们值夜班了。直到有一天，李焕臣病倒在实验工作岗位上，被送去医院急救，两位终于明白：岁月不饶人，得离开舍不得离开的工作岗位了。李焕臣病了一年多就离开了人世。他应该欣慰的是，实验室的事业越来越红火，研究团队越来越壮大，有生力量像新鲜血液源源不断地输送进来，硕士博士研究生们已经可以接替他们的工作，传承好他们的事业。

许多天以来，我们在局文联三楼的会议室，请来忙碌中接受采访的气驱科研人，他们沿着旋转楼梯拾级而上，又在我们意犹未尽的目送中缓步而下。他们中有生于20世纪60年代的人，也有“90后”的年轻人，有博士后，也有中专生。在我们的目光中，他们都有大致相像的背影，挺直中微曲，那是长期伏案工作留下的岁月印记。他们爬楼时坚定而认真不苟，他们下楼时从容又稳健有力，他们的目光自信明澈而生动，他们在沉静的外表下，蕴蓄着一股热情激越的内在力量，他们的衣着朴素大方，他们以肯定、自信而又严谨的话语，表达着他们的工作与生活。

在几代人的不懈努力下，他们不但绘制出第一张二氧化碳的机理图，还把这张图绘制得愈来愈清晰，愈来愈细致，从黑白到彩色，从平面到立体，从静默到动态，从三维到四维。他们承担了不计其数的油田的、集团公司的，甚至国家级科研实验课题项目。2021 年，气驱实验室成为中国石化重点实验室，成为中国石化 CCUS 重点实验室，同年，同级别的山东省重点实验室也在申报审批中。他们还充满信心地着手申报国家 CCUS 研究中心，向这一领域的最高峰勇敢攀登。几代胜利科研人员，沿着一条崎岖艰难的小路接续前行，用 60 年走过了一米长的路，这是一条多么不平凡又多么辉煌的路啊，它的尽头是春天。

那错过的花期

在这一条许多人走过的路上，既有挺拔的白杨，也有火红的木棉。2022 年我遇到她们时，青翠的季节正绽放着花朵，芬芳的香气已弥漫在心头。她们中的大多数人，在青春时节来到了这个地方，这座油城，与很多人一样，结婚生子把根扎下来。2021 年的整个春天都异常忙碌，从刚过完年，她就已经着手编写《征 1 井组二氧化碳驱油先导试验方案》，好像一个春天都在加班中度过，到了 3 月终于完成了方案。她对这个方案印象很深，因为方案制定完成后，就着手在现场实施，到 2021 年 8 月 16 日开始注气进行先导试验，效果非常好。这是在西部新春征沙区块的一组先导试验井组，一口井注入二氧化碳气体，4 口油井受效。征 1-4 为注气井，直到目前还在继续注入二氧化碳气体，累计已注入 8000 多吨。边注入边产出，地层达到了混相，二氧化碳在地下以活塞式均匀推进，驱油效果良好，有效避免了指进式不良驱油方式，也没有气窜现象等不良反应。其中征 1-4 产油井注气前每天只有 0.9 吨产量，日前达到了日产 9 吨油的高产；另一口征 1-6 井，注气前每天产油仅有 1 吨，现在达到日产 5.9 吨，几乎回复到刚开发时的高水平。韩风蕊像给人讲自己孩子的成绩单，兴奋之情溢于言表，她满脸放出红红的光彩，边说边爽朗地笑。遗憾的是，或因为疫情，或由于工作忙碌，她没有亲眼到那个创造奇迹的地方，目睹一下自己的劳动成果，亲身感受一下胜利的喜悦。这情景像极了这两个孩子的妈妈，由于整天忙于工作，疏于陪伴孩子的样子。和我们一起采访的马祥民老师，兴奋地打断了她的讲述，他双眼冒着光说："那个地方我去过。"征 1-4 井组在大漠深处，就在漫漫黄沙旁边，这里有两个大沙脊，一个井站两个人，还有四条狗和一只猫守护在那里。那是两个现河采油厂去的工人，可能由于太寂寞，就养了几条狗做伴，每天带着两大两小四条狗一行去巡井。白天还好说，晚上一个人走夜路，孤独寂寞没什么，要是没有狗做伴壮胆确实害怕。特别是风沙天，风卷黄沙遮天蔽日，沙尘暴咆哮着呼啸而过。家里还养着一只猫，因为沙漠里有老鼠。他为此还写了一篇纪实文学作品《大漠豪情满天山》。这就是胜利人，哪里有石油哪里就是家！他们在远离家乡和亲人的地方，在大漠深处克服孤独寂寞，守护着一种精神，怀揣着一腔热血，也在为二氧化碳气驱事业默默做着贡献。这更增添了那里的神奇色彩，是否也更加勾起了韩老师去看一看的冲动呢？

以前，在我的印象里，只有奋战在荒原井场或在大漠深处的井架旁，才称得上是真正的胜利石油人，像韩风蕊这样坐在办公室伏案搞科研的，虽有接触但也不了解她们的生活。我现在才真正懂得，韩风蕊她们同样在为油田做着牺牲和奉献，她们同样怀着一腔石油情，对胜利这个大家庭有一种深深的依恋和担当。作为女人，她们还付出了更多的东西，在她们温柔美丽的面孔下，有一颗执着坚韧的心。韩风蕊 2006 年硕士毕业后，到勘探开发研究院现代试井室一直做科研，目前侧重于二氧化碳驱油的试井解释评价工作。2019 年现代试井室成立，又加入二氧化碳驱油研究团队，转向油藏动态分析，她跟随张东博士做了许多课题。高 899 二氧化碳驱先导试验以来，进行动态跟踪和分析数据，制定过各种方案。对滩坝沙等几种类型的低渗透油藏开展深入的研究，制订了像"低丰度滩坝沙特低渗透油藏二氧化碳驱油试验"等科研课题和方案，为高 899 区块先导试验，为 2021 年以来进行的大规模注入工程打下了坚实基础，制订了可操作的方案。

2021 年的整个春天，日子过得紧紧张张，韩风蕊整天忙于工作，一天去李友泉书记的办公室汇报方案，李书记从忙碌中抬起头来，他不经意的一句话搁在了她心里，"怎么没看到花开，春天就过去了？"青春不也是这样，忙忙碌碌中日子过得多快，她现在已经是两个男孩的妈妈了，大的 14 岁，小的才 4 岁。前几年二儿子还没有断奶，主任都不好意思让她加班。“工作都有辛苦的地方，我们都要紧跟团队的节奏，不拖后腿。”她轻描淡写地说。无论晚上还是周末，只要需要加班，她都赶过来，有时候忙起来，中间喂奶都回不去，她家离单位其实才 10 分钟的车程。

有些花期是不能错过的。那是在这个春天的一个上午，阎燕滔滔不绝地谈着她的工作，我都几乎记不下来了，是那么多呀，光一串串的长长的名字听着都累人，那可是她一件件干下来的。她谈得饶有兴致。这些工作，这些研究课题和工程方案，每一个都是很重要的，都是二氧化碳驱油历程中不可或缺的，那该付出多少精力，投入多大努力呀！她谈起来充满自信，充满着喜悦和满足，就好像没有了当初的辛劳和艰难，驾轻就熟就完成了一样。就是在谈到工作转型遇到难题时，她都是轻松的、愉悦的，好像这一切都不在话下。当有人问起生活中是否遇到压力的时候，她突然停下来了，她开始意识到了什么，她停顿了好一会儿，语调再起时有了明显的不同。她的声音有些低，语速也慢下来，迟疑地说了一句话，“对得起工作，但是对不起孩子”。

在去年最忙的时候，女儿正赶上中考前的关键几个月。其实她们哪有不忙的时候呢，如果她认为忙了那该多忙呀。孩子的爸爸在采油管理区的一线工作，也根本顾不上家里的孩子。母亲 2019 年得了场重病刚做了手术，在后续的治疗中也是最需要家人陪伴的时候，老人心疼女儿放弃去北京条件好的医院，改在就近治疗，这样老父亲就能陪着不用麻烦孩子们，每次都是年迈的父亲陪着母亲从锦华小区坐公交车到中心医院治疗，当然更不可能再帮着女儿照看在家上网课的外孙女了。女儿的成绩本来还是可以的，成绩稳定住可以考得好一些，上理想一些的学校。在最关键的时候，最不该缺席的人不在她身边。经历过的人都知道，为人父母最在乎的是什么。可偏偏是这个时候太忙了，阎燕说，别的室还可以轮流休班，但她们不行。二氧化碳气驱也到了最关键的当口，多少年甚至几十年的努力就差临门一脚了，决不能功亏一篑。身为工作骨干，怎么可能有一丝一毫松懈的念头，咬着牙也要挺过来。

这时候我听见有人想要安慰她，就说了一句，大意是人生有时就是这样，往往是福无双至而却祸不单行。这显然是触碰到了她敏感的地方，阎燕再也绷不住了，她眼圈突然红了，她抖动着手急忙去抽纸巾，然后双手就捂在了脸上。一起来的同事于伟杰缓缓接过了话：“我和她在一个办公室，人有时候确实没有办法，我经常见她偷偷抹了抹眼睛继续干活。”他接着说：“二氧化碳气驱这项事业，我们是踩在前人的肩膀上，而我们这代人是幸运的，经过几代人的努力终于进入到矿场上，我们没有其他选择。我们这帮人都是好样的，咬牙撑起来，抹眼泪后继续工作。身边的人都是这个样子的，为了个人的事情都不会提出其他要求，都是自己扛起来。”

就在女儿也许最重要的人生路口，母亲却没有别的选择。女儿自己在家里上网课，正值青春年华的季节，怎么会没有青春的悸动和迷惘，升学的压力，学业的繁重，青春的叛逆，即便父母陪伴身边，都不是一个容易度过的阶段，更何况还是个孩子。几个月大部分时间一人在家上网课，还有手机上眼花缭乱的应用分散注意力，再懂事再有自制力的孩子也难以抵挡得住，也有松懈的时候。阎燕平时不能陪伴女儿，看到学习成绩下降又向孩子发脾气，一次一气之下把女儿的手机摔了。本来努力一下可以考上一中的，中考成绩下来了，正如她判断的那样，卡在一中、二中之间，阎燕又哽咽起来，再也说不下去。我们采访到 5 个这样的妈妈，她们身为女性，付出了更多的东西，她们在工作上都是能挑担子的角色，她们热情干练，工作中不惧任何困难挑战。但身为妈妈，她们有自己最柔软的地方，她们可以错过花开的季节，但是女儿的花期错过了，会是她们心中长久的痛。

“从创业走向创新，从胜利走向胜利”的胜利人，正在用自己坚实的臂膀，以创新的精神继续新的创业之路，将率先走出一条 CCUS 的胜利之路，这是国企的情怀，也是庄严的胜利担当。许多天来，我见到了许许多多的人，并听他们讲述了许许多多的人，无论男和女，不分老和少，一代代胜利人像传递着一束火把，传递着一种爱恋，传递着一种信念和责任，沿着一条艰难但充满信仰的路，坚定有力地行进着。

我想，应该有一个名叫 C 大调的旋律，那是缠绵有力的，又是旋转着上升的，那是有一点伤感忧郁的蓝调，更洋溢着奋进激越的红色的音节。它有时如潺潺溪流，缓慢坚定地流淌在春天的原野；有时又像汹涌澎湃的大海，热烈昂扬地涌动不息的波涛。这曲子我真的找到了，叫《C 大调春天奏鸣曲》，海顿的略觉轻松而明快，莫扎特的稍显深沉而悠远，那种颤动的音符，带着信仰与爱恋，在一种神性的光辉中注满我的胸腔，先是滋润着我的心，然后湿润了我的眼。

“碳路”者

吴朝标

CCUS，即二氧化碳捕集、利用、封存也！通俗地讲，就是通过专门的设备和流程把二氧化碳捕集下来，利用其在特定温度和压力作用下能达到超临界状态的特性，注入低渗透油藏区块后可以达到更好驱出石油的效果，既开发了难动用储量、提高了采收率，又做到了对二氧化碳的有效封存，助力国家早日实现“双碳”目标。可以说，CCUS 是一项一举两得、利国利民的全链条产业工程。

胜利气驱之路

2022 年 4 月，在油田机关办公大楼一间不大的办公室里，满头银发的李振泉迎来几位特殊的客人，他们不是来汇报工作的，而是来听“介绍”的，他们对石油勘探业务几乎一无所知。

“你们来找我算是找对人了。”进入正题后，李振泉说，“毕竟在气驱这一块，我还是有发言权的。”随后他望向窗外，若有所思的样子，从他回忆的眼神里仿佛可以看到过去的一幕一幕，正在他面前飞速翻动。

大家从他的叙述中得知，早先，胜利油田会战初期，对以气驱提高采收率就开始了理论研究，只不过不是主流。因为那时候胜利油田石油储量丰富，整装油田和高渗透油田尚且忙不过来，别说气驱了，有些高产井连水驱都不用，就能达到几百吨、上千吨的产量，至于以气驱来提高低渗透油藏采收率，仅仅只是停留在探索和理论积累阶段。到了 20 世纪 90 年代，经过几十年的开采，胜利油田相继迎来二次采油、三次采油阶段，即有的油井仍采用水驱，其他油井也因为水驱的效果已经大大降低，开始使用热采、化学驱和气驱。尤其是新发现的低渗透油藏，因为有着地质条件致密、埋藏深、油品稀等诸多特点，即使使用热采和化学驱，也达不到理想的出油效果，于是，胜利油田对于气驱的研究和利用正式提上日程。

首先是使用氮气，经过反复的实验室论证，包括对个别针对井进行多次试验，发现效果一般，不能和原油达到最好的混相状态。也就是说，它不能更好地驱出类似于磨刀石般地质孔隙中的石油。之后又尝试使用烃类气、烟道气、二氧化碳气，经过数据比较，发现二氧化碳有着其他气体无法比拟的优势，尤其它在超临界状态下黏度低，与原油混相效果最佳，混相后界面张力低等，再结合国外一些以气驱提高采收率的报告文献，最后胜利科研人员一致认为，只有二氧化碳，才是最合适的应对低渗透油藏的绝佳驱油剂。说到这里，他停下话头，招呼众人先喝口茶，还不忘补充一句："这可是上好的普洱茶，你们多喝点，既能刮油减肥，还能止渴生津的。"不得不说，他肯定是怕这些人拘束，时不时就活跃一下气氛。

这时有人问："李总，在二氧化碳驱的利用上，咱们胜利和国外或者其他油田有何不同之处呢？"

"这正是我接下来想说的，咱们胜利吧，石油地质的开发难度属世界第一，这不是我一家之词，而是业内科学家普遍认同的。"李振泉接着说，"比如美国吧，油藏条件非常好，基本都是浅层位整装油田，页岩油虽也有，但是比我们的磨刀石要疏松太多。还有一个就是气源的问题，美国的地下二氧化碳储量丰富，开采出来就可以用来驱油，每年的二氧化碳产量达到了 6000 万吨，而我们胜利油田和齐鲁石化今年投产的 100 万吨二氧化碳项目才刚起步，这还是中国石化第一，国内首创，所以我们和美国的差距还是巨大的。不过我们胜利人正在全力追赶，尽管各方条件十分不利，但我们有决心和信心，按部就班地扩大我们二氧化碳的产量，优化我们的驱油工艺，开发我们的利用与封存技术，为国家的'双碳'目标早日实现尽到央企应该尽到的责任。"

"再说和大庆相比吧，大庆的油藏深度普遍在 1000 米左右，油藏地质类似于滩坝砂，我们胜利现在剩余的油藏全部是致密的磨刀石，油井也越打越深，从 2800 米的基本深度一直打到了5000多米。”李振泉喝一口茶，接着说，“你们知道深度不同意味着什么吗？跟你们打个比喻吧，在10米深的河水下救人，和在100米深的海水下救人，这是完全不一样的，你携带的救人设备，氧气罐里的氧气，所承受的压力，下去和上来的时间，等等，这可是天壤之别。一个字，难！可是没办法，再难我们也得想办法去克服，谁让我们叫胜利油田呢，我们的使命就跟打仗一样，要不畏困难，没条件也要创造条件去赢得胜利。2021年10月，习近平总书记视察了我们胜利油田二氧化碳驱油示范区，对我们寄予了很高的期望。国家的‘双碳’目标和日程已经规划好了，作为胜利，我们责无旁贷！”整个上午，李振泉时而舒缓时而激昂的语调，配合着沙沙的写字声，一切是那么的默契和井然有序。

随着他的叙述，一条关于胜利气驱的发展路线也清晰地浮出水面：

20世纪60年代，为气驱探索阶段，后来因为经济成本及其他原因，该探索停留在理论阶段；

20世纪90年代末期，热采、化学驱、气驱开始研究利用，最终确定以二氧化碳气驱提高采收率为重要战略；

2000年之后，大量低渗透油藏的发现为二氧化碳驱提供了施展的舞台，关于二氧化碳驱油的室内研究一刻也没有停下脚步，并积累了丰富的经验；

2007年，集团公司立项，决定以胜利油田纯梁采油厂高89-1井组为先导试验阵地，研究二氧化碳驱油的现实可行性，前后历时3年，取得了二氧化碳驱油的第一手宝贵资料；

2009年底，胜利发电厂4万吨二氧化碳捕集项目动工，2010年开始运行，前后断续工作5年，共捕集生产二氧化碳2800吨，其中1800吨液化二氧化碳完成井口注入，2015年该项目设备因严重腐蚀停运；

2013年至2017年，以高89-1井组获得的经验为支撑，开始在纯梁采油厂正理庄油田樊142井组持续注入二氧化碳驱油，增加原油产量平均达到了10%以上，累计封存二氧化碳43万余吨；

2017年，油田成立二氧化碳驱项目组，在主动与当地炼化企业寻求合作受阻后，推动了与大明港城、金色河口的合作，完成了两处二氧化碳捕集设备建设，解决了胜利油田前期的气源缺乏问题；

2018 年 9 月，依托中国石化胜利油田分公司，“中国石化气驱提高石油采收率实验室”在勘探开发研究院成立；

2019 年 3 月，胜利油田勘探开发研究院在原试井室、采收率室气驱组基础上，整合成立气驱试验室；

2021 年 7 月，中国石化重点实验室,“碳捕集、利用与封存（CCUS）重点实验室”在勘探开发研究院揭牌；同月，国内首台齐鲁石化—胜利油田 100 万吨二氧化碳项目落户淄博，随即开始紧锣密鼓地筹建；

2021 年 10 月，习近平总书记视察胜利油田，参观了勘探开发研究院 CCUS 重点实验室，实地考察了二氧化碳驱示范项目东辛采油厂莱 113 井组；

2022 年 4 月，齐鲁石化首批产出的二氧化碳开始陆续送达，并注入纯梁采油厂 160 余口井中，获得单井产量单日增原油至 10 吨的良好效果；

2022 年，东营市主动向胜利油田提出联合成立 CCUS 项目组，研讨拟在当地建立 300 万吨的二氧化碳捕集项目。

对二氧化碳我是又爱又“恨”

说起胜利油田高级专家吕广忠，用勘探开发研究院张东博士的话来说，他是一个传奇式的人物，更是整个胜利油田乃至全国石油系统 CCUS 领域的权威人物，他的一生都在研究二氧化碳，最早是单纯研究二氧化碳驱油，现在不仅要研究驱油，还要研究如何更好地利用和封存。如今胜利油田沿用的二氧化碳驱全产业链技术和工艺，都能看到吕博士的影子，就像他原本就是为二氧化碳而生一样。

本来，对吕博士的采访应该是排在前列的，但因为种种原因，他不是在加班，就是在向领导们汇报工作，导致采访日期一拖再拖，直到采访组把勘探开发研究院气驱室绝大多数成员都采访了一个遍，他才终于抽出难得的时间匆匆赶到了会议室。而此时，会议室里正采访着另两位二氧化碳驱的参与者。吕博士快步踏入时，他俩赶紧起身相迎，并一再对采访组说，先采访吕博士吧，他的时间更宝贵，要不然下次再约出来天知道又是何年何月。

当时吕博士给人的第一印象，实在无法把他同一个博士、一个高级知识分子画等号。因为在大多数人印象中，博士嘛，一定是西装革履，斯斯文文，干干净净，举手投足间优雅有型。然而他不是，头发略显凌乱，一看就是没经过刻意打理；黑色普通材质的衬衣挽着袖子，一副撸起胳膊加油干的劲头；脸是黝黑的，不高不矮的身材看起来倒很壮实；最为显眼的是他腰间挂着一大串白亮亮的钥匙，走路时哗哗直响。如果把他放到人群中的话，不仅不显眼，反而有些寒酸的那种，而就是这样一个看起来寒酸的人，竟然年纪轻轻就能跻身勘探开发研究院首席专家，几年后又晋升为油田高级专家，这是非常不易的，这不由得令人想去深究，朴实的外表之下，到底隐藏着多少攻坚克难的过往和不为人知的故事。

“我是踩着前辈的肩膀才走到今天的。”这是吕博士说的第一句话，“关于二氧化碳驱油的理论和技术，国外比我们要早很多，我在大学时期，就开始考虑中国石油行业的可持续发展问题，也翻阅学习了大量文献，奠定了一定的理论基础。参加工作到胜利油田后，先是在当时的地质院采收率室，开始正式研究气驱促进采收率的课题。胜利油田跟气驱有关的科研项目我都是参与者，从最早的 20 世纪末期一直到 2021 年 CCUS 重点实验室成立。外界看到的那些所谓的节点，其实在成型和出台之前，有相当多的系统工作需要去完成，少则一两年，多则上十年，其中的经历就不细说了，一个字概括，忙！但目前看来，这些忙都是有回报的，如今勘探开发研究院成立了两个省部级的重点实验室，今后还要申报国家级 CCUS 研发中心，这于国于油田都是一件大好事，时代赋予我们的使命我们必须全力以赴去做好。”

“对二氧化碳我其实是又爱又‘恨’的！”这是吕博士说的第二句感悟，“我为什么要爱它呢？前面说了，国外早就开始了二氧化碳的研究和利用，而我们明显是落后的，那时迫切地想发展中国自己的二氧化碳驱油技术，为油田的高质量可持续发展提供有力保障，也为改善自然环境出一分力，但鉴于种种因素，前辈们对二氧化碳的研究断断续续，一直没有走出实验室、走进井场。那时我对二氧化碳的爱，是爱而不得，于是更加迫切地想去拥有。再后来，要说恨吧，当然并不是真的恨之入骨，只是一种情绪的偶然释放罢了，因为后来胜利油田给了我平台，让我多年来的抱负有了实现的可能，于是和同事们夜以继日开展了各项攻关，各种论证，各种实验，以便找到最佳的驱油方法和封存途径。这时二氧化碳已经和我融为一体了，拨也拨不开，甩也甩不掉。记得有一次父亲说好久没看见我了，专程从农村来油田看我，本来答应好要陪老人四处逛逛，但我食言了。那段时间领导交到手中一个非常重要的任务，必须在限定时间内完成，要接受中央电视台采访，也要向中国石化总部领导汇报。同事们都在自觉加班加点，作为负责人，我更没有理由走开，于是对老父亲的承诺一拖就是一个多月。后来父亲主动对我说：‘儿啊，我知道你忙，那你就好好忙吧，我不打搅了，我还是回去吧，免得在这里让你分心。’父亲回到老家后我才知道，原来父亲最近总感觉身体哪儿不舒服，原想着油田的医疗条件好些，想过来做一个检查，看我一直在忙，就没好意思说出口。直到那时我还认为，只是去医院做一次检查而已，这个愿望好满足，等我忙完是可以去弥补的，没想到的是，没几天，家里人发现了老人情况不妙，去医院做检查后得知，已经肝癌晚期了，不到三个月，父亲就走了。”说到这里，吕广忠摘下眼镜，旁边有人赶紧递过纸巾，他接过来，轻轻擦拭几乎夺眶而出的眼泪，很快，又露出了坚定的微笑。“对于家里人我是愧疚的，不仅是对我父亲，包括在我岳父岳母、妻子和孩子面前，我都是不称职的女婿、不称职的丈夫和父亲。罢了，罢了，这些难过的事情先不说了，在我们院里，很多人身上都有类似的经历，从我进院的第一天，这些故事就一直感染着我，改变着我，我还是给你们讲下一个故事吧。”

吕广忠接下来讲的，是2018年发生的事情，当时台风“温比亚”施虐正欢，祖国大地从南到北连日狂风大作，暴雨倾盆，城市路面积水严重，东营也不例外，几乎是一片泽国。而工作是不能停的，原定的去北京中国石化总部汇报工作的计划不能耽误，总部那边已经做好了安排。出发当日下午，因为路面积水的缘故，坐商务车去北京的计划不得不搁浅，汇报组临时决定乘大巴赴京。另一路人马在勘探开发研究院主要领导带领下，已经想方设法赶到了长途车站。这天吕博士其实早早就出门了，刚到楼下，司机就来电话说，尝试了很多次，车辆实在无法出行，已经趴窝了，只能自己想办法了。吕博士就开始打电话寻找其他车辆，不出意料的是，一连联系了好几部车，都因为积水太深而无法提供帮助。他急了，一是院主要领导正在长途车站等着，二是担心因自己个人迟到而耽误大局。尽管此时还刮着大风，下着暴雨，他的额头却急出了一大片汗珠。在一个又一个电话的联系中，时间也过得飞快，眼看已经到了车站发车时间，终于联系到一位朋友的私家越野车。朋友答应可以帮忙，吕博士如释重负，为了节省时间，他深一脚浅一脚踩着高过膝盖的积水，艰难地走到主干道上与越野车汇合，等上车时，后背一阵阵发凉，估计是汗水已经把衣服湿了个透。越野车朋友也知道事关重大，二话不说，一路劈开波涛谨慎前行。快到长途车站时，他的电话响了，是院主要领导打来的，电话里说，刚才好不容易做通了全车旅客及司机的思想工作，那边同意等人，为了向他们表示感谢和歉意，等吕博士上车后，一行人必须向全车旅客集体鞠躬致敬。

那天到达北京，安顿好时已经是晚上九点，因为第二天要向中国石化总部领导汇报，所有人对汇报材料进行反复梳理，又发现了几处不够严谨之处，而联系酒店之后发现根本就没有打印机。无奈之下，几人又顶着狂风暴雨出了酒店，四处寻找可以打印文件的门店，等这项工作结束再回到酒店时，已是半夜 12 点左右。所有人突然感觉饥肠辘辘，一个个都跟虚脱了一般，还好可以叫外卖。等外卖送到房间，吕博士看看手表，已接近凌晨 1 点。随行的年轻人曹伟东看出了所有人的心事，他说："我只吃五分钟，你们慢慢吃，吃完就赶紧都去休息吧，剩下的活，交给我来干，我保证让你们明天安安心心出门。"然而说归说，第二天天不亮，心事重重的众人就像商量好了似的，都起了个大早，院主要领导又一次熟悉了汇报材料，吕博士在心里默默准备好如何应对总部领导可能提出的问题，其他人在收拾物品，生怕有什么遗漏。那天上午的汇报十分成功，得到了与会领导的一致认可，对于领导们提出的若干专业问题，吕博士均一一做出了细致的解答。可以说，那次成功的汇报为后来"中国石化二氧化碳驱提高石油采收率重点实验室"，以及再后来"中国石化 CCUS 重点实验室"落户胜利油田立下了头功，也为目前正在申报的"国家 CCUS 研发中心"打下了坚实的基础。

讲完这些，吕博士满足地笑了起来，就好像之前的一切不快和磨难都不存在一样。他又说："如果还想挖掘更多更感人的故事，其他同事身上还有许多，他们都是胜利精神的践行者，勘探开发研究院的传承非常好，学术氛围很浓，一代一代人都是这么过来的，他们都是不知疲倦的学者，都是我科研路上探索前进的楷模，和他们相比，我做得还远远不够。"刚说完，他的手机就响了，听起来像是某位领导来电有事情需要讨论，他说了声抱歉，就匆匆离席而去，出门时，腰间那一大串钥匙又发出哗啦哗啦的响声。

功成不必在我，功成必须有我

20 世纪 90 年代末期，勘探开发研究院气驱室着手筹建长岩心实验室，于 1999 年顺利建成。该实验室的主要目的是完成三项重点实验，一是相态实验，二是混相压力实验，三是二氧化碳驱油实验。还有一些辅助性实验，比如要分析沥青沉淀对地层的伤害，要分析二氧化碳注入地层之后对渗透性的影响等。这一年，李相良 35 岁，正是干事创业的黄金年华。李相良说，他最害怕的就是做长岩心实验，因为周期长，温度高，压力大，因此危险性也大。当时的实验设备全部为国产，安全系统相对进口设备而言是较低的，而国内没有现成的样本，就连这一套设备，也是经过一帮专家好多次论证和修改，与厂家反复研究设计成型的。更没有现成的经验可以套用，于是李相良等 4 人就开始了漫长的实验摸索过程。

在实验过程中，设备部件每天都会有损坏的，主要原因是刚开始对二氧化碳的腐蚀性严重低估。每损坏一个部件，哪怕只是一个小小的密封圈，都会让实验推倒再来。有些零部件便于拆装还好，若是遇到曲里拐弯或是深藏在设备内部的零件，往往拆装更换的过程就要耗时整整半天。长岩心实验如果不算前期准备工作，实验过程顺利的话需要数月之久。机器开机后是不能停的，必须有人 24 小时盯守，10 到 15 分钟为一个计数点，要记录各种数据。于是 4 个人分成两班倒，昼夜交替值班，随时注意观察不同比例的二氧化碳与原油在施加不同压力情况下的混相状态。再者，长岩心实验也并不是只做一次或只做一根，胜利油田的地质情况相当复杂，要把岩心库保存的相关岩心挨个实验完毕，得出海量的数据，为不同地质条件下二氧化碳驱油找出最合适的方法，为现场驱油提供可靠安全的实验室数据。

按理说，两班倒虽说很累，但还不算太累，毕竟还有属于自己的时间吃饭，休息，睡觉，但设备好像并不乐意他们如此轻松，而是不停地闹情绪。这样一来，所有人都被逼成了天天在岗的模式，偶尔能回家休息一会儿，也十次有八次能接到实验室电话，说设备出了问题，现场两个人根本忙活不了。比如一次半夜，李相良接到电话，就匆匆赶回实验室，与同事们一起取出已经饱和好的岩心进行清洗、烘干，驱出里面的石油，对漏气的密封圈和几处管件进行更换，一忙活就是好几个小时。这也等于前期的工作基本白做了，接下来的工作就是把所有程序再重复一遍，先把岩心用水饱和，再用原油驱出水分，形成原始油藏条件，然后再用液态二氧化碳驱油，重新研究二氧化碳注入量，优选注入方式、注入时机，重新计算实验数据。仅仅这一次实验，共耗时半年之久。类似这些因为零部件出问题，而导致一次实验不得不反反复复进行，对他们来说已经是习以为常了。

盛强是2000年毕业于石油大学的硕士研究生，先是分配在勘探开发研究院采收率室实验组，半年之后，气驱室成立，又分配到气驱室方法组，与李相良在同一个实验室。在盛强的描述中，方法组乃至整个气驱室，导师带徒都是倾囊而授，绝不会有教会徒弟饿死师傅的狭隘思想，那些老师傅巴不得年轻人尽快成长起来，成为独当一面甚至多面的全才。盛强说到一次冬天，和师傅李相良值班，上半夜两人还能愉快地聊天，聊着聊着就没有话题了。天气越来越凉，两人裹上军大衣，开始各干各的，或是各自盯着电脑发呆。也不知道过了多久，本来该盛强值班的时间段，他在自己的折叠椅上不知不觉就睡着了。也不知睡了多久，醒来之后，发现师傅李相良正精神抖擞地盯着电脑，见他醒来，就说“你再睡会吧，年轻人觉多，我盯着就行，数据我一直统计着，没有问题”。可盛强怎么能心安理得再去睡呢。随后，两个有一搭没一搭又聊起来，说话间，两个计数点就过去了，而此刻，两人都觉得不对劲，因为就在这两个计数点，发现PVT设备上的压力有了下降的趋势。为保证实验照常进行，李相良果断关闭了总阀门，准备用肥皂水找出漏点替换管线。说来也是巧了，那根找到的穿孔管线所处位置十分复杂，周边众多管线迂回包绕，管线上连接的仪器也是最多的，必须全部拆下来，等换好管线，还得再重新安装一遍。盛强想说，不行叫人来帮忙吧。还未张嘴，李相良好像猜透了他的小心思，说咱俩就够了，他们休息一会儿不容易，就别打扰了。那天晚上，师徒俩从晚上12点一直干到第二天凌晨，总算完成了管线更换工作。所幸的是，岩心样品没有报废，否则，将又是徒劳无功推倒重来的一次实验。在问到实验被推倒重来是怎样的体验时，盛强形容说：“比如有一锅饭，因为火力太猛做煳了，这一锅饭肯定不能吃了吧，不仅不能吃，还要再刷锅、淘米吧。嗯，就是这个道理，我们的实验报废跟米饭做煳是一样的，不同之处在于，这不是一锅米饭做煳了，而是整桌满汉全席都做煳了，想想都心里累得慌。”

李相良还有一个搭档，叫郭平。用郭平的话来说，什么是加班，在他心里是没有清晰概念的，他们只有“实验中”和“不实验时”两种状态。郭平还说，每天早上，他必须吃饱饭，因为不知道中午能不能吃上饭；每天中午，只要条件允许，他也必须吃饱饭，因为不知道晚饭要等到几点。在他们小组，实验任务一个接着一个，不实验的日子在一年中则是少得可怜。

郭平随后提到，一天晚上，实验室突然停电了，郭平接到电话就骑上单车往单位赶。停电对实验的影响是巨大的，如果是普通跳闸还好，若是大面积停电，电脑里的数据将会被清理一空，这是一件非常令人头疼的事情。俗话说，屋漏偏逢连夜雨。本来那次不久就来电了，实验还可以正常进行，各项数据也都保存完好，可偏偏一根管线又出了问题，发生了渗漏，经过几个人近半宿的折腾，拆下管线一看，原来是国产管线穿孔所致。郭平介绍说，国产管线管壁往往碳颗粒太多，在液态二氧化碳的压力和腐蚀下，穿孔是迟早的事情，只是当时受条件所限，进口管线昂贵且稀缺，加上早期对二氧化碳的腐蚀性严重误判，导致对那时的实验产生了巨大的阻碍。不过现在，这些问题都得到了解决，管线换成了哈氏合金，阀门的密封圈也采用了进口配件，为顺利进行每一次实验提供了保障。

功成不必在我，功成必须有我！郭平用这句铿锵有力的话作为采访的结束语，同时表示，二氧化碳气驱是利国利民的宏图壮举，在相关研究上，胜利油田比国内同行要早得多，这足以证明油田和院里的历届领导和科研前辈是有前瞻性的。作为胜利油田的一分子，也是勘探研究院 CCUS 实验室的一分子，在如今形势一片大好的国际国内环境下，尤其在习近平总书记视察之后，全院上下无不精神振奋，油田领导也多次强调，一定要以总书记的嘱托为动力，尽力发挥出自身的能量，尽量多做贡献，尽管最后功劳并不会系于我一人，即使作为其中一只萤火虫，我也要努力发出最亮的光芒，为了油田的增油上产，也为了祖国的碧水蓝天！

那些平凡人的故事

在勘探开发研究院，有两个王杰，为了避免混淆，就按年龄大小进行区分。大王杰当年就读于中国石油大学（北京），小王杰就读于中国石油大学（华东），原本两人是不会产生交集的。后来，小王杰本科毕业后到中国石油大学（北京）继续攻读研究生，此时大王杰还未毕业。小王杰在一次去学校图书馆借书时就感觉到了另一个王杰的存在，只是并没在意。到胜利油田参加工作后，一次外地同学告诉小王杰说，有一份文件要寄过来，让小王杰注意查收。小王杰左等右等，算算时间早就该寄到的信件却没了踪迹。直到有一天，有人拿着信件找到小王杰，说这封信可能是拿错了。刚开始，他以为是邮寄广告的，就放在了一边，后来在单位通讯录中碰巧看到了另一个叫作“王杰”的名字，在询问其他同事之后就找上门来。来人正是大王杰，这也是两个王杰的第一次真正会晤，也是两人缘分的开始。到了2018年，大小王杰两人，坐进了气驱室同一间办公室里；2021年CCUS实验室成立，两人又分别担任油藏项目组一组和二组组长。

小王杰最擅长讲故事，尤其是讲身边人的故事，对于个人的事迹则会羞涩地避而不谈，在他的描述中，一个个鲜活的人物跃然纸上。他首先讲到的是大王杰设计制作迎检展板的故事。当时院领导要求，展板内容既要把CCUS全链条产业链科学生动地展示出来，又要让其他学术领域的人看起来也能一目了然，这确实是一个不小的挑战。在那段时间里，大王杰全身心都扑在展板设计工作之中，做出一版，就让领导审阅一次，一次次被领导否决，再一次次重新设计，反复修改十余次之后，领导看后还是觉得不够稳妥。这时大王杰心想：何不组织院里其他同事先参观一下呢？比如保卫科的同志，行政部门的同志等等，看看他们以外行人的视角，到底能不能看懂展板所展示的内容。经过几次测试，大王杰按照收集到的建议，连夜对设计样板进行了修改。因为长时间的劳累，那天大王杰刚从椅子上站起身来，就感觉天旋地转，竟然倒在桌上晕了过去，有同事闻讯赶来，七手八脚将他抬到卫生院救治。大王杰清醒之后，在场实验室领导以严厉的口吻命令他必须回家好好休息几天，等休息好了再来上班。当时大王杰并没有辩解什么，然而第二天下午，他早早就出现在了办公室，蹲在自己亲手设计的展板面前又开始了工作。后来，展板制作完成，得到了众多领导一致认可，该展板于2021年10月21日受到了习近平总书记一行检视，总书记等人看后，频频点头称赞。

其次讲到的是李弘博。因为家庭原因，李弘博长期一个人带着孩子。有段时间工作任务繁重，油藏组每人要负责一个油藏方案的制作，加班加点成了常态。其他人还好，最起码家里还有人手，而对李弘博来说，如何安置孩子却成了一个大问题。于是，同事们经常看见李弘博把孩子带来单位，大的忙着加班，小的忙着写作业。有时加班到很晚，孩子作业写完了，人也困了，懂事的孩子见爸爸忙，也不去打搅，就自己歪在椅子上睡了。办公室未配沙发，没有扶手的椅子倒是不少，李弘博小心地将椅子拼成一张小床的模样，抱起孩子放置好，脱下自己的衣服给孩子盖上，再继续工作。像这样的情况，李弘博身边的同事经常能遇见。

最后讲的是一个敲铁棍的老师傅的故事。这人叫王君智，是 CCUS 实验室方法组成员之一，与油藏组并不在一处，因为老师傅确实很有特点，也非常敬业，因此整个 CCUS 实验室对老师傅都是打心里尊重。小王杰说，在 CCUS 实验室，近几年每年都要进行海量的二氧化碳驱油实验，原始岩心的数量不够用怎么办？没事，有王君智在，一切都能搞定。王师傅将 6 个目数的石英砂分别以不同的比例配比，装进一根竖起的管子里，再配合敲击管壁的动作，通过产生振动使石英砂压实，压实后再填充，填充后再继续敲，不把钛合金材质的管子敲得坑洼遍布绝不罢休。经过多次反复敲击和填塞之后，一根与原始地质条件相差无几的岩心就成功出炉了。用这种纯手工方式敲出来的模拟岩心大大节约了生产成本，要知道，如果动用探井取出真实岩心的成本是极其昂贵的。对于如何动用探井取出地层深处岩心，CCUS 实验室负责人之一于伟杰早先也讲解过。他说，胜利油田目前的井深都在 3000 米以上，这意味着探井至少要打到 3000 米，但是问题来了，钻头顶部抓取岩心的套管只有 10 米。也就是说，每打 10 米，套管就要取出来释放一次岩心，为下一次抓取岩心腾出空间，如此这般一直持续到 3000 米的话，钻进和取出的动作一直来回倒腾，这是一个非常烦琐的大工程。

这项看似简单的技术，室里其他人并不是没有尝试过，但真学不来，无论从敲成的时间，还是从实验数据来比较，和王师傅都有很大的差别。或许因为王师傅已经敲了 17 年，他已经读懂了地下的结构，听懂了地层的心跳。小王杰还说，王师傅平均一个月要敲 60 根左右，这 60 根左右的岩心棒分别模仿不同的地质条件，为二氧化碳驱油实验产出了大量可靠的数据。有时他们在单位食堂看见王师傅，只见他一手呈鸡爪状，另一只端着盘子的手哆嗦不止。不用问，这肯定就是敲铁棍累的。在面对别人关切的询问时，王师傅多半都是憨厚一笑，有时还会悠悠地回一句：“人老喽，不中用喽，再敲一年，我就能退休喽！”

人活着是为了什么

这句话出自一位年轻人之口，他叫郑文龙，2009年毕业于石油大学石油工程专业，分配到当时的勘探开发研究院试井室，如今也是CCUS实验室大家庭成员之一。他原话是这样说的："人活着是为了什么呢？有人是贪图享受，有人是崇拜权力，而在我身边，这里每一个人都在付出。比如张传宝，每天除了工作就是工作，天天在单位忙这忙那，风风火火，经常后半夜还在群里发工作通知。比如吕广忠博士，加班到半夜11点甚至凌晨3点都是常有的事情，早上6点起来准备各种材料，早上8点准时向油田领导汇报。这些，我们都看在眼里，记在心里，也落实在行动里。从他们身上，我理解了什么叫作拼。他们都那么大年纪的人了，工作还如此忘我，作为年轻人，我们更不能偷懒耍滑，虚度光阴。我已经把他们的人生作为我奋斗的目标，我相信我可以做到。为了石油，为了中国石油科技，年轻人必须加倍努力！"

话说早些时候，尤其是刚参加工作的头两年，郑文龙还并没有这么高的觉悟。那时刚走出校门，他的思想是发散的，身体是自由的，以至于感觉和身边环境以及同事们有些格格不入，工作也总是消极被动，无精打采。但勘探开发研究院就是这么一个神奇的地方，不管你是谁，只要进了这个大家庭，就不允许掉队，无须强制，也不用过多说教，身边每一个老同志都是活生生的教材，总有一天能将你潜移默化到自觉自愿去融入。最早触动郑文龙的还是吕博士，一次，郑文龙忍不住问他："你都有这么大的成就，这么高的地位了，为什么还如此地拼呢？"吕博士微微一笑回答说："小伙子，想一想我们伟大的祖国，想想西方对我们的封锁，想想多少人想卡我们的脖子、遏制我们的复兴，你就能理解我为什么这么拼了。"这些话无疑在郑文龙心中投下了一枚重磅炸弹，掀起了他心海的滔天巨浪。那次之后，他良久思索，心绪难平。还有一次触动，是与张传宝的一次谈心。说到谈心，这是张传宝的拿手好戏，他本是一个风趣幽默的人，加上天生一副笑脸，就像一尊和蔼可亲的弥勒佛，试想在这样的领导面前，想不敞开心扉也难。那次谈心，张传宝并没有对郑文龙抱怨什么，而是从国外势力对中国的石油封锁谈起，谈到老一辈石油人为了甩掉贫油国的帽子，抛家舍业的奋斗故事，讲到石油对国家的重要战略意义，讲到胜利油田的油藏现状以及CCUS产业对高质量可持续发展的重要性，讲到习近平总书记提出的"碳达峰""碳中和"目标。讲完这些，张传宝又讲到了自己，说自己目前的担子还不够重，挑战性还不够强，需要自己给自己再加点压力。50 多岁的人了，心脏也做过搭桥手术了，等于从鬼门关已经走过一遭了，剩下的时间也不多了，如今赶上这么好的形势，不做出一些实实在在的成绩将来肯定会遗憾的。既然时代赋予了我们胜利最艰巨的任务，胜利也走在了全国 CCUS 的最前列，我们这些人就得抓住机遇，成就一番作为。不仅是眼下的 CCUS，在可以预见的将来，希望在国内的碳交易、碳指标、碳标准等衍生产品的规则制定上，胜利油田具有话语权。毕竟，我们的研究和理论是最成熟的，我们的大规模实验也是最早铺开的。年轻人啊，这些将来得看你们的了！

到了 2019 年，一项有关二氧化碳驱固相沉积规律研究的课题交到了郑文龙手中，这是对郑文龙在思想转变之后又历经数年努力工作的极大认可。交办这项研究课题的，正是吕博士。接到任务后，郑文龙一刻不敢怠慢，他先是扑下身子，用长达半个月的时间翻阅了有关文献，同时绞尽脑汁筹划如何一步一步完成实验。那段时间，他满脑子都是实验，睡眠质量受到严重影响。半年之后，经历多次实验后的数据和研究结论提交到了一众领导面前，领导们对实验的结果给予了充分认可。此刻，郑文龙心里是激动并快乐的，他终于体会到工作带来的满足感，这足以抵消之前承受的所有痛苦。这项实验的目的是找到最合适的二氧化碳驱压力区间，最大限度解决二氧化碳注入原油后产生的沉淀问题，以防堵塞原油流动的路径，同时还要摸清沉淀规律，在避免因压力伤害地层的情况下，满足可持续采油的需要。对于此次实验，郑文龙还有意犹未尽之处。他说，下一步将采用微米级过滤网，对沉淀物质进行分析，然后对症下药采用药剂化解，根治堵塞。同时，还会对二氧化碳作用于页岩油的效果进行全面测试，这说起来可能不难，但需要涉及的工作量相当大，不仅需要人力，也需要时间去慢慢推进。

2021 年 10 月，郑文龙作为勘探开发研究院为数不多的年轻代表，受到了习近平总书记的接见。郑文龙说，那一刻，他感觉浑身发热，像是有一股暖流在身体里流动，更像是有一种召唤，在调动潜伏在深处的全部能量。

灯火辉煌的背后

胜利油田勘探开发研究院位于油田机关对面，胜利广场南侧。但凡晚间去过胜利广场的人都有这样的感触，那就是这样一栋高大敞亮的办公楼，几乎每天晚上，里面每一扇窗户都是灯火通明的，像是与对面同样明亮的油田机关大楼相互呼应。至于这些明亮的背后，有多少不为人知的酸甜苦辣，有多少可歌可泣的故事，有多少无私忘我的付出，估计只有里面的人自己知道。这些明亮的灯火，将胜利广场映照得如同白昼，休闲娱乐的人畅游在广场中时，他们想象着里面的人一定是衣冠整洁，风度翩翩，身份尊崇，却想不到那些在实验室里裹着军大衣、吃着泡面、黑着眼圈的身影；也想不到那些坚守在实验井场，满脸胡须的科研人员正忙着埋锅造饭，到了夜间，这些人还会在测试车里挤成一团；更不会听到在办公楼某一角落，一位马上就要面临退休的老师傅，左手紧握 20 余斤的铁管，右手持一根铁棍，一边用心地敲着，一边用心地听着沙沙的声音。还有很多很多的想不到，这些想不到，与这栋风光无限的大楼形成了鲜明的对比。当然，成正比的东西也是有的，比如，仅从勘探开发研究院 CCUS 所属人员 2004 年之后开始统计，全室总共获得国家级发明专利就有 42 项，这还不算其他 100 多项科技进步奖、实用新型专利等等，这是一组足以值得骄傲的数据。

油田有关分管技术领导谈到 CCUS 时，对其发展未来首先是充满信心的。他说，我们有着坚强的领导集体，有着优秀的协同作战团队，多年来，以勘探开发研究院为技术支撑，胜利发电厂、齐鲁石化、油藏动态监测中心、注气中心、运输公司，还有相关几家采油厂，都为 CCUS 过去的经验积累以及现在取得的阶段性成果立下了汗马功劳。尤其 2013 年至 2017 年期间，在樊 142 井组连续三年进行二氧化碳驱油试验，为如今大力推进 70~80 余口井的规模化注入积累了经验，夯实了基础，坚定了信心。近两年中，我们针对胜利油田二氧化碳与原油混相压力高的问题，形成了“提高油藏压力”和“降低混相压力”两套技术思路，深化了二氧化碳高压混相驱油机理，形成了大井距、超前注、高压混相驱技术，明晰了二氧化碳和原油之间的相互作用机制。2021 年，首个百万吨级 CCUS 项目——齐鲁石化—胜利油田 CCUS 项目开工建设，如今已形成年注 100 万吨的能力，有力推进了化石能源洁净化、洁净能源规模化、生产过程低碳化，对保障国家能源安全、“双碳”目标的实现起到了示范引领作用。

胜利油田在 CCUS 领域创造了多项国内第一，这是石油领域有目共睹的，我们的高压混相理论、莱 113 井组首台套二氧化碳驱设备、采收端二次回注技术甚至达到世界领先水平。

胜利突破

马安山

改革开放，使我国进入了经济发展的快车道。几十年时间，我们走完了西方资本主义国家上百年的路，创造了人间奇迹。此乃国家之幸，民族之幸。这一切当然与石油有关，中华民族的崛起必定与石油有关。

时光荏苒，逝如斯夫。转眼间胜利油田已诞生一个甲子。如果说，大庆油田的发现，是对中国贫油论的颠覆。那么，胜利油田的发现，就是对“华北无油论”的彻底否定。

历史有历史的规律，社会有社会的运行轨迹，油田发展同样离不开内生动力。恰恰是这 3 种因素的叠加或聚合，使胜利油田在发现 60 年后，又有了页岩油、化学驱、CCUS 等三大技术为代表的突破。虽然仅限于技术层面，但意义远远超越技术本身。

油气生产固然重要，空气质量、生存环境同样重要，甚至有过之而无不及。我们无法想象在雾霾弥漫、温室效应、有毒有害气体排放屡禁不止、空气污染成为常态的境况下，还有什么惬意的生活，还能奢谈什么生活质量、诗和远方。

在油气生产与生活环境之间，人的因素不可或缺，尤其是人心、人气至关重要，天时地利人和缺一不可。有油气，强壮共和国的筋骨；有良好的空气，改善国人的生存环境，提升生活质量；有人心所向及高昂的士气，壮我声威和力量，足以干一番轰轰烈烈的事业。

就胜利的人来说，为实现中华民族伟大复兴的中国梦，贡献胜利智慧、胜利力量，同样是一件幸事。

总书记来了

十月是美好的季节。

共和国在十月里诞生，瓜果在十月里飘香，五谷在十月里收获，还有“晴空一鹤排云上，便引诗情到碧霄”的诗情画意。

十月的胜利油田，有个静谧之地。准确地说，应是“闹中取静”。

北边隔一条马路，就是以胜利油田的名字命名的胜利广场，放风筝的、跳舞的、唱歌的、暴走的、练剑的、打太极的，人来人往，四季不断。紧靠马路，有一面硕大的影视墙，一年四季，天天播放各种电视节目或宣传片。

向南是一家酒店，酒店边上有个游泳馆。向东一条猫街，吃的穿的用的住的，包罗万象。向西亦有商贾云集，小吃店、小商店应接不暇。东北方向，还有个百货大楼，是东营市最早的一家商店。沿百货大楼向东，是东营市最繁华的商业街。

这个中心地带的静谧之地，就是胜利油田勘探开发研究院，胜利油田勘探开发的地质参谋部。

一走进院子，就给人不一样的感觉。院子里几乎没人走动，偶尔看到几个人，也是步履匆匆，神色凝重，心事重重。白天给人的印象是静，夜晚给人的印象是灯火通明。或许这也是勘探开发研究院的一大特征。

时间长河中，总有一些日子会被铭记，甚至成为永恒。

2021 年 10 月 21 日，习近平总书记视察胜利油田，第一站就是胜利油田勘探开发研究院。

勘探开发研究院科研楼大厅西面墙上，一幅古铜色的浅浮雕壁画吸引了习近平总书记的目光。

壁画上方镌刻着“求实，创新，超越”6 个大字。壁画中央有 7 名地质科技人员，围着一张地质图，有的凝神思考，有的相向而立，好像在讨论什么。

上方有连绵的高山、起伏的沙丘，远处一队人马，在一面旗帜的引导下，正在奋力前行；下方有一排抽油机正在忙忙碌碌；几株芦苇给洪荒大地增添些许绿色。最下方是千百万年，甚至数亿年的地层，致密的岩石里，有黑色液体流动。

壁画上的 7 人，是胜利油田地质科研人员的化身。胜利油田开发初期，由于地质类型复杂，开发难度大，技术要求高，重点难点问题很多，全国许多地质工作者前来参加会战。其中有 7 人先后成了中国工程院院士。因此，就有了胜利油田勘探开发研究院走出了“七院士”之说。

截至目前，胜利油田勘探开发研究院先后走出了 9 名院士。

大厅中央摆放着从地层深处取出的岩心。一块是取自 2073.80 ~ 2074.80 米的棕褐色油浸细砂岩，另一块是取自 3467.60 ~ 3468.60 米的富有机质纹层状细精泥质灰岩。还有 3 瓶原油，分别来自 3595 ~ 5305 米、4249 ~ 4527 米、3649 ~ 4083 米的 3 个不同的油田、不同的地层、不同的油井，当然还有不同的颜色。

另外，还有胜利油田自己研发，用来驱油和提高采收率的 5 种粉剂和 4 种溶剂。

习近平总书记看得认真，听得仔细，还不时询问。

大厅东边有一条走廊。走廊两边的墙壁上挂着胜利油田“复式油气聚集（区）带勘探理论”荣获国家科技进步特等奖、隐蔽油藏勘探技术、特高含水油田水驱油藏开发技术、稠油油藏开发技术、化学驱理论技术、CCUS 理论技术等展示牌。

穿过走廊，习近平总书记兴致勃勃地参观了页岩油实验室和 CCUS 实验室。参观过程中，习近平总书记听取了页岩油和 CCUS 等相关情况介绍，饶有兴趣地问道：“你们的页岩油开发，和国外相比处于什么水平？”

胜利油田主要负责同志满怀信心地对习近平总书记说：页岩油开发最早起源于美国，技术也比较成熟，他们搞的是浅层，地质条件也比较好。我们起步较晚，但发展很快。我们这里地质条件复杂，一上来就搞深层，经过不懈努力，终于取得成功。现在完全可以说，页岩油开发，美国能搞的我们能搞，美国不能搞的我们也能搞，化学驱、CCUS 也是如此，甚至可以说处在领跑位置。

听到这里，习近平总书记高兴地笑了，称赞胜利油田干得好。

离开实验室后，习近平总书记来到胜利油田勘探开发研究院科研大楼门前的一块空地上，与等候在那里的地质科研人员见面，并发表热情洋溢的讲话。

习近平总书记说，石油战线始终是共和国改革发展的一面旗帜，要继续举好这面旗帜，在确保国家能源安全、保障经济社会发展上再立新功、再创佳绩！

接下来，习近平总书记一行又驱车 20 多千米，来到胜利油田莱 113 生产区视察。

天鹅湖湿地公园，水波浩渺，草木葳蕤，广利河与之贯通，具有景观、城市排涝、蓄水等多项功能，是东营的城市名片。胜利油田莱 113 生产区就在附近。

莱 113 生产区，含油面积 4.76 平方千米，属低渗透油藏，地质储量 285.35 万吨，油藏埋深 2750 米，开发方式为二氧化碳驱油。现有二氧化碳注气井 2 口，对应生产井 6 口。

习近平总书记来时，惠风和畅，丽日送暖，晴空万里，碧空如洗。雁声阵阵，鸥鸟飞翔。鱼儿戏水，风景如画，景色宜人。

当时，一口探井正在钻进，这口井的名字叫莱深斜 2 井。设计井深 5000 多米。主要是探索深层地质构造，在油藏之下，寻找新的油藏。胜利人称之为：胜利之下找胜利。

习近平总书记下车后，健步登上高高的钻井平台，察看探井施工情况，与钻井工人亲切交谈。从平台上下来后，总书记兴致勃勃地视察了莱 113 生产区现场及二氧化碳注气设备设施。

与值班工人见面时，习近平总书记看到人群里有 2 名女工，笑着说："这里还有女同志啊。"在莱 113 生产区从事二氧化碳注气技术服务工作的王建宁兴奋地回答："总书记好，我们是注气女工。"

习近平总书记点点头，亲切地说："我刚才到钻井平台上看了看，设备很先进，握刹把就像开飞机一样。"接着又说："很高兴来看望大家，这是我第一次来胜利油田，石油能源建设对国家非常重要，贡献很大。今年是胜利油田发现 60 周年。我代表党中央向你们，并通过你们向胜利油田的广大职工致以崇高的敬意！"

习近平总书记强调，要建设制造业大国、搞实体经济，各种饭碗就必须端在自己手里，能源的饭碗更要端在自己手里。你们要继承和发扬老一辈石油人的革命精神和优良传统，始终保持石油人的红色底蕴和战斗情怀，为社会主义现代化建设事业做出更大贡献！

习近平总书记离开井场后，现场职工纷纷拿起手机，第一时间向家人、同事、朋友报告喜讯。

2022 年 4 月 20 日上午，我们一行 6 人去莱 113 生产区采访，恰好遇到被习近平总书记接见的注气工赵丹。他动情地说：“总书记非常平易近人，非常和蔼可亲，说话非常接地气，我们非常喜欢听，非常受鼓舞。”

赵丹表示，作为新一代石油工人，一定要牢记习近平总书记的教导，继承和发扬光荣传统，赓续红色血脉，为端牢能源饭碗，实现油田高质量发展多作贡献。

青春的面庞，坚毅的目光，铿锵有力的声音，让我们对胜利油田的未来充满信心。

长河大海

一条长河，自西向东，一路奔腾，一路咆哮。不分昼夜，风雨兼程，奔向大海，涅槃为永恒。

一片汪洋，连天接地，碧波万顷，欢呼着，雀跃着，伸开臂膀，敞开胸怀，紧紧拥抱来自远方的嫁娘。

长河与大海的交汇，诞生了黄河三角洲。目前，黄河三角洲仍以每年 10000 亩左右的速度增长，被誉为共和国最年轻的土地，并且已成为国家级自然保护区。

黄河是中华民族的母亲河，用乳汁哺育了一个伟大的民族，同时也给这个民族镀一层辉煌，染一道亮丽。千百年来，围绕黄河，不知发生或演绎了多少故事。

黄河三角洲是胜利油田的诞生地，也是胜利油田的应许之地。

历史上，曾有李闯王渡黄河，愁得胡须、头发一夜之间全白的故事。早年，黄河是胜利油田的一道天然屏障。突破黄河，向北发展，是胜利油田的希望，也是现实的惆怅。

近在咫尺却遥远，盈盈一水乃天堑。胜利人对黄河爱恨交加，无时无刻不在心事重重地想着跨越黄河，征服黄河。

第一次到黄河北打井，第一次在黄河北发现油田，第一次在黄河北开展会战，第一次建成穿越黄河的输油管线……这样的“第一”还有许多。每一个“第一”，都是一支嘹亮的劳动号子，每一个“第一”，都是艰苦奋斗的胜利之歌。

旧时的垦利县以北，有个黄河一号渡口，前身是一个民间渡口，3 只木船和 1 只机动拖船，11 名船工，由附近 4 个生产大队管理。1978 年 5 月，为适应胜利油田开发和黄河两岸往来运输的需要，经山东省批准，在垦利县黄河一号坝开设机动船渡口，经营轮渡业务。

过黄河真难，难得让人仰天长叹。汽车排着长队，中间夹杂着马车、牛车、毛驴车。一天到晚，渡口上人欢马叫，好不热闹，像农村里赶大集。一来一回，需要一天时间。有的司机嫌排队时间长，就绕道滨州，过北镇黄河大桥，这一绕就是200千米。

1986年，胜利黄河大桥建成，终于结束了这段历史。黄河见证了胜利油田发展的历史，却不能主宰自己的命运。

20世纪70年代，黄河流量逐渐变小。20世纪60年代为575亿立方米，70年代为313亿立方米，80年代为284亿立方米，90年代中期为187亿立方米。短短几十年，黄河流量锐减了一半还多。

1972—1996年，黄河19次断流，平均4年3次。1987年后，几乎年年出现断流，断流时间不断提前，范围不断扩大，频次和时间不断增加。1995年，利津水文站断流122天；1996年，泺口水文站于2月14日就开始断流，是断流最早的历史纪录；当年，利津水文站先后断流7次，历时136天；1997年，断流达226天。

河道里汽车疾驶，沙尘弥漫。真的不敢想象，如果黄河死了，将会出现什么状况。不仅是黄河的悲哀，也是民族的伤痛，还是人类的遗憾。降水量减少是黄河断流的主要原因，而降水又直接受气候变化的影响。

大海充满了未知、风险和挑战。从陆地到海洋，胜利人追逐着一个蓝色的石油梦。

在一望无际的大海上，在一片蔚蓝的天海之间，矗立着一座座钢铁建筑，那就是海上石油平台。

1975年8月，胜利油田组建了第一个浅海地震队，拉开了滩浅海石油勘探的序幕。1978年11月6日，胜利人自行设计建造的我国第一条座底式钻井平台——胜利1号扬帆出海，迈出了具有里程碑意义的一步。

1988年5月17日完钻的埕北12井，获高产油气流。紧接着又先后在埕北20井、埕北11井相继发现工业油流。经反复论证，该海域共有5套含油层系，探明和控制含油面积34平方千米，地质储量1.2亿吨，共和国第一个亿吨级浅海大油田——埕岛油田应运而生。

从此，胜利人不但拥有了陆上油田，而且拥有了海上油田，实现了由陆地向海洋的历史性跨越。尽管每一步都非常艰难，难得甚至超乎想象。

大海见证了胜利油田创造的奇迹，实现的伟大突破。同时，大海也在经受磨难和考验。

“厄尔尼诺”“拉尼娜”现象交替出现，“温比亚”“利奇马”搅得周天寒彻。还有大面积出现的海冰，使偌大的渤海苦不堪言。所有这些都与气候有关。其形成原因，既有自然原因，也有人为因素。

长河、大海、油田、湿地，是黄河三角洲最亮丽的名片。黄河三角洲与长江三角洲、珠江三角洲齐名，除经济、文化的差别之外，黄河三角洲与长江三角洲、珠江三角洲最大的差别还在于石油和石油元素。

长河滔滔，大海浩浩，黄土淳厚，草木葳蕤，钻塔高耸，井架林立，凸显着黄河三角洲的壮美。

上帝在赋予黄河三角洲石油资源的同时，也赋予了非同寻常的开发难度。与世界所有的油藏类型相比，胜利油田毫不逊色，开发难度可谓首屈一指。这就要求胜利人迎难而上，砥砺奋进。

物华天宝、人杰地灵的黄河三角洲，满含深情地注视着胜利油田和胜利人，在这里上演的一幕幕活剧。

石油之重

1859 年 8 月 27 日，被称为近代石油工业的“诞生日”。美国人埃德温・德雷克以蒸汽机为动力，在宾夕法尼亚州的泰特斯维尔小镇钻的一口井，涌出了油流。

石油的开发利用，为当今社会插上了腾飞的翅膀，使汽车、飞机进入了人类的现实生活。

石油丰富了人们的生活，每个人的衣食住行都离不开石油。石油是黑色的黄金，世界上发生的许多战争与石油有关。石油是工业的“血液”，是国民经济发展的命脉，事关国家能源、经济、战略安全。天上飞的，地上跑的，水里游的，哪一样都离不开石油。

石油为人类提供动能，动能决定发展速度，发展速度决定着国家在世界竞争中的地位和成败。人类社会的竞争，在很大程度上比的是速度，克敌制胜的法宝也是速度。

每个国家和民族，甚至每个人，既是观众又是竞争参与者。

这个竞争不相信眼泪，不同情弱者。放之四海而皆准的竞争规则，就是优胜劣汰。

石油产业及与之相关的产业涵盖了社会生产、流通、消费等各个领域和环节，在国民经济中占有相当大的比重。如果石油短缺，与之相关的经济、政治、军事及社会活动都将受到严重影响，危及国家稳定与安全。

石油是由自然界中存在的气态、液态和固态烃类化合物及少量杂质组成的混合物。石油深埋于数百至数千米的地下，在成为石油之前，它们也是一个个鲜活的生命。每一滴石油，都是一个不死的灵魂。

石油和天然气是由史前海洋动植物和藻类尸体腐化形成的。这些生物在水体安静、深浅适中、阳光充足、温度适宜的环境中大量繁殖、死亡，被泥沙掩埋。随着海洋动植物、藻类尸体等有机质连续不断地堆积，再加上地层的持续下降，造成沉积厚度、埋藏深度持续加大，温度和压力持续升高，经过持续漫长的转化，这些有机质才能成为石油。这个过程十分复杂漫长，对自然环境和地质条件的要求十分苛刻。同时，又是物理和化学共同作用的结果。

目前，全球一次能源消费结构仍以传统的化石能源为主。以煤炭、石油和天然气为代表的化石能源，在能源消费中的主体地位至今仍不可撼动，基本上“三分天下”。

在世界能源消耗占比排名中，石油占31.21%，煤炭占27.20%，天然气占24.72%，水电占6.86%，核能占4.31%，可再生能源占5.70%。

1961年4月16日，华8井横空出世，标志着胜利油田的诞生。1964年1月25日，经党中共批准，组织开展了继大庆会战之后，又一次规模空前的华北石油会战。来自全国各地的石油工人，聚集黄河之滨，渤海之畔，头上青天一顶，脚下荒原一片，住草棚，喝咸水，吃窝头，在盐碱滩上建成了全国第二大油田。

“有条件要上，没有条件创造条件也要上”“宁可少活20年，拼命也要拿下大油田”的铿锵誓言，至今依然如响鼓重锤，激荡肺腑，震颤灵魂。

胜利人不愧为中华民族的优秀子孙，他们是铁人王进喜的兄弟姐妹，用血肉之躯创造了一个又一个奇迹，使一个个不可能成为可能，铸起了一座座胜利丰碑、石油丰碑。

斗转星移，日夜轮回。长路漫漫，人生苦短，转眼间一个甲子已成历史，胜利油田的变化，已是沧海桑田，天地翻覆。

肩负着“我为祖国献石油”的神圣使命，一代又一代胜利人前赴后继，砥砺奋进，从陆地到海洋，从本土到国内，从国内到国外，一路艰辛，一路拼搏，一路辉煌，一路高歌。

新中国成立后，石油工业在十分薄弱的基础上艰难起步，经过老一代石油人的不懈努力，终于甩掉“中国贫油”帽子。1963 年 12 月 3 日，周恩来总理在第二届全国人民代表大会第四次会议上，向全世界庄严宣告：中国需要的石油已经基本自给，中国人民依靠“洋油”的时代即将一去不复返了！

随着国民经济的快速发展，从 1993 年起，我国从石油净出口国变成了净进口国，石油缺口快速加大，对外依存度越来越高。目前，我国已成为世界第一油气进口大国。2020 年，我国石油、天然气对外依存度分别达到 73% 和 43%。

国家的需要，就是我们的奋斗目标。使命所在，责任所系，情之所钟，胜利人竭尽全力，为这个伟大的国家和民族多产石油，多做贡献。但又不能不承认，即便如此，仍不能满足国家对石油持续快速增长的需要。

能动的都动了，能采的都采了，好动好采的，可以说已经消耗殆尽。剩下的都是想动不能动、想采采不了，以“注不进，采不出”著称的超深、超难、超顽固的油藏，整体表现是：液量低、产能低、采收率低。

面对这些一毛不拔的“铁公鸡”，熬不熟、煮不烂的“滚刀肉”，胜利人始终保持当年那么一股劲儿，那么一股气，那样一种拼命精神，内强素质，外树形象，直面困难，迎接挑战，百折不挠，练就了“页岩油、化学驱、CCUS”等领先于世界的先进技术，使不能动变成了能动，使采不了变成了采得了，使“禁区”变成了“特区”。

向海上进军，向共和国的西部进军，向低渗透和难动用油藏进军，胜利人放飞梦想，书写新的胜利史诗。

对一个国家和民族来说，这就是国之大者。

对胜利油田来说，这是最大的压力与挑战。

对以油为业的石油人来说，心急如焚，任重如山。

大国担当

阳光、空气、水分是生命的乳母。

自然状态下，空气透明且无色无味，主要由氮气和氧气组成，是包括人类在内的一切动物和植物的生命之气。

地球强大的引力，使 80% 的空气集中在离地面平均为 15 千米的范围里。这一空气层对人类生活、生产活动影响很大。随着现代化工业的发展，排放到空气中的有毒有害气体和烟尘，改变了空气成分，造成了空气污染。

当空气里的有毒有害物质达到一定浓度后，就会严重损害人类健康和农作物生长，对自然资源及建筑物造成破坏，使能见度降低，影响交通安全。所有这些，都与碳有关。

通常我们所说的“碳”，实际上是指温室气体。碳的排放，源自发电、粮食、农业和土地使用、工业、交通、建筑等。排放的二氧化碳大部分留在大气里，另一部分被陆地、海洋所吸收。

比较历史上不同时期的气候变化，当前的气候状况，在过去几个世纪甚至几千年来都没有出现过。大气中的二氧化碳浓度高于 200 万年以来的任何时候。1900 年以来，全球平均海平面上升速度比过去 3000 年中任何一个世纪都快。1970 年以来，全球地表平均气温为过去 2000 年以来最高。气候变化造成的死亡人数，远超新冠疫情的死亡人数。全世界每年超过 500 万人的死亡，可归因于异常的高温和低温。

气候变化还导致极端事件频发，如大西洋洋流系统的减弱、亚马孙雨林降水变化、北极海冰的融化、澳大利亚珊瑚礁的死亡、西伯利亚多年冻土的融化等。

随着全球经济的迅速崛起，地球环境遭到了严重破坏。自 21 世纪以来，全球气候变化越来越大，除自然因素外，人为因素加快了全球变暖速度。

地球公转轨迹的变动、太阳辐射的变化、火山活动、大气与海洋环流的变化等，这些因素导致全球出现了冰川消融、海平面上升、旱涝灾害增加、极端天气频发的现象。

人口剧增是导致全球变暖的主要因素之一，同时也严重威胁自然生态平衡。大量工厂废气废水排放及汽车尾气排放，造成大气中二氧化碳、甲烷、氯氟化碳、臭氧、氮化合物和水蒸气等温室气体含量增多。森林资源破坏，导致二氧化碳利用减少，间接增加了大气中的二氧化碳含量。

地球不仅是人类赖以生存的家园，还是人类的衣食父母。人类生存、发展所需要的一切资源，都源自地球。但人类并没有因此而感恩地球，善待地球，而是变本加厉地索取，肆无忌惮地破坏，使地球母亲饱受摧残和屈辱，越来越难以忍受，越来越不堪重负。那些越来越厉害的台风、海啸，越来越频繁的地震、火山爆发，还有瘟疫等，或许就是上帝对人类的警告，也是包括地球在内的大自然对人类的警告。

全球气候变化，对自然界和人类的影响之大，甚至超出我们的想象，直接关系着自然界与人类的生存、和谐与发展。全世界没有任何一个国家能够独善其身。

绿水青山就是金山银山。保护绿水青山，就是保护地球这个人类共有的家园。保护绿水青山，就是提高人民的生活质量，也是有效应对日趋严重的空气污染和气候变化。

2015 年 12 月 12 日，《联合国气候变化框架公约》近 200 个缔约方，在巴黎气候变化大会上达成了《巴黎协定》，为 2020 年后全球应对气候变化行动做出了安排。

2016 年 4 月 22 日，时任国务院副总理张高丽作为习近平总书记特使在《巴黎协定》上签字。同年 9 月 3 日，全国人大常委会批准中国加入《巴黎气候变化协定》。

从源头做起，积极主动减少二氧化碳、氯氟化碳、甲烷等温室气体排放；大力宣传环保知识、全球气候变暖对人类和环境带来的灾难，提高全人类的环保意识；倡导绿色出行和绿色生活方式，保护蓝天碧水，造福人类，造福子孙后代。此乃功在当代、利在千秋的德政工程。

2020 年 9 月，习近平总书记在第 75 届联合国大会上，向全世界宣布：“中国将提高国家自主贡献力度，采取更加有力的政策和措施，二氧化碳排放力争于 2030 年前达到峰值，努力争取 2060 年前实现碳中和。”

“碳达峰”是指在某一个时间点，二氧化碳的排放达到峰值，不再增长，之后逐步回落。“碳中和”是指在一定时间内，通过植树造林、节能减排等途径，抵消自身所产生的二氧化碳排放量，实现二氧化碳“零排放”。

习近平总书记在不同时间、地点、场合，多次提及碳达峰、碳中和，一再强调：碳达峰、碳中和目标是党中央经过深思熟虑做出的重大战略决策，事关中华民族永续发展和构建人类命运共同体；碳达峰、碳中和是一场广泛而深刻的经济社会系统性变革，要纳入生态文明建设整体布局；实现碳达峰、碳中和是一场硬仗，也是对我们党治国理政能力的一场大考；要“抓铁有痕，踏石留印”，加速实现碳达峰、碳中和目标。

“双碳”目标的提出，不仅彰显了我国应对气候变化的大国担当，更是实现我国经济高质量发展和构建人类命运共同体的重要举措。目前，国际上公认的减排途径是：减碳，提高能源利用率；无碳，开发清洁可再生能源；去碳，碳捕集、利用、封存，即 CCUS。

大国担当的背后，是压力的传递，还有执行有力及落实到位。胜利油田是油气生产企业，在生产能源的同时，也要消耗大量能源，才能把石油、天然气开发出来。在生产和消耗能源的同时，又会产生废水、废气、废液和固体垃圾等，单从量的角度来看，造成的污染不是小数。

“产能大户，耗能大户，污染大户”，这是业内人士对胜利油田的整体评价。不管公允与否，事实摆在那里。谁让你规模大、体量大呢？就像羊群里的骆驼、鸡群中的鸵鸟。

既要多产油气，又要节能减排、绿色低碳。这是一个“两难命题”。在新的历史条件下，一场不可回避的历史性大考摆在胜利人面前。

直面现实，背水一战。不仅需要勇气和智慧，还需要胆量、能力和气魄。

气象万千

胜利油田堪称地质大观园，世界上三分之二的油藏类型，在这里都可以找到。

石油是黑色的精灵，形成于几千万甚至上亿年之前，埋藏于数千米深的地下，看不见，摸不着，要把它找到并开采出来，其难度可想而知。

地球形成于 46 亿年前。借助显微镜，你会在钻取的胜利页岩岩心中发现地球的年轮。地球的年轮是一层一层的，像我们吃的千层饼。一米长的页岩岩心，竟有 3000 ~ 6000 层之多。这些薄如蝉翼的页岩，就是地球在特定时期内生长发育的印迹。

即便是在科学技术高度发达的今天，找油依然非常艰难，把找到的油从地下采出来，甚至比找油还难。

在一间办公室里，我们一行 6 人集体采访了油田分管领导，他的讲述把我们带进了一个梦幻般的神奇世界。

“泥岩生，砂岩储”是业内行话。意思是说，石油在泥岩里生成后，沿着地层裂缝，运移到砂岩里，在砂岩空隙里聚集、储藏起来，形成油藏。通常所说的找油，就是寻找这种油藏并进行开发。

泥岩是石油的诞生地，最初是稀软的泥巴，随着埋藏的不断加深，在高温高压下变成了岩石。胜利油田的这种岩石类似于磨刀石，不仅坚硬而且致密，针插不进，水泼不透。

页岩油开发，就是直接从生油层里把油找到并开采出来。这是一种从理论到实践的“革命”。扩大了找油领域和范围，增加了油气储量，开辟了新的领域，促进了技术进步。

2006 年前后，胜利油田从事地球化学研究的高级专家张林晔，就率先进行了页岩油勘探开发技术研究。当时，张林晔是胜利油田勘探开发研究院地层化学研究室主任。

对这项研究，从勘探开发研究院到胜利油田都给予了大力支持。要人给人，要钱给钱。成立科研团队，凝心聚力，集智攻关。他们开展了多种试验，取得了初步进展，但最终结果是铩羽而归。先后打了 3 口试验井，都失败了。那可是花了大价钱的，一口井就是一个来亿，真金白银，全打了水漂，交了学费。

他们痛定思痛，反复分析研究，最后终于找到失败原因：地层认识不到位，虽然打到了预定层系，但没找准层位，井打浅了；工程技术不成熟，钻井过程中，出现坍塌，造成一口井报废；以为“外来和尚会念经”，钻井、压裂等施工，请老外来干，结果还是不行。

失败让胜利人认识到了不足，并从中吸取经验教训，为后来的成功奠定了基础。在以后 10 多年时间里，胜利人同样经受了许多失败，但从不放弃。屡败屡战，永不言败，胜利人骨子从来不乏勇气、志气。

苦心人天不负，有志者事竟成。2018 年，胜利人终于取得历史性突破，先后在过去的勘探“禁区”和开发“禁区”，打出了一个又一个高产井，创出了国内外一个又一个页岩油高产纪录。

板凳要坐十年冷，面壁十年图破壁。10 多年的心血、智慧、汗水、泪水，终于浇灌出胜利之花。而胜利的取得，又是何其艰辛。

科研道路上，从来没有坦途。任何一个科研项目，都是对未知的挑战，也在一定程度上是对过去的否定。页岩油勘探开发成功，只是万里长征的第一步，还有一系列困难和问题需要攻关，技术需要进一步完善，开发成本太高等问题也需要破解。

鲜花、掌声、荣誉是属于胜利者的，但胜利却源自一次又一次的失败。

化学驱是一项油田开发技术，目的是尽可能多地把原油开采出来。早在 20 世纪 60 年代，胜利油田开发建设初期，就开展了化学驱提高采收率研究。

20 世纪 80 年代末，Halliburton、ARCO 等国际石油公司先后对胜利油田化学驱可行性进行评价，认为胜利油田在高温、高盐、高原油黏度条件下，开展化学驱是不可行的。

面对高温、高盐、高黏这个世界级难题，胜利人守正笃实，久久为功，创新形成了化学驱“P+N”理论，取得了 1+1>2 的效果。同时，在耐温耐盐、三元复合驱、二元复合驱、非均相驱等方面实现突破。目前，胜利油田的化学驱技术已是国际领先。

为取得非均相驱技术突破，科技人员呕心沥血，挖空心思，甚至以黄河淤泥、压碎的核桃壳为材料，进行科研试验。这既让人匪夷所思，又让人肃然起敬。

CCUS 是英文“Carbon Capture Utilization and Storage”的缩写，即碳捕获、利用与封存。

通常把利用油层自身能量自喷式开采石油，称为一次采油；向油层注入水、气，给油层补充能量开采石油，称为二次采油；用化学物质来改善油、气、水及岩石相互之间的性状开采石油，称为三次采油。化学驱和 CCUS 都属于三次采油。

CCUS 不仅可以驱油，还可以封存二氧化碳，净化空气，改善环境，该技术集经济效益、社会效益、生态效益于一体。在页岩油开发过程中，CCUS 亦功不可没。

如果说“注不进，采不出”是低渗透油藏个性特征的话，页岩油比低渗透油藏更甚，而且埋藏深，地质情况复杂，开发难度更大。一般需要用大型压裂设备把位于数千米深的地层压开，形成裂缝，便于原油流动和开采。此外，还要注入二氧化碳，驱赶着原油运移，道理就像赶羊一样。否则，原油就会赖在那里，死活不走。

水的流动性强于原油，而且成本低，一般情况下，注水是首选。但页岩油藏身的泥岩，致密得连水都注不进去，所以只能选择气体，因气体的流动性强于水。

除生态效益和社会效益外，与其他气体相比，二氧化碳在捕集、提纯、加工、运输、注气施工、价格等方面，也有明显优势。

为实施二氧化碳驱油，胜利人想了许多办法，采取了许多措施，但由于二氧化碳流动性强，运行速度快，最终会跑到原油前头，沿着类似于高速公路那样顺畅的“通道”运行，久而久之，就会形成“气窜”。

相对其他驱油技术来说，二氧化碳驱油难度更高、风险更大。二氧化碳遇水形成碳酸，对油井里的油管、套管、下井工具、地面设备设施等，有很强的腐蚀性。这是二氧化碳驱面临的最大难题和制约因素。

如果说胜利油田是在华北无油突破的基础上发现的，那么，页岩油、化学驱、CCUS 就是胜利油田在新的历史发展时期实现的新突破，对胜利油田的持续稳定发展具有划时代意义。

面对困难和挑战，胜利人一如既往，从容面对，攻坚克难，砥砺前行。

地球，这个气象万千的人类家园；石油，这个千变万化的精灵；还有胜利人的家国情怀，责任担当，怎不让人心潮澎湃，感慨万千。

捕气之难

一只南美洲亚马孙河流域热带雨林中的蝴蝶，偶尔扇动几下翅膀，可能在两周后，在美国得克萨斯州引起一场龙卷风。

蝴蝶翅膀的运动，导致身边的空气发生变化，并引起微弱气流产生，而微弱气流的产生又会引起四周空气或其他系统产生相应变化，由此引起连锁反应，最终导致其他系统的极大变化。这就是著名的“蝴蝶效应”。如果把二氧化碳捕集，比作那只扇动翅膀的蝴蝶，所影响的将是整个世界，撼动的将是整个地球。

高高的储气罐，密闭的水洗塔，或弯或直的管线，还有压缩机、干燥机、制冷机、高压柜、低压柜等，一台台机械设备肃然挺立，保持着固有的神态，只是已悄无声息，像展览馆里的标本。钢铁的质地，科学的元素，光洁的外表，有序的组合，使它们自成一体，独居一处，又像受检阅的士兵方阵，保持着尊严和气质。

在一片设备上方罩着一个棚子，棚子上方有一条标语，蓝底白字，历经风吹日晒雨淋，依然不能改其志、变其色，它像一团翻滚的烈火，炙疼了我的眼睛。那幅标语是“胜利发电厂 100 吨 / 天二氧化碳捕集工程”。

就像过河要首先解决桥和船的问题一样，进行二氧化碳驱油试验也是如此。首先，要解决气源问题。二氧化碳从哪里来？怎样才能捕集到足够多的二氧化碳？满足实施二氧化碳驱油试验的需要，成了困扰胜利油田 CCUS 的一大难题。

1966 年 8 月，滨 1 井获工业油流，发现平方王油田。该油田位于滨州市境内，为断层复杂背斜油藏。开发过程中，无意中发现了二氧化碳气藏。后来，又在一个叫花沟的区块发现了二氧化碳气藏。但储量小，产量低，远不能满足需要。

就像国际歌里唱的那样“从来就没有什么救世主，也不靠神仙皇帝”，解决二氧化碳气源问题，必须依靠自己。这既是一种选择，也是客观需要。上二氧化碳捕集项目，理所当然地成了胜利油田的当务之急。接下来就是在哪里建、如何捕集二氧化碳的问题。

胜利油田的决策者们，不约而同把目光投向了胜利发电厂。用电厂的烟道气捕集二氧化碳，既可以减少温室气体排放和大气污染，又可以有效降低成本。一举两得，何乐不为？

胜利发电厂烟道气的二氧化碳含量在 10% ~ 14% 之间。当时，胜利发电厂的烟筒有 3 个，一个烟筒的排量就是 1886 立方米 / 小时。先把烟道气吸入二氧化碳捕集装置，在碳捕集装置中加入化学药品，用化学方法吸收二氧化碳；然后通过加热，把吸收的二氧化碳释放出来；接下来，还要进行提纯、干燥、增压、液化；最后才能运往井场，进行驱油试验。

2009 年 11 月，胜利油田二氧化碳捕集工程项目开工建设。这是我国当时最大的二氧化碳捕集试验项目，也是我国第一套大型二氧化碳捕集设备。

工艺之复杂，难度之大，超出想象。有些设备过去从来没有听说过，更没有见过。设备生产厂家只能按照胜利油田的要求，边商量，边讨论，边设计，边完善，边制造。这种工作方式和设计、制造理念，显然是对传统的颠覆，对常规的打破，让人闻所未闻，甚至瞠目结舌。

对胜利油田来说，这也是开天辟地第一次，没有任何经验可循。鉴于当时的特殊情况，胜利油田对该项目不得不采取特殊的管理、运行方式。这种管理、运行方式可称为“三国四方”。

项目资产权属——纯梁采油厂，项目设计、施工——胜利油田设计院，施工场地及项目的运行、管理、维护——胜利发电厂。提供材料、设备的厂家更多。大连的、西安的、南京的，还有东营当地的。

电厂职工心里颇为纠结，私下里说：“这下子，我们成了孙子辈，只有出力干活的份儿，不光操心受累，还要往里搭水、搭电、搭原材料。”但说归说，做归做，干起活来，一点也不含糊。

负责这项工作的胜利发电厂分管领导直言不讳地对手下的弟兄们说：“我先把话撂下，你们想啥、说啥我管不着，也不想管。但干不好活不行，只要被我发现问题，我会立马让你走人。到时候，别怪我不客气。”

就是他不说，大伙心里也有数。油田是国家的，也是大家的。活是给国家干的，也是给自己干的。离开石油何谈油田，离开油田何谈工作，离开工作何以养家糊口？

经过近 10 个月紧张施工，二氧化碳捕集工程项目得以建成投产。2010 年 9 月开始试运行，生产出了纯度达 99.5% 以上的二氧化碳。大家欢呼雀跃，心里比吃了蜜还甜，那场景至今难忘。但好景不长，那股高兴劲还没过去，就被另一种情绪替代了。

按规定，项目建成后，需要满负荷生产，连续平稳运行 168 小时，才算合格或达标，方能交付使用。但该项目每次试运行，效果都不理想。

失败是成功之母。任何一项试验，与失败都有着千丝万缕的联系，胜利油田二氧化碳捕集工程项目亦不例外。但是，当失败不厌其烦、屡屡光顾的时候，每个人心里都不好受。

胜利发电厂是燃煤电厂，煤炭供应商较多，产地较多，所含杂质较多，烟道气成分复杂，有毒有害气体较多，这是一种常态或必然。

烟道气中的二氧化硫可产生硫酸，二氧化氮可产生硝酸，氯气可产生盐酸。在学术上，这些奇妙的化学反应，有着无穷的魅力和诱惑。现实生活中，这些“魅力和诱惑”不啻一场灾难。

除非借助尖端设备、仪器，一般情况下，分子、原子的运动方式及相互之间的吸引与排斥，还有各种各样的变化，无论如何是看不见的。但它们相互作用和变化的结果，却可以在钢铁及各种仪器、设备上留下痕迹，得到实证。

钢铁的意志，钢铁的坚强，钢铁的脊梁，词语间充分表达了人们对钢铁的褒奖。摆在人们面前一个不争的现实是：即便是坚强的钢铁，在酸的作用下，也不得不败下阵来。那残缺的躯体、累累的伤痕，就是无声的诉说。

跑冒滴漏、穿孔漏气、设备损伤、零件更换等成了常态。工作量惊人，也挑战着人的身体极限。

2011 年 9 月，一台设备出现故障，化学部经理王庆亲自上阵，带领一名工人爬到 3 米多高的铁架子上进行检修，从下午 3 点一直干到晚上 9 点，最后累得瘫坐在架子上。

冰机自控设备失灵，只能靠手控操作，3 ~ 4 分钟就要调整一次，而且空间非常狭窄，当班工人就搬个小板凳，蜷着身子坐在那里，一坐就是六七个小时。

夏天的太阳把设备晒得滚烫，戴着手套，仍感到烫手，身上的工作服被汗水湿得透透的，几乎没有干过。冬天寒风刺骨，穿的衣服再厚都能冻透。

工作最紧张的时候，王庆、郝杰、李光明、侯建国等人吃住在现场，连续工作 110 天。值班室没床，空间又小，他们就睡地铺。不管白天黑夜，睁开眼睛，就爬起来干活；累了困了，就穿着工服躺在地铺上休息或睡觉，每天工作十三四个小时。

有一名女工，因长时间在室外工作，再加上天气炎热，一下子晕了过去。

设备是实验用的，没有备份。任何一个零部件出现问题，整套设备就要叫停。

没白没黑，没有节假日和星期天，大家像上满了发条的钟表一样不停地转，即便如此，依然不能遏制设备的颓势。投运、停止、检修，再投运、再停止、再检修，陷入了一个循环往复的怪圈。大伤脑筋，大动肝火，甚至埋怨、骂人，在所难免。

“那段时间，尤其是夜里，特害怕电话和手机响，一响肯定有事，而且不是一般的事。”分管厂领导不无感慨地说。“工艺不成熟，成本太高，没有工业化生产价值。”专家评审，给出上述结论。2015 年以后，那套设备再没投运。目前，仍静静地站在那里，守护着自己的岗位，一如当年。

二氧化碳捕集如此之难，运输、储存、注入、驱油、回收、封存等，每一道工序都绕不开一个“难”字。页岩油、化学驱同样面临各种各样的难题。

二氧化碳捕集设备东边，相距三四百米的地方有一株桃树，每年春天开出红白两种颜色的花，被电厂职工捧成了“网红”。

一年又一年，桃花开了又败了，桃子熟了又结了，那套捕集二氧化碳的设备却毫无声息。每当风儿吹过，桃树叶子就会拍着巴掌，浅吟低唱，试图把它唤醒，但无论如何不见丝毫起色。也许是用情太专、伤心太重，那棵桃树再也不见往日的风采，一条美丽的“臂膀”竟渐渐枯萎。

人生易老天难老。转眼间，分管副厂长已到退休年龄，王庆、郝杰、李光明等也不再年轻。每次从设备前经过，心里就有酸楚，眼里就有泪光。那是刻骨铭心的记忆，刻骨铭心的深情。

让他们倍感欣慰的是，胜利发电厂100万吨二氧化碳捕集与利用工程项目，已完成可行性研究报告。

相信不久的将来，他们的夙愿会变成现实。

外来和尚

美国是世界上页岩油开发最早、产量最高的国家，在全世界引发了“页岩油革命”。得益于页岩油开发，从2010年开始，美国的石油、天然气产量持续快速增长；2018年达到创纪录的6.125亿吨，超过了沙特和俄罗斯。美国成为世界第一大产油国。其中，页岩油占70%以上。

胜利油田的页岩油开发，一开始是跟美国学的。有关人员在学术刊物上，发现美国页岩油勘探开发取得重大突破的线索，敏锐地觉察到，这是一个攻关方向。美国有页岩油，中国也有；美国人能搞，我们也能搞。

凭着干事创业的激情和不怕输、不服输的劲头，胜利人踏上了艰难的探索之路。一路磕磕绊绊、踉踉跄跄，摔倒了爬起来，失败了从头再来。尽管伤痕累累，身心俱疲，但前进的脚步从未停止，心中的希望从未泯灭。

2012年，胜利人采取合作方式，请美国人来胜利油田开发页岩油。条件是优厚的，也是必须达到的。要钱给钱，要资料给资料，要人给人，要设备给设备。目的只有一个：把页岩油搞出来。

不知是精诚所至，还是利益驱使，美国人终于来了，而且是一个团队，一支专门在美国从事页岩油开发的队伍。

胜利人对他们热情有加，专门腾了一栋小楼，空调、写字台、电脑、打印机、电视、WiFi、会议室、投影仪，一应俱全；席梦思、卫生间、浴缸、洗刷用品等，一应俱全；优选了一家饭店，聘请了做西餐的厨师，按他们的口味、风俗、习惯，提供饮食服务。他们的要求，尽量满足。没提要求的，也尽量替他们想到，这是我们的待客之道，也是诚信和善良。

办事挺认真，工作挺卖力，态度挺友好。总体上看，胜利人对老美的评价还不错，页岩油搞得却不怎么样。历时两年，连打了3口井，费了那么大劲，花了那么多钱，倒是把页岩油捣鼓出来了，但产量太低，日产只有一两吨，还不够“塞牙缝”的。照这个搞法，非把裤衩也赔进去不可。

美国人耸耸肩，双手一摊，说了一串英语，大意是：亲爱的先生们，中国同行们，你们都看到了，不是我们不努力，而是你们这里的页岩油，根本没有商业开采价值。然后，拍屁股走人，连头也不回。

又一次惨痛失败，又一次深刻教训。技术就是实力，在竞争趋于白热化的境况下，核心技术是学不到、求不来，也是买不来的。在这个过程中，胜利人见识了美国的技术水平，增强了自信。看来老美也就那么回事，比我们强不到哪里去。

胜利人铁了心，一定要依靠自己的力量，逢山开路，遇水架桥，攻坚克难，非把页岩油开发搞成功不可。这是胜利人的血性和骨气，也是他们骨子里的一种品质。靠着这种精神和品质，胜利人又一次让世人认识了“胜利”。

谈及这段历史，胜利人非常理智和冷静。当时，我们确实不如人家，要不然也不会请他们来。

为什么在美国能搞成功，到中国就不行了？答案很简单：水土不服。美国的油藏多是海相沉积，埋藏浅，储量大，易开采，油品好；中国的油藏多为陆相沉积，埋藏深，储量小，开发难度大，油品差。

美国搞页岩油的专业队伍，在他们那里搞得很成功，技术很成熟，但是在中国，他们面对的是一个全新的领域。油藏深、地层复杂、工艺复杂，在他们那里屡试不爽的招数，在这里就不灵了。

上帝给你关上一个门，就会留下一扇窗。只是这扇窗非常隐秘，不会轻易被发现。

这一结果，更加坚定了胜利人走自己的路，依靠自身努力，开发页岩油的决心和信心。

美国人铩羽而归，不是技术不行，能力不济，更不能把他们看扁。其实，他们的优势很明显，实力很强。技术先进，设备齐全，经验丰富，业务熟练等，许多方面我们比不了人家。

当然，我们也不是一无所长，更不是一无是处。毕竟是在自家地盘上，地质结构、地层情况比较熟悉，形成了自己的理论和技术。再加上敢拼敢干，爱学习，肯钻研，尤其是不服输、不言败的精神，也是他们比不了的。能得出这种认识和结论，就是了不起的收获。

美国还是世界上实施 CCUS 最早、技术成熟、成效显著的国家。截至 2020 年，美国已有 142 个二氧化碳驱油项目，年注二氧化碳 5000 万吨。其中工业捕集的二氧化碳约占 1/3。

我国 CCUS 起步较晚，在 2020 年之前，年注气规模小于 50 万吨，尚处于先导试验阶段。

风水轮流转，花落知谁家？事物的发展变化，不以人的意志为转移。不定什么时候，劣势会变为优势。反之，亦然。

渗透率低、轻烃含量低、原油密度高、黏度高、非均质性强等油藏特点，决定了胜利油田二氧化碳驱不能照搬国外经验。如此一来，反而成全了自己。中国人不比外国人差，甚至可以干得更好。

向高手学习，与高手合作，甚至与高手对决。峰巅论剑，需要胆识、勇气，当然也需要实力。这也是提升、鞭策和激励自己的最佳措施、最优途径。

不妄自尊大，亦不妄自菲薄。尊重对手，尊重同行，尊重科学，尊重现实，尊重规律，胜利人会变得更加优秀。

车轮滚滚

蓝天白云之下，绿树成行，绿草茵茵。两个 4000 立方米的白色球型罐愈显高大威武，引人注目。

一辆辆汽车，绿色的车头，银白色的罐体，在阳光照耀下，熠熠生辉，蔚为壮观。

一排长长的工棚，像伸展的长翼，欲直击长空，展翅高飞。工棚下有 7 个隔断，可供 14 辆大型罐车同时装灌二氧化碳。14 辆装满二氧化碳的大型罐车，就是从工棚下飞出的钢铁大鸟。这里是齐鲁石化装运二氧化碳的工作现场。

一辆装满二氧化碳的罐车，载重 26 吨，自重 23 吨，总重量 49 吨，与一个轻型坦克大致相当，其体型却比世界上任何坦克庞大得多。拉二氧化碳的罐车所用燃料是 LNG，是目前我国最环保、最高档的拉运二氧化碳的车辆，一辆车的造价超过 100 万元人民币。这样的汽车，胜利油田共有 56 辆。其中 46 辆专门用来从齐鲁石化拉二氧化碳。

车轮滚滚，浩荡向前。一道钢铁的洪流，一条二氧化碳的钢铁运输线。这场面不由自主地让人想起硝烟弥漫的淮海战场，当年山东人民推着小车支前的景象。

陈毅元帅说："淮海战役的胜利，是山东人民用小车推出来的。"正理庄油田二氧化碳注气成功，胜利油田运输分公司同样功不可没。

发挥上下游一体化优势，统筹二氧化碳减排与利用，将炼化企业捕集的二氧化碳输送至油田，注入地层，把地下难动用的储量开采出来，实现"变废为宝"，是中国石化的战略决策。站位之高，立意之长远，气魄之宏大，让人折服。

2021 年 7 月 15 日，中国石化齐鲁石化—胜利油田百万吨 CCUS 项目启动会用视频形式，分别在北京、胜利油田、齐鲁石化三个会场举行。大幕拉开，大戏上演。

二氧化碳无毒无味，在我国属危化品。主要原因是：会引起窒息，瞬间引起冻伤，对环境造成危害。二氧化碳的好处是：可以用来灭火，可以造雪、造干冰，还可以制造碳酸饮料等。

植物通过光合作用吸入二氧化碳，制造氧气。在二氧化碳含量高的地方，譬如二氧化碳注入井周围，植物长势明显好于别的地方。

危化品管理很严，拉运危化品的司机要有上岗证，押运员要有押运证，装卸工必须持证上岗。二氧化碳拉运必须服从注气需要，24 小时不间断。从凌晨 4 点，到夜里 12 点半，每天安排 10 个时间段出车。

地下的事说不清、道不明，地层压力忽高忽低。低的时候好注，高的时候很难，速度慢，注气量少，时间长，引发出一系列问题和连锁反应。注气时间不算，等待滞留时间短则两三小时，长则五六小时。

从二氧化碳生产、运输到注入地下，是一个完整的产业链。任何环节出现问题，都会引发连锁反应，牵一发动全身。关键在注气，焦点在地下，压力最大的是胜利油田。

从齐鲁石化到注气现场，有多条运输路线。经实地勘察，优化选择，胜利油田运输分公司最后定下两条路线。

第 1 条路线：从齐鲁石化第二化肥厂向北，进入辛化路，然后依次是：博临路—S228—S316—高青—正理庄油田。全程 79 千米，42 个红绿灯。

第 2 条路线：从齐鲁石化第二化肥厂向西，进入乙烯路，然后依次是：湍源路—经五路—清田路—临淄大道—G205—高青—正理庄油田。全程 81 千米，48 个红绿灯。

路上经过的学校、村镇、人口密集区、路窄等风险点，也都一一标注清楚、交代清楚，还有哪天、哪个时段、哪辆车、哪口井等，严格落实到位，力求万无一失。

最头疼的是新冠疫情。疫情期间，胜利油田运输分公司是受影响最严重的单位之一。2022 年初，新冠疫情在全国多地多点肆虐，大有“黑云压城”之势。除东营外，山东省其他（地）市无一幸免。东营是山东唯一的一块净土，也是一面旗帜，更是东营人的骄傲。

“严防死守”成了东营防疫工作的唯一选择，并需要长期坚持，一以贯之，这是坚强意志、顽强毅力与新冠疫情的比拼。这也是家国情怀、责任担当，更是人民群众的福祉。

不仅二氧化碳运输，页岩油、化学驱也离不开运力保障。疫情期间，尤其形势严峻之时，胜利油田运输分公司还承担了中国石化山东石油分公司的成品油运输、青岛炼油厂的原油运输及部分采油厂的单井拉油任务。

别的不说，单是山东石油分公司的成品油运输就足够重要，若业务受到影响，就会波及整个山东，对经济、民生、社会稳定造成重大影响。

话是这么说，理是这么个理。但没有特别通行证，绝对寸步难行。抗疫吃紧，严防死守，堵之不及，何谈放行。为了一纸通行证，胜利油田运输分公司和有关处室只能向有关部门一遍又一遍反映，一次又一次登门，一趟又一趟请求，甚至软磨硬泡。不惜磨破嘴、跑断腿。

一车一证，一证一办，费的那个劲，做的那个难，受的那个累，就甭提了。好在精诚所至，金石为开。否则，车出不去，活干不了，油加不上，麻烦和影响就大了。

每台车配有全网通对讲机、北斗卫星定位、4G视频监控。车辆及相关人员的配置、装车卸车计量、运行方式、住宿地点、车辆归队等，规定之细，要求之严，标准之高，超出想象。

比如去天津及周边执行任务，胜利油田运输分公司通过多种渠道，提前了解信息，研判情况，厘清思路，科学决策。某个时段应该行驶到哪个地方，可能会遇到什么情况，需要注意什么问题，事先一一交代清楚。比如，不准下车吃饭，不准在当地住宿，只准在利津服务区吃饭、休息、上卫生间，而且吃饭休息必须在车上。去青岛炼油厂送油，则明确规定：只许在昌邑服务区吃饭、休息、上卫生间等。之所以指定这两个服务区，皆因没有疫情。

每辆车配有消毒液、消杀工具、卫生纸、方便袋、各种口味的方便面、口罩、矿泉水、热水壶等。时间长了，司机们一看到方便面就恶心，但又不得不吃。

除指定的服务区，别的地方一概不能停车。车上吃、车上住、车上休息、车上工作，车上方便，成了一种常态，而且全程受控。

看似不近情理，实则一种大爱，对国家、社会、企业、员工均有益无害。不声不响，默默无闻，不求天知地知，但求心中无愧。这是一种超拔，也是一种伟大。

在如此严格的管控之下，执行完任务，回到东营，接受了核酸检测，应该彻底“解放”才对，但根本没有那回事。一到东营服务区，就被贴上封条，不仅不让下车，连车窗都不能摇下来。由单位派人来接，全面负责，全面管理，全程监控。

回到单位，也不自由。按照执行的任务、路过的区域，划定不同的居住区、隔离区，严格管控，不许越“雷池”半步。于是，私下里就有了“办证难，行车难，回来更难”“活动的监狱，受控的自由”等调侃。

如果在指定服务区内，哪辆车上有新冠密切接触者，而胜利油田运输分公司的车又停在旁边，车上的人就成了次密接，一干人等同样被隔离。最多时，曾隔离近100人。

回单位如此，去施工现场执行任务也是如此。一纸封条就是一道红线，当然也是“紧箍咒”。百无聊赖的情况下，运输司机会神情专注地看鸟儿从空中飞过，看土拨鼠挖洞，看宠物狗在主人呵护下，追逐、打闹、嬉戏，甚至看一棵草生长，一朵花绽放，一根树枝招手，听一树的叶子私语。

过去的时间，不知道去哪里了？现在的时间多得有些奢侈，奢侈得只能用这种办法打发。

某种程度上，管理人员辛苦更甚。除正常工作外，上至胜利油田运输分公司党委书记、总经理，下至一般工作人员，不论男女老少，不分白天黑夜，轮流到高速路疫情检测点接车。同时规定：谁接的车谁负责，从头至尾，全程监控，不留死角。

宁可自己多辛苦一点，也要尽可能为司机多争取休息时间，舒缓压力，保持体力和精力，保证行车安全。这是胜利油田运输分公司管理者们共同的心愿。

滚滚车轮中，会看到一颗赤子之心，会读懂平凡的伟大，会体验淳朴的善良、行为的崇高。

正理庄的春天

春天来了，春天是乘着十万里春风来的。春风十万里，十万好消息。

春天是播种的季节。“春种一粒粟，秋收万颗子”“清明前后，种瓜种豆，种瓜得瓜，种豆得豆”，这些诗和农谚早就家喻户晓，耳熟能详。

在阳光明媚的春天，胜利人在自己的“责任田”里，神情庄重，聚精会神，甚至小心翼翼地种下了希望，种下了信仰，只是种子有些神奇。

2022 年 4 月 5 日，正值清明，胜利油田运输分公司运送二氧化碳的汽车，从齐鲁石化隆隆开来，直奔纯梁采油厂正理庄油田。同时，也宣告了全国首个百万吨二氧化碳驱油注气工程，在胜利油田落地生根，开花结果。

白天，车水马龙，人声鼎沸：夜晚，灯火通明，马达隆隆。正理庄油田一反常态，热闹非凡。没有白天黑夜，也没有节假日和星期天，有的只是“白加黑”“5+2”。对此，胜利人从不陌生，甚至养成了习惯。

按照“国内领先、世界一流”的标准，打造 CCUS 示范工程。这是中国石化的要求，也是胜利油田义不容辞的责任，还是自信和实力的体现。

15 个注气站拔地而起，像春天里冒出的竹笋，透着无限魅力和勃勃生机；一个个银白色的储气罐，在阳光照耀下，折射出七彩光芒；一台台压缩机、抽油机蓄势待发，像出征的勇士。

正理庄油田 CCUS 工程项目，设计注气井 73 口，与之相对应的生产井 166 口。64 平方千米范围内，还有许多老井、探井、报废井，必须逐个摸排。所有井加起来，共 500 口之多。同时，还要采取相应措施，工作量非常之大，甚至超出预想。

地层像一个迷宫，构造非常复杂。同一个区域内，相同的地层相互之间有的连通，有的不连通；不同的地层、构造之间也可能因为断层、裂缝等原因形成连通。如果注气的地层与附近的老井、探井、报废井等处在同一个层位，注入的二氧化碳就有可能沿着一定的通道，从这些井里跑出来，既造成污染，又浪费资源。

正理庄油田按照不同的区域、井筒深度、地质结构、开发阶段、岩层、含水等分成 12 个区块，一区一策，一井一策，一口井一个电子台账，同时附有照片。出生日期、历史沿革、存在问题、采取的措施等，全部记录在案。未雨绸缪，有备无患，提前就把工作做细做实做到位。

CCUS 是一项系统工程，涉及工程、地质、设计、施工、运输、物资供应等众多单位，任何一个环节出现问题，就会影响整个工程进度，牵一发动全身。

二氧化碳驱油，绝非“把气注下去，油就出来了”那么简单，也不像工厂里加工产品那样，流水线作业，速度均匀，节奏明快。总是有许多说不清、道不明的坎坷；总是有许多躲不开、绕不过的障碍。处理之艰难，工作之精细，工艺之复杂，甚至超过绣花。

注入地下的二氧化碳，最理想的状态是与地下的原油均匀地混在一起，让二氧化碳带着原油一起出来。这一现象被专家们称为“混相”。否则，驱油效果就不理想。

研究人员随时监测地层压力，随时检测相关联的油井、老井、探井、报废井的液面及液体组分变化，从中发现二氧化碳的踪迹、含量等，根据具体情况，对注气量和注气速度进行调整或采取其他措施，务求见到最好效果。

数千米地下，即使同样的地层，结构也不尽相同。注气过程中，有的需要大水漫灌，有的需要循序渐进，有的需要注气和注水交叉进行。尽管这个过程很难把握，但必须竭尽全力。

习近平总书记亲临胜利油田视察，并提出殷切希望；中国石化集团公司明确提出：

创建百万吨二氧化碳驱示范项目。所有这些都与胜利油田有关，想不成为热点和焦点都不行，压力可想而知。

胜利油田纯梁采油厂是CCUS的主阵地。早在2007年，纯梁采油厂就配合勘探开发研究院，在高89井区开展了二氧化碳驱油先导试验，开胜利油田二氧化碳驱油之先河，取得了初步成功，积累了一定经验。

面对百万吨二氧化碳驱项目，纯梁采油厂依然如临大考，这是一项崭新的任务，丝毫不敢懈怠。许多工作是过去没有的，质量和标准比过去高了许多，工作难度更大。

先导试验时，没考虑注水，油井也不含水或含水很少，工作量少了许多。现在的要求是：必须考虑下一步实施注水，需要提前做好防腐准备。不管是注气井还是生产井，都要进行防腐改造，还要更换耐腐蚀的油管、管线、设备等，工作量成倍增加。丝毫不能马虎，更不能降低标准，加班加点是常有的事，每个人恨不得长出三头六臂。

任何事情，如果孤立地去看，就很简单，甚至微不足道；如果放到大系统中去看，就会凸显其重要。这是由看问题的角度决定的。所谓大局意识，就是这样体现出来的。角度不同，格局不同，结局大不一样。

“路虽远行则将至，事虽难做则必成。”做事情和走路一样，不怕慢就怕站，只要不停地走下去，再远的距离也能到达。停下来，就是遥遥无期。

正理庄油田管理区注采3站有17名员工，每天七八个人轮流倒班。2022年3月9日，因疫情原因，该站所在的高青县实行封闭管理。得到消息后，在家倒休的员工立即开着私家车，从东营、滨州、纯梁等地向站上集结。于封闭之前赶到站上，17名员工一个不少。

注采3站成了一片独立的天地。光站上的员工就比平时多了一倍，再加上外来施工队、维修、特车、运输等干活人员，一下子增加到40余人，有男有女，光吃饭、住宿就成了大问题。

作为东道主，正理庄管理区必须负起责任，尽到地主之谊。食材不足，精打细算，限量供应。做饭锅太小，就按人头，划分时间段，多批次轮流就餐。房屋紧张，空间狭小，床铺不足，被褥短缺。会议室、库房、泵房、办公桌、沙发、椅子等，全部利用起来，还是不够，只好打地铺。

管理区加强与地方防控办沟通联系，征得他们的同意，在加强防护、确保安全的前提下，通过熟人关系，到附近农村老百姓家里购买了部分被褥，解了燃眉之急。

设备运不进来，就用吊车、卡车，分段运输、接力传递，终于解决了难题。从上到下，不懈努力，卓有成效地保证了施工进度，最大限度减少了疫情对工程造成的影响。

正理庄油田管理区党支部书记焦俊杰，连续 50 多天，吃住在工作现场。工作压力大，再加上劳累过度，血压一度超过 200mmHg。去卫生间要拿着马扎，如果不借助马扎支撑，这个一米八的汉子就站不起来。这事他对谁都没说。事有凑巧，有一次他上卫生间，被一名员工发现，大家才知道。

新建项目需要征地，涉及国家政策，需层层上报、层层审批。这边急得火上房，那边还得照章办事，马虎不得。

社会就是在困难和曲折中进步的，本事就是在克服困难的过程中增长的，事业就是在战胜困难中打拼出来的。

正是施工的大好季节。页岩油、化学驱也和 CCUS 一样，紧锣密鼓，加紧运作。这是一个不同寻常的春天。胜利人痛并快乐地工作，续写春天的故事，这是多么美好的事情。感觉就像小草长芽，春风拂柳，春雨入地，春阳送暖，还有面朝大海，春暖花开。

习近平总书记来的时候，正值金秋。胜利人在春天里播下了希望的种子，相信一定有好的收成。

正理庄，一定会不负韶华，不负春天。

决胜高地

申学军

60 年前华 8 井喜获工业油流，来自全国各地的石油大军汇聚东营，在“摔碎了又踢了一脚的盘子里”打出千吨井——营 2 井，胜利油田横空出世，举世瞩目。

渤海湾畔，海天相接，平台矗立，孤东、孤岛、埕东、桩西浅海造路，直捣“龙宫”，海洋“高地”劈波斩浪；浩瀚大漠、辽远生野，戈壁高原、烽火狼烟，胜利铁军滚石上山，西部“高地”，捷报频传。

高地，汉语词汇，释义为地势高的地方，军事上特指地势较高，能够俯视、控制四周的地方。

然而，对于找了 60 年石油、采了 60 年石油的胜利油田来说，我们的“高地”与汉语词汇中释义的“高地”，就地势而言正好相反，因为胜利的“高地”永远在千米以下的地脉深处，俯视和控制的就是“国之血脉”——石油。

“一部艰难创业史，百万覆地翻天人。”60 年后的今天，随着石油科技的快速发展，以前想干而干不了、想做而做不成的“卡脖子”领域有了重大突破。在深藏地脉 3000 米以下的页岩层，探明了储量 5 亿吨的页岩油“高地”举世震惊；胜利化学驱油技术，为提高油藏采收率开辟了科技新“高地”。

六十载，大河滔滔，不舍昼夜！

从陆地到海洋，从国内到国外，胜利油田攻克过无数个“明知不可为而为之”的石油“高地”！高地，绝非高不可攀！但是，必须要有“攻无不克，战无不胜”的信念，这信念就是使命，就是担当，就是精神，就是勇气！

六十载，栉风沐雨，砥砺奋进！

每一个烙印着胜利基因的“高地”，都荣耀地插上一面鲜红的旗帜，每一面旗帜上都书写着两个耀眼夺目的大字——胜利！

而今，胜利人又“攻下”中国石油勘探开发史上史无前例的“高地”——中国首个百万吨级 CCUS 全链条示范项目落户胜利。

这块“高地”在地处鲁中平原的高青之地！

这块“高地”在胜利油田！

这块“高地”在中国石化！

一

2021 年 4 月 16 日，是胜利油田发现 60 周年纪念日。

伴随着新中国“向石油工业进军”的号令下诞生的国家大型化石能源企业，走过了一个甲子风云的胜利油田，先后发现油气田 81 个，探明石油地质储量 56 亿吨，累计为国家贡献原油 12.7 亿吨。

六十年来，胜利人始终满怀信心，始终高举旗帜，勇于担当，攻坚克难，当好国内油气增储上产推动者，书写出了无愧于时代的胜利答卷。

历经六十年艰苦创业的胜利油田，始终牢记听党话、跟党走的初心使命；始终保有冲在前、站排头、创一流的拼搏意志；始终保有科技引领、挖潜增效、创新发展的不竭动力；始终保有以国为重、为国分忧、奉献社会的深情大爱。

六十载，风雨如磐；六十载，岁月峥嵘。

六十年来，胜利油田一直跋涉在为国找油、产业报国的维艰道路之上。

“国家要有油、人民需要油。”作为中国石化上游板块的能源大企，胜利油田发展壮大的硬道理，就是想尽一切办法找到油、采出油！

2022 年 1 月 22 日，油田主要领导在油田一届五次职代会上，全面总结回顾 2021 年油田工作时，饱含深情地讲道：“习近平总书记亲临油田视察，发表重要讲话，做出重要指示，代表党中央向为我国能源事业做出贡献的石油工作者们表示崇高敬意，对油田六十年发展成就贡献给予充分肯定，称赞石油战线是共和国改革发展的一面旗帜，要求我们继续举好这面旗帜。这是石油石化战线的至高荣耀、无上荣光，让我们倍受鼓舞、倍感振奋、倍增信心，必将永载油田发展史册、产生重大而深远的影响。”

2022 年，对于一个六十年来不断进行科技开发、资源挖潜、深化改革、创业创新的国有大型石油企业来说，迎来了鼓足劲、加满油、领头跑，快速进入一个创业新时代的开局元年。

习近平总书记来胜利油田视察时讲道：“当年我们是贫油国，新中国成立之初，搞石油大会战，对当时我们国家在层层封锁下实现自力更生、搞工业化建设起到了重要作用，石油战线厥功至伟、功不可没！”

时光倥偬，岁月不居。

六十年，一甲子。

2022 年 4 月 20 日清晨，我和创作组成员由基地出发，驱车 30 千米，来到这个让所有胜利人心之所往的“打卡”胜地——地处东营市东八路龙悦湖景区的莱 113 注入站。

首先映入眼帘的是方圆近万平方米的开阔地带，远处两个银白色的注入大罐在阳光的映照下愈发显得沉静稳健，挺拔有力。

迎接我们的是位头戴红色安全帽，身穿“胜利红”的女解说员，走在料峭的春风中，更显英姿飒爽，一张青春秀丽的脸庞在红色工装的映衬下愈发显得红艳俊美，活泼明朗。

“大家好！欢迎来到莱 113 区块生产现场指导工作。2021 年 10 月 21 日，是一个值得永远铭记的日子，习近平总书记亲临胜利油田视察，先后到勘探开发研究院、莱 113 区块生产现场考察指导，详细了解油田开发建设历程和总体情况，同干部员工亲切交流，并发表重要讲话。”

——习近平总书记对胜利油田 60 年发展取得的辉煌成就、对石油能源做出的重大贡献给予充分肯定，特别指出，石油能源建设对国家非常重要、贡献很大，石油战线始终是共和国改革发展的一面旗帜，要继续举好这面旗帜，在确保国家能源安全、保障经济社会发展上再立新功、再创佳绩！习近平总书记那亲切的话语、殷切的嘱托仍然萦绕心头、催人奋进，令人倍感振奋、久久难忘……

——让我们一起跟随习近平总书记的脚步，重温总书记视察过的场景，共同体会总书记胜利之行的深意，深深感悟总书记对能源事业的亲切关怀、如山厚望和谆谆教诲……习近平总书记亲切地说："很高兴来看望大家，我第一次来胜利油田，石油战线能到的地方我都会到……"然后，习近平总书记健步登上钻井平台，向远处眺望，油田的生产区与湿地环境融为一体，"井在城中、井在景中、井景共融"的盎然景象，为总书记呈现出一幅蓝天、碧水、绿色生态的优美画卷。

一句句深情的解说，一张张生动的图片，触及心灵，印入脑海。

我走在习近平总书记曾经走过的路上，帧帧画面历历在目。虽已时隔半载有余，亦如昨日一般。

采访中我了解到该中心有两名员工在习近平总书记视察莱 113 时，代表油田员工光荣加入了迎接队伍。一名是二氧化碳 1 号站副站长赵丹，一名是女工王建宁。我急切地找到他们，说明来意后，他们表示非常愿意接受我的采访。

当他们回忆起见到习近平总书记的情景时，激动、幸福的心情依然溢于言表。

初见赵丹，他身材瘦削，阳光帅气。我和他打趣说："你不仅名字和著名电影艺术家赵丹同名，和他年轻时的样貌也很像。"

我这么一说，反而让他局促起来。看到他有些羞赧，我赶忙说："祝贺你啊，你能站到总书记身边，目睹领袖风采，是不是感到特别光荣？"

"是啊，是啊，真是太幸运了。"赵丹激动地说，"那情景我这辈子都忘不了，真是幸福和温暖。下午四点多我们列队欢迎习近平总书记，只见他远远地向我们走了过来，习近平总书记高大的身影一下子就清晰地映入我的眼帘，我心情非常激动，不敢相信自己的眼睛，目光里全是总书记，只记得自己使劲地鼓掌。"

我说："那就请你讲讲咱们总书记视察时的风采吧。"

"当时我们一群人围绕在总书记对面，我看得可清晰了，总书记说话可亲切了，声音洪亮，和蔼可亲，那么伟大又是那么平易近人，讲话就像跟我们拉家常一样，大家紧张激动的心一下子就缓和下来了。"此时的赵丹沉浸在幸福的回忆中，"习近平总书记说，石油能源建设对我们国家来讲太重要了，贡献也太大了。我们是制造业大国，要搞实体经济，各种饭碗要端在自己手里，包括能源的饭碗要牢牢地端到自己手里，希望你们再创佳绩、再立新功。”

还没等我问话，王建宁就接过赵丹的话说：“我的心情和赵丹是一样的，当时我激动地流出了幸福的泪水，作为现场唯一的一线女工，能见到习近平总书记，真是不敢相信眼前发生的一切都是真的，总书记给我的感觉是特别的亲切。习近平总书记看到我时，亲切地说‘还有女同志呢’。我鼓足了勇气回答‘我是注汽女工’。这真是一辈子都值得我珍藏的幸福回忆啊！”

我问道：“你被总书记亲自问过话，对你的内心有什么触动？”

“总书记祝福我们家庭幸福、工作顺利！那一刻，我们都非常自豪能收到总书记的祝愿，我会牢记总书记的嘱托，把本职工作干得更好。”她抹抹眼睛接着说，“我目前在二氧化碳项目部生产监控岗工作，我要为油田二氧化碳 CCUS 事业和为‘双碳’目标贡献力量，在自己岗位上创佳绩、立新功。”

在他们深情的讲述中，我时时刻刻被他们幸福而又真诚的话语所感染着。

这种足以铭记一生的经历对于 18 万胜利员工来说，不是谁都能有的幸运。他们的感受就是所有胜利人的感受，因为你、我、他都是其中一员。

走出站外，我不由得把目光看向远方。

近处，一片湖水随着春风卷起清波。远处，苍苍蒹葭，正在季节的催促下拔节返青。天上，洁白似棉的云朵飘浮在湛蓝的天空上，愈发显得清亮、高远。

二

2022 年 1 月 4 日，央视新闻在《奋进新征程　建功新时代——回收再利用新技术助力减碳增效》报道中讲到，位于山东东营莱州湾畔的蓄滞洪湿地湖面波光粼粼，中国石化胜利油田莱 113 区块的 26 口油井分布在湿地周围。这里也是二氧化碳捕集、利用与封存技术的大显身手之地。二氧化碳通过低温罐车运到这里，然后注入地下驱油，这样既提高了石油采收率，又促进了碳中和，做到了生态效益与经济效益的双赢。

关于莱 113 区块的 CCUS 情况，我专门采访了勘探开发研究院气驱室专家王杰。在习近平总书记视察前，他具体负责的就是该区块二氧化碳捕集、利用与封存的方案编写工作。

他说，习近平总书记视察的莱 113 区块是胜利油田注汽技术服务中心二氧化碳项目部的一个注入站，该区块位于东营市莱州湾，2009 年投入开发，油藏埋深 2700 米左右，地质储量 285 万吨，目前有油水井 28 口，单井日油 3 吨，综合含水率 80%，是 CCUS 技术从实验室走向工业化应用转化的实践现场。

CCUS 是英文“Carbon Capture，Utilization and Storage”的缩写，中文翻译为二氧化碳的捕集、利用与封存。

该区块二氧化碳封存及驱油示范工程中的二氧化碳储罐、加注泵及计量调流等橇块，都是胜利油田自主设计研发的产品。作为实现化石能源“碳中和”的“兜底技术”，谁领先掌握 CCUS 全链条工程技术，谁就赢得了石油产业的未来。该项目在 CCUS 领域已取得授权国家发明专利 11 项，总体达到国际先进水平，填补了国内该项技术的空白。

经过深入了解，我逐步清晰了莱 113 区块具有 CCUS 示范效应的来龙去脉。

莱 113 撬装式注入站，可实现在不同区域内的灵活搬迁，缩短工程建设周期 30% 以上。通过生产信息化，该站实现了集中监控、无人值守、少人巡检、专业维修的运行管理模式。

注入井下的二氧化碳，一部分封存在了地层中，另一部分则与油、水、气混相后开采出来。胜利油田成功研发出了原油微正压密闭脱碳、采出水气提脱碳、高含碳采出气超临界注入等三大关键工艺技术，有效解决了“采出物含碳”的难题，确保二氧化碳回注地层“净零排放”，真正实现了“油不落地、水不外排、气不上天、变废为宝”的“绿色无碳生产”。

莱 113 区块油藏复杂、注水开发效益差、采收率低，对这类油藏应用 CCUS 技术，能够有效驱替原油、增加产量、提高效益。该区块以二氧化碳有效埋存和提高采收率为目标，编制了二氧化碳驱油埋存试验方案。目前，有注气井 6 口，注气成本 400 元/吨左右，累计注入二氧化碳 6400 多吨，受效井增产幅度 30%，真正实现了减碳增油、绿色发展。莱 113- 斜 2 和莱 113- 斜 5 两口注入井注入二氧化碳后，对应油井产能增加、含水下降、产量提高并确保安全绿色生产。

2021 年 7 月 5 日，胜利油田首次对外宣布，中国石化首个百万吨级 CCUS 全链条示范项目——齐鲁石化—胜利油田 CCUS 项目建设启动。

此处无声胜有声，于无声处听惊雷！

此消息一经报道，中国各大主流媒体纷纷报道、转载，消息瞬间传遍全国，举国惊艳！

中国石化主要领导在项目启动会上强调，该项目“功在当下、利在长远”，要以更高的站位、更宽的视野、更大的力度、更实的措施，把项目建设好、运营好，为中国石化实现碳达峰、碳中和目标开辟更为广阔的前景，这是大势所趋，使命所系。

齐鲁石化—胜利油田百万吨级 CCUS 项目不仅能够增强公司减碳能力，而且能够为我国大规模开展 CCUS 项目建设提供更丰富的工程经验和技术数据，促进二氧化碳在更广领域、更深层次的工业利用。该项目是中国石化在新发展阶段吃的“第一只螃蟹”，要咬定国内“技术第一、效益第一”总目标，通力协作、倒排工期，全力打造 CCUS 全链条示范基地和标杆工程。

中国石化有关领导要求，各单位各部门要贯彻落实集团公司党组要求，积极顺应绿色发展大势，抢抓机遇、勇立潮头，深入研究碳达峰、碳中和实施路径，高起点、高质量、高标准地抓好百万吨级CCUS项目建设，全方位、大力度向CCUS产业进军，抢占“双碳”目标高地，厚植公司绿色发展优势，为我国实现碳达峰、碳中和目标作出积极贡献。

百万吨级 CCUS 项目启动，吹响了中国石化全方位向 CCUS 产业进军的冲锋号。胜利油田领导表示，要充分发挥技术、资源、人才等优势，一体化推进 CCUS 技术研发、示范和推广，力争为国家碳达峰、碳中和提供技术支撑点；要站到绿色低碳、转型发展的大坐标系下，以更大的目标追求谋划思路、开展工作，加快形成系统完备的 CCUS 产业体系，为我国建成低成本、低能耗、安全可靠的 CCUS 技术体系和产业集群贡献力量。

推进步伐扎实稳健，冲锋号角响彻胜利！

2021 年 11 月 25 日，正理庄油田高 89—樊 142 区块，由注汽技术服务中心投建的二氧化碳 13 号注入站设备正进行吊装就位。

该站是齐鲁石化—胜利油田百万吨 CCUS 项目建设启动会后首个二氧化碳注入站，标志着我国首个百万吨级 CCUS 项目落地实施，年底将建成 15 个二氧化碳注入站，共部署注气井 73 口、油井 166 口，日注能力 3400 吨。该项目建成后将成为国内最大

CCUS全产业链示范基地，为国家推进CCUS规模化发展提供应用案例。

“一石激起千层浪，震惊五洲四大洋。”近年来，页岩油、化学驱、CCUS三大代表性技术相继拉开胜利油田勘探开发史上划时代的序幕，国内外各大主流媒体争相报道。这些往日只在专业理论刊物上才能见到的专业名词，而今集中涌现在广袤的胜利油区，活生生地摆在世人面前。

对于勘探开发了60年的胜利油田来说，这无疑是一场新的技术革命，一个新的创业纪元。新技术的出现及迭代成熟为胜利油田的未来发展注入了新的血液和动力，为干事创业的科技人才提供了施展才能的广阔空间，增添了无穷的魅力。

60年来，胜利油田因油而生，为油而战，夺关闯隘，继续发展，把无私奉献和为国贡献的基因牢牢地扎下了根。无论过去、现在还是将来，这种力量和赤诚永不变色，这就是胜利人“国之大者”的使命担当和创业豪情！

唯能创新，才能发展。唯有科技，赢得未来！

何谓“国之大者”？

早在两千多年前的战国时期，思想家、哲学家、教育家，儒家学派的代表人物荀子就提出：“国者，天下之大器也，重任也，不可不善为择所而后错之，错险则危……故国者，重任也……”说的就是人人要以天下为己任，个人命运与国家的命运安危相系。

习近平总书记多次在重要场合讲到中华民族伟大复兴的战略全局和世界百年未有之大变局，心怀“国之大者”，要把握大势，敢于担当，善于作为，为国家富强、民族复兴、人民幸福贡献力量。

2021年4月22日，北京，习近平总书记在世界“领导人气候峰会”上发表《共同构建人与自然生命共同体》主旨讲话，中华文明历来崇尚天人合一、道法自然，追求人与自然和谐共生。中国将生态文明理念和生态文明建设写入《中华人民共和国宪法》，纳入中国特色社会主义总体布局……坚持走生态优先、绿色低碳的发展道路，中国将力争2030年前实现碳达峰、2060年前实现碳中和。

“双碳”目标的提出不仅彰显出我国应对气候变化的大国担当，更是实现经济高质量发展、构建人类命运共同体的重要举措。由此可见，碳达峰、碳中和目标是党中央经过深思熟虑做出的重大战略决策，是事关中华民族永续发展和构建人类命运共同体的战略决策，是一场广泛而深刻的经济社会系统性变革，要纳入生态文明建设整体布局；是实现碳达峰、碳中和的一场硬仗，要“抓铁有痕、踏石留印”，加速实现碳达峰、碳中和目标。

2022 年 2 月 28 日，集团公司以视频会议形式召开“牢记嘱托、再立新功、再创佳绩，喜迎二十大”主题行动启动会，中国石化主要领导强调，集团公司党组决定，把学习贯彻习近平总书记视察胜利油田重要指示精神，同迎接、学习、贯彻党的二十大紧密结合起来，同完成集团公司工作会议部署的各项工作结合起来，激励广大干部员工心怀“国之大者”，立足本职岗位，乘势而进、再接再厉，推动公司高质量发展步伐，以优异成绩迎接党的二十大胜利召开。

胜利油田作为保障国家能源安全的主战场，最鲜明的体现就是“国之大者”，可谓责无旁贷、使命重大。胜利油田作为能源央企是保障国家能源安全的“国家队”，只要国家一声令下，万众呼应，哪里还有闯不过的难关，过不去的沟坎？一句话，党和国家让我们干什么，我们就干什么，让我们怎么干，我们就怎么干！

2021 年 7 月 30 日，中共中央政治局会议关于《加大力度稳增长、强科技、促减碳“全国一盘棋”，加快出台碳达峰行动方案》的文件中，习近平总书记提出实现碳达峰、碳中和，积极有序，先立后破，“全国一盘棋”，加快出台碳达峰行动方案“一表两图”，其中着重提到石油化工、电力、钢铁、有色金属等主要高碳行业和领域，要从“尽快”到“加快”解决“卡脖子”难题。

胜利油田是如何解决 CCUS 技术上“卡脖子”难题的？

2022 年 4 月 15 日早 8 点，我们创作组带着这个问题，准时来到集团公司高级专家李振泉的办公室。

说明来意后，李总的第一句话就深深地吸引了我。他说：“作为国有大型石化能源企业的胜利油田，在第一时间就捕捉到了这一‘国之大者’的宏伟蓝图，可谓恰逢其时，时不我待。”

他说：“咱们油田解决 CCUS 技术的‘卡脖子’难题，主要是针对混相压力高的问题，目前我们通过先导试验，形成‘提高油藏压力’和‘降低混相压力’两套技术思路。深化了二氧化碳高压混相驱油机理，形成‘大井距、超前注、高压混相驱’技术，实现了高压混相驱。二氧化碳是大幅提高采收率的三大手段之一，实际上运用二氧化碳驱油技术，在油田开发初期就已经有所涉猎，真正的发展是在 20 世纪 90 年代末期。随着认识的不断深入和试验技术的不断提高，我们对这一理论有了长足的发展，但是遇到最大的难题就是缺乏适合二氧化碳气驱的区域和充足的气源，这与我们的油藏地质构造、渗透率有一定的关系。”

20 世纪 90 年代，二氧化碳驱油技术在美国、加拿大等国家已实现工业化应用，主要应用于中高渗、低混相压力油藏，但是美国等国家的二氧化碳利用还是有大量的二氧化碳气田可以开采和应用。我们的条件较之国外的地质情况要难度更大，更为复杂。2021 年 7 月 20 日，中国石化“碳捕集、利用与封存（CCUS）重点实验室”在勘探开发研究院揭牌，目的就是致力于碳捕集、利用与封存的基础理论和应用技术研究，承担国家和集团公司 CCUS 领域重大科研及生产项目。一是我们有上下游捕集、运输、驱油、封存的一体化优势；二是运用一体化技术攻关及组织运行，把难动用的原油开采上来，提高油藏采收率，实现“变废为宝”。

CCUS 可实现石油增产和二氧化碳减排双赢，是化石能源大规模低碳利用的新兴技术，也是实现“双碳”目标的重要途径。当前集团公司提出加快CCUS 产业链发展，助力“双碳”目标实现，胜利油田也在“十四五”规划中明确提出在规划末期 CCUS 规模达 300 万吨 / 年。2035 年左右清洁能源成为油田主要能耗来源，到那时清洁、低碳、安全、高效的能源体系基本建成。

在采访即将结束时，我问道：“就目前而言我们取得了一个什么样的阶段性成果，以及对未来的展望，请您讲讲。”

李总说：“以前我们的条件和技术形不成工业化运行体系，现在我们已经从实验室阶段、先导试验阶段走到了工业化运行过程，就二氧化碳注入来说，已经获得了阶段性的成功。对未来而言，我们要坚信油藏就在石油专家的脑海里，也就是说我们坚信这一理念，对未来我们充满信心！”

“求木之长者，必固其根本；欲流之远者，必浚其泉源。”再宏伟的蓝图都必须从一张白纸开始画起。

2022 年 4 月 22 日，我们创作组一行来到位于胜利宾馆 202 室的胜利油田 CCUS 项目的指挥中枢进行采访。项目组由设计开发单位、勘探开发研究院、注汽技术服务中心、后勤运输保障及相关开发单位的专家和技术人员组成。该项目组自 2022 年 4 月 4 日，中国石化首个百万吨级 CCUS 项目在高青正理庄油田高 89—樊 142 区块投产以来正式启动运行。

每天早上八点、下午四点的两个例会可以说是“高手云集，唇枪舌剑”。这几天的采访给我的印象就是，每天的会议均是在“吵架”的状态下、“焦灼”的激辩中、“友好”的对峙下，“愉快”地进行着。会议没有开场白，没有嘘寒问暖，发言均是开门见山，直击要害。所有事项均是围绕 4 月 4 日投产以来，二氧化碳注入环节出现的各种问题，就事论事，当断则断，绝不拖延。

会后，我采访了集团公司高级专家、油田 CCUS 项目组负责人陈军。

他说，我们目前启动建设的中国石化首个百万吨级 CCUS 项目，由齐鲁石化捕集二氧化碳、提供气源、胜利油田进行二氧化碳驱油与封存三部分组成。

在碳捕集环节，齐鲁石化二氧化碳回收提纯装置包括压缩单元、制冷单元和液化精制单元，提纯后二氧化碳纯度达到 99% 以上；在碳利用与封存环节，胜利油田运用超临界二氧化碳易与原油混相的原理，把二氧化碳封在地下，把油驱出来。目前运行的正理庄油田 10 座无人值守注入站，在向附近 73 口受效井注入二氧化碳的同时全部采用密闭管输，进而提高了二氧化碳封存率。

这个百万吨级 CCUS 项目的投运，标志着我国 CCUS 项目建设取得重大进展，具有巨大示范效应，对提升碳减排能力、搭建“人工碳循环”模式具有重要意义。

我问道：“你能比较直观的描述一下 CCUS 的具体含义吗？”

他笑了笑说：“好，我给你打个比喻，按百万吨级 CCUS 计算，每年可减排二氧化碳 100 万吨，相当于植树近 900 万棵、近 60 万辆经济型轿车停开一年。”紧接着他坚定地说：“我们相信，更坚信，我们所开创的CCUS 事业，对我们胜利油田实现‘双碳’目标有着极大的推动作用，是未来油田提高采收率的重要手段，取得的不仅仅是经济效益，还有社会效益。”

他说：“我建议你们多多采访注气一线的将士们，尤其是当前疫情，他们在基础建设、设备运输、试运投产期间，100 多名党员干部、员工连续好几个月都坚守在高青区块，既要搞好疫情防控，又要干好建设施工，还要保证高效运行，他们才是攻克‘高地’的尖兵，真不容易啊！”

三

由于采访原因，最近这段时间我起得比往常都早，回来得也比较晚。这样一早一晚的行动轨迹，不知不觉就和我居住在同一楼栋的霍叔的生活规律不谋而合了。这事虽然和我要写的内容无关紧要，但是我觉得有必要讲一讲，因为我这次所要写的内容也是霍叔他老人家想知道的。

事情的原委是这样的。

我住的生活小区是采油厂的老生活区，这里居住的大多是年逾古稀的老石油，如今他们都已过上日出而起、日落而息的晚年生活。原本早出晚归、东奔西走的日子也归于了平凡、平静和平淡。

清晨，起得最早的除了楼前梧桐树上的鸟儿，就是这些老石油们了。

一大早，那些叽喳喳、闹哄哄的鸟和一帮早起遛弯儿的、收拾小菜园的、遛狗的、逛早市的大爷大妈们形成一幅颇具烟火气息的田园图景。

唯有一人例外，这人就是霍叔，他最大的特点是一大早就把电视声音开得老大，主要是看新闻。一是中央台新闻必看，再是油田新闻必看，就像每天必喝的豆汁一样缺一不可。

按霍叔的话说，不喝豆汁，这一天浑身上下没劲，不看这些新闻就没法和楼底下的老伙计吹牛。

有一次我问他：“您老人家整天看新闻，怎么着还想当官啊。”

霍叔大咧咧的嗓门毫无顾忌：“当嘛官啊，都快奔七的人了。我就是和那帮一天到晚打牌、下棋的老伙计们较劲，和他们吹牛的时候，我说的得是他们不知道的；他们知道的，我得要比他们知道得早才行。”

我笑着说：“霍叔，你这话都快赶上绕口令了。”

霍叔是天津人，平时说话就很逗，逢人就说他和大侠霍元甲是亲戚，到底是不是也无人深究，尤其是一张嘴满口的天津话，听着就倍儿乐。

四月的北方，倒春寒的天气，比冬天还冷。

这天早上七点左右，我像往常一样从车棚推着电瓶车刚到门口，和正要进门放自行车的霍叔碰个正着，差点把他挂在车把上的豆汁洒出来。

我赶忙说："抱歉！抱歉！霍叔，要是碰洒了您的豆汁这可不得了。"

"可不是嘛，我就好这一口。"霍叔一边让我出门一边说，"小申，我这段时间发现你可比以前出门早哈，我一直想问，你这是干吗去了？"

我赶忙说："霍叔，我去采访。"

霍叔边整理豆浆袋子边说："怎么，改行当记者了？"

我说："没有、没有，是油田文联组织的一个创作任务。"

"嘛任务？"霍叔好奇地问道。

我说："是油田关于二氧化碳驱油的事，CCUS。"

"哦，我听说了，就是把二氧化碳注入地下，提高采油产量的。"

霍叔的这一回答，让我大吃一惊！我赶忙问道："您是怎么知道的？"

他得意地笑着说："看电视、看报纸知道的呗，我可是老采油队长啊！习近平总书记都说我们老石油厥功至伟、功不可没！你可别小瞧我！"

我还没来得及回话，霍叔已经推着车子进车棚了。

一天下午，我和创作组的各位老师采访完已经快六点了，天色渐晚，各自回家。我回到居住的小区已经快七点了，到车棚把电瓶车放好，推开楼道门，刚到三楼，就见霍叔家的门开了。

霍叔等的就是我。他板着脸就问："恁怎么了，把我说的话当成耳旁风了是吧，让你给我讲讲嘛是 CCUS，是不是给忘了？"

经他这么一说，我恍然想起，连忙说："霍叔霍叔，对不起对不起，这几天的采访比较密集，这不是还没来得及嘛，况且我也得明白个差不多才能给您讲不是。您放心，过两天我一定向您汇报。"

这下霍叔的脸色缓和下来了："这还差不多。行了，快到点了我得看新闻联播了，你也赶紧歇着吧。"

"好嘞，霍叔您放心，我一定向您汇报。"

到这会儿，我真的要向大家好好介绍介绍这位可爱的霍叔了。

就我居住的这个单元楼的住户来说，有四川的、东北的、陕西的，且都是已退休多年的老石油。这两年由于疫情原因，居住在这个小区的老师傅们是我这几年见的最多最全的。若在以前，他们大都是“候鸟”的生活模式，有回原籍居住的，有在海南租住的，有住在外地子女身边的，总之一年到头也认不全老几位。

平时和我走得最近的就是三楼西门的霍叔，因为他特别爱打听一些油田发生的新鲜事：什么谁来访问了？谁又获奖了？老张明明退休了，怎么又被返聘了？等等。但绝无任何八卦事体，用他的话说：“我当过兵，我是老党员，老采油队队长，我爱咱们油田啊！你说对吧，爷们。”

霍叔 24 岁那年部队退伍转业到胜利油田，他在钻井队一干就是 20 多年，因为腰伤调到采油队，没两年就干上了采油副队长、队长，一直到退休。霍叔自参加工作以来多次荣获油田、厂级先进个人，还上台戴过大红花。退休后他还受邀给青年员工讲过故事，登过报纸，上过电视，可谓风光一时。霍叔把所有这些证书、报纸、视频资料都收集在一起，没事的时候就拿出来当小说看，一边看一边讲，各种趣闻经历，如数家珍。

5 月 21 日这天，我接到马祥民老师的电话，通知我定于 25 日去高青高 89—樊 142 区块采访。我兴奋不已，因为这一天我等了很长时间了。临去前一天，根据防疫要求，上午我做好报备，下午早早赶去做核酸。刚走到公园小树林，正碰上霍叔和几个老师傅在聊天。霍叔看着我过来，冲着老几位就说：“怎么样，我没吹牛吧，咱有信息员。”还没等我说话，霍叔先问上了：“采访得怎么样了？整明白没有？”

我说：“霍叔，我到现在才明白点。这不，明天要去高青采访，得去做核酸。”

“好好好，快去做吧，等你整明白了，我让你孙姨做俩好菜，咱爷俩好好聊聊。得空给我发微信啊！”

我边走边说：“霍叔，您放心，我整明白了一准给您汇报。”

5 月 25 日这天是入夏以来少有的大风降温天气，还下起了不大不小的雨。

早晨七点半，我准时到达注汽技术服务中心集合点和马祥民老师、中心的两位同志会合后，一行四人迎风顶雨，驱车前往。

一路上，中心的同志根据当前二氧化碳项目投产运行情况，为我们做了一个简要描述。高青县隶属淄博市，二氧化碳百万吨级CCUS项目高89—樊142区块就在高青县的正理庄油田，距离基地约80千米，一个半小时的路程，途径滨州博兴，然后到达高青县唐坊镇。

高89—樊142区块覆盖地质储量2562万吨，设计注气井73口、油井166口，年注气能力70万吨。目前是国内最大的CCUS全链条示范基地和“碳达峰、碳中和”标杆工程基地。自2022年4月4日开始试运行以来，已投产12口注气井，二氧化碳日平均注入量为1300吨，目前运行状况基本良好。

目前现场的工作环境和生活条件还非常艰苦，中心也在想方设法地改善，毕竟是创业阶段，慢慢都会好起来的。

这些让我对这片心之所往的创业之地有了一个基本的认识。

9点半左右，我们到达位于正理庄油田注气中心二氧化碳项目部的所在地，准确说是借用东胜滨博采油管理区的“地盘”。

走进院内，步入一楼大厅左转直行，来到项目部高89—樊142区块监控室，也是生产指挥大厅，室内面积大约60平方米。映入眼帘的是由12块监视屏组成的面积约12平方米的大屏，在大屏的上方赫然显示着一排“牢记使命，不负众望，全面决胜CCUS攻坚战”红色大字，格外醒目。

每一块监视屏里清晰显示着每个注入站的运行状态，收放镜头可放大、缩小整个站的局部及周边，转换镜头可观察每台泵机、每个阀组、每个阀门的开启状态，实现了无人值守、全程无死角监控的智能化管理。

一个个监控人员身着整洁的工装，坐在电脑前，按按键盘，动动鼠标，就能完成每项生产操作。当操作人员给我演示的时候，我充满了激动和好奇，内心无比感叹科技的力量真是伟大，现在的操作和以往的井场管理模式已不可同日而语，既安全，又快捷，还神气！

注汽中心工程专家、技术研究中心经理孙卫朝自豪地说：“我们就是让监控操作人员实现真正意义上‘白领’的工作状态。他们的工作范围就在室内，风吹不着、雨淋不着、日晒不着，在电脑前就能准确无误地完成接受气液、启停、巡查、监控、喊话、报警等所有生产环节，实现了全景监控模式，数据录入自动化，操控及时、精准，更重要的是人机分离，切实保障了人身安全。”

“百万吨级 CCUS 项目，在设计之初就把智能化管理纳入了重要的一环。”孙卫朝接着说，“以往每个站不能少于两个人，现在一个人就可以监控两个站。同时还为安全运行设立了‘双保险’：一是监控室，再是专门成立巡检、维修班，每天不间断对每个注入站的各个项点进行巡检。这样可以第一时间对监控发现的故障及时进行排除，巡维人员也能对站内站外及周边环境及时处理。自正式投运到现在，各站设备运行良好。”

我看到一名监控人员正在填写注入站的运行参数，问道：“既然已经电脑录入，为什么还要再手填记录？”

孙卫朝说：“目前手填记录，一是保留原始资料，再是为今后自动化处理找出运行规律。现在我们还是初创阶段，没有任何成熟的体系可借鉴，我们把每小时的运行记录交给信息编程人员，为以后全自动化数据处理作参考，不久我们就能实现智能化数据处理了。”

这时，监控画面出现一辆满载 26 吨二氧化碳的罐车，正徐徐驶入 4 号注入站。在屏幕前默默注视罐车动向的监控人员待司机驻停下车后，打开麦克，进行语音喊话：

“您好师傅，辛苦了，如果您能听到我说话，请挥手致意。”

这时，监控大屏上清晰地出现了司机师傅挥手致意的画面。

“我现在需要确认一下液车铅封号码和验车单。”

这时，司机师傅拿出铅封号牌和一张派工单在镜头前展示，只见操作员把镜头渐渐拉近，铅封号码和派工单清晰显示在屏幕前，按下操作健拍照留存。

完成这一系列识别之后，监控人员说：“谢谢师傅，辛苦了，请按操作规程安全操作，我将全程监控，谢谢您的配合。”

接着发出一组操作指令：

——现在远程西罐，气相、液相电动阀已关闭。东罐气相、液相电动阀已打开，请进行现场确认？如果没有问题，请举手示意，如果有问题请双手交叉。

——请确认气相、液相软管线是否连接，防脱链和捆扎带是否紧固到位。

——请确认电源线已连接并架高，确认地线已连接，确认警戒线已到位。确认完毕，请举手示意。

——现场建立气相连接，如有问题请双手交叉。如两罐气相已达到平衡，建立液相连接，确认无误后，师傅可以启泵卸液了。为了您卸液安全，禁止跨越管线，并佩戴好二氧化碳检测仪，请在警戒线外及时监护。

接着监控中呈现出司机师傅连接管线、启泵等操作画面，与此同时，电脑监控屏上呈现出储液罐的模拟流程图，气液输入到罐内的接收参数清晰可见。

“从接收一罐气液到完成需要一个小时左右，操作人员必须一刻不离全程监控。卸液完成后还要完成一套指令，司机师傅要依次关闭卸液管线，液相、气相手动阀，并对流程进行泄压，把卸液软管进行固定后方可离开。”孙卫朝说，“监控人员在电脑前必须完成‘每一分钟抬头一次完成一次巡检’的操作要求，才算达标。”我一边听着孙经理的讲解，一边走出监控室，这才得以浏览整个 CCUS 指挥中心的全貌。

二氧化碳项目部是借用了东胜滨博公司宿舍一楼的西侧办公区，与之相对的大厅是孤岛注汽项目部。

两个部一家人，共同的目标和心愿，下活了一盘大棋。

进入对面孤岛项目部监控大厅，操作人员正在紧张而有序地忙碌着，喊话声、应答声、键盘声在室内相互交织又互不干扰，这正是他们精力集中的体现。我无声地观看着，此刻我的眼睛就是一个大屏，他们就是大屏里活动的影像，这组鲜活的画面，顿时使我心生感动。

正在现场办公的中心副总政工师张勇看到我，把我引入一个 30 平方米大小的会议室。我环顾四周，这个会议室位于一楼中段，条件十分有限，简陋到一张乒乓球案子摆在中间位置当会议桌，两排联椅分列两旁，四周摆满文件柜。

张总说：“这个会议室就是一个‘多功能厅’，既是会议室、接待室、资料储存室、信息编程室，又是员工餐厅。”说着拿出手机拨打电话并向对方说明了我的来意。

不一会儿，打门外进来一男一女两位身着工装的师傅，张总一一向我引荐：“这位是 10 号注入站站长赵胜特和监控操作工杨丽蓉。关于监控运行方面的工作，您可以采访采访他们。他们是孤岛项目部最早一批参与 CCUS 项目的员工，对这里的生产运行情况都非常了解。”

这正是我所期待的，赶忙起身表示感谢。

落座后，我说：“两位不用紧张，也不要不好意思，就请你们把日常的工作、生活、所感所想像唠家常一样讲讲。”

赵站长说：“我们干的就是再平常不过的工作，我先说说我们日常的工作状态吧。”

我说：“好，就从日常讲起。”

赵站长说：“我们都是中国首座百万吨级项目的建设者、见证者，更是创业者。参与这项国家重点建设项目，对我的思想认识和自身工作来说，都有极大的提升和帮助。我们工作在这个项目的最前沿，本身就有一种自豪感，这把年纪了还能赶上这个机遇，真是挺幸运的。”

他不好意思地笑了笑，继续说：“首先最大的感受就是安全风险极大减少了，以前员工每小时都要近距离地巡检一次设备，这就意味着人身伤害风险加大。现在不同了，我们通过摄像头远程巡查设备状态，如果出现了异常在监控室就能及时发现、及时停运异常设备，从根本上消除了设备与人之间存在的安全风险，还有就是处理各类安全故障和驱离周边违章情况也更加及时迅速。”

“其次就是自动化程度提高了，用人成本降低了。以前每个站每天都要有 2 名员工四班倒，两个站需要 16 个人运行，加上大班人员就要超过 20 个人。实现无人值守后，现在监控大厅一个人就能管理两个站的远程操控，加上每天 2 个人的维保巡检，四班倒仅需 12 个人就能替代以往 20 个人的工作。”

坐在一旁的杨丽蓉颇有同感地说：“是啊，是啊！我也是这么感受的。”

“小杨师傅，说说的你的经历吧。”

“好，说说就说说，没啥不好意思的。”小杨快人快语的回答顿时活跃了气氛。她说：“2022 年对我来说是变化巨大的一年，在生活上我迎来了我的第二个宝宝，工作中我迎来了新的岗位——视频监控操作岗。”

她说：“从参加工作到现在，我在注汽管理岗位上干了 11 年，今年初来到高青 CCUS 项目部，给我最大的感受就是，虽说工作性质还是注气，但是工作环境、操作方式、工作内容和以往有天翻地覆的改变，真是让我有点猝不及防。因为以前的工作就像赵站长说的那样，巡检设备、录取资料、调试设备等各个环节全部在现场操作。现在完全不同了，所有工作环节全部自动化操作、智能化管理，动动鼠标就能完成。说实话，刚一开始操作，心里真是没底，老担心出错，还老担心这现场没人能行吗？”

说到这，小杨自己先笑了起来。“现在想起来，真是可笑，自己的担心完全是多余的。”她接着说，“几套班跟下来，我渐渐适应了也喜欢上了这个新岗位，智能化操作真是省时省力，内心还有一种成就感。”

看着她开心的笑容，我赶忙问道：“给我讲讲，你获得了哪些成就感？”

“这得从头开始讲起。”小杨激动地说，“我得谢谢赵站长对我的帮助和鼓励。”

下面就是小杨讲述的工作经历：一来高青，我和同事们就参加了各种业务培训。一天下午，我们完成应急演练考核，正在收拾工具，这时赵站长走过来对我说，拿上资料去监控岗上班。我当时就愣住了，好像听错了一样，再一次询问站长，得到了肯定的答复。我们担心地问：“一会卸液怎么办？设备运行怎么办？”

赵站长说：“你放心大胆地操作就行，有我呐！”

于是，我忐忑不安地跟着站长来到了指挥中心大厅，坐在了电脑前，看着屏幕上显示的各种设备信息，眼花缭乱。赵站长给我从头讲起怎么卸液、怎么调整数据、怎么观察监控，并在指挥中心技术人员的引导下进行了设备远程的启停操作，指挥中心的技术人员对我所担心和不懂的问题做了详细解答。

那一晚我紧张极了，脑子里不停地走流程、想应急处置方案，眼睛始终不敢离开屏幕，一个灯光的反射我都要观察好半天，生怕自己漏下什么重要的信息和情况。就这样一直练到深夜，终于学会了。回到宿舍，我和同事打趣说，我感觉怎么跟中了彩票一样，既紧张又兴奋！那一晚我都失眠了。

第二天上班，同事们好奇地问我：“怎么样？学会了吗？”

我高兴地回答：“一切 OK！”。

随着对这项工作的重大意义有了进一步认识，我觉得在这个岗位上工作，真是又自豪又光荣。随着时间的累积，我的操作越来越熟练，越来越自如。

休班的时候回家里跟家人讲起来，家人也都替我高兴。

小杨拿出手机，打开微信朋友圈，找出一条信息，说：“申老师您看我在朋友圈晒我的工作环境照片，好多人都给我留言点赞呢。”

我顺着她翻动的手指浏览着，果然有很多朋友为她点赞。

有的留言说：“真羡慕你的工作环境。”

有的说："好气派啊，全是自动化。"

还有的说："嚯，二宝妈变成白领了，棒棒哒！"

……

这时小杨看了看手机上的时间，说："申老师，不好意思，我得去接班了。"赵站长也赶忙站起来说："我也得上岗了。"

我赶忙说："谢谢赵站长、小杨师傅，你们讲得都很好，祝你们工作愉快！"

赵站长和小杨转身出门接班去了。

我问张总："咱们这里的员工，都有这种感觉吗？"

张总使劲点了点头，说："从开始到现在，所有人在认识上发生了很大的转变。因为百万吨级 CCUS 项目是当前油田实现'双碳'目标的重要举措，更是当前石油开发提高采收率的前沿。我们的员工大多在孤岛居住，路程较远，尤其是疫情期间连家都回不去，在这里一封闭就是两个多月，顾不上家里的老小，很是煎熬。我们心里也很难受，就和他们一起克服困难。工作上我们是管理者，下了班我们都是兄弟姊妹，谁有个大事小情，大家都一起上，互相帮。"

他说，现在疫情好转了，只要做好报备，休班时他们也能回家了，心情也放松很多。现在他们一致认为能在这么重要的岗位上工作，能把个人价值体现到最大化，他们都很自豪、很骄傲！

"适见飞燕剪春柳，又逢春风化雨时。"张勇的话正合此意。

结束了采访，时近中午，就见两名员工抬进两个保温桶，一桶土豆炖排骨，一桶豆角炒肉，还有几大袋子馒头和米饭。

这时，同来的从现场调研回来的同志说："食堂开饭了，咱先去吃饭，回来再谈。"

上了车才知道，二氧化碳项目部离食堂约八千米，车程大约十分钟。

到了地点一看，完全超乎我的想象，这是一座已经停运的由纯梁采油厂管辖的采油队旧址。前后四排平房，占地大约 3000 平方米，目前是项目部食堂、物资储备及部分员工宿舍的所在地。

院内环境一片杂芜，看到眼前的景象，我不禁眼中一热。这应是目前条件最简陋的站队：水是罐车从高青县城拉来的，没有取暖设施，洗澡更是奢望。面对此情此景，我赶忙拿出手机一边拍照一边问："这附近没有条件更好的地方吗？都快回到 20 年前了。”

“就是这样的地方，还是中心分管领导一趟趟跑来的。”负责后勤管理的王威说，“我们来的时候还是冬季，一切都是从零开始，高 89—樊 142 区块在建的 15 座注入站分布又特别零散，领导看到大家就着寒风吃饭，心里很不是滋味。他多方协调，终于联系到这处采油队旧址。我们自己动手修理以前食堂留下来的桌椅板凳和炊具，才有了现在的样子。”

他说，孤岛注汽项目部承担这个区块的后勤保障工作，刘相强师傅带着两名女工在这里架起炉灶，解决了近 70 人的一日三餐问题。由于项目部点多面广，人员流动大，经常出现员工订餐的时候在这个站，而到了送饭的时候，人已经在另一个站的情况，即便是饭菜送到了也都凉了。王威说：“前线的师傅们太辛苦，无论如何也得让大家都能吃上热乎饭。于是，我们想出一个笨办法，就是把项目部所有在岗的人员名单和联系方式制成表格，每送一份饭就在表格上打个钩，没打钩的就及时联系，保证人在哪儿，饭菜就送到哪儿。”

“就这样我们每天拉着保温箱挨个送，送一趟饭得用 2 个多小时，每天行驶里程超过 170 千米。”王威说，“这样虽然累点，但是师傅们都能吃上热乎饭，我们心里也踏实。”

中午的饭和送去的饭是一样的，土豆炖排骨、豆角炒肉、西红柿鸡蛋汤、米饭、馒头，吃多少打多少。

说实话，饭菜的品相真是一般，但排骨、土豆、豆角和各种佐料炖炒得很入味，吃起来像极了家里的味道。

我一边吃一边想，要是把这些现场照片发给霍叔看，他会作何感想？于是拿出手机把今天的图片给霍叔连续发过去几张。

不一会儿！屏幕上显示出一行字：“现在职工上班都坐办公室，全是自动化机械化，这个真好啊！就是吃饭居住的地方有点差，这都嘛年代了，条件还这么苦！”

我回他说：“这都是临时的，以后会好的。”

紧接着又来一句：“我年轻的时候也是这样！”

后缀着三个“拳头”的表情，让我肃然起敬！

四

“开局就是决战，起步就要冲刺。”

2022年2月1日，注汽技术服务中心CCUS工作专班成立，专班下设攻坚作战室，由总体规划组、技术研发组、信息自动化组、项目建设组、生产试运行组、QHSSE管理组这六大组组成，近30名成员涵盖中心所有部门负责人。

每一次会议都是在激烈的讨论中进行：每个项目千头万绪，牵扯到工程施工、地面建设、设备运输、安装检测、现场测试等各个环节，大到上百吨的撬装设备，小到一颗几毫米的螺丝钉，每个项点的对接，每个节点的协调，都必须找出问题存在的根源和解决办法。

攻坚作战室的准则只有一条：“发现问题，各个击破，责任到人，绝不过夜。”

专班伊始，事务繁杂，往往是一个问题刚解决，另一个新的问题又出现，“按下葫芦起来瓢”的事情比比皆是，因此会议常常开到很晚，目的就是为全力推进CCUS项目工程提速运行拿出最优方案。中心分管领导如是说：“会议下午七点半开始，持续到深夜12点是常事。即使会议结束了，无论是谁一旦有了新点子、新措施，我们依然在工作群里、电话中讨论交流。有的时候，拿着电话，发着信息，什么时候迷糊着的都不知道。”

中心领导在CCUS作战运行会上多次强调，工期要赶，现场安全、施工质量、防疫管理等至关重要。中心每天要安排专班人员盯在现场，开展日常督查，要每天对照项目建设运行计划表通报存在的问题，提出整改要求，并对上期问题整改情况进行反馈，实行闭环管理。

中心领导还说：“我们快马加鞭、大干快上的目的只有一个：牢记习近平总书记加大国内油气勘探开发力度的重要指示；牢记能源的饭碗必须端在我们自己手里的殷切嘱托，为全面落实‘十四五’目标任务，加快CCUS项目工作进度，为油田早日实现‘双碳’目标，再立新功、再创佳绩！”

2022年2月25日，一场寒流过后，东营气温骤降。

高89—樊142区块CCUS项目现场，却是一片热火朝天的繁忙景象，现场施工

24 小时昼夜不停。多座注入站保温、设备控制系统施工等同步进行。基础设施就位、设备吊装、站内流程安装及站外管线焊接、探伤、试压等施工在和时间赛跑，紧锣密鼓向前推进。

在施工站点的最显眼处悬挂着的“平稳、安全、高效、绿色、智能”红色横幅，就像一位指令官，无声地注视着这里的一切。

这天清晨，晨曦初露，中心有关领导们带领专班成员及技术骨干来到施工现场，他们围绕 15 座注入站建设中的生产管理、信息化建设、QHSE 管理等多个环节挂图作战，现场办公。从项目设计开始到设备流程的规范运行全程跟踪，同时把遇到的问题、困难及时提报，加快整改落实。

专班自成立至今，已经运行近三个月了。每天晚上七点半的运行会依然雷打不动、风雨无阻地召开，随着投产的进度延展，各类问题越来越集中，也越来越优化，而且大都集中在安全运行、督导站内充液、站外系统贯通、信息化建设等重点工作上。

中心领导说：“面对国家级首个 CCUS 百万吨项目，我们相当于在一张白纸上画蓝图，没有教科书可借鉴，没有成熟的经验可循，没有太多数据可参考。我们只能白手起家，摸石头过河，这就是一次新的创业。每个人身体上、心理上都承受着巨大的压力。我们就是凭着一张蓝图绘到底的创业精神，拼命也要蹚出一条血路，干他个史无前例，再苦再难，在所不惜！”

注汽技术服务中心二氧化碳项目部经理屈龙涛的手机里一直保存着这样一张照片，照片中一个白色大罐被一辆起重 100 吨的吊车凌空吊起，旁边几位施工人员拉着绳索。从照片的感光度上看，应该是一个天气晴朗的早晨。但是细看之后，发现田野周边的树叶都已零落殆尽。

屈龙涛说：“这是我们项目的第一座注入站吊装储液罐的情景，这张照片被《胜利日报》头版选用。我留着它，当个纪念，因为这次的施工，对于会战了一百多天的我们来说太重要了。”

说着，他打开电脑，登录胜利新闻，找出《胜利日报》电子版，一篇题为“加快百万吨级‘CCUS’项目建设”的配图文章出现在屏幕上。

让我们把时间回溯到 2021 年的 11 月 25 日，这一天是立冬后的第十八天。

“嘟……嘟……嘟……”一声声清脆的哨响，回荡在正理庄高89—樊142区块13号注入站的上空，穿着黄马甲的指挥员正面向吊车司机，不断用标准的手势和有节奏的哨声指挥着。

一个重达50吨、储液26吨的白色大罐，被承重上百吨的吊车吊起在已经安装好流程的基座上空，四条直径约一寸粗的钢缆，紧绷绷地拴在大罐的四个固定桩上。前后周围四名施工人员，在远处拽住缆绳，随着指挥员的哨声和手势，小心翼翼地上下松紧。经过近两小时的吊装，正理庄油田高89—樊142区块的第一座储液罐吊装就位。

在这篇报道的结尾处这样写道：该站是齐鲁石化—胜利油田百万吨CCUS项目建设启动后首座二氧化碳站。它的建成为推动我国首个百万吨级CCUS项目落实落地奠定了基础。年底将建成15个二氧化碳站，部署注气井73口、油井166口，日注能力3400吨。该项目建成后将成为国内最大CCUS全产业链示范基地，为国家推进CCUS规模化发展提供应用案例。

内容言简意赅，但是文中的每一段文字，每一个数字都意义重大！

屈龙涛感慨地说：“这是自投产启动以来的第一个储液罐，在这片方圆百千米的油区展现英姿。”

他说：“自7月5日百万吨级CCUS项目启动后，从规划方案到施工设计，从征地拆迁到平整场地，从施工建设到设备验收，我参与、经历和见证了CCUS项目建设的全过程。示范项目规划建设15个二氧化碳站注入站，光建设图纸就装满了8个大箱子。为了如期完成CCUS项目建设，我和项目部成员时时靠在现场，盯在工地，时时‘枕戈待旦，一触即发’，当我看到生产设备一一落地，有着太多的骄傲、自豪和感慨！”

安装储液罐仅仅是“娶媳妇进门”前的第一件大事，紧接着就是各种阀门、管线、仪表、加压设备，各种流程、安全信息化系统的安装，各种检验测试之后才能稳稳当当的“安家落户过日子”。与此同时，其他注入站的设备安装也已进入“迎亲纳新”攻坚阶段。

“歇人不歇马，歇马不卸鞍。”截至2021年12月28日，项目部已经完成6个注入站设备吊装施工，多个注入站已进入管线焊接阶段。

座座大罐平地起，殷殷嘱托记心怀。2022 年 1 月 28 日，油田分管领导、有关中国石化高级专家和注汽中心领导等一行来到百万吨 CCUS 项目的 13 号站，组织召开高 89—樊 142 区块二氧化碳驱油与封存示范工程现场推进会。

在 13 号站现场，中心对胜利油田百万吨级 CCUS 示范工程的油藏工程、地面工程和注入系统做了详细介绍，对目前项目建设进度做了汇报。

油田分管领导对 13 号站设备的工艺流程、储罐卸液安全规范、二氧化碳计量分配方式、气水交替阀组工艺进行了深入交流。

油田分管领导对在场的专家及技术人员强调，作为中国石化上游龙头企业，我们必须始终牢记习近平总书记的嘱托，坚持以全面绿色低碳转型为引领，以绿色能源低碳发展为关键，走好生态优先、绿色低碳的发展道路。

他说："实现碳达峰、碳中和是一场广泛而深刻的经济社会系统性变革。我们要聚焦安全绿色、低碳发展的目标任务，走在前、做表率。全力抓好百万吨级 CCUS 示范区建设，着重攻关'卡脖子'技术难题，加快制定完善二氧化碳标准化运行体系，积极开展建设、管理、技术等标准建设，为油田规模化利用二氧化碳提供参考，为打造高质量、高水平优质示范区，抓住先机，决胜高地。"

2022 年春节刚过，欢乐的氛围依然洋溢在各家各户热腾腾的饭桌上。然而，这种浓厚的节日气氛，丝毫不影响高 89—樊 142 区块的建设进度。

虎年添虎力，奋战正当时。高 89—樊 142 区块二氧化碳驱油与封存示范工程项目建设进入收尾冲刺阶段。中心成立领导工作小组，在中心、前线两地成立作战指挥室，制定项目运行表，一一落实，责任到人、不分昼夜，连续奋战。目标只有一个，齐心协力，争分夺秒，全力以赴，保障示范项目安全、顺利投产。

在前线 CCUS 作战指挥室，中心领导带领相关部门负责人、二氧化碳项目部 CCUS 专班人员与各项目建设单位就设备安装、施工进度、工程质量等问题展开激烈讨论，最后决定，按照"保安全、保质量、保工期、保环保、保项目、保投产"的总体部署，注汽技术服务中心吹响"大干三十天，打赢攻坚战"，誓保百万吨级 CCUS 示范工程投产劳动竞赛号角。

时不我待，只争朝夕。2 月 25 日凌晨 3 点，注气中心领导亲赴高 89—樊 142 区块 13 号注入站现场督导储罐流程吹扫、注入泵、控制系统调试、首次液态二氧化碳充装等试运环节。

百万吨 CCUS 示范工程投产建设自提速以来，二氧化碳项目部在中心统筹下，党员干部、生产骨干发扬创业时期的会战精神和拼搏精神，艰苦奋斗，攥指成拳，一项项难点逐个突破，一场场夜战轮番上演。

3 月 7 日傍晚，4 号注入站这边施工刚刚收尾，就接到指挥中心的工作指令。

“各站注意，发电机已经协调好，正在运送途中，各现场监护及调试完毕的抓紧到 7 号现场集合。”

“4 号现场设备调试一切顺利，正赶往 7 号现场。”

“好，请抓紧时间，厂家已在现场等候。”

18:50，二氧化碳项目部生产管理群的信息不停地滚动刷屏，奋战在各个现场的党员骨干不顾疲劳饥饿，立刻向 7 号站现场集结。王洪玉、李刚、曹健等 6 名党员迅速就位，这也是党员突击队奔赴的第二个调试现场。

由于施工进度不同，个别场站没有接电，为争取投产运行主动权，他们抓紧联系协调纯梁采油厂的管理区给予支援。19:35 接电成功，开始对设备自动化及驱动程序进行调试。调试过程，烦琐复杂，逐相对接，一丝不苟。经过两个多小时不间断的连续作业，21:50，终于来到试运环节。

22:00，对 7 号站设备进行流程吹扫，发现润滑系统循环不畅，立刻对润滑流程进行了检查并及时排除故障。23:45 分，调试成功。

0:10，7 号站注气设备模拟运行，发现电机风扇反转，立刻展开整修。

03:05，所有流程调试完毕。这时的他们已经连续工作 18 小时，其间谁要是饿了，就倒替着扒拉几口凉透的盒饭。

1 号站站长、党小组长李刚说：“我们站与站之间既是竞赛单元，又是战斗小组，每个成员既能单兵作战，又可随时组合，充分发挥灵活机动的作战方式，力争各个‘高地’逐个攻破。兄弟们没有一个叫苦喊累，没有一个临阵退缩。”

“聚是一团火，散是满天星。”就这样，高 89—樊 142 区块施工现场，昼夜不停、如火如荼地有序进行着。

常言道，计划赶不上变化快。谁承想，疫情来袭，事态严峻！

进入2020年3月上旬，当项目部各项工作正常运转了一段时间时，东营周边地区疫情卷土重来，CCUS项目所在区域管控升级，给项目部的正常运转带来极大的困难。无论是基础建设、设备运输，还是员工生活，都受到严重影响，以至于员工无法外出就餐、采购物品。

防疫抗疫，严防严控，是第一要务；施工建设，任务紧迫，却刻不容缓。二氧化碳项目部一边做好防疫部署，一边加紧施工进度。

骤然间，人员接替紧张、后勤补给紧张、设备运输紧张。生产设备、生活物资成为当时最需要解决的问题。注气中心紧急拿出应急预案，以“建设有序、协调有力、第一时间、服务到位”的宗旨，做好人员防疫和后勤保障工作。

他们第一时间为前线项目部配发酒精、口罩、消毒液等防疫物资；根据春天回暖与倒春寒交替的季节特点，精心配足清热解毒、日常肠胃药品等发往前线；最大程度保障好前线员工的生活起居，配备60床被褥和组合床，还有矿泉水、方便面、八宝粥、牛奶等食物，第一时间发往前线。就连热水壶、拖把、簸箕、纸杯、卫生纸等生活用品也一一配足。

紧要关头，时时突出的就是一个“紧”字。

3月11日8:10，二氧化碳项目部同时收到两条物资运送需求：一是疫情管控地区部分校验仪器需运回东营市内；二是防疫物资由市内运往疫情管控地区。

接到指令后，经理屈龙涛迅速与党支部书记孔庆华通话。

屈：“我这里有一批二氧化碳浓度检测仪需要送回校验，从高青区域能否顺利抵达东营项目部？”

孔：“没问题，我这里正好配备的急救包、测温枪、84消毒液等消杀物资，现在需要运往前线，正好同时交接。”

接到物资运送需求后，项目部迅速规划好交接路线、地点。孔庆华立即带队前往东营北高速路口，与驻守在疫情防控现场的东营市防疫部门、区防疫部门、交警大队等工作人员进行沟通协调，严格按照防疫流程进行物资交接。

10:50，高青现场的员工率先到达高速路口，进行二次消杀后，将检测仪等物品放置围栏外立刻驱车返回。项目部疫情防控工作人员对交接物品进行长达五分钟消杀后，取回物品。同时，需要运送到前线的物品按照同样的流程在人、车都没有接触的情况下，被围栏外员工取走返回高青。

自疫情形势严峻以来，这仅仅是他们“战疫”下的一个场景而已。

“疫情无情人有情，”为保证百万吨 CCUS 示范项目现场和重要生产区域各项工作安全高质量运行，二氧化碳项目部在疫情管控期间，严格遵守东营市及胜利油田疫情防控相关要求，做好人员及物资出入报备、审批流程。尤其是提前做好生产、生活及消杀物资运输路线规划。根据疫情防控政策和现场实际需求，择机进行集中配送，确保各项生产经营活动在安全、可控的环境下有序开展，最大限度保证干部员工的生活质量和身心健康。

疫情期间，油田、中心等为百万吨 CCUS 示范工程现场安全运输各类物资多达 20 余次。

五

2022 年初春的一天。

高青，二氧化碳项目部院内。此时，黎明前的暗夜正悄悄褪去。

此时，初春的清晨，冷寂孤寒。

此时，初春的晨阳，正在升起。

此时，屈龙涛在简陋的宿舍里已经洗漱完毕，他穿好工衣，推门而出，走进一间被当做临时食堂的房间中，开始为驻守项目兄弟们的饭菜做准备。

疫情期间，部分施工按下暂停键，但生活还要继续。屈龙涛坚持为大家做好一日三餐，每每等到大家吃完后，自己才坐下赶紧吃两口饭。在这期间，哪名员工肠胃不好，谁到点该吃降压药了，谁家里遇到难事了，屈龙涛都一一记挂在心，时时刻刻提醒大家并帮着协调解决，屈龙涛自己每天却只休息三四个小时。

因无法预估疫情持续时间，现场必须留人值守。身为“现场领头人”的屈龙涛又在思考如何保证好大家在疫情期间的饮食起居问题。为备不时之需，项目部已以最快的速度配备好了全新的锅碗瓢盆、瓜果蔬菜、消杀物资、日常药品。

随着疫情管控措施不断调整，屈龙涛也联系好了区域食堂，虽然条件简陋，但关键是能够保障人员集中就餐，连全员核酸检测的问题也得到了妥善解决。

“照顾好坚守在CCUS现场的兄弟们这本身就是我义不容辞的责任。”屈龙涛说，“我们二氧化碳项目部的所有党员、干部、员工全都来自东营、孤岛项目部。因为疫情原因，封闭管理，有的已经两个多月没有回家了，家里老小全都顾不上了……”

说到这里，他眼圈一红，声音哽咽，使劲清了清嗓子，接着说：“更让我感动的是，中心分管领导和我们吃住在一起，带领我们为百万吨级CCUS项目建设可谓倾心竭力，全然忘我，为我们项目部的所有党员、干部、员工做出了表率、树立了榜样、坚定了信心。”

群雁高飞头雁领，展翅翱翔往前冲。中心这位分管领导因为工作繁忙，我一直没有机会采访到他。关于他在施工期间、疫情期间、投产期间驻扎一线和员工们吃住在一起、奋战在一起的故事人人都会讲起。

疫情期间正是工程建设的攻坚阶段，中心这位分管领导代表专班，及时入住高青，现场指挥。他身先士卒，连续两个多月没有离开工区一步，即便是回中心汇报工作，也是分秒必争，急匆匆地来，急火火地走。时间宝贵，耽误不得。

自2021年7月5日项目启动会之后，他和项目部所有成员一起扎根现场，紧盯施工环节，严抓施工质量，确保各个环节运行高效、安全可控。从规划方案到施工设计，从征地拆迁到平整场地，从施工建设到设备验收，他和团队骨干成员参与、经历和见证了CCUS项目建设的全过程。

屈龙涛说：“新项目、新方案、新设备、新指标，加之现场多家单位协同施工，遇到的全都是新问题、新挑战。”

“为了更高效地解决现场实际问题，领导带领团队亲自协调施工方案，把关施工质量，确保每一道工序都平稳可靠。经过中心专班和项目部所有团队的不懈努力，为确保CCUS百万吨示范工程顺利建成投产，就是再苦再累也感到非常自豪，毕竟最大的难关我们闯过来了。”

当我问到“目前试运行取得了阶段性成功，你有何感想时？”屈龙涛一时间陷入了沉思，他神情庄重地说：“那段时间我们一直在和时间赛跑，现场施工24小时昼夜不停，多座注入站保温、设备控制系统施工等同步进行，必须按计划分批次进入试运行阶段，我和战友们恨不能长有三头六臂。”

他说："我们所干的、所做的是油田开发史上，史无前例的朝阳事业，虽然条件艰苦，环境恶劣，但是比起 60 年前吃糠咽菜、爬冰卧雪、艰苦创业的老石油们不知好了多少倍。我和我的战友们深知这份事业使命光荣，责任重大，再苦再累，值了！"

赵铁军，35 岁，任二氧化碳项目部副经理。

他精壮干练、目光如炬、思维睿智，稳健的神情既符合他的名字又贴合他的性格。他目前被抽调到的 CCUS 油田项目组，从事相关技术管理及科技攻关工作。

采访时，他腼腆地说："我还是新兵，我在这些老专家、老前辈们身上学到的本领太多太多了。他们不仅心怀一腔报国情怀，更有丰富的实战经验。我非常感谢组织的认可和信任，也非常幸运地赶上创新创业的好时机。"

我说："请你先谈谈你的专业和工作经历吧。"

说到他的专业，赵铁军的眼神里投射出一束夺目的光芒。

他说："我刚接触到 CCUS，还是在起步阶段，现场遇到很多难题，也没有相匹配的管理体系来指导项目科学高效的安全运行，怎么办？不会就得学、就得钻。近十年的时间里，我全身心投入 CCUS 这门学科中，每天基本上就是在查阅、对照、总结一篇篇中外文献中度过，和勘探开发研究院的专家们一起运用'桌演 + 实操'等形式，一点点建模，一点点优化。"

我问道："这期间遇到过什么比较突出的问题？怎么解决的？"

赵铁军说："在先导试验过程中，最突出的问题就是注气井组气窜、注气设备利用率低等难题。我们从油藏方案入手，系统研究地下、井筒、地面特点，寻求解决问题的对策。通过上千次对比分析及现场验证，我创新地提出了注气井间歇交替注入，对应采出井间开停等精细注采调配方式，有效减缓了井组气窜，提高了注气设备利用率，实现井组产量稳步上升。"

赵铁军，江苏泰兴人，2010 年毕业于成都理工大学石油工程专业。虽说工作时间不长不短，但是仅仅在十多年的工作履历中，他却是与二氧化碳打交道时间最长的年轻人，堪称"小元老"级别。

刚参加工作时，他第一次跟师父巡井路过二氧化碳注入站时，看着高耸的储罐和"冒白烟"的注入泵，他就问师父：这里是干嘛的？师父告诉他说，这是胜利油田第一个 CCUS 项目高 -89-1 井二氧化碳驱先导试验项目，这些装备是为了将液态二氧化碳注入地下，达到驱油和碳减排目的。

出于好奇，他系统查阅了 CCUS 相关资料，原来是一种把工业生产中产生的二氧化碳捕集起来，进行驱油、封存的一项新技术，不仅可以实现碳减排，还能提高石油采收率，对油田未来的开发和实现降碳目标来说大有可为。

从这以后，CCUS 的种子便在他的心中生根发芽，也为他日后加入 CCUS 项目埋下了伏笔。

2018 年 9 月专业化重组，赵铁军由纯梁采油厂调入注汽技术服务中心二氧化碳项目部专门从事二氧化碳相关技术研究工作，了却他的夙愿。

彼时的二氧化碳驱油在国内仍处于先导试验阶段，他先后被派往长庆、吉林、中原等多个油田应用现场调研学习。尤其在二氧化碳高压计量方面，他和团队一起用半年左右的时间，在现场测取了上万组数据，运用国内比较成熟的体积计量技术，通过用二氧化碳的密度换算质量的方法，实现了二氧化碳的精确计量。通过现场试验，他成功地把当时国际通用的最高到 25 兆帕的二氧化碳密度图版延伸到了 40 兆帕，再将密度图版集成到通用体积流量计中，实现了不同相态下二氧化碳的精确质量计量。

在突破计量技术的基础上，他们又创新研发了低温高效密闭注入装备，攻关突破管输、储存、注入、防腐等 CCUS 应用核心技术，解决零排放、低温计量、分压分注等问题，形成了具有完全自主知识产权的关键技术体系，目前正在申报国内首台套系列装备的国家专利。

他说："2021 年 7 月 5 日，中国石化开启我国首个百万吨级 CCUS 项目建设，作为项目的参与者，我感觉使命在肩、责任重大。10 月 21 日，是我终生难忘的日子，习近平总书记在莱 113 二氧化碳注入现场视察时，对我们自主研发的注入装备给予了充分肯定，使我深受鼓舞、备感自豪，每每回忆起来，都激动不已。"

成功，永远留给有准备的人。

无疑，赵铁军挑战自我、坚持不懈的努力就是成功的伏笔！

上文中提到连续加班 18 个小时的李刚，是二氧化碳项目部 1 号站站长兼党小组组长。

他的名字是4月22日我在油田CCUS项目组采访时，项目组组长提到的。

组长说李刚很能干，在高青一直坚守五十多天，他的家庭还被评委“山东省最美家庭”荣誉称号。

岂不知，就在4月23日，李刚荣立的二等功证书刚刚拿到手。

见到李刚已经是一个月后的5月25日的下午。

今年46岁的李刚，身材高大，体格健壮，单从面相上看，要比实际年龄苍老一些，也没有我想象的那么健谈。坐在对面接受采访时，他神态略显疲惫，老半天没有几句话。

我说：“李师傅别不好意思，您把在高青的工作情况谈谈就行。”

他说：“真是没有啥好谈的，我就是和兄弟们一天到晚地干活，啥活都干。最近就是把投产以后的各项工作理顺摸清，然后就是值班、检修、巡检，在高青、莱113两地来回跑，一天到晚闲不着。”

我说：“这么着吧，你最近不是获得‘山东省文明家庭’了吗？先从你爱人、女儿讲起吧。”

他说：“这一晃又是快一个月没见着她们了，昨天晚上女儿还跟我视频说，她马上要高考了，问我能不能提前回来陪她？”

我问道：“你怎么答应孩子的？”

他说：“这是孩子的大事，我无论如何也要陪她到高考结束。”他一边说着一边拿出手机给我看了几张他爱人和女儿自拍的照片。

照片上，母女俩都戴着眼镜。妻子端庄秀丽，娴静淑雅，浅浅笑意中，用温柔体贴的眼神看着李刚；女儿长得聪慧俊俏，秀眉大眼，白净的脸庞充满了书卷气，一看就是个乖巧懂事的好孩子。

看着屏幕上母女俩相依微笑的照片，李刚的神情立刻显得温暖、生动起来，紧绷的表情渐渐有了笑模样。

他说，妻子叫吕峰，党员，现工作在孤岛注汽项目部经营管理室；女儿叫李泽坤，18岁，胜利一中高三学生，今年参加全国高考，2021年曾荣获“山东省优秀学生”的荣誉称号。

这时候的李刚，慢慢打开了话匣子。

他说："去年十月份习近平总书记到龙悦湖景区莱 113 区块视察以前，我一直在那里干，从地面建设开始干起，到最后一颗螺丝拧紧，我都在那里。后来我才知道习近平总书记到我工作过的地方去视察了，心里特别高兴。"

"女儿了解到我目前从事的是关于 CCUS 的工作后，她就把自己的高考方向定为与环保、环境相关的专业。女儿说，她的目标是中国科学技术大学，我对她的志向非常支持。我对女儿说，现在的关键是要稳定心神，争取考出好成绩。"

对李刚的采访，大概进行了一小时左右。其间，我几乎没有打断他的讲述，他的神态已经完全沉浸在对女儿、对妻子、对家庭的无限爱恋之中。

从他的讲述中我深深地感受到，这个 46 岁的中年汉子，对工作、对家人、对同事饱含着深沉而又真挚的爱。这种爱，犹如涓涓溪流汇入大海，变得深远辽阔又蕴满深情。

李刚在 2021 年 11 月初，百万吨级 CCUS 示范工程建设启动后，就来到了高 89—樊 142 区块。尤其是疫情期间，李刚在现场连续坚守 56 天没回过家。

一直以来，李刚除了要完成好 CCUS 项目现场的工作，还要负责莱 113 现场的迎检参观和盐 229 现场的生产运行。在莱 113 现场，他通过使用变频电机、绿电照明、免水冲环保厕所及垃圾分类等方式，有效解决了油区生产与城市建设、环境保护之间的矛盾，莱 113 区块现场也成为龙悦湖风景区一处亮丽的风景线。

百万吨级 CCUS 示范工程初建时期，也是李刚最忙碌的时候，他要么是在这个现场监督施工，要么就是在去另一个现场的路上，几乎每天都是满负荷运行。当时，他负责 4 个站的运行工作，不仅要领着新到岗的员工做好业务培训，还要及时做好疫情防控、设备运行、现场巡护、施工协调等工作。

自 4 月 4 日 CCUS 项目投产稳定后，李刚负责 3 个注入站的生产运行，每个站平均每天卸液量达 8 车次，一天下来就得站 10 多个小时。作为站长、党小组组长，为了保证每口注入井高效安全的运行，他把在工作中积累的生产经验毫无保留地分享给大家。用他的话说就是，让大家尽快上手，早一天学会操作，就能早一天投入工作。

妻子吕峰深深理解丈夫的脾气秉性，在家里主动承担起侍奉老人、陪伴女儿上学的任务。家里家外，事无巨细，从不抱怨，默默扛起。即便是有点大事小情，她也从来不打扰丈夫，因为她太理解丈夫的工作了，责任重大，无法分神。

李刚一家还把“绿色低碳”理念融入家庭生活。

短距离出行时，李刚家人优选步行、骑行、通勤出行。妻子惜物善用，对闲置物品从不浪费，坚持回收利用。受父母的影响，上高中的女儿不仅品学兼优，还经常带动身边的同学开展光盘行动，少吃外卖，放假回家选择公共交通等绿色简约的生活方式。女儿在家中也是一个节约小能手，学习上从不浪费笔墨纸张，生活中总是把洗衣、洗碗用过的水收集起来，再进行二次利用。由于女儿在学习生活中的优秀表现，她荣获了 2021 年度“山东省优秀学生”的光荣称号。

这个称号，让李刚无比骄傲自豪，在工作中浑身充满了力量。他说：“为了妻子和女儿的荣耀，我更要把各项工作干到最好，做到最优！”

即便是李刚在 CCUS 项目现场连续坚守数十天的日子里，妻子吕峰也全力支持从不抱怨。她在获得“山东省最美家庭”的采访中说：“我照顾好双方父母的衣食住行、看病就医，照顾好女儿的学习和健康，就是对李刚的最大支持，让李刚能够安心在 CCUS 项目干好工作，他的荣耀也有我和女儿的一份，我觉得挺骄傲的。”

人生之美，大美无言，大爱无疆。

简单质朴的话语，透射出纯朴善良的人性之美，让人心生感动。

这就是李刚以及他的爱人和女儿，一家“三奖”实至名归。

六

为全面落实好中国石化关于尽快建成国内首个百万吨级 CCUS 示范工程的部署和油田 CCUS 示范工程项目建设要求，2022 年初，注汽技术服务中心成立了由中心主要领导担任组长的领导小组，下设 6 个专业小组与油田 CCUS 项目的 5 个工作组形成上下联动，协调共进的运行机制。

为保障示范工程如期投产，中心建立由集团公司专家、油田高级专家、中心专家组成的专家团队，并抽调中心机关、基层 24 名管理、技术、运行骨干组建攻坚作战室。

作战室分别设在中心机关和滨博管理区，实行挂图作战、24 小时运行机制，定期召开例会，明确责任人、工作职责、时间节点，确保 CCUS 示范工程“安全、平稳、高效、绿色、智能”运行。

作战室制定出二氧化碳驱油与封存方案——含油面积 48 平方千米，动用储量 2562 万吨，注气井 73 口，油井 166 口。根据油藏方案，共部署注入站 15 座。

按照部署，齐鲁石化二氧化碳捕集和胜利油田百万吨 CCUS 项目投产运行的时间节点，聚焦在 2022 年的 4 月 4 日这一天。

时不我待，中心上下凝心聚力，协同作战，在确保安全和质量的前提下加快各环节施工进度。现场作业打破常规，昼夜施工，在高 89—樊 142 施工现场，上演了注汽版的“速度与激情”。

镜头一，投产准备：

2022 年 3 月 25 日，CCUS 项目逐步开始复工，按照 4 月 3 日齐鲁石化正式到液运行部署，中心成立由经理任投产任务总指挥、两名副经理任副总指挥的投产运行小组，下设中心、现场两级生产运行指挥部及 6 个专业保障小组，任务分解，责任到人。

截至 4 月 1 日，中心在高 89—樊 142 区块已建成注入站 14 座，单井注入管线铺设完成 63 条。受注入井作业、管件更换及方案调整等因素影响，达到注入条件的注气井有 45 口，分布在 11 个注入站。

4 月 2 日中心召开投产运行启动会，成立中心指挥组和现场行动组，全面组织投产运行。中心指挥组由中心经理任总指挥，两名副经理任副总指挥，下设执行长、运行指挥注气中心、高青现场，包括外部协调组、运行调度组、生产组、设备组、安全组、信息组、建设组、后勤防疫组等，一直下沉到班站——注入井。

镜头二，投产准备：

生产准备方面，落实注入方案、拉液保供、调度系统、报表资料、物资保障、车辆协调、启停运确认、生产应急。

设备投运方面，对 6 项现场操作制定标准化操作规程。

信息建设方面，落实 PCS（过程控制系统）部署、视频监控、云资源服务器、生产指挥调度系统权限，完成数据采集与控制系统单站版、指挥中心版、PCS 操作手册编制及线上培训。

安全保障方面，编制现场应急处置卡及 CCUS 项目注入运行 QHSE 确认单、手指口述、计量器具比对记录表、危险废物管理台账、隐患排查清单及风险管控清单，完成二氧化碳警示标识、内容及尺寸设计。

后勤防疫方面，办理现场人员通行证，落实后勤保障等生产、生活物资。

投产安排方面，由齐鲁石化、运输分公司、开发单位、地方政府等七方构成，完成供液对接、车辆运输、注入井、受效井、防疫报备、应急演练等二十多项内容的工作任务，细化到边、责任到人。

凡事预则立，不预则废。由此形成一张从上到下，紧密交织，相互关联的决战大网，可谓密不透风，攻防兼备。

为强化前线指挥力量，注汽技术服务中心由分管领导带领一支包括多名高级专家在内的 13 人指挥团队在高青长期驻扎，根据业务开展需要随时从中心抽调专业人员提供支持。

从项目立项起，中心就明确了一个最高目标：不仅要把项目干成，还要干好，要建设成为高质量、高标准、高成效的全国示范工程。

中心按照投产方案，对操作规程、现场安全确认单等程序开展人员培训、安全教育、手指口述、情景式应急推演，逐级逐台对设备进行启运前确认，发现问题，连夜整改，确保所有设备、所有人员均达到投运条件。

万事皆备，大战在即。所有人都在紧张、兴奋的期待中度过一分一秒……

4 月 4 日上午，油田中心有关领导入驻中心作战室指挥投产。

15:04，第一辆编号为 G8703 的液态二氧化碳运输车，车头身披绸缎红花，下方横挂一条写着“庆祝首车二氧化碳顺利出厂”的红色横幅，缓缓驶入 13 号注入站现场。注汽技术服务中心、二氧化碳项目部、孤岛注汽项目部相关负责人在门口列队鼓掌欢迎，押运员向中心分管领导送上 CCUS 生产运输交接及施工确认单、过磅单、行车路单。在确认单据内容并对照罐车铅封编号后，领导用专用钳子剪开了 00001 号铅封，由此拉开了投产序幕。

20:10，油田项目组组长走到指挥大屏前，向高 89—樊 142 区块发出指令：“各项目小组请准备！”

——“前线小组准备完毕！”

“各注入站请准备！”

——“注入站准备完毕！”

“中国石化胜利油田百万吨级 CCUS 项目——投产启动！”

指挥中心发出的第一条投运指令，犹如一道激光，刺破夜空，直达“高地”——这道划时代的光束，必将载入胜利史册，胜利油田勘探开发和绿色低碳发展史上一个崭新的纪元开始了。

20:20，随着指令发出，1 号注入站第一罐二氧化碳气液随泵机轰鸣迅速注入地下。这一刻指挥中心的领导成员、现场的监控人员、大屏前的操作人员，没有欢呼雀跃，没有鲜花和掌声……伴随着的只有泵机的轰鸣声和彼此心领神会的眼神与手势。

历经 200 多个风霜雪雨的日日夜夜，100 多名将士不眠不休，砥砺拼搏、艰苦鏖战。此刻，他们把所经历过的波涛汹涌都化为一潭深湖——更加沉着冷静。

4 月 4 日这一晚，注气指挥中心灯火通明，注定又是一个不眠之夜！

远隔百千米之外的高 89—樊 142 区块，现场人员上百次重复口令、检测、巡查，大屏幕上跑动的人影和小屏幕上滚动的数据繁忙地转场交替……

自 4 日 20:00 至次日 2:30 依次启运 1#、3#、8#、13# 座注入站，启运的成功极大地鼓舞了前线将士的士气。

将士抖雄威，兵马战犹酣。投运工作迅速进入快节奏。

4 月 5 日 2:50 依次启运 1#、13# 座注入站 5 口井，同时新投 8# 站。

2:50，13# 站第 4 口注入井 F128-22 试注。

2:50，13# 站第 5 口注入井 F128-25 试注。

3:10，13# 站第 6 口注入井 F128-19 试注。

3:10，13# 站第 7 口注入井 F128X28 试注。

13:00，01# 站第 3 口注入井 G946X4 试注。

17:30，08# 站第 1 口注入井 F142-5-X1 试注。

17:30，08# 站第 2 口注入井 F142-11 试注。

4 月 7 日，在指挥中心两张乒乓球桌拼成的会议室里，中心、二氧化碳项目部、孤岛项目部、承包商齐聚一堂，会议从 20:30 一直开到了 1:40。会议的主题就是整合资源，集中力量，打破常规，纵横联合，明确分工，压实责任，计日程功，把思路从“完成工作”转变到“决战高地”打胜仗上来。

注气中心各部室骨干在专家的带领下，每时每刻在各个注入站之间展开不间断巡查。二氧化碳项目部开展搬家式输出，所有组室，全员上岗。孤岛项目部启动人员保障预案，根据施工进度，集中组织上岗培训，分批次抵达岗位，为投产运行提供了充足的人力保障。

4月19日3:00，随着5号站F143/10井投注，中心克服重重困难顺利完成11座注入站的投产。

截至4月24日，具备投运条件的11座注入站45口井，已投39口井，日配注1510吨，确保了在允许最大注入量1352吨情况下，日注达到1270吨。

撰写此文时未投产28条线，4月27日计划完成12号、14号两座注入站投产，新增投产注入井6口，日注能力增加280吨，4月底可达1500吨注入能力。

采访时，我在二氧化碳项目部看到这样一组数据，经过投产运行期间的调试整改，共处理设备设施问题700余项，整改安全质量问题100余项，运送前线物资生活保障40车次，解决工农关系20余次……

自2021年7月5日项目启动，到今天的投产运行，整整十个月的时间，创下了施工速度最快、工程质量最优、创新成果最多、技术力量最强、智能化程度最高的投产纪录。

在油田党委的坚强领导下，油田、中心CCUS项目组靠前指挥，二氧化碳、孤岛两个项目部并肩作战，经过近30天的会战、100余人次参与，达到了油田党委“安全、平稳、高效、绿色、智能”的所有要求，取得了阶段性成功。

宏伟蓝图已绘就，砥砺奋进正当时。

2022年4月28日，油田分管领导再次来到注汽技术服务中心CCUS项目作战室，现场指导调研。“要提高政治站位，高质量完成CCUS百万吨示范区生产任务。”这是他一进门说的第一句话。

会上，中心经理对CCUS作战室运行、工程建设进度及注入站投产等情况进行了详细汇报。分管副经理就高青CCUS项目指挥中心的运行监控岗值班情况、员工操作演示、岗位职责分工及项目部独立运行状况进行了汇报。

油田领导鼓励大家积极转变工作方式，适应新岗位工作的技术要求，发挥技术装备优势，为中心高质量发展积累经验，并对成功投产表示了充分的肯定。

航向指引，任重道远！唯有信心百倍，披肝沥胆！

七

“没有比脚更长的路，没有比人更高的山。”

这是20世纪90年代风靡全国的诗人汪国真的诗歌《山高路远》中的诗句。

我在着手写这篇关于CCUS项目的报告文学时，尤其是在采访中的过程中，脑海里时不时就会闪现出的诗句。

自今年4月初接到油田文联的通知开始采访创作至今，前前后后共采访油田各级单位5家，采访了油田和二三级领导、集团公司专家、油田专家、博士后研究员、科研人员直至一线操作员工等60余人。

他们无一例外地都心怀科技报国之心和闯关夺隘、占领高地之志，无一不是把自己的才学智慧、青春年华奉献给了胜利这片热土。

再高的山、再长的路，只要锲而不舍，砥砺奋进，就有达到目标的那一天。

用油田CCUS项目带头人的话来说就是：“我在注气行业干过很多年，我们研究过氢气、氮气、氦气、天然气、二氧化碳气等各种气体。研究发现只有二氧化碳处于超临界状态时，可以溶于原油改变它的相态，进而把原油驱替出来，这是历经半个世纪、上千万次的理论研究和实践得来的结果。”

他说：“创业艰难百战多。身为一名科技工作者，尤其是在创业时期，更要学习这些‘气’的精神，科学研究要有气魄，为人做事要有气节，干事创业要有气势，更要为自己深爱的国家、深爱的事业、深爱的领域争口气。”这番话可谓豪气干云、气贯长虹，这也非常符合他的性格气质。

这番话，不正是那些日夜奋战在科技战线上的每一名科研工作者和每一个爱岗敬业、扎根一线的胜利人身上要有的，也是应有的气质吗？

在我的采访中，我就见到了这样的人。

有一心扑在CCUS研究事业的油田高级专家吕广忠；学识渊博、热情敦厚的勘探开发研究院首席专家、气驱室主任张传宝；气驱室油藏专家、数模专家大王杰、小王杰、盛强等；敲打了一辈子铁管，制作模拟页岩岩心的王君智；心直口快的老专家段兴明；风趣幽默，一心要在化学泡沫驱做出一番事业的博士后郑文龙；研究二氧化碳24年，看着油田二氧化碳相关技术从实验室一步步走向成熟的油藏专家李雪松；一年内血压多次飙升，头发白了三分之二、掉了三分之一的院首席专家蒋龙；攻关新技术，为页岩油奠定基础的张强；加班常态化，难顾家的程紫燕；等等。还有许许多多奋战在油田各条战线的技术人员，以及坚守在生产一线的千千万万名普通员工。

他们就是这样的人，他们就在我们身边。

从他们身上，我看到的就是这种一腔热血、矢志报国的志气；愈挫愈勇、永不言败的骨气；顽强拼搏、敢于担当的勇气；刻苦钻研、真才实干的底气；默默无闻、甘于奉献的豪气……

人生无畏，凛然坦荡！因为他们都有一个共同的愿望，那就是担起历史赋予的责任和使命，为保障国家能源安全，端牢能源的饭碗，全力建设好百万吨级CCUS项目，为实现胜利油田“双碳”目标和未来“绿色发展”而奋勇向前！

“物有甘苦，尝之者识；道有夷险，履之者知。”纵览历史风云，实践证明做任何事都必须要有金石可镂的钻研精神、踏石留印的实干精神和“板凳要坐十年冷”的坚持，甚至是不断失败、跌倒了再爬起的不屈精神，才能探求到事物本质真相。

“不畏艰难千万重，坎坷大道变坦途。”胜利油田六十年的开发历程，每前进一步，都是由无数人不断尝试、不断探索、不断求新求变的结果；正是由无数人不断在一次次的探索中成长，不断在一次次的磨难中奋起的结果。

每一次的成长和奋起，都是胜利价值观的一次凝练和升华。

高地已筑堡垒，又见红旗遍地。

2022年5月11日，胜利油田出台《胜利油田碳达峰、碳中和行动方案》，从节能、新能源、CCUS、碳汇林四条脱碳路径，探索出一条化石能源与新能源并举、降碳与碳利用并重、污染防治与生态保护并行的能源企业转型发展之路。

方案明确指出，CCUS技术是实现大规模碳减排的关键技术之一，全力打造CCUS全链条示范基地和标杆工程，形成系统完备的脱碳产业，争当黄河流域生态保护和高质量发展绿色标杆企业。根据规划，到“十四五”末，CCUS产业链初步建成，百万吨 CCUS 示范项目成功打造，绿色标杆产业建设全面完成。到 2035 年左右，清洁能源成为油田主要能耗来源，化石能源实现清洁高效利用，清洁低碳安全高效的能源体系基本建成。

在端午节这天，我的采访联系人——注汽中心党群工作部杨玲给我发来一条新闻链接，我赶忙打开链接，是由中心通讯员刘彤撰写的一篇关于《二氧化碳项目部在牛页 1-3HF 井压裂前置作业》的新闻报道：

6 月 3 日上午 9:25，在牛页 1-3HF 井现场，二氧化碳项目部该现场负责人曹健通过对讲机发出指令："现场准备就绪，请二氧化碳罐车组驶入牛页 1-3HF 井现场。"随后，在距离现场 5 千米外的 12 辆载满液态二氧化碳的罐车驶入牛页 1-3HF 井现场。10:15，12 辆罐车就位完毕，在逐一完成磅单核对、铅封检查、安排卸车次序等操作后，卸液工作正式开始。

二氧化碳压裂前置，是以液态二氧化碳作为压裂前置液，与其他水基压裂液组合进行的压裂。这项前置二氧化碳注入技术可增加地层能量，扩大改造范围，延长压裂有效期和改善储层动用程度，提高单井产量。

目前牛页 1-3HF 井日注二氧化碳 300 余吨。

端午傍晚，天光微暗。

我拿着新鲜出炉的一锅粽子，还有这份《决胜高地》的初稿，蹬、蹬、蹬下楼，敲开了霍叔的家门。

在《新闻联播》之前，我辞谢霍叔，出门下楼。

此时，已是华灯初上，夜色斑斓。

此时，夜风拂衣，树影摇曳，无上清凉。

散步的人们走在小区公园石子路上的脚步声和虫蠓低鸣声，声声相和，起伏错落。我同样和着脚步声和虫鸣声走着、想着、看着、望着……

仰望星空，无尽的苍穹之上繁星点点，晦明有致，各耀其光。

天籁之声、天籁之光，在这天地之间，高下相倾，音声相和，如影随形。

此刻，遂想起，在高青那片土地上，坚守了 67 天的王洪玉、范少伟师徒，是不是在端午节能回一趟家？疫情期间 22 天没有回家的张晶，此时是在滨州市滨城区的家里，还是在樊159井的注气现场？

两次补拍婚纱照，两次推迟婚期，二氧化碳技术管理室责任师，28岁的王玉康和未婚妻陈楠，终于在2022年5月26日步入神圣的婚礼殿堂。

临近高考，远在高青的李刚是否已经回到家中，和爱人一起陪伴女儿，深耕夜读，冲刺她的人生“高地”？

还有，在那片“高地”来回穿梭、忙前跑后的通讯员崔玉娟，她是不是刚刚写完一篇满意的、新鲜出炉的新闻稿件正在上传？

登上公园最高处，看向东南。

我仿佛看到了离我百里之遥的高青之地——正理庄油田高89—樊142油区，那片彻夜不息的灯火，在那片“高地”之上，熠熠生辉，光芒万丈！

我还看到，很多、很多……

如他们一样的兄弟姐妹们，在荒原之塬，大海之上、大漠之边、高原之巅，在这同一夜色下，他们，正站在一处处胜利的“高地”之上——仰望星空，繁星璀璨！

英才之路

——胜利油田新时代人才战略报告

黄　丽

黄河入海口，在晨曦中醒来。

东营，这座年轻的石油城沐浴在曙光里。

新时代，一切都是新的。

胜利油田，又迎来新的一天。

新战略

人才蔚起，国运方兴。济济多士，乃成大业。

大事记一：2012 年 11 月，中国共产党第十八次全国代表大会在北京胜利召开，开启了中国特色社会主义的新时代。“新时代”的伟大内涵是：在党的正确引领下，我国经济发展站到了新的历史起点，做出了未来 30 年现代化建设的战略安排。

国家发展靠人才，民族振兴靠人才，中国要想实现奋斗目标，必须树立人才发展的新理念。

大事记二：2021 年 9 月，中央人才工作会议在北京召开，习近平总书记发表重要讲话，全面擘画了新时代人才工作蓝图，明确提出“深入实施新时代人才强国战略”。

“加快建设世界重要人才中心和创新高地。”这是习近平总书记对加快建设人才强国做出的顶层设计和战略谋划。

大事记三：2021 年 10 月 21 日，习近平总书记来到胜利油田考察调研。在勘探开发研究院，科研人员向习近平总书记介绍了正在重点攻关的页岩油勘探开发项目以及二氧化碳捕集、利用与封存等关键技术。

60 年前，石油前辈们发现了位于黄河入海口的胜利油田，石油大会战在渤海之滨展开。60 年后，胜利油田累计探明石油地质储量 55.87 亿吨，生产原油超 12.7 亿吨，取得科技成果 7900 多项，国家级科技奖励 120 余项，国家发明专利 5300 余件。从激情燃烧的战天斗地到与时俱进的科技创新，胜利油田的转型跨越发展离不开人才的强大支撑。

新时代，人才的合力尤为重要。在时代的齿轮上转动，每个人都是其中的一个齿，只有彼此咬紧才能爆发破旧迎新的创造力。

人才是衡量一个国家、一个企业综合实力的重要指标。

十八大以来，党中央提出了一系列新理念、新战略、新举措，习近平总书记在中央人才工作会议重要讲话中精辟概括为“八个坚持”：坚持党对人才工作的全面领导，坚持人才引领发展的战略地位，坚持面向世界科技前沿、面向经济主战场、面向国家重大需求、面向人民生命健康，坚持全方位培养用好人才，坚持深化人才发展体制机制改革，坚持聚天下英才而用之，坚持营造识才爱才敬才用才的环境，坚持弘扬科学家精神。这“八个坚持”，是做好新时代人才工作的科学指南和强大动力。

十八大以来，胜利油田认真贯彻落实党中央和中国石化集团公司党组要求，继往开来，牢固树立“人才是第一资源”的理念，把创新驱动作为油田发展的重要战略，聚焦油田改革发展大局，大力实施人才强企工程，深化人才发展体制机制改革，有效激发了广大科技人才创新创造创效活力，先后被评为国资委首批“深化人才发展体制机制改革示范企业”“国家技能人才培育突出贡献奖单位”和山东省“人才工作先进单位”——这是一份令人瞩目的成绩单。

十八大以来，从队伍建设到科研实力，胜利油田打造人才高地的成就斐然。据人力资源部（党委组织部）统计，胜利油田拥有专业技术人才 3.5 万人，含省部级专家

157 人；有国家级研发中心 1 个，省部级重点实验室 12 个，中国石化优秀创新团队 10 个——这是一支非常可观的人才队伍。

人才是“源动力”，培养人才是国企发展的长久之计。

油田主要领导指出：“人才是最富价值、最具潜力、最可持续的战略资源，加强人才队伍建设，是油田推动高质量发展、建设领先企业、打造百年胜利的重要基础，是油田在打造技术先导型企业中走在前做表率的根本举措。”

新时代，胜利油田的人才战略应新在何处？各专业人才该如何肩负新使命、担当新作为、谱写新篇章？未来，胜利油田又将如何走上新征程？

在胜利油田砥砺奋进的新阶段，这是一份必须答好的新问卷。胜利油田人力资源部（党委组织部）分管副部长的体会是，党的十八大以来，胜利油田的人才战略“服务中心工作、融入中心工作”的大局意识越来越强。

十年之计，莫如树木；终身之计，莫如树人。有此一喻：人才就像种子，而我们就像农民伯伯，千方百计想把种子培养成大树！

新时代，胜利油田在“筑巢引凤”的同时，加强了骨干人才的“精准培养、精种精收”，依托国家重大专项、中国石化“十条龙”等重点项目深化团队育才，将优秀科技人才吸纳进项目团队，共同承担研究课题，在创新攻关实践中提升素质能力。

新时代，胜利油田着眼基业长青和人才成长规律，扎实做好人才梯队建设工作，强化平台搭建，强化分段式、接力式、递进式等精准滴灌和全专业链培养，强化思想淬炼、实践锻炼、专业训练，抓好内部挂职锻炼、轮岗交流、急难险重任务磨炼，常态化联系基层等形式，多措并举提升专业素养和解决实际问题的能力，储备了一大批理论扎实、工作踏实、作风朴实的青年人才。

新时代，为了营造良好生态，胜利油田深化了科技人才成长通道建设，在科技创新急需、创效潜力大的领域加大了高层次专家选聘力度；完善了人才业绩考核体系，加大了科研一线优秀青年人才职称评审支持力度；优化了人才发展环境，推进党委联系专家工作，配套“菜单式”福利制度，重要人才重点激励、优秀人才优先激励。

新时代，胜利油田抓住发展第一要务、广聚人才第一资源、激发创新第一动力，全方位畅通人才成长渠道，努力搭建干事创业平台，充分构建体现创新价值的收益分配机制，让石油事业激励科技人才，让科技人才成就石油事业。

新时代，走过六十年峥嵘岁月的胜利油田在承载历史新使命、履行大企新担当中做出新表率，广纳英才、广开新路，成为一方选贤任能、立德树人的良田沃土。

新起点

立足新时代，胜利油田在寻找“种子”。站在新起点，人才也在寻找“沃土”。

2013 年，秦宁从中国石油大学博士毕业，她的选择空间很大：可以留校，也可以去国内外研究机构。到底去哪儿呢？走出校门寻找人生新起点的秦宁陷入思索。

习近平总书记曾谆谆教导青年人：要不怕困难，勇于到条件艰苦的基层、国家建设的一线、项目攻关的前沿，经受锻炼，增长才干。

习近平总书记的话入耳入心。鸟择良木而栖，心高志远的秦宁最终选择到胜利油田闯出一片天地。在她看来，胜利油田正是生产一线，有着全世界最复杂的地质类型，是最有可能诞生新技术、推动油气进步的地方。

理想很丰满，现实很骨感。入职后，秦宁发现，她从事的地震资料处理工作与校园里的科学研究区别很大，十多年钻研的理论知识一下子仿若成了摆设。看到同事们在忙碌，对生产实际相对陌生的她就像插不上手的局外人，浑身是劲儿却无处可用。

第一次组织生活会上，在谈到自己的不足时，秦宁情不自禁地落泪。

这个时候，党支部书记找秦宁谈心，现身说法讲述了自己当年的心路历程，让她明白首先要务实的道理。

那年，胜利油田为加速科研人员成才，组织开展“导师带徒”活动，给青年人才安排了油田高级专家进行一对一指导。秦宁在导师的帮助下，仅用国家规定的最短时间——21 个月就完成了博士后课题研究，在事业上步入了正轨。

秦宁从事的地震资料处理工作是石油勘探的基础工作，这是找到油气的关键，形象地说，就是给地下油气藏做 CT 或“拍”高清照片，是油气勘探的“眼睛”。

秦宁发现，外国公司的商业软件不仅价位高，而且禁止用户参与海外项目投标。这让她体会到：任何核心技术都是买不来、要不来、讨不来的，想挺直腰杆做勘探，就必须走自主研发之路。

当秦宁把研发软件的想法告诉同事时，大家劝她慎重。踌躇两难之际，油田通过申报“山东省博士后创新基金”，为秦宁解决了后顾之忧。

秦宁和同事们全身心投入研究，查文献，推公式，按照软件说明书去做，试验结果却总是对不上。

一天晚上开车回家，车轮陷到泥坑里，秦宁茫然地站在车灯前，却突然来了灵感：一个灯的亮度和范围有限，但是多个灯叠加到一起便能照得更亮更远。顺着这个思路，他们潜心研究，进行了近百次测试分析，终于研发出了具有自主知识产权的高精度成像软件模块，提高了地下油气藏成像精度，并达到国际领先水平。

近年来，在胜利油田各级相关组织的大力支持下，秦宁先后申报国家发明专利 27 项、出版专著 3 部、发表论文 50 余篇，取得了一系列科研成果，组织授予她优秀共产党员荣誉称号，这些成绩成为她继续前进的动力。

目前，我国对外石油依存度达到了 72%，远远超过了 50% 的安全警戒线。习近平总书记做出了“大力提升国内油气勘探开发力度”的重要批示，秦宁感受到保障国家能源安全的压力和挑战，更感觉使命光荣、责无旁贷。

在各级党组织的支持下，秦宁团队聚焦石油发展未来，成功立项 2 个中国石化“十条龙”重点项目，将勘探技术从组合地震推向单点高密度地震，从有缆接收推向无缆接收。每一项都是世界级难题，没有任何经验可资借鉴，每一次技术进步都是摸着石头过河，都会遇到各种困难。作为一名共产党员，秦宁积极发挥骨干支撑作用，迎着难题上、顶着压力干，用行动兑现“我为祖国献石油”的夙愿与担当。

胜利油田给予秦宁施展才华的机遇，秦宁用她的创新才干回报胜利油田。

秦宁说：“是党的谆谆教导让我能够坚守最初的选择，在基层的沃土里追逐梦想；是党的悉心培养，让我能够勇攀科学的高峰，在科研的道路上砥砺奋进；是党的战略部署，让我能够坚定找油的信念，在民族复兴的伟业中绽放光彩。我会把心中的感恩汇聚成为石油勘探事业奋斗终身的信念，听党话、跟党走，实干创新、不负韶华，努力把论文写在祖国大地上，把研究成果应用到勘探实践中，用最好的成绩回馈组织的培养，为我国油气勘探事业的发展贡献智慧和力量！”

这是胜利油田物探研究院首席专家兼博士后站副总工程师秦宁在题为《把初心谱

写在为国找油的一线》的发言中抒发的心曲。

在胜利油田的“沃土”之中，博士后秦宁成长为独树一帜的青年英才。

秦宁创新研发的压缩感知地震数据重建技术及软件模块，有效推动了油田核心短板技术“单点及全节点高密度地震勘探技术”攻关。

新时代，为聚天下英才而用之，胜利油田倾力于打造高端引才平台。

《油田人才工作情况汇报》中统计：油田博士后工作站是全国数量规模最大的企业博士后工作站，以此为平台，加大紧缺急需科技人才引进力度。博士后站成立 23 年以来，累计招收博士后 340 人，目前在站 52 人，连续 4 次被评为全国优秀博士后科研工作站。博士后人才在“卡脖子”“瓶颈”等技术攻关中做出了积极贡献，在物探研究院工作的优秀博士后秦宁即是其中的佼佼者。

物探研究院高秋菊，既担任过研究室主任，也担任过院专家，成长为院副总地质师。她说，自己的成长得益于多岗位的历练，更得益于胜利油田加强人才成长通道建设，这种人才管理模式，给了专业技术人员更多的激励和机会，也让专业技术人员有更多的时间和精力从事技术研究，更好地发挥作用，实现人生价值。

物探研究院人力资源（组织）部组织员谢伟在《物探研究院油田专家作用有效发挥工作报告》中总结：物探研究院主要承担地震野外采集设计、地震资料处理、勘探综合研究、滚动勘探开发、勘探数据库建设与管理等任务。全院共设有 22 个研究室，以油田专家为带头人，形成了 2 个中国石化优秀创新团队、8 个油田优秀创新团队，先后获省部级以上科技进步奖 96 项，为油田勘探开发做出了突出贡献。

新格局

新时代，胜利油田致力于播撒人才的种子。每一粒熬过冬天的种子，都有一个春天的故事。

1997 年，学地球物理专业的李军亮大学毕业后选择来胜利油田工作。

1998 年，李军亮从事济阳坳陷东部老区常规油藏勘探研究工作。勘探开发研究院成立了天然气项目组，地震专业出身的李军亮感觉知识不够用，开始勤奋自学。

2000年，勘探开发研究院区域天然气勘探研究室领导安排刚工作两年多的李军亮代表研究室参加油田的论证会。李军亮丝毫不敢懈怠，在同事们指导下反复练习，尽管紧张得手抖，依然出色地完成了“首秀”。

油田一年两次的大型论证会，正是各路人才经历考验、脱颖而出的试金石。人生中的机会很多，机会总是留给有准备的人。对于年轻人来说，只有掌握足够学识，单位给提供的平台才能用得上。

2001年5月，勘探开发研究院分管领导对区域天然气勘探研究室主任曹忠祥说：问问李军亮想不想到生产科锻炼锻炼？

李军亮面临选择有些犹豫：我也不知道，心里没底，您的意见呢？

主任给出中肯建议：去吧！到生产科去工作，整个胜利油田的油气面貌及生产管理运行都会接触到！

多年后，李军亮深刻认识到：平台对一个人的历练成长多么重要啊！从研究室到生产科、从科研部门到业务运行部门，李军亮完成了第一次“跨越”。

到生产科上班第一天，分管院领导谆谆教导：你们不是来坐办公室的，把办公电话转到手机上来，油田的通知必须接，所有的会必须参加，必须多学习、勤思考！

从事了8年生产部署研究工作，李军亮最大的收获是：跟随老总们讨论井位和储量方案，对济阳坳陷油藏类型、发展方向全面把握，积累了丰富的生产管理经验，视野开阔了；通过参加油田、中国石化层面多媒体汇报和组织大型材料，专业基础更扎实了，能力提升了，眼界更广了。

2008年，李军亮调回北方勘探研究室工作。

2009年，胜利油田成立西部新区研究中心，西部工作需要一个能通盘把握的负责人。勘探开发研究院在全院选人，既懂科研项目又懂生产运行的李军亮被选中派往西部担任科研生产科长，全面负责新区科研生产运行工作。

李军亮的任务是：找油。在西部新区工作的8年中，为了观察地质地貌，他跑野外长达200多天，一尺子一尺子地丈量岩层露头，取样化验生烃能力和储集能力。科学研究是一条孤独的赛道，热爱石油事业的李军亮耐住寂寞，在胜利西部探区空旷的风里潜心钻研，与时间赛跑，与荒寂赛跑，与自己赛跑，奠定了扎实的科学研究基础。

近年，柴达木盆地胜利探区终于取得勘探进展，马海东地区首获工业油流，成为继准噶尔盆地之后胜利西部探区又一重大突破，并有望进一步开辟新的增储建产阵地。

2017 年，勘探开发研究院的东部老区与西部新区合并之际，院里打算成立勘探开发一体化项目部。多年来，勘探和开发两个专业的科研人员各干各的，怎么合力发挥作用成了领导们的心事。勘探开发研究院党政领导都找李军亮谈话：以前院里尝试过一体化都没成功，你在东部、西部、科研室、生产科都工作过，你来蹚条路吧！

到底怎么实现一体化呢？

李军亮想，勘探是找储量、开发是建产能，只有找到两者融合点，把“储量”和“产能”联系到一起，选有勘探潜力并且有望建产能的区块开展合作融合，才能实现“一体化”。于是，通过页岩油攻关项目组、胜利东部老区实现规模增储建产一体化，胜利西部新区实现增储建产一体化，勘探、开发两个领域科研人员开始磨合，逐渐打破各自为政的专业和思想壁垒、陈旧的机制与观念，为了共同目标交流互补、成果共享，创建起交叉式一体化、融合式一体化的管理模式。例如，坨 176 区块预测储量三千万吨，通过一体化进程，报储量、建产能等工作得以快速推进。

如今，“勘探开发一体化”的理念已深入人心。勘探开发研究院在油田 2021 年“七一”表彰大会上做了典型交流发言。油田专门成立了一体化项目组，使跨单位、跨专业一体化运行逐步成为常态。最让李军亮欣慰的是，油田分管领导给予他充分认可：没想到你把“一体化”这个事儿给干成了！

2001 年，进入东部老区生产运行科工作。2004 年，读石油大学（北京）在职硕士。2009 年，调到西部研究中心担任科研生产科科长。2014 年，攻读在职博士。2017 年，探索勘探开发一体化道路。2018 年，担任西部探区外围小盆地项目组副项目长。2019 年，担任页岩油勘探攻关项目组项目长。这份工作进修简历，记录了李军亮职业生涯中几次重要的转型期，深感学识不够用的他由勘探开发研究院推荐深造，打下坚实的地质学科基础。

有伯乐才有千里马。多年来，组织的帮助很大。李军亮说，不同处境锻炼人的不同能力，阅历很重要，付出很值得，只有服从组织安排到油田需要的地方去，好好把握机会、不惧多岗位历练，才能积累丰富的思维、视野、专业学识，尽快成长、成熟。一天不学习就感觉落伍的李军亮说：学术上必须坚持主见，有想法有思路，无论何时，专业不能丢；大浪淘沙，作为科研人员，必须增强内动力，与时俱进不懈怠。

李军亮说，新时代，需要有新格局。

油气行业越来越局限，各国都在探索，中国的未来大有可为，就看如何“为”。近期，油田领导到勘探开发研究院调研时又指了条新路：油是主业，胜利油田要在主业上继续拓展，主业之外还有很多发展空间，要有世界眼光——这是振奋人心的新方向，能不能抓住历史机遇，要看我们自己。

一个人要成事，在自我努力的同时，团队支持很重要。年轻人不要斤斤计较、患得患失，心胸宽阔些、眼光长远些，发挥专业特长，毫无保留地讨论交流，现在打下好基础，将来发展空间会更大。这不是单打独斗的时代，大家必须并肩站在一起，握指成拳、共同进步，就像一支球队，为了共同的奋斗目标，相互协作、分享成果，举团队之合力完成共同的事业。

2018 年以来，油田陆续成立了 8 个勘探攻关项目组和 8 个开发攻关项目组，项目组组长由中国石化集团公司高级专家或油田首席专家担任。如此高规格的团队配置，目的就是破解油田勘探开发困境，推动成果转化与产业发展深度融合。

页岩油领域的科研人员坐了十年冷板凳，终于迎来突破后的上升期。继承发扬油田传帮带的优良传统，在页岩油领域颇有建树的李军亮正带动页岩油攻关项目组 80 多名科研人才开拓进取，矢志创新。

经过 60 年开发，胜利油田勘探从以常规为主向常规与非常规并重转变，从中浅层向深层、超深层转变，从富洼老油区向着眼全探区转变，亟待提升科研人员的综合素质。在这个风云际会、瞬息万变的新时代，“冷门”会转成“热门”，科研人才最需要平台和支持，需要坚守理想，踏踏实实研究专业，术业有专攻。

最近，在油田党委召开的人才工作讨论会上，李军亮感慨，现在的年轻人太幸福了！

胜利油田是青年人成长的大舞台，各级党组织关心青年、培养青年、发展青年、成就青年，使广大青年成为胜利发展的生力军。

油田的发展重点在哪里，科研人员就被派驻到哪里。到西部大漠挂职的程长领，对于准噶尔盆地勘探研究已经有十年之久，胜利西部“十四五”奋斗新目标让他感到大有可为。

勘探开发研究院整装室副经理刘海成挂职为孤东采油厂地质所副所长，完成 6 项发明专利及科技论文，突破制约孤东老油田开发的关键难题，这是他一年间的丰硕成果。

勘探开发研究院团青干事蒋诗宁，是一名“90 后”硕士研究生。2020 年 9 月，油田选派她参加了中国石化集团公司青工政治轮训。她因个人表现突出，作为学员代表发言。这次学习对她触动很大，开阔了视野，增长了才干，更坚定了她扎根油田、奉献油田的信念，《压驱注水技术对提高低渗透油藏采收率的应用——以五号桩油田桩 606 块为例》荣获 2021 年度山东省地学协会胜利油田刘兴才地学开拓新秀奖。

勘探开发研究院人力资源（组织）部主任王长轩在《勘探开发研究院人才报告》中记述：勘探开发研究院党委贯彻落实油田党委的决策部署，启动“走出研究院、走进采油厂，向现场学习、向采油厂学习”的培育计划，选派优秀骨干到采油厂挂职锻炼，奔赴生产一线“沾泥土”，这是加快青年人才培养步伐的一项重大举措，许多年轻人在矿场实践学到真本事，在“学习、奉献、融入”中迅速成长起来。挂职锻炼是探索“院厂结合”的新途径和新手段，科研人员的加入，给开发单位的增储上产注入“科研力量”。胜利采油厂地质所与勘探开发研究院渗流力学室结成共建对子，历时 7 个月共完成 2 个梯队、7 个批次 20 余人的数模建模脱产培训，同时为采油厂打造首个数模建模示范应用区块。

油田探索科研人员到基层挂职锻炼，“解剖”勘探开发疑难杂症，“会诊”增储上产难题，为油田产能建设献策。从 2021 年起，油田抽调勘探开发研究院、物探研究院和石油工程技术研究院的年轻科研人员，分三批共 58 人到采油厂、油公司挂职锻炼，深入井场研究油藏，扎根一线解难题。下一步，油田将聚焦 CCUS（碳捕集、利用与封存）、绿色开发等重点技术攻关研究，探索科研单位与地质所科研人员双向任职新路，让科研人员像种子一样把根深深扎在油藏里。

新时代，胜利油田高擎人才大旗，打造人才新高地，形成了雁阵式新格局。

新使命

新时代，胜利油田的科研人才及团队肩负着新使命。在胜利油田这方“沃土”，人人都可成长成才，人人都有用武之地。

胜利油田采油工程首席专家钱钦对此深有感触。至今，油田领导的三句话仍回响在耳边：你是采油厂出来的，知道油田需要什么；你是高级专家，知道应该怎么干；如果石油工程技术研究院没干好，就是你没好好干！

20 世纪 90 年代，钱钦参加过多次风暴潮抢险，胜利人为油而战的精神令人动容，他决心为油田科技进步做贡献。从采油工程学士、地质硕士、勘探博士到化学博士后，钱钦从事过注采、作业、工艺等多种岗位工作，专业学识加生产实践的多领域锻炼集于一身，他有着丰富的人生阅历，知道油田需要什么，知道该怎么把产学研结合起来服务于油田发展。知识总有用武之地，无论在哪个岗位上工作，都是为油田的高质量发展提升贡献力。每当组织安排钱钦到一个新岗位，生怕能力不足的他总是奋发进取学习成长，努力工作积累才干，发挥特长创造价值，不辜负组织信任，努力回报油田培养。

2017 年，钱钦到石油工程技术研究院工作，通过调研论证，组织进行了大刀阔斧的一系列改革。

举措一：工艺技术用不起来是因为存在难点和堵点，石油工程技术研究院向油田申请自有技术带料施工的政策支持，从而打通了样品转化为产品、产品转化为商品的渠道。

举措二：打铁需得自身硬，油田越来越需要先进的工艺技术支撑高效勘探和效益开发。石油工程技术研究院梳理出 76 项技术，分类进行迭代提升，使工艺技术更完善，更适应油田需求。同时，研究和应用紧密结合，“为油而研，以用为本”，在科研攻关上提高了工艺技术服务于油藏开发的适应性和针对性。

举措三：解决油藏开发问题，需要工艺技术唱主角。石油工程技术研究院提出“开发所向、油藏所需，打造工程技术所能”的新理念，为解决“研而不用、用而不研”的矛盾，一是跳出单井思维，服务于区块开发；二是从提供工艺产品转变为兼具提供技术服务；三是围绕油藏效益开发做研究，促使产品研出来、技术用起来、效益看出来。

当今时代，单一技术和方法解决不了生产问题和开发矛盾，石油工程技术研究院把核心技术牢牢掌握在了自己手里的同时，必须打出一套多工艺协同、跨专业联合的

“组合拳”。

2018 年，石油工程技术研究院获油田批准推行区块开发合作风险承包模式，深度实施“一体化”，通过院厂合作锻炼队伍、培养人才，激励科研人员为油田做贡献。推行区块开发合作风险承包模式之初，为了解放思想、消除后顾之忧，石油工程技术研究院为项目组兜底并组织专家团协助审核方案，宽容失败、激励创效，充分调动起科研人才踊跃参与院厂合作的积极性，树立为甲方创造最大价值的油藏经营理念，引领工艺技术发展进步。科研团队当年承包的桩西老 163 和老 168、孤东 827、河口大 35 等四个区块取得可喜开发成效。价值创造需要有转化平台，如今，石油工程技术研究院在全油田承包了 55 个风险区块，全面参与油藏经营，从甲乙方关系转变为命运共同体，确保工艺技术好用、实用、管用，成为油田“产学研”创新创效的典范。

石油工程技术研究院提出“采油工程以我为主，别的领域为我所用”的新思路，通过观念引领、政策支持、内部激励打造能征善战的科研团队，鼓励开放交流、加大引进力度、搭建合作平台，从而缩短了研发周期，加快了科研成果转化为生产力的速度，打通了先进技术应用于油田生产的“最后一千米”，使工艺技术的研究、应用、推广实现了良性循环。为了平衡科研与创效之间的关系，石油工程技术研究院变“水平分工”为“垂直整合”、变“指标切分”为“主动认领”，个人贡献与创造价值挂钩，按完成额兑现，使科研项目组责任明确、上下同心、荣辱与共。

在这些政策激励下，石油工程技术研究院的科研人员士气高涨，个人有成就感，单位有荣誉感。

油田要实现高效勘探和效益开发，技术必须牢牢支撑起来，犹如房子的四梁八柱。在发展和需求上，油田和人才同频共振形成合力，只要想干事就有事可干，在持续攻关、前瞻研究等方面大有可为。

石油工程技术研究院在页岩油、西部深层油藏、CCUS、新能源储气库等新领域努力作为：济阳页岩油从不能动用到有效动用，工艺技术实现了从 0 到 1 的突破；用非常规思路解决致密油藏开发难题，用火烧工艺技术提高油藏采收率；建设大数据分析应用平台已提上日程，在实现油田智能注采、智能修井、智能完井、智能压裂等数字化转型发展中再立新功。

人才是基础，没有远虑，必有近忧。

近年来，石油工程技术研究院因人施策，在不同阶段采取不同的培养方式：年轻人才培养兴趣、骨干人才培养思路、高端人才培养视野，搭建平台、拓展空间，激励高精尖科研人才争做领跑人，把更多精力投入高端技术研发。同时，为了从技术研究向技术支撑转变，石油工程技术研究院定期召开科研专场分析会，一方面通过讨论方案总结再提升，解决技术迭代更新的问题；另一方面在实践中传帮带，高层次人才以身作则、示范引领，把好的做法传递给年轻一代。

近年来，石油工程技术研究院着力培养，畅通渠道，给位子、压担子，使高端人才成长步入快车道。一批复合型高层次专家成长起来，6 名院专家晋升为院首席专家，6 名院首席专家晋升为油田高级专家，1 名油田高级专家晋升为油田首席专家，进一步激发了专业技术人才干事创业热情。高层次专家带徒 73 人、指导博士后 16 人，这些人才均已承担、参与胜利油田分公司及以上科研课题，获胜利油田分公司及以上科技进步奖 92 项。

石油工程技术研究院人力资源（组织）部在《石油工程技术研究院高层次专家作用发挥》中总结道：工程技术研究院为高层次人才搭建了科技创新平台和成果转化平台。一是围绕重点领域科技创新，组建了 11 支科技创新应用团队，涉及页岩油高效开发、CCUS 示范区建设、特高含水油藏提高采收率等油田重点任务。近三年，高层次专家共承担省部级以上科研项目 70 项，获授权发明专利 139 项，汪卫东创新团队发现了新型产甲烷菌种，为油田规模效益稳产提供技术支撑。工程技术研究院创新人才管理模式带来了可观的效益，内部年产值由 2017 年的 1.7 亿元骤增为 2021 年的 10.4 亿元。二是创新实施了区块承包、采油工程示范区建设等转化新模式，为充分发挥高层次专家作用搭建了新平台，高层次专家牵头负责实施区块的方案编制、设计审核、技术应用和效果评价，切实将丰富的技术积淀和实践经验转化为可复制、可推广的区块整体治理方案。截至目前，共实施风险承包区块 55 个，年累计增油 28.9 万吨，自然递减率降低 3.9%，开发成本降低 3.1 美元 / 桶，直接经济效益 1.76 亿元。

立足国家“十四五”规划，石油工程技术研究院牢牢把握住油田发展方向，努力打造胜利品牌，精神上引领、理念上先进、管理上规范，从被动到主动、从井筒到油藏、从微观到宏观，科研团队目标明确，形成合力在为建设一流的开放的研究院而奋斗。

新担当

新时代，意味着新担当。一个人就是一粒时代的种子，一粒种子可以繁荣一个时代。

1990 年，学热能工程专业的张乃峰大学毕业分到了胜利油田现河采油厂。

张乃峰与热采注汽锅炉打了 30 年交道，从技术员、队长、工程师到采油工程专家，亲历了炉子的时代变革。张乃峰说，别的不会，他只懂“炉子”。身处红红火火的胜利油田，把“术业有专攻”做到了极致，张乃峰在时代的熔炉里自我锻造。

在环保部门眼里，炉子的烟气排放不达标是污染源头之一。随着时代进步，环境监测越来越严格，把炉子排放指标降下来成了一件大事。

2018 年，胜利油田和东营市携手打造“碧水蓝天”工程。为了环保达标，在锅炉由燃油改为燃气之际，油田领导提出改进意见，要求技术人员攻关，根据燃气需求改进锅炉，提高蒸汽里干成分的比例和热效率。组织把这项艰巨的任务交给了张乃峰，研究了多年炉子的他深有心得，技术把握上越来越成熟，自觉有能力为提升油田发展质量做些努力。

2018 年 1 月，胜利油田报请中国石化立项“稠油热采新型高效制输汽节能装置及技术”，由中国石化高级专家领头，张乃峰组建攻关团队，以项目带动技术研发，开启了划时代的“炉子革命”。

2018 年 5 月，胜利油田注汽技术服务中心成立，采油工程专家张乃峰调入这个新单位。张乃峰查档案精挑细选的石油大学热工专业毕业的“85 后”青年陈超、山大数学系毕业的赵磊、孤岛采油厂注汽大队技术组的张玥等青年人才加入了攻关团队。

其实，张乃峰早就萌生了自主研发技术的想法。从 20 世纪 80 年代热采开始，他参与了胜利油田锅炉改进的整个历程，研究了多年炉子。热爱技术研究的张乃峰总是意难平：注汽锅炉采用的是从美国休斯敦引进的技术，我们什么时候能研发拥有自主知识产权的炉子呢？尽管实践经验丰富，他却苦恼于没有研发平台，缺少足够的理论研究支撑，在“小山头”徘徊多年，几个关键点仍不清楚。锅炉制造水蒸气用的是软化水，成本较高，干度能否再高一点，热效率能否再高一点？

为了顺利攻克难关，在油田大力支持下，这个团队走出油田，向国内锅炉学术研究最高权威西安交大提出意向，企业与高等学府联手合作寻找理论依据。

当初引进技术时，美国人曾警告：锅炉蒸汽干度上限不能超过 80%，否则会有安全风险。然而，西安交大实验室得出的结论却是：理论上，锅炉使用普通水，蒸汽干度最高可达 95%！

张乃峰十分欣喜：蒸汽干度决定了热采注汽成本，也就决定了稠油开采成本，如果把注汽成本降下来，就能降低吨油操作成本，为油田的稠油发展做好技术支撑。

通过胜利油田、西安交大、生产厂家三方“产学研”结合，攻关团队重新优化了蒸汽锅炉受热面设计，降低了燃气排烟温度，成功研发出了稠油热采新型高效制输汽节能装置，通过山东省特检院备案后投入生产，平均干度由 75% 提高到 92%，热效率由 88% 提高到 98%。

2019 年 5 月，第一台新型高干高效注汽锅炉在现河采油厂稠油井 CQC27—平 10 上应用，峰值日产量翻了一倍，试验效果喜人，注汽成本从 330 元每吨降到 310 元每吨，油汽比从 0.55 提高到 0.71。有关集团公司首席专家十分认可并关注着项目进展，及时向油田领导做了汇报。

2020 年底，通过山东省特殊设备检验部门验收，新型高干高效注汽锅炉获批投入生产。尽管油价低迷，油田仍给予巨大资金支持，当即决定分三年实施全面改造推广，实现了稠油开采的“划时代革命”。

这项成果的最大意义是：胜利油田解决了蒸汽锅炉国产化的难题，彻底走出了“卡脖子”的尴尬处境。

为了保护环境，锅炉烟尘排放要求越来越严格，全国各地的排放标准不同：北京标准是每方烟气 30 毫克，东营市标准是每方烟气 100 毫克。为了履行央企担当，中国石化 2021 年初规定，烟气排放氮氧化物控制在每方烟气 70 毫克以下。

2020 年 1 月，这个团队立项“油田注汽锅炉及单井加热炉绿色达标排放技术研究”，依托中国石化项目进行攻关，他们与同济大学合作研究了燃烧理论，通过产学研结合研制出低氮燃烧器，使氮氧化物由每方 120 毫克降到 30 毫克，不仅实现了超低氮绿色排放，还实现了燃烧器国产化，单台成本从 120 万元降到 60 多万元。

2021 年，为了把烟气注入地下实现废物利用、提高采收率，团队又立项进行了“锅炉烟气辅助蒸汽提高热采效果技术研究”，成为胜利油田的独有技术，拥有国家发明专利权。在鲁胜公司的林 7—平 4 井实验效果很好，峰值日产量由 4.6 吨提高到 13.4 吨，油汽比从 0.1 提高到了 0.6。

该团队攻克了一个个难关，使得三项新技术接连问世。

当今时代，国家要自立自强，就得拥有自己的科学理论和技术。胜利油田要实现绿色发展、高效运行、低碳排放，也得拥有自己的科技创新。

油田又把研制“二氧化碳低温全密闭注入系统装置”的任务具体交给了张乃峰，助力CCUS 技术研发。在项目长的引领下，这套拥有自主产权的系统获国家发明专利，在习近平总书记参观过的东营市莱州湾的胜利油田莱 113 区块试验成功，在高青区投产 15 个二氧化碳液注入站，一年可注入液态二氧化碳 100 万吨。

这项技术意义重大：注入 1 吨二氧化碳相当于减少 0.6 辆经济型汽车的年排放量，相当于植树 10 棵。其换油率是，4 吨二氧化碳换 1 吨原油。

术业有专攻，能者有其位。2019 年，张乃峰被评为注汽工程首席专家。2021 年，张乃峰被评为胜利油田高级专家。

经过参与团队攻关，几个聪明好学的年轻人迅速成长起来，分别担任了注汽项目部经理和技术研究中心负责人，事业发展前景看好。

张乃峰最高兴的是，走出油田合作开阔了视野，抓住主要矛盾，研究重点部位，终于解决困扰油田多年的生产大难题，年过半百的他一直想干的事真的干成了！热能工程是非常小众的专业，是油田专业化发展使他有了用武之地，个人价值在干事创业中得以体现。

恰逢新时代，同样与 CCUS 技术结缘的还有朱铁军。

今年 45 岁的朱铁军曾在热力分公司从事供热管理工作 22 年，从技术员到油田高级专家，组织的精心培养使他迅速成长为油田热能工程方面的行家里手。

新能源业务是中国石化“一基两翼三新”产业格局的重要组成部分，也是推动胜利油田能耗结构调整、绿色低碳、高质量发展的重要举措。油田党委高度重视，集油田之力摸排选拔新能源专业相关人才。

2019 年 11 月，朱铁军调入油田新能源开发中心工作。他充分发挥个人的专业技术优势和管理优势，建立技术标准、理顺技术规范，组织参与集团公司、油田课题十余项，多次获得集团公司及油田科技进步奖，为快速推进项目建设奠定了坚实基础，完成中国石化最大的 36 兆瓦地面光伏电站方案立项评审，《油田采出水余热利用工程技术规范》列入国家能源局行业标准。

2020 年，油田推荐朱铁军参加东营市突出贡献中青年专家评选。

2021 年，组织批准朱铁军加入中国能源学会新能源分会专家委员会，参加论坛交流，向行业“大咖”学习，继续引领新能源业务发展。

面对跨界挑战，朱铁军的内心深处产生了“能力恐慌”。此时，党组织给了内心忐忑的朱铁军一个宝贵的学习机会。朱铁军被派往山东能源集团挂职一年，深度参与了山东能源集团新能源“十四五”规划编制，成功将山能新能源与胜利新能源融合成了一家人，为后期深度合作奠定了基础。

挂职回油田后，党委安排朱铁军进入油田新能源专班工作，主要负责新能源项目规划、方案论证、评审把关、政策解读等工作。

2022 年 4 月，油田党委提出，要做绿色低碳产业链示范引领，结合胜利特色量体裁新衣，新能源领域大有可为！

创新的根源在于人才，发展的基点在于人才。人才紧缺怎么办？

近年来，胜利新能源不求所有，但求所用，发挥系统思维，创新实施柔性引才的方式，面向油田内部引进热能工程、电气工程等新能源相关专业技术人才，同时，大力推进“筑巢引凤”，成立新能源博士后工作站新能源分站，组建油田新能源产业技术创新联盟，油田新能源人才队伍进一步壮大。

朱铁军说，师傅领进门，修行在个人，态度、方法、经验都很关键，他有责任把好传统传承下去，并向年轻人学习，不断更新思维。

新时代，胜利油田进入战略转型期，新能源需要综合性、复合型人才。在这样的历史节点，抓住机遇就意味着拥有更大的舞台，科技人才将与时代共舞，在新事业中互相成就，参与其中创造历史；人才推动事业，事业成就人才。

新征程

新时代，人才就像种子一样，需要组织给予“光水土气肥”的精心培育。

2010 年秋的一天上午，师傅让我去办公室，打开文件夹，里面好几十个文件。他用鼠标指点着每一个文档、表格，一一介绍里面的内容，语调很平和，“感觉你还能坐得住，这是我吃饭的饭碗，都给你了，不会的再来问吧”；我很紧张也很激动，就像获得如来神掌秘籍后欣喜的状态。

这是勘探开发研究院低渗油藏开发专家张传宝的徒弟小李记录的一件往事。面对陌生领域，年轻人总是信心不足。油田低渗透油藏进入高速开发阶段，产能建设方案、低渗油藏规划、低渗油藏综合材料编制等工作十分考验人，张传宝也曾迷茫过。“英雄不论出处”——老师傅的一句话点醒了他，从此他一头扎进低渗透油藏工程研究中，紧抓机遇潜心攻关，成长为低渗油藏开发科研领域中的大拿。

科室的 12 名年轻人，因不是一直学习石油的“原装生”，工作畏手畏脚。“专业上的短板不可怕，很多知名专家最初专业也不完全对口，但通过学中干、干中学，都取得了成功。关键是要肯付出、补短板，多学、多干！”在张传宝鼓励下，曹小朋、陈辉、贾艳萍等一大批新人逐渐成长，成为科室的技术骨干。

中国石化高级专家曹绪龙是胜利油田专业技术人才的典型代表，作为胜利油田化学驱油技术研究的领军人物，他十年磨一剑，研发的非均相复合驱油技术已成为国际上的领跑者，累计采油 6900 多万吨，为我国东部老油田大幅度提高采收率蹚出一条新路子。曹绪龙说：“胜利油田培养了我、成就了我，我就要为油田奉献一辈子！”

“一旦发现好苗子，我们就会千方百计把他请进来，想方设法让他留下来。”曹绪龙先后引进 6 位优秀博士毕业生，并将他们培养成为博士后，留在油田。在曹绪龙的倡导下，油田化学驱油创新团队建立了以“雏鹰计划”“飞鹰计划”“雄鹰计划”为核心的人才梯队培养体系，加快了不同层次科研人员的成长步伐。

“油田对人才培养的高度重视，让我们更好实现了自身价值。”姜祖明博士从四川大学一毕业就加入了曹绪龙的团队，由他主导研制的黏弹性颗粒驱油剂在油田得到有效应用，覆盖地质储量 1546 万吨，累计增油近 30 万吨。

胜利油田高级专家王涛以技术首席身份带领攻关团队承担 3 项中国石化科技攻关项目，研发的“聚合物微球逐级深部调驱技术”，在胜利、长庆等油田推广应用。

水积而鱼聚，木茂而鸟集。胜利油田的引才育才工程收效显著，逐步成长起来的青年英才起到了良好的示范引领作用，在各专业领域建功立业、屡创佳绩。油田通过实施“导师带徒”深化专家育才，聘任油田高级专家及以上层次专家为“胜利名师”，共培养“高徒”十五批，总计 2400 余人。

胜利油田各级党组织非常重视青年人才梯队建设和专业人才系统培养，为青年人才搭建良好的成长平台，一人一策，因材施策，量身定制个性化“成长菜单”。

2009 年，资源勘查工程专业毕业的徐磊，成为胜利油田孤岛采油厂地质研究所勘探室的一名技术人员。

2012 年，同学、同事纷纷跳槽，徐磊也萌生出去闯闯的打算。他编制方案的渤 21 南扩区块当年建产 2.1 万吨，被评为胜利油田“优秀滚动勘探项目”。感受到勘探开发工作带来的成就感，徐磊决定留下。

2019 年，孤岛采油厂党委把他作为优秀青年干部选派到管理规模最大的基层单位——采油管理五区“墩苗”。徐磊成绩斐然，先后获厂级以上成果 40 余项，被授予中国石化优秀共产党员、闵恩泽青年科技人才、胜利油田优秀共产党员、油田滚动勘探先进个人等荣誉称号。

2021 年，徐磊又回到阔别许久的地质所，担任所长、党支部副书记。“墩墩苗”之后重归“沃土”，再次成长的他“文武双全”，不仅是一名科研工作者，还是一名管理者、一名指挥者。眼界宽了，站位高了，大局观也更强了。

“共产党员是块砖，哪里需要哪里搬”，徐磊就是那块“好砖”。从物探到测井，从构造到成藏，从作业到采油，从科研到管理，经历多岗位锻炼，徐磊对油藏经营的理解更加深刻，看到了工作所承载的价值，也看到了团队协作的力量和身上肩负的责任。

作为团队带头人，一人优秀不算好，万紫千红才是春。感受过“梅花香自苦寒来”

的徐磊，深知“宝剑锋从磨砺出”，决心一定不让年轻技术人员坐享“温室”。在组织支持下，他打破单位限制，推动跨专业交流、多岗位实践，带技术、带作风、带传承，培养出了一支随时可以亮剑的专业技术队伍。

油田人力资源部（党委组织部）高级主管马圆圆说，孤岛采油厂“85后”年轻人徐磊的成长历程引人瞩目，像徐磊这样成长起来的年轻人，胜利油田还有很多。

2021年9月，新春公司两家基层单位被油田命名为“胜利油田高校毕业生培养基地”，推进实施新入职员工“沙漠雏鹰计划”。

人才资源是胜利的脊梁，从“导师带徒”的倾囊相授到“一人一策”的倾力而为，胜利油田通过党管人才、信任人才、尊重人才、善待人才、包容人才以及弘扬独具特色的胜利科研文化，春风化雨、润物无声地推进人才战略，人才“引育留用”工作成绩斐然。

目前，胜利油田已完成勘探、开发等12个专业领域人才评价，合计1.4万人，分专业建立系统性、针对性的人才培养体系，选拔储备一批专业功底扎实、有较大发展潜力的中青年骨干，在油田层面统筹深化培养。各直属单位履行人才培养主体责任，动态调整培养计划，合理配置培养岗位，接力式培育培优，实现“精种精育精收”。

如果说人才是春天播下的种子，那么石油就是秋天结出的果实。

面对较长时间原油效益稳产在2340万吨、盈亏平衡点持续降低的目标追求，只有把人才优势转化为竞争优势，才能赢得可持续高质量发展的主动权。

胜利油田成立的勘探、开发攻关项目组都取得了好成绩：东部中深层、西部准中洼陷带勘探实现大突破，取得8个千万吨级规模商业发现和4个油气新突破；三次采油开发项目组明确了每年新投储量4000万吨，2025年化学驱增油量达到150万吨的奋斗目标；通过效益开发实践，明确了10亿吨未动用储量高效建产、10亿吨双低单元提质增效、10亿吨高含水区块三次采油等“三个10亿吨”潜力方向……一个个新突破、新发现强力支撑油田高效勘探、效益开发。

分布在油田勘探开发、工程技术、生产运行、安全环保、经营管理、基层党建等各个领域的130余名油田首席专家和高级专家与570多名业务骨干签订师徒协议，围绕难点课题集智攻关。

过去三年，油田科技奖励力度也大幅度提高，奖励金额从 1648 万元增加到 1.52 亿元，个人最高获奖 20 万元以上；即使在生产经营困难情况下，油田科研经费仍保持每年 10% 的递增。

“十三五”以来，油田先后获得国家级科技奖励 5 项，省部级奖励 89 项，中国发明专利奖 5 项，获得专利授权 2200 件，其中发明专利 501 件。

近三年，胜利油田各类专家团队着眼突破关键核心技术、解决勘探开发难题，共承担国家级课题 17 项、省部级课题 251 项，组织实施油田级课题 650 项，形成了多项具有胜利特色、业内领先的技术理论体系；以 110 余名集团公司和油田专家为主体，先后打造 10 个中国石化优秀创新团队、建成 12 个省部级以上重点实验室；组建 16 个高效勘探、效益开发项目组，集中攻关解决了一批制约油田高质量发展的科研生产“瓶颈”难题。

近年来，先后有 77 名中层领导人员聘为油田高级专家，19 名油田专家聘到中层领导岗位，实现了专业技术岗位既可以纵向上在本序列向更高层次发展，又可以横向上在不同序列间竞争流动。

人才有接续，发展才可持续。胜利油田这座人才资源的“富矿”，在新阶段正展现出别样的光彩，迸发出强劲的动力，并将支撑胜利油田走向新胜利。

黄河，在这里奔腾入海。

石油城，在这里崛起。

时代，翻开了新的一页。

胜利油田，又将踏上新征程。

新使命 新担当

下卷·胜利脚步

韩 辉◎主编

中国经济出版社
CHINA ECONOMIC PUBLISHING HOUSE
中国石化出版社
HTTP://WWW.SINOPEC-PRESS.COM

图书在版编目（CIP）数据

新使命 新担当.胜利脚步／韩辉主编. -- 北京：中国经济出版社：中国石化出版社，2022.10

ISBN 978-7-5136-7097-5

Ⅰ. ①新… Ⅱ. ①韩… Ⅲ. ①报告文学-作品集-中国-当代 Ⅳ. ① I25

中国版本图书馆 CIP 数据核字（2022）第 175426 号

策划编辑　崔姜薇
责任编辑　贾轶杰
责任印制　马小宾
封面设计　久品轩
封面摄影　王国章
封底摄影　陈　东　边广志　孙光明
　　　　　马　翔　赵汝国　刘家辰

出版发行　中国经济出版社
印 刷 者　北京富泰印刷有限责任公司
经 销 者　各地新华书店
开　　本　710mm × 1000mm　1/16
印　　张　47.25
字　　数　780 千字
版　　次　2022 年 10 月第 1 版
印　　次　2022 年 10 月第 1 次
定　　价　158.00 元（两卷本）
广告经营许可证　京西工商广字第 8179 号

中国经济出版社　**网址** www.economyph.com　**社址** 北京市东城区安定门外大街 58 号　**邮编** 100011
本版图书如存在印装质量问题，请与本社销售中心联系调换（联系电话：010-57512564）

版权所有　盗版必究（举报电话：010-57512600）
国家版权局反盗版举报中心（举报电话：12390）　**服务热线**：010-57512564

《新使命　新担当》

编委会

主　　编： 韩　辉

副 主 编： 朱红涛

执行主编： 王如涛　马　行

编　　委（按姓氏笔画排序）：

马　行　马祥民　王如涛　王劲松

王　瑾　丛松彪　孙仁宝　朱红涛

吕志强　张志斌　沈顺万　姜化明

黄　丽　韩　辉　樊俊利

目录

大海扬帆

西部号角

胜利新篇

大海扬帆

三十年前，胜利人义无反顾地从陆地走向海洋，劈波斩浪，为祖国寻找海底之下的“黑金”，以实际行动扛起产业工人的光荣使命和责任。

如今，胜利海上油田作为“十四五”期间油田重点上产接替阵地，振兴老油田的东西部两翼之一，备受瞩目。他们科学施策，精准发力，使浅海石油成为稳定东部老油田的“稳压器”。

大海之上，胜利人用行动践行习近平总书记“端牢能源饭碗”的嘱托，守正创新，同心画圆。

扬帆，正是风劲时；远航，才会观碧海。在胜利油田高质量发展的新征途上，满载胜利希望的航船，正乘风破浪，勇往直前！

在大海上点亮星辰

——胜利油田海洋采油厂勘探纪实

任 真

生活在孤岛油田 30 多年了，孤岛的油井与海油的油井隔着海水，只有几十千米远，我却从来没有真正抵达过胜利海油人的精神和梦想。这次被委以采访海洋采油厂勘探工作的重任，我在仙河镇采访了十天。

胜利油田海洋采油厂机关楼前的路叫作黑龙江路。每天早晨和傍晚，我在此漫步，探寻一个海上大油田的梦境。当年，一幢科研楼，一幢职工食堂，两幢职工公寓是分家前落成的。地基上，荒芜很久的地上长满没膝的野苇，夕阳西下，呱呱落了一群乌鸦。基建队伍、材料、场地、库房全无着落，图纸覆盖了厚厚的尘土。在一张白纸上创建新家，有太多酸甜苦乐，一群拼搏奉献者的故事令人感动。

海洋采油厂的先进宣传栏——我叫它“星光大道”——也突然有了《在大海里点亮星辰》这个比较恰切的题目。大海是有性格的，时而暴躁，时而平静。如果把一口油井比喻成一盏灯，许多井就是勘探人穿过海水的波浪一一点亮的。

从西数到东，一共 31 块宣传牌，中心主题词的金色大字“向劳动者致敬，为奋斗者喝彩”写得极好。后勤保障服务团队、中企青年突击队百面旗帜和职工信赖的小家，优秀党务工作者、优秀共产党员、敬业模范、先进集体、劳动模范，先进女工、技能大师、模范家庭、志愿服务者，林林总总都是我们这个社会需要重视的实干明星。

在“星光大道”上漫步学习，就是对胜利油田海洋采油厂的一种精神上的勘探和认知。我愿为所有的劳动者和奉献者鼓与呼，让每一个美丽的劳动者照亮我们的黑色油龙奔涌大道。勘探是开拓和发现，是打开苍茫的大海，打开苍茫的地层，点亮油井井位，在大海里点亮星辰，在国家能源事业中点燃一片蓝色的浅海。

一

周红科再次从电脑前抬起头来，科研所窗外有沙沙的声音，拉开窗帘一看，外面下雪了，好像已经下了好一阵子，晚走的同事在楼下留下了深深的车辙。那些曲曲弯弯的线很像地质图上的曲线，又似内心深处心灵波动的轨迹。在一个地质工作者的内心深处，也有许多小小的感情断层和油藏。

周红科 1974 年 4 月出生，1998 年 7 月毕业于西北大学地质系，目前是胜利油田海洋采油厂油田开发研究所地质主任师。24 年前，他本科毕业从西安来到胜利油田海洋采油厂当上一名勘探技术干部，就将一个信念根植心中：“要成为采油厂最出色的技术干部！”“想当一名出色的技术干部，要拿出铁杵磨成针的勇气，要天天咬牙坚持学本领长知识，一时一刻也不能懈怠。”凭着这份坚守，参加工作以来，他一直扎根于海上油田的勘探工作。为了早日成为一个合格的海上找油人，他加班加点，主动放弃节假日，从地震资料解释、地层对比，油藏分析入手，苦练本领。

当一名出色的地质勘探技术干部却不那么容易，不但要有丰厚的地质专业知识积淀，有丰富的地质勘探理论实践，还要熟练掌握地质分析软件的运用。因为漫长的地质历史时期等着去研究，深埋地下几千米的石油等着去发现，出色的石油勘探工作者注定要比别人付出更多努力。

“勘探室机房、资料间每晚灯火通明，不到半夜院大门没法锁，谁在天天加班吗？”在值班门卫多次询问下，同事们才弄清楚，每天晚上都泡在机房、资料间的是周红科。

妻子毕业后分配在东营工作，而他远在离东营百千米远的海洋采油厂上班，夫妻两地分居。他却充分利用这一“机会”刻苦学习，不懂就问，几个月下来，就记下了厚厚几本笔记，还承担起勘探室GEOFRDME、LANDMARK、JASON、STRATA等勘探软件的开发以及普及工作，个人业务能力飞速提升，不到一年时间就能单独顶岗。

“多学知识才能多发现油，开发油田必先开发自己。”成为他一生坚守的信条。如今，身为油田开发研究所地质主任师的他，20多年如一日，系统学习了《地震沉积学》等几十本专业书籍，带出了一大批技术过硬的研究队伍。

他参与部署的垦东34、垦东481、垦东80探井相继获得高产工业油流，为新北油田的发现打下基础；在埕北断裂带部署的埕北246、埕北247、埕北249、埕北256、埕北258、埕北260不断成功，2008年上报明化镇组控制储量1150.54万吨，为“十二五”海上增储上产的主阵地；近年在埕岛东部斜坡带，东营组相继成功勘探了埕北810、埕北812、埕北324、埕北325、埕北326等探井，扩大了该带含油气规模，埕北325、埕北326块成为今明两年海上主要新区产能建设阵地。今年部署实施的埕东11侧、埕北275、埕北古7、埕北斜601获得了高产工业油气流。经过不懈的努力，他共参与上报了海上探明石油地质储量9843.92万吨。

特别在2011年后，他积累的知识和经验在勘探开发中，不断起到新的勘探理念的引导作用。另外，他在工作中注意多观察、多总结，积极参与技术创新与合理化建议活动，参与实施的《新北油田垦东481井区产能建设方案》在2010年评为局优秀油气藏开发方案特等奖，获局级一等奖2项、二等奖3项、三等奖4项。发表论文3篇，核心期刊2篇。更多的成绩，他总会推给大家，是的，许多成果是大家集体付出的结晶。

对于别人的溢美之词，他低调以对，谈笑而过。内心的酸楚，只有他最能体会。工作后与家人聚少离多，家中大小事无暇照应。2006年孩子刚出生时，正值采油厂原油上产会战、油田地质论证会等一系列重要工作需要开展，工作上离不开，家里也需要他，他狠下心来，将妻子和刚过满月的孩子送回了陕西老家，一心扑在了工作上面，连续两个多月都没有回家看过。由于和孩子聚少离多，每次和孩子相处的时候，女儿总是喊他“妈妈”，发现叫错了，总是不好意思地一笑，可是他的心就像刀扎了一下。“欠她们母女的太多了！”一想到这一切都是为工作，为采油厂的大发展，就也值了。

他默默走在雪地上，仿佛踏在白色的浪花上，黑色的油花上，四季的花朵中。前面 20 米就是海员公寓，20 多年，他经常在深夜丈量这一小段路程，走得多了，就踏出了一条人生的路。

“很远就能闻到浓浓的油味！”看到从桩海斜 25 井取出的岩心，胜利油田海洋采油厂科研所主任师周红科兴奋不已！根据多年经验，他预估至少有 200 多立方米的高产。试油结果仍大大出乎他的预料，桩海斜 25 井折算日产油 413 立方米！并在这里发现了两个含油层，27 米厚，有 9 层楼那么高！

桩海斜 25 井是端午节的时候，胜利油田在渤海湾获得的一份十分珍贵的礼物。为什么珍贵？又是什么让周红科如此兴奋？这口高产井又意味着什么？

桩海斜 25 井单井产量高，说明地层油藏压力高、能量足，同时具有很好的渗透性以及足够大的储集空间。这一发现把滩海地区的勘探阵地延伸了，给这个地区带来了无限的想象力。所以，桩海斜 25 井的意义绝不仅仅在于它是一口高产井！我们要看到的是这棵大树背后的一整片森林！相关研究人员说，它为桩海地区的勘探工作打开了局面，让人在这片未知海域看到希望。换句话就是，桩海斜 25 井的出现，意味着油田找到了海上勘探开发新的接替阵地！所以，桩海斜 25 井这个“金娃娃”不可能是“独生子”！ 8 月，油田将在这个区域部署更多井，进一步落实这一地区的资源潜力！

二

“这片海里，有数不清的宝藏。”现任科研所副所长的武群虎，谈起在大海中淘“黑金”的日日夜夜，眼角都挂满了笑意和自信。是的，在多次采访中，只要一谈到勘探新方向，他的眼睛就明亮起来了，有一种挚爱的情感点亮了他的情怀。战浪淘金这么多年，这个年轻的科研人员在摸爬滚打中成长为一名优秀的业务骨干，先后完成局级科研攻关课题若干项，获得省部级、局级奖励无数，被授予中国石化埕岛油田产能建设突出贡献奖、油田优秀青年知识分子、油田文明先进个人等多项荣誉称号，变成了名副其实的“老科研”。

然而，工作之初，这片蕴含着无限可能的海域却让刚硕士毕业的武群虎寻找大油田的梦想受到了冲击。前路有太多未知，勘探难度超乎想象，理论知识与生产实际相差甚远，这让初出茅庐的武群虎有些措手不及。为尽快掌握更多基础资料，他没日没夜对着图纸、数据细抠论证，一口井一口井地吃透老井资料，一张片子一张片子地琢磨研究成果，经常查阅资料熬到深夜，陪伴他的只有一条条测井曲线、地震剖面和办公楼里的最后一盏灯。

武群虎办公室的书架上，除了地质书就是勘探思想辩证的一些书籍。低头看下去，我这个学过一点石油钻井专业的也是一头雾水，看不懂，更看不进去。他是怎样一本本啃下来的呢？或者说，他是怎样把这些书当做台阶，一步一步地探寻到地层宫殿里的呢？

日夜勤学、不辍苦练，武群虎迅速练就了一身精雕细刻的找油本领。2014 年，油田将中浅层重新确定为海上效益增储的主阵地，他和同事们采用勘探开发一体化模式在埕北 6GA 平台成功部署实施埕北 6GA-10 井，拉开了埕北 255 区块储量动用的序幕，当年新增探明储量 129.76 万吨，“唤醒”了沉睡 10 年的中浅层系。

埕北 6GA-10 井成功部署后，他敏锐地发现，埕岛主体西北部馆陶组自 20 世纪 90 年代中期上报探明储量后，再未进行评价，周边存在多个空白区域。丰富的勘探实践经验告诉他，这里可能还有一个油气富集条带未被发现。

“有油，咱们就要找！”武群虎带领勘探室技术骨干迅速成立攻关小组，每天盯着三维地震剖面，看道集、做正演、描砂体，最终创新提出“保幅拓频处理提高河道砂体地震识别率”技术，将馆陶组河道砂体储层有效识别率由 70% 提高至 85%。利用该技术，新的油气富集条带“破土而出”，他们部署的埕北 208 等 6 口探井全部获得高产油流，海上当年新增控制储量 1659.11 万吨，占整个胜利东部探区的 1/4。

深耕结硕果。说到这些成绩，武群虎有些许自豪。但谈及家庭，他却又充满愧疚。儿子已经上小学三年级了，他却没有参加过一次学校活动，想起儿子每次渴望的眼神和那句“爸爸，你辞职吧，这样你就不用加班，可以陪我了”的无心之语，他内心总是会涌上一阵酸楚。在周末的一次采访中，他在周六早晨陪孩子去理发，我却电话打扰了他。我说：“陪一下孩子吧，下午再到单位去拜访您。”下午，整个勘探室的职工都没有休息，匆匆来去，整理和汇总着资料，准备一次新的勘探汇报，不断调整求证是他们共同的责任。

三

于世娜，海洋采油厂科研所勘探室主任。我第一次见她时，她眼睛红红的。一问原因，连续十多个小时的夜里盯井，刚刚结束，睡眠严重不足。看到这种情况，我就把被采访人更换了，并在回宾馆后翻看她的一些获奖资料。这几年来，她接过了勘探室主任的重担，成绩斐然。部级奖励四项，有油气开发一等奖，也有优秀方案专业技术首席；管理局十项，有科技进步奖，也有优秀组织者奖。她的爱人滕飞的职务是海洋采油厂勘探开发专家，这对夫妻，很有共同语言，是当之无愧的勘探之家。

再次采访，于世娜的电话不断，她正在处理一块油区井位的确认和钻探路径。她很贴心地把两本历史地理杂志放到我的面前，怕我等待时间太长了。在她忙碌的时候，我就在墙上的地质挂图前徘徊。在地质勘探人的眼里，那上面的每一条曲线，代表着深度、宽度、厚度，代表着产能地况风险，是他们每天光顾的地质花园。哪一朵是石油之花，哪一丛是聚集油区，哪一断层夜不能寐？我看到了慢慢舞动的曲线绸带，不断舞动着打开了新的空间和时间，认知的灯照亮新的疆域。

地质夫妻是一个比翼的词语，在采访中却全是生活的聚散离合。滕飞作为一个平台负责人，经常不在家；于世娜作为勘探室主任，经常加班。特别是这三年的疫情下，孩子还要上网课。有一天，天下着小雨，经过一夜的盯井，再汇总完数据和资料，快上午九点了，她匆匆地小跑着回家，路上一打滑，差点跌一个跟头。进屋一看，女儿在上网课，电脑显示器竖立着，原来女儿在跳出画面时屏幕不知点到哪里了，竖屏变横屏，可孩子不会调，也不想惊动忙碌的妈妈，就竖立显示器看，也挺好，效果不错。于世娜说到这里有一点哽咽，孩子很懂事，成绩也上升较快，独立生活能力很好。是的，每一个孩子的成长都需要陪伴，这一对地质夫妻的孩子不得不学会了自立。

四

勘探采访转到了胜利油田勘探开发研究院，见到了景安语经理。景安语 2006 年毕业于中国石油大学（北京）地球探测与信息技术专业，硕士研究生学历。他是一个性格温和、说话铿锵有力的地质工作者，毕业之后，毅然投入到滩浅海的勘探研究中。

工作之初，谈起在大海中淘“黑金”的日日夜夜，老师傅们总说“这片海里，有数不清的宝藏”。然而，这片蕴含着无限可能的海域却让刚硕士毕业的景安语寻找大油田的梦想受到了冲击。

景安语学的是地球探测与信息技术，和地质勘探差距较大，专业知识相当于要从头学起。起初他也有“反正是国企，大不了混下去”的想法，但是这种念头只是一闪而过，他坚信在挫折面前要勇于用实际行动证明自身潜力和价值，挖掘自己的爱好，树立信心最重要。在软件应用方面他很感兴趣，工作头一年，他利用 8 小时之外的时间跟着视频学完了蓝马软件的主要功能模块，利用其中的分频处理模块对孤东地区的河道砂体进行了分析，工作得到了油田领导的高度评价：跨专业也能出彩。领导也认识了这个跨专业的年轻人。

勘探主体研究室最主要的任务就是井位部署，重头戏是井位论证会。经过 5 年的积累和提升，他接过 2012 年春季论证会汇报的重任，一方面请教过来人，熟悉了近 10 年来的论证会多媒体；另一方面啃资料、思考琢磨，掌握汇报材料的技巧、井位讲评的套路及注意的问题。最终这次汇报提交了一份满意的答卷，因为表现出色，之后又有了第二次和第三次汇报。量的积累最终会成就质的飞跃，这位跨专业年轻人变成了名副其实的油气勘探“行内人”。

作为室领导，景安语带头精研业务，为了解决古近系地质认识问题，他一边翻阅各种深层地质研究报告，总结地质规律，一边花大量时间对 40 余口探井岩心进行观察，积累了丰富的一手资料。通过研究，他改变了之前“桩海地区古近系勘探潜力小”的认识，认为该区储盖条件有利，油源充足，具有较好的成藏条件。

通过深化埕岛—桩海地区古近系沉积、成藏规律研究，他带领团队部署了桩海斜 25、桩海 26 侧、桩海 27、桩海 28、埕北 85 等一批预探井，均在古近系获得高产工业油流。其中桩海斜 25 井在东营组获得日油 350 吨、日气 31020 方的好成绩，桩海 28 井在中生界也见到良好油气显示，多层系含油、多类型高产。这些高产井为桩海地区新区新层系勾勒出的勘探景象，为胜利滩海地区形成规模储量阵地、实现长期稳产以及胜利海上百万吨产能建设奠定了基础。

滩海地区连续 5 年上报探明储量超千万吨，为油田的增储上产提供了坚实的资源基础。2015 年以来，景安语荣获中国石化商业发现一等奖 2 项、二等奖 4 项，油气发现一等奖1项、二等奖2项、三等奖1项。

在滩海勘探研究室，总能看到景安语同年轻人一起解释地震剖面、一起画图、一起观察岩心的画面。每个地质术语、文字逻辑顺序，他会一遍遍讲解，井位论证多媒体他会逐字逐句检查，凡是遇到汇报及培训机会，他都积极组织年轻人参加。他致力于复合型人才培养和学习型研究室建设，针对研究室年轻人多、工作经验不足的现状，深入实施“导师带徒”“支委带团队”培养模式，着力建设人才梯队，研究室自主创新能力不断提升，优秀年轻骨干不断涌现，形成了多个攻坚克难的科研项目组，多个班组被评为模范“五星”班组。

在生活中，景安语是员工的贴心人。晚上加班，他总要到亮灯的房间去看一看，跟大家谈一谈工作、谈一谈生活。职工家里有事了、生病了，他妥善处理，让职工感受到组织上的温暖。他经常同职工谈心，及时了解大家的思想动态和想法，通过深入细致的工作，为研究室和职工建立了沟通的平台，也为职工营造了宽松的工作环境、和睦的人际关系，研究室充满了向心力，大家的积极性和创造性得到发挥。

战浪淘金的16年，让这个年轻的科研人员在摸爬滚打中成长为一名优秀的研究室负责人，先后承担股份公司和分公司科研攻关课题7项，获得股份公司科技进步一等奖2项，分公司科技进步奖多项，被授予局个人三等功、胜利希望奖、十佳岗位能手、突出贡献科技人员、首届胜利地质十大杰出青年等多项荣誉。

五

走进物探研究院（简称“物探院”）桩孤室，就看到坐在电脑前的石晓光正双眉微锁、紧盯屏幕思考着什么。走近一看，才发现他又在琢磨区块的定井资料。他先后获得中国石化油气发现一等奖、油气勘探商业发现一等奖、中国石化闵恩泽青年科技人才奖，并荣立油田建功立业个人二等功。

众所周知，业精于勤这个词特别适用于油气勘探。有人曾说，准备一次报告，就像扒一层皮。虽然这个说法很夸张，但能反映其中的紧张和艰苦。特别是近年来勘探形势和部署方式发生重大变化，以“三不打三不定”原则为代表的相关举措的出台，要求他们必须把事关部署的每一个环节都落实到位、精细到位。每到那个时候，白天除了干具体工作，还要收集材料、制作总结。领导常叮嘱："咱们的表述对象是空间地质体，每一张片子都要点线面结合，才能事半功倍。"就拿一张油藏剖面来说，井位钻探信息是"点"，地层结构、油藏类型是"线"，构造沉积成藏背景是"面"，彼此互为支撑，才能供领导科学决策。所以一个小时只做好一张片子是常有的事儿。多年的积累也让他把浅海工区数百平方千米区域一点一点"砸"进了脑子，能从无数地质现象中，抽丝剥茧、去伪存真，为寻找优质效益储量提供更好的可行性方案。对此，他印象最深的是前年准备油田秋季部署会的时候，母亲得了重病，他心急如焚，可当时还是强忍挂念，全心地投入到了工作中，直到部署会结束，报告夺得了一等奖。所幸当回到家时，母亲已转危为安。

同时，石晓光得益于物探院处理解释一体化管理机制的不断深入，他跟团队充分发挥创新意识，针对下古生界潜山断裂体系复杂、构造活动期次不清的问题，深入挖掘深度域地震资料深层成像及构造解释优势，明确了"挤拉滑共控成山"的潜山成因机制，确立了以"挤压逆断层"为核心的分级解释模式，提出古潜山"正负向圈闭均可成为油气富集区"的认识，又一块集中、高效、可动用的千万吨级优质规模储量阵地浮出海面。

对油田勘探管理中心贾专家的采访让我不断拨开海洋勘探阻挡在眼前的薄雾。储量最多的潜山古生界、古近系的中间楼层、桩海地层断裂运移的圈闭等，这些年来，勘探团队不断探索，形成了许多新技术，为海洋勘探指明了方向。

在对勘探开发研究院滩海室的采访中，我们再次谈到了习近平总书记对该院所的关怀。2021 年是胜利油田发现 60 周年，习近平总书记来到胜利油田勘探开发研究院，走进页岩油实验室、二氧化碳气驱实验室，听取油田坚持自主创新、加快技术攻关应用、保障国家能源安全等情况介绍。当时，滩海室的党员干部都排队站在北门小广场的东面，看到习近平总书记走出实验室，从他们眼前走过，大家都激动得说不出话来，只是站在小广场中心，眼含泪水盯着那个高大的身影。习近平总书记指出："石油能源建设对我们国家意义重大，中国作为制造业大国，要发展实体经济，能源的饭碗必须端在自己手里。希望你们再创佳绩、再立新功。"滩海室第二天就组织了座谈会，大家共同的感受就是深受鼓舞，一定要把滩海勘探的工作干得更好。

每一步都是爬坡，每一步都有新风景。2022 年 6 月 29 日，在油田二季度滩海地区井位部署论证会上，海上探区 3 口探井井位通过审批。2022 年 7 月 3 日，新胜利五号钻井平台顺利就位埕北斜 397 探井，即将对该井进行钻探施工。作为油田“五个百万吨”产能建设重要阵地，海洋采油厂连续 17 年原油产量箭头向上，连续 7 年产油超 300 万吨。

船出海了，天气晴朗，海风很小，太阳悬在空中，把一颗颗闪亮的晶莹钻石轻轻地点缀在碧蓝的大海上。

船舷后面是盛开的浪花，盛开的时光，盛开的前进记忆。海鸥在蓝天上追逐着，它们的鸣叫在我遥望的心底里产生了微妙的反应。看到采油平台越来越近，小小的身影变得高大，它是一个挺立在海涛中的抒情诗人，把黑石油通过海底深藏的管线送到陆地上，变成让世界飞翔和奔跑的力量。

你好啊，时光和大海，钢铁和火焰。

你好啊，明月和太阳，遥望和思念。

你好啊，梦境和命运，涛声和花环。

你好啊，在胜利海洋勘探心怀里，荡漾着汹涌的歌声！

对弈沧海

石　兵

没有亲身站在海上采油平台上的人很难体会到那种感觉。

脚下的坚实，头顶的辽阔，眼前的苍茫，心中的明亮。穷极了语言和思想，也难以尽述这海天环绕、云奔潮涌的感触，只有闭上双眼，慢慢回到现实，在这座巨大的海上平台中慢慢回归理性，再睁开眼睛，记录下所见所闻、所思所想。

2022 年 5 月 20 日上午，经过近一个小时的乘风破浪，埕岛中心三号平台在视野中渐渐变得高大起来。当我们乘坐的海鲛七号船抵达中心平台脚下，我也终于看清了它的全貌。平台在海面以上高达 30 余米，科技感十足的框架结构让人惊叹不已，干净整洁的平台甲板，层次分明的生产区、生活区，活力满满的油田员工，无一不透露出这方小小天地的卓越和精彩。

走上平台，站在最高处的停机坪上举目四望，近处环绕着或大或小的数个卫星平台，偶尔还会有几只海鸟盘旋而过，会有几艘小船徐徐而来；远处则只有无边的大海，目力极限，一片蔚蓝将海天相连，让人顿生孤独渺小之感。

突然有一种感觉，如果在天空中俯瞰大海，这些星罗棋布的海上平台真的极像一枚枚小小的棋子，看似杂乱，实则有序。棋子落在棋局之中，潮起潮落，落子无悔。或许，这便是海洋人与大海对弈的一盘棋局吧。

对弈沧海，需要拥有海的豪情与勇气，更需具备海的浩博和智慧。

在这个孤岛一般悬于海中的采油平台上，常年工作生活着一群勤奋坚毅的石油汉子。每一天，他们在平台小小的梯台间忙碌不停，据说，他们每天的平均步数都在两万步以上，远远超过了许多在陆地上生活的人。他们面对大海，倾听着绵绵不绝的海浪声，让自己与平台融为了一体，与石油融为了一体，与大海融为了一体。

海上平台像一个硕大的钢铁巨人，在海风与海浪中傲然而立。相对于视线所及的海上部分，它深藏水下的那些遒劲有力的根系才是更令我叹为观止的不凡存在。通过在海洋采油厂 10 余天的采访，我了解到，在平静的大海深处，采油平台的根系四处蔓延，深入海底 10 余米，方圆数里海域都是它的领地。在目力无法抵达的大海深处，一条条由地底原油汇成的黑色巨龙自四面八方奔腾而来，在中心平台上完成油气水分离，并被精准分流到遥远的陆地上。这是现代科技的巨大力量，也是胜利油田海洋石油人的使命担当。

端牢能源饭碗的决心与勇气支撑着胜利油田海洋石油人扎根孤独、志存高远，科技创新创效的力量推动着海上油田的发展壮大。大海无垠，大海中的平台极小，但坚守会让微小的事物变得伟大，使命会让平凡的生命绽放光彩。平台上，每一米、每一寸都凝聚着智慧和力量，融汇着科学与技术，呈现着海洋人矢志为国献石油的决心与信心、豪情与壮志。

在科技上领先一步，就能在发展上胜出一筹。作为中国石化集团公司唯一的海上采油厂，自党的十八大召开以来，胜利油田海洋采油厂立足高质量发展，将习近平总书记嘱托记在心中，将胜利担当扛在肩上，十年如一日坚持科技创新，胸怀丘壑，对弈沧海，走出了一条熠熠生辉的海上科技发展之路。

叠叶与高节，俱从毫末生

在陆地上打一口油井不容易，在大海里打一口油井的难度更是呈几何倍数增加。

胜利油田海洋采油厂所辖的埕岛油田和新北油田地处老黄河附近，地理位置特殊，海洋环境及海底地质条件恶劣。海区冬季极端气温达到零下 18 摄氏度，潮流流速大，平台要遭受到平整冰及流冰的巨大冲击，并且一年四季均有风暴潮发生，所处海域水深相对较浅，海底受波浪、海流的扰动尤为突出。黄河口在这一带曾多次转移改道，海底大冲大淤，地形复杂，变化无常。

胜利油田的地质勘探技术人员早已发现海底有丰富的油气储藏，但是开发技术却成为海上油田开发的瓶颈。如何在与陆地完全不同的特殊海洋环境下打井采油，应该选择哪种合适的海底井口基盘，让后期的钻井、作业、采油等工作都能受益，成为摆在海洋采油厂面前的一道难题。

叠叶与高节，俱从毫末生。基础打不牢，会对后期开发工作造成诸多困难。题再难，也要解；关再险，也要闯。海洋采油厂技术人员在充分认识油区环境的同时，积极学习借鉴国外先进经验，把水下基盘的革新改造计划提上了日程。

海洋采油厂首席专家吴敏告诉新型水下基盘项目研发团队，因为埕岛油田的特殊性，没有成熟技术可以复制，但是我们一定会找到一条可行的成功路径，信心来源于我们对自身实力的客观评估，来源于我们海洋石油人一直以来不服输的性格和严谨科学的工作精神。

作为新型水下井口基盘研制工作的亲历者，海洋采油厂技术管理部高级主管岳晟告诉笔者，传统的钻井隔水管及井口导管架两种结构的井口平台存在无法回避的短板，在海流冲击下，存在变形大、强度弱、抗倾覆能力差、易倾斜、海上调平困难、灌浆效果难以保证等一系列问题。由于埕岛海域地底地质的特殊性和海上施工条件限制，常规形式的海底井口基盘应用效果极差，是真正的“卡脖子”难题。正是基于此，海洋采油厂坚持科技攻关，从源头解决问题，把水下基盘的技术突破作为油田“十二五”期间一项重要科技攻关课题，组织精兵强将展开技术攻关，终于成功设计出 12 井式的水下基盘，将传统的 9 井式井口导管架彻底取代。

当时，埕岛油田的开发工作已经铺开，早一天研制成功，就能早一天投入应用。水下井口基盘项目组全体人员多次放弃休息日，勠力同心，锲而不舍，横向对比国际先进技术，纵向对比油藏客观开发现状，每天不是在办公室讨论分析就是在施工现场实地论证，几个月不眠不休的辛勤付出，终于研制出了符合浅海油田开发的新型水下基盘。

这是一种将导管架和常规基盘结构相结合的新型水下井口基盘，将基盘与隔水管连接成为一个整体，使基盘在具备导向和定位作用的同时还具备导管架的支撑连接作用，将新的功能赋予基盘，这在当时的国际海上石油开发中都是一种新的大胆尝试。

井口隔水管采用打入式施工代替钻井船钻入式施工，避免了因钻入过程中海底地基的过度扰动造成的倾斜。基盘相当于半个直导架构，水上部分只有一个引导管，在就位时起到定位作用，最大程度保证了安全，还大大减少了冰作用区杆件尺寸，优化了结构受力，节省了钢材，并且便于施工。这种水下基盘适合较浅水域的边际油田开发，投资少并且可以满足安全生产的需要，研发意义十分重大。

新型水下基盘与彼时方兴未艾的胜利海上油田开发工程结合紧密，满足了海上油田开发的迫切需要，简化了海上施工作业，非常适合胜利油田开发的浅海油藏，单个井口平台就能取得直接经济效益 245 万元。

我国浅海及极浅海海区蕴藏着丰富的油气资源，但就产量效益评估而言，大部分属于小型边际油田，不能等同于一般的海上油田。这种新型水下基盘可谓是量身定制，在我国广泛存在的浅海油田有着极好的市场前景。

新型水下基盘成为油田“十二五”期间的重要科技创新项目，为浅海油田的开发打下了坚实基础。12 井式水下基盘在海洋采油厂得到了普及应用，水下桩和单立柱的水下连接技术也在胜利埕北 246 等 4 座水下井口基盘陆续应用。

千里之行，始于足下。可以说，新型水下基盘是埕岛浅海油田开发工作中至关重要的第一步，海洋人的第一步走得踏实稳健高效，是科技的力量，更是信心的力量。这也为今后的海上钻采工作打下了坚实的基础。

海上油田的高质量发展，从海上开发的第一步就已经初见端倪。毫末之微的科技种子，很快便在海洋采油厂生根发芽，并开出了一朵朵绚丽的创新之花。

浅海油田开发的基础工作极其繁杂，日常生产工作中应用量最多的电泵就成了海洋采油厂攻关的重点。与陆上油井大多数采用抽油机生产不同，海上石油开采大部分油井应用的都是电泵。大海中空气湿度极大，对各种电器的安全使用标准更高、要求更严，如何提高电泵使用寿命是关系到油井稳产高产的关键问题。但是，一个很现实的问题是，尽管海洋采油厂非常重视电泵管理工作，电泵的故障率也远远低于陆上油田，但海上油田的特殊性还是让电泵短寿问题被无限放大。这个问题，在油田“十三五”初期显得尤为突出。

电泵一旦出现故障，维修成本、平均维修时长都是陆上电泵的数十倍，油井停产损失也相应大幅增加。茫茫大海中，电泵一旦出了问题，不仅要考虑如何维修，还要考虑是否能及时维修。海上天气多变，是否适合出海？出海船是否能够随叫随到？负责维修电泵的技术人员能否及时到位？这些问题都曾让海洋人头疼不已。与此同时，他们也清醒地认识到，自然环境是人力无法掌控的因素，还是必须从自身入手，让人与设备都适应环境，而根本性问题就是如何延长电泵的使用寿命。

海上电泵维修非常麻烦，干脆就从源头入手，减少电泵出现故障的频次。

明确了问题，统一了思想，海洋采油厂立刻组织精兵强将开始专项攻关。他们系统梳理了所有影响电泵使用寿命的相关数据，将近年来电泵故障的原因进行分类剖析，精确找到了影响电泵寿命基因：电泵电缆经常烧坏。

找到了问题所在，就要分析原因、找出对策。当时，电泵的维修保养工作由承包商胜利泵业公司负责，海洋采油厂采油工艺监督中心副经理寸锡宏立刻找到对方。说明来意之后，对方却苦笑着说："电缆这东西最怕潮湿，大海里湿度不是一般的高，这就是电缆容易烧坏的原因，但是知道原因也没办法，咱们也不能把大海给搬走了。"

听了对方的话，寸锡宏没有气馁。他觉得，只要坚信科技的力量，从科技创新上找对策，就一定会有办法。大海搬不走，但可以提高电缆质量，提高防水防潮技术，工作往细处做，质量向高处求，就算问题无法得到彻底解决，也一定能够见到明显效果。

寸锡宏说服了胜利泵业公司的人，双方一起深入分析电缆易损原因，一起到电缆厂家实地验证电缆质量，对照国家标准一项一项落实，一道一道工序进行分解论证。但是，最后得出的结果却有些出人意料。所有电缆质量全部合格，也都是按照标准进行的装配，那么问题究竟出在哪儿呢？

胜利泵业公司的维修人员说："哪里会有不出故障的电缆呢？就像电器一样，用得久了都会出故障。再说了，一旦坏了也是我们修，你们产油量这么高，不会连维修费也出不起吧，不用这么认真的。"

但是寸锡宏是个倔脾气，他认真查阅相关资料，与国外石油公司电泵相关数据进行横向对比，发现如果电泵电缆质量合格，电力供应稳定，绝对不应该出现频繁的电缆损坏情况，电泵使用寿命一定还有巨大的提升空间。他暗暗下定决心，一定要找出问题所在，一定要解决掉它。这时，他想起了两家国际著名的石油公司：贝克休斯和斯伦贝谢。

2018 年，寸锡宏带着胜利泵业公司的维修人员找到了两家公司的中国基地，一方面进行电泵技术培训，另一方面也请对方的专业人员对电泵电缆问题进行专业分析。他们梳理了海洋采油厂近五年来的电泵躺井，细致解剖了一百多台电泵，逐个分析，查找故障原因，经过一系列科学严谨的模拟试验，终于找到了问题所在：电缆接头不规范。当时，斯伦贝谢公司的一名工作人员拿出一本厚厚的小册子，递给寸锡宏说："不要小看电缆连接这项技术，我们也是经过了无数次的试验，综合考虑了多种因素，才终于找到了最适合海上油田开发的电泵电缆连接技术，这本小册子就是我们对于电缆连接的技术要求！不过，这个你只能看看，不能带走。"

翻开小册子，寸锡宏终于认识到了与国际一流石油公司的差距所在：电缆裸线精确到毫米，连接接头压紧铜套时要水平和垂直顺序依次进行，连接后的打磨标准极其苛刻，电缆接头连接时的空气湿度也有严格的要求，湿度达不到就不能进行连接。寸锡宏感叹，国际一流的石油公司之所以成为国际一流，不仅仅是因为他们财力雄厚、管理规范，更是因为他们严谨科学，始终坚持科技创新，把每一个技术细节都做到了极致。

国外的先进经验可以借鉴，但具体的技术攻关还要自己来完成。为了确保电缆连接达到国际一流水平，在人员极其短缺的情况下，海洋采油厂仍然坚持抽调精兵强将，组建了一支专业电泵队伍，并对标国际一流公司进行了严格的学习培训。他们模拟电泵电缆的工作环境，借鉴国际先进经验，结合自身实际，进行了反复论证试验，终于找到了适合海上油田的最佳电缆连接技术。接下来，他们现场开展了一系列电泵电缆连接新技术试验，效果立竿见影。

泵修部分业务由外包到自营，成本节约不多，却增加了不少的工作量，粗看起来，似乎是做了一笔不划算的买卖。但海洋人心中清楚，这是一个经过层层论证的决定，毕竟，选择一项服务，技术水平的高低才是关键。初期基础工作做好了，就能省下后期的许多麻烦和问题，只要有的放矢，便会心中有数，算好了效益账，自然也就掌握了胜负手。目前，海洋采油厂电泵平均检泵周期高达 7 年以上，在全国首屈一指，彻底解决了电泵的短寿问题。并且，这项技术也辐射到了许多陆上采油厂的电泵管理工作中，产生了一系列辐射效应。

对于海洋人而言，高质量发展绝不是只追求高度和速度，只顾及眼前利益，而是立足于现实基础，着眼于未来发展。海洋人知道，只有基础夯实，根基稳固，有了强有力的科技支撑，未来发展的前景才会无限辽阔。

踏踏实实的海洋人，在对弈沧海的过程中，绝不当局者迷，计较小得小失，而是知己知彼，步步为营，举棋若定，全局在胸，坚持稳扎稳打，自然拾级而上。

厉兵秣马潮头立

打破界限，全链条融合，破而后立，高质量发展。一个高明的棋手，一定不会因循守旧，故步自封，特别是在面对一个异常强大对手的时候，筹谋定策之后，就要雷厉风行，一往无前。

2019 年初，海洋采油厂启动了埕北 251G 井组的开发工作。此前，这个井组已经过多次论证，却一直没有投入正式开发，主要原因就是预估吨油成本过高，适逢当时国际油价一直低位运行，开发方案便被搁置了下来。“十三五”期间，随着各项技术的逐渐成熟，该区块的产能建设工作被重新提上了日程，并顺利通过了论证。令人始料未及的是，就在这个被搁置多年的区块，却开启了一段堪称里程碑的开发历程。

埕北 251G 井组开发工作启动伊始，海洋采油厂就把目标明确了下来：埕北 251G 井组开发工作要按照世界一流标准投入实施，埕北 251G 平台要做成世界一流的采修一体化平台。不仅要在技术上达到国际一流，更要在管理上达到一流，在理念上达到一流。埕北 251G 平台就是要对标贝克休斯、斯伦贝谢等世界一流石油公司，要以大幅提产能为目的，以质量为生命线，打造成国内标杆，做成海洋采油厂的品牌，真正把胜利油田高质量发展的理念落到实处。

可见，固有的开发模式、开发技术已经无法满足海洋人的追求。多年来，与时俱进的观念转变和日趋成熟的科技积淀相得益彰，带给了海洋采油厂干部员工巨大的信心与动力。当然，豪言壮语绝非一时心血来潮，这是海洋采油厂在胜利油田“五大战略、三大目标”的指引下，结合自身实力与发展方向制定的切合实际的工作目标。有困难，但更有希望；有勇气，实则更有底气。

海洋采油厂领导班子始终保持着清醒的头脑，他们清楚，为了让目标顺利实现，需要更加缜密的计划与更加冷静的判断，需要更加先进的技术与更加稳定的质量。说干就干，采油厂立刻组建工作专班，定期组织召开多方会议，超前谋划，超前预判，每一个细小环节的施工都要反复论证，每一处简单工序的衔接都要科学高效，一切工作必须按照最优方案实施，宁肯慢下来，也绝不能把标准降下来，绝不要没有质量的进度。

2021年6月，埕北251G井组开钻之后的第一次运行会上，海洋采油厂总地质师王志伟提出，要先在原钻井地层下方多进尺五百米，射开水层，打一口水源井，然后利用采出水进行井筒清洗、配泥浆等工作。水的数量和质量得到了保证，就可以最大限度保护油层，同时可以即采即用，能够大量节省从陆地运水的成本。

面对这个以往几乎从未有过的提议，王志伟耐心做出了解释，虽然多钻进了几百米地层，看似多花了一笔不菲的费用，但多出的每一分钱都是有价值的。采出水与油层地质环境高度契合，稍加处理即可再次注入地层，不会出现伤害地层的问题。海上开发施工需要大量用水，从陆地运水耗费巨大，而且时效上也受天气等因素制约，可能会影响施工效率，有了这口水井，就可以把很多复杂的问题和隐患都彻底解决掉。

事实证明，这是一个绝对正确的决定。水源井顺利投产后，每天可以提供200多立方米水温、水质均与油层相匹配的深井水。水温70摄氏度、如纯净水一般清澈的采出水令所有人都欢欣鼓舞，用来配泥浆、清洗井筒没有发生过任何不配伍问题，真正提升了钻井完井过程中的油层保护能力，并且对该区块油井后续多产油、稳产油打下了坚实的基础。

可以说，这步棋是一记奇招，更是一记妙招，为埕北251G井组的开发工作开了个好头，也为后续工作提供了一个明晰的思路。

超前谋划，整体考虑，创新思维。接下来，在几方联动下，每天的各项工序都严格按计划实施，很快，埕北251G井组就迎来了第一口完钻油井埕北251GB-P1井。

完井过程中，海洋采油厂决定引进国际一流的解堵药剂——贝克休斯公司的BJ砂盐酸和生物酶破胶解堵剂。为了达到最佳效果，海洋采油厂积极与贝克休斯公司联系，第一时间收集岩层岩屑交由贝克休斯公司进行评价，用泥浆样品做各种物模实验，不断调整配方，最终确定了适合埕北251G井组的药剂配方。

贝克休斯公司人员说，很少见到海洋采油厂这样细致认真的顾客。其实，海洋人心中明白，他们要购买的不只是药剂，还是服务，是借鉴，是国际一流公司的先进技术经验。

2021 年 11 月的一天，海洋采油厂采油工艺监督中心副经理寸锡宏主持召开了一次重要的工作协调会议。与会三方是海洋采油厂、海洋钻井公司、井下作业公司，会议的主要内容是协调各方保质保量第一时间完成工序衔接，确保海洋采油厂重点开发区块埕北 251G 井组的第一口油井埕北 251GB-P1 井顺利作业投产。

为了确保第一时间上作业，寸锡宏要求钻井队伍暂时不撤设备，作业队伍可以直接利用现有的钻杆、防喷器等设备开展作业施工。寸锡宏强调，这个要求不是简单的缩短工期，而是结合天气、井筒保护等情况经过层层论证后提出的。由于施工地点在海上，更换作业设备一般需要两三天时间，极易造成工序拖沓，而一旦停工时间过长就要再次洗井，油层容易受到伤害。利用现有设备施工一方面可以节省时间，另一面也可以更好地保护油层，是一举两得的事情。但是，负责钻井工作的海洋钻井公司却有着不同的意见。

海洋钻井公司与会人员称，按照以往工作流程，钻井公司只负责钻井工序，目前工序已接近完成，下一步，验收合格后，他们就将连人带设备撤离施工现场，后序的工作已经与己方无关。如果像寸锡宏说的那样留下设备，一方面设备需要留人看管，给其他公司人员操作会不放心，担心损坏设备，像防喷器就是租赁来的，每天都要付一笔不菲的租金；另一方面会增加钻井公司无效益工作量，影响队伍士气。

寸锡宏耐心说服对方："埕北 251G 井组开发之初，我们三方就明确了必须进行一体化管理，我们瞄准的是国际一流采油平台。我再说一遍，我们不是甲方乙方，我们是一个整体，都为了这个区块的高质量开发在努力！如果只算自己的小账，大账上就会亏！我们要做到全过程配合，全方位管理，大家都要全方位思考问题，多从对方角度想想问题。大家确实工作侧重点不同，但最终目的都只有一个，就是这个井组、这个平台必须对标国际一流，达到国际一流水准！各方的小损失我们采油厂都会弥补，但必须服从统一安排！埕北 251GB-P1 井是这个区块的第一口完钻井，我们一定要摆正态度，做出样子！我们对标国际一流技术，首先要对标国际一流的理念，理念更新是科技发力的基础，没有理念，任何高科技都无法发挥应有的作用。"

寸锡宏的话让与会三方人员都瞪起了眼睛，大家意识到，这一次，胜利海洋石油人是真的下定决心要把埕北 251G 平台做成国际一流采修一体化平台了。

会后，各方队伍迅速统一了认识，大家群策群力，按照钻完井"全链条精品"管控模式，确定设计、施工、用料、验收 4 方面 15 个关键节点，制定入井液浊度、完井绝缘等 38 项重点管控指标，实行 24 小时驻井监督，不达标不下井，不合格就返工。接下来，所有的施工工序都做到了无缝对接，过去的分段接力工作模式彻底转变为深度融合一体化。三方队伍协同合作，没有浪费一天时间，没有拖沓一道工序，在严保施工质量的同时高效完成了各自的工作。

为了兑现建设国际一流采修一体化平台的承诺，海洋采油厂除了做实工作细节，还对标国际一流石油公司进行了专项学习，从技术到管理，从硬件到软件，不怕高投入。因为坚信高投入的背后一定会是高产出，坚持高质量的保障一定会是高回报。大到钻采工艺，小到平台底漆，都按最高标准引进，海洋采油厂坚信科技创新的力量一定会打造出真正属于胜利人的海上品牌。

一分耕耘，一分收获。高科技力量的加持让埕北 251GB-P1 井尝到了甜头。优快钻完井技术体系让该井大放异彩，国际先进的旋转导向和地质探边技术相当于给钻头装上了大脑和眼睛，可以精准控制几千米地下的钻头，让钻头“瞄着”油层在地层中穿行，准确命中地下几千米的油气藏，真正实现了从“摸黑打”到“看着打”。所有人都觉得，技术方面已经做到了极致，大家对最后的效果也充满了信心。事实上，这一点在埕北 251G 井组第一口投产井埕北 251GB-P1 上面也得到了最理想的证明。

很快，埕北 251GB-P1 井作业后顺利投产，整体工期缩短 3 天。在海上，一天工期就可以节省 40 多万元。更令人惊喜的是，这口井初期日产油 86 吨，是方案设计的两倍多，吨油成本仅有 30 美元，更是远远超过了预期。

按照固有思维来思考的话，开发单元第一口井就获得远超预期的高产油流，下一步就应该加快步子多打井多产油，但海洋采油厂的领导却保持着难得的冷静与客观，依然坚持少井高产的工作思路。海洋采油厂总地质师王志伟说，减少打井是从源头上降耗、减碳，同时用前期高质量、高标准确保后期的高产出、高效益。

“高投入、高风险、高难度、长周期”决定了海上油田只能走高速高效开发之路，只有树立“提高单井产能是全生命周期低成本开发的关键”理念，一切工作围绕着培育高产高效井，打造“少井高产”开发模式，才能用有限的井控制更多的储量，实现更高的产量，摊薄吨油成本。埕北 251G 井组就是按照“少井高产”开发模式投入开发的第一个井组，也是一个活生生的例子。

随着初战告捷，所有人的精气神都上来了，大家都想看看，这样一个精心谋划坚持高质量、高投入、高科技加持的区块能交出一张怎样的答卷。

优化钻井设计，水平井三开专打。配套旋转导向，提升覆盖能力。引进地质探边，提高储层钻遇。攻关配套高效钻井油层保护技术。调整井组，使井距从300米提高到400至500米，单控储量从17万吨提高到27万吨，可采储量增加42万吨，采收率提高2.1%。定向井配套“一趟管柱分层酸化＋分层防砂”技术，实现多层有效动用。引进砂岩酸，优化高速水充填防砂技术，提高炮眼充填质量。优化充填泵注工艺，实现裸眼水平井100%充填。实施生物酶分段溶蚀滤饼，充分释放水平段产能。水平井集成应用“旋转导向＋高清地质探边仪器”组合技术，给钻头装上“眼睛”，“看清”上下3～5米边界，精准靶向控制钻井轨迹，实现了从“打得到”向“打得好”升级。降低完井伤害，打通渗流“快车道”，攻关配套全过程油层保护技术畅通流道、高效解堵技术拓宽通道、高密实长效防砂技术防护通道，确保流体在地层—炮眼—井筒畅通无阻。一整套世界一流科技组合拳打下来，所有人都对未来充满了信心。

历经一年多的艰辛工作，目前，埕北251G井组开发工作已全部完成，通过创新应用“少井高产”开发模式，共投产新井26口，其中23口油井、3口水井，17口定向井、9口水平井，水平位移3061.60米，位垂比达到2.06。7口井初期产能超百吨，定向井初期日产油能力超50吨，水平井初期日产油能力超过80吨。与“十三五”相比，定向井和水平井产能均实现翻番。平衡油价由79美元优化到35.4美元，节省投资1.8亿元。埕北251G采修一体化平台也成为国内浅海平台中的标杆。

负责管理埕北251G平台的海二采油管理区经理马向辉说：“与其他平台要五到六人的值守不同，埕北251G平台只需要四个人就足够了，因为这个平台没有什么杂活需要干。就拿平台漆来说，现在投产一年了，一处也没有脱落锈蚀的现象，我们可以腾出人手干些生产技术和质量提升方面的工作。”

海洋采油厂总地质师王志伟直言，原来，他们想尽一切办法压成本控费用；如今，穷尽一切手段提高单井产能。一切围绕培育高产高效井，打造低成本核心竞争力。海上平均一口新井的投资是陆地的四五倍，每千米海管造价近2000万元；建设周期长达5年的海上平台，投资以亿元计算。高投入、长周期决定了海上油田开发只能走高速高效开发之路，让有限的投资产生最大的价值，打造“少井高产”的开发模式——

用有限的井控制更多的储量、实现更高的产量。

这一点，在埕北 251G 井组开发工作中表现得淋漓尽致。

打造技术先导型企业，就要以创新驱动破解发展难题，就要有质量就是生命线的工作意识，就要有敢为人先的勇气和魄力。观念的转变带来了高质量发展、质的提升，也引领了海上油田的高效开发。标准提升，质量提升，科技水平提升，让成本的增加变成了价值的增加，让海洋采油厂的路越走越宽。这是技术与管理的提升，更是观念与境界的提升。

观念的转变带来的是储量资源向经济产能转化。海洋采油厂打破孤立静止地看待难动用储量的模式，按照“少井高产”的开发理念，探索实施“1+N”高效建产新模式，依靠先进钻井和海工集约技术，以一座大型平台辐射开发多个小油藏、动用多套含油层系，将零散储量“聚零为整”，降低整体投入，实现未动用储量的高效动用，取得了令人欣喜的成绩。高科技加持，创新力驱动。可以说，埕北 251G 井组的科学高效开发迈出了海洋采油厂高质量发展历史性的一步，步步为营，一棋活全盘活，海洋采油厂真正拥有了对弈沧海的实力与底蕴。

依托着不断进步的科技力量，笃守着始终不变的理想信念，海洋人厉兵秣马勇立潮头，用一抹胜利红点亮了广阔的海洋，也像一盏灯塔，照亮了胜利海洋石油人的前行之路。

天工人巧日争新

相对于胜利油田的其他陆上采油厂，海洋采油厂还很年轻，28 岁的他充满朝气，对未来怀有无限的憧憬和希望。在与大海对弈的棋局中，他慷慨激越，豪情万丈，敢于胜利，也善于胜利。

埕岛油田和新北油田就像海洋人的两个孩子，看着它们从无到有，从小到大，每一个海洋人心中都会油然而生一种自豪感，而伴随着这种自豪感一同出现的，还有一种关于它们未来的期许与担忧，毕竟，与茫茫大海对弈，需要打起十二分的精神，更需要自身的不断强大。

进入 21 世纪以来，世界科技发展的速度越来越快，新事物、新技术层出不穷，此时，故步自封已不是原地踏步，而是大步后退了。海上油气开发涉及的技术大多具有多元性、危险性，受海洋性气候变化影响极大，变数也极多。可以说，每一座平台都是一所“技术大学”，都是海洋人提升科技能力的试验室与验证技术水平的试金石。

近年来，海上油田注采配套技术日新月异，在海洋人的不懈努力下，很多看似很难解决的系统性困难和瓶颈问题纷纷被突破。其中原因，用海洋人的话来说，是我们都有一颗不服输的心，都有一种不停学习不停提升自己的动力和能力。

2018 年 8 月的一个深夜，在海洋采油厂一间不起眼的工作间里，技术管理部集输管理岗工程师郝明辉拿着一小瓶破乳剂，小心翼翼把它加入取出的油样中，认真观察着破乳效果。在郝明辉身旁，破乳剂厂家的负责人同样目不转睛。当看到灰黑色的油样渐渐分离出了泾渭分明的油和水，郝明辉疲惫的脸上露出欣慰的笑容。他知道，解决困扰海洋采油厂中心平台许久的分水问题终于有眉目了。

海洋采油厂埕岛油田共有 3 座中心平台，采用半海半陆开发模式，采出原油经过中心一号、二号、三号平台初步完成油气水分离后，输送到陆地上的海三联合站进行集中处理，采出水再经回调水管线输送到海上后回注地层。整个过程距离长，处理液量巨大并逐年增多，有相当多的技术短板和隐患。

海上平台采用一级三相分离器进行油气水分离，受海上环境、温度、段塞流、来液乳化等影响，分水量少、含油高，无法进行大量分水。随着海上油田开发的不断深入，油井产出液量不断增加，但中心平台预分水量少，每天只有 0.89 万立方米，造成海陆间无效水循环量逐年增大等问题日益突出，长距离流程的集输不但造成了设备的超负荷运行、管线的长期高压运行，而且造成了极大的能源浪费，不符合胜利油田“降本增效、绿色发展”的理念。

根据海上水驱开发规划预测指标，到 2025 年，埕岛油田日产液量将达到 7.87 万立方米，提液后来液综合含水将高达 93.3%。在操作成本居高不下、现场产液量不断增加的情况下，传统经验已经不能适应发展要求。而且，如果系统无法高效优化运行，还要花费大量人力、物力、精力进行处理，极易造成处理成本的极大浪费。这些问题如果不能得到及时解决，将直接影响埕岛油田的后续开发。

问题已经迫在眉睫，不能等到问题出现了再解决，那将造成极其被动的局面。针对此，海洋采油厂技术人员开展了科技攻关，通过优选药剂投加，优化工艺流程，攻关中心平台采出液快速高效分水技术，希望能够有效解决这个“卡脖子”难题。

高效破乳剂是解决分水问题的重要途径，也是国际先进的石油公司一致认可的标准方案。但是，技术管理部集输管理岗工程师郝明辉在对比现有的几个药剂厂家的药剂效果之后，却发现都不是很理想。怎么办？问题必须解决，油田内没有合适药剂，就要把视线放到油田外，跳出埕岛看海洋，跳出胜利看海洋，到中海油、埕岛西油田等地方看看他们有什么好办法。

果然，郝明辉发现中外合资开发的埕岛西油田应用的一种破乳剂效果非常好，经过仔细询问，他得知这是一家位于山东菏泽的药剂厂根据埕岛西油田原油物性量身定作的破乳剂，虽然这家药剂厂暂时没有获准进入胜利油田市场，但郝明辉还是决定去药剂厂实地看一看。

以往，油田所用药剂虽然能够达到油田普通标准，但无法达到海洋采油厂的特殊要求，跟不上海上油气开采日益加快的步伐。海洋采油厂不同于陆上油田，油气分水系统如果处理不好，将会出现极大的麻烦，所以急需一种高效分水的破乳剂，在山东菏泽的这家药剂厂，郝明辉看到了希望。

于是，接下来便有了前文所说的一幕。那一天，郝明辉和其他几名技术人员带着从厂家仓库随机抽取的几种药剂，星夜返回海洋采油厂，没顾上休息就立刻进行试验，终于找到了适合埕岛油田原油的高效破乳剂。

为了达到最佳效果，药剂生产厂家主动提出能否取出少量油样，带回药剂厂实验室研制更加匹配、效果更好的破乳剂。郝明辉高兴之余，突然意识到了一个重要的问题，这家药剂厂没有油田准入证，即使药剂效果非常好，也会因为制度限制无法大规模引进使用，而且，按照原有破乳剂相关技术标准，过去应用的破乳剂也是达标的。

怎么办？一个大胆的念头出现在郝明辉脑海中：能否根据海上油田开发的特殊性与重要性，重新修订破乳剂海上药剂采购技术标准，重新评估相关药剂效果，立足高质量发展，引进高效破乳剂，一举破解这个“卡脖子”问题？

说干就干，时间就是效率，郝明辉立刻把这个想法汇报给了上级领导，并很快得到了上级的认可与支持。他马上联系相关业务部门，在油田处室的大力支持下，在广泛调研的基础上，紧密结合海上生产实际，组织修订了破乳剂海上药剂采购技术标准，将破乳剂脱水速率≥ 90% 的时间标准由 90 分钟缩短至 30 分钟，增加了脱水 24 小时后终端外输交油含水率≤ 1.2% 和三相分离器水路出口含油≤ 500 毫克 / 升两个指标。提高了海上药剂技术标准的针对性，保障海上平台在有限的处理时间和空间内实现油水高效分离。

标准提升了，渠道通畅了，可选择的面就更为广阔了，以前的药剂供应商无法提供符合新标准的海上药剂，就可以面向国内外市场进行招标采购，进一步加大市场化采购力度，优选国际一流供应商提供高效药剂。

海洋采油厂主动联系油田技术检测中心，一起到菏泽的这家药剂厂家仓库随机抽取药剂，在大量室内试验满足使用要求的前提下，选取了中心二号平台开展破乳剂场地试验。第一时间取出采出液，现场做实验，不出意料取得了良好的应用效果。经过试验发现，投加新型破乳剂以后，中心二号平台三相分离器出口水中含油量始终保持在 500 毫克 / 升以下，日就地分水量由 6700 立方米提高到 10000 立方米，外输液量减少 33%，当即停用了 1 台原油外输泵。

终于找到了满意的药剂。为了让效果更好的药剂能够顺利采购并第一时间应用到实际工作中，海洋采油厂更是不遗余力，技术管理部协调联系油田各级部门，用最短的时间通过了层层审批，终于让这家药剂厂有了参与投标的机会，并一举中标，顺利拿下了海上油田这个大市场。

药剂生产厂家负责人感慨地说："以前都是我们主动上门求客户购买我们的产品，没想到，咱们海洋采油厂反其道而行之，主动上门求购，而且主动帮助我们办理油田准入证，这才是真正的大企业大格局，遇到这样致力双赢的好客户，我们还有什么理由不全力以赴呢？"

尝到了自选药剂厂家的甜头，海洋采油厂也不再将目光局限在内部，他们探索建立了产品选商机制，组建多专业的选商团队，在广泛调研、现场考察的基础上，综合考量供应商资质、技术研发能力、产品质量控制、市场占有率等因素，建立了海上关键产品选商"短名单"。目前已经选商国际一流企业 13 家，国内一流企业 25 家。美国霍尼韦尔、德国科隆、法国爱森、重庆泵业、佳木斯电机……如今，在海洋采油厂的“购物车”里，有各种跨国大品牌的产品，涵盖制造、机电、自动化等多个领域，且大多贴着“全球名牌”“行业冠军”等标签。至此，海洋采油厂完成了从合格用商到一流选商的跨越。

药剂问题虽然得到了顺利解决，但技术管理部三采主管李丙贤却觉得集输系统仍然存在一些问题，平台集输工艺流程仍有一定的优化空间。他指出，通过提升药剂质量标准，确实实现了海上平台短流程快速分水，但油气集输工作是个系统性工作，药剂质量优劣、工艺流程是否科学合理都是影响集输系统稳定运行的关键问题。如果在药剂优化基础上，通过继续对标追标，对海上地面工艺系统进行优化提升，一定会达到更好的效果。

作为一名海上采油工艺技术老兵，李丙贤对埕岛油田中心平台集输工艺有着清醒的认知。油井采出液通过海底管道混输到中心平台，在海管落差大，特别是在立管处很容易造成严重段塞流，段塞流一旦形成，会造成系统压力波动加大。虽然药剂在实验室效果良好，但在段塞流的作用下，处理药剂无法和来液进行充分混合，处理时间短，会影响就地分水能力的进一步提升，并造成药剂量的浪费。同时，三相分离器运行不稳定，末端平台回压波动，导致中心平台就地分水量仅占总液量的 15%，大量采出水会在海陆之间形成无效循环，地面系统运行成本也会大幅升高，地面系统运行风险增大，进而给生产工作带来一系列的问题，所以，段塞流的问题一定要尽快解决。

段塞流在管网中运行，要想治理好它，必须精准捕捉快速消化。李丙贤通过研究段塞流捕集技术，并根据中心平台来液的实际情况，提出可以采用段塞流捕集器加三相分离器可串可并的两级油气处理工艺，进一步提高分离效率，消除一级分离器受段塞流影响引起的偏流、油水界面不稳、气液扰动等情况，让系统运行压力更加平稳。

经过技术部门的反复实验论证，李丙贤的建议得到了采纳。在段塞流捕集器的建造过程中，李丙贤每月定期和采油管理区、设计院相关人员到制造场地现场落实进度，优化撬块结构，现场第一时间解决出现的问题，确保事不过夜。

有一次，段塞流捕集器的制造进入一道关键工序，为了确保高质量高标准，李丙贤在工地上待了一天一夜，不放过任何一个微小的问题，保证第一时间协调解决。建造段塞流捕集器的工人们都说，海洋采油厂的李工真是个精细人，有他在，一点问题也出不了。

段塞流捕集器整体撬装体积巨大，整体组装后陆地无法运输，为了加快海上施工进度，在制作车间整体成撬组装初步验收，在确保符合海上相关要求后，再次拆解运送到码头海工基地，在海工基地分块保温后吊装到海上平台不动火一次组装成型，极大减少了海上的施工工作量。2020 年 6 月投产期间，为确保一次组装成型，李丙贤和相关技术人员连续一个星期吃住都在现场，制订计划，协调指挥，配合施工，确保质量，最终，段塞流捕集器一次组装成型，如期投产。

段塞流捕集器投产成功后，就起到了立竿见影的效果，平台生产运行效益得到了明显提升，配合药剂的有效投放，平台就地分水率大幅提升了 35%，外输液量和回调水量大幅减少，输液调水合计每天节约电量 8681 千瓦时，年节约运行费用 205 万元。消除了段塞流之后，药剂处理效率也随之提升，药剂使用量每天下降 0.2 吨，每年可节约药剂费用约 100 万元。与此同时，安全环保风险也进一步降低，中心二号外输海管干压下降 1.1 兆帕，大幅降低了运行风险；平台外输综合含水下降了 11%，大大降低了游离水对海管的腐蚀风险；有效延长了海三联合站系统缓冲时间，极大提高了集输系统的稳定性。

至此，困扰中心平台分水工作的药剂问题和工艺问题都得到了圆满解决。“段塞流捕集 + 三相分离 + 高效破乳”工艺在不新建平台、不新铺海管的情况下，使海上就地分水能力大幅提高 2.7 万立方米，每天减少 2.3 万立方米、64 千米的海陆水循环，大幅提升了地面系统保障能力，有效解决了海上新建产能、老区提液的发展瓶颈。

郝明辉说：“我们可以很有底气地说，我们的药剂应用已达到国际一流水平，工艺技术也达到了目前国内的一流水平。”事实也正如郝明辉所说，海上中心平台就地分水技术在应用之后，海洋采油厂外输含水下降了 10%，集输产液单耗同比降低了 13.9%，有效延长了集输系统缓冲时间，大大降低了集输系统运行的安全环保风险。

中心平台就地分水技术的突破，不仅是技术上的突破，更是理念上的突破。细细梳理整个过程，就会发现，如果缺少了敢为人先的勇气，缺失了融合创新的智慧，没有能战必胜的信心，都将无法取得最后的胜利。

虽然过程艰难，但海洋人从未想过退缩，因为，在每一名海洋人的心里都笃定着一个共同的信念：一切都是为了高质量发展，一切工作都围绕着高质量发展服务。

海洋采油厂领导班子深知，在如今这个科技飞速发展的时代，科技才是第一生产力。高质量发展，是理念的领先一步，是勇气的领先一步，但归根结底，还是科学技术的领先一步。唯有如此，企业才会拥有不竭的发展动力，才会拥有真正的发展底气。

不怕有问题，只怕没有破解问题的勇气；不怕遇到困难，只怕没有面对困难的智慧。只要不断创新，不断超越，就能不断前行，不断胜利。破解因循守旧的工作理念，建立与时俱进的破题思路，用思想海洋对弈现实海洋，以科技海洋对抗现实海洋，就一定会立于不败之地。

科技不是枯燥的数据，也不是符号化的物理化学，对海洋石油人而言，科技是一种信念，是一份坚持，是一条承托高质量发展的光明之路，是一艘乘风破浪一往无前的使命之船。天工人巧日争新，人间巧艺夺天工，在广阔无边的大海之上，海洋科技团队正劈波斩浪，飞奔而来。

精卫衔微木，将以填沧海

能力是战术，智慧是战略，战术可以从外界学习，战略却只能从自身出发。对海洋采油厂而言，如何有效发挥出每一名员工的能力就是企业发展的战略所在。为每名员工铺就成才之路，为每名员工打造价值舞台，让每名员工都拥有强大健全的战术技能，自然就能瓜熟蒂落，胜利自然便会水到渠成。

在与大海对弈的过程中，海洋采油厂的每一名普通员工都是棋手，都拥有着决定战局的能力，都拥有着逆转战局的智慧。这一点，胜利油田海洋采油工技能大师、海油创客工作室负责人程强有着深刻的体会。

每天上午，程强都会早早来到办公室，细细梳理前一天创新团队的工作成果，分门别类查看不同项目的进展程度，做好相关记录，安排下一步工作。程强知道，对于那些动辄几百万甚至上千万的大型科技项目来说，海洋采油厂的普通员工往往只能扮演执行者的角色，没有动脑思考用心策划的乐趣；海油创客工作室则不一样，就是为采油厂普通员工设立的，注重抓小抓细，小改革小发明解决的都是基层关注的实际问题。

精卫衔微木，将以填沧海。群众性创新创效的力量绝对不容小觑，做好一点一滴的工作，经年累月之后，就能填满无穷无尽的大海，就能在大海里铺就一条路，一条每名普通员工都能走的科技创新之路。

一花独放不是春，百花齐放春满园。在海洋采油厂，科技创新的大门一直向着所有员工敞开，科技创新工作不能只让科研技术人员来做，每一名普通员工都有能力也有意愿做好这项工作。而且，基层员工有着科研技术人员所不具备的优势，他们常年处于生产第一现场，许多微小的问题都能捕捉，许多不起眼的创效点都会被发现。一方面，他们动手能力强，实践技能高，完全可以弥补理论知识相对较少的短板；另一方面，他们依托生产现场因地制宜，有的放矢，很多实验室中无法解决的问题反而能在这里找到最佳的答案。

抓大也不能放小，海洋采油厂坚持把群众性创新创效工作摆在重要位置，并专门成立了创客工作室，目的就是把每名员工的聪明才智都激发出来。

海油创客工作室建成运行于 2016 年 5 月，是集创新资源整合、创新成果孵化、技能培训、生产难题攻关、生产技能提升实验多功能于一体的综合性员工创新阵地。工作室注册会员 165 人，涵盖采油厂所有平台班站和行业岗位，从工作室成立的那一天起，所有会员心中便都有一个共同的心愿：让海油因创新而改变，让梦想因创造而实现。

2020 年 10 月 12 日上午，坐船来上班的海二管理区采油工王磊刚一登上埕北 251A 平台，便一路直奔埕北 251A-5 井。经过一番仔细检查之后，王磊脸上露出了欣慰的微笑，他欣喜地看到，埕北 251A-5 井不久前安装的新型油嘴一切正常。更让他感到高兴的是，埕北 251A-5 井已连续平稳生产 178 天，而在半年前，这口井还让王磊感到头疼不已，油嘴一个月就要换 3 次，简直成了他的一块心病。

埕北 251A-5 井是海二管理区的一口高产井，日产液量高达 117.2 吨，但由于井口压力高，以前经常出现油嘴刺大的问题。油嘴是安装在井口控制油井出液量的重要部件，一旦刺大，哪怕是 0.1 毫米，也会造成油压波动，产量、电流和含水都会受到影响，甚至还会缩短井下电潜泵的使用寿命，造成躺井。

王磊知道，要想保持平稳生产，只能依靠频繁检查和更换新油嘴来维持。这项长期重复的低效操作让王磊不仅疲惫，更是深感无奈。

无奈之下，王磊想到了海油创客工作室，想到了自己不久前刚刚认下的师傅——海洋采油工技能大师程强。程强是油田海洋采油工技能大师，解决海上油井生产难题是一把好手，听了徒弟带来的问题，程强面对频繁刺大的油嘴也犯了难。怎样才能从根本上解决油嘴问题呢？程强苦思冥想并带着油嘴四处求教，想尽了各种办法，甚至问遍了身边的“大师圈”，却依然没有丝毫突破。自此，这个问题一直困扰着程强和创客工作室的团队成员们。

程强也曾想过，在工艺上无法改变现状，能否从原材料上想想办法，用耐磨耐蚀的材料制作油嘴。为此，他辗转咨询过许多原材料供应商，也尝试过用一些新型材料制作油嘴，但最终的结果仍然不尽如人意。

转机出现在 2021 年 3 月，程强应邀参加北京石油装备设备展览会，一家石油装备公司展示的新型材料引起了他的注意。通过详细了解，他知道了这是一种碳化钨加镍的合金材料，可以有效削减高压高速流体的冲蚀磨损，非常适合制作高压井油嘴。

“这种新型材料性能非常好，能否用在油嘴上？”程强兴奋不已。他立即拉着这家公司展台的负责人攀谈起来，深入了解这种新型材料的各项参数及应用领域。两人越聊越投机，程强迅速与那家石油装备公司签订了合作协议，并带回了一些新型材料。回到海洋采油厂，兴奋的程强顾不上休息，立刻带着海油创客工作室团队采用新型材料制作油嘴。样品做好后，他们又马不停蹄跑现场、做试验、监测数据……经过数十次反复论证和测试，2021 年 4 月 18 日，他们将第一批 6 枚新型油嘴安装在了频繁发生油嘴刺大的 6 口高压油井上。

自从新型油嘴安装到 6 口油井上那天开始，程强隔三岔五就会跑一趟管理区油藏经营管理部。他的目的只有一个，询问油井生产参数。10 天，生产稳定；30 天，生产稳定；120 天，生产依旧稳定……新型油嘴表现良好，程强长舒了一口气。安装新型油嘴之后，6 口高压井不仅长期保持稳定生产，而且平均日产油增加 2.4 吨，这个困扰许久的问题得到了完美解决。

“新型油嘴具有良好推广价值。”程强粗算了一笔账，“海上平均单井措施作业费 400 多万元，不躺井就是效益。6 口井生产状态良好，检泵周期大幅延长，能隐性节约一大笔作业费。”

小小的油嘴，成本不高，更换起来也不算麻烦，却会影响工作效率，采油厂不可能花大价钱组织人力物力攻关，类似问题解决起来常常拖沓滞后。创客工作室瞄准的就是这类基层员工关心关注的难题。

新型油嘴的成功使用，也让王磊成为受益者。他说以前一口井换一次油嘴至少需要一个小时，现在6口井就可以省出6个小时，长期重复的烦琐操作省去了，工作效率也提高了很多，更重要的是，他对创客工作室的信心更足了。如今，许多像王磊一样的普通员工都积极提高个人技能，认真参与创客工作室的攻关工作，他们在创新攻关的过程中提升了信心，激发了兴趣，也结交了更多志同道合的朋友。

天天和大海打交道，海洋人对无处不在的水又爱又恨。一方面，平台就在大海之上，海水环绕带来了无尽的生机和乐趣；另一方面，海水、雨水也经常会来到平台上面，造成种种不便和安全隐患，和水的纠缠与斗争一直贯穿于海洋采油工的日常工作之中。春、夏、秋三季下雨风大平台就会积水，冬季则干脆结上一层或厚或薄的冰，无论积水还是结冰，都让长年在平台上工作生活的海洋人感到头疼不已。创客技术团队的成员大多数都在平台上工作多年，对这件事情感同身受，一说起平台积水就眉头紧皱。程强把这一幕看在了眼里，立刻提出技术团队一定要尽快把这个问题解决掉，大家一拍即合迅速形成共识，针对积水问题展开了专项攻关。

平台极大，积水清理起来非常麻烦。为了避免造成污染，不能直接排入海中，只能收集起来再集中处理掉。随着水深越来越浅，收集积水也变得越来越困难，但越浅的积水也越是危险，湿滑，隐蔽，一不小心就会滑倒。在钢铁结构的平台上摔上一跤可不是一件小事，扭着腰、伤着腿都会影响到正常工作的运转，更会影响员工的身心健康。

能否找到一种工具，把极浅的积水也清理干净？程强和创客技术团队经过反复查询论证，终于找到了一种日本进口水泵，这种水泵最低可回收仅有1毫米深的积水，非常适合平台积水处理。他们立刻和厂家利用视频进行了深度沟通，再次确认了水泵的相关技术参数，并购买了一台水泵。收到水泵后，他们根据平台特点对水泵又进行了适当的技术改造，加装了外排水管，准备了便携电源，经过测试，一个人就可以完成所有操作。水泵很快被运上了平台，经过现场实际应用，以往需要多人共同完成的平台积水清理工作只需要一个人就能完成了，而且完成效果极佳。

解决了积水问题，破冰的问题更难不住创客团队。他们以手持电钻为模型，自行研制了方便破冰铲雪的钻头，同样是一个人就可以操作。偌大的海上平台，只需几个小时，边边角角的冻冰都可以清除得干干净净，极大提高了员工现场的工作效率，减轻了工作强度。

解决日常难题是创客工作室的专长，攻关“卡脖子”难题更是工作室的重点工作，创客工作室瞄准的就是一线生产难题，并且绝不是头疼医头、脚疼医脚，而是注重从根源上解决问题，从根本上消除隐患。

潜油电泵是海上油气生产工作中最主要的生产设施，在海洋采油厂有 400 多台。潜油电泵的正常运转是油气生产的直接保障，但在过去的很长一段时间，它却并不能让海洋人省心，反而还常常让大家费心费力。

潜油电泵目前应用最广泛的控制启停方式是软起加旁通直接启动，受气象因素、海洋环境以及季风影响，潜油电泵控制柜一旦产生故障将直接造成停井。在气象条件好的时候，故障排查人员需要立即乘船赶赴现场处理，一来一去就要花费大量时间；遇到天气不好，故障排查人员无法及时赶到，就只能停井停产干着急。海油创客工作室的许多会员都对此感同身受，在工作室运行例会上，他们把这个问题提了出来。

程强一语中的指出了问题要害：“其实，电泵发生故障有时是不可避免的，天气情况也不是人力所能够掌控的，根本性问题还是在潜油电泵运行过程中，我们平台上的运行维护人员故障处理能力不足，无法满足海上油气生产的需要。潜油电泵技术在不断升级不断变化，我们要做的就是与时俱进，提高员工的现场应急故障排除技能，把技能水平提上去，就能及时发现故障苗头，排除隐患，最大限度缩短故障排除时间。”

采油平台上 15 天一倒班，而且平台工作繁多，工作人员非常忙碌，在生产现场培训并不现实，还是应当充分利用平台下的这段时间。但是，这项工作非常注重现场操作，如何最大限度模拟还原平台生产环境是一个难题。为了解决这个难题，海油创客工作室经过不懈努力，探索实施了“潜油电泵控制柜模拟故障诊断训练场”，克服了场地限制，用以提高平台运维人员的排除故障技能，降低潜油电泵故障发生率，提高潜油电泵的故障修复效率。

创客工作室技术团队通过对近几年来潜油电泵控制柜故障中的 119 次故障现象和排除情况进行统计，归纳梳理出潜油电泵控制柜常见的 21 种故障和 57 种其他故障。利用可编程控制器进行故障程序开发，通过实际生产运行中常见的四类故障现象再细化，在常见故障元器件设置了行程开关故障、变压器故障、保护中心故障、转换开关故障、软起动器故障、真空接触器故障等与现场完全相符的故障类型，实现了故障排查训练的最佳状态。创客工作室利用互联网建立通信工具进行信息交换，在海洋采油厂培训基地进行了训练场的改造和技术推广应用，围绕海上400余口潜油电泵井，以提高海上故障排查效率、降低开发成本为目标，按照技术方案进行训练场的建设和应用，通过建设调试达到了设计要求，并在2016年海洋采油工技术比赛以及职业技能鉴定中得到了实施验证，取得了很好的效果。

“潜油电泵控制柜模拟故障诊断训练场”的成功开发，把潜油电泵控制柜故障诊断从海上搬到陆地，从生产现场搬进训练场，在解决了控制柜故障诊断技术提升问题的同时，也节省了包括船机费、人工费等大量的生产成本，营造出了优质高效的海上油气生产技术环境，年直接经济效益可达365.7万元。

程强深知学无止境的道理，他坚持目光向外，先后15次邀请到代旭升、唐守忠、孙汉军，冯新勇、毕新忠等20余名技能大师以及各行业技术专家200余人到工作室进行指导交流，听取同行老师以及专家们的建议和意见，为工作室各个项目研创、运行方法的确立提供了技术支持，先后开展了6期solidworks制图培训、100余班次职业技能鉴定竞赛培训，开展65期四小证取证等培训班，培训学员1560人次。

针对海上油气生产涉及技术面广、工艺复杂的情况，创客工作室按照难题征集、现场巡诊、不定期研讨、确定难题解决方案、推荐孵化、总结推广的六步方针扎实开展生产难题巡诊活动，持续以解决实际生产难题为核心，努力攻关制约海上的生产难点和瓶颈问题，积极将智慧成果转化为实际生产力，带领工作室团队成员在胜利海上油田开启了又一次新的征程。

聚众力形成合力，解难题实现价值，历经多年不懈的努力，如今，海油创客工作室的创新成果已经遍地开花。工作室先后组建了海上自动化、海洋工程等27个技术攻关项目组，完成技能成果孵化32项，其中国家级成果5项、省部级成果8项、厅局级成果22项，申报国家专利35项，目前已授权16项，累计创效500余万元。累计征集建议论文570项，上报油田论文、建议148项，已有68项在油田获奖，数量质量连年创新高，每年的论文、建议汇编成为海洋采油厂基层员工争相传阅的书籍。

如今，在海洋采油厂基层员工心中，创客工作室有这样的定位：大海是我们梦想起航的地方，海油创客工作室就是我们描绘“绚丽人生”的价值舞台。

平台流程解冻堵装置、电泵完井气动注油及溢油回收装置、电泵完井地面电缆连接装置、天然气压缩机防爆机油加注装置、UPS工况监测及远程放电装置，在创客工作室的成果展台上，一项项凝聚着海洋人心血的科技成果，见证了海洋人科技创新创效的决心与实力，也彰显了海洋人破浪前行的信心和勇气。

独行快，众行远。海洋采油厂领导班子深知，只有提升全员技能水平，才能让群众性科技创新工作水平再上新台阶，因此，采油厂依托创客工作室，花大力气提升基层员工技术能力。目前全厂共有技能操作人员985人，占总人数的52.8%，其中特级技师1人、高级技师58人、技师90人、高级工453人，高级工及以上人员占比60.5%。现有高技能岗位人员64人，在技能操作队伍中占比6.5%，其中油田聘任技能大师1人，采油厂聘任首席技师4人、主任技师12人、责任技师47人。

在海油创客工作室，会员们说得最多的一个词语是“我们”。这个温暖的词语蕴涵了许多不言而喻的事物，譬如精神、志趣、团结、情谊。当一个人说出“我们”，心中总是洋溢着自豪、踏实、喜悦，这个词语让一个人有了底气，也有了归属感与包容心。在海洋采油厂，每一名员工都将自己置身于“我们”之中，所有人都拧成了一股绳，为了采油厂的高质量发展，为了海上油田的高效开发，凝聚出了巨大的力量与智慧。在海洋人与沧海对弈的棋局中，这是生命线，也是胜负关键。

听涛观澜纳百川

一盘棋步入僵局，一定是因为身陷其中无法自拔，视野狭隘跳不出来。如果想将僵局盘活，没有别的办法，唯有创新，唯有突破。这一点，海洋人感触颇深。他们选择突破的方向有两个：一是观念；二是科技。前者务虚，后者务实，一虚一实，虚实结合，便有了与大海对弈的徇智与实力。

科技创新的价值在于突破，突破僵化的思维，突破固有的模式，突破自身的局限。久居大海，海洋人拥有着劈波斩浪的非凡勇气和高超智慧；听涛观澜，海洋人具备了容纳百川的气度胸怀与卓识远见。向未知处求知，于逆境中逆袭，瞄准那些阻碍高质量发展的瓶颈问题，逐一突破，不胜不归。这是海洋人的承诺，也是海洋人的担当。

突破瓶颈不仅需要勇气，更需要冷静的判断与务实的工作。在科技创新的征途中，海洋人一步一个脚印，每一步都踏实有力，不走捷径，从不好大喜功。

2021 年 11 月的一个晚上，海洋采油厂采油工艺监督中心工艺规划室主任任兆林组织了一次重要的会议。会前，任兆林有一些小小的激动，因为，在这次会议上，一项突破性的工艺技术即将投入实战。

这项技术就是最近刚刚攻关成功的适合海上油田的分层防砂、分层采油工艺技术。

多年以来，方便快捷的分层防砂 + 分层采油技术一直是石油行业科技创新工作的重点和难点。事实上，这两项技术并不罕见，但如何有效地在 7 寸套管内配套使用，且保证长效生产，是困扰油田开发的一大难题。以往一口油井想要换层开采，需要进行动管柱作业，不但施工周期长，而且作业成本较高，在一定程度上影响了油田高效智能化分采需求，也不利于油田的高效开发高质量发展。

这个问题，在海洋采油厂显得尤为突出。由于没有合适的 7 寸套管井分层防砂后的分层采油工艺，目前，海上馆陶主体油藏主要采用分层注水 + 多层合采的注采开发模式。随着油田开发工作的不断深入，层间水淹程度差异逐步放大，部分水淹层成为优势渗流通道，导致高含水油井数量和含水率逐步增加。2021 年以来，埕岛馆陶主体综合含水已达到 87.1%，传统的分层合采工艺越来越无法满足海上油田的高质量发展需要，如何控制含水上升速度、如何稳定产能已经成为老区油藏完井技术的难点所在。

为了提升海上油田开发水平，海洋采油厂采油工艺监督中心提出了分层采油、精细开发的新思路，希望通过分层采油减缓层间矛盾，释放潜力产能，更有效地控水增油。

这一次，任兆林要推进的工艺项目正是新型分层防砂 + 分层采油技术。这项技术其实已经于 2020 年 1 月立项启动，是海洋采油厂和石油工程技术研究院开展“院厂结合”的重点项目。

这绝对是一块难啃的硬骨头，这一点，任兆林深有体会。近三年来，海洋采油厂和石油工程技术研究院的技术人员从原材料的选择、工艺技术的更新等方方面面入手，结合海洋采油厂油井 7 寸套管的各项技术参数及采油液物性，反复论证、试验，一次次推倒重来，夜以继日，历经了无数失败，积累了无数经验，逐渐克服了防砂中心管内径小、分采工具控制、分层密封装置、分采管柱悬挂、控制管线穿越等一系列工艺难题，改进了大通径分层防砂工艺，研制小直径液控分层工具、新型模块密封、罐装悬挂、可穿越封隔器等新工具，成功突破了 7 寸套管内分防分采技术瓶颈。2021 年上半年，新型分层防砂 + 分层采油技术已经逐渐成熟，具备了走出实验室开展油井实际应用的基础。

工艺技术成熟之后，如何转化到实际工作中便成了下一步工作的重点和难点。海上油井的工作环境与实验室大不相同，一丝一毫也不能马虎大意，大到地面部分的安装施工，小到操作手柄的开关方向都要考虑清楚，否则一旦实施再想修改就要消耗大量的成本，造成不必要的损失。

在现场选井并编制新工艺的设计方案期间，技术人员发现了一个小问题。传统油井工艺中，大多需要采用加压泄压的方式实现井下工具的开关。传统模式中，一般都是加压打开，泄压关闭，但是海上油井的特殊性却让任兆林有了不一样的想法。海上油井大多井深达到一千米以上，压力的传导损失会比较大，采取传统模式，加压后如果出现密封不严的问题就会发生压力损失，造成分采工具无法打开，影响油井正常生产；如果反过来，应用加压关闭、泄压打开的模式，就可以降低因密封不严造成的开关无法打开的风险。针对此，任兆林提出要把地上操作部分改为加压关闭、泄压打开，就可以一举消除这个隐患。

任兆林的提议很快得到了一致通过。“打压强行关闭，地面泄压开启”的设计理念打破了常规思维，却达到了良好的效果，避免了液控系统失效造成的躺井风险，有效延长了油井的生产时间，非常适用于海上油田的特殊生产环境。

这个小小的细节，看似是一个小插曲，却有着非同寻常的意义。这是海洋人对一切工作高标准高质量要求的缩影。

忽视问题是最大的问题，忽略细节是最大的失误。对海洋人而言，发现问题和研究细节是职责所在，也是价值所在。真正的高质量发展永远来源于问题和细节，不因太微小就视而不见，不因怕麻烦就人云亦云，问题再小也要当成大事，事情再大也从小处入手，全过程无缝隙，全方位无死角。海洋人深知，唯有如此，质量才能得到保证，标准才能得以提升，未来的道路才会更加宽广。

这种工作态度也延伸到了攻关工作的方方面面。项目组立足于海上管线数量多、井筒直径小、油井斜度大的开发特点，摒弃了常规 n+1 管线控制，即每层分采装置只需要一根管线单独控制，减少了井筒内部管线数量，并在保证安全的情况下，进行了小直径化设计，满足了海上 7 寸套管井分层防砂后的分采需求。

正是这种细致入微、严谨认真的工作态度，才让这项工艺日益趋于完美。

其实，新型分层防砂 + 分层采油技术之所以具有重要意义，在于它不仅适用于大部分海上油井，也适用于部分陆上油井，并且可以为陆上油井攻关相应技术提供宝贵经验。众所周知，海上油井作业一次费用多达几百万元，出于成本考虑，也为了先期验证新技术的真实效果，海洋采油厂通过与相邻的孤东采油厂联系，准备选取一口陆上油井作为这项技术的试验井。

孤东采油厂对这项新工艺也很有兴趣，两家采油厂一拍即合，接下来就是紧张而严谨的选井工作，选出的油井要与海上油井类似，要有分层，要恰逢作业施工，采油液物性也有严格的要求。在层层筛选之后，GO7-44-X125 井成为试验井，接下来，就是马不停蹄地落实作业方案、施工工序优化、工艺技术论证、作业施工。开井后，GO7-44-X125 井作业前后的对比结果让项目团队欣喜不已。这口井作业前日液 12.6 吨，日油 1.2 吨，动液面 1045 米；作业后日液达到 36.9 吨，日油 8.1 吨，动液面上升到了 808 米，效果十分显著。

作为三年艰难攻关的亲历者，任兆林忘不了克服困难时的废寝忘食，忘不了每次试验中的忐忑不安，更忘不了试验成功后的巨大喜悦。如今，经历过陆地油井试验井大获成功的新型技术即将在海洋采油厂实施，任兆林更加无法抑制心头的激动。

实际上，在会议之前，攻关团队的技术人员已经进行了大量的工作，但在实战面前，大家心中多少还是有一些担心。因为，虽然相关工艺技术已经成熟，并在陆上油井做了试验，但海上油井毕竟在生产环境、采油液物性、举升方式、安全等级等各方面和陆上油井有着许多不同，因此，必须选择合适的油井来进行验证。海洋采油厂经过层层认证，终于确定了埕北 12B-3 井作为第一口实施分层防砂 + 分层采油工艺的油井，这口井在作业拔滤过程中发现上段漏失、中下段溢流，表现为层间差异明显的油藏特点，很适合采用这项新工艺技术进行治理。

会上，与会人员针对相关问题进行了细致讨论，一项一项反复论证，再次确认了埕北 12B-3 井对该项技术的适用性，统一意见后，第二天，作业队伍就搬上了该井所在平台。

2022年2月，埕北12B-3井成为海洋采油厂历史首次试验一步法分两层防砂+分两层采油工艺的油井。作业前，该井合采出液稳定日液140.5吨，日油13.9吨，含水90.1%；作业实施分采测试后出现了明显的参数及液性变化，单采上层初期稳定日液47.7吨，日油21.4吨，含水55.2%，日油增加7.5吨，含水下降44.9%，分采效果非常显著。

新型分层防砂+分层采油技术的大获成功，不仅让攻关团队感受到收获的快乐，更是让平台上的管理区员工惊喜不已。因为这种新型工艺技术工具在作业之后，便可长期使用，可以通过地面液压控制柜实现快捷方便有效的控制。当达到一定压力时，活塞推动井下开关机构动作，实现该工具的强制关闭；地面泄压后在弹簧作用下，助力复位，实现该工具的快速开启。不需要上作业动管柱，仅需一名平台员工便可实现全程操作，极大改变了以往实施分层采油就必须要上作业的固有工作模式，节省了大量作业成本，极大地提高了工作效率。

通过分层采油，合理优化生产层位，可以达到了解不同层段产液情况、探索最优生产方案的目的。海洋采油厂的油井多为多层合采，但因层间差异大，水淹问题出现较多，因此，新型分层防砂+分层采油技术意义重大。分层防砂+液控式分层采油工艺的顺利实施，也标志着海上开发逐步进入了分层采油时代。

技术的创新让海洋人的综合能力得到了突飞猛进的提升，僵局的突破也让海洋采油厂的未来形势变得豁然开朗起来。尝到甜头的海洋人更加坚定了科技创新的决心和信心，他们把对标提升学习先进技术作为打破高质量发展瓶颈制约的金钥匙，采油厂领导班子亲自带队，先后组织200多名管理技术人员10余次到中海油、埕岛西、中石油冀东油田、康菲石油公司等同行业一流企业对标学习、破题攻关，找到思想观念、管理模式、技术指标等12类150多项差距，形成了海上必须以技术创新作为高质量发展“引擎”的共识，确立了高速高效开发、优快钻完井、海工集约化、设备设施完整性管理、奋斗者为本的“五大工作理念”。

目标明确之后，海洋采油厂科技创新的步伐已经不可阻挡。一井多探，电泵智能管理，海上化学驱，VR智能系统，优快钻完井技术，两化融合实现油藏动态实际预警。一项项助力高质量发展的高精尖科学技术都在海洋采油厂生根发芽开花，结出了丰硕的果实，成为海洋人步步为营对弈沧海的重要棋子。虽然碍于篇幅所限，无法将这些成果一一详述，但海洋人对于科技创新工作的态度令人惊讶、敬佩。

观百川入海，听潮起潮落。在这个伟大的时代，海洋人热血澎湃，不畏艰难，以海纳百川的气度引领高质量发展，将科技创新的力量注入工作的点点滴滴之中，让滴水成海，积微土成山，为理性而严谨的科技创新工作赋予了感性与诗意，绘就了一幅波澜壮阔的瑰丽画卷。

近五年来，胜利油田主要领导先后到海上油田调研 20 余次。基于对海上油田高质量发展的深邃思考，亲力谋划，明确了“科学管理、高效开发、安全绿色”海上油田高质量发展的时代内涵，并对东部百万吨产能建设、化学驱、大幅度提产能、控含水控递减、平台就地分水、油公司建设及质量标准提升等海上高质量发展作出了一系列决策、部署和指示。正是在油田党委的决策部署之下，海洋人才走出了一条高质量发展之路。

海洋采油厂厂长说，海上油田高质量发展追求的是全生命周期的高速高效开发，立足长远，兼顾眼前，贯穿油藏开发整个过程，以前期高质量、高标准、高投入确保后期的高产出、高效益、高效率、长寿命，实现整体无短板、全井无弱项。

作为油田“四大建产阵地”之一，海洋采油厂认真贯彻油田战略部署，坚持做到油气资源有潜力、创新驱动有活力、党的建设有力量、长远发展有基础，在高质量发展上走在前、当标杆、做引领。党的十八大以来，海洋采油厂坚持技术创新是最大增量，在油气勘探最有潜力的目标上抓突破、在油气开发矛盾最突出的领域抓创新，充分发挥技术对高质量发展的牵引支撑作用，持续加大投入，集中力量攻破关键技术，创新形成了九大技术体系 30 项关键技术，短流程快速分水、高效集约注聚、长寿命举升等技术解决了事关海上长远发展的一系列“卡脖子”问题。“十三五”以来，海上规模增储连续七年超千万吨，累计 SEC 储量增加 1410 万吨，效益建产 115 万吨，盈亏平衡油价 30 美元 / 桶左右，规模实力、运营能力、盈利能力、抗风险能力、发展能力等指标保持较高水平。

扬帆起航，鹏程万里，沧海横流，方显英雄本色，胜利永远属于那些有谋略、有勇气、有智慧、有担当的人。与沧海对弈的海洋人，拥有着海一般辽阔宽广的志向，拥有着海一般包容谦虚的姿态，拥有着海一般强大坚忍的意志，每一步精彩的落子都会在胜利油田高质量发展的征途中书写下浓墨重彩的一笔，每一处睿智的布局都将在海洋油田开发的历史上留下难以磨灭的印迹。

对弈沧海，豪情满怀，海上平台虽小，但海洋舞台极大。在未来胜利油田海洋石油开采的征途中，海洋人的科技创新水平必将继续突飞猛进，在国内海上油田开发工作中扛起一面大旗，树起一座丰碑，向世界展示海洋人的力量，展现胜利人的担当。

耕海图强

陈　东

海的故乡

初夏清晨五点半，日出。

仙河镇的家属区大多数的厨房已经亮了起来。海洋采油厂生产管理部主管沈汉红忙碌在卫生间和厨房之间，洗漱、喝粥，整理好白衬衫、黑西裤，出门不远就进了办公室。早上六点，沈汉红和同事们开始一天重要的工作：生产晨报。海一、海二、海三、海四、重点井、生产井动态、作业动态……计算汇总完毕后，形成一张 A3 折页晨报。早上七点多，这份晨报将准时送到海洋采油厂例行晨会上。

晨报只是工作的第一步，每一个指标、每一个数字都必须有说法、有根据。“晨会说不定就要问起哪口井、哪项工作动态的情况，做晨报的就必须把全厂 896 口油水井、重点工程动态熟谙于心。”1992 年，沈汉红大学毕业，来到了桩西采油厂滩海试采大队（海洋采油厂前身）。

5 月 11 日，我第一次见到这个清瘦干练戴着黑框眼镜的浙江男人时，被他带着海风味道的江浙口音吸引住。“家在浙江，义乌附近，那里叫嵊州，四面环山的小城。”环境工程专业出身的他鬼使神差地干上了生产运行工作，而这份工作一干就是三十年。

“起初啊，只是两个台子（采油平台），数据也简单，到后来，海面上有了大平台，中心平台，海管越铺越广，你就眼看着晨报上雨后春笋一样的数据呈现欣欣向荣的景象。”

“你们来采访，是为了海洋采油厂 28 周年吗？”

老沈的问题让我一愣。我端着那份晨报，重新确认了日期：2022 年 5 月 11 日。很幸运，这个日子给我的采访平添了一份仪式感。“疫情如此，聚集活动都取消了。”老沈略显失望。28 年，对一个人来说，也算是小半辈子。“那时候的晨报，最早都是手写啊。一笔一画，正楷书写，后来先手写再打印，大概有十几年吧。这些年，办公室搬了好几次，那些资料大多遗失了。”在一堆废弃的晨报中，老沈为我找到了一份 2011 年 5 月 11 日的晨报。11 年间的数据做一下对比，胜利海洋石油开发的经历就可见一斑：2011 年 5 月 11 日，海上油井数 383 口，开井 310 口，日产油 7112 吨；11 年后的 2022 年 5 月 11 日，海上油井数 606 口，开井 537 口，日产油 10820 吨。这只是原油产量的对比，更难得的是，此后的采气量、注水量、注聚等各项工作数据都在逐年攀升。

数据不会说谎，11 年后再看海洋，这个不到两千人的采油厂已经做到了日产原油万吨以上！

我国第一个浅海百万吨级大油田横空出世。

2017 年 4 月 16 日，是一个再普通不过的日子，但对中国石化胜利油田海洋采油厂来说是一个特殊的日子。这一天，海洋采油厂累计原油产量突破 5000 万吨大关，达到 5000.3 万吨。24 年的累计产量，相当于高峰期的大庆油田一年的产量。实现两个百万吨级的跨越，成为中国石化重要的上产阵地，仅用了 6 年时间，这不能不说是一个奇迹。

海洋采油厂办公楼所在的黑龙江路上，精彩纷呈。灯箱上，一幅幅壮观的平台照片。我一次次走过它们下面，为什么那些海是绿色，而不是黄色，或者蓝色？海洋有他们特有的血统，也就有了特有的绿色吗？繁茂的树荫下，一条长长的围栏上，挂着一张张光荣的照片。“那是我们海洋采油厂的星光大道，是这些年在石油开发工作中做出卓越贡献的集体和个人。”采油厂工会副主席王振国介绍说。

很遗憾，“旱鸭子”老沈并不在其中，阻隔他出海的或许是对于海水的恐惧，又或者是对故乡的山峦的眷恋？

“小笼包、榨面、年糕，我们那里的特色。渤海湾的饮食和我们老家差距不算太大，大米、面食到哪里都有，孩子回老家少，小吃很喜欢，就是语言不通。市面上的杭州小笼包，其实是嵊州小笼包，杭州没有的，挂个名而已。一个县一种方言，走远了我也听不懂了，山里山外口音都不一样。现在好多了，孩子学会讲普通话。”沈汉红的思绪经由过往，缓缓而来。“疫情这几年，家乡再没回去过。”那一年利奇马台风过境时，沈汉红回家省亲。有关台风的消息有些蹊跷。“据说那一次，台风很奇怪，就是冲着埕岛来的！台风中心在头顶上转了好几圈才走。偏偏台风中心的运行轨迹和我的回家轨迹高度吻合，偏偏我又安然无恙……”有些事情说不清，老沈说幸运总是站在努力的人这一边。

三十年，出海不多的老沈在数据海洋里，用属于自己的方式坚守一份自己都说不清、道不明的信念。

上午十点左右，生产管理部视频会议室里，一场多方联动的涉海会议正在举行。在油田相关处室的牵头下，生产管理部副经理李国兴通过视频与相关涉海单位对接工作。老沈带我进去坐了一会儿，大屏幕上投影着我们俩鬼祟的行踪。李国兴回头看了看，继续开会。半个小时后，他走出来与我握手——算是接上了头。采访直到下午才开始。

海洋人见不得“灯闪”。无论身在何处，头上灯光一晃，他们总会心里咯噔一下……不会是海上停电了吧？这习惯到哪都没变，谁都一样。好像关掉一盏灯的瞬间，一千多颗心就齐刷刷被黑暗揪到了海上。当第三次听到停电时，我警觉到：原来他们在乎生产比生活更重要。个中缘由，李国兴给我讲了切身体会。

李国兴是 2010 年毕业的硕士研究生，算是老青年上新岗。“第一份工作就是小平台值守。半年后就经历了人生最难忘的一次。”李国兴回忆说，“那是 2011 年的第一天，元旦。我和师傅于丰光两个人在风中坚守了整整三天两夜。”没有电，电磁炉没法用，取暖失去了保障，仅存的食物随时都可能断供……大风来临，他们第一时间关停了所有出口，避免原油外泄。停电之后，平台失去了监控。晚上，他们用高频回话报油水井压力。李国兴和师傅省着嘴里的粮食，两个人把所有能盖的、能铺的都用上，以保持体温。“其实那时候最害怕的还不是冷，而是黑暗。一旦夜幕降临，一切都陷入黑暗。我和师傅彼此鼓励着。”黑暗里，浮动海面上的冰凌一次次摩擦着桩腿（支撑平台的钢制管柱），发出滋滋滋的声音。“那声音像一片片刀刃在你心里割来割去，滋啦啦响个不停。”那声响至今还残留在他梦中，时不时跳出来惊醒半夜沉睡的他。

生产管理部电话很忙，李国兴挂了电话重新回忆着，把故事的细节说得更详细。“埕北 25GA 投产时，自控刚刚建成，我和师傅两个人住在小平台上。12 月 30 日，很冷，海上有冰凌。晚上 11 点半，突然停电。海况不好，两米的浪涌，长输送电断了。我们倒流程，关闸门，停掉所有油水井。我们所在的平台之后，还有 1C 和 273 两个平台。没有环网，电力恢复后还是送不过来。那时候生活用水是那种白色塑料桶装的，天冷了，桶里生出一层冰碴子。没办法，中午我们拿出来赶紧晒晒，倒出来一点，不然一口淡水都喝不上了。储备的口粮，就是方便面。我和师傅在钢板上打地铺……就是很冷。海上的夜晚，最珍贵的是光明。海上零下四五摄氏度，花生油板结了，黏糊糊成坨，基本倒不出来。我们拿出吃饭的碗，撕出棉花，沾上花生油，放在碗里，花生油灯就成了。师傅开心地大笑，说这法子好！月光下，我们不说话，就是看着那花生油灯，听那冰凌撕咬桩腿一下一下。那时候还是单身，没有牵挂，也就无惧无畏吧。”

问题存在的意义，就在于它总会被解决。随着智能油田建设的不断推进，自动化场景应用在海上油田大面积推广，单井值守的小平台生活一去不复返。但留给李国兴的深刻记忆却常常在没有月亮的梦里闪现，似乎时刻提醒着那段艰辛过往就是青春岁月留给自己最好的礼物。

停电，对于海上的干部员工是极大的风险。“电力保障不是海上高质量发展的辅助，而是基础。每一次停电都面临着油水井憋压、油气水外泄的可能。而且电压的瞬间过载还可能造成其他设备的严重损害。海上停电的应急处置，快一秒就是降成本，就是降风险！慢一秒就是风险，就是让整个海上系统处于危机之中。”海上的三相电与陆地不同，三相都是火线。这一特性也注定了海上电力所需的重视程度比陆地要高得多。被动的防守总会被外界环境牵着鼻子走，海洋人意识到必须主动出击，才能占据战略优势。

这些年电力运转当中最重要的项目，就是在长输电路系统外增加一条环网热备，实现环网快速切电、快速回应跳闸停电现象，确保海上平台不停电不停井。所谓环网，就是一个变电站延伸两根海缆，一根长输正常运转，另一根反方向链接热备。一旦串联上的某个平台出现断电，环向电路会立即切换电网由反方向绕行，确保该平台之后的其他站点不停电。2019 年，海洋采油厂成立了专业的电力调度室，着力解决电力供应问题，对电网监控，巡视，定期对电力设备线路线缆进行全面检修。与此同时，他们调整了思路，将“短线路、轻负荷”作为标准，全面优化整个海上电网运行方式，对 85 个海上变电站、108 条在用海缆、600 余面高压盘柜的所有保护定值进行重新计算后，优化设备用电顺序，优化设备电力分配机制。“确保每一根电力承压设备都在 80% 左右的负荷内运转，既可以保证设备不老化，又为临时用电提供了必要的接口。”李国兴说。

实际上，李国兴正赶上胜利浅海油田开发的快速发展的好时期。这一点从晨报中可见端倪：“红字头”的 2011 年老晨报里，海四管理区是不存在的，这个“新”就恰恰出现在十八大以来。“2011 年，是整个海洋采油厂油气开发的一个突破年。”海洋采油厂的人常用“卡脖子”一词定义这种状态，“这之前，我们就意识到两个中心平台的分水能力都达到了上限，满负荷运转一方面会加速设备老化，另一方面也会为安全生产埋下隐患。那时候，油田分公司领导高度重视：海洋的产能不能掉，投入不能停，‘卡脖子’问题必须解决！”经过不懈努力，2012 年，海一、海二、海三部分油水井剥离出来，配合中心三号平台的应运而生和部分新建产能，海四管理区正式成立。

晨报上的第一部分多出了一栏，却不仅仅是一栏数据，而是胜利人向更深更远的海洋迈出的一大步。那时，李国兴还是一个负责注采输的技术员。他回忆说：“海二还是我们最大的采油队，每年产油量 150 万吨左右，现在……远远不只这个数了。”

“卡脖子”的到底是什么？

时间拉长，我们不难发现胜利浅海油田开发实际走过了三个阶段。从起初的“两成水八成油”到“一半水一半油”，再到现在的“八成水两成油”：含水不断上升。“我们要产油，地层就要喝水。开发初期，我们不得不用水源井，取海水净化后回注。再后来，水多了，水源井就减少了。再到现在，水源井基本退出了历史舞台。”

熟悉油田开发工艺的人都知道，含水对于整个油气开发系统，既要产出，也要投入。“随着油气田开发从初期走向后期，地层能量逐年递减是必然趋势。我们要得到更多的石油，就必须依靠水不断补充地层能量，让油藏充满活力。”换言之，胜利浅海油田开发能够扛住产能指标连续向上，科学控水是关键一“战”。

“2012 年，海四成立后，也就是目前最大的中心平台——中心三号平台成立后，其实有一段时间是出现过采出水回调。”李国兴介绍说，“中心三号平台建立投产初期还不具备海上分水能力，采出水要通过海管输回陆地，再回到中心二号和中心一号平台，去均摊这部分采出水。一来一去，时间成本、运输成本就大大增加了。”采出水回调的情况只是暂时的，随着中心三号平台日趋完善，吞吐能力更强，海上油水处理能力大增。但没多久，我们就发现了新问题：由于脱水能力差，油水不能快速分离，海上分水分注能力大打折扣！2019 年前后，海洋采油厂领导们四处奔走寻找高效破乳剂，并找到了段塞流捕集器等新技术，终于功夫不负有心人，高效破乳剂成功应用于海上脱水，新工艺也有了大用途。这一下，海洋采油厂将水处理能力从八千多立方米提升到了现在三万多立方米，大大降低了水循环造成的无效成本。“液量提升，决定了产量的提升。它们之间其实是分母和分子的关系。分母大了，分子自然也跟着增长。”

碧海丹心

党的十八大以来，能源安全问题始终是习近平总书记高度关注的重大问题，总书记多次发表重要论述，作出重要指示。2014 年提出“四个革命、一个合作”国家能源安全新战略。2018 年以来先后 4 次对油气勘探开发做出重要批示。5 次审阅国家发改委、国家能源局有关落实情况报告。2020 年 9 月科学家座谈会上，习近平总书记专门指出我们石油对外依存度过高、油气勘探开发技术不足问题。2021 年，习近平总书记视察胜利油田期间，深入分析我国能源结构和能源安全形势，深刻阐述了保障能源安全的极端重要性，强调解决油气核心需求是我们面临的重要任务，要加大勘探开发力度，夯实国内产量基础，提高自我保障能力。

胜利油田作为能源央企，是保障能源安全的“国家队”，必须坚持强烈的忧患意识和使命感，坚决响应习近平总书记号召，大力提升油气勘探开发力度，当好国内油气增储上产推动者，在国民经济建设和区域经济社会发展中发挥更大作用。聚焦油藏经营价值最大化，瞄准“三个 10 亿吨”潜力方向，加快推进海上百万吨产能阵地建设，在保障国家能源安全中展现胜利作为。

自 2015 年以来，胜利海上石油开发步入年产 300 万吨，并已连续 7 年保持产量箭头向上，占胜利油田年产油的 14.6%。2022 年，胜利海上开发预计可到 356 万吨。

2022年5月25日，胜利油田日采油数据显示：海洋采油厂油井总数606口，分公司最低；日产油10695.7吨，分公司最高；平均单井日油达到19.8吨，是大多数陆采开发单位的十倍左右。简言之，海洋采油厂用最少的井，产出了最多的油！这一串数据，在整个胜利日采油数据库中显得尤为亮眼。

海底“362”

滩海开发从业30年，图纸标定靶心超过600个，累计产油2000万吨。

勘探开发研究院滩海开发室副主任李建常把自己的经历总结成“362”，并说给新同事。“成功的往往都是能磨住性子的人。你连自己都磨不了，怎么磨那些上亿节点的油藏构造？我把‘362’的事情讲给他们，就是要他们跟老一辈开发人一样，学会耐住性子。”

在很多人眼里，搞开发就是在图纸上写写画画，看似弹指一间，挥斥方遒，一掷千金，实际上却是千针下一线、万点寻一面，反复推敲，反复论证，最终成型。而这样的工作，李建整整做了30年。和年轻时一样，李建还戴着一副眼镜，只是人更瘦了，头发更短了，说起油藏来更加熟练了。他的电脑里珍藏了30年来滩海开发的各类资料，有图纸，有照片，还有各类会议文件。李建翻出多年的照片和我分享，那时的地质分析，那时的井位部署，那时熬灯夜战的场景，都是一张张青春面孔。如今，他慢慢老去，却依然在石油开发事业上努力着。

“没要求就是最高要求”

海洋采油厂走过28年，滩海开发室成立了30年。“陆采二级单位从没有哪个上级机关做点对点研究的。滩海主要针对这几个涉海的二级开发单位，桩西、孤东、石开等单位，当然海洋是重中之重。它是海上大户，也是胜利的大户。”这足以证明油田分公司一直以来对于东部海上产能建设的重视程度。然而，在李建看来，30年来，油田领导很少为了他们费脑筋。包括习近平总书记来视察，他们也预先做了准备，尽管最终没来他们这里。

“没要求就是最高要求。”他坦言，“这些年，产量就是任务，产量就是靶点。如何让海上石油高速高效开发，既是海洋采油厂的任务，也是我们的责任。并不是说，领导不提我们，就不重要。相反，不提我们，更要有危机感，时刻提醒自己，时刻激励自己，分秒必争去努力。”一句简单的话语，反复咀嚼，竟然是石油人多年来形成的老传统——三老四严。

大会议室里，两米见方的地质图纸前，李建向我一一介绍埕岛油田的开发布局。从最初的卫星平台到后来的中心一、中心二，一直到后来的251G，再到今年正在攻关的208，一个个靶点散落，一个个平台拔地而起，在地图上、在海管之间，构成一片密密麻麻、相互交错的能源大网！眼中的埕岛已不再是一座简单的岛，那些星罗棋布的平台已然是钢铁巨人在这片海洋之上洒下的一个个火种。我脑子里的那片绿色海洋下，渐渐显现出它的秘密，欲遮还羞。

对一个油藏的认识，可以假设为盲人摸象。或者你可以把它比作一个由无数个细小局部拼凑起来的“大图”。最初，浅海油藏研究遇到了很大问题。陆地使用的地震测井方式，无法在海上用；而深海采用的地震勘探方式，又会因为浅海原因造成回音互相干扰而失败。……这张“图”可以帮助我们了解海水以下地层的结构和走势，哪里是河床，哪里是湾流，哪里是潜山，哪里是凹陷。

再后来，我们引进了稀疏测井反演技术，不仅可以清晰描述结构，还能大致将结构中的质地告诉我们地质。“等于是，我们先摸到了骨头，再尝过了肉，知道哪里是瘦肉，哪里是肥肉。整个油藏描述得越精细，我们开发的方向就把握得越准。”

每一年，李建都会不远百里赶到海洋采油厂，和一线开发人员共同奋战。“院厂合作这么多年，说白了分工不分家。”海洋采油厂的人来院里，就是院里人。院里人去海洋，就是海洋人。话虽如此，可真到了方案论证，却是唇枪舌剑，据理力争。很多时候，意见不一致，搞得讨论会面红耳赤。可论证到最后，只要拍了板，弟兄们扔掉手中的红蓝铅笔，一笑泯“恩仇”。

2006年，分公司着手实施埕岛油田的馆陶组大调整，涉及9个区块，计划实施整整跨越了17年，直到2021年基本完成。

海洋采油厂科研所内墙上有一幅标语画，上写十个大字“求实、创新、协作、奉献、奋进”，其下是蓝色海洋上的平台，其右是扬帆起航的船。科研所党支部书记范建武为研究人员立下了这样的激励词：潜心科研，聚心创效，系心海油，齐心超越。

问题卡的不是脖子，是脑子！

“牢记嘱托、再立新功、再创佳绩，喜迎二十大！”这是2022年胜利油田贯穿全年的主题活动。

纵览“五四”之后的中国，为什么改革一直在路上？因为世界在不断地变化，面对新的变化必须不断调整。我们所有的努力可以统揽成一个观念：不断去突破固有的思路、固有的思想、固有的条件限制和固有习惯形成的怠惰。没有任何人是躺在功劳簿上成长起来的。他们都在不断寻找自我价值的突破，而对“年轻”的胜利海上石油开发而言，这种突破需要做得更多，任务更重。

“海上石油开发具备高投入、高风险、高难度，三高的特点。”王优杰首席说，“正是这一特点注定了，我们海上油田开发就必须树立‘提高单井产能是全生命周期低成本开发的关键’理念，一切工作要围绕培育高产高效井，打造‘少井高产’开发模式，用有限的井控制更多的储量、实现更高的产量，摊薄吨油成本。”

埕岛不是岛，是潜藏在胜利人脑海里的丰富油藏。从最初的1亿吨储量，再到3亿吨，再到现在的5亿吨储量。谁也没想到胜利人耕耘的这片大海能够给予如此丰厚的回报。

大自然总在不同时期给予人类馈赠。它在不停地推动着地球上最先进的文明去探索、去发现、去解答一个又一个问题，然后告诉你，目标还很远……

胜利人在不断认识面前的这片大海，感恩着大海的馈赠，也在不知不觉中奉献了自己的青春年华。

海上油田一直在追标对标，向先进技术学习，向先进理念学习，也在不断地更新观念，转变思路，转变作风。王首席用三个“没想到”回忆了整个海上油田开发的历程：几十万吨的时候，我们没想到会上百万吨；百万吨的时候，我们没想到会上二百万吨；二百万吨的时候，我们更没想到会到现在的三百万吨的产量，未来我们更有可能突破四百万吨！如今来看，所有“没想到”的背后，其实也是胜利海洋开发的不断开拓和创新。

王首席的桌子上蹲着一座小纪念碑，透明的水晶上写着一行小字“胜利油田与斯伦贝谢建井集团及数字与一体化集团旋转地质导向首次合作纪念”，其上有实施井号——CB11NC-P3，显示时间为 2021 年 6 月 1 日。

“十二五”以来，海上如何继续高质量发展成为胜利实现突破的关键。随着勘探的不断推进，海上油藏认知不断深入，2006 年，海上石油开发进入主体馆陶大调整阶段。整整十年，投产油井 223 口，新水井 148 口，油井转注 35 口，为后续高速高效开发奠定基础。海上石油开发完美度过了“蜜月期”，开发后期的三大矛盾逐渐显现。“卡脖子问题，往往卡的不是脖子，而是脑子。”王优杰首席说，“问题往往不是出在脖子上，而是出在脑子上，是脑子里的惰性，是固有思维的陷阱。”

人总是在固有思想中呈现惰性。

2018 年二次创业的出现，与其说是我们在改革技术，倒不如说是在突破自我的惰性，向更高更远的未来发展。战略性、革命性地提高产能，就好像一个好的足球队。守得要稳固，攻得要犀利。稳是基础。这几年为什么大家都在提 251G ？因为它太重要了！ 251G 不仅是一个简单的工程项目，还是开发多年的埕岛海油焕发第二春的信号，更是海上石油开发的关键，涉及鼓舞士气，涉及创新，涉及如何将整个海上油田开发送上一个更新的台阶。突破，突破，关键在突破。要赢得比赛，必须靠进球。最先进的工艺，最先进的技术，都用在增量。如何增加，如何采到最有效益的油？ 2022 年 7 月，208 平台也将投产，成为继 251G 后的又一个新产量阵地。包括东部百万吨，我们依然采用这样的油藏动用理念。“必须围绕三个方面，老区、新井和三采，该稳的必须稳住，该增的必须增，我们从来不是被动地减少自然递减，而是主动去控制去把握油藏开发的规律。”

破局的关键一招就是精细注水。2018 年，随着海上油田开发持续深入，综合含水超过 80%，如何搞好油田高含水期的效益开发是胜利海上油田亟须解决的问题。

以控含水、控递减、控成本、提效益为主要内容的“三控一提”工程就成为海上老区开发的重头戏。

他们专门成立了“三控一提”工程领导小组，制定了具体的工作目标、实施方案和奖惩措施，确保这项工作落到实处。

“以精细注水为主线，瞄准控含水、提产能两大方向，重点开展提升‘三率’、精细注采调配、强化低产低液井治理三个方面工作。”海洋采油厂油田开发首席专家王优杰一句话概括了“三控一提”工程的工作重点。

据王优杰介绍，海洋采油厂把持续提升“三率”，作为稳产保效的基础工作来抓。

馆陶组大调整之后，我们对井距进行了加密，井口数对比以往实现了翻倍。但反过来想，实施完以后，我们就发现再也无法加密了，怎么办？后续未动用的储量，怎么动？把平衡油价降下来，这一观念就是我们开发部署的指导思想。251G 的开发就是一个明证。这个拖拖拉拉好几年的项目，陆续出了四五套方案的部署规划，其间遇到的种种阻碍中，最要命的就是投入产出比不理想。经过反复论证，反复部署井位，251G 从最初规划的日产 20 吨到现在实现日产 55 吨的突破。这一成功，是海上油田开发打破原有的思维模式的体现，也告诉我们，如今不再是见油就开的时代了，而是在整个油藏里找“甜点”，从而实现高效高速开发的年代。思维的突破，引领了技术的突破。从旋转导向和随钻测井的组合，再到水平井的穿糖葫芦，高效充填防砂技术的升级应用，以及分层注水井测调一体化、连续油管作业、油水井井下安全控制等六大技术的全面应用，无一不是推进海上石油开发的助推器。

中心二号平台上有个老物件，直到现在还用着——以色列人兜售的信号锅。

“最早，我在海二管理区，还是地质组组长。海上很早就实现了自动化，但网络一直不通。当时，听说以色列有个锅，一兆带宽，可以传十几千米。于是我们就想从中心二号平台往陆地上传信号。那大概是 2000 年，两个人靠着对讲机，朝着看不见的方向对着信号，一次又一次尝试，没想到真就连起来了！我们那时候还用系统自带的视频对话功能，还能跟厂长连线。厂长惊讶得不行：你们竟然还能视频？！那时候，卡片相机出的照片，数码相机噪点还很高，但是我们就开始往陆地上传图片，通过扫描仪把这些信息传回去。相比很多手抄的数据表单，网络信号的连接大大提升了信息水平。”

据后来采访时赵龙说，那个锅至今还在。遇到海况不好的时候，那个锅就是与陆地联系的最后方式。

“它是一种改变。”王首席说，生活就是一个普通日子连着一个普通日子。你要懂得如何变换一种思维，变换一种想法，工作也一样。人要不断向前，就要不断打破固有的思维方式、固有的生活圈子、固有的工作环境，试着寻找新的、更优化的组合去适应这个快速发展的时代。

2015 年初，油价断崖式下跌至谷底，当时的厂长急匆匆从油田开会回来，当天晚上就召集我们开会，讲怎么破题、怎么讲效益。那之前，我们一直认为，效益就是油呗，采多了就有效益了。实际上，并不是！当时我们都没想到，总觉得我们是做开发的，总以为领导是来定调子而已。接下来几次会议，我就发现一切改变得出乎意料的快，全厂干部员工的思想说转就转。怎么算账，怎么算效益账，怎么采效益油……你会突然发现大家并不是不会，而是思想上并没有引起重视。那场会议给我触动很大，事后感觉后背发凉。它在时刻提醒我，作为一名共产党员，必须时刻警醒，时刻高度专注，紧跟党的步伐。

端牢能源饭碗，不只是国家能源战略的高度，更是能源自信的体现。好莱坞的衰败是不是凸显出来，未来可能全世界看中的更多的是金鸡百花奖？漫威的手伴卖不过冰墩墩；中国制造成了美国超市的紧俏货。这些都是现实。所有这些无不在证明一个事实：中国共产党对整个国家命运的预判都是正确的。

举一个例子，我们会发现一个问题。当我们在推进无纸化办公时，有很长一段时间会出现打印量报复性反弹。这并不是说，无纸化是错误的，当我们持续一段时间再看时，无纸化办公其实已经推进我们慢慢减少了很多打印量。对不对？

我常常带领同事们学习党史，学习石油故事。这是一种传承，是一种精神。老一代石油人的技术确实不行，但绝不代表他们的眼界狭窄。1993 年，测井约束反演技术成功在海上油田应用，约束反演等于是对地质进行 CT 扫描，为我们重新认识油藏提供了更加显性的一举。正是这一技术突破，为我们海上油田快速发展插上了一双翅膀。回顾海洋采油厂的 28 年，海上油田是胜利高精尖技术的试验田，更是培养培育专家人才的摇篮。

我手里带出来的兵，没有一个不挨训的。我脾气其实很暴躁，总是会抓住他们的错误不放。有些人就不理解，就不能给年轻人一点犯错的机会吗？我说不，决不！因为年轻，他总会有一些思想上的惰性，或者说是懵懂，会在问题面前找不到方向。作为师长，我必须站出来给他一种刺激，刺激他可能麻木的神经，让他清醒过来。有时候，即便是汇报材料上的一个词，我都会马上指出问题：你对这个词的掂量能不能做好？一个词你能有了感觉，那就说明你的水平到了。这些年，我带徒弟也是这样。

中国共产党从来不为某个人去谋划，而是为人民。这代表了广大劳动人民的利益。胜利的海上石油开发同样不是为了某个人和某些人。

刚开完茶话会？接下来是不是该凑个局喝酒了？

都不是。

刚刚过去的34个小时，CB248A-P3正在加紧钻入地层。科研所相关负责小组四个人刚刚熬过了一白两夜。换句话说，过去的34个小时，他们拥有的可以是泡面、火腿肠、矿泉水，唯一不能拥有的就是睡眠。随钻的过程中，遇到问题，他们必须第一时间给予数据支持，方位、角度、油藏类型等，并对下一步钻进工作给出合理建议。

我常常想人们所谓的常态应该是一种习惯，有些时候是惰性，有些时候却是责任，无疑开发室里未曾相遇的他们属于后者。这时候他再不会听到遥远大海的波涛声，这时候他们再不会听到钻头在千米之下传来的嘟嘟的信号声，这时候他们再也不会听到钻井兄弟们的喝彩声，这时候……他们酣然睡去。他们也许忘了，会议室里冰冷的泡面，还没来得及吃……

几个小时前，几十千米外的海面上，钻井队已将钻头探入油藏。旋转导向和随钻测井技术可以保证钻井的方向选择。这一套组合拳保证了我们海上石油开发有了质的飞跃。旋转导向可以完成超大斜率的变向，而另一面，随钻测井则实现了边看边打。“原来打一口井可能要打两三天。到底打到哪里了？总要停下来，结合数模等手段猜一猜。现在不同了，我们就看着打，打到哪里，打了多深，所有信息都展示在屏幕上。”王明所说的这种钻井方式如今在胜利海上石油开发中成了常态。从以往的“摸着打”变成了“看着打”，以前储层钻遇率70%就不错了，但现在钻遇率高达99%，大大降低了勘探开发成本。“有了这样的技术，我们可以更加大胆地设计井型。”高钻遇率意味着未来动用油藏的能力更强，它的可泄油面积将实现最大化，为后续开发提供了良好的基础。

事实上，从“十三五”以来，海上油藏储量动用率就悄悄从69.1个百分点提升到了76.3个百分点，动用率提高了17.5个百分点。这一数据的取得源于地质人员对油藏进行分类认识、逐一击破的思路。地质人员将海上埕岛油田和新北两个油田划分为整装油藏、边缘零散油藏和主体边部油藏三类，让所有储量都能高效动用，都能创造价值。

2015年，胜利在埕北208-255井区加大精细研究，部署实施了埕北208井，钻遇馆上段15层61.1米厚油层。“想到有油，没想到油层这么厚。”在主体周边实现新发现，对胜利来说，就可以利用原有的开采平台进行开采，降低成本，增加效益。这一成果的取得，得益于胜利油田在海上石油开发长期摸索形成的高效高速开发的思路。

海洋采油厂科研所副所长王明，“80后”的泰安人，毕业之后就来到了大海边。几年后，扎根海边的他，将父母接到了仙河镇，在这个傍海的小镇上，面朝大海。

这个一米八多的小伙子皮肤黝黑，脑子反应快，语速更快。谈到胜利海上石油开发，这个泰山脚下长大的小伙儿滔滔不绝，在我面前翻开了一张波澜壮阔的石油开发景象图。

采访中，王明对于整个开发的思路与王优杰首席——也就是他的师傅——不谋而合。“就是进攻性防守！”王明说，“我们必须清楚认识到事物发展的规律，更要认清油藏开发到了后期的规律，那就是含水增加，递减加快，可动用储量越来越少。如何在广袤的大海上找到最好的‘甜点’，就是我们开发人员攻关的难点。”

储量，是我们石油开发的出发点，更是基础。一切围绕储量做文章，既要做加法，也要做减法。

——增大泄油面积

“大斜度井和水平井的应用，就是为了增大油藏的泄油面积。简单来讲，一个一定厚度的油藏，我们在垂直向上的厚度是一定的，那么增加斜度时，随着井斜角的增大，钻遇油层的厚度会越来越大。60度斜角可以增加一倍的泄油面积，而85度斜角则将提高十几倍，90度斜角时，就成为水平井，平行贯穿油层，真正实现泄油面积最大化。”科研所副所长王明介绍说。

正是有了旋转导向和随钻测井的组合拳，胜利海上石油开发才真正有了“金刚钻”。优化井网、拉大井距、优化井眼轨迹，改变以往直井井型，用“穿糖葫芦”的方式，将一些细碎的、断裂的、不完整的油藏连接起来，共同开发、共同运移，实现单控储量与开发效益的最优配置。这一技术的应用直接解决了以往未动用、难动用的区块，为老区稳产、新区上产提供了一把锋利的剑！埕北251G井组调整后，大井斜和水平井占比80%以上，井距从原来的300米提高到了400 ~ 500米，单控储量从17万吨提高到了27万吨，可采储量增加42万吨，采收率提高2.1个百分点。

同时，科研人员又提供了一套数据。2012年至今，定向井攻关大位移大斜度钻井技术、高孔密大孔径射孔工艺实施以来，井斜角由46度增大到近70度，10米油层理论孔道截面积比以前增加了一半，炮眼直径从16毫米增大到了20毫米，泄油面积增大了50%。

——*放大生产压差*

放大生产压差，就是让地层与井筒形成最优化的压力差，让水驱油的效果达到最优。这就必须综合考虑油藏内部的流线，简单说就是水井与油井的通道。它是保证水驱油压力的关键。事实上，很久以前，我们和先进油区相比，名义上的生产压差相差并不多，但是开发效果却差了好几倍。为什么？关键就在于我们的油层保护工作不到位。怎么办？必须想办法把这个问题解决！问题并不是孤立的，也不是短暂的，而是长期矛盾着、存在着。

实际上，油藏保护从钻井之前就必须做好。钻井前，我们会摸清整个区块的油水井对应关系，找到最适合该区块的老井，通过注水对该区块地层能量进行补充，确保钻井过程中层压不降，压差不降。钻井过程中，突出一个“快”，严格压缩占井周期。众所周知，占井周期越长，洗井液对油层的伤害就越大，其间可能发生的水敏、盐敏等现象都有可能造成油藏孔隙的堵塞。同时，也要注重钻井泥浆与地层的配伍性，不允许它与储层中的蒙脱石等物质发生反应而造成地层输送崩塌或者膨胀堵塞等问题。完井过程中，尤其是我们现在使用的水平井这种井型，为了保护水平井钻入，往往会有一层胶质保护着储层。那么完井后，如何破胶而不对地层造成伤害，就是技术的关键。实际生产中，我们还拥有定向井BJ砂岩酸解堵、水平井生物酶破胶滤饼解堵等高效解堵技术，更有高密实长效防砂技术，通过定向井分层酸化+分层充填防砂工艺和水平井裸眼顶部充填防砂技术，建立密实高渗挡砂屏障，构建通常的油水通道。那么在生产过程中，对于一些液量明显不足、地层压差不足的井怎么办？我们可以通过酸化、压裂两种技术，或对疏松砂岩清洗孔隙堵塞物，或对致密岩层通过造缝扩大油流向井筒的通道。尤其是，近年来胜利引入了新型酸化药剂，将酸化反应时间大大延长。在酸化过程中调节酸化液，利用新型酸化液的缓释作用提高酸液对孔隙的清理能力，从而获得更好的地层流通性。整个开发过程中，海上石油开发始终坚持树立“油层保护是完井第一要务”的理念，从油藏、钻井、作业到试抽全过程系统配套11项技术，从而达到钻完井过程中“少侵入、低伤害、少漏失、快反排”的目标。

——低成本驱动稠油热采

我们采用70摄氏度左右热水驱替稠油，一方面可以将黏度降低一半，另一方面增加它的流动性。同时，在井筒部分使用保温油管，井口部分加装保温措施，由井底到井筒，再到井口实现全过程保温，用热水取代蒸汽，从而实现低成本稠油热水采。目前来看，海上稠油的开采工作顺利，平均单井日油17.6吨。

——老区“少井高产”

整装油藏的油只为“求稳”，进击的方向是主体边部砂体。石油装在地质学家的脑子里，我们不仅要考虑单井产能的持续高效，更要考虑到油井在整个区块里的贡献率。简言之，老区已经开发了，可能打井打不空，但是产量如何更高？那么在储量动用上，由井网内加密向井网外扩转变。在新的旋转导向技术出现前，可能难以实现。但现在有了旋转导向这样的金刚钻，我们就可以沿着地震边界这个“金边”去寻找可动用的储量，侧钻或者加密井。接下来，井网以内的单井产能就涉及老区动态的流线或者说注采通道，要搞清楚老区的油井和水井之间的关系，在它们之间寻找我们可以动用的储量。陆地上和海上不同，剩余的储量够不够成本？海上投资太大。原来只有这一口井，我们可以计算出来。我们要再打一口井，并不是把第一口井的产量翻番，而是让同一储层的递减加快了。实施过程必须综合考虑，第二口井要分担前一口井的产量。胜利人不再以单井考虑为重点，而是考虑整个油藏的“大账”，考虑加密后，整体是否可以增产。老区块的产能建设还是要去找到更多、更好的井位。近三年以来，胜利在埕北208、胜海201B-11和埕北703区块部署评价井15口，探井成功率在70%以上，新增探明储量1892万吨、动用储量1328万吨，获得中国石化油气勘探商业发现二等奖。

“少井高产”。在不增加井口的基础上，采出更多的油。少井，怎么优化井型、优化方案，让更少的井完成更多的产量？我们考虑的更多是单井边际贡献率，每增加一口井对于整个油藏开发的贡献率，利于整体油藏开发的方案可选，而不再一味地关注采油速度。研究人员为我提供了一张埕北22F井身轨迹图，它的样子早已不再是我们以往认知中的某个单向油水井，而是“一束”，形成了“地上一个点，地下一张网”的整装油田规模开发，像散开的根系，牢牢插入油藏。“十三五”以来，埕北新建丛式井组平台4座（CB6F、CB6G、SH201、CB251G），油水井共计96口，覆盖储量

4396 万吨，实现日产油 2505 吨。

储量是基础。单井井斜越大，控制的储量越大。油层保护能力越强，产量越大。高产，最重要的是初产。初产越高，效益越好。但是初期高产必然会出现递减加速。要保证初产高，关键在于补充地层能量。往最好的油藏位置打，去找到最大的“甜点”，是高产的第一步，那么能够支撑它稳产的就是上面所说的两个方法：增大泄油面积，放大生产压差。这也是油藏开发获得常青树的恒久规律——注重油层保护。“海上开发所做的防守从来都是进攻性的！”科研所副所长王明说，“要从存量中做增量，利用报废井、低效井侧钻，让老树发新芽。”2020 年以来，胜利先后在海上实施侧钻井 9 口，动用储量 424 万吨，日增油达到 250.7 吨，累计贡献原油 7.52 万吨，实现利润 1.7 亿元。“不躺井就是大效益，这句话并非一味的防守，而按照全系统无短板标准，从防砂完井、电泵管柱、人员操作和地面管理四个方面配套相应技术，以延长油水井的寿命周期。”胜利海上开发的检泵周期由 2012 年的 3.8 年，发展到 2021 年的 6.7 年。换句话说，海上的每台电泵都要用到 7 年以上才会废掉。与这一数据相反的是，海上作业费用由 2012 年的 39.1 万元 / 吨降到了 2021 年的 10.7 万元 / 吨。

“兜兜转转，其实就围绕一个关键。”王明说，“全生命周期低成本开发理念。”一切工作围绕培育高产高效井，打造“少井高产”开发模式，用有限的井，控制更多的储量，实现更高的产量，摊薄吨油成本。

一连几天的采访，遇到了许多海洋人，也结识了很多朋友。他们善谈，平和，说起话来带着海水的咸味，更显得质朴而真实。大海，我向往着，心心念念，总想更近一步去看你。采访第三天，工会副主席王振国告诉我们，因为疫情防控，大家必须在东营留足十四天，十四天之后行程码中没有了其他城市，才能出海。这在我看来，正好有了更多的采访时间，去认识这群平凡而伟大的海油人。

晚上，我梦见自己伫立大海边，欣赏祖国如画江山。我知道，守护这片大海的不是什么老人，而是他们。

海风拂过发髻，海浪没过脚丫，蔚蓝的天空下，是无垠的大海。目之所及向东，向东，再向东，阳光炽烈的清晨，我将走向他们，走向一座座红色的钢铁巨人。

他们的梦在船上，在平台上，在大海之上，在上弦月下，摇晃着，粼粼闪着碎月光，梦里的海浪声中有机器的轰鸣声，有孩童的啼哭声，有妻子的笑吟，更有父母的牵挂。他们并非麻木，只是在半梦半醒之间，依然牵挂着钢铁海城之上的一颗颗螺栓，一个个手轮，一套套流程。他们嗡鸣着，催那些失眠的人儿回梦乡……

事实证明，“少井高产”对于老区高质量发展有着积极作用。可是单单靠老区的产能稳产是不够的。“十二五”以来，能够支撑胜利海上石油开发指标向上的，是新区建设。新区的扩产是强心剂，更是新鲜血液。

周六下午，我的采访再一次约到了王明。一袭运动装的他刚刚把孩子送到了培训班。我们倒上茶，继续在云雾之间谈论海上石油开发的故事。

“我更想把它们看作海上的沙漠绿洲。”这是王明对于海上石油开发的感性认知，“我们就是那些吃苦耐劳的骆驼。”他笑着，眼睛眯成一道缝，憨厚可爱。2022 年 1 月，40 岁的王明被评为油田劳动模范。可在他看来，荣誉并不是他自己的。“大家能够把这个荣誉给我，并不是我做得好，而是我的团队做得好。这些年，在海上石油开发工作上，所里的同事们没有一个撂挑子的，真的是拼了命的，加班干。”他指了指头顶，“搞科研的‘标配’，你要不谢顶，都不好意思说自己是科研单位的。”这句话朴实得让人找不到一丝遮掩，偏偏就是这样的人才是胜利海上开发的主力军。

王明刚刚来到海上时，还是个毛头小伙子，头发还很浓密。那时候他跟着师傅在海上跟船，干着单井拉油的活儿。海水一望无际，日子也一望无际。怎么办？“我大学学的是地质。那时候就想，触类旁通吧。那个夏天，师傅们都在备考采油工。我也就跟着买了一套书，绕着船舱不停地背……”

王明回忆说，那一次出海整整 25 天，他背过了整本采油工题库，将采油工知识烂熟于心。“干一行就要爱一行嘛！毕竟咱现在也是采油厂的职工了。”海面上，波光粼粼，王明的笑容凝固在十多年前的老照片里。岁月如歌，记录的所有故事都带着海水的咸味儿，在海风中缭乱人的思绪。

诚然如王明所说，根植这片大海之上的干部员工才是一线生产管理的尖兵。可一个好的决策，一个好的规划方案，一个能够将石油开发项目推向高质量发展的举措，其价值不可衡量。“我们一直在探索，也一直在学习。”实际上，这几年以来，整个海上石油开发都在不断向外界学习，向先进技术和管理经验学习。拿旋转导向技术来说，国外两家知名公司斯伦贝谢和贝克休斯先后进入供应商短名单。同样是随钻测井的先进技术，双方对油藏描述的水平依然存在差距。“差距存在，就会产生竞争。”实际应用中，他们没有做选择题，而是“都学”。“他们的描述方式有一些不同，参照值也有所不同。这也给我们后续的油藏分析研究提供了更多可能。”

1982 年出生的彭定亮第一次站在油田分公司的讲台上做方案报告时，两条腿抖得不行。和他有同样感受的还有张尊香，这个“80 后”女人已经是两个宝宝的母亲。石油开发方案，尤其是海上石油开发，都是涉及投资巨大、集约化程度高、设备装备精良的工程。井位部署必须严格推敲，方案更是一次次优化到了极致才能过关。“并不是每个人都有机会去油田分公司汇报的。对于地质人员来说，无上荣耀。当然要好好准备。”

一句“好好准备”，他们往往要付出比常人更多的心血。很多个夜晚，这个“80 后”母亲怀抱着孩子，在台灯下一遍遍温习讲稿，又要对着图纸一次次推敲自己的方案是否真的可行。孩子睡着了，她的方案还没背完，海上的月偷偷爬上来，照亮没有关灯的窗。“开发方案不比其他专业的方案啊。大多数时间，我们是对着图‘干讲’，一张图讲什么，讲多久，哪里是重点，哪里又是必须提到的，心里都要有数。”

2021 年 11 月 12 日，渤海湾寒风呼啸，气温逼近零度，海上 CB251G 井组平台施工现场却热火朝天。新胜利五号钻井平台、胜利作业六号平台分别矗立在 CB251G 平台两侧 A、B 井口，正快马加鞭同步开展钻井和新井投产作业。

目前，CB251G 新井组投产新井 12 口，生产态势良好。“钻井平台正在钻进 CB251GA-P2 井，作业平台正在进行新井投产作业，必须 24 小时做好两个施工现场的安全监督，新井钻井、作业投产双管齐下，力争早见产。”已在海上连续驻守 14 天的海洋采油厂海二采油管理区副经理孔健表示，“要牢记习近平总书记的嘱托，坚决当好海上油气增储上产的推动者。”

海上油气上产，产能建设是龙头。CB251G 新井组是海上埕岛油田东区产能建设项目的重要组成部分。该项目是中国石化海上重点产能建设项目，整体部署新井 33 口，全部投产后可年新增产能 25.9 万吨。

胜利人统筹加快项目实施，优化井位论证、陆地平台建造、海上工程建设与海上钻井施工齐头并进；以优化井型增大泄油面积、优快钻完井提升泄油效率为主攻方向，在钻完井上集成应用先进的旋导 + 探边技术、高效钻完井一体化油层保护技术、定向井一趟管柱分层酸化 + 高速水充填防砂技术和水平井顶部正向充填工艺 + 生物酶分段滤饼技术，保证新井打得好、产出高。

东部百万吨，海上一盘大棋！

埕岛东部百万吨规划，是海上储能开发的又一盘大棋。所谓新区，就是要跟老区区别开来。埕岛东部的“新”在于它是新认识、新开发、新布局。与开发了近三十年的埕岛相对整装的区块相比，埕岛东部具有“薄、深、复杂和低渗透”的特点，即油层薄；埋深大；含油层系涉及馆陶组、东营组和潜山等多种油藏类型；其中还有一部分低渗透。“过去的钻井技术无法满足新区块开发的要求，主要就是因为层薄井深。”王明解释道，“现在有了旋转导向和随钻测井技术的加持，配合海工集约化等设计理念，未来海上东部开发将迎接一个崭新未来。”整个东部，胜利规划了埕北 15、埕北 371 等 4 座大平台，实行以大平台为中心，以大位移钻井技术为支撑，统筹地下油藏和地上油气技术系统及地面工程改造，统一规划、统一部署、统一建设，实现 1 座平台开发多个零散油藏、纵向动用多套含油层系的效益建产新模式。近三年以来，胜利在埕岛东部部署风险探井和预探井 8 口，其中桩海斜 25 等 4 口井获得百吨以上高产油流，预测地质储量近 4000 万吨，被评为中国石化 2021 年十大油气勘探发现成果之一。截至目前，胜利海上开发已规划 3 个建产区带、4 座综合性平台，动用储量 6157 万吨，新建产能 125 万吨，目前已建成产能 14.1 万吨。

持续提升海上储量资源转化成油气产量效益的能力，是胜利人端牢能源饭碗、保障国家能源安全的责任和担当。海洋采油厂科研所副所长杨彬说：“聚焦油气主业创效，努力培育高产井，一线科研工作者要在海上东部百万吨产能建设中展现新作为，再立新功。”

入海口的守望者

五月，盛放的季节。仙河镇各条街道开满了蔷薇花。我走近它们，想要嗅一嗅香气，却一无所获。直到走远了，那些花香才更加亲近。采访也是这样，你必须和他们保持一定的距离，让他们自由绽放，才能收获夏日的花香。

采访间隙，采访组一行去了东营港，遥望碧绿的大海。阳光浓烈，海风如潮，海浪一阵阵拍打着藻类聚集的海堤。海面上来来往往的船只，是耕海人忙碌的身影。风中拉响的汽笛声阵阵，催促着海员解开缆绳。又一次出海任务即将开始……船渐渐远去，从避风港里游出，向着更远更深的大海而去。那里是他乡吗？又或者是海员们早已安身立命的故乡？我不知道。尾随白色浪花的海鸥们，又知不知道呢？

“平台会有很多海鸟。有一些我们也叫不上名字。”赵龙说，“很多都是保护动物。平台上就装上了驱鸟器，防止这些鸟进入设备，影响生产。”

2018 年夏日一个下午，CB25G 平台上的赵龙和同事们正在检修设备。赵龙走进设备间找工具时，余光瞥见房屋右上角的管道上有东西。当时，他并没有在意。现场检修时，他突然问班长，设备间刚装了安全阀吗？班长诧异，没有啊。两个人抓紧跑回去，发现那根管线上正端坐着一只猫头鹰！它闭目养神，若无其事地端坐在不长的管道上，一动不动，任由全班人围观，它也熟视无睹。怎么来的？大家都很疑惑。“它可不是什么好鸟！”有人说。十有八九是跟船上来的，猫头鹰在海上觅食是肯定不行的。当天下午，送饭船靠岸时，赵龙和同事们将它放入鞋盒里，小心翼翼递到了船舱，叮嘱大副说：“靠了岸，帮忙给它找个家。”

赵龙，34 岁，海二管理区的一名普通员工。每个月都有一半的时间在海上，他和他的同事们，四个人，都如此。头一年，他们班有幸过完所有陆地上的节日。换班时，倒班的那个班需要打一个连班，把所有节日机会还给对方。这样的倒班生活成为海上员工的日常。每到临近回家的日子，和很多海员的妻子一样，杜红红都会坐在电视前认真地听着预报，默默祈祷未来的海况，盼着结束这场小别。

所有的分离，都是为了更好的相聚。每一次赵龙回家，杜红红都是盼着。可回了家，家里突然多了个人，总感觉很不适应。熬过几天，两个人算是终于习惯了家庭生活了，赵龙却又要走了。海上的工人生活就是这样，周而复始，潮起潮落。

2009 年，这对初中同学才在一次偶然的打工机会时相识，相恋。一方水土养一方人，彼此相熟相知，再到相恋，一切都顺理成章。2011 年，油田招工，最后一批劳务派遣工。赵龙选择了离家更近的海洋采油厂，而杜红红也选择了追随爱情。2015 年，这段爱情终于开启了婚姻之路。“当时婚礼在孤岛办的，到场的亲朋好友直呼一辈子难忘。”赵龙说，“婚庆公司跟赵龙父母很熟，为了把婚礼搞好，他们调用了所有可用的灯，结果造成了婚礼酒店的电力超载，现场遭遇了半个小时的停电，所有人点着蜡烛，为我们举办了一场星星闪耀的婚礼。”

夏日来临，好天气成了常客，CB25G 平台热闹起来，南来北往的巡线工、临时检修的施工人员，经由一艘艘船的输送，在午饭或者晚餐时靠过来，休息一下。“大部分时间，厨师要准备二十个人的饭。什么人来，来多少人，就餐计划都会提前做好。”客从远方来，不亦乐乎。作为平台的“主人”，赵龙和他的同事们热情接送每一批到访的海上来客。

5 月 16 日晚，我们约在了海洋宾馆采访。与其说是采访，倒不如说是聊天。小伙子一米七八的个头，浓眉大眼，身材笔挺，颜值颇高（据赵龙说，好身材是他们班的标配，健身是大伙儿最常做的事情）。杜红红，他的爱人，双胞胎姐妹里的妹妹（姐姐杜青青，就职于海洋宾馆），海三联的集输工。原本采访的对象是杜红红，但话里话外我却绕着赵龙问个没完。事后想来，是自己的好奇心在作祟：我始终想要搞明白守望这片碧海的人，内心什么样子。

1987 年出生的杜红红一头短发，戴金属框眼镜，皮肤白皙，面对我和康玲玲的采访，她双手揉捏着，拘谨之态显露无遗。也略有矜持的丈夫赵龙挡在她前面，对我们的问话一一解答。

赵龙是个摄影爱好者。话题也就此铺开，关于海上日出日落，关于星轨，关于陆地上拍妻子儿子，摄影就是这样，总要抓住感动的瞬间。和我一样，他也会给孩子做一面照片墙，记录孩子的成长历程。“我们是油三代，爷爷奶奶是石油师转来的，父亲年轻时从长庆来的，母亲是中原油田调来的。他们在孤岛安了家。到了我和妻子这一代，依然在石油一线。”赵龙的身世令我惊讶，穿越半个世纪的三代石油人，扎根黄河入海口，扎根海上。这在整个胜利并不少见，偏偏这种“不少见”侧面印证了胜利人扎根大平原的决心和耐心。

风平浪静，日出海上，红彤彤染红了整片大海。远处大大小小参照物，钻井平台、作业平台、卫星平台，甚至是在抛锚区休憩的值班船沉浸在这片祥和的温暖之中。赵龙无法用语言形容那种宏大的美，只是凭栏伫立，安静地看着，它如娃娃口中的气球，一点点从海面柔柔地浮起来。“你无法想象。前一秒它还是柔弱的一盏烛火，后一秒它就傲娇地为大海洒满金光。”黎明是太阳脱去昨夜睡梦的最后一层纱。远处，它把海水吸得足足的，充满了能量，再爬升，穿过一层又一层薄云，之后便是耀眼的夺目，帝王一样审视着碧绿之上的耕海人。

每年立夏到中秋，大风侵扰少，渤海湾最安静。这也是耕海的胜利人最忙碌的时节。海上的冬防保温工作即将拉开序幕，喷砂除锈、刷漆喷涂，这些工作和陆采采油工拔草一样，司空见惯。员工们人手一册《目视化管理手册》，甲板，艳绿色；逃生通道，两条手掌宽的黄线；油井，灰色；气管线，黄色；消防设施及流程，红色；电路，蓝色；栏杆，橘红色。对照着相应的颜色，将所有设备喷涂一新。这里没有树，没有阴凉，没有遮风挡雨的高物，日光在甲板上聚集高温，带着咸味的海风裹着身体。汗水坠落时，甲板上滋滋滋蒸发而过。他们不敢怠慢每一个细节。

靠船排会游来几只海猪（学名江豚），墩墩肥肥，很可爱。员工们要躲着这些看似可爱的小家伙，因为它们皮肤充满了毒素。这些群居深海的小家伙们为什么回来这里，又是如何到达渤海湾的？没人说得清。但它们的到来，给忙碌的防腐工作平添了乐趣。

2021 年，杜红红获得集输工全国技能大赛铜奖。这份荣誉来之不易，100 多人海选，整整六个月四轮内部竞争淘汰赛，最终剩下 12 人参加比赛。33 岁的杜红红拎着行李出发时，小区的叶子正值 6 月的繁茂，等她归来时，叶子不见了，树枝上挂着这一年的第一场雪。“实际上这种比赛状态从孩子两岁时就开始了。”赵龙坦言，“一连几年，只要她集训，我有时间就带着孩子去看她。”

晚上儿点，赵龙两口子开车回到了孤岛。关于大海，我好像又收获了不少。

第二天清晨，宾馆的走廊上，一个女孩子从我身边掠过。我愣了一下，脸庞和杜红红一个模子刻出来似的，只是她是长发。我猜，那一定就是双胞胎姐姐——杜青青了。

青青常常被认错。为此，赵龙很多同事“挨过骂”。

从“杜红红”到“杜黑黑”

对基层这对夫妻的采访，我一度得意扬扬，聊得不错，也有收获。可当第二天海三联党小组书记杨斌说起杜红红的外号时，我便意识到自己并没有做到多么好。

“红红说话很柔弱，对人和善，见人总是嘿嘿一笑。后来，她去参加技能比赛，一去就是七个月，回来后，整个人肤色加了两个色号。”

据杨斌说，杜红红的手心、手背两个颜色，手面颜色比他略白，却白得极其有限。

比赛集训时，这“女汉子”硬是天天在太阳下晒着，在雨里打着，一遍遍练操作，练到身体虚脱，努力到无能为力。工作中，“黑黑”也如此。采访当天，杨斌和杜红红拆了一整天的安全阀。“安全阀是集输站库的关键部位，每年都要由两家检测单位共同标定。”全站三百多个安全阀，要在两天之内全部完成标定任务，工作量大，时间也紧。可同时，原油外输任务分秒不能停，必须加班加点干。杨斌带着女工们，爬高下低，从一早干到天黑……大概半个小时后，日落，杜红红和赵龙就站在了我面前。想来，自己忽略了如此重要的细节，很是内疚。

海三联每天外输油气水的量极其庞大，“全油田油量的六分之一，全油田气量的四分之一，都在我们站。”其重要性，不言而喻。

2022 年 3 月，疫情突袭。海三联作为油田关键的集站库，疫情防控任务极其艰巨。杨斌带着大伙儿商议开了个会。“就是想摸摸底，如果延长上班时间，到底有多少人能来，多少人不能来。”

集输单位女工多，双职工里老公在海上的也不在少数。家里一旦有点事情，很难抽开身，偏偏又遇到了疫情。女工们一面工作，一面还要带孩子。一旦倒班就意味着家和孩子都顾不上了……怎么办？

杨斌清楚地记得，那个会开得极其沉闷。身为母亲的女工们都面有难色，表示撇不开家里一摊子事。杨斌更失望，眼看着“抗疫”在即，自己却“手无兵将”？39 个人，16 个女工。女工要在站上待一周，孩子怎么办？厂里决定模拟一下，看看倒班会不会有问题。头一天开会，第二天报计划，第三天就正式倒班了。当晚，女工们回家做工作，第一波五女一男倒班的员工纷纷打回来电话说：没问题！该怎么上班就怎么上。真的没问题吗？厂工会一遍遍问，这么多女工，就一点问题没有吗？

问题当然有，都被她们自己“消化”了。

杜红红能够参与倒班，背后的故事连杨斌都不知道。实际上，疫情期间，杜红红的公婆正巧回宁夏处理老家事务，困在了当地。丈夫赵龙这时又在平台上，怎么办？即将倒班的那一晚，杜红红开车把父母从孤岛接到了仙河镇，让二老代为照料孩子。这样的事情，并不是特例。整个疫情防控期，海三联严格遵守疫情防控相关规定，坚决做好原油外输等工作，确保原油生产“颗粒归仓”。

“很多时候，我都被这帮女汉子感动着。”杨斌，这个皮肤黝黑的大个子东北人，经历了十多年的海风洗礼，如今说起话来都带着咸味儿，“我总劝她们，倒班人手够，你们可以多陪陪孩子。可这帮女汉子……没一个下火线。”

巾帼如此，须眉当折？当然不！据杨斌说，疫情期间，海上平台有员工最长待了63天。“连续几次倒班，都遇到了倒班人员不符合疫情防控要求吧，就耽误了几次。后来又碰上了大风浪，船靠不上去，又耽误了。前前后后两个月，他都坚守在平台上。直到厂里派船硬把他带了回来。”

杨斌不愿说出那人的名字，我也没有强求。也许英雄无名，即便再多名字都会淹没在大海之上。但我们有理由相信，他们共同的名字从未泯灭，那就是胜利人！

“二十年看着平台。”海二管理区经理马向辉说，“就像自己的孩子，起初看到它，兴奋、开心、激动。时间久了，看它调皮，厌烦、倦怠；直到后来，时间越来越久，才发现自己是那么地爱它。原来，青春都献给了它。”

别人最愿意避暑的时候，我们却是最忙碌的时候。正如赵龙所说，平台上最好的季节就是夏秋，而最难熬的日子也是此时。太阳直射，海风带着火。最忙碌的喷砂除锈和刷漆工作也开始了。“我们干部能做的就是带着弟兄们一起干。”室外温度能达到五六十摄氏度，甲板上煎鸡蛋，几分钟就熟透了，更别说裸露的皮肤了。“所以每次外出刷漆，我们都会给大伙儿分发人丹、藿香正气水这些避暑品。”可火热的温度下，汗水是止不住的。工作一丝一毫不敢懈怠，刷漆都是小心翼翼，一面要涂抹均匀，一面还要防止皮肤被滚烫的钢板烫伤。

当然这些都只是海上采油工职责的一部分。近些年来，随着自动化程度不断提升，设备装备更加精密。胜利人早已不满足于简单的除锈刷漆，而是把原本由其他单位提供的服务“抢”回来自己干。“比如工业摄像头、流量计、电气焊等。”马向辉说，“我们鼓励干部员工向一专多能发展，也不断利用陆上时间为大家业余充电，更好地服务海上。”

隔海不远的EDC平台，属于一家外国公司。海洋采油厂员工每每说起来，都充满了羡慕。他们的设备好几年都不带修的。“这就像别人家开宝马，咱们家开夏利一样。可能规格马力各项指标都差不多，人家可以开十年八年，咱一年多就要进厂大修，一个道理。”那么，这样的管理我们能不能做到？当然可以！近年来，油田分公司领导对海上开发倾注了大量的关注。“海洋采油厂不是省钱的单位，一定要选用先进技术、先进设备，为海上开发保驾护航。”近年来，胜利人为海上关键设备采购建立了“供应商短名单”，明确全世界前列的设备供应商才能进入短名单，加强市场调研，对标、询标一流产品，汇总各专业选商建议形成了《海上主要产品目录及推荐供应商》，涉及海上主要产品15个大类123项物料，确保产品引得进、合作好、质量优。

二十年当中，马向辉只离开平台一年。他直言有“脚踏实地”的幸福感，可以陪陪老婆，陪陪孩子，就很幸福。然而，海上的平台依然让他放心不下。每次天气预报，每一次家里灯闪，都会让他下意识地拿起电话问问海上运行情况。2020年，海洋采油厂号召科级干部上平台，将指挥中心前移。马向辉义无反顾地回到了思念已久的平台。“再没有脚踏实地的感觉，心里也少了一份对平台的挂念，又多了一份对家的挂念。”手心手背都是肉，哪一边都舍不得放下。总要有所取舍吧！

指挥前移，让干部和员工同吃同住同劳动，提振了士气，更减少了信息传递过程中可能出现的失误率。“基层科级干部，每人带一套班，有事情现场拍板，有问题现场解决，有困难立刻反应。”指挥重心前移，加速了海上平台信息传递，让干群关系更加紧密。2021年，海洋采油厂打破原来“三室一中心”、陆地指挥海上的模式，创新“一中心两部”（平台管理中心、油藏经营部和党群工作部）架构，将管理区生产指挥、安全环保、设备管理、党群工作等职能全部前移到平台，由平台调度生产要素，配置生产资源，实现由“陆上”远程管控“平台”，向“下海”深入服务“平台”的根本转变。新模式下，基层主要负责人驻守平台一线指挥，组织运行更加高效；管理区98名技术骨干“下海”充实到平台，所有岗位按业务流重新归集、匹配专业人员，现场力量更加充实；海上应急处置节点由过去的6个压缩为2个，应急处置更加快捷。

与此同时，海洋采油厂在2021年创新实施了“蜂巢管理模式”，有效解决海上工作时间短的难题。“以往巡线工作都是早上从码头出发，晚上再回到码头。一来一回，时间都消耗在了船上，有效工作时间短，效率低。”海洋采油厂副总工程师、海一采油管理区经理王志强介绍说，“现在我们采取蜂巢式运行模式，巡线工人进驻中心平台，每天巡线时由交通船舶送到各卫星平台巡线。这样一来，每天至少可增加4个小时的有效工作时间，工作量更加饱满，返程也更早了，员工也有了更多休息时间。一举两得。”

采访中的小插曲

细打听时，得知中国石化大赛班的同学王文义竟然就在平台上。他并非采油工，而是作业工。

我顺着这条线索，有幸采访了桩西作业区相关干部，对海上作业有了新的认识。

2021 年，油气井下作业中心成功闯入海洋市场，接手采修一体化平台作业施工。

以往海上作业都是靠平台运移，将整个修井平台“罩”在原有的采油平台上。费用高，搬家工序繁杂，占井周期长。引进采修一体化平台后，减少了平台搬家工作，只需要在平台上移动井架就可以实现作业井就位。

作为油田作业专业化队伍，油气井下作业中心正是瞅准了这样的机会，迅速组织精兵强将攻占海上市场。经过几轮谈判，作业中心成功胜出，成为胜利海上作业的重要力量。

“尽管目前我们的交井数还无法跟其他单位相比，但质量和水平绝对一流。”桩西作业区主管师徐增生说，“海上项目部目前有干部员工 41 人，海上修井设备 3 台，三班两倒工作制。大约不到一年时间，我们交了 41 口井，上交作业费七千多万元。”

作业从来不分昼夜，海上一样如此。海上项目部书记苏勇说：“相比采油工，我们见到的月色更多吧，因为我们睡得少。”他哈哈笑，皱纹爬上了眼角。“记得那一晚，海上的月亮特别亮，像探照灯一样把整个海面照亮。海风吹着，海浪拍打着。那些声音都淹没在修井机的轰鸣声中，我们像一个个聋人，只能用眼睛感知世界。也许就是因为这，头顶的月亮竟然那么圆。”

采修一体化平台上，修井场地全年铺着防渗布，下井工具也按照标准摆放在相应的工具架上。“海上采油是全密闭，作业则是由井口向外的开放式。防止跑冒滴漏，杜绝水体污染是最关键的。”

每一根起出的油管，工人们都要耐心把管壁上的原油擦拭干净，哪怕一点海风都有可能造成海面浮油风险。最近，海上项目部正在与海洋采油厂结合，创新发明一种紧扣井口的高压喷淋清洗系统。“一旦系统投用，随起随冲洗，油管所有的油水都会尽收井筒内，将大大降低污染可能性。”

今年，中心给了海上项目部更高的要求——全年上缴作业费 1 个亿。如何实现这个“小目标”？苏勇笑着说：“努力！作业铁军，走到哪都是铁骨铮铮。”

实际上，埕岛开发初期并没有预想到有这么大的规模。初期产能建设还是采取“穿糖葫芦”的形式，把一个个小平台串联起来，对于油藏边缘的探索并不够。随着开发逐渐步入深水区，串联方式就渐渐不再适用。尤其是随着油水量逐年增大，小平台已经无法满足原有的外输能力。这时候，中心平台的出现就显得尤为重要。

中心平台承担着海上油气水的初级处理工作。开发初期，埕岛含油高，含水低，不得不打水源井，过滤后向地层注入海水。到了后来，含水越来越高，管线外输压力越来越大。怎么办？胜利人采用了海上高效分水技术，对海上采出水进行一级脱水处理后，快速回注地层，一方面为陆地外输减压，另一方面短循环方式也减少了长输运移的动力成本。“所以你现在看海上平台模式就可以有一个很清晰的认识，那就是以中心平台为焦点，向各个方向辐射。一个大平台可以带上百个小平台。”

海上平台受天气影响极大。如何确保平台在风暴中平稳过度，是胜利人最关注的问题。近年来，胜利海上风暴预警机制逐年完善，海上气象预报精准度不断提升。

2019 年 8 月 4 日清晨，渤海湾风平浪静。然而，距离预报的“利奇马”台风到来只有不到八个小时时间了。陆上气象平台发来消息说：“台风朝你们来了！做好一切应急准备。”

海洋采油厂拉响了应急响应机制，全面启动预案。王志强指挥着各卫星平台巡线人员全面撤回，将所有油水井停机。下午，台风如期到来。渤海湾里大大小小平台全线停电。“平台上工作那么多年，第一次经历那么平静的一天。”这平静是来自于各大设备的停机。好像海上一座座钢铁巨人一下子都睡着了。它们进入了休眠状态时，海潮来袭！这时候，千万不要试图打开舱门！铁门会在瞬间贴在平台的钢板上，两三个人都很难拉起来。那一次，利奇马台风在埕岛盘旋了整整 48 小时才“恋恋不舍”地离开。台风过后，才是大伙儿最忙的时候。快速恢复电力是灾后复工复产的关键工作。王志强带着员工一路检修电缆，几十个小时，不带休息。

海上最怕停电。这已经不是我第一次听见了。王志强说起自己的经历时，深有感触。“最长的一次，大概 36 天没有下平台。连续赶上大风天，船靠不上来。最后几天，平台上的淡水都用光了。空调机的冷凝水也用光了。吃的就剩几个土豆和冻烂了的白菜。大伙儿省着吃，一直坚持到了最后。”

所爱皆山海，山海皆可平。大海之下，油藏丰富，太古、古生、中生界，沙河街、东营、馆陶再到明化镇组，从下至上七套层系盘根错节，犹如千百万年一个个海底画师留下的巨幅像。它们在大海之下不断变幻、运移，在岩石的孔隙中，在各种层系中不断游离。

海的未来

海上智能油田

“没有元宇宙概念！”信息中心袁向兵书记斩钉截铁，“我们所做的都是脚踏实地，一板一眼的工作。现在看来还停留在概念阶段的东西，陆地上不要，海上更不要。”信息中心的重点工作就是将前线的需求变成数字，所有云都为一线服务，让他们安心安稳。采访中，护卫中心的相关同志赶过来，和信息中心对接自家应用需求。

从“一对一”到“一对多”

生产管理部副经理李国兴曾简单介绍过它——智能应急系统。“以往我们通信总是点对点，一对一。这样的通信方式在正常情况下，无可厚非。然而在海上，几百个平台，上千人。一旦有紧急情况，一对一通信方式单向传递的弱势就非常明显了。”

“正是基于这样的考虑，我们开发了这样一款手机 APP，应急救援。”袁向兵说，“一键通信功能，可以发挥调度长职责，从单点向多个项点发出消息。可以是命令，也可以是询问。系统会自动收集整理反馈回来的信息，交给调度长。这样一来一回的信息问答方式，比以往要快几倍甚至几十倍，为海上救援争取了宝贵时间。”

不仅如此，智能应急系统更集结了应急救援专家、物资、队伍等各方面资源。一旦海况突变，指挥人员可以迅速了解到相关信息，也就快速掌握了相关资源，按照应急救援相关预案，按部就班地快速进入状态。

信息中心工作人员介绍道，其实人在紧急状态的表现往往以感性为主，做出理性选择的可能性反而少了。所以，这时候系统要按照既定的应急预案给予系统使用者提示，告诉他应该怎么做。

应急救援 APP 上线不到半年。不仅海洋采油厂在用，很多涉海单位也都积极启用。“有很多陆上单位也来取经。”

事实上，智能应急 APP 只是海上智能油田建设的一部分。近年来，油田大力推进海上智能油田项目建设。2020 年 4 月 20 日，油田分公司主要领导在部署信息化工作时提到：要在“十四五”期间完成海上智能油田建设。2021 年油田分管领导在智能油田场景刻画竞赛总结时指示：智能油田建设要全面推进长寿命工程，要全面推进标准化建设；建设生产运营平台实现分级应用，聚焦油藏经营管理，从管理区层面做起，落实存量油藏经营管理责任。

一直以来，作为东部海上开发的重要阵地，从 2000 年 18 座自动化无人值守平台投产，再到 2007 年平台实现无线网络覆盖，再到 2020 年海上实现全线视频监控，海上胜利已形成海上无线网桥、陆上光纤、行业 4G 网络全覆盖的视频办公网络环境和以数传电台、网络电台通信为主的工控网络系统；自动化系统相继建设完成了工艺自动化、电力自动化、视频监控、船舶监控、雷达监控、人员监控等，实现了平台、管线、油井、设备等参数采集、紧急关断与远程启停，对海上船舶、人员的动态监控。海洋采油厂始终在自动化和智能油田方向走在前列。新阵地，也是新阵容。好钢都要用在刀刃上，打造海上百万吨，不只是口号，更是实践。不只是努力，更需要实力。海上智能油田建设，必将为东部海上开发插上强有力的翅膀！

袁向兵介绍道：“按照‘数据 + 平台 + 应用’的模式，我们将通过数据入湖，针对业务应用进行组件沉淀，通过云平台服务编排快速支撑智能油气田新应用，探索建立一湖一平台一 APP 群的云环境应用新模式。形成包括油气藏、单井、管网等 6 类业务的 APP 应用群，沉淀 64 个业务组件。”

与智能应急 APP 相比，智能单兵系统的推广应用更值得说道。这套系统的初步思路在袁向兵脑子里成型已经是五年前的事情了。集团公司“互联网 +”大赛中，袁向兵将这一想法发布，仅仅用了短短十分钟时间。在座的几位专家眼前一亮，给出了高分。五年后，海上智能油田建设项目方案的批文正式下达，“智能单兵”就位列其中。

“这并不是什么个人理想的实现，而是把一种理念付诸实践。”所谓智能单兵，就是依靠强大的数据库和智能识别功能，对当前发生的事件或者当前出现的人或物进行智能甄别，并做出相应的反应。“这样一个系统，可以让一个毫无相关业务知识的人，在系统的支持下完成一系列难度相对大的动作，快速、及时、准确应对海上各类事件的发生。”

从油藏到井筒，从井口到地上，开发涉及的业务，智能油田都要涉及。全面渗入，全面智能推进，是未来可能发展的方向之一。但实际工作中，袁书记直言信息中心就是后勤单位，很多时候都是见缝插针抢时间，跟着一线干部员工要“需求”。软件哪里需要改进，怎么用起来方便，都是咱的人追到后面一遍遍问。海上弟兄们太辛苦，这是真话。回来陆地，能尽量给他们时间休息，就多让他们休息。实在不忍心多打扰。

“隔着一重水，难度两重天。”副经理张胜利这句话听起来不像搞信息的，倒像是搞开发的。一问，果真如此。张主任早年一直在科研所搞开发，直到前几年调到了信息中心。“很多人以为我来信息中心，就是来养老了。其实真不是。自打海上智能油田项目下来之后，项目组这几个人都是没白没黑地加班。”项目组中，唯一的女性叫孔敏，语速很快，思路清晰。胜利主任说为了项目，孔敏同志经常撇下家中的孩子，加班到凌晨。当然了，也不止她自己，我们都在。

袁向兵向我展示了一张时间轴。他把项目推进过程中熬过的夜晚，一一刻在了一个横向维度上。“我有个想法，等到项目结束后，这条轴上写满了时间和事件，那时候我们项目组会坐下来好好回忆奋斗的日日夜夜。这才是最珍贵的。”

智能油田建设一直在路上。没有人可以准确描述未来油田会怎样。但我们都在不停从 0 到 1，从无到有，我们不赖于现有，却依托于现有。我们还未拥有未来却始终追求未来。

大多数人都会觉得信息中心就是后勤保障单位。但在这里，任何一个单位都算不上真正意义上的“后勤”。一个星期的采访过程中，我能感受的是团结，是快速，是忙碌。我们还没有出海，耳边、眼里却都是忙碌的胜利海油人。

红蔷薇和白玉堂

疫情笼罩，让迟来的初夏有些慌张，急忙忙想要把欠下来的阳光都还给仙河镇。与海洋采油厂办公楼相距不远的两个地方，科研所和信息中心仅有一路之隔。信息中心的前庭开满了粉红的蔷薇花，而它对面科研中心的围栏上，白玉堂绽放得团团簇簇。

我踏上科研所二楼时，已经是 2022 年 5 月 14 日的上午 8 点 10 分（开发首席专家王优杰刚刚从采油厂晨会会场往回赶），采访对象还没有到，有些焦急，该去哪呢？正巧这时，对面小办公室开着门。我前去打问时，他热情将我让到了沙发上。“您在这里稍坐吧？”很感激，正襟坐下。

我们的话题从一个复古的白色搪瓷缸引起。毛主席头像下，写着红色大字——为人民服务。

“哟，喜欢老物件？”

“嗯！”

那是一种情怀，也是一种激励。虽然那时，我还不知道这是为什么，但我清楚它背后一定有着耐人寻味的故事。

须臾，我跟他隔着两张黑色电脑显示屏，下意识问：“您在忙什么？”他边做边说：“建模。”建模？我心里咯噔一下，突然想起来昨天在信息中心采访时遇到的那个叫孔敏的姐姐。隐约记得袁书记说她爱人是博士后，专做数字模型。我就试探性地问道：“您是叫林博？”

敲击键盘的声音停了下来，他从两个屏幕外探出头看我：“嗯？对啊，就是我。”

哈哈，我有些激动。趁着采访对象还没到，我跟林博聊了起来，像一对很久未见的老朋友。他向我介绍数模概念。

林博，44岁，海洋采油厂两个博士后之一，一米八六的高个子，魁梧身材，古铜肤色带着海边人特有的宽厚模样。他的爱人，正是前一天采访的信息中心孔敏。我笑着对他说，缘分就是这么巧，不过一路之隔。

林博以两个短视频向我展示了数字模型在油藏描述中起到的作用。第一个视频（含油饱和度）：起初，一片红色油藏，开发，采油，注水，绿色的水体注入，慢慢扩散，直至全面水淹。第二个视频（流线）：一组红丝线交错的图片叠加，从最初的简单，到最后的错综复杂，像流淌的血脉，舒筋活络。

简单来说，油藏数字模型就是将纷杂、枯燥的已知数据，以最适合的解释方法，通过模拟器整合起来，用计算机模拟流动产出过程，把抽象的理论认识注入模型，把想象变成了实体模型。林博向我介绍他的工作时，超大算力的程序把主机运算拖得很慢很慢，打开过程冗长，其运算之大可见一斑。作为先进的数字技术，数模技术在油藏研究领域有着突出优势，成本投入较低，可以实现多方案的优选，从而实现预测风险最小化。

数模是假的，不准！到底准不准，还要看标准。SY/T6744-2008 标准 9.3.2 预测结果可靠性评价说到：模拟预测结果应与其他来源的预测结果相对比，确保预测结果的可靠性。

由此可知，传统油藏认知手段与油藏数模并非背道而驰，而是互为补充，相互成就的关系。

他是油二代，更是深爱着这片海，深爱着仙河镇的人。林博向我讲述他的孤岛、他的槐花林、他的神仙沟，到处都是童年的碎片，到处都是一个个普普通通的日常，可这些平凡却经由时间的洗礼在记忆里装满了浓浓爱意，我们将它称为回忆。每一次回眸，都恋恋不舍。

“这一生最要感谢的人，是我的母亲。她既是给予我生命的人，也是从未放弃我的人。很多人都会认为我这样优秀的人，童年肯定也优秀。但其实完全相反，我的童年就是学渣，好几次班主任找到我母亲说，这孩子学习成绩太差了，将来能找一份像样的工作就不错了。老师没耐性，可我的母亲却始终坚信自己的儿子是块料。母亲为了我的学习，不断创造条件，衣食住行样样都照顾好，家里所有事务都为学习让路。而作为基层干部的父亲也是一直严格教育我。”林博说，有些人是渐悟，有些人是顿悟，都是为了开窍。他属于开窍比较晚的人。直到高二下半学期，一米八几大个子的林博突然意识到母亲的付出为了什么。从那时候开始，林博开始熬夜，开始夜以继日地奋斗。他知道自己所做的一切，不只是为了自己，更是为了回报父母的养育恩情。也许林博就是很多成功学里“逆袭”的邻家小男孩儿，从一模到二模再到后来的三模，林博一路追上来，最终考上了石油专业本科院校。到了大学，林博一改往日的作风，一路高歌猛进。2012 年林博如愿以偿通过了中国石化统一招考，随后去北京参加为期半年的英语培训，并以访问学者身份去了美国得州大学奥斯汀分校经济地质局深造。当年的丑小鸭，变成了金凤凰。

林博的办公桌上放了一本《重读实践论和方法论》。这已经是他读过的第四十八本相关图书。另外一些已经看完的书籍，都安然地立在办公桌旁的书架里。这张会客用的紫色茶几，既是他午休的阅读角，也是孩子放学后写作业的“课桌”。再后来，大儿子越长越高，十二岁就将近一米九！林博就为孩子买了一张更高的折叠桌。下午把孩子从学校接回来，就放在自己办公室里，两个人隔着两个电脑屏幕，一个办公，一个写作业。“孩子来跟着我学习，主要是节假日我来加班，家里乱，希望有个安静环境，带他来，也是希望给他做个榜样，让他明白工作学习的重要性，明白什么是责任，什么是担当。”

“不只是学习，工作上母亲是始终支持我。那年，母亲患乳腺癌，忍着痛给我们带孩子，生怕影响我和孔敏的工作。其间，她也说过自己身体有问题，可我又缺乏必要的敏感。当时母亲说有些疼，我也没在意，就说吃点药吧。结果这句话后，母亲一直扛了大半年，实在扛不住了，就偷偷去了医院，直到做完手术以后才让我们知道，就是怕我们占去工作时间。去年我妈又得了胆管癌，后来由于我父亲年龄大，实在没法陪护，才不得已通知了我，不然他们还是不会和我说的。”陪护期间林博在病床前也拿着笔记本工作，其间修改发表了一篇国际会议论文。

人生里最重要的第二个女人，是妻子。“这一生最大的幸运，就是娶到了我的媳妇。她那么美，那么贤惠，这一生足以。”林博说起爱妻，动情得像个孩子。

与“后知后觉”的林博相比，妻子孔敏曾经“开挂”的人生却为了爱情做出了牺牲。“她当年可是妥妥的学霸，人漂亮，学习成绩又是名列前茅。当年是咱六十二中高考第一。”林博的眼睛里放着光，“你们不知道，当初她的条件很好，没人敢追。也就是我，不知天高地厚，一追，哈哈，结果就成了。”

“无论从天赋还是韧性来说，我都比不过她。”林博坦言，很多人都说妻子为了他而做了牺牲。但在他看来，“牺牲”这个词太大，夫妻之间没有牺牲，是互相成就，是互相扶持。

采访过程中，林博始终强调，自己不过是平凡人。“信息中心的袁书记，‘5+2’，‘白加黑’，无时无刻不在考虑工作。张胜利，快退休了依然冲锋陷阵，靠前指挥。我们所里，不乏带着孩子来上班，出差完先来所里再回家的，这样的人太多了。我们做的，真的是很平凡的事情，没什么值得赞美和拔高的。”

作为博士后，与回归相比，林博有更多的选择。最终选择回归，一是为了父母，二是为了大展宏图。

当理想照进现实，难免产生迷茫和彷徨，直到母亲大病一场，给林博巨大震撼。“她再一次给了我坚强的精神支柱，这也是为什么我经常带孩子来上班，就是要身体力行给孩子做好榜样，就是要让他明白工作学习比天大，成就工作，也就是成就自己。”

“换作几年前，你作为陌生人走进我办公室，只有一个结果，冷眼撵出去。”那时，林博选择了躺平，选择了暂时把注意力放在了家庭上。直到有一天，他重新翻看《毛泽东文选》，重温党的理论。“突然发现，问题不在外，而在内。是自己，不是别人。怨天尤人，不如改变自己。”仅仅因为一本书而改变了自己的想法吗？林博否定了这样的观点，“四十岁之后，你会发现真正的成熟是跟自己和解。不是说你要放弃努力，不是说你要自怨自艾，而是真正认清现实，真正看清自己，在现实中给自己一个清晰的定位，然后去决定怎么走。”林博说，当年青云飘落的小伙子已经不在了，而是脚踏实地的胜利人。“我不再去等，不再去争，而是放下身段，放低姿态，去努力靠近中心，融入中心，把自己的工作，自己的建模向产量上靠。主动发挥自己的能量，去为一线科研做服务。”

从建模到数模，是通过强大算力对现实油藏进行详细描述后，进而通过演绎推理油藏未来发展趋势的工作流程。这将大大降低油藏开发工作中找靶点、定井位等工作的失误率。尽管目前开发人员常用的地震数据更显得简单易懂，但“因为这套软件是纯英文的，对于很多开发人员来讲，操作起来并不那么顺手”。未来油藏开发的趋势，必然向更高更深的算力延续。“这是不可逆的趋势。”林博说，自己现在要做的就是，努力把建模、数模工作做好，推广好，让更多的开发者懂它用它，发挥更大的效能。

林博这些年的朋友圈，也是他苦苦追寻油藏建模的心路历程。

2019 年 4 月，获得油田开发新技术学术研讨会会议论文一等奖，他发了朋友圈。

今天得奖了，很开心。荣誉的获得是跟领导支持和同事们的帮助分不开的。小作一词，勉励自己，时刻要保持空杯心态，新起点，新征程，新希望。

沁园春——有幸参加油田开发新技术学术研讨会有感

三古之地，皖中明珠，凤凰山麓。

借学会东风，群英毕至，学术交流，百家争鸣。

献计献策，攻坚克难，稳产高效增油流。

尽群力，保胜利油田，力争上游。

廿五载苦奋斗，海洋采油不甘人后。

继前辈精神，二次创业，自强不息，拼搏超越。

智慧油藏，技术革命，挖潜不尽誓不休。

看未来，东部硬稳定，独占鳌头。

2019年6月20日，东区模型修改完善初见成效，他发朋友圈这样说：

东部定液马上成功。从1到100，比0到1简单多了。还得加深对地质的认识啊。搞数模必须从地质出发，光为了拟合而拟合，不考虑实际情况的调参就是糊弄事。

2022年4月26日工作感想：

目前来看，数模是定量描述非均质地层当中多相流体流动规律的唯一方法。对于建数模一体化而言，从模糊的正确到精确的正确，从趋势的预测到数据的预测，我们还有很长的路要走。但是我们的目标依然是星辰大海。可以成为这一伟大征程上的铺路石，是我的荣幸。加油！

当天采访结束，从科研所的大门出来，我回头看向了科研所的大楼。这次采访，我欣喜地发现，不管是采油厂的管理层还是科研单位，大家身上都有一股气，一种精神。不管是范建武书记党建引领，带头为采油厂做好参谋部的工作，王明所长通宵不灭的长明灯，林博士全心全意为油藏服好务的座右铭，还是杨彬所长沙发上凌乱的床褥，都无不彰显着这群为海油拼搏，为胜利超越的科技团队的热情和力量。脚踏实地，攻坚克难，这里，真的不是空话。我坚信胜利海上智能油田建设，一定会大获成功。

注聚！海上新驱力

当海洋采油厂产量“荣登”300万吨时，胜利人有两个感触：一是欣喜，二是压力。欣喜的是东部老区百万吨产量持续箭头向上。压力则在于含水达到九成以上后，如何保持这样的高产高效开发态势。

胜利人把目光投向滩海。孤东、孤岛同一层系的这些老油区的后期发展早已给出了答案——那就是注聚。

很多人会有一个误区，认为采油就是利用抽油机的抽力将原油从井筒抽到地面。实际上，游离态的原油深藏在岩石缝隙和孔道内，采出原油，需要将其从岩石孔隙中驱出，驱入井筒，再由采油设备从井筒抽上地面。而这其中，最关键的问题就在于——驱油。

从最初的自喷，到后来的电泵井，再到后来的精细注水驱油，到现在的注聚驱油，开发到第 28 个年头的埕岛油田不得不面临驱油难度越来越大的现实。其实，2012 年在 CB1F 平台也曾进行过探索，但效果并不明显。为什么后来又把注聚这一方案提上了日程？“主要还是因为馆陶组的特性。”王明说，“它具有比较好的渗透性，聚合物的长分子链条会拉长驱动力战线，让整个驱油达到更好的效果。”

胜利油田对化学驱研究具有 30 多年的历史，经过多年探索，从早期的聚合物驱，到二元复合驱，再到如今的非均相复合驱，形成了一套完整成熟的陆上化学驱体系，化学驱技术从跟跑到并跑再到领跑，完成了三级跳。

然而，从陆地到海洋，化学驱技术“下海”不仅仅是空间的转变。

“刚开始还是用陆上化学驱的经验，可是实施效果没有达到预期。”油田勘探开发研究院提高采收率试验室主任元福卿说。和陆地化学驱不同，海上推广应用化学驱面临着井网、井距、环境空间等一系列掣肘：海上油田注采井距是陆上的 1.5 倍，长距离运移导致化学剂性能大幅下降；陆地上行之有效的“清水配制母液产出水稀释”配聚方式，因清水水源限制高，走不通。同时，海上建设注聚站面临工作量大、投资费用大、建设周期长等问题。

通过室内实验及数值模拟，结合海上环境及油藏条件，胜利油田研发新型驱油剂和驱油体系，为海上化学驱的实施提供技术支撑。同时，引进世界领先的配聚工艺，改变固有的新建注聚平台开发思路，采用集约化的设计思路和先进的工艺技术，对现有的采修一体化平台进行改造，实现了设备制造小型化、集约化和现场管理模块化、智能化。

经过不断攻关，胜利油田成功攻克海上油田化学驱配方设计、采出水配注、平台空间限制等技术难题，实现了化学驱技术从陆地到海上的跨越。

CB22F，这里共有 56 口井，其中 22 口注聚井，3 口注水井，31 口油井。尽管作为三次采油的主要手段，聚合物驱油在陆地早已不稀奇。但海上注聚，尤其是在中国唯一的浅海 300 万吨油田注聚，显得尤为特殊。

“当自然能量驱动和水驱效果都不明显时，聚合物的驱动力就显得尤为重要了。”海洋采油厂技术管理部主管李丙贤介绍，“海上注聚的方案从 2016 年批复，整整 5 年时间完成了方案论证和先导布局，到了去年，也就是 2021 年才真正见效。”

聚合物的效力在于黏度，所以并不适合长输管道输送。

在整个海上注聚方案谋划过程中，开发人员遇到了一系列问题，如何破局？胜利人必须打开脑洞，寻找新的开发方式。

——空间小规模大，怎么办？

陆地可以用很多罐组织配液，一个罐群甚至可以占地达一公顷。但海上空间受限，无法摆下那么多罐体。而且陆上注聚站，往往是单泵对单井，那么海上也要这么办吗？不可能！简言之，海上空间小，注聚规模又那么大，怎么办？“海工集约化”的概念由此应运而生。平面空间不够，立体空间来凑！胜利人突发奇想，把罐体改成箱体，“站起来”，三个箱体摞起来。循环罐不够，那就三个连起来打循环，让聚合物母液在有限空间内绕圈，一样可以达到配液标准。“大泵代小泵，一泵多井”取代陆地上“一泵一井”的模式，提高泵效，进一步解决空间占用问题。

——水质不达标，怎么办？

聚合物最喜欢清水。矿化度低、杂质少，配液黏度高。可海上的实际情况是，淡水是最稀缺的资源。使用长输管线运输清水自然可以，但成本又极其昂贵。怎么办？胜利人创造性地实施了海上污水短流程处理，也就是海上高效分水技术，通过高性能破乳剂，成功将水包油中的油从水中剥离出来，高效分离后达到地层注入水标准。这一短流程的应用，既减少了污水对长输管线运力的占用，又减少系统能耗，实现了就地分水配聚回注。

——硫化氢降黏，怎么办？

油田采出水中有一种菌类，在繁殖过程中会产生大量硫化氢，而硫化氢溶于水后产生大量二价硫离子，它可以攻击聚合物的分子链，使其断链，黏度大幅下降，失去了驱动能力。怎么办？开发人员想到了沼气池，既然下水道可以通过微生物处理，那么采出水可不可以？他们找到了油田有关微生物驱油的相关专家。专家们经过研究，最终在实验室培养了一种脱硫菌，让它在水中大量繁殖后，抢夺了以前菌群的营养，抑制其繁殖能力，从而不再产生硫化氢。这一菌类的培育，迅速解决了采出水中含硫化氢降黏的问题。

——设备动力不足，怎么办？

通过多次征询和考察，大家发现国内陆地配聚站所用的设备性能远远达不到海上大规模配制的需要，而且无法适应海上作业环境的需要。怎么办？胜利人通过多方沟通，与集团公司物装部联合发布征询信息，最终确定了国际一流的法国供应商。工作人员克服时差问题，连夜与外方就技术指标和价格等方面进行谈判，最终以满意的价格完成了招标任务。聚合物配制核心装备 PSU 的成功应用，在整个工程中起到了关键作用。“陆地配聚站一般只能配制 5000ppm 的聚合物母液，在实验室配置的聚合物浓度能达到 12000ppm，而在 PSU 应用后，现场就能配制 15000ppm 超高浓度母液，为海上聚合物的规模化注入提供支撑。”

——井间压差大，怎么办？

陆地注聚站一般采用单泵对单井的注入工艺。但海上油田受到空间限制，只能采用一泵多井的工艺模式。由于不同层系之间注入压差大，剪切产生的黏度损失可能造成驱油效果变差。胜利人创造性的井口注入系统分成两个压力级别：注入压力高的走高压侧，流程简单、阻力小；注入压力低的走低压侧，多级节流实现低剪切保黏。这样一来，海上的注聚就更具有针对性，效果会更好。

2019 年 7 月 29 日，CB22F 平台三次采油方案得到了油田正式批复。“太好了！”李丙贤直言当批复拿到手中时，心中无比激动。三年来，闷头加班加点做方案，与外方对接，和科研院所论证方案，向局相关处室结合，各种各样的信息交流，各种各样的细节梳理，只为了这一刻。

但实际上，从方案批复到正式建成，22F 经历了很多周折。那两年经常在局厂两边跑，有时候还要深夜开会跟法国方面对接技术参数。他们说着蹩脚的英文，再让蹩脚的中文翻译翻译过来。起初，这种幻灯片式的视频会议让沟通很不流畅。时间久了，他们就学会跟法方做手语，一些简单的数字不需要翻译，交流也有了默契。海上注聚得到了油田分公司和集团公司的大力支持，为采购合同签订节省了大量时间。

2020 年，CB22F 注聚方案实施进入关键的海上安装交付阶段，法国人却以疫情问题为由拒绝来调试设备。李丙贤四处奔忙，寻求打开中法通道的便捷之门。油田相关处室将问题汇报给了集团公司，并联系大使馆开通绿色通道，经过多次与法方交涉、协调，据理力争，才最终促成法方技术人员来华。“也就是下手快，不然真要等疫情结束，投产又要推迟不知道多久了。”

从始至终，海上注聚的质疑声就不断。“毕竟投入太大了。”李丙贤却坚持说，与陆地占地和大量建罐相比，海上的成本其实并不高。大家看到的高，是因为成本都聚集在一个平台上，显得高。如果继续往下看，看产出效果，就不会再有疑虑。

2022 年 4 月，CB22F 平台原油产量刚刚突破日产 1000 吨大关，其中一些日产 10 多吨的油井已经达到了日产 50 多吨。这对于埕岛油田，对于整个海洋来说都是极其重要的关键节点。“CB22F 的成功证实了海上注聚大有可为。”尤其是今年以来，油田分公司领导总是在说“海洋的注聚做得最晚，却是做得最好的”。确实是这样。

2022 年 4 月 10 日，胜利油田海洋采油厂 CB22B−2 井日产原油超 4450 吨，综合含水率 63%。在 4 个月之前，这口井的日产油量只有 16.4 吨，综合含水率 90.5%。该井所在的埕北 22F 区块日产原油由去年 833 吨上升至今年 6 月的 1100 吨，综合含水率下降 2.8 个百分点。该区块实施化学驱一年来，胜利油田海上老区迸发出新活力，一季度该区块累计增油 1.5 万吨，二季度增油达到 3.3 万吨，增油趋势呈现持续上升态势。

化学驱是海上油田高含水期大幅提高采收率的接替技术。胜利油田选取埕北 22F 区块开展化学驱先导试验。“这个区块储层好、井网完整，是海上油田最具代表性的区块。”胜利油田勘探开发研究院提高采收率试验室主任元福卿说，一旦成功，对于海上油田其他区块实施化学驱具有指导示范作用。

预计到 2032 年，胜利油田海上化学驱项目将全部实施，2.2 亿吨化学驱储量实现全覆盖。

不仅是现今，未来注聚都将是海上的主力工作。5 月 17 日，李丙贤刚刚结束一场会议，就将 CB25G 和 CB11N 两个平台的注聚施工方案报批事宜，上报采油厂。

CB22F 的成功，不仅是海上开发的成功，更是胜利油田的成功。“以前，我搞三采开发，去局里都是听别人讲三采怎么做。现在反过来了，我倒成了三采的讲师。”不只是海上，陆地采油厂如今也看到了集约化带来的好处，纷纷来取经。

目前，埕岛油田主体储量有 2.2 亿吨，而采出程度不到 30%，还有大量的资源滞留在地下。

海上平台一般使用寿命为 30 年，如果仅靠水驱开发方式，经济采收率最高不到 40%。同时海上油田井网调整基本到位，利用水驱大幅度提高采收率已经到了“天花板”。而实施化学驱，采收率可以提高 10 个百分点以上，相当于多产 2000 万吨原油，每桶平衡油价低于 40 美元。

为了进一步提升海上油田采收率，科研人员编制《胜利油田海上三次采油规划方案》，重建精细埕岛大模型，借助数值模拟技术，摸清地下油水关系，有效指导了规模化实施化学驱。

随着埕北 22F 区块化学驱见效，目前埕岛 11N 平台、25G 平台的三次采油方案也进入实施论证阶段，覆盖地质储量 2720 万吨。

尾声：延东，返航了!

我曾一度认为这一生都不会有机会与海上的庞然大物有交集。可当心愿达成时，激动得像吃了人参果的八戒，一时间我竟忘了自己如何登船、如何踏上靠船排，如何在低头可见的格栅上与那片绿色海洋对视。南极的冰山之所以巍峨，正因为那只是它露出的十分之一。那么海上的中心平台呢？或许和这片绿色大海一样，这个“浓缩”了陆地上各种站库、管线和装置设备功能的钢铁巨人，在海浪的一次次深情拥抱中，在日升月落的相伴中，在一次次潮起潮落中，默默为祖国贡献着石油能源，又悄悄地藏下了太多太多秘密。

四楼健身房门口的甲板上，三只木箱子（海洋采油厂为大家配备的三套健身器材还没来得及跳装）蹲在那里，和午后的大海一样平静。没有参加集体采访，我揣着相机围着生活区四处拍照，也期待在某个拐角与“教授”相遇。十分钟后，兜转一圈后回到原点，个头一米八的男人突然站在那里，背对着我，双手叉腰。木箱上平铺了两床被子，在阳光下扎眼。或许是意识到有人，他转过身，像看到一个闯入自家里的陌生人那样打量我。他戴着黑色塑料框眼镜，颧骨很高，皮肤粗糙，还有些驼背，上身穿一件黑灰色秋衣，下身是红色工裤，双膝向外张开，尤其是那双硕大的工鞋套在脚上，鞋带没系，刚刚睡醒的样子。如他一样，我也打量了许久。

“晒晒被子吗？”我问，缓解尴尬。

他说：“嗯，太潮了。”

我转身离去，他抄手扬起被子，阳光忽而在我面前一闪。

生活区一楼的扶梯处，有人头戴安全帽缓缓走上来。两三秒的当口儿，我们彼此用眼神确认。没错，是“教授”无疑，当年中国石化大赛班的老大哥，个子不高，平易近人，好开玩笑。很多知识，我都是从他那里请教来的。时隔九年，我们再次相遇！没有拥抱，没有握手，只是面对面，寒暄。我们倚着栏杆聊着现在。“昨晚夜班，下了一晚上酸化管柱。本想好好睡一觉，核酸船来了，叽里咕噜下来做核酸。脑子现在还嗡嗡的。”海洋采油厂的水井大多是分层酸化，管柱一层套一层，作业工序复杂，工作量也大。“教授”的胡子稀疏，好些白的，好些红的。“头发也快没了。孩子出去上学了，你嫂子也找了一份工作在陆地上打工。我趁着身体还行，能干点，多给家里攒点钱就是了。”不远处，CB26 采修一体化平台上几个作业工刚刚装完了井口，硕大的井架像一个刚刚熬夜的巨人，疲惫着，一声不吭。

“我去那边看看吧？”

教授拦住了我：“没有许可证，你去不了的。”

采访组赶过来，带着我一起登上停机坪，远眺海平面和繁星般绚烂的平台。海风是凉的，光是热的。在这里，在海上，没有任何人可以逃过他们的审视。而回想起来，自己渺小得甚至无法用一台相机定义这片大海的颜色。7 年前，172 幅堆栈而成的《海上日出》，钻井平台后的大海是红色的；3 年前，那张水晶球里冬日的海平面却是浅黑色；而今天恰遇小满时节，大海却是盈盈的绿。我还缺一张大雪时的海，它应该是白茫茫一片。

也可能，只有它的守望者拥有开启秘密的钥匙。

尼龙网护住的停机坪，生活区的制高点。由此向下望去，吊机的机械臂向外张开，管廊之间有人穿行而过，桩腿下海水一次次撞击，声响平静得宏大。海洋采油厂的职工常说，他们坐拥中国最贵的三百六十度海景房，吹着海风，听着潮声，晒着日光浴。我恍惚以为自己站在了巨人的肩膀，目之所及皆是对它的敬畏。汽笛声响起，50 米长的酸化船靠过来。作业工们三两合力，将一根根水龙带连接在一起，准备着下一秒开泵酸化施工。

“嗨，快看！”翠玲姐喊着，“海市蜃楼！”

遥远东方的海平面上方一指的位置上，缥缈的场景显现。

是吗？我仔细看，不真切。远处，采油平台“悬空”着，不着尘埃。它的更远处，似乎有一座更大的平台，在升腾的氤氲里飘成了一面旗帜。

“真的是海市蜃楼！”翠玲姐强调着，更加兴奋。

来时，她们就在船舱里讨论会不会有幸见到奇观。工会副主席王振国说，很多年前有工人见过海市蜃楼。“那是什么？”他说，“是高楼大厦，像是某个市中心。”这种期盼大概率会引导人们在脑子里构建某种幻想。室外温度大概在三十五六摄氏度，尽管与早上来时相比，雾气小了很多，但远海上，水气蒸腾的迹象仍然明显。这种情况下，海上折射现象的可能性比较大。为了验证，我特意跑下楼来，回到会议室换了长焦镜头……我打开照片给众人看，200 毫米镜头里的图像放大后，可以勉强看出“所谓”的海市蜃楼下，还有一条隐匿的海平面。

“你就当那是海市蜃楼呗？”同来采访的翠玲姐说，“一个纯粹又毫无恶意的谎言，骗自己开心一下，不好吗？”我笑了，拍拍自己的傻脑袋。

停机坪下来时，他拦住了我。还是一身灰黑色秋衣。他问：“船要来接你们吗？我不太肯定，但看看时间也差不多了。”我点点头。

他愣了两秒钟，黑眼镜框后的小眼睛突然闪亮起来，双臂有力张开，双拳紧握，蹦着跳着往楼梯间跑去。

半个小时后，当我们身着救生衣准备上船时，整装工衣的小伙子背着半人高的行李包站在我身后。我回头望，发现竟然是他，工服的胸前赫然写着名字：杨延东。那个行李包大概就是他刚刚晒过的被子，我猜。

“要回家了吗？”

他踮着脚，点头，似乎已经抑制不住内心的激动。

“多久没回了？”

“20 天。”

出海时，早早上船的几个海员——他们大概就是来换班的。

红舰 001 缓缓靠过来，延东在我之后跳上甲板。

轰鸣声响起时，小船远离中心三号平台，重新奔向陆地。波涛翻涌，白浪花在船尾铺开时，一群海鸥在白浪花上追逐觅食。

大海，渐行渐远，薄雾青纱帐似的遮住一座座平台，正式向我宣告这场梦的终结。

返航的船上，我找不到延东。忘了问他，这片海到底是什么颜色。

耕耘大海

马安山

一

大海是水的家乡，水的世界。

每一滴海水都是活生生的精灵，每一朵浪花都是生命的礼赞，每一道波峰都是燃烧的激情，每一条浪谷都是储蓄待发的能量。

那一抹蠕动的蔚蓝蔓延开来，一望无际，与天相接，共于一色。只有到了大海之上，才能领略风生水起，波涛汹涌，浪卷云飞。

凭着对党和祖国的大爱，胜利人用执着与勤奋、平凡与伟大、普通与卓越、智慧与勇敢，在茫茫大海上发现并建成了我国第一个并且是最大的浅海油田。

这次出海给我留下了终生难忘的印象。正是这次出海经历，使我对海上石油工人崇敬有加，钦佩倍增。

天的脸色有些阴暗，但风浪不大。天气预报告知，当天没有大风浪，完全可以出海。去时，一路顺风顺水，感觉甚好。中午 12:30 左右，风突然大了，平台有明显的晃动。当时，我和员工谈得正欢。平台经理提醒：快回吧，晚了就走不了啦，不知道困到啥时候。陪我一起来平台的海洋采油厂工会副主席王振国也劝我回去，客随主便，只能从命。

风力已达五六级，接人的船上下晃动，左右摇摆，很难靠近平台。晃动幅度约 1

米高，激起的浪花超过 2 米，船员的衣服被溅湿了。按照惯常方式，根本上不了船。我和王振国抓住平台上的绳子，荡秋千一样跳到船上。那架势挺刺激，也挺吓人。

行至半路，风力达到 7 级，浪高 2 米以上，船摇晃的幅度达 20 度。浪打在船上，激起的浪花有 4 ~ 5 米高，先是跃上驾驶室顶部，又顺着玻璃滑下来。船舱里也开始进水，里面的人赶紧关上舱门。

这时候，才能看到大海狰狞可怕的面容。一个个巨大的漩涡就是“死亡陷阱”，一排排大浪就是锋利的牙齿，好像要把一切撕碎、吞噬一样。再加上船的上下起伏、左右摇晃，不由得让人心惊胆战、不寒而栗。

船舱里共 11 个人，除我之外，其他人久经“沙场”，抗风浪能力较强。即便如此，也有了晕船的感觉。有的人还晕的比较厉害。肚子里翻江倒海，一个劲往上翻，要不是强忍着，早吐得一塌糊涂。5 个人躺着，已把沙发位置占满，其余 6 人只好坐着趴在桌子上。我试着往椅背上靠了一下，差点没翻过去。人根本站不住，必须抓住桌子，才能从座位上站起来，走路更加困难，稍不留神就会摔倒。

在风浪里抗争了一个多小时，船终于抵达码头。因为“小码头”不能避风浪，前面的一条船，怎么也靠不上去。所以，码头上让我们的船也去大码头停靠。

好在船长经验丰富，要求码头上让我们的船迎着风浪靠上去试试，不行就去大码头。好在船行驶的方向迎着风浪。如果船体迎着风浪，就有很大风险，容易造成侧翻。尽管靠岸时船体调整幅度不大，仍然像喝醉了酒一样，被吹得东倒西歪，倾斜幅度一下子大了很多，吓得我们差点叫出来。好在有惊无险，成功靠岸。

如果去大码头，起码还要 2 小时。那样我们可就惨了，非晕得不知东西南北，吐得翻江倒海，颠得骨头散架不可。

二

因油而生，向海而兴，从陆地到海洋，胜利人追逐着一个蓝色的石油梦。

在一望无际的大海上，在一片蔚蓝的天海之间，矗立着一座座钢铁建筑，那就是海上采油平台。

胜利人肩负着“我为祖国献石油”的神圣使命，凭着顽强的意志和坚韧不拔的信念，用血肉之躯，坚守在平台之上，上演了一幕幕感人肺腑、催人泪下的活剧。

对他们来说，大海既充满了未知和风险挑战，又是爱岗敬业、追求卓越、积极奉献的平台，还是展示胜利形象的窗口。

在海洋采油厂原油生产柱状图上，可以直观地看到，从 1993 年的 10 万吨，到 2020 年的 346 万吨，每年的数字都在变化。

对局外人来说，这些数字是枯燥和单调的。但在海洋采油厂员工眼里，每个数字都是水淋淋、湿漉漉的，极富情感和灵性，比大海里的鱼虾还鲜活，比自己的性命还珍贵。

1975 年 8 月，胜利油田组建了第一个浅海地震队，拉开了滩浅海石油勘探的序幕。

1978 年 11 月 6 日，胜利人自行设计建造的我国第一条座底式钻井平台——胜利 1 号扬帆出海，迈出了具有里程碑意义的一步。

通过一张黑白照片，可以感悟胜利人视油如命，闻油则喜，为油而战和革命加拼命的精神与干劲。

照片是在船上照的，里面有八九个人，分不清谁是领导，谁是工人、渔民。通过文字说明才知道，其中一人是山东省副省长兼胜利油田党委书记。他们乘坐的是渔民出海打鱼的小木船。

海上风大浪高，天气变化无常，加上设备落后，缺少救援力量，万一遇上什么情况，只能听天由命。为了海上油田勘探开发建设，胜利人不顾生死，敢为人先，也是对“以身许国何事不敢为”的践行与诠释。

精诚所至，金石为开。经过苦苦探索和不懈努力，海上油田终于取得了新突破、新发现。

1988 年 5 月 17 日完钻的埕北 12 井，获高产油气流。紧接着又先后在埕北 20 井、埕北 11 井相继发现工业油流。

经反复论证，该海域共有 5 套含油层系，探明和控制含油面积 34 平方千米，地质储量 1.2 亿吨，共和国第一个亿吨级浅海大油田——埕岛油田隆重诞生。

从此，胜利人不但拥有了陆上油田，而且拥有了海上油田，实现了由陆地向海洋的历史性跨越。

三

穿越时空，回首那段难忘的岁月，胜利人心潮澎湃，感慨万千。在老一代员工心目中，印象最深的是海上拉油那段经历。

当年，海上生产的原油全部靠船往岸上拉。要想“多产油”就得多拉油，拉油量就是产量。那时，海上油井全是自喷，设备设施非常简陋。油井周围立几根铁桩，铁桩上面焊块钢板，把油井夹在中间，井口安上闸门，闸门接上管子。拉油时，把船靠在铁桩上，人顺着缆绳爬上平台，打开闸门，直接往船上放，油放满了，关上闸门，开船走人。

海上拉油要靠天吃饭。影响拉油的因素很多，大风、大浪、大雾、雨雪、海冰等，都会给拉油造成意想不到的困难。遇上恶劣天气，出不了海，拉不了油，员工心里空落落的，连精神都打不起来，只能望海兴叹，企盼恶劣天气早点过去。

为了多拉油，海洋采油厂当年提出一个口号“抢风头、战浪尾”。“抢风头”就是抢在大风到来之前，把油拉出来；“战浪尾”就是在大浪消退之时，追着风浪的“尾巴”出海拉油。这是何等气魄和胆量。

海洋采油厂的一位领导非常动情地讲了这样一件事。

1993 年夏天，员工们抢在大风之前，到埕 11A 井区拉油。去时天气尚好，刚到那里，天就变了。风越来越大，浪越来越高，拉油船上下左右晃得厉害。

这种情况下，顺着缆绳往上爬非常危险。一是容易被船撞上，如果被夹在船与铁桩之间，必死无疑；二是即便不被撞上，如果缆绳崩断，就会掉入海中，生死难料。

“不拉油回去。”员工脑子里根本没有这个概念。在他们眼里，拉油是“天字号”工程。

别无选择，必须冒险一试。好在平台不太高，他们用绳子拴在腰上，几个人扶着，一人爬上船舷，借着海浪把船托起、升至高点的瞬间，飞身跃起，扑上平台，抱着井口，先稳住身子，再打开闸门放油。风浪太大，不走不行，才恋恋不舍关上闸门，从平台跳进船舱，匆忙撤退。当他们乘船离开时，缆绳已断了 6 根。

这哪里是拉油，简直是玩命。现在看来，这是严重违章，当时却很正常。

一年四季，不分昼夜，冒着风险，舍生忘死，抢拉原油。尽管非常努力、非常艰辛，吃了很多苦，遭了很多罪，但由于拉油船吨位小，装卸时间长，抗风浪能力差，再加上恶劣天气影响，拉油量始终上不去，形势依然被动。为完成任务，他们主动放弃节假日休息时间，不管白天黑夜，只要天气允许，立即乘船出海，与时间赛跑，争分夺秒抢拉原油。

苍天不负有心人，直到1993年12月25日全年生产计量截止日那天，最后一船原油抢运到岸，终于斤两不差完成了10万吨原油生产任务。

四

海上平台不同于陆地，上一次平台至少工作15天。白天黑夜两班倒，每天工作13小时以上。

上班时，不仅穿工衣，还必须穿救生衣，救生衣上写着员工的名字。下班后，脱下救生衣，必须挂在宿舍最显眼、最好拿的位置。平台上还备有救生圈、救生筏等，每个都有编号，标着某某港、某某平台。

平台上有项特殊规定：登船、上下平台或爬楼梯，两手必须空着；如果带东西，必须背着。目的是安全，同时，防备万一。

永不疲倦的大海，无休无止的风浪，让坚硬无比的钢铁变得疲惫、柔软、无奈。海底管线、电缆发生位移、扭曲，甚至断裂的现象时有发生，同时也意味着一场争分夺秒、紧张激烈的抢修。

平台晃动是一种常态。接送人会晃、运送物资会晃，吊装设备会晃，施工作业会晃，大风大浪更晃。

无论白天还是黑夜，员工下了班，就拖着疲倦的身子，头枕大海，在波涛声和机器轰鸣声中休息，波涛声和机器轰鸣声就成了催眠曲。梦中不知他们会不会见到母亲，还有母亲身边的摇篮及摇篮里的自己。

时间一长，员工养成了一个习惯。离开大海，离开平台的晃动和催眠曲，就难以入眠。当他们好不容易习惯了陆上和家庭生活，就意味着又该上平台了。

海上平台对员工的身体、心理素质及学历要求较高，这几年进的人，全是本科生和研究生。在平台上工作，除考取海上求生、救生、逃生、急救、直升机救援等“五小证”外，还要考取电工证、监督证和硫化氢证。

另外，还要根据不同的岗位，考取采油工证、井控证、吊机指挥证、设备操作证、压力容器证等。名副其实的“一专多能，持证上岗”。

与陆上油田相比，海上油田虽然只多了一层 4 ~ 20 米深的海水，生产难度却不知增加了多少倍。越是狂风暴雨、电闪雷鸣、天文大潮、风暴潮等恶劣天气，压力和责任越大。

1997 年 8 月 20 日，特大风暴潮席卷埕岛油田，海浪 5 ~ 6 米，中心一号平台晃得非常厉害，可生产还要继续，设备还要维护，数据还要统计，工作还要进行。

从生活平台到生产平台有一条 20 多米长的栈桥，栈桥离海面约 20 米，时任平台队长的赵兴，带着 3 名员工踏上了巡检之路。

为防止意外，4 人把绳子拴在腰上，你拉着我，我拽着你，一步一步上了栈桥。大风刮得直不起腰，迈不开步，只好趴在上面，一点一点向前爬行。平时十几秒钟就可以走过的路，竟爬了近半小时。

过后，他们心有余悸地说，那情景真吓人，就像在“鬼门关”前走了一遭。

2010 年初，渤海湾遭受 40 年不遇的冰冻灾害。平台周围被海冰覆盖，最大厚度 78 厘米，船舶被冻住，接班的上不去，休班的下不来，给养没法补充。

中心二号平台 40 多人，补给中断。为应对不测，由每餐 4 菜减为 2 菜，后来又减为 1 菜，最后只剩下土豆、洋葱、方便面等应急食品，一日三餐，顿顿如此，吃得一见这些东西就反胃。就这样，硬是坚持了 27 天，并且做到了工作标准不降、干劲不减，油井不停、外输不断，无事故、无污染。

1993 年，李世强“旱鸭子下海”，由钻井工变成了海上采油工，在海上一干就是 27 年，其中 22 个春节是在海上过的。他亲身经历和见证了海上油田从无到有、从小到大、从年产 10 万吨到 300 多万吨的变化。

当时，中心一号平台刚开始建设，生产生活设施非常简陋。没有食堂，就吃馒头、啃咸菜、喝白开水；没有吊机，几百公斤重的设备、配件、管线、阀门全靠人抬肩扛；没有宿舍，就在甲板上搭的临时板房里或施工船上凑合着过夜。靠这种精神和干劲，他们保证了中心一号平台按时投产。

夏天，平台甲板温度高达四五十摄氏度，厚厚的工鞋被烫得发软，水泼上去就冒蒸汽；冬天，零下 20 多摄氏度，滴水成冰，穿得再厚也能被寒风吹透。

有一年冬天，一台海水提升泵发生故障。李世强和同事们立即抢修，冰凉的水裹着冰碴从管线里流出来，浸湿了手套。干完活后发现，扳手、手套和手被冻得粘在一起。

2020 年 7 月，由于年龄原因，53 岁的李世强从平台上退下来，被调到后勤单位工作。离开平台时，这位铁打的汉子竟泪流满面。

“男儿有泪不轻弹，只因未到伤心处。”李世强的泪是为中心一号平台而流，是为心爱的工作岗位而流，更是为研不碎、化不开的海油情节而流。

在默默地付出和奉献中，他用 27 年的心血、智慧和汗水，在大海上书写着无悔人生。

五

如果在陆地上，中心三号平台是庞然大物，在海上就很难称得上“大”字。从下往上，平台可分为三部分。海底以下约 60 米，为地下部分；海底至海平面约 15 米，为中间部分；海平面以上 40 多米，为平台部分。离海面 8 ~ 9 米以上，才是平台建筑。

平台建筑共 7 层，每层约 1840 平方米。1 至 3 层是机械设备和动力层，4 至 7 层为生活服务区，平台上方还有一个直升机停机坪，应急救援用的。

现在的海上平台，早已今非昔比，用“翻天覆地”形容也不过分。

平台上有卫生间、会议室、党员活动室、生产指挥及监控室、医疗室、食堂、餐厅、洗衣房、健身房和职工书屋，每个宿舍还配了电视、电脑。

“小码头”启用后，员工上下班由 2 小时缩短至 20 多分钟；平台上配备了厨师，根据健康查体情况，“荤素搭配、营养合理”，为员工提供营养饮食。每餐不少于 6 菜 2 汤，主食不少于 3 种。

自动化、智能化技术在平台上广泛应用，许多岗位实现了无人值守。在生产指挥及监控室，动动按钮，敲敲键盘，就可以完成自动计量、自动监控、自动开井关井等多项工作；还用上了无人机、无人艇，大大减轻了劳动强度，降低了风险，彻底颠覆了石油工人的传统形象。

但让人不能不面对这样一个残酷的现实，海上特殊的工作生活环境依然难以改变，甚至让人感到无助和无奈。

有位记者到平台采访，遇一青年员工，问道："小伙子，有对象吗？"员工说："刚结婚，没度蜜月，就来上班啦。"

记者问："能把对象的照片拿出来，让我看看吗？"员工说："没带。"记者不相信："刚结婚，不想她吗？"员工红着脸说："带着照片老想看，越看就越想，越想就越看，反正回不去，不如不带。"

质朴的话语，真挚的感情，深深打动了记者。他在一篇报道中写道：登上采油平台，是对我心灵的洗礼、人格的升华。

由于中心三号平台外输系统缓冲空间小，外输液量必须保持均衡。万一出现事故，留给他们的处理时间只有 20 分钟。否则，就会影响整个海上油田，甚至关井停产。

事关全局，责任重大，必须万无一失。平台副经理郑学利心里的弦，始终绷得紧紧的，不敢有丝毫大意，连老婆生孩子都没离开平台。

问及此事，郑学利有些不好意思。他说，不是自己不想离开，而是离不开。当时那种情况，换谁都不会回去。

六

由于生产成本低、经济效益好，海洋采油厂生产任务一直很重、压力很大。用他们的话说："一年到头不清闲，忙完一年又一年。"

油价高时，多产油就是多创效益；油价低时，多产油就是全局性的摊薄成本、减少亏损。这种境况很容易让人联想到"不以物喜，不以己悲，居庙堂之高则忧其民，处江湖之远则忧其君"的家国情怀，"先天下之忧而忧，后天下之乐而乐"的高尚品质。

强乐乐是从农村考出来的大学生，老家陕西延安，毕业后被招聘到海洋采油厂，已在平台上工作了 10 多个年头。因工作需要，24 小时开机成了习惯，并且他对手机铃声非常敏感。不管工作多累，睡得多香，只要手机一响，立马就醒。他最怕夜里手机响，生怕平台出事。

有一次出差，他坐在火车上睡着了。同车厢有个人手机铃声和他的一样，中间隔着好几排座位，声音很嘈杂，人家那边手机一响，他这里马上醒了，立即掏手机接电话，惹得周围的人直笑。

逢年过节，平台上人手少，强乐乐就主动顶上去，已连续 5 年没回老家。这是他的高尚，也是对爹娘的亏欠。那份纠结，那种牵挂，那份甘苦，那种乡愁，说不清道不明，剪不断理还乱。

2018 年，王家伟走进中央电视台，登上了中国诗词大会擂台，向世人展示了胜利人的别样风采，用切身经历告诉人们：与石油和大海相伴，人生自有诗意。

在大海上工作生活的每一天，都是激情燃烧的岁月；每一次出海，都是直面困难和挑战，也是对理想、信念的考验；每一次与风浪抗争，都是责任、使命和忠诚、担当的具体实践。

既然选择了大海，就像油井一样扎下生命的根。以大海为伴，以平台为家，建功立业，报效祖国，是胜利人的不二选择。

“十三五”期间，海洋采油厂桶油成本控制在 30 美元左右，累计盈利 144.67 亿元，是胜利油田名副其实的盈利大户和增产增效主阵地。在低油价下，闯出了一条高质高效发展之路。

截至 2020 年，海洋采油厂累计探明地质储量 4.93 亿吨，累计生产原油 6000 余万吨。2020 年，海洋采油厂天然气产量占全油田的 1/4，原油产量占 1/7，是胜利油田当之无愧的第一大采油厂，也是中国石化集团公司的第一大采油厂。

一串串闪光的数字，记录着胜利人征战大海的辉煌业绩，浸透了胜利人的智慧、心血和汗水。它们像一个个跳动的音符，演奏着胜利人的英雄交响曲；又像一个个美丽的花环，把胜利人装扮得更加靓丽。

大海之上，每一座平台都是胜利形象，每一座平台都是胜利丰碑。

不让一滴油入海

璎　宁

一

2021 年 10 月的一天，秋高气爽，白云飘荡，大海蔚蓝而平静，胜利作业新三平台海鸥展翅翱翔，彰示平台上异常紧张的气氛，充满了“火药味”。

“报告司钻，埕北 32B-9 井作业期间井口发现溢流，溢流量 1 方。”资料员程同旺手拿对讲机，脸色焦灼，语言简短，铿锵有力地向司钻张龙龙报告。

司钻张龙龙动作敏捷，一边向平台经理赵汝春报告，一边开启了井控报警按钮。“收到，立即关井。”赵汝春果断下达了立即关井的命令，一边让孙勇超发布溢流警报、启动井控应急处置程序，一边通知海洋采油厂采油监督任鹏。

任鹏刚向中控室下达关井的命令，就接到了安全监督王立平说有原油入海的汇报。这可急坏了任鹏，他感觉到了事态的严重性，立即拿起对讲机向海三调度室汇报，相关层级再逐级上报。

油田分公司的一位副总经理心急如焚，好似看到井口溢出的石油正一滴滴地坠入大海。他大声命令：立即启动油田海上突发事件专项应急预案，要快！通知海洋应急中心派遣船舶、联系直升机，联合工程公司共同做好快速应急处置工作，要快！

新三平台上空，直升机的螺旋桨划破 10 月的天空，降低再降低，搜救落水人员。胜利 291、胜利 235 船冲锋在前，冲锋舟 1 号、2 号纵横驰骋，船尾掀动滚滚巨浪。

胜利212、胜利242船快速驶往新三平台，将溢油围控，胜利505、胜利503船迅速展开溢油回收……

其实，新三平台并没有发生溢油，也没有发生爆炸，更没有人员落水。这是中国石化胜利油田分公司、胜利石油工程公司于2021年10月，在胜利海上开展的一次综合应急演练。

因为海上特殊的地理环境属于生态敏感区域，管理难度大，海上污染后果严重，开发过程要求零事故、零缺陷。从设备的本质化管理，到双层防控体系构建，从思想到制度的完善，都极其重要。油田生产运行管理中心海洋监管室初同林主任，强调着综合应急演练的重要性。

这样的综合应急演练每年都进行一次。演练背后昭示的是油田“奉献清洁能源，践行绿色发展”的理念，是对“在保护中开发，在开发中保护”的诠释，也是“能源至净，生活至美”的美好向往。

油田要求严控无效投入，要推行绿色开发，发展新能源，要强化污染治理，守护蓝天碧水净土。尤其在海洋采油厂绿色企业建设管理细则上，更是没有丝毫懈怠。

这不仅是抽象的理念，还是可见可触摸的具体措施。比如在平台上升高法兰、给打泥浆的电泵罩上一个大泥浆伞防止飞散，在井口的周围加上围堰防止油滴飞溅。

关于绿色环保的小事，因为看得见，好预测，好防控，所以处置难度小。那些海底管道才是环保的最大难点。设备的检测受环境的制约与影响严重。初同林告诉我他亲身经历过的一件事情，至今历历在目。

那是2008年的秋天，他还在海洋采油厂海洋工程科的时候，中心一号平台到中心二号平台复线管道施工，投产前的复检紧张进行中。他们往管道里打泡沫球，检测管道是否通畅无阻。泡沫球从管道口进去后，很久出不来。通过追踪器，他们发现泡沫球卡在了管道弯曲处。再一看，一个好几百吨的巨型铁锚紧紧抓住了管道，并将管道拉弯成一个大弯的幅度。抛锚的船已经切断了链条，幸亏管道还没有投入使用，否则后果不堪设想。假如锚抓破管道，石油会泄漏到海里，随流四处飘散，海洋生灵将受到侵犯，生态将遭到破坏……

当时油建三公司的设备还在现场，他们决定立即更换这段管道。如果投产，将面临巨大的工作量和资金投入。首先要停产、排空、从海底挖出管线、抬上海面，切割，更换等一系列工作，维修成本不下千万。

胜利海洋采油厂浅海开发面临的环保难点是：地处黄河三角洲，受黄河水冲击，地理演变巨大，黄河来水携带的泥沙比原来减少很多，导致黄河三角洲滩海区的海床出现剥蚀状态，管道埋在海底淤泥里，其实淤泥已经呈现泥糊状，不再有承载海管的能力，增加了海管悬空或者易断的可能性，风险比陆地上任何地区都要大。尤其海管登平台处，易湿易干部位，氧化快，容易被海水腐蚀。因此，在这些部位挂上硫化橡胶，给这些管子穿一件防护衣很有必要。对于立管，腐蚀度达到 30% 就得更换，不能有“缝缝补补”的凑合思维。

我们只有一个地球，共用一个海洋。海底管道与其他用海活动交叉就会出现铁锚、渔网挂住管道的情况。因此海洋采油厂在选材上保持了绝对的绿色。海底管道选材要求选钢号高、壁厚都在 18 毫米以上的高强度钢，而且都是双层管，也就是海底管道的双保险。

胜利油田对海洋采油厂每年十次左右的大检查、油田设立的溢油应急处理中心，与五海里内随时救援的船舶为的是防范风险、治理隐患，不让一滴油入海。

“海上开发最大的风险就是未知的风险，一旦发现周边平台开发出现环保事故，不但救援困难，而且损失严重，造成环境污染。所幸从来没发生这样的溢油事故，但是绝不能侥幸。”初同林这样说道。

为了那片海，胜利油田高高扬起了“绿”色的旗帜，擂响了建设绿色企业的鼓。

二

2020 年 8 月 7 日，生态环境部海河北海局向油田下达督促整改通知书（环北海函〔2020〕29 号），之后的无数个白天和黑夜，注定不平凡。胜利海洋采油厂负责环保工作的刘超副经理和主管任登龙，更是陷入了深深的焦虑中：“如何确保海上平台生活污水 100% 达标？”目前存在三大难题：第一，海上平台特殊的工作制度和作息制度，使早、中、晚三个时间段存在集中用水的情况，不但生活污水用量大，冲击负荷也高，而生活污水处理装置缺少预处理和调节措施，处理水质易产生微小波动。第二，生活污水处理装置正常运行情况下需要定期排污。但是，受海上特殊气象条件影响，代理商和维修单位无法及时对泵、电机、控制系统进行维修和保养。第三，19 座有人值守平台，受平台空间限制，都只设计了 1 台生活污水处理装置，缺少备用装置。一旦出现故障，无法保证处理水质持续实时达标。

三个现实的大问题，像三座大山压在他们肩上，油田要求采油厂积极整改的红头文件时时浮现眼前。

19 个环保风险点排列在任登龙脑海里，让他辗转反侧，彻夜难眠。一次，他和刘超偶然的谈话，激发了一个大胆的想法：能不能把生活污水直接引入生产系统，处理达标后回注地层？从“达标排放”直接提标为“零排放”。这个想法时时萦绕在他们脑际，督促他们去付诸行动。

“不行，不可行，不可能，万一生活污水处理不好，影响了生产系统呢？”技术管理部门的一再否定如一盆冷水劈头盖脸泼了下来。

他们所能想到的，唯一能确保生活污水达标的解决方案就这样被“下架”了。但是开弓没有回头箭。“明知山有虎，偏向虎山行。”他们的脚步踏遍了技术管理部、生产管理部等多个部门的门槛，讨论研究这一方案的可行性。肯定、否定、争吵，言辞激烈，据理力争。

功夫不负有心人。最终确定新北油田 KD48 平台进行试验方案那天，他俩暗自高兴，但是悬在心里的石头并没有真正落地。

KD48 平台生活的污水首次悄悄进入了流程，梦想变成现实，让他们很是高兴，但是这还不是庆祝的时刻。

正如技术管理部门所料，通过对 KD48 平台生活污水悬浮物进行加密化验发现，海六站的生产数据确实产生了一定的波动，他们担心的事还是发生了。

从技术管理部门到药剂厂家，他们恳切要求对药剂选型重新进行实验。在无数个汗流浃背的白昼，在无数个繁星闪烁或者雷雨交加的夜晚，实验人员埋头于“一滴水”中，他们则站在实验室外等待结果，像当初等待自己孩子的到来那般迫切。六十天，化验、配伍，终于使海六站采出水水质达到稳定，实验成功了，他们喜极而泣。那是怎样难熬的六十天，又是怎样激荡人心的六十天啊！

涅槃后必是重生。2020 年 8 月，参照 KD48 平台的成功经验，他们积极论证其他有人值守采油平台实施生活污水“零排放”改造的可行性，落实资金 600 余万元。

通过新建收集罐、利用已建开闭排系统接收罐和污液罐等方式集中收集生活污水，泵输到原油或生产水等生产系统后，通过生产系统的处理工艺，将生活污水处理为符合《碎屑岩油藏注水水质推荐指标及分析方法》（SY/T 5329-2012）要求的生产水全部回注地层，实现了胜利海上生活污水的“零排放”。不但保证了生产采出水的水质，而且每年减少 1.2 万吨生活污水排放。

胜利海上采油平台生活污水“零排放”成功实施。平台生活污水达标排放的管理难题终于解决，提升了平台环保的基层管理水平，而且为平台解决环保管理难题提供了宝贵的经验。胜利油田应对愈发严峻的海上环保形势的信心大增。不让一滴油入海，胜利海洋人迈出了坚实的第一步。

三

“就地分水，就地注水，油不落地，水不入海，气不外排。”胜利油田海洋采油厂坚定地走在创建绿色企业的道路上。

海上采油，平台四周不见一滴石油，已经匪夷所思。就连生产平台上也不见一滴石油，让人不敢相信这是真的。郑学利和王绍忠说，从井组平台到单井平台，再到采修一体化平台，你都找不到一滴石油。“一年生产 150 多万吨，这么大的产油量，都去了哪里呢？石油是怎么悄无声息流到海三联的呢？”

“我们有秘密武器。”王绍忠和郑学利脸上神秘地说。这就靠全系统密闭外输系统了。这也是胜利海上采油首座原油外输密闭系统。投资巨大，科技含量极高，设计的时候，也是首先考虑了环境因素。要做生产就“必绿、真绿”。谁也想不到来自大地深处的石油，从 CB4E、CB1F、CB22F、CB26 支线海管，悄悄进入了三相分离器，再由外输换热器加温，最后进入分离缓冲罐，由五台原油外输泵打到了海三联。这么说，一滴石油从地层中流出，开始的是一趟封闭的旅程。它经过海水温柔的抚摸，经过一个工人神情的凝视，进入了平台的脉络，在悠长的海管里，在缓冲器、电泵里涅槃，从海三联走出去，完成一滴石油的旅程。

卫星平台产出的油、气、水混合物通过海底管线输送至中心三号平台进行油气水分离后，含水原油经过外输换热器加热进入分离缓冲罐，通过原油外输泵增压外输至海三联。这一过程实现了原油的全密闭外输，减少了油气损耗，彻底避免了原油外输的跑冒滴漏。即绿色低碳发展的理念融入生产优化运行模式，减少资源消耗，提高绿色服务。

很多年前，我跟着石油丈夫到他参加石油大会战的地方参观，站在离平台不远的海边，他指着海里平台上一个正在燃烧的火炬说，那是燃烧的天然气。那个时候我刚到油田，经常会看到黑色的石油，但是对于天然气并没有概念。原来天然气和石油分手之后就被烧掉了。那已经是很早之前的事情，现在海上平台的天然气早已经全部商品化、清洁化。这也是胜利油田关于奉献清洁能源的要求：天然气从三相分离器被分离出后，经过天然气洗涤器和聚结过滤分离器脱水，除极少一部分供平台热媒炉使用外，其余全部经过中心二号平台外输至埕岛站陆上天然气管网，无对空排放。这也已经是看不见的秘密旅程了。

平台边界 LED 节能灯，像个有着新型面孔的机器人，为平台带来光明。它的前身是普通的日光灯，不但耗电，还时常让海上作业的工人陷入黑暗之中；不但给生产生活造成困扰，维修起来要耗诸多人力物力，多次施工也存在对于环境的污染风险。如今他们在 LED 节能灯之间统一安装时控器，设定好时间，自动开关。

在减少资源消耗上，郑学利说他们平台的油漆桶分类值得一提。原先使用油漆对于平台设备围栏进行日常维护的时候，工人们一次取足，使用剩下的油漆搁置在平台上。首先是油漆挥发污染了空气，其次是油漆桶堆砌一起，处理起来工作难度大，费时费力。推行油漆桶分类后，刚开始大家都不习惯，因为要“少量多取”，所以要多跑很多的路，增加好几道工作的工序。在推行“少量多取”的环保理念开始，他几乎天天跟在工人身后，生怕他们犯了“老毛病”，取多了油漆用不完。“少取、多跑，动作要轻，防止喷溅。”成了他挂在嘴边的关键词。

平台上应用了昂贵精密的高科技仪器：海上泄漏报警定位系统。那些在海水里阡陌纵横的管道都是它的孩子。它是一个宽容而又严苛的“母亲”，海底放逐和时时监管是同样的爱与关怀。作为一位称职的“母亲”，它对于海管的长度、粗细、年龄、脉络，以及身体里的石油都看得一清二楚。哪个部位生锈长斑，哪个部位抛锚开小差，它都了如指掌。不但发出呜呜的报警声，还迅速精确地定位海管的位置，以及损害程度，将一场未来得及发生的泄漏，扼杀在摇篮里。准确地说，就是海管泄漏监测报警定位系统，实现了中心三至海三联登陆输油海管压力和瞬时流量的实时监测，可以在泄漏的第一时间进行处置。

利用新的科技手段为绿色生产保驾护航，提升安全环保管理水平，热成像技术不可忽视：工人们拿着它凝神静气，对着管线、设备不停扫描、查找，警惕屏幕中的每一个红色的“像”，快速发现开关设备的异常发热部位。发现任何端倪，立即排除，杜绝意外事故发生。

四

谈到杜绝意外事故、防止石油入海，胜利海洋采油厂的职工孙强尧语气坚定地讲述了他的一次特殊经历：2019 年夏天的一个傍晚，天气闷热潮湿，太阳像个大火球仍然悬挂在西天。它留在平台上的余热，携带一种发闷的气流。孙强尧与其他几位海工巡线时，忽然发现油压一下降低到 3 个多兆帕，感觉有点不对劲，神经也立即绷紧了。他们几个人短暂交谈后分头行动。“套压正常吗？安全阀正常吗？”最后他们汇聚到了中控柜，看油压是什么阶段、什么时间，从 5 个多兆帕下降到 3 个多兆帕的。

经过仔细检查，他们发现油嘴从 5 毫米被刺大到了 7 毫米左右。“没有什么好犹豫的，必须立即更换油嘴，不然任由它继续增大，石油就会外溢。如果来不及收集，就会流入大海，那是很要命的事。”孙强尧握紧拳头。

当他们更换完油嘴，直起腰来相视一笑的时候，太阳正跳出海面，那巨大的光晕，那奇异的自然之美，笼罩了他们。大海也从睡梦中醒来，睁开那蓝色的眸子。

2020 年 4 月，鲜花绽放，温暖如春，可是平台上依然是冬天的模样。海风吹来，带着一股腥咸与黏稠，摸一把脸，像是有一层盐粒附着在皮肤上。

在 11F 平台巡线的时候，孙强尧像往常一样“望、闻、问、切”。井口正常，配电间正常，电泵正常。他经过了一段海管，扫了一眼又折了回来，他有种隐隐的感觉，发现那段海管与平时不大一样。它悬在海面之上、平台之下，有点微微的泛黄，隔着四米左右的距离，他拿出防爆手机对准那段海管，拉近放大，高清查看，发现那段海管外壁已经严重腐蚀。孙强尧心里一震，如果他放松警惕，与它擦肩而过，后果真是不敢想象：海管腐蚀严重，出现渗漏现象，石油就会滴入大海，造成污染；请乙方专业人员更换海管的成本和风险更是巨大。

他立即拿起防爆手机给指挥中心上传自己拍摄的视频和图片。指挥中心当即表扬了他，并请乙方专业人员来平台检测。正如预料的那样，那段海管经过长久的风吹日晒，海浪侵蚀，管壁已经变得薄弱，不能继续服役，需要请乙方专业人员在海管外壁再加固一段同样尺寸的海管。

乙方施工队伍到达的时候，平台上对施工人员进行 JSA 的分析到了苛刻的地步。因为在输油管线上动火是极其危险的，牵一发而动全身。除锈、焊接、加固，他们全天跟踪监督。即使乙方施工人员通过了风险分析，他们还是打起十二分的精神轮流“监督”，时不时对着施工人员喊道：“要小心，多注意，做好个人防护，不能让锈渣掉入大海。”

施工进行了五天，孙强尧他们跟踪“监督”了五天。那是多么漫长的五天啊，比刚上平台度过的第一个 15 天还漫长。一方面担心焊接时的明火，一方面担心锈渣掉入大海造成污染。因为他及时发现了隐患，减少了损失，因此获得了“海上安全环保卫士”的称号，并得到了 5 万元的奖励。

采油厂当即出台了发现隐患奖励机制。

当乙方结束施工，临下平台的时候，一个人欲将手里的手纸习惯性地往大海里扔，被孙强尧及时制止。

五

2019 年 6 月，海上的天气还不是非常炎热。海洋采油厂埕北 22F 平台的员工王晓龙正在进行日常的巡线检查工作，当他下意识地看向平台下的海面时，一只斑海豹正在平台周围的海水里，上下左右游动跳跃，好不快活。它长着圆滚滚的脑袋，肉乎乎的身体，两只眼睛放射出明亮的光。它看到王晓龙时，游动得更加欢实。有好几次，它都像是要跳起来和平台上的工人们说话打招呼。作为生态环境指示物种，它的到来成了整个季节的爆炸性新闻。甚至到了 6 月它还没有洄游，在渤海湾平台附近流连忘返。它从西太平洋出发时，就用敏锐的嗅觉，嗅到了这里空气的洁净，水质的良好。

斑海豹是在温带、寒温带的沿海和海岸生活的海洋性哺乳类动物，并且是唯一能在中国海域繁殖的鳍足类动物，属中国国家一级保护动物，渤海辽东湾是全球斑海豹8个繁殖区之一。

作为一个珍稀的物种，它对于声音和水质要求极高。如果海水稍有污染，或者人类活动打扰到它恋爱追逐，它就会逃之夭夭。它的到来，是对胜利油田绿色企业建设的肯定和表扬，是胜利油田爱护海洋环境的体现。

蓝　图

王翠玲

大海，因为林立的平台而不再孤独。林立的平台是大海的装点，那么孤勇的海油人是不是就是这片大海最忠诚的守护者。

“十二五”规划曾指出：合理开发利用海洋资源，积极发展海洋油气、海洋工程装备制造等新兴产业……这是我国第一次在五年规划里将海洋发展单独成章，属于海洋的时代扬帆启航了。其中陆海统筹原则提出，国家第一次从战略上确立了将海洋开发与陆地同等看待，意味着一次国家发展战略上的重大思维转变。这也代表着我国对海洋经济的推进，向海求发展的决心。

我国海洋石油年产从 0 到 9 万吨，用了近 22 年；从 9 万吨越过 100 万吨，用了 12年；从100万吨越过1000万吨，用了6年；从1000万吨到5000万吨，用了14年。

翻开中国极浅海油田开发的历史篇章，我们找到了一个标志性节点——1994 年 5 月 11 日。

这一天，原胜利石油管理局党委、管理局从油田持续稳定发展的高度出发，提出了加快“从陆地走向海洋战略”实施步伐的远大方向，一个专门从事浅海石油开发的专业化公司——胜利海洋石油开发公司（海洋采油厂前身）应运而生。

这个战略决策的正确性毋庸置疑，连年攀升的上产势头见证着一个大型油田的诞生和发展。1993 年，经先期生产建设，海上生产原油 10 万吨；1994 年生产原油 30 万吨；1995 年生产原油 54 万吨；1996 年 12 月 14 日，胜利浅海埕岛油田年累计生产原油 100.01 万吨，突破百万吨大关，建成我国浅海海域第一个百万吨级大油田。

这一天，胜利油田当时的上级——原中国石油天然气总公司发来了贺电。

这一天，新华社、《人民日报》、中央电视台、中国人民广播电台等多家新闻单位向全国人民报道了这一喜讯。人们奔走相告，击掌相庆。

二

追风赶月莫停留，平芜尽处是春山。在这世上，从来就没有一蹴而就的胜利，唯有反复淬火才能百炼成钢；更没有一步登天的建树，唯有经受磨砺才能锋从中来。正是反复的淬火和磨砺，才有了海洋采油厂顽强拼搏的精神和钢铁般的坚定意志。

面朝大海，静听她的声音。采油平台，是海上原油生产的主要组成部分，在海洋采油厂的平台建设发展中，1988 年注定是一个极具纪念意义的年份。

这一年，埕北 12 井完钻，发现良好的油气显示，9 月 1 日试油求产，日产原油 107 立方米，日产天然气 6621 立方米。这是浅海勘探日产最高的一口井，也是第一个浅海油田——埕岛油田的发现井。

从此，胜利人不但拥有了陆上油田，而且拥有了海上油田，实现了由陆地向海洋的历史性跨越。

20 世纪 90 年代初期，国家提出了“稳定东部、发展西部”的石油开发战略。作为国家第二大油田的胜利油田，在稳定东部的战略中有着重要的地位，而埕岛油田作为一个 2 亿吨级储量的整装大油田，成为开创海上阵地的重要战场，胜利油田为此投入了大量的勘探资金。尽快高速高效地开发埕岛油田，不仅是大形势的迫切需要，更是一项重要的政治任务。

1992 年 11 月，开发一号采油平台座底埕北 151 井。1993 年 6 月，310 油船拉出第一船原油，当年产油 10 万吨。1996 年，埕岛油田建成百万吨级油田。1999 年，原油产量一举突破 200 万吨。从 2006 年开始，海上油田产量进入新一轮的增长期，平均以每年 11 万吨的速度递增。

面对国内首个高投入、高风险、开发难度大的海上油田，胜利人积极探索浅海石油开发模式，闯出了一条极浅海油田高速高效、持续稳定发展的新路子，14 个开发单元全在有效盈利区，其中有 3 个单元处于高效盈利区。

“生产平台 + 陆岸终端”的浅海油田半海半陆开发模式，被称为“浅海油田的集约化开发管理”，填补国内空白，为我国浅海石油开发建设提供了宝贵经验，获国家企业管理现代化创新成果二等奖。

假如你走进这里，走进位于渤海湾的埕岛海域，满眼皆是星罗棋布的采油平台、钻井平台、作业平台，还有来回穿梭的船舶，波澜雄浑，蔚为壮观，如诗如画！

企业要生存，效益必先行。换言之，低成本就意味着高效益。

从环境条件上看，每年大风警报天气 150 多天，海区水位浅，受涌浪影响强烈，气候条件极其恶劣。从开发模式上看，极浅海油田开发在国内尚无先例，在国外也少见，是一个崭新的课题，开发难度大。从管理模式上看，在当时背景条件下陆地油田开发都是典型的计划经济模式，存在严重的“大而全”“小而全”现象，管理上实行人海战术，粗放经营。

大海上，无风三尺浪，有风浪更高。要想多产油就要多拉油，拉油量就是产量。当年在海洋采油厂，流行着“抢风头、战浪尾”的口头禅，员工们说那不是拉油，是在玩命。风吹浪打成为平台司空见惯的工作生活。狂潮拍石，十里海岸同时金钟齐鸣，铿铿锵锵，那潮头有数丈之高，像冲锋的队伍一样，鼓噪着，呐喊着。海在呼啸，风在怒吼，不时掀起一排排巨浪，巨浪又一排排向前奔涌。

在海油人心中，这里是爱恨交加的地方：水下是“聚宝盆”，可探宝之路，难于上青天。夏天要应对强台风，冬天要与海冰斗智斗勇。

“办法总比困难多。”根据海洋油田的实际情况，围绕开发目标，经过多次调研和论证，海洋采油厂干部员工达成共识：单井产能低且分散的埕岛油田作为浅海油田，要想取得较好的开发效益，不能再沿袭陆地油田的计划经济模式，搞“会战式”开发，要按社会化大生产和现代企业专业化生产协作模式，优化资源配置，走“以开发技术、管理体制和管理方式创新为内涵”的集约化经营之路，依靠技术进步和科学管理来提高经济效益。“集约化开发管理”以技术创新与进步作为油田开发的切入点和经济增长的支撑点，使油田科技贡献率达到 80% 以上。

迈上新征程，勇立改革潮头。设施从无到有，从弱变强，生产规模不断扩张，采油平台从 1 座到 100 座，油水井由 1 口到 800 口，海底管线从 1 千米到 600 千米……

海油人刷新着一个又一个纪录。从“八五”试采、“九五”快速上产、“十五”注水稳产，到“十一五”综合调整，从“十二五”到“十三五”，海上油田原油产量稳中有升，成为胜利油田第一采油大厂。

“跳出海洋看海洋、深入海洋建海洋”，作为油田唯一的“海洋”采油厂，主阵地在海上，生产环境、运行模式特殊，如何做实做强海上采油管理区，持续增强价值创造能力，海洋采油厂依靠自己的不懈努力，走出了一条低油价下的高质量高效发展之路。

二

越是在艰难困苦的地方，信仰越容易扎根生长；越是经历疾风骤雨的考验，意志越能够历久弥坚。志之所趋，无远弗届，穷山距海，不能限也，海洋采油厂以更昂扬的奋斗姿态，迎接着新形势下的机遇和挑战。

改革是发展的动力，发展又是改革的目的。在改革中求发展，在发展中验证改革。没有一条路是靠纸笔写出来的，没有一条经验是靠嘴巴说出来的。作为胜利唯一的海上油田，也作为全中国最大的极浅海上油田，胜利海洋有着不同其他的特殊性——高投入、高回报。

如何进一步探索体制机制改革的方向，找到符合现代化生产发展的体制，全面释放改革活力？

胜利油田先后经历了石油、石化重组改制，企业内部也经历了分离分流、减员增效、协解等一系列重大变革，逐步进入了国际能源经济和能源战略的快车道。但变革的震荡还在延续，尤其是近年来，油公司体制机制建设一直是油田改革发展的热点话题。作为改革的先行者，技术应用的最前沿，海洋采油厂如何改，从哪里改，是如何深挖潜力的重要课题，更是推进可持续发展的长远规划。

高质量发展，没有前瞻的思维和宏观的设计，注定走不稳、走不远、走不好、走不通。油田推动高质量发展的重要抓手就是加快推进新型管理区建设，进一步做实油公司模式。从开发油田到经营油藏，从管理指标到利润目标，从行政管理到市场运营……

新型管理区建设不是简单地换块牌子，而是企业管理的一次革命，是提升企业创效能力的一次革命，是紧跟时代发展、技术进步的必然选择，是对标一流、建设一流的必然选择。要打造一流企业，必须解决大而弱等问题，必须用一流的、科学高效的组织架构和管理机制，这与十九大提出的国家治理体系、治理能力现代化的精神是一致的。从近几年情况看，国家推动国有企业改革决心很大、力度很大，可以说是大势所趋、势不可挡，而建设新型管理区，就是油田、采油厂改革转型的必由之路，也是核心关键。

一切工作向价值创造聚焦，一切资源向价值创造流动。

海洋采油厂积极主动做好形势任务教育和观念引导工作，凝聚起全员应对挑战、抱团取暖、抵御寒冬的强大正能量。强化"安全环保第一"意识、算账意识、质量意识、依法合规意识四个意识，提升决策水平；算好结构优化账、单井效益账、创新增效账、挖潜增效账四笔账，应对"低油价"寒冬期；从建立利润指标运行机制、油水井作业专家组决策机制、海工项目运行机制、效益导向考核机制、质量责任追溯机制五项机制，确保提质增效工作落到实处。领导班子以向我看齐的底气，以上率下的正气，做表率、立标杆，引领干部员工自觉践行"想采油厂好，为采油厂好"的主流价值观，凝聚智慧力量，主动参与到"践行严细实、全力创效益"活动中，积极推行"三线四区""事前算赢"等成熟经验和做法，为"十二五"画上了圆满句号。

通过务虚研讨、专题调研、大讨论等形式，干部员工反复学习领会油田主要领导对海上高质量发展指示要求和转变观念、更新理念 160 条，找准制约高质量发展的难点和痛点，积极寻找应对之策。采油厂先后组织 200 多名管理技术人员 10 余次到中海油、埕岛西、中石油冀东油田、康菲石油公司等同行业一流企业对标学习、破题攻关，找到思想观念、管理模式、技术指标等 12 类 150 多项差距，形成海上必须以技术创新作为高质量发展"引擎"的共识。确立了高速高效开发、优快钻完井、海工集约化、设备设施完整性管理、以奋斗者为本的"五大工作理念"。

2019 年，海洋采油厂进行油公司体制机制改革，实行管理架构扁平化，打破原来"三室一中心"、陆地指挥海上的模式，创新"一中心两部"架构，将管理区生产指挥、安全环保、设备管理、党群工作等职能全部前移到平台，由平台调度生产要素，配置生产资源。实现由"陆上"远程管控"平台"向"下海"深入服务"平台"转变，进一步深化“一中心两部”运行机制。明确管理区职能定位，明确管理区油藏经营和风险管控的责任主体，成为油藏经营独立核算单元，主要负责油气生产存量业务管理，对油藏经营过程的投入、产出进行价值核算，实现创效能力逐年提升。

新模式下，基层主要负责人驻守平台一线指挥，组织运行更加高效；管理区技术骨干“下海”充实到平台，所有岗位按业务流重新归集、匹配专业人员，现场力量更加充实；海上应急处置节点由过去的 6 个压缩为 2 个，应急处置更加高效快捷。

工作 22 年后，海洋采油厂副总工程师、海一采油管理区经理王志强重返平台。他说：“如今，办公室就在平台，出现任何问题都能第一时间到达现场进行处置。”海一采油管理区生产指挥中心主任陈宝君说：“这下方便了，把生产指挥中心前移至海上平台，实现了在海上一体化运行指挥，想想都有点小激动。”设备员李弢说：“中心平台设备最多，这次住在平台上，我可得好好给你们查查体，在我眼皮底下了，工作要更有效率喽。”安全员白志刚则是信心满满：“中心一号平台作为集团公司重大环境风险源，住上去后，我们要好好排查现场，密切跟踪好隐患治理工程进度，保障海上安全绿色生产。”

权利和责任更清晰。平台带班由原来的副经理制改为书记经理第一责任人制，现场就可以决策，工作效率得到了极大提高。平台安全生产管理中心的核心业务是现场管理，按照“管理 + 技术 + 操作”设置岗位序列，管理序列设平台总监、生产经理、机电仪经理、HSE 经理等岗位，横向上贯通“技术 + 操作”两大序列，打通操作岗位向技术岗位流动路径；纵向上设置不同技术级别的岗位，打开各类人才的成长空间。油藏经营部核心业务是技术支撑和油藏经营，设置“管理 + 技术”序列，设置油藏经营管理主任师、地质主管师、工艺主管师等岗位。平台安全生产管理中心是管理区生产运行与综合管控机制实施的责任主体，是专业化队伍和社会化队伍的协调管控部门。各项生产指令通过“事前算赢”和“一体化决策”后，由平台安全生产管理中心统一下达组织实施，并负责生产指令完成情况的落实和事后评价。

油藏经营部以油藏经营管理为核心，深化单元目标管理，发挥一体化技术分析决策机制、经营决策优化机制作用，强化管理区内部价值创造激励和外部市场化技术服务激励，构建三个一体化，形成最优的技术解决方案，做实一体化技术分析经营决策。与两所签订油藏经营承包协议书，解决油藏管理中的问题，确保区块开发动态保持良好，控制好各项开发指标。本着技术力量聚焦生产一线的原则，按照地下地上配合，海陆互联模式，达到统筹协调、高效运行效果。

观念、理念的转变让一切工作向价值创造聚焦，一切资源向价值创造流动，形成人人都能创效、人人都能防控风险的良好局面。经营管理方式的转变让管理区内部由执行行政命令向自我管理转变，管理区外部由计划型向契约型转变，考核导向由工作量向价值量转变。

管理区形成以业务为主配置资源的管理模式。以信息化建设为支撑，建立“中心管控、技术支撑、专业协同、岗位联动”的运行机制，现场决策和组织运行，减少管理链条，中间传达环节简练快速，生产决策高效精准。党员干部住平台带头示范转变工作作风，实现工作运行无缝隙“零”距离。现场跟班劳动，加强现场基础管理，使平台面貌焕然一新，基础管理水平得到提升。使“聚焦创效点、细算效益账、多干效益活”等新理念深入人心。“让每一分钱花的都有价值”，挖潜增效的意识进一步增强。平台安全生产管理中心加强优化生产运行流程、强化生产信息化应用，逐步做到了事前干预，及时处理，提高处理问题效率，生产时率达到 98.3%，较上年同期上升 1.25%。

“责任心缺失是安全环保最大的隐患。”海洋采油厂主要领导说。原来守护海上安全环保的只是一个班组，无论是能力和水平，还是权责利，均不对等。如今，技术力量到平台，应急处置到平台，党群服务到平台，选优配强平台力量，充分赋能提效，有利于调动全厂资源，把平台打造成坚强的战斗堡垒。

面对无人值守平台距离陆地航程远、船舶往返时间长、有效工作时间短等实际困难，采油厂采用“蜂巢式”运行模式改变了以往巡线人员“早出晚归”的工作方式，提升了海上生产运行效率，解决了海上有效工作时间短的难题。交通船舶由每日往返码头的模式优化为留守住人平台模式，按照交通船舶平均 2.5 小时单程航行时间计算，每日可增加海上有效工作时间 4 到 5 小时，由 5.5 小时提升至 9.5 ~ 10.5 小时，大大提高了海上生产有效工作时间。同时将常规模式下职工乘船返航的时间用来休息，增加了员工休息时间。

管理区以业务流管理为基础，各业务流主管住到一线平台，成立平台安全生产管理中心。根据业务流分工，各业务流主管到现场发现问题、制定对策、组织实施，将原来的 6 级管理模式压缩至 3 级管理模式，将海上异常事件应急处置时间从 3 小时降低到 1 小时左右，大大节约了处置现场问题的时间；同时能够对一线员工现场工作提供技术指导，提高一线员工现场应急处置能力。海上平台安全生产管理中心的建立，不仅压缩管理层级，也降低了一线员工的工作强度。不仅提高现场工作质量和效率，也提高生产现场“免修期”。

2020 年 5 月，埕北 11B 平台变压器出线母排异常高温，驻守平台的机电仪专业工程师巡检及时发现，仅用 6 小时就排除故障，与以往运行模式相比，缩短了 9 小时。

海上平台虽小，舞台却大。海洋采油厂把人才培养作为根基工程，坚持以奋斗者为本，把最强力量配到平台一线，在评先树优、职务晋升、绩效工资等方面向平台倾斜，真正让想干事的有机会、能干事的有舞台、干成事的有职位。近两年，新提拔基层干部中 60% 以上来自平台一线，让海上一线成为锻炼人才的熔炉、创造价值的舞台。

海洋采油厂聚焦油藏经营价值最大化，推进责权归位，打通资源要素向平台流动的“最后一千米”，确保管理区扛好油藏经营管理责任。对措施作业、平台延寿改造等系统性强、投入大、风险高的重大决策，成立以首席专家、专家为主的油藏开发、海工建设等专家组，做好方案优化、技术把关等工作，以“最强大脑”支撑管理区决策。建立以管理区为“大甲方”，“两所”服务管理区挣绩效的内部市场运营机制，激发科研技术人员主动“下海”的积极性，使措施方案更优、技术服务更到位。针对制约管理区提质增效的技术瓶颈，成立“短流程高效分水”等 12 个攻关项目组，集合采油厂优势技术力量破题攻关。作业费管控一直是管理区油藏经营管理的重点，采油厂“长寿命注采”项目组通过技术攻关，电泵井检泵周期由 5 年延长至 7 年，年节约作业费约 1.2 亿元。

从“大管家”向“大服务”转变，全厂上下摒弃“管”“治”思维，下放 8 大类 28 项经营决策权到管理区，让管理区“干不干”有自主权、“怎么干”有话语权。搭建海洋工程、经营共享、风险防控三大服务平台，把管理区管不了、干不好的业务担起来。对协调难度大、技术要求高的大型产能、海工建设项目，实施“交钥匙”工程，由海洋工程技术服务中心统筹建好后移交管理区。把原本由管理区承担的通用性强、办理节点多的招投标、合同签订等业务，统一由经营共享服务中心代办，让管理区轻装上阵、聚焦主业、多创效益。对合规要求高、系统风险大的业务，建立经营风险“五位一体”防控机制，为管理区提供全方位高效服务。

海上平台春战严寒，夏战酷暑，秋战台风，冬战冰凌，一年四季战海潮。一座平台就是一座堡垒，一名党员就是一面旗帜，越是环境艰苦，越要建强堡垒。海洋采油厂紧跟新型采油管理区建设步伐，把支部建在油藏经营第一线。把油藏经营、安全环保等目标任务纳入支部和支委责任清单，把生产经营决策的难点作为支部议事重点，推动支部工作与中心工作同向发力、相融互促。坚持一线班站、重要岗位有党员，做到重点项目、重大攻关党员领着干，恶劣天气、关键时刻党员冲在前。疫情期间，在部分员工无法返岗的情况下，党员王延生主动放弃休假，连续 63 天驻守平台。

三

积力之所举，则无不胜也；众志之所为，则无不成也。正是一个又一个普通人把自己的能量集聚起来，然后才有了划破夜晚的光亮。浩渺行无极，扬帆但信风。海洋采油厂以如磐初心，守护着那片海域，守护着石油梦。

海洋采油厂担负着胜利海上油田开发建设任务，干部员工 1873 人，管理着海上 110 多座采油平台，年产原油 350 万吨以上，成为国家“稳定东部”石油战略的重要阵地，也是保障国家能源安全的生力军。“海上平台 + 陆岸终端”的半陆半海开发建设模式，推动实现了海上油田跨越式发展。自主创新和集成创新，形成了适应极浅海油田勘探、开发、工艺、海工和安全环保的 5 大技术体系、29 个技术系列、147 项关键核心技术，填补了多项国家空白。采油厂践行“绿水青山就是金山银山”发展理念，以最高最严的标准抓安全环保，形成了海上生产设施全生命周期完整性管理体系。

2018 年，油田实施“五大战略、三大目标”，打造胜利高地战略部署。海洋采油厂高站位、高质量谋划了海上“二次创业”蓝图，瞄准“六大目标”统筹“六大工程”，推进海上油田高质高效可持续发展。

谈起转型和发展，海洋采油厂基层党建专家路士军多次眼含泪水。2017 年，油田专业化改革如火如荼，维修就在改革范围之内，因为这支队伍能吃苦能打硬仗，为采油厂做出了巨大贡献。海洋采油厂以这支队伍为雏形，成立了电力管理中心。成立之初，当时身为大队长的路士军好几个晚上睡不着觉，他说："油田实行专业化管理模式后，专业化运行，我们目前干的活和专业化队伍干的活重叠，我们的作用显现不出来，我就在考虑，我们的出路在哪？"低层次的零星维修已经不再适合采油厂高质量发展，当时的海洋维修大队急需拓展新的业务。出路在哪？首先发现海上电泵电缆接线故障导致的躺井占比从 56.9% 飙升至 81.8%，电缆连接质量急需提升。再加上海上电网负荷逐年增加，风险不断加大，规范电力运行迫在眉睫。路士军找到了负责生产的副大队长许伟商量能否承接下这项工作，许伟的话给他吃了一颗定心丸，许伟说："只要你想干，没有干不成的。"两人立即召集技术骨干讨论，明确了"转型发展，靠近平台，靠近井口，高质量服务海上生产，重塑维修价值"的方向。他们瞄准了采油厂"长寿命注采工程"，聚焦海上电网运行短板，果断从传统的工程和电气维修转型"电泵完井和电力管理"两项业务。然而从电气焊跨界到电泵完井，根本没有前例可循，没有经验可供借鉴，"端焊把的手，能干好电缆接头吗？"他们选拔 10 名党员骨干赴国际领先油服公司——斯伦贝谢和贝克休斯等公司学习电泵完井技术。仅用半个月的时间，再采取内培的方式反复操练，熟练掌握了海上电泵完井技术。2018 年 12 月 14 日至 19 日，自主开展了 CB22FB-9 井的电泵完井作业，完井测得电泵电缆对地绝缘阻值达到 1000 兆欧，此项参数比肩国际一流水平。海洋电力管理中心转型以前，海上电泵完井电缆绝缘阻值最高仅 500 兆欧；转型后，海洋电力管理中心开展的常温井电泵完井电缆绝缘阻值全部达 1000 兆欧。因电缆绝缘问题导致的躺井占比由 81.8% 下降到 31.4%，采油厂的创效"痛点"变成了"亮点"。在此基础上，海洋电力管理中心对标行业一流标准，制定了海上电泵完井安全技术标准化操作流程，严控电泵组装、注油、电缆接头连接等工序操作工艺，提高电泵完井作业质量，电泵电缆对地绝缘等关键参数赶上"埕岛西"对外合作项目等国际一流水平，为油井长寿命打下基础。

第一口井的成功，极大鼓舞了员工士气，增强了转型信心。海洋电力管理中心根据转型业务变化，优化调整组织架构，成立完井服务站和电力服务站，设立完井作业岗、电力运维岗等大岗位，组织完井作业岗位人员学习电力操作技能、考取电工操作证，组织电力运维岗位人员学习电泵完井技能、考取硫化氢防护技术培训证书。通过"大工种""大岗位"交叉取证的方式，培养专业过硬、一专多能的操作人才，两个班站人员可随时相互补充，开展海缆抢修、电网检修、配电巡视、电泵完井等施工项目，缓解了生产一线人员紧张的情况，实现人力资源的价值最大化。

“走出去”学经验，“请进来”促提升，“用最少的人干最精细的活”。海洋电力管理中心先后3次外派19名骨干人员赶赴天津，参观斯伦贝谢、贝克休斯等国际油服公司和中海油培训中心，交流潜油电泵完井作业、防爆电器、变频器及车床故障排查、变电运行等经验，掌握先进技术和规范流程。他们自主研制的“封隔器电缆穿越保护装置”，改进了电缆穿越封隔器工艺流程，解决了中深层系高气量井开展电泵完井作业时，电缆穿越封隔器易受损导致躺井的难题。他们研制的“封闭式电缆接头操作台”，可解决电缆接头制作过程受雨雾潮湿天气影响，导致施工暂停的难题，缩短作业时间，加快施工进度，减少平台占用时间，降低平台占用费用。他们自主编写《海上潜油电泵电缆大小扁接头连接操作技术标准》，实现电泵完井现场施工规范化、标准化。为每口井创建“一井一档”作业数据库，长期跟踪油井绝缘质量，为实现油井长寿命提供数据支持。

“电网是海上采油的动脉，没有电，一滴油都无法出海。”近年来，海上油田高速开发，平台电力负荷以每年7%的速率快速增长，一条回路大运行方式，最多时负担9座平台的电力供给，再加上各平台的保护定值设置不合理，往往一处电力故障，一串平台停电。“保电就是保油，保电就是创效！”海洋电力管理中心于2018年8月成立电力调度室，统一协调管理海上电网，提出“变事后抢修为事前预防”“短线路、轻负荷、分级保护”等运行思路，规范海上电网管理，完成对全厂海上91座变电站的双编号编制。核实相序，防止误操作事故，确保指令规范、操作可循，做到电网管理规范化、明晰化。

2020年至2021年两年内，电力调度室共计签发工作票470份，下达操作命令1680条，组织实施核相10次，实施不停井调整负荷6次，均做到电网操作“零失误”。其中实施不停井调整电网负荷，是海上电网管理的突破性进展，避免了停井调负荷带来的经济效益损失。电力巡检服务由常规“出海—巡检—返回”优化为“24小时值守平台”的巡检运行模式，变重点巡检为全面巡检，提升效率、降低成本，实现了住平台配电巡视全覆盖。利用红外线热成像仪等高科技手段，重点检测监控变电所海缆及接头、高低压配电设备、变压器等工作温度，两年内累计发现各类问题1380项，从“一平台一保护”向“一井一保护”转变，将停电范围降到最低。海上电网运行稳定性、灵活性取得有效进展，未发生一起责任停电事故。

海洋采油厂树立“大质量”意识，制定设备采购和施工质量全生命周期责任追究管理制度。从设计采购源头把关，规范标准化设计，实现需求标准化、产品系列化，以提升甲方管理、设计、监督三大能力为重点，持续强化甲方行为能力建设。对海上重要关键设备，建立了大型变压器、井下安全阀、紧急关断阀等关键设备选商库和“短名单”，推动物资质量由“合格”向“优质”转变。

夯实高质量选商基础。针对海上生产所需物料专用性强、类别复杂、标准高等特点，放眼全国乃至全球，加强市场调研，对标、询标，寻找一流产品，邀请厂家前来技术交流，前往工厂实地考察，建立海上高质量选商库和短名单。如海上平台空间有限，需要快速实现采出液的破乳分水，而现有破乳剂标准指标较宽松，无法采购到满足海上需求的高效破乳剂。通过对标埕岛西，采油厂组织了 3 家国内应用效果好的高效破乳剂进行瓶试试验、现场试验，确定了关键指标，向油田业务部门申请，以“结果导向”原则，自行编制了《胜利海上油田原油破乳剂通用技术条件》《胜利海上油田采出水反相破乳剂通用技术条件》，提升了原执行标准的技术要求，解决了原破乳剂“合格不好用”的问题。2020 年、2021 年，通过“产品 + 服务”方式按照新标准引进了海上高质量高效破乳剂，海上日分水量增加 2.3 万立方米，大大降低了系统处理能耗，折算年经济效益 700 万元。引进挪威佐敦等知名油漆涂料品牌，减轻了平台职工劳动强度，提升了本质安全化水平，施工由原来涂刷 6 至 7 道变为 1 至 3 道漆，在役平台修复涂层寿命由 2 ~ 3 年延长至 5 年以上，新型油漆新建平台设计寿命达到 20 年以上，拉拔力提升 40% 以上，不仅产品性能更稳定、防腐效果更好，也避免了频繁的维修工作量及成本费用。

为山者，基于一篑之土，以成千丈之峭；凿井者，起于三寸之坎，以就万仞之深。海洋采油厂上下一心，士气高昂，坚持刀刃向内，实施流程再造、组织重构、资源优化，全体干部员工秉承着“舍我其谁挑重担，为观奇景上高山”的使命担当，恪守“春蚕到死丝方尽，蜡炬成灰泪始干”的奉献理念，崇尚“纸上学来终觉浅，绝知此事要躬行”的实干精神，抓铁留痕，踏石留印，在高质量发展之路上，逢山开路，遇水架桥，探索先行。

从陆地到海洋，从 10 万吨到 300 万吨，20 多年的艰苦创业，20 多年的拼搏奉献，英雄的胜利海油人用智慧和汗水建成了我国第一个 300 万吨级现代化浅海大油田，谱写了恢宏的浅海石油开发篇章。

春夏秋冬，寒暑更迭，海油人已经走过 20 多个年头。英雄的海洋采油人艰苦创业，以苦为乐，拼搏奉献，以血肉之躯与大海拼搏，与风浪抗争，以大海为蓝图，以奉献命题，以青春作笔，用汗水和智慧在渤海湾绘就了一幅壮美的画卷。2022 年原油产量将达到 356 万吨。他们在这里建成我国目前最大的极浅海油田，创造中国极浅海油田生产能力最高纪录，被录入《中国企业新纪录》，使海洋采油厂成为中国石化产量、效益第一大采油厂。

20 年多来，胜利海油累计探明地质储量 5 亿吨，建成各类采油平台 110 座，累计产油 6600 多万吨，为国家经济建设做出了巨大贡献。

一座平台就是一座丰碑。耸立在大海的平台昭示着胜利海油人向大海要油、从海底掘金的英雄气概，海底纵横匍匐的油气水输送管线记载着海油人艰苦奋斗的光辉历程……

胜利的海洋

沈 默

红色航标

大海，一直不动声色地待在那里。春天的渤海湾畔，潮起潮落、云卷云舒。从空中俯视，胜利海洋采油平台恰似一颗颗散落的宝石，镶嵌在大海之上，熠熠生辉。

时间，真是一个让人无法捉摸的魔术师，总在光阴变幻莫测的节点，给人掏出意想不到的“礼物”。2022 年 5 月 10 日，我们兴冲冲地跨进胜利油田海洋采油厂，恰好第二天是他们建厂 28 周年的纪念日。

28 年前，胜利油田第一个海上油气开发公司正式挂牌成立。犹如平静的海面，骤然掀起的一股巨浪，中国第一个极浅海油田蛟龙出海。

这可是胜利引以为豪的海洋，也是海洋的胜利。海洋采油厂一路栉风沐雨走过了 28 个春秋，承载着胜利油田的希望和梦想，同时，也承载着胜利海油人的艰辛与拼搏。近几年，海洋采油厂在开启高质量发展的背后，所经历的曲折带给我们怎样的启示和思考？它为中国石化拓展蓝色疆域提供了怎样的胜利经验？

在胜利陆上石油举步维艰的今日，胜利油田海洋采油厂不断做大效益规模建产，实现储量高效动用，激发转型升级活力，为胜利高质量发展展开一幅“六大工程”“四大规划”“五大工作理念”争创世界一流油田的宏伟蓝图。

胜利海油人依托大海，劈波斩浪，累积探明地质储量 4.93 亿吨，年产量连续 17

年保持箭头向上；初期原油产量从 10 万吨起步，1996 年达到 105 万吨，1999 年突破 200 万吨，2014 年迈上 300 万吨级台阶，2021 年产油 352 万吨，共为国家贡献石油 6500 万吨。这些金光闪闪的数字背后，每一次发生增量变化，无不浸透着海洋采油厂干部员工的汗水和智慧。

实际上，大海是最有耐心的见证者，见证了胜利海油人从零起步，不断超越自我，砥砺前行，创造出骄人的业绩。大海也是最有耐心的倾听者，它听见胜利海油人几十年如一日，共同奏响一曲“我为祖国献石油”的嘹亮凯歌。

而此刻，我听出了海洋的另一种喧响。它仿佛告诉我们，油田高质量发展，一定离不开一种力量的支撑：信仰！

胜利油田海洋采油厂驻地位于黄河入海处的仙河镇，离大海的直线距离不过十多千米。暮春时节，这里处处绿荫遍布、蔷薇飘香。渤海湾畔的风，携着大海的咸涩味道拂过脸庞，传递着微凉。采油厂门前这条公路上，偶有稀稀落落的车辆和人群通过。

厂指挥中枢设在仙河镇黑龙江路，厂机关人门两旁高大的立柱上，挂有“牢记殷切嘱托，保障能源安全再创佳绩；扛稳核心职责，端稳能源饭碗再立新功”的对联。遒劲有力的金黄色楷书在红底的衬托下，字字千钧，让人时时有一种使命在肩的责任感。

海上中心平台距海港码头二十多海里，员工乘船往返于平台、码头、驻地，需要两个多小时。三点一线，周而复始。与陆上不同，这里的新员工入厂之际，出海之前，都要进行严格的体能训练和更为苛刻的海上安全培训。没有一个强健的体魄，很难驾驭大海。

其实，任何企业要发展壮大，人都是制胜未来最大的因素。一切高质量发展自然离不开人，何况他们还有这样一支能征善战的党员队伍。优势转化自然从先锋集中的优势，迅速转换为增储上产的动能。怎样将党建深度融入生产全过程？如何围绕海洋效益做好这篇大文章？

2022 年，“五一”国际劳动节前夕，油田主要领导到海洋采油厂宣布新一届厂领导班子上任。主要领导在干部大会上强调：“政治能力虽然看不见、摸不着，但这是最核心、最关键的能力。习近平总书记提出的‘百年未有之大变局’，一开始我们还不太理解，但随着世界格局的深刻变化，我们慢慢地才弄明白百年未有大变局的趋势、方向和中国在大变局中的定力。我们一直在讲保障国家能源安全，大家感受不到油气在国家能源安全中的重要位置，而是更多地从经济领域去思考如何促进经济正常运转，对我们国家的整体安全观非常重要……看看这次俄乌冲突对整个世界地缘政治格局引发的变化，我们的感受会更深一些：对于油气能源，90% 的是政治，10% 的是经济。所以作为油气行业，讲政治不仅仅是一句口号。一个领导干部是不是具有政治判断力、政治领悟力、政治执行力，这应是最重要的判定标准。”

上兵伐谋。别看海洋平台与地下只隔了一层浅浅的海水，而要攻克地下难关，却绝非易事，需要辩证看待地下问题，用智慧和谋略去克“敌”制胜。同时，对一个政治站位高的决策者而言，同样也需要海纳百川的胸襟和格局。

对于海洋采油厂的党建引领、勘探开发、科技创新、改革发展、绿色安全等领域的工作目标，采油厂党委精心做出了总体部署和规划。在拓展储量阵地上，周密制定了“主体成熟区、东部建产区、深层低探区”三个主攻方向，全力以赴攻克“拦路虎”；在党建方面，围绕目标引领，主题活动，先锋示范，凝聚攻坚奋进合力，持续为海洋增产增效高质量发展保驾护航。

国家能源安全战略布局，在储量和产量上要确保东部硬稳定。胜利油田为了守牢阵地，开局之年就瞄准海上、西部、稠油、页岩油等新建产能百万吨的主力目标阵地，分别做出具体的战略谋划。海洋采油厂作为胜利油田东部硬稳定的“稳压器”，牵一发而动全身。

2018 年至今，海洋采油厂在油田党建考核中连续取得 A 档的好成绩，连续四年在油田十多家开发单位中领跑党建工作。这些来之不易的成绩背后，究竟有什么力量支撑他们一路保持一往无前？胜利精神的担当，才是促使海洋采油厂党员干部齐心协力夺取胜利的法宝。

定海神针

从陆地到海洋，是胜利人多年的夙愿和梦想。近 30 年前，当这个梦想逐渐变为现实，胜利人激动过，欣喜过。然而，随着海上勘探开发脚步的加快，储量接替、自然递减及高含水等矛盾日益突出，一切意料之中和意料之外的难点和痛点都迎面而来。

特别是在解决油田具体生产中的难点、疑点问题上，首先需要突破认识上的禁区。思想凝聚，才能把员工的行动高度统一。培根才能铸魂，扬帆才能远航。

在驶向海洋中心三号平台的海蛟七号船的甲板上，我偶然碰到了一位头发已花白的汉子，一脸络腮胡子，透出饱经沧桑的模样。经过闲聊，我才知道他是这艘船上的大副。船，是海洋采油厂从船舶公司租来，他风吹日晒跑海已 20 多年，算得上老舵手了，仅从相貌很难判断出他的实际年龄，但其实他才 50 来岁。他很认真地告诉我，在海上驾驶船舶，迷雾重重，没有足够的判断力和应急处置能力，船是很容易跑错方向的。而跑错方向的代价，不是搁浅，就是触礁。

如果不去胜利海洋采油厂海上中心平台，你恐怕永远也无法想象这座巨大的钢铁之城是怎样屹立在波涛滚滚的大海之上的。极目远望，海上散布的每一座平台都有四根直径 1.2 米的红色桩腿，它们像定海神针一样直插海底，托举起数百吨钢铁，任凭风急浪高，电闪雷鸣，独自岿然不动。在人们的眼中，无论波涛翻滚的大海怎样桀骜不驯，只要有定海神针，就能镇住惊涛骇浪，能让海下的油龙乖乖听从石油人的指挥。

同样在汪洋大海般的精神世界之中，石油人离不开一种信仰的精神支柱，这种支柱来自对红色信念的执着和浇筑，对于真理和理想的孜孜以求。这同样也是围绕核心意识，做好一切工作的根本和出发点。

2022 年 5 月 11 日，恰逢胜利海洋采油厂成立 28 周年。采油厂党委中心组组织 50 多名领导干部，按照油田党委宣传部的部署，集体开展“重走习近平总书记路线”活动。之所以选择这样一个时间节点，或许还有“而今迈步从头越”的意味。50 名中心组成员佩戴党徽，集体乘坐大巴车沿习近平总书记视察胜利油田路线一路行进。尽管这之前他们已通过其他的学习方式，先后学习过几次习近平总书记视察胜利的影像资料，但此次通过全程路线实践，又更深层次领会到总书记的用心良苦。2021 年，习近平总书记视察胜利油田时嘱托端牢能源饭碗，就是在这一背景下提出的。胜利油田是东部硬稳定的基石之一，唯有抓住海上和西部两大主力上产阵地，才能确保胜利油田产量稳定，确保国家能源安全。

从习近平总书记深入胜利油田科研部门了解油田三大技术突破，到亲临钻井施工现场看望井队工人，这条线路是胜利人再熟悉不过的路线。当胜利油田海洋采油厂的领导干部利用中心组学习的机会，走出会议室再次踏上这条线路时，他们内心还是充盈着一股温暖的热流，同时也感受到能源保障使命在肩的政治责任。

从东营回来，天已经很晚了。仙河镇街道上的路灯开始陆陆续续亮起来，许多参加活动的干部还在沉静地思考着。而党委书记明白，海上要发展，干部是关键，他们是把航定舵的践行者，是开疆拓海的先锋。

记得一位伟人曾说过："政治路线确定之后，干部就是决定的因素。"海洋采油厂以作风建设开局，既然领导干部是海上油田高质量发展的组织者、引领者，那么必须锤炼一支作风顽强、思想过硬的领导干部队伍，才能带领1800名将士攻坚克难，战无不胜。

于是，厂党委很快就制定出台了《海洋采油厂关于领导干部在重大任务、重大活动、重大施工、特殊时间、特殊气象、特殊事件中发挥示范引领作用的实施意见》，坚持把相关制度挺在前头，全力以赴推动海上在油田高质量发展中走在前面。

在这种背景下，推出"三重三特"（即重大任务，带头推进落实；重大活动，带头维护稳定；重大施工，带头履职尽责；特殊时间，带头坚守岗位；特殊气象，带头深入一线；特殊事件，带头担当作为）。不是简单出台一个文件就万事大吉，而是真枪实弹以提升干部作风破局做出的重大举措。他们对每一项内容都做了具体界定，对全厂每一名干部都相应细化了要求，仅在"重大施工，带头履职尽责"一项内容里就包含：海上平台拖航就位、油井试油投产、海管海缆投运、关键设施检维修、重点井射开油气层、大型压裂酸化、大型吊车以及新技术应用等重大施工期间，领导干部要按职责分工，主动靠前指挥，亲自组织协调，推动分管领域、分管单位的重大施工任务安全高质高效运行。

海洋采油厂想要党员做到"平常时候看得出来，关键时刻站得出来，危急关头豁得出来"，领导干部就必须率先垂范、以身作则凝聚员工队伍。在海洋采油厂实施"三重三特"不仅是海洋领导干部自我加压，为自己全天候上的一道"紧箍咒"，更为重要的是，只要示范引领作用到位，群众就会凝聚到一起。

这个世界总是被一小部分人改变着，至少在改变人们对世界认识的态度。无论是世界顶尖的科学家，还是高超的政治家，他们的思想价值总会在一定阶段影响这个社会的发展和走向。精英有精英的思想，普通人有普通人的思想。

无论在哪里，有人就有思想；有思想，就有思想政治工作。人的思想支配行动，而做人的思想政治工作，看似简单，却又最为复杂，因为人的思想千变万化。思想政治工作虽然是化无形为有形的工作，却取决于政工干部水平高低。想让员工顺顺畅畅干活，你必须得先解决好员工的思想疙瘩和顾虑，否则，工作质量也高不到哪里去。

海洋采油厂政工首席专家兼人力资源（组织）部主任康沼亭当然知道党建基础工作不是一日之功。2017 年，他从采油厂工会副主席的岗位上调到人力资源部门，负责具体抓基层党建工作时，面对集团公司和油田上级部门下发的一系列文件，竟然觉得无从下手。不是他不熟悉党建业务，而是面对上级新的要求，一时找不到更好的实现路径。尤其是在油田党委越来越重视党建工作的今天，怎样用高质量党建引领高质量发展，不是简单的 1+1=2，而是要完全大于 2，因人制宜创造性地开展好工作。

夜已经很深了，周围显得异常静谧，可康沼亭还是翻来覆去睡不着觉。他记得在基层带队伍时，党员对于被动照本宣科的学习积极性并不太高，而对形式新颖的活动倒是很有兴趣。以新颖活泼的教育形式贴近党员，用“点线面网”式的系统工程，将一切基础工作串起来，既相互联系，又形成一个有机的整体。康沼亭很兴奋，第二天，他顾不上一夜没休息好，就兴冲冲地向当时的厂主要领导汇报。书记是老政工干部，经验十分丰富。听完康沼亭的汇报，书记非常赞同他的想法，环顾了一下周围，微笑地对他说，做人的思想政治工作，关键要抓住党员需求点，重点解决党建融入生产实际工作的问题。根据党委要求，结合海洋采油厂实际，他开始架构“点线面网”系统工程，以根本点、着力点、基本点、制高点，捋顺融合线、生命线、警戒线，以员工为上，织密“线上线下”两张网，努力提升高质量党建水平面，并由点、线、网、面的全面建立，而覆盖整个群体。

2018 年开始，他们立足实际，连续开展了为期三年的“基础年、提升年、巩固年”活动，打牢基础，补齐短板，逐渐向基层延伸。完善了一系列基层党建考核体系，建立了“党建创新工作室”，细化党员责任区、党员示范岗、党员突击队指标设置，将党建工作提升到一个新高度。油田党建考核组来检查工作，不由得对海洋采油厂发生的变化刮目相看。

人的思想你看不见，而你能看见人的外貌，一切外在的变化均来自思想的转变、观念的更新，员工队伍精神面貌显而易见，海洋采油厂原油年产量变化显而易见。

海洋采油厂下辖四个采油管理区，分别建有四个党支部。每一个支部在完成“规定动作”的同时，结合工作实际创造性地展开“自选动作”，形成各具特色的活动系列和流程。

将看似枯燥的党史理论学习通俗化、趣味化，的确需要下一番功夫，他们围绕中心工作，建立党建学习模块，将知识需求点放进去，每周进行一次线上“练兵”。

2020 年，海二采油管理区探索性开展“学、讲、晒、用”活动，党建主任师覃进对此深有感触。他形容过去泛泛学习，就像熊瞎子掰棒子，掰得多，丢失得也多，真正收获并不大；而通过这个“学、讲、晒、用”就大不一样了，能把许多系统的工作串联起来，还能收到事半功倍的效果。

“学”，自然不是简单照本宣科地机械学习。海二管理区根据不同阶段选取学习讲话精神、上级政策制度解读等内容，确立不同主题，并融合安全生产、绿色环保等知识，组织党员干部有重点、有关联地开展学习，不断加深理解。“讲”，坚持分层次、分专题讲，各党小组自我设计主题，班组自我设计班会，利用每周四晚上，党员干部讲目标讲要求，业务骨干讲专业讲配合，员工群众讲体会讲落实。刚开始推行，有人心里直打鼓：学了讲不出来咋办？没关系，支部给允一定的准备时间，拍成短视频发布过来。这样，需要参与学习的人员必须把内容“吃透”，才能用通透晓明的语言向大家讲清楚、讲生动。

有一次，在单位举行的“习语金句直播大讲堂”活动中，覃进由于其他原因，有一节课没参加，于是，他提前通过管理区微信、钉钉学习直播群，回放学习资料，从网上查找相关金句信息，寻找“我最喜欢的习语金句”，联系自己工作实际，在主会场上讲学习体会，畅谈学习认识。没想到，效果竟出奇地好。让支部成员更没想到的是，从设计初期，到活动的渐次深入，效果越来越超出预期，打破了固定模式，互动性强，开始是党员参与，后来群众也慢慢自发跟进参与进来，单位逐渐形成良性互动、整体高移的学讲氛围。即使有几个人偶然选了同一金句，但由于每个人的工作岗位职责不同，思考的角度自然不同，有效避免了宣讲内容的重复和“撞车”。学习，一个都不能少。仅 2020 年，采油管理二区全部党员干部轮番讲了一遍。年终，由 180 名员工集体参与投票选举，选出了当年“十大党建学习之星”。

“学”为讲之基，“讲”为学之固，“晒”为讲之形，“用”为学之本，环环相扣，依次递进。“晒”成果，亮身份，党员在平台工作一律佩戴党徽，彰显党员先锋意识，深刻牢记自己的使命和责任担当；利用管理区电子屏经常滚动播出学习内容，展示学习成果；将企业风范、团队精神等内容在平台醒目处可视化，增强学习渗透力。“用”最终落脚在指导解决各自工作的难点上。譬如运用习近平总书记的“两山”论，指导解决生产实际工作中安全环保问题。海洋采油厂的特殊生产环境，造就了绿色生态保护的责任比泰山还重，风险压力比陆地更为艰巨。这势必就形成了更为苛刻严格的安全环保管理体系。

海四采油管理区党支部把提升油井效益作为展现党员先锋作用的有效载体。在开展“油井党员认定精细呵护提速创效”工程中，每名党员干部坚持承包平台设备，平台党支部明确目标，落实责任，创新实施党建可视化管理，通过党员“三亮”（亮出党员身份、亮出责任清单、亮出工作承诺）、“三晒”（晒业绩、晒亮点、晒问题）、“三带”（支部带党员、党员带责任区、责任区带员工）激发党员干事创业活力，党支部战斗堡垒作用发挥更加突出。目前，平台日外输原油 4210 吨、天然气 11.6 万立方米，注调水 3.6 万立方米，均占到海上油田总量的近一半，撑起了海上原油生产的半壁江山，为努力打造海上样板平台提供了保障。

党的强大政治保障为海上油田各项生产建设运营撑起了生命线。采油厂党委在铸牢红色政治堡垒的同时，牢记嘱托，以强大的政治凝聚力，全面引领队伍在高质量发展中站排头、创佳绩。

“头雁”行动

“今天天气，晴转多云，风向东南风转南风，风力五到六级，波高 0.5 米。”

这是 2022 年 5 月 16 日埕岛海区海洋气象发布的预报，准确无误发送到海洋采油厂每位员工的手机里。海洋环境监测站原属胜利油田一家独立单位，现在已完全交付给海洋采油厂管理，二十四小时连续发布，精准到每小时，让员工随时掌握气象变化，未雨绸缪。

在海上平台工作，“出门看天色，进门观脸色”成为一种常态。管理区出海带班的干部，都知道一场突如其来的暴风雨会对平台电力设施造成怎样的影响。同时，他们也很明白，进到值班室看到员工脸上的微表情，就基本清楚这一天员工的精神状态。

掌握脸色和天色，成为党员干部了解自然现象和员工思想变化的一把钥匙。

范建武是位长相比较清瘦、面容斯文的知识分子，戴着一副高度近视眼镜，一笑，就露出洁白的牙齿。2018 年担任科研所党支部书记。初次见他，我感觉挺面熟，一思忖，才发现眼前这人的形象和事迹就在海洋采油厂门前“满天星”一条街上。宣传他的图片和文字正对着采油厂大门口，让人印象深刻。作为科技系统的“领头雁”，他的过人之处，不仅在于他毕业于石油大学石油工程专业，自身业务过硬，更在于他在抓党建、带队伍上很有自己的一套方法。这自然与他参加采油厂组织的“头雁计划”密不可分。

“头雁计划”是海洋采油厂三年前实施的一项基层党建人才培训战略计划。这就像我们看到过的海上埕北油田地质剖面图，标有一片红色主力油藏的外形，酷似一只展翅飞翔的大雁。它们之间有无必然的联系，我不知道，但人的主观将两者意象重叠，可能真的是一种意义的巧合：一雁凌空，众雁跟随，才会翱翔蓝天。无论是地上的大雁，还是地下的“大雁”，头雁的方向决定雁群的生存和目标方向。

2021 年 6 月 19 日傍晚，海洋采油厂海四管理区大会议厅内灯火通明，一场别开生面的组织生活情景模拟实践课正在这里如期举行。舞台上，只见支部书记与支委一起按流程展示活动内容，每一个环节及演练都丝丝入扣，一个个问题都对答如流……台下坐着各单位的支部书记、党小组长及部分党员，大家聚精会神地观摩着。演练结束，评委席上，海四管理区党建主任师李云超等人进行了精彩点评，话音刚落，现场响起一阵热烈的掌声。大伙不由得窃窃私语，“咱们过去只是熟悉基本流程，而在碰到具体问题时却不知道如何解决”“是呀，咱们议题选择也和工作结合不太紧密”“很多知识和技巧真是不学不知道呐”……

如何规范组织好组织生活？发展党员都有哪些流程？怎样开展重大事项议事？这是海洋采油厂以情景模拟的形式，原汁原味地展现“三会一课”全过程，让党员熟悉组织生活的内容，支部书记心中多了一把规范参与组织生活的“标尺”。厂人力资源（组织）部“90 后”青年陈云峰解释说，现在随着“一本二书四册”模板的建立，支部和小组该建什么资料、统一什么标准都一目了然，基层党小组成员普遍感觉活好干多了。

“头雁计划”主要是海洋采油厂针对基层支部书记、党小组长等党务干部进行的全方位、系统化培训，促使干部队伍整体素质得到提升；从理论到实务，结构化地实践。白天搞培训，晚上开展情景模拟，由人力资源（组织）部精选各组报送来的项目、议题，进行项目演练、现场模拟。他们从油田党校请来专家教授，结合本单位经验丰富的政工人员组织成师资力量，设计方案，统一组织。首先划分若干个小组，由小组领题，指定组长，组织结构化讨论，小组集思广益形成最终方案；再由小组根据主题，分配不同角色，进行情景模拟演练，整体呈现出“情景模拟、专家点评、疑难解答、知识积蓄、资料展评”全链条闭环运行模式。

打铁不仅需要自身硬，还得带出一支作风硬朗而顽强的队伍。因此，“领头雁”如果自身没有技高一筹的过硬本领，是很难驾驭队伍，率领员工冲锋陷阵，夺取胜利的。“头雁计划”将海洋采油厂 80 余名党务干部全部轮训了一遍，将思想政治工作化无形为有形，虚功实做，全厂干部整体素质获得明显提升。许多过去从生产上转岗过来的干部，经过系统培训后，都成为工作上的行家里手。

范建武明显感觉自己在工作中得心应手，与他参与“头雁计划”获得提升有关。在海洋科研所担任支部书记，得有政治定力，不能人云亦云，得有自己的主张和判断。海洋科研所是海上油田的地质“大脑”，知识分子扎堆，专业性强，而专业技术人员都比较有个性，他们对核心业务有兴趣，而对于一般性学习和活动则没太多热情。科班出身的范建武自然知道与知识分子讲道理，更需要讲究方式方法，否则很多人并不买你的账。虽然他们不直接跟领导发生正面抵触和冲突，但也会让你哑巴吃黄连——有苦难言。

微表情是体察员工心情变化的晴雨表，对于掌握他们情绪起伏有一定帮助。人们的喜怒哀乐大都写在脸上。有一段时间，范建武发现所里有一位技术骨干工作时，情绪不太稳定，找到他聊聊天，而他却心不在焉地支吾着。后来他经过多方了解，才知道因这个骨干的孩子在东营上学，夫妻两人都无法照顾而产生了一些纠纷。知识分子好面子，即使有困难也不愿意吱声。

“七一”前夕，范建武曾带领班子对全所的患病党员、生活困难党员和先进党员全部走访慰问了一遍，没有发现遗漏现象。可他这种情况还真是比较特殊，并没纳入帮扶和慰问家庭，范建武发现这其实是游离于经济之外的一种困难个例。范建武还是为自己的疏忽而自责不已，从海上平台到采油厂机关，再到科研所担任支部书记，他从事政工职业不是一两年了，像观察气候变化一样观察员工思想变化，这是他多年养成的习惯和经验，可还是没想到自己犯了这样一个低级的错误。通过深入走访了解，他发现不仅这位技术骨干存在这样的情况，所里还有不少其他人同样遇到类似问题。大人在海洋采油厂上班，孩子留在东营。双方有一方的父母在那边还好，若两边都不在，孩子上学还真成了问题。东营离海洋采油厂驻地八十多千米，不到周末员工根本没法回去。范建武还进一步了解到，不仅是海洋采油厂，黄河以北许多单位都存在专业人员流失严重的情况，一个很重要的原因就是孩子教育。近两年科研所就有 6 名技术骨干被油田物探研究院和勘探开发研究院招聘过去。

这是谁也无法改变的事实和环境，而范建武能做的工作，就是力所能及地协调相关部门，想方设法为员工解除后顾之忧。他根据现实情况，经常向专业技术干部们灌输“把家安在东营，工作干在海洋”的理念，既可以解决孩子教育问题，也能抓住海上油田大发展、成长平台宽广的有利的机遇。同时，他主动联系，在东营设点专门安排人员托管孩子；疫情期间，他向采油厂建议家在东营的专业人员实现“居家办公”，充分利用互联网自动化的优势，合理居家办公，优先考虑家里有孩子上学需求的家庭，以保障他们在工作和家庭之间找到最佳契合点。

“领头雁”在工作中就得领头干，困难时刻冲在前面。每次打探井和风险井，范建武和其他几个所领导都要带头参与其中。海上潜山与西部潜山截然不同，埋藏深、类型复杂，属于世界级难题，没有技术套用标准，参考资料有限，一时阻力重重。他们加班加点分析地震资料，办公室里经常通宵达旦亮着灯，通过测试资料反复比较，对三维地震资料精雕细刻，去伪存真，终于取得新的认识，在埕岛油田东部部署的几口潜山井获得高产。

其实，员工思想政治工作具体体现在细枝末节中，若选择忽视它，就意味着选择与员工主动脱节。范建武清楚，员工最大的需要，就是政治思想工作的要点。想获得员工的信赖，就得设身处地为他们着想，把员工的冷暖时刻放在心上。

2019 年 5 月的一天晚上，范建武正在办公室加班时，偶尔听所里有人说起有一名女工在油田一家医院查体时查出了乳腺癌，正准备动手术，一家人都非常焦急。范建武了解完情况后，除了安慰她，还建议其到北京或者济南的大医院做详细检查后再做决定。在获得其本人及家人同意后，他积极联系采油厂工会，通过绿色通道迅速安排该女工去北京复查。经过北京医院的专家详细诊断，才发现是误诊，虚惊一场。这名女工感动得逢人就讲："多亏了范书记的关心，真是感谢党组织呀，否则，我就白挨一刀了。"

干部把员工放在心上，员工就一定把工作任务放在心上。科研所干部与技术人员同舟共济，近几年连续在寻找优质储量上获得新突破，并连续获得多项技术成果，为海上增产打开了局面。领头雁范建武也因此获得油田优秀党务工作者的光荣称号。

海洋采油厂管理埕岛和新北两个油田、三个中心平台，以此为中心，周围环绕大大小小 100 多个卫星采油平台。员工巡井检修从中心平台乘船出发，去卫星采油平台来来回回需要大半天时间。这些无人值守平台，尽管上了远程监控装置，但一些关键设备和风险点还得人工去勘察。寒冬酷暑，干部员工就这样来回穿梭在卫星采油平台与中心平台之间。他们称这种现象为"蜂巢式管理"模式，像勤劳的蜜蜂一样在海面上飞来飞去。而每一次巡井，带班干部都要身先士卒，带领员工一起奔波在现场，随时处理突发故障。

"领头雁"不仅在工作中具有领头和示范作用，还有超前研判员工思想的工作能力，及时将问题化解于萌芽状态。张春光在海上平台工作 20 多个年头，从采油队支部书记干起，到平台党支部书记、站长，现为海四管理区党群主管师。这位长相棱角分明的中年汉子，善于从微小的细节中抓问题的主要矛盾。海上生产与陆地的区别在于平台处于茫茫大海之上，时间长了，员工有一种与世隔绝之感，心情起伏不定，若把坏心情带到岗位上，很容易导致意想不到的后果。

2021 年 10 月中旬，厂里组织一个电工培训班，张春光想让带班负责人吴波参加。找到他一说，没料他一口回绝了，张春光感觉挺纳闷。吴波让他安排邢立志去参加学习，并要求换班。邢立志是另一套班的负责人，比吴波年长几岁。张春光让他俩商量，吴波却闪烁其词，再看他铁青着脸。张春光推测他们之间肯定存在问题，他找人一打听，才知道因为工作报料的问题，两人闹得不愉快，谁也不搭理谁。事情起初是因为吴波报了一桶红油漆，想对平台上的消防流程进行保养美化，让现场更加美观整洁一些。材料报到下一套班，邢立志却认为手柄没有完全锈蚀，不需要再浪费，所以他就自作主张把这项料取消了，也没通知吴波。两人矛盾越结越深。

在平凡的岗位上，哪会像电影里一样发生什么惊天动地的大事情？而就是这些平常看起来微不足道的小事，却日积月累直接影响到员工思想情绪的变化，干部处理不妥当，会对平台工作带来潜在的风险和隐患。

张春光意识到这一点，分别找到两人做工作：“相互之间有什么深仇大恨，这样死杠？”

吴波愤愤不平地说：“他也太不把我们放到眼里了，招呼也不打，说不报就不报了。”

张春光依然和颜悦色：“都是为了工作，可能因为你俩目标思维不同，出现了分歧，多沟通没有解决不了的问题。”

“你们都是共产党员，长年面对大海在平台工作，应该学习大海的胸怀，多包容才能更好成长。”张春光望着大海，若有所思地说。

接着，他语气一转：“想没想过，你两人闹矛盾，给两套班的员工造成怎样的负面影响？假如出现后果，责任由谁来负？”张春光提出的问题很严肃，让吴波不由得出了一身冷汗，他挠挠头，不好意思地笑了笑。

经过张春光细致的思想工作，邢立志也认识到自己的问题，便以老大哥的身份主动找吴波和解。两人一谈开，相逢一笑泯恩仇，这事儿就过去了。他们在工作和生活上又成了亲密无间的好朋友，各自带领班组都创有不俗的成绩。在开展的“1+X”党员先锋指数评价中，两人的党员先锋量化指标都取得了好成绩。

海洋，一直是一个让懦弱者变得勇敢的地方，平台又是一个让青春实现梦想的舞台。他们竭力创造条件，最大限度为每一名员工实现人生价值提供施展才能的平台。海洋采油厂实施的“头雁计划”，让每一名党员干部在实践中得到磨砺，获得成长。

海洋采油厂将工作重心前移到平台，将党建工作深度融合到采油中心工作之中，平台无论哪里有急、难、险、重任务，干部都会第一时间出现在现场，党员都会冲在最前头。每一名党员在海上都是一面猎猎作响的旗帜，引导员工大打海洋原油上产攻坚战，促使产量持续稳定在 300 万吨以上。

家在彼岸

康玲玲

鱼翔浅底，潮起潮落。碧波荡漾的渤海湾，有胜利海洋人温暖的“家”。

“家是最小国，国是千万家。”丹心寸意，皆为有情。海洋采油厂把家文化建设作为推动高质量发展最基本、最深沉、最持久的力量，以家文化温暖人、凝聚人、激励人，汇聚迎战海洋、建设海洋、筑梦海洋的磅礴力量，让海洋人勇毅笃行。

仙河，仙鹤

九曲黄河，奔流东去，汇入烟波浩荡的渤海。在渤海湾南部海面上，有我国目前规模最大的浅海油田。在这片远阔浩渺的大海上，有这样一群人——胜利海油人！海油人所在的海洋采油厂驻地就在仙河镇。

仙河之名颇有来历，此处原为黄河故道，黄河改道后，这里形成了一处无潮区，涨潮不见水深，落潮不露海滩。传说晚清年间这里有个打渔的小伙子叫张良。一天，张良和几个穷哥们出海了，收获颇丰，回家时已是夕阳落山、鸟雀归窝的时辰。正当他们开心地唱着渔歌时，突然间海面上狂风大作，白浪滔天。张良几人的小船拼命地在风口浪尖上挣扎，小船一会儿被扬上天，一会儿摔入波涛，他们迷失了方向。在这节骨眼上，一盏红灯在前面冉冉升起，隐隐约约又传来鹿鸣鹤唳，箫笛玉音。有灯的地方一定有人家！他们这样想着，喊着号子，奋力向红灯划去。红灯若隐若现，仙乐律吕醉人心弦。眼看着赶上红灯了，红灯却又消失了，只留余音袅袅。不多时，天已破晓。张良几个一看，船儿驶进了一条小河，河水清透，鱼虾嬉戏，水鸟翔舞，河边芦苇丛生，蒲草葳蕤，清香扑鼻，似乎进了仙境。再以后，不论海上有多大风浪，船只要进入这条故河道就会风平浪静，因而被渔民称为“神仙沟”，也就是现在仙河镇所在的地方。

过去这里是海，年深日久，淤沙凝固成平原，于是有了土地，有了乡民，有了草原，有了牛羊，有了最初的地窨和民房。再后来，石油大军会战入海口，这里有了密密的井架、宽阔的公路、漂亮的高楼，成了黄河入海口处最具特点的新兴城镇。

仙河，仙鹤。一进入仙河镇就会看到两只振翅飞翔的仙鹤雕塑，它是仙河镇的标志。晨起，徜徉于小镇，空气清新柔润。路边铁质的黑色围栏爬满了蔷薇。密密匝匝的绿，冒出星星簇簇的花朵，层层叠叠的花瓣，深红、浅红、粉白，深深浅浅，如繁星，灼灼其华。它们自顾自地绽放，又安静又热烈。香气一蓬蓬地散发出来，氤氲在空气中。

所住的海洋宾馆的门厅，一入门左侧的墙壁上，一幅亮眼的金色浮雕画。海草婀娜摇曳，鱼虾依偎在一起，窃窃私语。荡漾的海面上，矗立着气宇轩昂的采油平台。朵朵祥云，仙鹤舞翩翩，海鸥结伴飞向远方，祥和、惬意、温馨的海洋家园图卷。

宾馆西边是胜利油田海员体能训练馆，每年出海员工在这里开展救生、逃生培训和演练。再往西，是一个公园，小桥、湖水、亭阁幽静而雅致。宾馆东边是一大片湿地，日暮时分，水草萋萋，鸟鸣啾啾，水鸭子在水面上扑棱着翅膀，泛起一圈圈涟漪。斜阳把水面染成绯红，“落霞与孤鹜齐飞”最为动人。

第一眼见到渤海，跟我想象中的不一样。上午，阳光晴好，风平浪静，远远望去，海呈现一种青玉色。坐上船，再低头看，又是碧蓝色。这里的职工告诉我们，不同的天气，不同的季节，海的颜色都不一样。

海洋采油厂的海上采油工，是胜利油田一支特殊的队伍。他们与海洋、船舶、平台、石油机械为伴，在远离陆地的海域开采石油，在海上一住就是 15 天。因为远离陆地，“海上采油工”在外人眼里多少显得有些神秘。“单调、孤独”，这是自 1994 年海洋采油厂诞生以来，外人对“海洋人”的普遍评价。

海洋采油厂担负着胜利海上油田开发建设任务，管理着埕岛和新北两个油田，采用“生产平台＋陆岸终端”的半海半陆开发模式，油井开井548口，水井开井275口，日产油9810吨，是落实国家“稳定东部”石油战略的重要阵地，也是保障国家能源安全的生力军。

“亲爱的，我来了！”

当油嫂们突然出现在平台，出现在海油职工们的面前时，这些男人们都蒙圈了。

这一位还在酣睡中，呼噜声打得那个响啊。媳妇儿拍拍肩膀，睡意蒙眬中，男人揉揉眼睛：“做梦吧？”再揉揉眼睛，可不咋的，媳妇儿活生生地就在眼前。

“媳妇，你怎么来了？”男人一骨碌爬起来，双目相对的一刹那，两人竟都红了眼圈。媳妇儿看着男人胡子拉碴的样子，忍不住扑簌簌掉下眼泪。

那一位呢，刚跟媳妇通完电话。媳妇儿问：“过几天休班回家想吃点什么？”男人说：“啥都行，只要是你做的，都爱吃。”这不，手机还温乎着呢，媳妇儿就跟仙女下凡似的，一下子立在眼前了。能不发蒙吗？

这是海洋采油厂组织的“亲爱的，我来了——油嫂一线行”活动，为了保证活动效果，要求海油嫂们事先不能透露一点消息，当然，更不会通知平台上的男人们，一切都要严格保密。所以，油嫂们如“天上掉下个林妹妹”，一下子“掉”到男人们面前。

这些终日在海风中磨砺的男人们，这些不善言辞的男人们，回过神后，欣喜、感动之余，能做的，就是紧紧拥抱自己的媳妇儿。

孤寂坚硬的钢铁平台，因了女人们的到来，增添了些许温柔与馨香，连每日腥咸的海风，此刻也似乎裹挟着阵阵芬芳。男人们“嘿嘿”地笑着，眼角眉梢跳跃着动人的神采。

虽说是海油嫂，可女人们还是第一次来到丈夫工作的地方。碧波荡漾，海鸥飞翔，平台上条件倒是也不错，吃的、住的都还好。可是大海之上，就这么孤零零的一个平台，就像一个荒岛。新鲜过后，就是说不出的荒凉与孤独了。冬天冷，夏天热，平台上的活儿一点也不能耽误。油嫂们在平台上转一圈，心里如海浪般，涌起一波波的柔软与疼惜。

“哗，哗”，海浪轻轻翻滚着，海风吹着面庞，咸湿的味道。有女人悄悄别过身，眼里噙着泪。知道自家男人在海上的不易，可来了这，才真真切切知道这“不易”的分量。

中午，女人们簇在食堂里。好不容易来一回平台，给男人们做点好吃的。女人们使出看家本领，有包水饺的，有做寿司的，有做馅饼的，有做点心的。恨不得把所有美食都做一遍，让平台上的男人们好好享受一下“家”的味道。女人们双手上下翻飞，这边饺子皮一张一张雪片般，从擀面杖下飞出，那边一捏一合，小白鹅似的饺子就站满了盖帘；精致的寿司卷，一个个亭亭玉立地站满了盘子，赏心悦目；枣泥酥香甜的气息轻轻弥漫；梅菜扣肉、糯米肉圆、风干鱼，诱人的浓香飘满了整个餐厅。今儿一大早，油嫂们就把男人们最爱吃的菜肴准备好了，带上了平台。

相聚匆匆。临别时刻，油嫂们握着笔，在“家属安全寄语”的大红条幅上，写下自己对爱人的嘱托：你在外安全工作，家里放心；你在海上好好的，家里有我好好的；海上有你，我放心；家里有我，你放心。一字一句，都是心里永远也放不下的牵挂与企盼。

太阳慢慢地、深情地吻向海平面，油嫂们要回家了。夕阳把海面铺染成红黄橙蓝的色彩，梦幻般迷人。而女人们无暇观赏平日里见不到的美景，只盼望着时间能慢点，再慢点。

坐在回返的船上，女人们心里千转百折。真想在平台上多待会，多陪陪他。可家里还有一大堆事啊，老人、孩子，还有自己的工作，杂七杂八的事情，哪件事都离不开啊。那边，男人们齐刷刷站在平台上，挥着手，道别；这边，女人们站在回返的船上，也挥着手，道别。眼泪又一次溢出，怕人看见，转过身，一把抹掉，调整好情绪，再度挥手。

白色的海鸥伸展翅膀，无限眷恋地盘旋着，叫着，久久不肯离去。同样不肯离去的，还有一直站在平台上，远远目送的男人们。

“爱撒谎”的海油人

“志强，看天气预报说这几天海上风浪大，平台上怎么样啊？你妈不放心，非让我打个电话问问。”

“老爸，你就放一万个心吧！平台上一切风平浪静。”今天上午刚刚过去的一场强降雨，让他到现在还心有余悸。乌云压境，张牙舞爪霸占了整个天空。大海狂躁地掀起一道道骇人的巨浪，向平台猛扑过来，咆哮着要吞没平台。而后一阵阵急骤的暴雨，倾泻而下。整个平台在疾风骤雨的海面，显得如此渺小和脆弱。

“平台上挺凄惶的，不好熬吧？”

“怎么不好熬？平台上吃得好，睡得好，还有跑步机能健身。网络信号全覆盖，下了班可以玩手机，也可以跟家里视频。这段时间我还长胖了呢。”

平台上的孤独与寂寞，还有挥之不去的对家的思念，不是旁人所能想象的。他放下手机，深深叹了口气，跟刚才打电话的轻松愉悦判若两人。下周三是他倒班回家的日子，还有 7 天。每每远离陆地的日子，15 天，他一天天地数着。他望向远方，想起上次背着行囊离家时，三岁的女儿紧紧抱着他的腿不肯撒手。

“媳妇，咱家里都好吗？给咱妈打电话，咱妈怎么不接电话啊？”

“哦，你问咱妈啊？咱妈那手机，不小心掉水里了，等你下平台，咱一起给妈再买一个。放心吧，咱妈都好着呢。昨天我带着甜甜去咱妈那吃的水煎包呢。”

“媳妇，你声音有点哑，怎么了？”

“哦，没事。这几天单位有检查，忙得没顾上喝水。多喝点水就好了。放心吧，家里都好。”

婆婆突发脑出血，送到医院，她没白没黑地照顾。这几天的心力交瘁，她憔悴得不像样子。平台上的他打来电话，她硬是忍着，家里的事，只字未提。

像这样“撒谎”的事情，在海油人中间，比比皆是。他、他、他们；她、她、她们；无论哪个他或她，都“撒过谎”。就算平台上再艰苦再孤独，哪怕经历了惊心动魄的风暴潮，“他们”对家人们说起时，总是避重就轻，口径惊人的一致，“平台条件好得很，我在平台，一切都好”。

海油人很关注天气预报，尤其家人们。一有恶劣天气警报时，平台上职工们的手机就要打爆了。媳妇打来的，父母打来的，兄弟姐妹打来的一次次响起的铃声，全是浓浓的牵挂与爱。

有的男人怕自己胡子拉碴、满身油污的样子，让家里人心疼。于是，下平台第一件事就是去浴池好好洗个澡，再去理发店理发、刮胡子，换上干净的衣裤，然后清爽整洁地回家。

15 天，是海油人特有的“密码”。这个简单的数字中，有青春，有理想，有责任，有担当，有愧疚，有思念。他们背上行囊，背着亲人们的惦念；她们一手撑起家，撑起柴米油盐。15 个隔着浩瀚碧海的日子，一起用责任和牵挂慢慢填满。

你上班，我看娃

“叮铃铃”，清脆的闹钟响起来。正值暑假，8 岁的盛博从小床上爬起来，洗漱、穿衣、吃饭，把小书包整理好，催促妈妈带他快点出发，去“海洋之星”托管班。

“我喜欢去托管班，有好多小朋友跟我一起玩，还有老师教我们打篮球、打乒乓球、画画。”盛博说的这个托管班是爸爸单位——海洋采油厂开办的“海洋之星”暑期托管班。

“海洋之星”托管班以海员培训中心办公楼为依托，占地面积约 400 平方米，每年暑期面向职工 1—6 年级阶段的子女免费开放，目前已连续办班 28 年。

盛博妈妈说，二年级的儿子在托管班很开心，可以写作业，可以做游戏，还有老师教知识。孩子在这里还结交了很多好朋友。

相对于孩子们的舒心惬意，家长们也真正松了一口气。

“尤其是对于我家来说，我家两个娃，大的 9 岁，小的 2 岁，孩儿他爸在平台，15 天才能回来一趟。这个托管班可解了我的燃眉之急。没这个托管班，我都不知道暑假可咋办。”盛博妈妈笑着说。

在得到职工家属认可的同时，海洋采油厂不断创新托管方式、完善课程设置，形成了具有海油特色的托管教育新模式，按需开设特长教育，提高孩子特长水平。每年根据征集的职工需求开设兴趣班，除了开设篮球班、乒乓球班、武术班、小牛顿科学班、快速阅读班等课程外，还有丰富的海油特色课程：老海油讲故事；参观红色教育基地；和平台爸爸视频连线；绘制海油百米长卷；绿色海洋，垃圾分类；童心向党，红船剪纸等。坚持每年为孩子们搭建社会实践的平台，先后组织孩子们利用假期开展送美食进班站、到敬老院文艺演出、为临沂上岩峪小学赠送图书等志愿服务，培养孩子们的爱家爱国情怀。“海洋之星”托管班被评为“全国工会爱心托管班”。

海上生明月

“一年一中秋，圆月圆饼圆相思。”明月皎皎，人间团圆。“中秋”“家”“团圆”，这几个词总被联系在一起，而对于异乡客而言，月圆最是相思时。特别是对于2021届新入职的高校毕业生们来说，这是加入海油大家庭的第一个中秋节，他们纷纷通过视频和明信片给远方的家人寄一份祝福，道一声平安。

赵锐：“爸爸妈妈，您好。我这都挺好，您不要太想我，您要吃好、穿好，万事开心。中秋节祝您万事顺心。采油厂给我们家在外地的，送来了中秋大礼包，还给我们准备了中秋家宴，很丰盛。”

向绍宏：“这是我在海洋采油厂的第一个中秋节，一切都顺利。爸爸妈妈不要牵挂我，采油厂对我们很关心，让我们离家在外体会到家的感觉。爸爸妈妈在家，别舍不得吃，舍不得穿，我已经长大了，能为家里分担了。我会跟爸爸妈妈常联系，汇报自己的学习工作情况，也会给你们买小礼物。中秋节快乐。”

张毅：“今年我不能回去跟您团聚，我在采油厂工作、生活都很好，您平常日子里，注意多休息，保重自己的身体，我们刚参加了‘情暖中秋’手工制作月饼的活动。我给您寄的月饼收到了吗？”

赵丽霞：“马上就要中秋了，爸爸妈妈中秋快乐。虽然离家很远，但请您放心，我在这很开心，而且我还长胖了。大家很照顾我，我发工资了，一会给您发个大红包。爸爸妈妈，我想您了。”

对于新入职的高校毕业生，入厂教育培训由海洋采油厂首席专家、人力资源（组织）部、QHSSE管理部、党群工作部相关负责人授课。培训课程包括海洋采油厂发展历程、干部人才培养政策、安全教育、油气开发历程、企业文化、员工管理规定等方面内容，帮助他们了解采油厂整体情况，及时转变角色，尽快适应岗位工作。

采油厂团委成立了新分大学生临时团支部，组织召开了“新员工第一堂团课”，制定每月一期学习计划；开展EAP培训交流，给新分毕业生注入“心”动力。独具海油味的“心灵关爱”，帮助他们树立扎根海油、奉献海油的信念和为海油拼搏、为胜利超越的信心，也为接下来的轮岗见习做足“心”的准备。

厂级培训后，新分大学生被分至采油管理区进行岗前培训。各管理区围绕海上安全环保、生产自动化、劳动纪律等方面内容，指定专人授课，采取集体授课与座谈交流相结合的方式，促进新分员工对管理区各项工作的认识，为其尽快适应海上工作环境奠定基础；实施“导师带徒”模式，指定现场、专业技术导师，为他们讲授海上平台现场知识、专业技术知识等内容，加快成长成才进度；通过熟悉平台现场生产流程、安全技能培训、学习设备工作原理及基本操作技能，提升岗位技能，充实知识储备，为海上油田高质量发展做出贡献。

为增强新入职大学生归属感，采油厂实施青年“滴灌工程”，从个人基本情况、自我工作评价、个人发展意愿、需求帮助、组织评价、发展规划等六个方面为他们精准“画像”，帮助他们做好一人一册职业生涯规划。开展面对面谈心谈话活动，通过亮身份、迎新人、听心声，扩大和加强团组织队伍建设，使他们迅速融入工作团队，实现人生价值。

采油厂先后组织开展“胜利起航相约槐林”“相约东营港　寻缘命中人”“青春有约青年联谊”等系列文化活动，为新分大学生搭建学习、交流、互助、交友的良好平台，丰富精神文化生活。

“青山一道同云雨，明月何曾是两乡。”月光所照，皆是故乡；双脚所踏，皆是生活，奋斗的每一个日子都会闪闪发光。加入海油大家庭的青年们，渐渐褪去在象牙塔的迷茫，通过学、思、践、悟，进一步提升自己，融入团队，如一粒粒种子，正在蓄积向上的力量，坚定理想信念，练就过硬本领，脚踏实地工作，守初心，奔征程，共筑梦，续写属于自己的胜利故事！

西部号角

1996 年以来，胜利油田各专业将士志愿加入西部石油勘探开发大军，在戈壁大漠枕戈待旦、建功立业。

只有勇于奋斗的创业者，才能成为时代的胜利者！作为中国石化集团公司“油公司管理模式”试验点，新春公司一直走在探索的路上，支撑起了胜利西部的一片天，截至 2022 年 7 月底累计产油 1204 万吨，已成为胜利油田“一基两翼”战略中重要的一翼。

选择石油，就选择了担当！选择石油，就选择了奉献！

古人说“春风不度玉门关”，玉门关之外的大漠戈壁，因为胜利石油人的到来春雷隆隆、春意盎然！当春风又绿戈壁滩，我们歌颂新春之“新”！我们赞美新春之“春”！

未来任重道远，站在胜利油田新征程的新起点，让我们牢记“走出胜利、发展胜利”的历史使命，在胜利西部这片热土上，团结一心、开拓进取，勇往直前、迈向明天！

春回准噶尔

黄　丽

一轮太阳跃出地平线，沉睡的准噶尔在历史的梦中醒来。

一只鹰盘旋在新疆戈壁大漠上空，时光仿佛静止在它滑翔的双翼间。

一位牧人推开门，蹄声涌出栅栏，散落在晨光里。

——不老的春天，又回到了准噶尔。

准噶尔盆地横亘在阿尔泰山和天山之间，东西长约850千米，南北宽约450千米，面积为38万平方千米。准噶尔的广袤大地经历过怎样的前世今生?

三亿五千多万年前，处于古生代石炭纪早期的地球气候温暖湿润，大气含氧量高，各种生物体型都格外巨大，被称为巨虫时代。石炭纪中期，地球板块加速漂移，在天翻地覆的巨变中，古生物大量灭绝，遗骸堆积在海底和陆地上，逐渐被风沙和沉积物埋压。石炭纪晚期，剧变的地球获得暂时的安宁，海水逐渐退却，出现大片陆地，三角形的准噶尔盆地从此初具雏形。二叠纪末期，全球范围内的火山爆发和大地震此起彼伏，整个地球被遮天蔽日的火山灰笼罩，全球96%的生物灭绝。铺天盖地的灾难过去，地球进入了中生代，属于三叠纪、侏罗纪、白垩纪的恐龙时代相继到来。六千多万年前，小行星撞击地球，称霸一亿多年的恐龙灭绝，地球进入了新生代……地球面貌在演化进程中几度沉浮，经历漫长而寂静的地质变迁，各种微生物遗骸沉积埋压形成的烃源岩，成为准噶尔盆地地下石油和天然气最主要的来源。

准噶尔的地上有梭梭、红柳、胡杨、沙鼠、骆驼、狐狼。准噶尔的地下有石油。

温暖的春风年年岁岁回到这里，在数亿年的时光里孕育成熟的石油埋藏在这里，等待着被发现。

1996 年，胜利人响应国家“西部大开发”的号召，做出“走出胜利，发展胜利”的战略决策，肩负“寻找资源接替阵地”的历史使命，飞越三千里河山，从山东渤海之滨挺进新疆大漠戈壁，胜利勘探序幕拉开。

20 世纪 50 年代，新中国在这里发现了克拉玛依油田。历经前人 40 余年勘探，胜利人还能在准噶尔盆地找到油吗？这无疑是巨大的挑战！

1996 年，5 支地震队沿昆仑山北麓施工，胜利油田拉开了西部油气勘探开发序幕。2001 年，胜利油田调整战略部署，越过天山挥师北上，在准噶尔盆地、吐哈盆地进行油气勘探。胜利人南征北战，胜利西部勘探仍未走出迷雾，迎来曙光。日思夜想的石油到底分布在哪里？

春天又回到准噶尔的时候，那位骑着毛驴儿弹着冬不拉发现克拉玛依油田的维吾尔老汉不知去了哪里，春天的准噶尔沉寂在历史的风中。

2003 年，一批胜利人来到西部大漠，他们爬上一座海拔 3000 米的高山，凛冽的风扑面而来，眼前的河山壮美，心中的目标越来越清晰。

西部的群山和盆地，90% 以上是无人区，天气变幻莫测，时时处处蕴藏着风险。为了找油，他们已先后十几次闯进无人区。一天，刚扎好营地，突然下起了暴雨，经验丰富的司机师傅立即招呼他们转移到高处，仅过了五分钟，山坡上的营地就被汹涌的泥石流吞没。

那年，这批胜利人参加了对新疆三大山系、两大盆地的野外地质调查，几乎跑遍了新疆所有的区域，逐步摸清了胜利西部探区的地质构造。他们精心分析研究油气成藏模式和机理，借鉴东部成型的勘探理论以及西部已有的勘探经验，创造性地提出了“环带成藏理论”和“开阔湖盆沉积认识”，对西部勘探起到了决定性的指导意义。

2003 年 5 月 13 日，新疆勘探公司在准噶尔盆地中部区块部署的董 1 井开钻，9 月 23 日试油成功，日产油 66.26 吨，日产气 47261 立方米。

董 1 井首次放喷的一刻，油嘴喷出的火龙穿越亿万年时空隧道，划破茫茫天宇，照亮了整个准噶尔，也照亮了几度困惑迷惘的胜利人，成为荒漠中最美丽的风景。

2004 年 12 月 12 日，董 1 井投产典礼在董 1 井现场隆重召开，胜利西部探区第一辆外运原油罐车驶出井场。

这标志着胜利人在西部探区取得战略性勘探“零”的突破，八年征战终得正果！胜利西部勘探就此步入全新阶段，胜利油田在新疆地区油气田的大规模开发建设拉开了序幕。

春风又绿戈壁滩

《中国石化新疆新春石油开发有限责任公司志》（1996—2021）载：

2005 年 3 月，胜利西部探区第一口功勋井——排 2 井获高产轻质油流，标志着一个浅层、优质、高效大油田——春光油田的诞生。

时任中国石化集团公司副总经理闻听喜讯流下热泪：十年的西部勘探终有所成，这是多么不容易的事！

2009 年 9 月，中国石化集团公司通盘考虑，对西部探区进行了战略调整，胜利西部将士顾全大局，为石化分忧、为胜利担当，将年产能规模近 50 万吨的春光油田整体移交给了河南油田。同时，中国石化集团公司把包括新疆准噶尔盆地在内的 38 个勘探区块、13.5 万平方千米探矿权划给了胜利油田。这些区域对胜利人来说是“西部新区”，事实上已是“勘探老区”

——得失之间尽显担当！赤手空拳的胜利西部将士决心重整旗鼓，再创辉煌。

那一年，准噶尔盆地的冬天比往年更冷。

时任排 2 采油管理区经理夏立元、副经理白连生、鲍振兴、侯有祥参与了春光油田的移交工作，心情不免低落。

西部不仅是胜利油田重要的外部市场，更是重要的资源接替阵地。春光油田整体移交后，一切都要从零起步，巨大的落差让胜利西部将士们感到了前所未有的压力，下一步该怎么生存？路在何方？

新疆勘探开发管理中心的首要任务就是寻找快速建产的突破口。为了找到优质石油储量，勘探技术人员把目光瞄准了准噶尔盆地西缘的车排子凸起。该地区油气勘探始于20世纪50年代，中石油在此钻探过8口探井，均未获得工业油流。

2005年，胜利油田在准噶尔盆地西缘的“车排子凸起”部署了排601、排602等探井。为了办理钻前手续，油田安全专家韩文峰陪同土地局工作人员在戈壁寻找井场，安全员周广春急得满头大汗，在梭梭、红柳丛中钻进钻出，终于找到了踏勘时留下的木桩。排601井在“新近系沙湾组”钻遇油层，尽管有油气显示，但试油效果不理想。准噶尔盆地西缘还有勘探开发前景吗？

深夜里，侯帅军拨通了时任新疆勘探开发管理中心副经理的电话，详细讨论设计方案。为了寻找新区块，他们仔细梳理历史资料，从排601井入手，重新进行油藏描述、地质论证、构造解释等一系列综合地质研究工作，经过地质评价欣喜地发现：储层在平面上是叠合连片分布的，具有形成大油藏的基础，而且面积较大，有一定储量规模！准噶尔盆地蕴藏难以开采的“稠油”，又称重质原油。为了评价产能，他们根据油藏地质特点，在储层发育良好的有利部位部署了一口滚动评价井，上报油田开发处论证后通过了审批。

2009年春天来临，冻土开始融化。

推土机轰鸣着在空旷的戈壁上推出一条羊肠小道，这条碎石子铺就的钻前道路尽头，一口新井即将开钻。

新井的诞生非常不易，从拿到坐标位置到投产，需要各路技术人员通力协作。新疆勘探开发管理中心成立生产运行部，整体负责公司水、电、路、车、注汽、注氮、动力设备设施的生产调配和日常运行。高志卫、于福宾等人负责组织协调对接各项工作进度，在日复一日的奔忙中互相补位、接力领跑，紧密衔接注、采、输、修各个关键生产节点，彼此结成家人般的深厚感情。

钻井队最先打的是导眼井，为了取全取准岩心资料，录井队采用的是冷冻保形取心技术。侯帅军参与了取心工作，从地层什么深度取心最合适，由他主导判断决定。取心最终实现了“穿鞋戴帽”，意思是取心完整，上下都有泥岩封住。取出的岩心被紧急送往克拉玛依市检测，通过化验发现，该井钻遇的是油浸级油气显示！拿到试验结果的侯帅军和同事们随即修改了设计，决定在滚动评价阶段用水平井求产能。

这口新井被命名为：排601—平1井。它是胜利油田在西部油区部署的第一口水平井，油田上下寄予厚望。可是，谁都没有料到，这口埋藏不深的井居然很难打！钻井、录井、测井，地质技术人员经受住了前所未有的挑战。

原来，车排子地区的地层非常松软，钻具容易下沉，拐弯难度大，轨迹难以控制，水平段的钻进困难重重，对于钻井施工队伍来说极具挑战。各路技术人员想方设法进行了技术攻关，形成许多宝贵经验，为今后打新井提供了有力的技术支撑。“卡层”难度很大，要确保水平井准确入靶，必须卡准层位。水平井段轨迹的优化，更考验现场技术人员的专业能力。自开窗侧钻起，各路技术人员紧密结合，随机应变，提前预判，实时优化。侯帅军紧盯综合录井仪传回的气测值、电阻率、测井曲线等实时数据，有异常及时做出判断，指导下一步钻进方向。

2009年5月，排601—平1井顺利完钻，成功实现了150米造斜，水平井段长度为300米，这口沿着预定轨迹拐弯的浅层超稠油水平井符合预期设计。排601—平1井的投产，不仅标志着排601区块进入试采阶段，更标志着新疆勘探开发管理中心拉开了“百万吨油田”建设的序幕。

那一年，浩浩汤汤的春风悄悄回到了准噶尔，吹绿了梭梭、红柳和人们的心。

克拉玛依市南五十余千米处有条南北向延伸的217国道，两边是荒无人烟的戈壁滩，时常有野生动物出没，月黑风高时，大男人也会心生恐惧。217国道西侧的排601—平1井寂寥地矗立着，发出单调低沉的抽泣声。

“油稠”使人愁啊！“蒸汽吞吐”是治理稠油井的良策。那时，蒸汽输送管网还未建完，新疆勘探开发管理中心雇用当地注汽锅炉队给排601—平1井注蒸汽。在发电机震耳欲聋的轰鸣声中，高达300摄氏度的蒸汽缓缓注入井下，人们对排601区块的第一口开发井寄予厚望。

这口稠油井的生产工况并不稳定，管理难度很大。每天到井场察看生产状况的白连生和张忠杰发现，随着仪表显示温度下降，抽油杆上下越来越吃力。两人参照东部油井的管理经验，握住刹把绷住劲儿慢慢调节，尝试了几个小时依然不见效。后来他们才明白，西部稠油井不该这么管理。因注蒸汽后热损失快，开发初期的排601—平1井产量较低，用常规开发手段显然是做“无用功”。

为了掌握稠油井的生产特点，技术人员取了油样送到当地检测机构做出黏温曲线，用以总结科学的管理方式，随着温度变化合理调整生产参数，使冲程、冲次和井口温度匹配起来生产。

他们分析发现，准噶尔盆地西缘的油藏主要含油层系为新近系沙湾组，具有三个特点：一是油稠，在地下几百米处几乎呈固态，难以流动，适合热采。二是油藏埋藏浅（150 ~ 700 米），油层温度低（19 ~ 32 摄氏度），地层温度下原油黏度高、流动性差，地层压力低、生产压差小、举升难度大，对开发不利。三是展布范围比较大，属于整装油田，但油层薄，平均有效厚度只有 3 米。

如何实现这种“浅、薄、低、稠”油藏的经济动用和有效开发？为了解决开采难题，科研人员做了大量数据分析，工程师荣雁全程参与了新技术的创新及实验过程。

2009 年 8 月，排 601—平 1 井成功应用胜利油田首创的 HDNS 技术，注汽温度 300 摄氏度，注汽量 3006 吨，注降黏剂 50 吨，注氮量 50137 立方米，峰值日产油达 52 吨。2010 年 5 月，排 601—平 1 井蒸汽吞吐第一周期结束，周期产油量 2666 吨。

这口胜利西部油区的功勋井，实现了该地区产能突破及稠油效益开发，为后续春风油田的发现、探明及大规模开发打下了坚实基础。

2010 年初，新疆勘探开发管理中心召开职工大会，确立了一年的工作思路：以资源增长为核心，以科技创新和管理提升为支撑，大力实施“资源新拓展、科技创品牌、管理上水平、和谐向前进”四大工程，抓住机遇、直面挑战，知难而进、锐意进取，凝心聚力、开拓发展，站在新起点，实现新跨越，为胜利新疆探区大发展做出新贡献。

新疆勘探开发管理中心新招聘的员工陆续到岗，西部油区即将迎来快速发展的新时期。胜利西部这方土地，吸引着胸怀理想的人千里奔赴，为之奋进。春寒料峭时节，胜利西部将士们备受鼓舞，做好了建功立业的准备。

先后调入新疆勘探开发管理中心勘探技术部的侯帅军、张帅、梁建军、张卫平、杨斌、张斌等人负责滚动勘探和产能建设工作，为了加快准噶尔盆地的勘探开发进度，他们全身心投入找储量、建产能的工作中，不断开拓思路、突破认识局限，缜密分析、大胆部署，在滚动勘探、油藏评价、产能方案、油井运行等工作上互相配合、并肩战斗，体现了兄弟般的战友情谊，为建设优质高效产能阵地付出了无数心血、做出了很多贡献。

准噶尔盆地的勘探面积大，建产任务重，战线长，战役多。如果说新区块是阵地，那么阵地比人多。从滚动勘探到油藏评价、编制产能方案、进行地质设计、确定油井坐标、现场踏勘盯井，大家协同作战，共同承担不同阶段的工作量，就像战士冲锋陷阵，有时集中火力攻一个山头，有时一人攻几个山头，忙得不亦乐乎。遇到多口井同时期开钻，他们常转战各个井场，几天几夜不休不眠的情形常有。

胜利区块主要位于准噶尔盆地西缘的车排子凸起之上，车排子地区的滚动勘探、油藏评价工作同步进行。按照油田“勘探开发一体化”部署，开发部门提前介入车排子地区的勘探工作，了解产能，针对不同油藏特点及需求进行相应的技术攻关和优化实验，从而缩短了区块的发现时间和开发周期。

新疆勘探开发管理中心从排 601—平 1、排 601—平 2、排 6-1 等三口试油发现井白手起家，开启了新阶段创业。

2010 年 4 月，刚到西部一个月的曾凯从准中赶到准西，作为胜利运输公司招聘的现场负责人参与排 601 区块的采油管理工作。

6 月，排 601 区块的第一口井顺利投产，胜利油田举行了排 601 产能建设首车原油启运仪式，排 601—平 53 井原油顺利运抵独山子油库，标志着红柳区块（采油管理一区）产能建设进入新阶段。

国庆节，工作初见成效，在西部忙碌了半年的曾凯回到东部的家。亲人们见到又黑又瘦的他很惊讶：怎么黑得像烧过的火柴棍？曾凯决定带妻子去上海看世博会，途中却接到了单位通知，令他尽快返回西部迎接中国石化大检查。夫妻俩没出上海站，直接转机飞往了新疆。在井上忙了一天的曾凯回到宿舍时，发现妻子正掉眼泪，那天是她的生日！心怀歉疚的曾凯带着妻子到附近的 128 团场驻地吃了顿赔礼饭。

2010 年 11 月，春风 1 号联合站的投产工作千头万绪，联合站担负油气水分离储存任务，注汽管线经常冻堵，分段解堵被称为“灌香肠”。早在入冬前，油田安全专家韩文峰已向时任油田副总、新疆勘探开发管理中心经理提议定做了一批羊绒棉工服，低温袭来时，换上厚棉服的将士们干劲儿十足。

西部的油品和东部不同，高黏、高稠、高矿化度，含伴热汽，处理达到外销标准不容易。随着春风油田滚动勘探进程加快，不同区块的油品差别越来越大，需要提前做好技术准备，比如优选破乳剂等。集输管理中心主任师韩福泉的工作目标是尽一切可能使原油“颗粒归仓”，不仅要销油，更要实现价值最大化。令人欣喜的是，部分原油可用来提炼航天润滑油、高端白油、化妆品，很受炼油厂欢迎。

2010 年，在胜利人的共同努力下，西部勘探取得历史性突破。胜利油田在排 601 区块部署的 12 口探井均获得工业油流，当年上报探明石油地质储量 1038 万吨，共钻油井 60 口，建产 9 万吨，创造了当年部署、当年建产、当年超产 1 万吨的“传奇”！

一个新的春天姗姗而来，准噶尔生机盎然，小沙鼠在梭梭枝上玩耍、啃食嫩叶，十分惬意。

新疆勘探开发管理中心在排 601—平 1 井北边不远处安置好野营房，建起一个简陋的生活基地。梁斌、马强等人住进野营房，美其名曰“豪华公寓”。正值北疆产能建设时期，他们白天跑井场查看生产状况，晚上整理资料。

戈壁大漠的生活很单调，戈壁还是那个戈壁，梭梭还是那棵梭梭，看久了就觉得乏味无趣了。张忠杰这么比喻：如果说东部生活就像看多频道彩电，那么西部生活就像看单频道黑白电视！他把女儿的照片做成电脑桌面，天天看着孩子的笑靥，疲惫孤寂一扫而光。

为了丰富业余生活，夏立元带领职工们建起一个沙地排球场、一个篮球场。职工们在跑跳中打发孤寂，傍晚的旷野顿时生机盎然。杨国华在奎屯买了辆山地自行车，工友们组建了一支“沙漠骆驼骑行队”，工余时间骑车锻炼身体。热爱文学的曾凯用 A3 纸打印小报，取名为《红柳风》。这份颇有感染力的小报被管理区收办，改名为《红柳一线》。此后发展为新春公司的文化园地，取名《胜利新春》。大家苦中作乐，为野营房围成的生活基地取名“红柳大院”，周末放露天电影时就叫“红柳影院”。

2011 年 1 月，气温降到零下 48 摄氏度，准噶尔的冬天出奇的冷！

年节将近，大家一起承担包饺子任务，摆在室外的三万多个饺子很快冻成冰坨，收进蛇皮麻袋扔到野营房顶存放。

住在野营房里的人们同时体会着冷和热：取暖设备制造的热气上浮，地面的水盆竟结了冰；住上铺热得受不了，住下铺冷得受不了。连车也受不了准噶尔的冷，在冰天雪地里冻一夜，早晨就无法启动了。为了防冻，人们在野营房后挖出两米深的地窝铺，盖上帆布，就成了车库。

为了保障新井热采见效，再冷也要连夜解卡。生产井注入蒸汽前需要加降黏剂，他们想了很多办法给药剂解冻。吊车的液压传动部分变得不灵活，杨国华的工鞋胶底也冻成了硬板，走路不跟脚，脚趾冻得又疼又痒。幸好，运输公司经理从奎屯带回几套毡筒，穿上毡筒的人们即使站一夜也能扛得住了。

大年三十，排 601—平 56 井起抽没多久，抽油杆忽然断脱。这可怎么办？杨国华紧急组织员工作业施工，他找来井下用的打捞筒，成功捞出了断落的部分，换了根新抽油杆。油井恢复生产时，正好吃年夜饭，大家过了一个忙碌的年。

2011 年 3 月，当春风吹化了寒冰，准噶尔车排子地区被正式命名为“春风油田”，成为胜利油田第 77 个被正式命名的整装油田，也是新春公司实现生产经营建设快速高效发展的重要资源阵地和物质基础。

2011 年 10 月，胜利石油管理局、胜利油田分公司决定对新疆勘探管理体制进行调整，新疆勘探开发管理中心人员和职能一分为二，成立新疆勘探项目部和新春采油厂。

2011 年底，红柳管理区（采油管理一区）驻地大楼建设完成，距离繁华的克拉玛依市和奎屯市各一小时路程，办公生活条件大为改善，将士们欢欣鼓舞。

2011 年初，1 号燃煤注汽站在春风油田投产在即，胜利发电厂选聘首批 11 名业务骨干到辽河锅炉厂学习后远赴西部承接运维任务。

西部稠油热采离不开蒸汽锅炉，由于移动式燃油锅炉注汽费用高，建设固定式燃煤注汽站势在必行。专业的队伍干专业的事儿，这是油田推行专业化管理的初衷。胜利发电厂派遣了一支专业注汽队伍参与到西部开发中，成为西部燃煤注汽站的生力军，新春采油厂一半以上的注汽量由胜利发电厂新疆项目部承包运维管理。我们是全油田烧锅炉最专业的！——胜利发电厂新疆项目部基层党支部书记王国立十分自信。

3 号燃煤注汽站建设时，王国立带着 9 名员工在 123 团场租住的平房里住下。尽管生活条件改善了许多，他们对大美新疆的想象仍然化为了泡影，“风吹草低见牛羊”的浪漫并不属于这里。

这里有个不成文的规定：初到西部的新人必定经历三个月的“熬鹰”期，这是身心适应西部工作生活的关键期，而亲情的隔离更是每个西部将士都要过的一个坎。

王国立没料到和亲人分隔两地的日子那么难熬！原以为一晃就能过去，谁知时间被孤寂拉长，没那么容易晃过去。王国立养成一个在工作日志上倒计时的习惯，回家的日期迫近时不禁欢欣鼓舞。来新疆前，他为 80 岁母亲安装了监控，随时关注老人的健康状况。父亲突发心梗骤然离世，让在疆值班的王国立痛彻心扉。自古忠孝不能两全，这是人生最大的无奈！岗位和家都是肩头沉甸甸的责任，西部将士们纷纷把假期安排在家人最需要他们的时候。

第一个春节到来，想置办年货的王国立数了数口袋里的现金，只剩七千元，还得留给铲车加油，这可咋办？囊中羞涩的他鼓起勇气走进一家铺子，店主竟然同意赊给生活用品，从此他们和雪中送炭的店主结下互相信赖的深厚友谊。

注汽吞吐开发是稠油区块保持产量和提高采收率的主要手段，新春采油厂持续加强燃煤注汽站等稠油热采工程建设和改扩建工作，以保障油田高效开发。1 号、2 号、3 号、4 号站采用 48 吨链条式工业锅炉，5 号、6 号、7 号站采用 130 吨流化床锅炉，3 吨汽换 1 吨油，胜利发电厂新疆项目部发挥着相当重要的作用。

随着春风油田产能建设节奏加快，集输工作越来越忙。基建招标、方案、施工协调难度大是影响产能建设速度的原因之一，新春副总工程师王勇和同事们负责完成设计方案、招投标等任务，把材料和队伍备齐，确保按时开工。那些标志性建筑凝结着多少西部将士的智慧和勇气啊！令人深感自豪的是，有丰富的西部工作阅历，足够将来回忆了。

勘探和开发犹如雄鹰的双翼，唯有同频共振才能飞得更高远。

勘探和开发是油田生产过程的两个阶段：勘探的任务是扩大含油气范围、评价油气藏规模；开发的任务是针对已发现油气藏经济评价、科学合理地选择开采方式，研究用什么样的井网、井型、井距，持续进行开发动态分析。为了加快运行，新春采油厂按照胜利油田“勘探开发一体化”思路，整体部署、分步实施，一边打滚动评价井，一边部署建产方案，钻井与地面配套同时开工，快速推进了春风油田的发展壮大。

2012 年，勘探技术部在准西断层东部大胆部署发现排 601-20 区块后，在其油藏高部位部署排 612-1 井，发现油藏品味比较高的排 612 区块。2013 年，完成排 612 区块的油藏评价并正式开工启动产能建设。2014 年，排 601-20 区块 130 吨流化床注汽锅炉顺利投产。开发技术部优选排 612 块开展热化学驱先导试验，加快浅薄层特稠油热化学驱技术攻关及应用，依托国家自然科学基金支持，研究确立“热（蒸汽）、剂（降黏驱油剂、泡沫剂）、气（氮气）”复合增效热化学驱技术路线，以期大幅提高采收率。

2014 年，为了在准噶尔盆地西部取得突破，胜利油田抽调精兵强将进行“物探地质一体化”攻关。

排 10 西在甘家湖林场内，属国家级自然保护区，不允许施工车队进入。物探队雇用当地人赶着牲口把大型设备运了进去，小型设备则靠人抬肩扛。那年，胜利人在戈壁滩踩出的每一步，都那么沉实、坚韧。

勘探技术部全体成员专心致志地工作，有序推进了滚动勘探、油藏评价、产能方案、地质设计、井位运行，从年头忙到年尾，就像农民从种忙到收，储量和产量是他们最关心的事情。最初，他们借鉴了春光油田的勘探经验，结果部署的探井都打空了。问题出在哪儿？地质研究人员进行了“复盘”，物探研究院技术人员也复查了三维地震资料，发现原因是对成藏主力含油层系没有认识到位。他们重新分析了新三维地震资料，加强了“强振幅类亮点”成藏技术研究，深化认识了准西地区油气富集规律，在甘家湖地区发现了埋藏较深的排 10 西稀油断块油藏。

2014 年 12 月 4 日，苏 1-2 井完钻，试采获工业油流，发现了苏 1-2 块。苏 1-2 为稀油井，采用单井拉油。冬天的准噶尔白茫茫一片，拉油车司机怎么也找不到进井路。有位职工用脚试探着路的边沿，深一脚浅一脚地走在前面蹚道儿，拉油车跟在后面慢慢前行。时值隆冬，在积雪中跋涉，一种深入骨髓的冷考验着每一个人。

排 10 西生活点建好的同时，老鼠也追随而至，把窝安在了野营房下。杨国华负责新井苏 1-2 井的投产工作。忙忙叨叨的他不小心踩空，脚陷进无处不在的沙鼠窝里，沙鼠发出鸟鸣般的叫声，警告忽然闯入的不速之客。

为了加快春风油田的勘探开发进程，勘探技术部深入研究运移规律，分析成藏条件，解释构造，描述储层，落实圈闭，部署新井，边评价边建产。评价井苏 1-2 成功后，技术人员部署了排 10 西产能建设方案，滚动评价井苏 1-13、苏 1-21 建产，相继发现了苏 1-6、苏 1-7、苏 1-27 稀油油藏。

迄今，准噶尔西南的排 10 西区块发现并探明储量 250 万吨，被新春人称为“金豆子”。

当春天的风重回准噶尔时，不负众望的春风油田捷报频传，滚动勘探不断有新发现，储量规模连续扩大，发展形势十分喜人，成为大漠戈壁上的一颗璀璨明珠。胜利西部将士们从零起步、运筹帷幄，攻克稠油开采难关，储量不断攀升、产量连年递增，从正式投入开发到重建百万吨大油田仅用了五年，创造了令人瞩目的“新春速度”！

“十二五”期间，作为中国石化集团公司唯一投入整体开发的五千万吨级储量油田，开发伊始即确立建成百万吨原油生产基地的战略目标，春风油田规模上产荣获中国石化“十二五”油气田开发特别贡献奖。

2015 年 4 月 27 日，新春采油厂与新疆维吾尔自治区国有企业开展股权合作，在乌苏注册合资公司，中国石化股份占股 99%，注册企业名称——中国石化新疆新春石油开发有限责任公司（简称新春公司）。

新春公司全面达成油田建设和原油生产销售实现“双百万吨”的任务目标，产、储、销量等各项生产经营管理指标年年向好，保持了优质高效和持续快速发展的可喜局面。

2016 年，为确保春风油田产量稳中有增，新春公司对排 609 等稠油未动用储量进行评价建产，对排 691 等春风油田周边稠油区块开展滚、评、建一体化等工作，在春风油田发现了排 6 北区块，并在排 6—平 48 井应用微生物采油技术增油 3515 吨，在排 6—平 49 等 15 口井应用微生物采油技术累计增油 1.6 万吨。

百万吨产能建设完成后，新春公司进入基础建设完善时期，“三标”（标准化井场、标准化班组、标准化岗位）任务繁重起来。采油管理一区党支部书记郭峰跑遍一区班站，他深知三标的目的在于推行严细实的工作作风，对于油区的安全生产有重要意义。

张忠杰到安全科担任安全管理督察部支部书记，被同事们称为“专业找事儿的”，新岗位让他感觉责任重大，需要学习的知识太多。张忠杰认为，安全问题就像一匹奔跑的烈马，必须引领它走上正道。为了加强承包商管理，他们一年查处过 3000 多个现场问题，使管理水平大幅度提升。

经过两年筹备，新春公司成立了治安保卫中心，把安保维稳作为头等大事来抓，这是政治担当和社会责任的体现。反恐战争没有局外人，鉴于西部特殊的生产生活环境，为了预防低概率高风险事件突发，综治专家马立强奉命进行调研，给戈壁大漠里的油区加固围墙、安装一键报警装置等举措提上日程。

2017 年初春，一支踏勘小分队离开克拉玛依城，向大漠行去。

春风油田作为胜利西部百万吨油田的“根据地”，在经过高速勘探期后进入一个低潮期，由于勘探程度已经相对较高，在老区里找新区十分困难。

新春公司勘探技术部转移了研究阵地，寻找新突破。勘探表明，准西地区纵向上石炭系、中生界、新生界呈“三层楼”式油气富集层系，整体上是油藏类型多样、纵向叠置、横向连片的复式油气聚集区。技术人员开展了精细小层划分，在沙湾组储量周边发现多个有利勘探区域，含油面积继续扩大。同时，他们针对石炭系火山岩油藏加强储层发育规律、油藏富集规律研究，部署多口评价井均取得较好效果，储量规模进一步扩大。

排 10 西苏 1–7 井确定井位坐标后，钻井、录井、地质、生产运行、油地关系等相关专业技术人员就要联合执行“踏勘”任务，实地勘察新井所在位置有无基本农田、沙包、水沟、建筑物等障碍物。勘探技术部杨斌的职责是尽可能以井工厂的模式设计井位，在设计蓝图上定下坐标后，他要进行井网、井型的合理化选择，根据地面情况优化井口选址，为后续的钻采施工规划进井路。

排 10 西在塔城地区乌苏市石桥乡铁架子牧民新村甘家湖保护区内，距离天山直线距离五十多千米。起伏的沙山覆盖着一个冬天的雪，到处白茫茫一片，时时有迷路的风险。领队在定位仪上设定好坐标点，指引着大家徒步前行。实地勘察顺利，在沙山包围的平坦处，大家把一根木桩砸进了冻土里，做好了标记。

在春风油田南部部署的苏 6–1 井钻遇油气显示，展现了苏 1 西地区油气勘探的潜力。苏 1–7 井顺利完钻，成功钻遇沙湾组油层，获得商业油流。5 月，排 10 西石炭系重点滚动井苏 1–22 井顺利完钻，钻遇良好油气显示。排 10 西区块的新井纷纷建产，为春风油田带来了勃勃生机。

盛夏时节，远处的天山白雪皑皑。裴卫兵调到采油管理二区担任副经理，常驻排10西。大学生王卓然和邱心培被安置在排10西苏1-2计量点实习，司机按时送来够吃半个月的食物。为了上报生产数据，“油二代”王卓然每天跑到沙山顶上寻找信号，蚊子从甘家湖方向黑幕一样朝他飞来。

2017年，现河采油厂外闯新疆的440名员工奋战在准噶尔，发挥技术优势承揽了新春公司1000余口油水井管理业务，为胜利油田开拓西部战场贡献力量。

初春，现河采油厂的袁胜利和刘庆丰、王洪志等一行4人，开陆巡越野车行驶3000多千米，历时四天到达克拉玛依，采购床等生活用品，为迎接第一批入疆的35名员工到岗做准备，为对接春风油田的161口井打前站。

新生活环境，新开采工艺，新工作方式，一切都是新的。来自现河采油厂草桥油区的干部员工拥有丰富的稠油井管理经验，尽管都是稠油油藏，草桥油田和春风油田的井深却是2000米和400米的差距，生产工艺和管理方式大不一样，油井动态管理有很大难度。现河采油厂经营管理主任师袁胜利带着大家琢磨出一套新的值班办法，员工们分四个班运行，每个班管理70多口井，同时总结出了一套高效的“四轮管理法”：一轮独轮车、两轮电动车、三轮车、四轮汽车。

现河采油厂第一批入疆员工仅用两周就适应了新岗位，逐步熟悉井号、道路、工作流程，顺利完成了与运输公司的交接任务。如今这支队伍扩大到210人，承担着采油管理一区的油井管理工作量。他们爱井如子，认真做好液量、油量、含水分析化验，温度、压力、动液面、原油全分析、温压测试、注采剖面、示功图测试等烦琐的油藏动态监测工作，把满腔的热爱倾注于春风油田的建设之中。

2018年，现河采油厂新春项目管理中心经理杨洪元带着5名员工来到采油管理二区，与副经理曾凯交接排10西4个驻井点的管理工作，他们只用一周就熟悉了工作流程，创下新春公司的最快交接纪录。

如今，排10西注采站有26名员工，分配在苏1-2、苏1-5、苏1-6、苏1-21四个小班值守，管理着11口自喷井、7口抽油机井、2口注水井，最远的苏1-7井距离注采站31千米。

较早入疆工作的好友时常给刘长军发照片，冰天雪地的美景强烈地吸引着他报名入疆担任了副站长，与站长谭涛搭班子。

因工作头绪多，刘长军忙得团团转。早起看计量点发回的资料，8 点前收集审核无误再上报管理区，开网上晨会，安排一天的工作任务，按指令调油井冲程、冲次等生产参数，转井场。下午 4 点分析判断生产情况，传达党政工团的通知，按照“三标”规范场地、班组、岗位。排 10 西注采站的原油部分运出外销，部分用于生产。值夜班的员工在凌晨 2 点、4 点、6 点三个时段测量罐位，并把数据传到工作群里。刘长军最怕的就是原油溢出储油罐造成损失和污染，根据空高和流速计算好罐满时间后，他才能放心休息。

傍晚，一群黄羊出现在小站外，警惕地观察人类。一只狐狸被饭菜的香气吸引，悄悄走近苏 1-2 计量点，它毫不胆怯地咀嚼员工递过去的食物。一只大胆的狐狸趁人不备钻进厨房拖出一板鸡蛋，被巡井回来的员工撞见夺下。

凌晨的天空低垂，横亘的银河蔚为壮观。员工巡井时看见孤狼徘徊竟不觉得害怕，在这寂寥的戈壁，人与狼惺惺相惜。

刘长军喜欢摄影，刚入疆时满眼是风景，阳光把天山染成了彩色，他兴奋地爬到野营房顶。然而忙起工作来，他就再也顾不上拍朝阳和夕阳，心爱的单反相机落了一层沙土。

春风油田建设初期，新春采油厂加快了勘探开发步伐。一个新区块从发现到建产十分不易，西部将士们倾注了太多心血。地质学具有多解性，对区域成藏的认识也会有阶段性不同，有时观念一转，就会有新发现。春风油田的排 66 区块发现较早，有高产井也有低产井，几经探索逐步实现了认识上的自我超越。

2012 年春天，日产油 12 吨的排 66 井成为春风油田火成岩油藏成功开发的功勋井，随之发现的排 66 区块采用天然能量开发，建成产能 3.17 万吨，拉开了火成岩裂缝型油藏的开发序幕。

勘探技术部的侯帅军参与了排 66 区块以水平井为主的产能建设方案编制工作，几口新井同时开钻，地质设计、方案编制工作十分繁忙。大年二十九，他仍在和同事热烈讨论定井位的事。现场盯井时，他们彻夜不眠，密切观察气测、电测、槽面变化，随钻分析讨论如何优化钻井轨迹。钻井地质卡层始终是个难点，需要扎实的基本功和过硬的技能，胜利油田东、西部地质情况差别很大，既有的经验不够用，他们边实践边学习，争取每口井都能成功投产。

2014 年，新春公司和勘探开发研究院联合评价，再次研究排 66 区块的火成岩富集规律，原本认为是断块型油藏，主要含油介质是基质和孔隙，连续打了 8 口开发井，只有排 66—平 2、排 66—平 3 效果较好。

2018 年，他们转变了思路，认为断层及受断层控制的裂缝含油。张卫平和同事们把每一条断层都精细刻画出来，描述得清清楚楚，发现排 66 块有统一的油水界面。为了避开石炭系顶部的致密风化壳，他们重新调整了井网，修改了水平井产能方案，设计为尽可能穿过断层和裂缝。按照这个新思路部署了排 66—平 13、排 66—平 16 等 17 口井，年产原油达 10 万吨。

2019 年，胜利油田首批上报的新增探明石油地质储量中，西部探区火成岩油藏成为亮点，上报地质储量 2193.81 万吨。

侯帅军是勘探技术部第一任主任，现任新春公司勘探专家。梁建军是勘探技术部第二任主任。张卫平是勘探技术部第三任主任，现任勘探部经理。张帅是勘探技术部第四任主任。回想十年创业史，他们最自豪的是：作为中坚力量全程参与了春风油田的产能建设工作，滚动井成功率达到最好水平，胜利西部为怀揣梦想的他们提供了广阔的舞台。

十年间，春风油田探明薄浅层超稠油、石炭系火成岩裂缝型和排 10 西稀油断块三种油藏类型。高孔高渗薄浅层超稠油区块，上报探明石油地质储量 1.08 亿吨。排 66 等火成岩普通稠油区块 6 个，上报探明石油地质储量 2194 万吨。排 10 西、苏 1-2 等 7 个稀油区块，上报探明石油地质储量 254 万吨。

勘探进程突飞猛进的同时，西部开发将士们也在千方百计把油从地下拿出来。

新春公司将首创的 HDNS（水平井、降黏剂、氮气、蒸汽复合热采）技术应用于特超稠油开发中，一举解决了稠油热采的热损失难题，四项技术协同作用、优势互补，增效显著。HDNS 这项独具特色的热采工艺，在春风油田广泛高效应用，为胜利西部工区许多稠油井提供着源源不断的驱动力，使采收率一跃升至 35%，比国内外浅层超稠油平均采收率高出17%。“春风油田排601浅层超稠油HDNS热化学吞吐开发实验”被评为中国石化股份公司高效开发试验项目，同时荣获胜利油田分公司科技进步一等奖，其中三项核心技术获得国家发明专利。

2020年，油田薄储层超稠油高效开发关键技术及应用被授予国家科学技术进步奖二等奖。“春风油田浅薄层超稠油百万吨产能建设高速高效工程”荣获中国石化科学技术进步奖特等奖。

2021年4月，春风油田排612块产能建设工程荣获中国石化优质工程奖。该工程采用“标准化设计、模块化建设、标准化采购、信息化提升”的四化建设模式，从2014年9月20日开工，2017年11月试生产，2018年12月通过竣工验收。2021年7月28日至29日，中国石油工程建设协会对排612块产能项目申报国优工程进行现场复查，专家一致认为：该工程符合国家优质工程奖各项评审条件，同意报选国优工程。

2021年10月，“80后”地质工程师包正强揭榜挂帅，担任排601北加中区块提质提效项目组组长，与常泰乐、雪峰一起进行技术研究攻关，解决油藏开发面临的问题，通过科学清晰的认识挖掘潜力，为老区注入新活力。

“十三五”期间，新春公司的年产量稳中有升：

2017至2018年钻油井84口，建产16.47万吨。2019年钻油井162口，建产19.99万吨。2020年钻油井127口，建产20.62万吨。2021年钻油井33口，建产5.77万吨。截至2022年7月，累计产油1204万吨。

回顾春风油田的勘探开发史，每一步都迈得稳健而成就斐然！一路走来，春风油田的未来可期，胜利西部将士们将大有可为！

永进，永进

《中国石化新疆新春石油开发有限责任公司志》（1996—2021）载：

2000年开始，胜利油田转变勘探思路，开始在准噶尔盆地中部深洼区寻找成藏潜力。

2001 年，部署沙 1 井，发现沙窝地含油区块。

2002 年，部署庄 1 井，发现莫西庄油田。

2003 年，部署董 1 井、征 1 井，发现董家海子、征沙村含油区块。

2004 年，部署永 1 井，发现永进油田。

胜利油田在准中先后部署探井 56 口，三叠系、侏罗系、白垩系均见到丰富油气显示，相继发现沙窝地、董家海子、征沙村等含油区块以及莫西庄、永进两个油田。

目前，准中各区块均处于不同程度勘探开发阶段。其中，永进油田的开发史，更是胜利人坚忍不拔、勇于创新的奋斗史。

为了在大盆地上展现大作为，新春公司的勘探研究人员在加强车排子地区研究的同时，将目光放在地质条件更为复杂、勘探程度低、认识难度大、油气探勘一直找不到突破的准中探区。

永进油田在准噶尔盆地中部的沙漠腹地，隶属昌吉回族自治州玛纳斯县。主要含油层系为侏罗系齐古组，埋深 5500—6000 米，平均油层厚度 6 米；储层以低渗透油藏为主，天然裂缝比较发育；油层温度高达 130 摄氏度，油层压力高达 120 兆帕，属于地层压力系数大于 1.8 的异常高压砂岩油藏。原油属于低黏度优质稀油，但胶质、含蜡量较高。地层天然能量充沛，溶解气主要为优质天然气。

2003 年 11 月 5 日，中国石化集团公司胜利油田在准中部署的永 1 井开钻。

2004 年 8 月 9 日，永 1 井测试求产获高产工业油流，日产油 72 立方米，日产气 10562 立方米，在新区块、新层系、新类型勘探上取得较大突破。8 月 10 日，中国石化集团公司在新疆乌鲁木齐召开庆功大会，庆祝胜利油田在西部发现预测、控制储量规模超亿吨的整装大油田——永进油田。

2007 年，高进峰等人驻守北五叉镇的永 1 井，这口井经常堵，管理必须跟得上，加药热洗、清理油嘴等措施频繁。永 1 井安装了一套天然气回收装置，一人高的井口很壮观。高进峰创造了一个人在荒凉的戈壁滩驻井三个多月的传奇。盛夏，工程师罗志伟站在井口工作，踩在平台铁板上的工鞋底竟然烫得快要融化了。为了解决永 1 井出砂出胶的难题，他们实施技术攻关，创新发明了“沉砂捕捞器”，以排代防，定期清砂。

永进油田发现后，胜利油田在近 1200 平方千米的勘探范围内部署的预探井永 2 井、永 3 井、永 6 井、永 7 井、永 8 井、永 9 井陆续开钻，其中较为成功的永 2 井试油获工业油流。

近 6000 米的油藏埋深和复杂的地下状况给钻探和开采带来很多难题：复杂地层岩性组合造成地层稳定性差，导致钻井过程中井壁坍塌等事故频发，轻者反复滑眼，重者卡钻，钻井周期长，钻井成本高；投产过程中存在出砂、胶质沥青析出，导致油管堵塞等问题。这些难题犹如一个个绊脚石和拦路虎，致使预探井均因井况问题而工程报废。永进油田难以有效动用，使开发计划搁浅。

胜利人潜心研究，等待着钻井工程和采油工艺技术突破。

2007 年春天，永进油田沐浴在曙光里，沉睡中的戈壁滩在钻机轰鸣声中醒来。

5 月 22 日，胜利西部探区第一口超深层、大位移水平井永 1—平 1 井在永 3 井西南 100 米处开钻。这是中国石化集团公司为改善永进油田开发效果、提高采收率而部署的一口先导试验井。作为超深科学实验水平井，永 1—平 1 井使用高密度钻井液在高温下进行超深水平井的钻探，难度之大实属罕见。

永进油田井区地层构造复杂，油藏埋藏深，地层倾角大，存在异常高压的地应力，对钻井工程技术的要求非常高。由于水平井具有大斜度、大位移、多目标等特点，对钻井中靶精度要求高，而且水平井段横穿油层，造成大段悬空裸眼井段，井漏、井塌更为普遍，因此钻井施工难度大、周期长、成本高。

新疆勘探开发管理中心勘探室主任张卫平介绍，这些难点在永 1—平 1 井上体现得淋漓尽致：施工井段长，钻遇地层多，岩性及压力体系复杂多变，钻井过程中喷、漏、塌、卡等事故及其他复杂情况多变。水平井段定向尤其困难，都快打成“麻花”了。

勘探开发研究院专家任新成打了个比方：主要困难在于埋深大造成砂体识别难度大，近 6000 米埋深下，找一套十几米的砂体，如同找一根掉在厚被子里的绣花针。

胜利油田勘探开发研究院刘磊专家说，永进油田的储层渗透率在零点几个毫达西，比胜利东部被称为“磨刀石”的滩坝砂油藏渗透率还小。

永 1—平 1 井的钻探历时两年多，从上到下遭遇过很多难题，井下情况复杂，进度很慢。钻井公司成立项目组进行现场跟踪，于四开井段开展了井深轨迹、井身结构优化、钻井液体系优选及储层保护评价，终于取得进展。

2009年10月9日，永1—平1井完井，日产油18吨，不含水，设计井深7349米，完钻井深6172.5米。

人们欢欣鼓舞：永1—平1井在目的层侏罗系齐古组见到良好油气显示，与设计及邻井相符，证实本井区油层分布较稳定，具备很好的开发潜力！

2009年10月，梁斌从西北局接手了准中勘探区域的永进油田、莫西庄油田、沙窝地含油区块、董家海子含油区块、征沙村含油区块。

新疆生产建设兵团150团场辖区距离克拉玛依、乌鲁木齐各有200千米，一个号称“公路到头、电线到头、树到头”的偏远地方，在古尔班通古特大沙漠中心地带，地貌为半固定沙漠，春秋季节风携沙尘暴肆虐。

新疆人习惯冬休歇工，胜利人全年无休，苦累是常态。智卫东说，既然选择了这一行就得准备好吃苦。由于井分散，他们驻守十年间，每天从太阳升起忙到太阳落下。为了上报生产数据，他们从一座沙山跑上另一座，站在最高处摇信号。人不停地走动，经过梭梭时，追着人跑的蜱虫寻找机会跳到身上安家。

2010年3月，运输公司负责人李克疆接刚下飞机的曾凯直奔新投产的永进3—平1井。井口压力显示110兆帕，油压40多兆帕，这让采油队长出身的曾凯很吃惊，从来没见过这种井况的他勤于学习观察，很快掌握了永进3—平1井的生产规律。

那年，胜利运输承揽了采油管理二区的现场管理业务，在当地招聘了8名采油工。曾凯白天忙现场工作，晚上做课件培训操作规程，每天都在忙碌中度过。多年来，像曾凯一样富有管理经验的“领头雁”，手把手地教出了一批优秀员工，在产能建设中发挥了重要作用。

2010年初，新疆勘探开发管理中心重整旗鼓，集中人力物力投入油区全面建设，永进油田开始试采。

零下51摄氏度的极寒天气，管线最容易冻堵，张江利和生产运行部副主任杨国华到井场解堵，锅炉车喷出的蒸汽瞬间变成雪花，戴着棉帽子只露出眼睛的杨国华，鼻头和下巴还是冻伤了。早晨，张江利把半盆洗脸水泼到门外的雪堆上，雪顿时发出木柴猛烈燃烧时才会发出的噼啪声，他真切地听到了雪“烧”的声音。

永进 1—平 1 井投产之际，生产运行部的于福宾跟随时任新疆勘探开发管理中心副经理杨永军来到井场安排进度，衔接注、采、输、修各个关键生产节点，地面设施正在上马，井场一片繁忙。

晚上，坐在新湖农场的饭桌旁，杨永军一筹莫展，无心吃饭。永进 1—平 1 井投产过程中又遇到了棘手的难题：原油胶质沥青质含量高，时常堵塞井筒，酸压等储层改造技术实施难度大，缺乏有效的增产措施，投入高，产出低。

那时，王波受命组建准中管理区（采油管理二区），永进 1—平 1 井是他上任后的第一口投产井，由于原油黏度高，沥青质多，管理难度大。时值隆冬时节，为了摸索加药规律，以严谨著称的“铁汉”王波带着三名同事坚守在零下 30 多摄氏度的井场，没睡过一个囫囵觉。

尽管大家付出了巨大心血和努力，永进 1—平 1 井在投产三个月、累计生产原油 4000 吨之后，终因无法解堵低产关井。

凛冽的春寒尚未过去，实现效益开发仍是一个梦想，永进油田又陷入了沉寂。

2015 年，由于长期未动用，永进油田的控制储量被降为预测储量，储量规模降到 5790 万吨。胜利油田组织专家攻关，决定为唤醒沉寂的永进油田寻求解决办法。

为了早日实现突破，新春公司与勘探开发研究院低渗透油田开发研究室合作成立了“永进项目组”，进一步深化地质研究，认识储层展布规律，预测储层有利发育区，落实储层渗流能力，研究产能影响因素，从工程上、地质上进行了整体评价，针对永进油田的开发难题开展了工程工艺技术攻关。

新春公司的主管师汪云海与产能室主任张卫平参与了地质论证工作，针对储层展布描述、富集高产规律、井型论证、原油物性进行了研究。

2018 年 7 月，新疆的盛夏到来。昼夜温差极大，白天高达 40 多摄氏度，晚上只有七八摄氏度，当地人戏称为“早穿皮袄午穿纱，围着炉子吃西瓜”。

中国石化集团公司部署的重点评价井永 3—侧平 1 井利用老井永 3 井开窗侧钻，

所有参战人员承受着来自外部环境及内在压力的极大考验。如果这口井不成功，永进油田可能会再次被打入“冷宫”，永进油田的有效动用步伐又要推后。

永 3—侧平 1 井采用“水平井斜穿层理缝”设计模式，大幅度提高水平井单井产能。为了实现“设计好、打得成、打得好”三个目标，永进攻关项目组分三批轮流进驻井场，随时把控水平井轨迹钻进情况。从开钻到完井，100 多天里更换钻头 24 个，超高的地层压力、温度和坚硬的岩石多次导致钻井异常，导向仪有 13 米盲区，水平井轨迹非常难控制。这是一场关键的战役，所有参战技术人员紧绷着弦，昼夜奋战。

新春公司产能室副主任张帅参加了现场卡层工作，后方的同事们早早等候在电脑前，根据反馈情况一起出谋划策。卡层过程中，预测进层时间是最重要的环节，技术人员根据钻速、油层顶面深度、油层厚度，确定以什么样的角度和深度钻进油层，若无油气显示，必须立即决策是继续打还是调整轨迹。这口重点井的成败至关重要，尽管做足了准备，大家心中还是忐忑不安。

永 3—侧平 1 井的水平井段设计为从顶部到底部斜穿油层，第一次预测的入层位置未见油气显示。东西部勘探技术部成员密切关注着现场动态，遇到困难时往往争执最多。卡层期间，水平井段钻进 100 多米后储层物性逐渐变差。钻头到底是从上面出层了还是从下面出层了？接下来该往下打还是往上打？大家阐明各自的地质认识，讨论下一步钻探的方向。现场技术人员紧张配合，根据多种资料综合判断分析岩层展布，共同商议调整轨迹，实现了侧钻水平井准确入靶，钻遇靶点和预测靶点的误差不到 4 米，完钻水平段 374 米，圆满完成设计任务！大家欢呼雀跃，连日的疲惫一扫而光。

2018 年 12 月 14 日，永 3—侧平 1 井顺利完井，并在期待中试采成功，日产油 61.8 吨，不含水，自喷 921 天，累计生产原油突破 3 万吨，累计产气 901 万立方米，成为准噶尔盆地永进油田累计产量最高的油井。

永 3—侧平 1 井的投产，标志着永进油田的高效勘探、效益开发向前迈出了关键的一步，也奠定了新春公司稳产上产的坚实基础。永 3—侧平 1 井的成功，打破了永进油田十年的沉寂，极大地鼓舞了士气，为胜利西部探区深层低渗透油藏难采储量的动用和有效开发带来了信心，带来了曙光。

永 3—侧平 1 井唤醒了沉睡的永进油田，未来的路依然任重而道远。

回顾历史，新春公司勘探部经理张卫平总结，永 3—侧平 1 井的工程工艺进步体现在四个方面：一是改进了泥浆体系，首次应用新春公司工程部门和钻井院共同研究优化改良的合成基钻井液配方；二是改善了完井方式，由套管射孔完井改为筛管完井；三是改变了投产方式，用密度为1.3的压井液替换出井筒中密度为1.8的压井液，预防地层激动出砂；四是控制压力生产，油压保持在30兆帕时胶质和沥青质析出最少。这些进步，是新的起点。

2019年4月，因低温造成油嘴堵塞而停产的永3—侧平1井再次投入生产，自喷日产油40多吨。

尽管设计模式大幅度提高了单井产能，但要克服开发难度、取得突破仍存在诸多困难。虽然有效解决了永进地区钻井、试油等工程工艺问题，但要想打开该区域勘探局面、落实油气储量规模，还需加大探井部署。

2019年的冬天，胜利西部大地银装素裹。

一入冬，雪就不会再化。厚厚的积雪覆盖着茫茫戈壁，物探队的数据采集车在大雪中踽踽前行。为了进一步勘探开发永进油田，胜利油田委托地球物理胜利分公司在新疆昌吉州进行永1井高密度三维地震勘探采集。

新春公司勘探管理部经理张卫平和同事们研究了最新采集的永1井三维地震资料，更新了认识：永进油田不是构造岩性油气藏，而是“超覆油气藏”！近年部署的一批探井及滚动评价井证实了他们的地质认识。认识改变了，永进油田的储层展布形态也从“一根油条”变成了“一张大饼”，永进油田的储量规模因此翻了一番。

2019年，永3—侧平1井、永301井、永3—平1井上报产能2.06万吨。

2020年，永3块侏罗系齐古组产能建设上报控制储量3203万吨。

永进油田取得阶段性突破，预测储量5244万吨，完钻探井9口、评价井4口、试采井7口，储量规模待进一步落实，取得了较高产能。

采油管理二区管理着准噶尔中部油区，初成立时日产油8吨，如今配产160吨，对完成“十四五”奋斗目标具有重要的战略意义。为了保住准中地区探矿权，西部干部员工甘愿历经千辛万苦守住这块阵地，就像旗手和尖兵，期待着未来实现大开发。

“十四五”上产节奏加快，新春公司勘探管理部着手编制永3示范区开发试验井组方案，在永进地区有利部位部署了 14 口开发准备井，开始实施永 3 示范区开发试验，全面推进永进油田的勘探、开发、工程一体化整体评价，希望能进一步攻关优化钻井技术和有效开发技术，降低投资成本。新春公司的设想是：如果这些井取得成功，那么胜利西部 1 亿吨深层低渗透油藏有望成为未来增储上产的重要阵地。

2021 年 8 月，永进 3—斜 2 井获得高产油气流。出人意料的是，此后完钻的几口井，试油均不理想。问题到底出在哪儿？

新春公司勘探管理部、开发管理部、钻完井管理部、采油工程管理部技术人员与油田各大研究院通力配合，成立了一体化攻关团队，针对永进油田进行更为执着的攻关研究，开发立足于大幅提高单井产能、二氧化碳驱提高采收率，采用直井 + 水平井结合方式部署井网，取得初步成效。

永 3 井区层理缝较发育，结合沉积构造、应力条件、孔隙压力特征，明晰层理缝为水道层理缝发育和微裂缝为断层周边微裂缝发育形成机制及其发育条件，但要克服开发难度取得突破，还存在诸多困难。

截至 2021 年 9 月，永进油田共有油井 5 口，开油井 4 口，日产液 110 吨，日产油 109 吨，含水 1%，累计产油 5.4 万吨，累计产气 1810 万立方米，天然能量采收率 8.6%。

在准中注采站永进区块，生产曲线出现波动时，将士们忙着查找并排除故障，尽快使油井恢复正常生产，安全帽带勒出的白印子那么醒目。

永进3—斜 11、永进3—斜 12 两口新井投产之际，附近的蜱虫闻着人的汗味爬来，成团的蚊虫乌云般盘旋飞至，戈壁兔顺着巡井车的灯光奔跑。

安全科支部书记张忠杰、王涛、杨继东等人检查整改井场，从早晨一直忙到傍晚 6 点，没顾上吃午饭。完工后，张忠杰找了一家“豪华面馆”请大伙吃了顿饱饭。

新春公司在野营房安装了地暖、环保卫浴设施、网络，竭力为来自现河采油厂的乙方员工改善工作生活条件。驻守永进油田的岳振强结束一天的新井放喷投产运行工作，洗去满身疲惫。

永进 12 井是胜利油田为探索永进地区永 301 南断块侏罗系齐古组含油气情况而部署的一口重点预探井。

2021年7月，胜利油田北疆永进区块永进12井首次采用“双筒取心工艺”成功取心14米，岩心饱满均匀、油斑油浸明显、油气显示良好，进一步证实了本区砂体具有平面广泛分布、横向连续稳定的发育特征，明确了5550米埋深油藏具有商业价值，为永进油田规模化开发奠定了基础。

技术人员通过对永进12井岩心薄片进行微观观察，发现其岩石孔隙中含有很多不流动的沥青质，当务之急是攻克这个技术难关。油田一体化攻关团队主要做了以下研究工作：一是地质上研究沥青质成因和展布规律；二是工程上改良钻井液配方、引进控压钻井，探索解除沥青质堵塞的方法。

11月，永进12井因常规试油中供液能力不足实施大型压裂改造。

目前，即将投产的永进3—平11井应用了水平井核磁测井，为描述沥青质平面及纵向的分布提供资料支撑，并对沥青质展布有了初步的预测。

有位专家这样比喻：在永进油田打井，就像串一串儿肥瘦相间的“羊肉串”，肥的是油气，瘦的是沥青。准中地区永进区块要实现油气勘探开发大突破，依然困难重重。

抚今追昔，勘探管理部主任张帅评价，永进油田的勘探开发历程经历了三个进步阶段：2003年至2004年为报储量阶段；2018年至2019年为钻井工艺进步阶段；2021年至今为转变地质认识阶段。每一步都迈得那样艰辛，每一步也都迈得这么坚定。

为坚决落实中国石化集团公司准噶尔盆地推进会加快准中效益建产工作要求，新春公司开展胜利西部“奋战一百天、攻下永进三”劳动竞赛，引领广大参建员工“比执行、比效率、比智慧、比干劲”，全面加快了永进油田有效规模增储上产，推进准噶尔盆地“十四五”发展规划落地见效。

如今，在“奋战十四五”的号角声中，沉睡了十年的永进油田醒来，几经沉浮再度焕发勃勃生机。胜利西部将士正协力奋战，向着准中阵地发起了新的冲锋，历史也将翻开新的一页。

永进油田，永远在前进。

风城石油梦

在准噶尔盆地的北部，有个叫“乌尔禾”的地方，被誉为克拉玛依的“后花园”。乌尔禾又叫“风城”，那里有兔子和猎人，有间歇洪流和大风共同雕琢的魔鬼城，有深埋地下6000米的石油，还有一群怀揣石油梦的胜利人。

《中国石化新疆新春石油开发有限责任公司志》(1996—2021)载：

准北地区油气勘探最早始于20世纪50年代初期，中石油在准北地区完钻多口探井，油气显示井多、突破少。

2000年，中国石化集团公司对准北地区进行登记勘探，在哈德构造带实施二维地震测线3924千米，一直未取得油气突破。

2010年，胜利油田在准北地区加大基础地质研究力度，部署完成哈山西、哈山、哈山东等区域三维地震，累计上报控制及预测石油地质储量7900万吨，展示出该区巨大的勘探潜力。

2011年11月1日，胜利油田部署哈浅1井，在侏罗系八道湾组钻遇良好油气显示，测井解释油层20.4米，注汽热试峰值日产原油14.5吨。胜利油田正式对外宣布在西部发现一个新油田——春晖油田，这是新春采油厂自春光油田整体移交后发现的第二个油田。

2012年，胜利油田继续向东探索侏罗系油藏，部署钻探哈浅20井、哈浅22井，在西山窑组注汽热试获得工业油流，发现阿拉德油田。10月24日，阿拉德油田顺利通过中国石化储量评审，这是自春光油田整体移交后采油厂发现的第3个油田，胜利油田第79个油田。

在春风油田投入开发的同时，新春采油厂在春风油田外围积极开展油藏评价和开发试验，寻找前景向好的增储上产后备阵地。位于乌尔禾风城的阿拉德油田，属于准北探区浅层特超稠油油田，发现至今已沉睡十年。新春人尝试过多重开发方式，阿拉德油田仍处于试采阶段，成为久攻不下的“高地”，就像一个做了十年的梦。何时能够实现效益开发呢？胜利新春人历来坚信：只有找不到的油，没有采不出的油。

2012 年 10 月，胜利油田第一个 SAGD 试验井组——哈浅 SAGD11 井和哈浅 SAGD12 井成功完钻。

新春公司在阿拉德油田探索应用直井 + 水平井高压大排量整体吞吐预热 + 驱泄组合开发（SAGD），改善渗流能力，提高动用程度。

2014 年，阿拉德油田完钻 3 口评价井，哈浅 22-1 井、哈浅 22-2 井蒸汽吞吐后获低产。哈浅 22—平 1 井生产 29 天，周期产油 202 吨。

2017 年，针对阿拉德油田极强水敏、特超稠油难动用问题，新春公司技术人员提出以"排"代"防"总体思路，放弃"防膨"用"排砂"代之，用水力喷射泵替代有杆泵，辅助以注蒸汽、稀油降黏、氮气隔热、注采一体化等技术手段，密切跟踪分析优化，试采效果得到明显改善。共计实施水力喷射泵 8 口，累计产油 6000 吨。

"80 后"研究生杨再广入疆工作，在试采井哈浅 22-1 驻井两年，与石头和风沙相伴，研究新工艺。高进峰租住在乌尔禾一位村长家，见证了哈深斜 1 井、哈浅 22 井、哈浅 22—平 1 井的诞生。

春回大地，冻土融化，万物复苏。

中国石化集团有限公司提出了胜利西部"十四五"新的任务目标，胜利西部呈现持续稳定发展的良好局面。新春公司把增储上产的希望寄托在阿拉德油田，寻找一条光明大道迫在眉睫。

阿拉德油田现有试采评价井 11 口，目前处于效益开发探索阶段，年代地层属于侏罗系和白垩系，油藏的特殊性导致开发难度极大，没有现成的技术可用，不确定性太多，攻关项目组只能摸着石头过河。

2021 年 6 月，阿拉德油田上报控制含油面积 11.55 平方千米，控制地质储量 2592 万吨，石油技术可采储量 518 万吨。

2021 年底，新春公司成立春晖阿拉德攻关项目组，马维强揭榜挂帅担任组长。

2022 年 3 月，春晖阿拉德攻关项目组转为采油管理四区运行，马维强担任经理。采油管理四区处于偏远之地，施工成本高，他们要解决的问题太多，学热能专业的孙海涛苦心攻关热采难题。

李琰担任采油管理四区党支部书记，他提出安保维稳、疫情防控依托乌尔禾乡的做法被新春公司采纳，四区员工得以把大部分精力放在生产上。

新春公司部署的阿拉德油田产能建设方案将于2022年11月实施。超稠油和水敏性的阿拉德油田面临世界性开发难题，怎么把油采出来是一道必须闯过去的坎。

付玮在采油管理四区技术室负责开发工作。在阿拉德油田，井口测量的含水、温度等数据与井下情况有差异，他们每天早晨向公司汇报新井数据，如果长途送检会耽误决策。付玮和同事在前线组建了一个简易的化验室，按生产需求加密取样化验，为保证第一手资料的准确性而忙碌。

付玮介绍，阿拉德油田从西南到东北分布着哈浅20、哈浅21、哈浅22、哈浅23等井区，哈浅20井区属于水敏油藏；哈浅21井区属于速敏油藏；哈浅22井区属于极强水敏；哈浅23井区的年代地层属于白垩系，采出的原油胶质和沥青质含量很高，在常温环境下凝固就像一块“板砖”，能按出手印。

阿拉德攻关团队的选择是不再防砂，因为根本防不住，还影响开采工艺发挥作用，改用水利排砂泵，能解决供液差的难题。适用于春风油田的“HDNS”技术并不适合阿拉德油田，攻关团队通过调研探索改进了采油工艺，2022年5月开始创新使用“HDCS”（水平井、降黏剂、二氧化碳、蒸汽）技术，攻关团队与工程技术研究院和高校合作评价了13种药剂，室内效果较好，期待现场评价。

“道固远，笃行可至；事虽巨，坚为必成。”这也是付玮激励自己的一句名言。基于十年的地质认识进步及近期探井取心资料显示，付玮对阿拉德油田的未来充满信心，最大的困难在于采油工艺的突破。他们的攻关一旦取得突破，未来发展前景看好。

最近，在新春公司大力支持下，哈浅21—平2井投产，阿拉德油田的产油关见到了突破苗头。

姚春辉是一名“80后”研究生，2013年进疆，2016年主动申请到生产运行部门工作，如今担任采油管理四区生产指挥主任，负责协调联络各部门生产衔接事宜，多年油藏研究经验在阿拉德油田仍有用武之地。

阿拉德油田的开发面临很多新情况，新工艺、新设备，新举措、新难题，一切都是新的。试采攻关工作千头万绪，要忙的事太多，为了不耽误进度，大家把一天的饭简化为了早晚两顿。

哈浅23—平1井即将实施蒸汽吞吐，锅炉搬家工作正在紧张地准备中，找一条合适的进井路把大家难住了。有水渠盖板的路承重不行，山地的路又太软，大家从里往外找，又从外往里找，探了几条路，都不合适，最终还是决定走钻井队伍开出的路，可必经的涵洞又成了拦路虎。涵洞上方是高速公路，运送蒸汽锅炉的拖车卡在了涵洞下方，撒掉轮胎气后仍然过不去，不得不移除锅炉顶层才通过了涵洞。从哈浅21—平2井搬运蒸汽锅炉到哈浅23—平1井费了九牛二虎之力，这是东部搬家没遇到过的事，大家献计献策对锅炉进行了改造，拖车再通过涵洞时，只需放掉轮胎气即可。

蒸汽锅炉到位后，用水又成了难题，当地水质硬度高，寻找新水源又颇费了些周折。投产后，大家发现，因施工方接错电路导致无法给高架罐加温，姚春辉通过设备铭牌查到生产厂家的联系方式，在电话里请教技术人员自行解决了问题。

2022年5月6日，哈浅23—平1井即将实施首轮注汽，李祥金和姚春辉赶往井场，投入连接注汽管线的紧张施工中。一场急雨袭来，大家浑身湿透了。抬眼望去，西北方乌云密布，远处的哈山笼罩在雨雾中。此时，谁也没有察觉，浑浊的山洪正沿着一条古老的河道汹涌而来。

下午6点，洪水流经哈浅23—平1井旁的河道冲向阿拉德油区驻地，浩浩汤汤，势不可挡，唯一的进井路瞬间被洪水冲断。刚回到驻地的李祥金和姚春辉接到现场员工报告，又紧急返回。两人站在河道边，不禁望洪兴叹！谁能料到干旱的戈壁大漠会发洪水？

原来，乌尔禾的戈壁地表胶结致密，哈山的雨水难以渗入地下，汇成洪流，年复一年冲刷出了这条宽阔的季节性河道。好在驻扎在哈浅23—平1井上的注汽队员们有饮食储备，暂时无恙。

第二天洪水过后，采油管理四区抓紧时间修好了被洪水冲毁的进井路，为了确保人和设备的安全，他们暂时停井，紧急撤出了驻井人员，等待洪水消退后恢复生产。

阿拉德油田地层温度低、原油黏度高，需要注蒸汽热采。但该块储层水敏性极强，渗透率、伤害率高达90%，注蒸汽非常容易诱发水敏，进而堵塞近井地带，导致井口温度下降快、产量递减快，周期生产天数短，产油少。

为了攻克开发难关，采油管理四区的 13 名管理人员针对阿拉德油田的油藏温度、地层压力、储层发育特点，苦思冥想开发治理良策。马维强经理带领攻关团队调研了多种开发技术，正在探索打开局面的新路。

他们首先考虑的是二氧化碳辅助 HDNS 吞吐降黏技术，正在哈浅 21—平 2 应用，目前二氧化碳完注，正注蒸汽，期待开井后的效果评价。其原理是：二氧化碳注入地层后，一方面溶于油藏中的原油，原油体积膨胀，提高油层中的孔隙压力，提升地层能量，提高地层原油流动性；另一方面，二氧化碳溶于原油后，借助混相作用，原油黏度降低，增加原油流动性。对阿拉德油田水敏、速敏油藏，二氧化碳辅助 HDNS 吞吐，也可帮助油井改善生产效果。

阿拉德油田油层厚度薄，不能满足双井 SAGD 要求。针对阿拉德油田油藏发育情况，他们调研了新疆油田的单井 SAGD 技术，分析能与阿拉德油田油藏相适应：其原理是采用单井双管方式完井，副管注汽，主管采油，生产过程中只有 1 口井，同时完成蒸汽注入和原油采出，具备双水平井 SAGD “驱”的开发优势，还可以解决储层薄、隔夹层发育、原油黏度高、地层能量弱的油藏问题。

2022 年 6 月，他们调研了双金属锥形智能螺杆泵技术，采油管理四区准备在哈浅 21-1 井上试验应用，其原理是：当遇粒径较大沙粒或地层返吐黏土矿物较多时，通过井口抬升装置智能实现排砂防卡采油。

攻关团队针对阿拉德油田油藏温度低、地层能量弱、原油黏度高的特性，准备试验应用多元热流体技术，其原理是利用高温燃烧器形成高温烟道气，形成多组分、多相态混合流体，氮气、二氧化碳、蒸汽同时注入地层，同时将热降黏、溶解降黏、弹性驱、重力驱作用于油藏，多种作用提高稠油的流动性。

此外，针对原油黏度高造成的周期有效生产时间短的问题，采油管理四区加强了与中国石油大学、西安石油大学、工程研究院等合作力度，拓展降黏剂评价渠道，对 15 种降黏剂完成室内评价，初步优选出 6 种效果较好的降黏剂，现阶段利用含油岩心进行降黏剂洗油二次评价，将根据室内结果加快推进现场应用。

作业技术人员根据生产情况和油井井身结构，通过优化水力泵作业完井管柱方案，解决了打捞固定凡尔球问题，上半年共优化完井管柱方案 2 井次，并改良了水力泵泵筒结构。

目前，阿拉德油田已部署新评价井 9 口，哈浅 21—平 2、哈浅 23—平 1 侧已投产，从第一周期生产效果分析，初期地温场未有效建立，由于原油黏度高，温度的降低造成产液量快速下降，周期有效生产时间短。哈浅 21—平 2 已转第二周期生产，第二周期优化 HDNS 开发方式为 HDCS 开发方式，较第一周期取得明显突破，初期日油 23.2 吨，但受黏温指标影响，目前液量下降较快，后续在保持有效降黏的前提下要加大地层保温效果攻关。

如今，胜利西部探区已上报探明石油地质储量过亿吨。为实现准噶尔盆地快速发展、完成“十四五”规划目标任务，胜利油田抽调勘探开发研究院、石油工程技术研究院、物探研究院骨干力量，组建专家技术攻关团队奔赴西部集中办公，依托“勘探开发一体化”“地质工程一体化”“现场办公一体化”，向破解储量、建产、工程、工艺等阶段性难题发起了新的冲锋。

目前，现河采油厂新疆项目管理中心有 9 人驻扎在阿拉德油田，采油工郑学顺的感受是：没见过这么大的风，没见过这么难管理的井。风沙大的季节，风噬的魔鬼城怪声呼啸，大风携沙子如游蛇般漫过公路，狂风能把车漆磨光，人们无法张嘴说话。

胜利一家人

新疆的准噶尔盆地，埋藏着胜利人的石油梦。

祖国东部的黄河入海口是胜利人工作生活了 60 年的家，祖国西部的准噶尔是胜利人的第二个家。从黄河入海口到准噶尔远隔 3500 多千米，胜利西部将士们习惯了两地倒班值守的工作模式：在东部，以办公室为家；在西部，办公室就是家。大家朝夕相处，在一起的时间比家人还多，彼此之间就像亲密的兄弟和战友，有共同的奋斗目标，工作繁忙却心情愉快。

“新疆是个好地方！”

“可把一家人忙坏了！”

西部将士们常说的这些话语，体现着胜利人对石油事业的由衷热爱，以及彼此间如家人般的亲情。

一年之计在于春。在胜利西部的创业阶段，一个又一个春天的到来，为准噶尔盆地的石油勘探开发注入了希望和活力。胜利油田各专业、各年龄段员工，胸怀“走出胜利、发展胜利”的壮志，加入西部创业大军，在戈壁大漠不辱使命、建功立业。

他们选择西部：第一批走进西部的223物探队队长张光全，如今依然带队在新疆采集地震资料。采油工程师张忠杰是新春公司第78个到西部工作的员工，有事业有兄弟，在试油工艺方面努力作为的他每天过得很充实。新疆勘探项目部吕建波等13人集体决定从局机关转回新春公司工作，找不到油是一辈子的遗憾，多年来的勘探历程使西部石油事业成为他们毕生的追求。关松涛在大学双选会上与油田组织部签订协议，从此成为胜利人。

他们积极向上：刘双全荣获第十六届“胜利油田十大杰出青年”殊荣。工程技术首席专家孙荣华获科技英才奖。李琰调到新春公司党群工作部工作，深入西部采访员工报道过很多感人事迹。高进峰深情地写下一篇充满乐观主义精神的回忆文章《一部艰苦创业史》。韩振华担任综合服务中心书记，这位风趣幽默的“大管家”操心着大家的吃住行、疫情防控、公共安全、健康卫生等，把后勤事务安排得井井有条。兄弟们在他拍摄的照片里悄悄变老，妻子也成了独当一面的女汉子，十几年西部生涯倏忽而过，令他感慨万千。

他们同甘共苦：车坏在途中，钻井工程专家王长军和司机曾背着水在大漠里走了一下午，终于找到了井场。吕建波一行人深入沙漠腹地踏勘，沿着物探队留下的辙印前行，差点在无边无际的沙漠中迷了路。大风来袭，飞沙走石打在车窗上，只有几米的能见度，正在巡线的于福宾和王涛手拉手都几乎站不住。联合站未安装报警系统那年，一身书生气的鲍振兴和梁斌半夜一起翻墙头查岗。

他们携手同行：“90后”“春二代”王卓然的父亲王连学是1996年入疆的新春公司八勇士之一，在父辈影响下成长起来的王卓然担任开发管理部新区副经理，最忙时同时负责8口水平井的卡层工作。采油管理四区综合经营管理室主任杨军入疆工作后，妻子追随而来，他的脸上洋溢着幸福和知足的笑容。王晓明、孙明新刻苦钻研随钻测井技术，与新春人一起成长。

他们勤奋智慧：胜利油田副总地质师为发现春风油田和永进油田稠油油藏立下了汗马功劳。油田安全专家韩文峰陪同中国石化集团公司安全工程研究院专家进疆，建立安全环保 HSSE 体系。新疆勘探开发管理中心成立技术监督中心，张忠杰和同事从无到有逐步建立起完善的流程、制度、标准、规范，为今后的质量管理工作奠定根基。开发管理部的鲍振兴、李小林等人负责建立油藏地质资料、制度、规范。纪检审计部负责人魏立民为新春公司依法合规经营奔忙。集输销油副总师杨玉良负责铁路罐车、地磅计量销油交接工作，他提出的灵活调整销油价格建议被采纳，为油田增加了一个多亿的效益。

他们坚守岗位：张江利从事过生产、经营、综合、政工等岗位工作，住过野营房、平房、楼房，最美好的青春年华奉献给了西部。开发管理部经理梁建军在办公室辟出一个小空间，安置他的行军床。对于这位油田劳模来说，工作就是生活，生活就是工作。由于疫情防控，刘长军驻守小站五个多月没能回家。“拼命三郎”王其玉想家的时候，坐在乌鲁木齐的小黑山头上看过往的飞机，长久的分离是烙在他心底的痛。杨国华被同事称为“杨铁人”，现任新组建的生产保障中心经理，负责新春公司重点工程 7 号燃煤注汽站的地面建设、物资保障等。

他们聚少离多：妻子在视频里告诉杨国华：“你儿子想你了，画个飞机场等你回家呢！”一架飞机在天空滑行，忙碌的杨国华心里涌起一股暖流，7 号燃煤注汽站进入调试阶段，他计划完成任务就回家。综合管理主管师贺彦博的妻子临近预产期，他打算回家前去市场寻宝，给即将出生的二娃留作纪念。胜利西部将士和亲人聚少离多，班子成员之间也聚少离多。直到 2021 年 1 月，新春公司在乌鲁木齐召开职代会时，领导班子成员才聚齐照了一张“全家福”。

他们乐观奉献：从事政工工作的魏立民说自己不知不觉患上了“恐电症”：一怕妻子的唠叨电话，二怕孩子的成绩电话，三怕老人的生病电话。现河采油厂新春项目管理中心经理杨洪元总结，适应西部工作环境、适应长期离家是个痛苦的过程，搬家创业的西部员工至少得过三关：一是心理关；二是亲情关；三是工作关。他们初到西部的普遍状态是：第一个月豪言壮语；第二个月少言寡语；第三个月胡言乱语。尽管都有“恐疆症”，西部有个家却是胜利员工们热爱西部工作的动力。对于他们来说，选择西部就意味着选择奉献，而奉献本身就是担当。因为心齐，工作有干劲儿；因为心近，距离不是问题。

准噶尔的胜利油区涉及新疆生产建设兵团四个师、五个地州（乌鲁木齐、昌吉、塔城、克拉玛依、吐鲁番），新春公司成立了油地工作部，领导班子成员各自认领了一个地区，以便协助油地工作部开展工作。工会主席刘双全认领的是新疆生产建设兵团七师，总会计师卢刚认领的是克拉玛依市。

2020 年初，疫情暴发时，克拉玛依封城。在西部值守的刘双全和马强在大雪中跋涉，带领值班干部摸排西部员工留守情况，为了 1072 位胜利人的平安，他们寻遍了油区的角角落落。这 1072 人涉及胜利油田在西部驻守的多家队伍，每个队伍都发生过许多感人至深的故事。

一天凌晨 3 点多，王国立醒来，下意识地看了看手机，一名员工忽然发来消息：我感觉心脏不舒服……

王国立急忙回复：赶紧去医院！

他开车一路狂奔，从管理一区驻地到克拉玛依市区医院，75 千米路只用了 40 分钟。幸运的是，急诊医生正好是心外科专家，由于手术及时，员工很快转危为安。王国立事后复盘，从员工发病到手术完成仅用了两个多小时。这感人至深的生死营救，体现了西部胜利人之间的兄弟情深。

2020 年 3 月 18 日，新春公司首次组织员工乘坐包机往返克拉玛依、东营两地，以最安全、最快捷的方式有序推进复工复产工作。从送行大巴车启动那一刻起，带队干部就要负起责来。为了应对突发情况，现河采油厂新春项目管理中心安排 3 名干部一同值班。

2020 年 12 月，东营直飞克拉玛依的包机刚到机场，现河采油厂新春项目管理中心的许士波急急忙忙跑向候机大厅，隔着玻璃窗与即将登机返回东营的妻子见了短暂的一面，两人拨通手机互相嘱咐，不禁泪雨沾襟。王国立看到这感人的一幕，举起手机抓拍，这珍贵的瞬间永远留存在大家的记忆里。

2021 年 7 月 17 日，中国石化集团公司“建功准噶尔、助推高质量”主题劳动和技能竞赛推进会在克拉玛依召开，确定了新的奋斗目标。主题劳动和技能竞赛以习近平新时代中国特色社会主义思想为指导，以“建功准噶尔、助推高质量”为主题，瞄准准噶尔盆地重点探区，加快风险探井研究部署节奏，狠抓老区挖潜，精细生产管理，深化科学基础研究，激发广大员工投身勘探开发进攻战的劳动热情，调动员工的创造活力，为建设准噶尔盆地大油气区、推进企业高质量发展、保障国家能源安全做出新贡献。胜利油田提出了较长时间内持续稳产2340万吨、盈亏平衡点2020年降至50美元/桶的目标和打好准噶尔盆地进攻战的部署，这意味着西部已经成为胜利油田重要的增储增产阵地。中国石化集团公司党组和胜利油田党委赋予胜利西部新的使命担当，全面开启了“十四五”规划的宏伟篇章。

新春公司领导班子深度剖析西部开发难题，决心立足大局计深远，齐心协力谋发展。新春公司提出“准西要稳，准北要快，准中要进”的发展方略，一直在努力，一直在上产，一直在走上坡路。

生产运行部似乎有干不完的活儿，生产运行、用水、用电、车辆、应急，调度等业务，从拿到井位坐标到见油，踏勘、环评、征地、钻前、钻井、作业、地面、投产，操心一口新井的诞生，还要操心老井的维护，措施作业、设备检修，督导产能落实进度。

公司通过揭榜挂帅形式寻找解题“高手”，激发人员最大潜能，激励既能单兵作战又能团队协作的员工担当重任，成立了春晖阿拉德攻关项目组、征沙村沙窝地攻关项目组、排601北中提质提效项目组、董家海子提质提效项目组等四个项目组，实现油藏高效开发，向“十四五”增储上产目标发起冲锋。

“十四五”开篇之际，新春公司提出了“一家人、一条心、一起干、一起拼”的融合发展理念，志在团结凝聚胜利西部各方力量，扛稳上产旗、打好进攻战，续写关于胜利的新华章。

2021年8月19日，胜利石油工程公司举行西北工区现场指挥部正式揭牌。作为新春公司最大战略伙伴，胜利石油工程公司与新春公司齐心协力、同心同向，推动资源共享，加快推进石油工程“四提”“五化”，全力保障西部油气勘探开发和增储上产。8月31日，新春公司与现河采油厂就采油管理三区整体承包合作事宜进行了商讨并签约。将采油管理区整体对外承包，不仅是新春公司首次，也是胜利油田一次全新的尝试。

2021年10月，新春公司领导班子连续4天走访11家参建单位，围绕胜利西部一体化运行、地质资料研究、技术工艺攻关等问题进行深入探讨，共同破解勘探开发难题、共同探讨深度合作路径、共商未来合作发展大计，全面加快推进准噶尔盆地增储上产步伐。

勘探开发研究院、石油工程技术研究院、物探研究院、渤海钻井队、经纬公司、现河采油厂、胜利发电厂、胜利运输分公司新疆运输公司……来自胜利油田的众多专业化队伍共同发力，支撑起了胜利西部的一片天。

在西部生产中，胜利运输分公司新疆运输公司克服艰难险阻，发挥着举足轻重的保障作用。

2003 年，董 1 井投产之际，胜利运输分公司专门购进两辆油罐车，运出了胜利西部探区第一车原油。

2012 年底，胜利运输分公司新疆运输公司把 40 多辆车调集到奎屯，全力保障胜利油田在西部的运输业务。胜利西部参战单位集中在 128 团场驻地居住办公，副经理蒋军遭遇了他记忆中最冷的一个冬天，为了保障顺利完成单井拉油任务，他和同事整夜不眠，每隔 2 小时发动一次车。

安全是头等大事，胜利运输分公司新疆运输公司实行严谨的高标准军事化专业管理，融合东部经验和西部特点，使队伍颇具凝聚力和战斗力，成为地方运输公司学习的标杆儿。每天早晨，李善伟、温金勇、蒋军、刘耀泽等领导班子成员为出车司机送行，温暖的嘱咐让人心里踏实。每天中午，领导班子雷打不动地聚在视频监控器前查看行车情况，通过对讲机提醒司机打起精神来，严格遵守危化品车限速的行业标准。每天傍晚，新疆运输公司东、西部负责人准时连线交流汇报生产运行动态。无论多晚，值班干部都要等所有司机归队，把运行情况报到工作群里，一天的工作才算圆满结束。

2020 年初，疫情暴发，运输车队的困难时期到来，新春公司帮助新疆运输公司协调解决各种难题，两家单位齐心协力共渡难关。为了保障生产，他们奋战了一天一夜，把办公驻地从独山子搬到奎屯，20 个司机和押运员住在了大会议室里。

2020 年夏天，新疆出台了严格的防控措施。由于防疫，运输渠道受阻，排 10 西区块生产的原油无法运出。王其玉和王召伟步行七千米走进市里，向地方政府申明油井关停将给国家造成的巨大损失，终于取得理解特批通行。副经理蒋军连夜赶到采油管理一区开会，商议车辆信息、人员报备、通过时间、检查站沟通等方方面面的细节，保障通行顺畅。从新春公司运送原油到克拉玛依石化公司，只要过检查站就必须验血查核酸，一周下来，司机们满手针眼儿，以常人难以想象的毅力坚守运输线。

2020 年底，正在准噶尔东南的阜康施工的塔里木钻井队需要柴油，疫情使跨地区运输阻断，其他供应商拒绝运送，胜利运输分公司新疆运输公司接过任务，蒋军和刘耀泽想出“运输接力”的办法，车到检查点换当地司机继续开，顺利完成了任务。

2022 年 4 月，车队附近地方发现密接者。晚 10 点接到通知后，值班干部紧急把 55 台油罐车开出大院，大家都住在了车上。他们深知，一旦被封控，原油无法按时运输，后果不堪设想。万幸的是，当晚 12 点，社区贴封条时，人和车都已安置妥当。胜利运输分公司新疆运输公司领导班子分头行动，温金勇和刘耀泽坐镇前线指挥，李善伟和蒋军处理后勤事务。

疫情封控时期，人们惊讶地发现，从奎屯到克拉玛依的路上只有胜利的车在跑，疫情中的奎克国道宛如一条“胜利路”。

2022 年的春天回到准噶尔的时候，胜利油田新春公司的 1168 口油井与梭梭、红柳相伴，俯仰生姿、浅吟低唱。

抚今追昔，为油而战的胜利人在辽阔的准噶尔盆地南征北战、建功立业，不畏严寒、不惧酷暑，书写下一部可歌可泣的西部石油史、一部波澜壮阔的创业史、一部激情飞扬的奋斗史、一部日新月异的发展史。

春去春又回，胜利西部的新发展蓝图已绘就，胜利人将继续坚守“为国献油”的理想信念扎根西部，在大漠戈壁砥砺奋进，在极其艰苦的环境中为油而战，开辟新油田、播种新希望。

岁月勋章

“月亮你别再柔情似水，我的朋友你别多愁善感！昨天已经过去，所有的伤心和烦恼已离去，你要相信明天的天空会更蔚蓝。不知不觉地天就亮起来，我们唱睡了黑夜唱睡了星辰……”

经纬公司录井工程师赵彦武坐在戈壁滩一棵红柳旁，再次拨响心爱的吉他，弹唱这首《别知己》，往事如风般流淌在心头。

冬季的准噶尔天天下雪，或细如牛毛或大如鹅毛，一个冬天见不着太阳，就连心里的天空也变得灰蒙蒙。在新疆过冬，让担任副队长的付波对冷心生恐惧，他见过极寒天气里铁锤冻裂的情景。

2002 年底，征 1 井开钻，这是 30508 钻井队在西部打的第一口“争气井”。

一个寒冷的夜里，值夜班的付波从野营房窗户朝外看去，一个黑影钻进了柴油机房。过了一会儿，黑影哆哆嗦嗦钻了出来，付波招呼同事把他扶进屋里取暖。原来是一位当地人，戈壁大漠里没有手机信号，他的车陷在大雪里，钻井队高高的探照灯成了黑暗中最亮的灯塔。

没有谁数得清，胜利人在西部走过多少路，吃过多少苦，流过多少汗，有过多少热爱和思念。在戈壁大漠锻炼成长起来的胜利人具备了超强的作战能力，成为西部建设的中坚力量。哪里需要去哪里，最忙时，新疆钻井分公司有九支井队在西部施工。那时候，只要做好冬防保温工作，大型钻机不冬休。

新井一旦开钻，即使零下 40 多摄氏度，钻工们也要坚持完成施工。一位钻工带着满身寒气跑进野营房，脱下鞋光脚踩在了暖气片上，肢体麻木得都感觉不到烫了。付波很心疼，把站井口时间改成半小时换一次岗。

年轻人总想出远门见世面，付波走上工作岗位第一天起就接纳了钻井职业的特殊性。只有亲身经历，才能深刻理解什么是石油精神。付波相信，整个团队心往一块儿想、劲儿往一块儿使，就没有干不好的活儿。

尽管体味过极度的冷和热，付波仍然由衷地感叹：新疆是个好地方！在准噶尔打过很多井的付波喜欢上了摄影，记录工友在井上奋战的瞬间，记录戈壁和大漠的四季变换。他们善于苦中求乐，愿意发现美，把枯燥的日子过得有意义。

俗话说，家和万事兴。那时，他们靠一台信号扩大器接打家人电话，付波关注着员工们的喜怒哀乐，把自己的手机号告诉员工家属，希望第一时间为他们排忧解难。其实，他最发怵接到家中来电，得知父亲生病的那段日子，泪水在眼眶里打转，付波悄悄期盼施工顺利，能早日回家床前尽孝。

2011 年，西部勘探蒸蒸日上，新井的钻探任务繁忙，胜利工程公司新疆钻井分公司副经理付波又带着队伍回到了准噶尔。

2021 年，永进示范区钻井施工繁忙，在戈壁大漠工作多年的付波带队驻扎在新湖农场，野营房围成的院子灯光通明，有了相对固定的住处，心也安稳了很多。

2022 年 2 月，渤海钻井队进驻准噶尔，为尽早开钻做准备。连下了六场大雪，戈壁滩铺上厚厚的白毯子。深沉的夜色里，脚下的大地在钻机轰鸣声中震动，新的春天就要到来。

在一望无际的准噶尔，胜利人的红工衣格外醒目。

钻井人去哪里，录井人就去哪里。最忙时，胜利录井公司有 20 支录井队伍在新疆施工。地质录井被称为钻井的眼睛、安全钻井的参谋，是发现、评估油气藏最及时、最直接的手段。通过综合录井仪实时采集计算钻井工程、地层压力数据，为井控提供技术支持，安全高效地完成施工。

地质录井工作的难点是：人在地上，油在地下。技术人员必须依靠丰富的实践经验、扎实的地层对比技术，实时观察返到井口的岩屑，迅速分析来自什么地质年代，判断属于哪种岩石类型。

何标儒负责新疆录井部北疆的生产运行、人员管理、技术管理工作，他形容自己是“从开钻到完钻，围着井口转。”

2011 年 9 月，何标儒进疆工作后经历的第一口井是滚动评价井排 601-23。

秋天的阳光依然猛烈，站在井口的何标儒看了看刚取出的岩心，随即判断钻到了石炭系。正在后方看录井剖面的师傅胡新泉感觉不对，跑到井口观察岩心，认为还没到石炭系，就把岩样送到乌鲁木齐去鉴定了。晚上，师傅通知他赶紧把层位改为了侏罗系。第二天一早，新春公司领导打来电话问何标儒：你这口井咋干的？怎么越钻越浅？马上写质量分析报告！

因为缺乏实践经验、对年代地层分析不准确，何标儒差点到新春公司的大会上作检讨。在师傅的指导下，这口井的取心卡层最终实现了“穿鞋戴帽”，意思是取到了油层底部和顶部的岩心，录井十分成功。

对于地质工作者来说，要想不出错，就得长期历练。半年后，何标儒就熟练地掌握了技术要点，这得益于他有位严厉的师傅。何标儒在井口忙碌，师傅胡新泉在后方跟踪，分析录井剖面，结合地震资料判断层位。何标儒在哪个环节犯错误，师傅胡新泉都一目了然。一旦出错，师傅准得呼哧呼哧跑到井场，一脚踹到他腿肚子上，一边训斥一边讲解：你自己去看看我说的对不对！

听了师傅胡新泉的分析，何标儒再看岩心时顿悟，师傅说的确实对！严师出高徒，何标儒的业务能力越来越强，单位把许多重要的录井施工任务放心地交给了他。

2012 年 5 月，胡杨林里的哈浅 1-1 井密闭保型钻井取心 59 米。

2013 年 4 月，苏 2 井连续两天两夜取心 125 颗，创造了新春公司井壁取心的新纪录，至今未被超越。

2015 年 7 月，古尔班通古特沙漠里的准北 1 井钻深 4350 米，通过地质录井发现了白碱滩气层。

2016 年 6 月至 2017 年 10 月，胜利钻井公司在哈山 101 井首次采用空气钻井新工艺，钻进速度提高到了每天 100 多米，加速实现了佳木河组的勘探突破，喜获工业油流。因井下返出的岩屑呈粉末状，肉眼无法识别岩性，录井技术人员提出应用自然伽马加元素的技术分析手段，录井剖面符合率高达 98.6%。在 2790 多米钻遇裂缝发育带，油气显示活跃并发生了井下燃爆，改用常规钻井后阻力重重，这口井简直成了各种钻头的实验基地，进度非常慢，经过一番较量，最终完成了 4250 米的钻录任务。

近年来，为了摸排阿拉德、车排子两个区块的剩余油潜力，以低成本获得高效益，新春公司引进了浅孔取心项目。该技术是提高薄浅层超稠油开发效益的重要举措，从钻探实践看，地质浅孔取心在新区油砂体探边、落实油水边界，以及老区剩余油监测等方面取得好效果，加快对储层的认识，缩短评价周期，降低开发风险。

2020 年，新春公司实施 32 口井地质浅孔取心，何标儒负责浅孔取心项目的对接工作。

2021 年，新春公司依据哈浅 21—浅 2 浅孔取心部署了哈浅 21—平 2 井；2022 年，新春公司根据哈浅 23—浅 10 浅孔取心部署了哈浅 23—平 1 井。两口井均获得工业油流，为阿拉德区块下一步开发奠定了资料基础。永进 1-1、永进 1-3、永进 15、永进 3—斜 17 等 4 口井的取心卡层全部实现“穿鞋戴帽”。还有山古 1、哈山 101、哈山 1 等井。回望这些战绩，胡新泉欣慰地对何标儒说：你现在也算是出了半个徒了！

2022 年，在新春公司领导的竭力挽留下，即将退二线的胡新泉决定发挥余热继续工作，他的敬业和专业影响了许多年轻人，教出来的徒弟个个优秀。

在何标儒心目中，胡新泉是如此神奇的存在：南北疆加起来也仅是知识渊博的师傅对地质认识的冰山一角。几年前，曾在宁夏参与录井的何标儒接到师傅的电话指示：下一步该怎么干，注意哪个位置……果然，师傅的预测应验。在青海录井时，何标儒发现师傅指导他定的深度与实际层位竟然毫厘不差。3000 米深的井，师傅的判断能精确到 1 米，这让何标儒佩服得五体投地。

赴青海施工途中，汽车颠簸一路，师徒二人谈天说地。站在大金山海拔 3499 米的高地，胡新泉忽然问：将来有什么打算？

何标儒反问：您是指什么？

师傅又问：好歹是个大学生，不想往前走一步？

徒弟直白回答：我想成为跟您一样的人！

师傅又训了他一顿：不能像我一样，你得进步！

徒弟：技术上的进步也是进步……

师傅：你要这么说也没啥问题。

眼看同学同乡升迁，何标儒内心有了波动，胡新泉察觉后择机向有关部门推荐了他。

以前，何标儒确实产生过离开西部的念头。

2011 年 8 月到 2012 年 1 月，在西部施工的录井队伍换了九支，工作连轴转的何标儒已半年没回家。母亲看见视频里的儿子黑瘦了很多，心疼地说：不顺心就回家吧。关掉视频，何标儒蹲在 227 国道路口牌子后面大哭起来！有道是男儿有泪不轻弹！许多分到胜利油田工作的同学辞职离开了，因为家境困难，曾考上过研究生、公务员的何标儒依然选择了这份工作。那年的车排子油区一片荒凉，甚至找不到一个说话的人，从来没有吃过这么多苦的他在泪水里尽情释放积压了半年的委屈。把家庭重担扛在肩上的何标儒要牢牢端住的不仅是自己的饭碗，更是国家的能源饭碗。日复一日，一颗躁动的心在单一纯粹的工作环境里慢慢安静下来，自我认知也越来越清晰：谁不是在苦中过来的？其实他内心里最热爱的还是地质录井工作。

2015 年 3 月，录井公司调何标儒回到基地研究所工作，热爱钻研的他很高兴，决心在新岗位上做出一番成绩来。6 月，胜利西部上产高峰期到来，领导又找何标儒做思想工作，动员他再回西部去。何标儒很不情愿，组织部门干脆一纸调令把他调回了西部。何标儒不禁思考一道人生命题：这说明新疆大地把自己沉淀得还不够？回炉锻造也好！如果摆脱不了现场，不如亲近现场、热爱现场。

师傅的言传身教，让何标儒备受感动。

脾气倔强的胡新泉说，他手里只有拿着图和沙子，心里才踏实！多年前他辞掉管理工作，专心从事地质录井工作。别人的包里装着电脑笔记本，师傅的包里装着沙子，电脑桌面上是地震资料图，办公桌下存放着一堆堆沙子。

何标儒理解不了：天天对着看，能看出啥来？

师傅只回了一句话：你不懂，你需要继续提高你的认识。

俗话说“上天容易遁地难”，地质专业是最难的一个专业。如今，何标儒的办公桌底下也存放着沙子，就像师傅当年那样，反复观摩这些来自地下的沙子是形成经验认识的好办法，对地质录井工作的热爱促使他不厌其烦沉浸其中：永进油田的年代地层属于侏罗系，车排子油田的年代地层属于新近系沙湾组，浅井油层基本属于白垩系的河道砂或侏罗系的砂砾岩。

党员绝不能拖后腿，单位需要就顶上，这是师傅们的一贯作风。58 岁的赵彦武师傅年初进疆施工，年中回家后仅休息两天就上了井。他说：老党员嘛，不走在前面走在哪里？

今年，胜利西部的生产任务十分繁重，想孩子的何标儒已五个月没回家了。别的小朋友画的是父子俩大手牵小手，儿子画的却是手机，手机里的人就是爸爸。最近，6 岁的儿子在视频里问他：为什么人家的爸爸天天在家？为什么爸爸回来时我不知道，走时我也不知道？

何标儒耳濡目染，不知不觉做派越来越像老师傅们。自从跟着师傅的脚步来到胜利西部油区，何标儒经历了种种考验，在工作中懂得工作，在生活中懂得生活，曾经迷茫的他忽然通透了许多。新疆的戈壁大漠如此广袤，足以让人胸怀开阔，何标儒的心中飞着一只不畏风霜、志向高远的鹰。历经十年磨炼，他的人生价值，在如火如荼的石油事业中升华。

2021 年，七一党代会召开前夕，录井公司选树“十大岗位明星”，领导看见何标儒的照片很不满意：怎么又黑又胖？这能展示我们录井人的风采吗？重新照！

在胜利西部成长成熟起来的何标儒，立过油田三等功，获过胜利工程希望奖，当选过经纬公司先进，黝黑的脸颊有两团无法消除的高原红，那是十年峥嵘岁月颁发给他的永久勋章。

宣传干事拿出看家本领，用PS软件把照片里的何标儒美颜成了一位白面书生，做成海报挂在公司墙上。何标儒瞧见海报上的自己很满意：嗯，挺帅，真像学生时代的我！

回公司休整的何标儒向新任书记汇报工作。书记十分惊奇：你叫何标儒？跟照片上不一样啊，完全不是一个人！何标儒不好意思地答：照片美颜了。书记哭笑不得：以后不准弄虚作假！

“听闻远方有你，动身跋涉千里，追逐沿途的风景，还带着你的呼吸。真的难以忘记，关于你的消息，陪你走过南北东西，相随永无别离。我从来不曾歇息，像风走了万里不问归期，我吹过你吹过的风，这算不算相拥？我走过你走过的路，这算不算相逢？”

在准噶尔的戈壁大漠，身着红工衣的汉子铿锵的歌声被风吹远，胜利人的西部故事仍在风中流传……

新春啊，新春

马祥民

必须以黄河的名义，从黄河入海的地方出发，携大洋的潮汐、大海的深情，沿着黄河的足迹，逆流而上至黄河源头。然后，一路向北，越莽莽昆仑、翻巍巍天山，去寻找一个魂牵梦萦的盆地。

盆地里有一群来自胜利油田的男人和女人，用忠诚、担当和作为，还有热血、汗水和生命，尽情地书写关于共和国和石油、关于油田和新疆、关于个人和盆地的历史。

一本生命的大书，一块灵魂的高地，一座胜利的丰碑，由此诞生。

准噶尔盆地地处新疆北部，是我国第二大盆地，位于阿尔泰山与天山之间，西侧为山地，东侧是北塔山麓。盆地呈不规则三角形，地势向西倾斜，北部略高于南部。盆地内的古尔班通古特沙漠是中国第二大沙漠。盆地西侧有几处缺口，大西洋暖湿气流可从山谷进入盆地，为盆地带来降水。

准噶尔盆地除了有大面积的沙漠、戈壁外，四周还有星罗棋布的绿洲和胡杨林，还有“魔鬼城”、五彩滩等著名景观，让人叹为观止。

对石油人来说，石油和天然气是最具吸引力的。准噶尔盆地丰富的油气资源，深深吸引着东部的胜利人。他们告别妻儿，告别爹娘，告别渤海，告别黄河、泰山，还有舒适的环境、熟悉的生活，义无反顾地来到这里。做出这种决策，不仅是一种选择，更是一份沉甸甸的责任。

“万里赴戎机，关山度若飞。”胜利人的到来，打破了往日的沉静，在一望无际的大漠戈壁，刮起了一股“胜利旋风”，搅得“周天寒彻”。

胜利人进军新疆，是从20世纪90年代初开始的，最早进入的是塔里木钻井市场。1995年，胜利油田在塔里木盆地的和田地区登记了3万平方千米探矿权面积。1996年4月29日，胜利油田成立了“塔里木和田勘探项目部”，标志着新春公司的诞生，拉开了胜利人在新疆找油的序幕。

从1996年到2003年，历经8年奋战，胜利人像当代“愚公”一样，终于感动了上帝。

2003年，董1井获重大突破，结束了“只见发现不见油”的历史。

2004年，永1井获重大突破，发现了储量规模超亿吨的永进油田。

2005年，排2井的发现具有里程碑意义，催生了春光油田，胜利油田第一次在西部找到经济可采储量。

2009年，中国石化集团公司对西部探区做出重大战略调整。天山以南的勘探区域整体划归西北石油局；春光油田划归河南油田；天山以北，准噶尔盆地的勘探区域整体划归胜利油田。或许，这又是一次天降大任于斯人。

经过不懈努力，胜利人在西部先后发现了春光、永进、春风、春晖、阿拉德、征沙村等6个油田。

凭着一腔热血，一片赤诚，胜利人在西部上演了一幕幕惊天地、泣鬼神，感人肺腑、催人泪下的活剧。

别样新春

加上今年，我是第二次到新春公司采风了，每一次都让人心潮澎湃，热血沸腾，还有意犹未尽、恋恋不舍。第一次待的时间很短暂，印象却非常深刻。

2021年，在草长莺飞的季节，我陪三名文友踏上了去新春公司采风的漫漫长路。新春公司地处天山以北的准噶尔盆地，是胜利油田最边远的一个油公司。

一般来说，但凡盛产石油的地方，地表特征都比较荒凉，或盐碱或荒滩或沙漠或戈壁；其植物也趋同，或红柳或芦苇或碱蓬；其气候也相似，或干旱或大风或扬沙或狂风暴雨或大热大冷。

在准噶尔盆地，让我难以释怀的不仅有天山、大漠、戈壁，还有那树、那草，更有那一群人。

面对烈日烘烤，大风摧残，沙暴蹂躏，砂石煎烫，准噶尔盆地的树咬紧牙关，可着劲往高里生长，渐渐地就有了天山的气质、勇士的形象。

准噶尔盆地的草也不容易，当其还在泥土中瑟瑟发抖的时候，北疆的夏天就已经来了。当它们咬紧牙关，使足力气，急火火地从地下拱出来的时候，夏天已来了许多时日，甚至等得有些不耐烦了。而秋天的到来，对草来说，则预示着生命的终结。

正是因为这个缘故，它们一拱出地面，不等叶子长全长大，不等身子骨长硬长壮，就迫不及待地开花、结果、产籽。还要经受来自大自然的重重磨难，还有牛羊啃食、人类践踏。

对准噶尔盆地的草来说，一年四季属于它们的似乎只有不完整的夏和秋。在短暂而又残缺的夏秋季节，西部的草活得充实而热烈，勇敢而坚强。应该说，它们也是新疆的化身、新疆的精神、新疆的品格。

有人说，这是草木天性。但在它们身上又隐含着些许人性或人生的启迪。

也许是命运安排，也许前世有缘，但更多的是责任驱使，胜利人肩负着“我为祖国献石油”的神圣使命，从黄河尾闾、渤海之滨，跨千山，过万水，一路坎坷，一路奔波，来到了共和国广袤辽阔的准噶尔盆地。

追逐着石油的足迹，穿行于戈壁、大漠，跋涉于山巅或沟壑，呕心沥血研究勘探开发方案，精益求精组织实施每项工程，倾注真情呵护每一口油井，像准噶尔盆地的树和草一样，默默付出，默默奉献。

2005 年，胜利人在新疆准噶尔盆地车排子地区部署钻探的排 2 井，在新近系沙湾组 1013.4 ~ 1017.3 米井段完钻测试，获日产 49.6 吨高产工业油流，预示着一个新油田的发现。

胜利人把这个在准噶尔盆地首次发现并投入开发的油田命名为“春光油田”。这个命名，既有把石油的春天带入新疆、带入大漠戈壁的寓意，也是对“春风不度玉门关”的颠覆。

春光油田埋藏浅、油质好、产量高、经济效益好，是名副其实的“金娃娃”，而且上产势头猛、潜力大，2009 年春光油田建成年产 50 万吨生产能力。

2009 年 11 月 1 日，中国石化集团公司宣布，整合西部勘探资源，让胜利油田交出炙手可热的“春光油田”。同时，将中国石化集团公司在新疆准噶尔盆地及青海、甘肃、宁夏、内蒙古等地区 13 万平方千米的勘探区域全部交给胜利油田。

2010 年，是胜利人接手西部探区后的开局之年。为了不辱使命、不负厚望，胜利人殚精竭虑，苦心经营，顶着压力，冒着风险，果断决策，大胆探索。当年部署探井 13 口，完钻 9 口，8 口见到油气层，这是非常了不起的业绩。

胜利人用忠诚和信仰、责任和担当、技术和创新，还有智慧、心血和汗水，创造了中石油、中国石化西部勘探找油历史上的新高。同时，在春光油田外围，发现了春风油田。当年规划、当年开发、当年建设，年产油 5.5 万吨。

因为高寒，一到冬天，新疆准噶尔盆地所有的油田就会封井停产。这不仅是个惯例，也是一条不成文的规定。

由于新疆冬季时间长，一年之中，大把大把的时间就这样白白“停掉”了。时间就是生命，时间就是原油，时间就是效益。为国产油是石油人的天职，以“闻油则喜，为油而战”著称的胜利人心中的那个急、那个痛，无以言表。

为了多产原油，多做贡献，他们不顾个人得失、荣辱，不怕失败，敢冒风险，决心做“第一个吃螃蟹的人”，率先向“北疆油田冬季不能正常生产”的“禁区”发起挑战。

注蒸汽是稠油开采和保持冬季正常生产的关键。在临时搭建的注汽锅炉房里，从内到外挂满了一串串冰溜子。冰溜子在阳光或灯光的照耀下闪闪发光，熠熠生辉。在这里工作，就像掉进了冰窟或进入了一个冰的世界，寒冷和艰难不言而喻。

寒冷的冬季，管线冻裂在所难免。高温高压下的蒸汽从裂缝处喷涌出来，势头异常猛烈。一遇冷空气，立马没了脾气，瞬间变成了一朵朵喷薄而出和纷纷飘落的雪花。远远看去，就像一棵冰刻雪雕的玉树。

那次管线抢修，连续进行了三天。第一天，冻得脚腕疼；第二天，冻得膝盖疼；第三天，冻得腰疼。如果不是亲临现场，无论如何体会不到这种感受。

为确保冬季生产正常运行，且不说白天的岗位操作人员，光是每天夜里，新春公司干部带班巡查就有四次之多。在全体员工的共同努力下，“北疆油田冬季不能正常生产”的惯例，终结成历史。

万事开头难，毕竟是“开天辟地第一次”，压力和风险非常大，一天到晚，提心吊胆，老害怕出事。每天就像坐在火山口一样，连觉都睡不安稳。……新春公司的干部、员工，对那段经历至今记忆犹新。

依托春光油田的班底，胜利油田于 2011 年 11 月组建了新春采油厂（新春公司的前身）。新春采油厂的成立，使春风油田开发步入了快车道。

2011 年产油 18.1 万吨，2012 年产油 37 万吨，2013 年产油 65 万吨，2014 年产油 87 万吨，2015 年产油 100 万吨，从此步入百万吨油公司行列，2020 年，新春公司的原油产量达到 120 万吨。

随着产量的不断增长，新春公司在胜利油田乃至整个中国石化上游板块的分量越来越重。如今的新春公司正以崭新的姿态，向着“十四五”的奋斗目标砥砺前行。

一颗赤子心，一片家国情，新春公司以油报国的豪气，像准噶尔盆地大漠中升腾的热浪，浩浩荡荡，连绵不绝，飞越大漠，漫过天山。

特别巡逻队

征 1-1 井站坐落在准噶尔盆地沙漠边缘。

一座座沙丘，一道道沙梁，包粽子一样把征 1-1 井站裹了个严严实实，好像不这样，它就会溜走甚至消失得无影无踪。

沙丘和沙梁上，长着梭梭和一些叫不上名字的草。虽然已是“最美不过四月天”，但那些草依然干枯得像失去了生命，或立或卧，在寒风中瑟瑟发抖。

“同是天涯沦落人，相逢何必曾相识。”能在这样的环境中生存，足以证明它们的坚强。对此，新春公司员工感同身受。

紧靠征 1-1 井站有一口油井，叫征 1-1 井。征 1-1 井站的名字就是由此而来。

征 1-1 井站是用列车房拼接而成的，设施一应俱全。有会议室、伙房、食堂、储藏室、卫生间、洗澡间、宿舍等。如果把房间都利用起来，住上 20 来人应该没有问题。小到锅碗瓢盆，大到洗衣机、空调、电暖器，还有干活用的工具，“麻雀虽小，五脏俱全”。与别的井站相比，征 1-1 井站宽敞得有些奢侈。

井站上有两个人，一个叫刘长军，一个叫牛建强。刘长军，生于 1970 年，牛建强，生于1976年。刘长军来站上，已是第三个年头。牛建强还不到一年。来新疆之前，他们都在胜利油田现河采油厂工作，但两人并不认识。牛建强高高瘦瘦的，少言寡语，性格比较内向；刘长军比牛建强矮半头，身体比较壮实，性格开朗，比较健谈。

在准噶尔盆地，不管是物探、钻井、测井、录井、油建，还是修井、作业等施工队伍，有一个非常普遍的现象就是养狗。这一现象既不是明文规定，也不是约定成俗，更不是“潜规则”，而是出于人的本性或本能。用心理学的观点来看，在潜意识中，或许每个人都有对孤独与生俱来的恐惧。

除刘长军、牛建强两个人外，征1-1井站还有四条狗、两只猫。两条大狗是夫妻，两条小狗是兄妹。井站周围老鼠很多，要不是那两只猫，真不知那些鼠辈会猖獗到什么程度。

狗是忠诚的化身，看家护院是其本分。看到陌生人，理应大呼小叫，甚至扑上来撕咬。但是，在征1-1井站却是另一种情况。当狗看到我们这些生人时，就像见到了久别的亲人，表现得比主人还热情，尾巴摇得像拨浪鼓，还不断伸直前腿给我们作揖。

两只小狗一个劲往身上扑，舔我们的手，扯我们的裤脚，那个亲热劲让人感动。连我这个平时不喜欢狗的人，也不由自主地伸手抚摸它们。

刘长军、牛建强告诉我们，征1-1井站的狗，不是他们喂养的，而是救助的流浪狗。

从胜利油田来准噶尔盆地的施工队伍，无论时间长短，干完活就得回撤，或迁到下一个施工地点。人和设备还好说，狗却没法带。送又送不出，赶也赶不走，万般无奈，只好放归自然，任其自生自灭。

狗是有灵性的，施工队回撤，对狗来说无异于生离死别。在施工队撤离前，就像已经提前知道一样，表现很乖，经常蹲在那里，眼泪汪汪地看着队上的每个人，一副恋恋不舍的样子，让人心生不忍。看到那个屋门开着，就赶紧钻进去，使劲向人讨好，好像祈求不要让它们离开或扔下不管。

搬家那天，它们更是像疯了一样围着搬家车一圈圈转，不时发出“呜呜”的声音，表达不满和留恋；或者干脆趴在搬家车头里，不让车开走。看到拦不住，就跟着搬家车死命追。

坚硬的柏油路，把狗的爪子磨出了血，那一串串血迹，就像盛开的格桑花。累得实在跑不动了，才站在路边的沙丘上，朝着汽车驶离的方向使劲眺望。看到汽车没了踪影，撕心裂肺发一声凄厉的叫喊，悻悻而回。

经历了这些变故，狗就长了见识，重新回到原来的地方，耐心等待下一拨石油工人到来。只要看到穿红工衣的人，就不管不顾地跑过去，人走到哪里就跟到哪里，怎么赶也不走，过不了几天，就会被收留。当然也有没这么幸运的，下场非常悲惨。

征 1-1 井站的两条大狗，就是被刘长军、牛建强收养的。被收养之前，它们已流浪很长时间，生命岌岌可危。

井站虽小，活却不少。除了巡井、量油、测气、保养设备、维护井场之外，每天还有一项重要工作就是做饭。两人轮着，一人一天。每周还要去 30 千米以外的管理区拉水和给养。

对他们来说，干活并不可怕，做饭却成了问题。两个大老爷们，平时很少干家务，一进厨房就“头大”，不知道油盐酱醋在什么地方。但到了准噶尔这个偏僻、边远的井站，所有事情必须自己干。

一开始，不是把饭烧煳了，就是做菜盐放多了。时间一长，慢慢有了经验，两人的厨艺有了很大提升。回家休班，还经常在老婆、孩子及家人面前露一手。

征 1-1 井站有 3 口生产井，巡一次井至少一小时。白天还好说，但是到了夜里，茫茫大漠，静若处子，万里无云，碧空如洗，皓月当空，星光闪烁。夜深人静的时候很容易想家，也很容易因为寂静和孤独造成恐慌。

换谁到了这地方，都会感到孤独、无助。越是这样，就会越感到恐惧，毛发直立，手脚发凉，冷汗频出。

越是寂静，越容易闹动静。一只沙鼠的跑动，一只狐狸的出行，一只猫头鹰的鸣叫，还有一阵风刮过，都会使绷紧的神经为之颤动，引起恐慌。如果遇上恶劣天气，境况更加瘆人，甚至可以说是“风声鹤唳，草木皆兵”。

为了职责和使命，还有那份信念和坚守，每次夜间巡井，他们总是结伴而行。同时，还要带上狗。当两个人和四条狗组成的巡逻队，在大漠和夜色中行进时，虽然鲜有人知道，更不可能有人看见，却不影响他们成为一道亮丽风景。

2022 年 6 月 10 日上午，我们又一次来到征 1-1 井站，沙丘和沙梁上已长出顽强的绿，只是早已物是人非。

牛建强已调出现河采油厂新疆项目部。刘长军去了另一个更远更偏僻的沙4-1井，距征1-1井约八九十千米。

两只小狗已不见踪影，两只大狗还在。

功勋井

2004年8月的一天，永1井进行中途测试，7.94毫米油嘴求产，日产油72.07吨，天然气10562立方米。

永1井喜获高产油气流，标志着一个新油田的诞生。因该井所在地附近有个永进大队，这个新发现的油田，就被命名为“永进油田”。永进油田是胜利人在准噶尔盆地发现的第一个亿吨级油田，含油面积134.04平方千米。

永进，永进，永远前进。顾名思义，足见胜利人对其用情之深，寄希望之厚。

继永1井之后，胜利人又先后部署、完钻了永2、永3等6口探井和1口开发评价井——永1—平1井。仅4口井获工业油流，而且非常短命，平均每口井累计产油不到4000吨。

相比之下，永3井比较幸运。该井于2006年7月完钻，日产油25 ~ 34吨，可惜好景不长，因套管发生断裂，被迫关井。企业的根本目的是创造效益，油井的寿命短、产量低，就意味着没效益甚至是亏本，这种事当然不能干。

2009年，随着永1—平1井关井，永进油田被列入“另册”，成了“被爱情遗忘的角落”，一下子被冷落了10年。10年，多么漫长的等待，多么痛苦的煎熬。由于长期未动用，永进油田的控制储量被降为预测储量，储量规模降至5790万吨。

胜利人对石油有着特殊的情感，到手的“猎物”，岂能放弃？到口的“肥肉”，岂能丢掉？无论“骨头”多硬，无论动用起来有多困难，依照胜利人的性格，早晚都要“吃干榨净”。之所以被冷落10年，皆因时机未到。

2015年，胜利油田专门成立攻关项目组，决定在永3井上做文章，想方设法把永3井“救活”。救活的办法就是：从套管断裂处上部实施侧钻，打水平井，让这口井重新“活”起来，把未动用的储量动用起来。并且给这口井重新起了一个名字：永3—侧平1井。

永3—侧平1井，一个多么响亮的名字，永进油田的历史将因它而改写，并将被载入胜利油田西部勘探开发的历史。

油田领导挂帅，组织勘探开发研究院、钻井工艺研究院、石油工程技术研究院、新春公司等单位，对油藏、钻井、工艺等技术难题，齐心合力，集智攻关。明确要求：一定要设计好、打得成、打得好。

胜利油田勘探开发研究院低渗透油田开发研究室专门成立了“永进项目组”，对永进油田开发难题进行重点研究。围绕打直井还是水平井、侧钻井及水平段的方位、长度、储层中的纵向位置等问题，有关部门和单位先后与钻井工程公司等单位结合了不下30多次，汇报、审查不下16次。最终这个项目被作为中国石化重点评价井通过审批。

永进油田油藏埋深6000米左右，地层压力高达100兆帕，地层结构复杂，稳定性差，储层渗透率只有零点几个毫达西，比被称为“磨刀石”的滩坝砂油藏渗透率还低。

关井时间太长，再加上地下情况复杂。原井筒“千疮百孔”，任何一点偏差或小小的事故，都可能导致整个油井报废。风险大，难度大，压力大，可谓前途未卜，“九死一生”。

井足够深，油藏却薄得可怜，只有10米，而且水平井段要从中间穿过，难度可想而知，稍有不慎就可能“失之毫厘，谬以千里”。井身轨迹控制难、目的层“入靶”难、完井难，所有的困难都关系这口井的生死。

“难是肯定的，没有困难要我们干什么？”胜利人坚定地说。

战略上藐视，战术上重视。把困难找准找够，把克服困难的办法和措施找足找全，每一个方案力求“万全之策”，每一道工序争取“万无一失”。胜利人先后克服了许多困难，妥善处理了掉块卡钻、钻头牙轮脱落、井漏等突发性事故，保证了正常施工。

为保障侧钻水平井准确入靶，胜利油田勘探开发研究院“永进项目组”分期分批轮流驻井，随时掌控水平井钻进轨迹，及时调整角度和参数，终于实现“一箭中的”。

“技术难度大，井控风险大，复杂情况多，突发问题多，这是过去从来没经历过的，太不容易了……”新春公司首席专家、现场运行组组长孙荣华不无感慨地说。

这里的每一口井都称得上历尽艰辛。在永3—侧平1井场附近的宣传栏里，有一张《复杂故障统计表》，统计了当年永进油田 9 口井所发生的故障情况，共 39 起。其中，井漏 2 起、卡钻 14 起、溢流 5 起、划眼 9 起、套变 1 起、其他 9 起。每一口井都有故障发生，最少的 2 起，最多的 11 起。

在永进油田打井，一般情况下，轻易不说“不出问题”，更多的是应该思考“可能出现什么问题”或“出了问题怎么办”。这是客观实在，也是经验之谈。

2018 年 12 月 22 日，永 3—侧平 1 井试油，自喷生产，日产油 35 吨。一举打破永进油田的 10 年沉寂，唤醒了一个亿吨级油田。“功勋井”的称谓对永 3—侧平 1 井来说，当之无愧。

打井难，管井也难。井深、超高压、自喷生产，原油中胶质和沥青质含量较高，如不及时发现、及时清理，很容易因井口拥堵导致停产。一旦停产，恢复起来非常困难。

一年四季，不管什么季节，白天黑夜都要定时巡查，测温、量压、录取资料，不能有丝毫懈怠。一旦发现压力升高、生产曲线波动变大的现象，就得赶紧调整节流阀，通过控制液量大小，消除胶质和沥青质聚集现象。

出砂严重，一直是困扰油井生产的难点，甚至可以说防不胜防，一提防砂就让人“头大”。新春公司打破常规，变防砂为排沙，创新发明了清理捕集器。清理捕集器自重 20 ~ 30 斤，再加上里面的沙子，重量不下于 40 ~ 50 斤，井内压力又大，清埋起来很费力。1 ~ 2 天至少清理 1 次，多的时候要清理 4 ~ 5 次。

清理时，先把清理捕集器卸下来，把另一个备用的清理捕集器放进去紧固好，接下来才能干别的工作。活不复杂，必须 2 人配合才能完成。安装也很费劲，特别是紧固时，需要用榔头砸。压力大，风险大，费的力气也大。

2021 年 3 月 25 日，我第一次到永 3—侧平 1 井采访。新春公司副总工程师、管理二区党支部书记智卫东介绍说：目前，该井日产油 30 多吨、天然气 10000 多立方米，自喷生产，已连续生产 500 多天。按照当时价格，一天的产值在 9 万元左右，相当于一个中小企业。

2022 年 6 月 10 日，我又一次来到永 3—侧平 1 井采访，该井依然生产正常。永 3—侧平 1 井的井场很大，虽不是“高大上”，但气派还是有的。高高的储油罐，整洁的拉油台，还有天然气处理装置，像镶嵌在大漠中的宝石。

一排板房是职工宿舍，虽然有些破旧，但设施一应俱全。还有一块菜地，种着茄子、辣椒、黄瓜、韭菜、小白菜等，长势喜人，给这片洪荒之地增添了生命之色。

职工宿舍和菜地旁边，各栽着一排杨树，据说，是当年打井时钻井队栽的。杨树挺胸抬头，并肩而立，像井架一样高耸，像石油一样热烈，像胜利人一样坚强。

它们和永 3—侧平 1 井一起，站成一道风景，立起一座丰碑。

“新春二代”

王卓然的爸爸王连学，是个“老新春”。

早在 1996 年，胜利油田筹建和田项目部（新春公司的前身）时，王连学就是成员之一，可以说是新春公司的创始人，明年就到了退休年龄。

1991 年出生的王卓然，血管里流淌的一半是石油，一半是血液；基因里亦不乏石油的“烙印”。

不知道新疆在哪里，光知道爸爸在新疆工作；不知道新疆有多远，光知道爸爸很长时间才回来一次；不知道爸爸具体干啥工作，光知道爸爸是石油工人；不知道爸爸的工作环境有多艰苦，却知道爸爸每次见他都乐呵呵的，抱着他又亲又啃，还用胡子扎他，给他买好吃好玩的东西。

小小年纪，就经历了聚少离多。儿时的记忆，在王卓然心中挥之不去。从记事起，王卓然就比较喜欢爸爸。每次爸爸回来，就缠着他，听他讲各种各样的故事，知道了天山、胡杨、骆驼、戈壁、大漠、沙漠公路，还有唐僧取经路过的火焰山。

爸爸还给他讲过左宗棠、王震，教他背“大雪满弓刀”“西北望，射天狼”“铁马冰河入梦来”等脍炙人口的诗句。

爸爸讲的有些支离，儿时的记忆有些杂乱，却成了美好记忆。像润物无声的春雨落入心田，在王卓然幼小的心灵里种下了一粒“石油”的种子，散发着石油的芬芳。

稍大一点，他就戴着爸爸的安全帽，趿拉着爸爸的工鞋，穿上爸爸又大又长的工衣，和小伙伴们一起游戏、玩耍。那身肥大的工作服载着他的理想，在风的吹拂下，旗帜般飞舞。

从小学到初中再到高中，学习上王卓然基本不用大人操心。考大学的时候，他几乎想也没想，就直接填报了中国石油大学，他要子承父业，做一个像爸爸一样的石油工人。

2015 年，王卓然大学毕业，义无反顾地选择了胜利油田新春公司。参加工作后，有一年的实习期。2016 年夏天，他和同年大学毕业的邱心培一起，被派到排 10 西实习。正是这次实习，让他第一次感受到了石油的艰苦和无奈，渺小与崇高、平凡与伟大。

去之前，领导交代：去排 10 西主要是让你们体验一下那里的生活，时间半个月，到时候会派车接你们，注意安全，好好干。然后找辆便车，把两人拉上，就风风火火忙别的事去了。

排 10 西位于新疆准噶尔盆地西缘，干旱少雨。出人意料的是，两人去了没几天，竟遇上了一场大雨。久旱逢甘霖，乃人生四大喜事之一。这场难得一见的大雨，带给他们的不啻一场灾难。

不知道是考虑到新疆干旱少雨，还是别的原因，他们实习的井站，储油罐是方形的，四周高，中间低，上面有盖，盖上有孔，是测量液面用的。由于罐里的液面比较高，流进去的水，竟把原油溢了出来，油罐上、地上一片狼藉。

井站上 5 个人，一个“萝卜”一个坑，忙得不可开交，这下就更忙不过来了。好在来了两个大学毕业生，既然是来实习的，就先从这里开始实习吧。站上的师傅想也没想，直接给他俩安排任务：清污、擦罐。

溢到地上的原油，要用盆子或头盔一下下“舀”出来，“舀”不出来的就用草蘸着撸到盆子或头盔里，再弄到油罐里去。擦油罐要用无色的轻油。油罐又高又大，必须爬到梯子上一点一点擦，而且要擦出本色。

太阳像一顶草帽，火辣辣地罩在头上，阳光像一个个吸管，不等汗液流出来，就已经被吸干了，甚至恨不得把血液也吸出来。天热得要命，好几次差点晕过去。

一个星期过去了，两个星期过去了，三个星期过去了，第四个星期眼看着又要过去。该干的活干完了，该实习的内容实习了。不要说车接，连个电话也没有。

来井站之前，他们想得很简单，反正只有两个星期，很快就过去了，除了洗刷用品什么都没带，没想到遇上这档子事，这下子麻烦大了，也狼狈大了。头发长长的，胡子拉碴的，脸上黑黑的，与刚出校门时的白面书生判若两人。

到底什么原因？出了什么情况？发生了什么变故？他们一无所知。想打电话问，但站上信号不好，时断时续，时有时无，最好的办法就是当面问个究竟。

和站上的师傅商量后，他俩决定采取断然措施，跟着来井上送柴油的车回去，就低声下气求司机帮忙："师傅，给你添个麻烦，请你把俺俩拉出去，找个有信号的地方，只要能打通电话就行，什么地方都可以。"听了他们的话，看了他们的模样，司机动了恻隐之心，直接把他们送到了春风油田管理一区。

事不凑巧，当时单位正忙着分家，从管理一区分出一个管理三区，头绪繁多，事务杂乱，一忙起来就把他俩的事忘了。单位领导在解释原因的同时，还不忘找人给他俩理发，并向他们表示歉意，他们心中的疑惑与不满顿时烟消云散。

说起来，他俩还算幸运。2010 年，2 个青年员工被派往准沙 5 井上班。准沙 5 井是一口试采井，深入沙漠腹地 50 千米，没有人烟，没有手机信号。如果不刮风，呈现在眼前的就是死一般的沉寂，让人毛骨悚然。

自己做饭，自己干活，所有的事情都由他们做主，对许多人来说，这是求之不得的事。领导对他们的唯一要求，就是保证油井正常生产。看似简简单单的一句话，做起来非常难。好在两人很能干、很敬业，活干得好，任务完成得也好。领导对他俩很关心，也很放心。吃的喝的从来不缺，每半个月接出来洗一次澡，每个月接出来理一次发。

没想到，10 个月之后，两人的眼睛直了，反应迟钝，话也说不利索，与先前判若两人。王卓然和邱心培听了这个真实的故事，既感动又伤心还庆幸，心里像打了五味瓶，说不出什么滋味。

实习结束后，王卓然被分到管理一区。一年以后，又被调到新春公司科研所，水平井卡层就是他承担的任务之一。

春风油田的水平井，垂直深度在 1000 米以内，水平井段 200 米左右。如果超过 200 米，所注蒸汽就波及不到，温度上不去，原油就采不出来。

只要有水平井施工，王卓然就要跟随钻井队进驻井场，现场监测钻头的运行轨迹，根据油层厚度，指导井队调整钻头走向，确保水平井段处在油层中央位置，既不能厚薄不均，又不能把油层打穿、打透。当然这活不好干，标准高，难度大，要求近乎苛刻，但他完成得很好。

目前，王卓然已是新春公司开发管理部副经理，并先后荣获中国石化集团公司勘探商业发现突出贡献奖、刘兴才地学开拓二等奖、胜利油田优秀青年人才奖等。

新春公司人少，活多，节奏快，压力大。但胜利油田不能因为这些就降低对新春公司的要求标准。新春公司规模较小，成立得较晚，远离油田，环境复杂，工作难度很大，没法和兄弟单位相比，只能给自己施压，多思多想多干，力求把工作干得好些再好些。

“并不是自己优秀，而是环境逼的。必须刻苦学习，加倍努力，争取在最短时间内熟悉业务，掌握技能，先顶岗再胜任，然后才能谈干好。”王卓然这样解释。

今年 10 月，王卓然就要当爸爸了。不管他的孩子将来学什么、干什么，但毫无疑问，身上流淌的一定是“石油血脉”。

与王卓然一样，李瑞晓也是新春“油二代”。从司机何小飞口中，听到了一段李瑞晓的故事。

李瑞晓是新春公司开发管理部的技术人员，2017 年毕业于成都理工大学。2021 年 6 月的一天下午，他听说管理二区沙窝地的 1 口井生产不正常，就立即驱车直奔井场。去的时候，李瑞晓感到身上有些不舒服，以为是小毛病，抗一下就过去了，根本没往心里去。

从克拉玛依到沙窝地有四五个小时的路程，到管理二区时天已黑了。李瑞晓想立即赶到井上，处理完井上的问题，连夜返回，去医院看病。因为一路上都在发烧，而且温度很高。

从管理二区到沙窝地，还有很远一段路。天又黑，路况又差，再加上道路不熟，万一在沙漠里迷路，情况很危险。在管理二区坚持了一夜，第 2 天一早赶到现场，仔细检查一遍，发现没有大问题，就对井场员工叮嘱了一遍，提醒要注意的事项。然后，告诉司机在保障安全的前提下，以最快的速度拉他去克拉玛依人民医院。

有段时间，实在太难受，他感到自己快不行了，唯一的办法就是闭着眼睛，半靠半躺在车上，忍受病痛的折磨，咬牙坚持。司机一边开车，一边给单位打电话报告李瑞晓的病情。接到电话后，单位领导立即赶到医院，提前联系好急诊室，人一到，立即救治。

“破屋偏逢连阴雨，漏船又遇顶头风。”没想到在回去的路上，汽车又爆了胎，耽误了好长时间。好不容易赶到医院，检查结果是急性肺炎，接着住进了医院。

他的爸爸李明光，当时也在新疆，听说儿子得了急病，可把他吓坏了，急急忙忙赶到医院，恨不得去替换儿子。疫情期间，医院管理很严，人家不让进，他就一直在外面等着，站得像一尊塑像。

打仗亲兄弟，上阵父子兵。新春“油一代”不辱使命，新春“油二代”定不负厚望。

夫唱妇随

张江利的父亲是个老石油，当年参加过江汉会战。1971 年，从江汉油田来山东参加胜利油田石油会战。1974 年，张江利呱呱坠地，父亲就给他取了“江利”这个名字，意思是：从江汉到胜利。这个名字记录着父亲转战南北、为国找油的历史，也承载着父亲对他的希冀。

1994 年，张江利毕业于胜利石油学校。毕业后，回到了胜利油田临盘采油厂。家在临盘，从小在临盘长大，对临盘充满了感情，去临盘是他当时唯一的选择。

先是在作业队当了 1 年技术员，又当了 1 年副队长，然后就是队长，在作业队长及同级岗位上一干就是 10 年。他带的作业队是响当当的先进队，不光在临盘，就是在胜利油田也小有名气。

2007 年，张江利应聘到新春公司。为慎重起见，应聘之前，他还带着妻子到新疆考察了一番。当时，厂工会组织职工外出疗养，有去新疆的名额，张江利报了名。妻子和他不在一个单位，他就劝妻子也报了名。所到之处都是著名旅游景点，印象肯定差不了。张江利信心满满，兴高采烈。到了新春，张江利在心里大呼“上当”。说失误是轻的，简直是大错特错。

2017 年，张江利的妻子因病动了手术，术后隔一天发一次烧。据说是手术后遗症。他在新疆上班，孩子在外地上学，父母不身边，妻子一人在家，身体又不好，还得坚持上班，实属不易。

张江利有个多年的朋友，家庭情况和他相似。有一天，朋友爱人的病犯了，下不了床，直不起身，迈不开步，硬撑着打了几个电话，没人接听。情急之下，就裹着被子，滚到床下，爬到门口喊人。幸好被邻居听见，立即打120送医院抢救。如果不是邻居家有人，麻烦就大了。听他这么一说，张江利更加担心妻子，就想把妻子调来新疆。

使出浑身解数，皆无功而返。最后，还是公司领导出面，做了大量工作，方能遂愿。先是把他妻子从供电公司调到胜利发电厂，再从胜利发电厂调整到新疆项目部燃煤注气站。转了一个大圈，以“曲线救国”的方式，于2018年6月，从东部调到西部。

当时，张江利在管理一区任党支部书记，离妻子所在的燃煤注气站很近。虽然工作、生活条件艰苦一些，但结束了“牛郎织女”的日子，已是心满意足。

聚少离多的日子刚结束，2019年5月，一纸任命，张江利又成了新春公司党群部主任。工作地点：新春公司在克拉玛依租住的一栋小楼，距离200千米左右。2021年3月，我们去新春公司采风，作为党群部主任的他全程作陪。2022年，再次去新春公司采风，他已调任新春公司工艺研究所党支部书记。住地依然是那栋小楼，距离依然200千米左右，类同两地分居。

无论如何，也比从山东到新疆近多了，夫妻见面容易多了，短的时候两到三个星期，长的时候一两个月，比新春公司其他兄弟及领导幸福多了，张江利和他的妻心存感激。就算不能就近照顾，起码可以经常见面。再加上妻子身边有同事陪伴，万一有什么情况，都会有人照应。

在新疆工作三五个月回家是常有的事。头一两个月，真的很想媳妇，说不想是假话。随着时间延长，想的程度就会逐渐降低，直至想不起妻子的模样。久而久之，一人独居就习惯了。有时在家里正睡着觉，就会突然惊醒：怎么身边多了一个人，而且还是女的？半夜三更，一惊一乍，把妻子惊醒了。

妻子不解，问其缘由。张江利以开玩笑的口气说：一个人睡觉习惯了，身边一下子多了个人，还是个女的，唉。以为睡错了地方，做下对不起老婆的事，所以吓醒了。妻子就说：那就回新疆待着去。

任新春公司管理一区党支部书记期间，张江利定了一条不成文的规定：员工必须每天给家人打个电话或视频一下。千里遥远，相见甚难，打电话或视频是维系亲情最简单、实用的方法。同时，他还要求员工：无论家庭或个人遇到困难和问题，都要说出来。管理区和领导能帮助的一定帮助，帮助不了，安慰或劝导一下也会让人感到心里暖和。

有个青年员工，工作受到挫折，一度情绪低落。张江利就利用回东部的时间，带他到自己工作过的作业队参观学习。他指着一些设备，不无骄傲地说："这些工具、设备是我当年改革发明的，没想到这么多年过去了，现在还在用。这些工具、设备就是我的价值所在，也是对我最大的褒奖。平心而论，原单位对我也有不公的地方，但和我们从事的事业比起来，根本算不了什么。"

话不多，句句走心，比那些空洞的说教和慷慨激昂，不知高明了多少。

妻子的事情解决了，母亲又出了情况。2021 年初，母亲不小心摔了一跤，脑袋被磕了一下，出现了头疼、失眠、脑子不清等现象。去了多家医院，都没查出问题。母亲想法比较多，一会怀疑这儿，一会怀疑那儿。

为打消母亲心中的疑虑，张江利通过胜利油田职工就医"绿色通道"，联系了北京一家医院。等忙完手头工作，打算专门请假，先带母亲去北京看病，再带父母去一趟江汉油田。探访老友，寻找当年会战的感觉，顺便回趟老家，了却多年的心愿，或许母亲的病就好了，用不了几天时间。张江利这样安慰自己，并提前做好了准备。

"火柴棍"是大姨子随口说的，没想到一语成谶，竟成了曾凯的代名词。

曾凯原是胜利油田临盘采油厂一采油队的队长。坐了两天两夜火车，于 2010 年 3 月 28 日到新疆。一下火车，就被拉到了永 3—侧平 1 井。一个月后，又被派到新春公司管理一区，带着 20 来个人，管理春风油田那些井和设备。除他之外，管井的基本上都是从当地聘用的员工。

不知来时，何问归期，"扫盲"是第一位的。白天带着上井，手把手教干活。晚上授课，讲操作技能、基本原理、基础知识，还要布置、检查、批改作业。工作实在太多，恨不得一天当成两天用。

第一次出这么远的门，第一次来新疆干活，没想到一待就是 6 个月。回到家的第一件事，就是带着老婆孩子看望双方老人。岳父母听说他回来了，当然高兴，把家里人召集起来，一起吃饭。

大姨子风风火火从外面进来，看到曾凯大吃一惊：哎哟，我的妈呀，才出去半年，咋成这样了，跟火柴棍似的，又黑又瘦，都快认不出来了。从此，"火柴棍"的雅号不胫而走。

上海正开世博会。为弥补对妻子的亏欠，曾凯决定带妻子去上海看世博会，妻子满口答应，还高兴地在他脸上亲了一下。两人说走就走，从德州坐高铁，直奔上海。没想到，半路上出了变故。领导打电话，让他立即回新疆。中国石化集团公司来新春检查，现场管理是重要检查内容，关键时候需要他顶上去，指望那些新招聘的员工肯定不行。

票提前买了，酒店提前定了，人还没到上海，就让回去，这算啥事？满打满算，回来不到 10 天，于情于理说不过去……妻子噘着嘴，一脸不高兴。曾凯很为难，先征求妻子的意见：票都买好了，你一个人去看世博会吧，看完再回行不？妻子摇摇头。要不你一个人买票回去？妻子还是不答应。

你不陪着，我一个人看有啥意思？我又没出过远门，不知道东西南北，你走了，剩下我怎么办？再三追问之下，妻子开了尊口。无奈之下，曾凯不得不把自己的担心和眼前的情况，如实向领导汇报。领导当机立断：把你媳妇一块儿带来。

曾凯赶忙做妻子的工作：从咱那里来上海，方便得很，有的是机会。新疆就不同了，不是想来就能来的。去新疆和去上海是两码事。不如先跟我去新疆，以后我再带你去上海。新疆可美了，有许多好看好吃好玩的地方，保证让你流连忘返。接着给妻子讲了一大串旅游景点的名字。其实，那些旅游景点他一个都没去过。“大美新疆欢迎你。”情急之下，曾凯把广告词也给搬出来了。

老婆，你应该高兴才对。如果不是这次跟我来上海，做梦也想不到去新疆吧？这种机会打着灯笼也找不到。等忙过了这一阵，我一定陪你好好转几天。一番花言巧语，妻子破涕为笑。这些话，连他自己都不信，但又不得不说。怕妻子生气，影响情绪，更怕误了行程，耽误工作。

到了上海，曾凯和妻子连火车站也没出，直接坐地铁去了虹桥机场。买票、托运行李、安检，一通忙活，终于登上当天一架去乌鲁木齐的飞机，又从乌鲁木齐乘车到奎屯，接着又从奎屯坐单位派来接他的车去管理一区，到那里已是下半夜了。

一大早，曾凯就带人去井上忙活开了。吃中午饭时，已过饭点，回宿舍一看，妻子正在抹眼泪，忙上前安慰，妻子反而哭得更伤心了。

来的时候没人看见，再加上人生地不熟，吃饭时间到了，当然不会有人喊她，再说吃饭的点也和家里不一样，结果连中午饭也没吃上。更重要的是，那天是她的生日。曾凯把这事忘得一干二净，换了谁不伤心？

为弥补过失，当天晚上，曾凯叫上几个弟兄，在附近的128团找了一家最好的饭店，提前订了蛋糕，给妻子补过生日。

2020年12月17日，东营飞克拉玛依的包机刚停稳，许士波就第一个跨出舱门，一溜小跑直奔候机厅，只为能隔着候机厅的玻璃见妻子一面。

许士波的妻子叫王孝燕，两人都是胜利油田现河采油厂新春项目部的员工。原先两人一个班，一起来一起回，生活上互相照顾，工作上互相帮助，日子就不单调，心灵就不孤寂。同时，还有一种不同以往的感觉。

受新冠疫情影响，岗位发生变动，夫妻二人被调开，一下子又成了单身，你来我走，我来你回，只能在机场隔着玻璃眉目传情，互致问候。若非如此，恐怕连见面的机会都没有。玻璃密封很严，说话根本听不到。两人只能隔着玻璃相望，借助手机说话，见面说话的时间只有两分钟。

尽管每天都视频通话，但是，当王孝燕在机场大厅里看到丈夫的那一刻，眼里还是情不自禁涌出泪花，声音也有些沙哑。又不想让丈夫看出，她就故作轻松，一副满不在乎的样子，但又怎能瞒过丈夫的眼睛。

“你比原来胖点了，胖点好，回去一定要好好休息。”许士波深情地看着她叮嘱道。“我知道，你也是。”王孝燕说。接着又责备上了：“新疆那么冷，你咋不穿那件厚棉衣！”

许士波不接茬，接着说：“临来时，我包了饺子，在冰箱里冻着，晚上到了家，别忘了煮饺子吃，算是我给你接风。”

另外，他还买了王孝燕平时喜欢吃的红富士、新鲜蔬菜等，但他没有说。一个大老爷们，守着那么多人说这些事，怕人家笑话。

同伴们还在等他做核酸检测，两人欲言又止，匆匆作别。短短两分钟，足以让人泪目。

沙漠玫瑰

大漠深处，炎炎烈日，如蒸似烤，酷暑苦热，有一种花骄傲地绽放，开得艰难、热烈，而且花期很长。

一开始，花是绿的，有些发黄，微微透红，像女子的粉黛。一到秋天，花就开始红了，一簇簇、一片片，红得热烈、耀眼，像新春公司员工身上的工衣。

对着那花的照片，我在手机上搜索了好久，也没找到花的名字，干脆自作主张把那花叫作沙漠玫瑰。沙漠玫瑰是胜利油田现河采油厂新疆项目部女工的化身。

在现河采油厂一间会议室里，我们采访了 4 名回家轮休的女工。她们像沙漠玫瑰一样，展示着别样风采。

2017 年，刘延红的丈夫报名去了新疆。他是一名司机，早年当过采油工。对他们这次进疆，厂里很重视，出发前举行了送行仪式，隆重而又热烈，让人想起了“母亲送儿打东洋，妻子送郎上战场”的动人场面。

刘延红也参加了送行仪式。作为妻子，既为丈夫感到高兴，又有些不舍，就一遍遍叮嘱：“一定好好干，家里的事你不用操心，有我呢。等你们凯旋的时候，我去机场接你。”丈夫的身影消失了，她的眼睛模糊了。

没想到，16 天之后，丈夫就悄悄回来了，明显地黑了、瘦了，脸上爆着皮，嘴上起着泡，一身狼狈。不用说，就知道他适应不了新疆。工作不适应，环境不适应，生活不适应，当然还有思想和意志。于是，新疆放弃了他。看着像做了错事的孩子一样，可怜巴巴、唯唯诺诺的丈夫，刘延红发一声长叹，想起了“折戟沉沙”的成语。从此，她记下了这一幕，也记下了新疆。

2019 年 3 月 31 日，刘延红踏上了去新疆的征程。去之前，好像做好了一切准备，又好像什么也没做。一切顺其自然，一切交给命运。不知什么样的命运在等待她。

职工宿舍尚未建好，9 个人住在一户 70 平方米的楼房里。房子是从 128 团租的，一住就是 4 个月。三个女人一台戏；九个女人，好戏连台。

有个姐妹看到男员工抓蝎子，还听说用蝎子泡酒可以治风湿，就想抓些蝎子给老公泡酒喝。喊上几个姐妹，打着手电，提着矿泉水瓶子，拿上几根小棍当夹子，忙活了好几个晚上，竟抓了不少蝎子。

一开始没经验，再加上女同志胆小，看到蝎子还没顾上抓，就大呼小叫开了，等到抓的时候，已跑得无影无踪。后来，有了经验就抓得比较顺手了。

抓了蝎子后，先装在矿泉水瓶里，再倒水泡着。几天后，眼看着那些蝎子全死了，就放心大胆地把它们倒出来，放在窗台上晾晒。没想到那些蝎子又活了过来，一晚上跑了个精光。有的爬到床底下，有的藏在鞋子里，还有的爬到别的房间“串门”，弄得大家提心吊胆，好几天不得安宁。好在没蜇着人，算是万幸。

万事万物，相生相克，共生共存。蝎子吃蜱虫，蜱虫咬人，人抓蝎子，构成了一个完整的食物链。如果把蝎子抓了，蜱虫就失去了天敌。没有天敌相克，食物链就断了，蜱虫就会泛滥。明白了这个道理，她们再没抓过蝎子。

虽然大家都来自现河采油厂，但并不在一个单位，相互之间并不熟悉，甚至没照过面，脾气秉性也不一样，相互之间也需要磨合。这是新的工作、新的生活、新的环境，向她们发起的挑战。

没想到，开朗大方的刘延红也有些不适应，心里充满焦虑。如果重蹈丈夫的覆辙，那该多没面子，要多难看有多难看。丈夫已经彻底败了，难道自己也是这种命运？那种结局她无论如何不能接受。越这样想，心里越焦虑，越焦虑就越不适应，刘延红陷入了恶性循环的“怪圈”。

2020 年 5 月，刘延红患了腰椎间盘突出，腰疼得直不起来。一开始，她并没在意，以为过几天就好了，照样坚持上班，照样干得出色。可谓，巾帼不让须眉，小女子有大气节。

现河采油厂副总工程师、新疆项目部经理杨洪元、负责人袁胜利，见刘延红腰疼得厉害，就亲自开车拉着她看病。接下来那段时间，能想的办法都想了，能用的招数都用了，病情却一直不见好转。疼痛难忍，甚至不能活动。项目部本来人手就紧张，这样下去肯定不行，不光自己受苦，还给大家添累赘。要强的刘延红决定回去，把病治好了再回来。

项目部准备派人送她回东营，可又抽不出人来。杨洪元就亲自开车把她送到奎屯火车站，让她一个人坐火车回东营，并告诉她：“坐火车虽然时间长点，但空间比较大，活动方便，比坐飞机强多了，因为你的腰不能长时间坐着。到了济南，单位上的同事会去接你。”从奎屯到济南，要坐两天两夜火车。疼痛时时折磨着她，实在忍不住了，就吃止疼片。吃饭、上厕所不方便，就坚持少喝水、少吃饭。

回到东营，马上住院手术，但效果并不理想。刘延红心里很着急。难道自己年轻轻的就成了废人？整个下半生都要人照顾？自己的爸爸、妈妈、老公、孩子怎么办？家里的事谁来料理？还有新疆的工作、亲如家人的领导、同事、朋友，宿舍里养的绿萝、吊兰，喜欢的羽毛球、乒乓球等，像一团乱麻死死地缠着她，让她于心不忍、欲罢不能。

越想越着急，越急越上火，越火越焦虑，心率达到200多下，吃不下饭，睡不着觉，身体急剧消瘦，体质急剧下降，出现了抑郁症状，并且很严重。

看到女儿这个样子，爸爸又心疼又着急，背着人常常流泪。“男儿有泪不轻弹，只因未到伤心处”，爸爸是在为她伤心难过。妈妈甚至动了把她送八分场医院（精神病医院）的想法。这都是被逼的，也是没办法的办法。找胜利医院精神科专家治疗，找心理咨询师疏导，病情依然不见好转。

现河采油厂一个叫李秀峰的心理咨询师，令刘延红非常感动。当时，李秀峰的女儿正面临高考，她又要上班，还要忙家务。不管多忙多累，都耐心听刘延红倾诉，帮她分析原因，疏导情绪，释放压力。刘延红对她心存感激。

就在刘延红苦苦挣扎，但又无计可施之际，有一天，现河采油厂新疆项目部党支部书记林岩峰，专门来家里看望她。短短一两个月没见，当他第一眼看到刘延红时，禁不住暗暗吃惊：怎么跟换了个人似的。形体消瘦，眼睛发直，目光呆滞，反应迟钝，说话逻辑不清。

一番交谈后，林岩峰做出了一个让所有人意想不到的决定：带刘延红回新疆。林岩峰非常严肃地说：“刘延红，你一定要跟我回去。回去上班，回去工作，和大家一起含辛茹苦，拼搏奉献，实现自身价值。再这样下去，你就毁了。你知道这段时间，项目部的兄弟姊妹多想你吗？你知道我们有多忙吗？你知道大家多么需要你吗？但是，我们谁都不愿意看到你现在这个样子。当年那个热情、阳光、活泼、开朗的刘延红哪去了？在哪里丢的，就在哪里找回来？只要精神不倒，你就垮不了，也死不了。”

“放心吧，到了新疆，领导和同志们是不会让你死的。我们项目部的人一个都不能少。”林岩峰的话深深刺激着刘延红，在她心里引起强烈共鸣。

爸爸妈妈非常感动，也在一旁帮着劝她：“好孩子，跟着领导回去吧，哪怕是一两天、一个星期也行。干不了就回来，待不下去就回来，到时候爸爸、妈妈去接你。放心吧，孩子，啥时候爸爸妈妈都不会丢下你不管。”一番话说得刘延红泪眼汪汪，也坚定了她的决心和信心。

2020年9月下旬，刘延红登上了去新疆的飞机。已是秋天，有树叶在空中划过，很快又消失得无影无踪。这次去新疆会是什么情况？看着天上的云彩，还有飘落的树叶。刘延红心里生出一丝惆怅，甚至还有一丝凄凉。

领导和同事们的关心关爱，就是最好的治疗、最大的鼓励、最强的动力。刘延红下定决心：一定好好活下去，一定和命运抗争，一定夺取胜利。同时，竭尽全力干好工作，不拖后腿，不当累赘。

半个月后，奇迹开始出现，不用吃药，可以睡眠了。两个月后，从郁闷的心态中走出来了。又过了一段时间，竟奇迹般地康复了。那个热情、阳光、活泼、开朗的刘延红回来了。这个结果连做梦都想不到。

真的要感谢新疆，感谢新春。只有新疆，才这么神奇；只有新春，才能创造奇迹。爸爸妈妈听到这个信息，禁不住抱头痛哭，喜极而泣。当然，还有她的老公和孩子。领导、同事和家人为她所做的一切，让刘延红刻骨铭心，没齿难忘。没有他们，就没有现在的刘延红。

她本来就是个热心人，这下子更是一发而不可收。怀一颗感恩、感激、感谢之心，积极参加单位组织的各项活动，同事及家庭遇到困难主动帮忙。凡力所能及，必竭尽全力，把心中的爱传递给身边的每个人。

她的爱、同事之间的爱，还有许许多多的爱汇在一起，像沙漠玫瑰一样竞相开放。有人称她“爱心大使”，有人说她“爱心泛滥”，但她从不解释，一如既往，传递正能量，做自己该做的事。真不敢想象，这个世界如果缺失了爱，会多么可怕。

沙漠玫瑰是绽放的生命、火红的年华。沙漠玫瑰是不懈的追求、光辉的事业。沙漠玫瑰是人间大美、无疆大爱。

阿拉德

2022 年 2 月 5 日是农历正月初五。这天是郑学顺离开东营、离开老婆孩子回疆的日子，他记得非常清楚。

郑学顺现在是阿拉德油田注采管理站副站长，站长的位置至今空着。阿拉德油田共有 4 口生产井，1 口试油井，2 口在钻井。包括郑学顺在内，阿拉德注采管理站共有员工 8 人。因为姓郑的缘故，再加上没有站长，他就成了理所当然的“郑站长”。

官不大，人不多，井不多，却管着两个油田，一个叫阿拉德，一个叫春晖。这是在其他地方不敢想象的，也是不可比拟的。我们去的时候，春晖油田还没有开发。郑学顺说：“到今年 7 月，春晖油田就会有 3 口井投产。”话语里充满坚定和自信。

至于站长还是副站长，郑学顺根本没往心里去。不管是站长还是副站长，说白了，都是操心、受累的差事，关键是领着大家干活，而且只能干好，不能干坏。

离阿拉德油田不远，有个著名的风景区——魔鬼城，离克拉玛依 100 千米，典型的雅丹地貌，一年四季狂风不断，最大可达 10 ~ 12 级，发出各种尖厉的声音，恰似“鬼哭狼嚎”，魔鬼城因此而得名。

裸露的石层被狂风雕琢得奇形怪状。有的龇牙咧嘴，状如怪兽；有的危台高耸，垛堞分明，形似古堡；有的似亭台楼阁，檐顶宛然；有的像宏伟宫殿，傲然挺立。千姿百态，令人浮想联翩。魔鬼城是大自然“鬼斧神工”的杰作，举目眺望，俨然是一座城堡，巍然屹立于苍茫无垠的戈壁大漠之中。

来阿拉德之前，郑学顺在春风油田上班，那里是新春公司管理一区，当时雪还没有化，深的地方过膝。

油层埋藏浅、温度低、油层薄、油稠，注蒸汽开发。如果把握不好，很容易出现蒸汽泄漏，又是黏土层，遇水膨胀，水敏性强，要使用降黏剂、破乳剂解堵、降黏，还要用氮气或二氧化碳调剖。

用注气设备，把 300 摄氏度的蒸汽注入地下，让温度升高，把稠油化开，才能将其开发出来。温度低了，油不流动，开发无从谈起。阿拉德油田的注气井和生产井是同一口井，注气时不能生产，生产时不能注气。所以，只能开开停停，停停开开。自参加工作以来，从来没遇到过这么难干的活、这样难开的井。郑学顺双手一摊，脸上满是无奈。

2022 年 6 月 11 日晚上 10:30 左右，我和马行、秦柯 3 人连夜赶到阿拉德油田所在的哈浅 22-1 井采访。哈浅 22-1 井就是郑学顺所在的井站。

听说我们还没吃饭，郑学顺就烧了一壶水，给我们一人泡了一碗方便面，外加一只史口烧鸡。那水烧得恰到好处，正好够泡 3 碗方便面的，一点儿不多，一点儿不少。吃完饭，已经是晚上 11 点多。被太阳暴晒了一天的院子，有了凉意，给人舒适的感觉。

玻璃钢板房里依然像蒸笼一样。郑学顺就把电工找来，给我们住的房间修空调。我们说：不用修，一会儿就凉快了。他说：不行，你们不知道，如果不开空调，会把你们“热毁”的。“热毁”是个形容词，意思是比较严重，起码比热得睡不着觉还厉害。

修完空调，郑学顺急着上井。哈浅22-1井西南方向，约10千米，有一口哈浅21—平2井需要上作业。作业队正在去井场的路上，郑学顺不放心，一定去井上看看。一是督促作业队尽快上井，尽快施工；二是夜间施工不同于白天，必须加倍小心，不能出现任何安全、质量事故。

我们要陪他一起上井，一开始，郑学顺有些迟疑，见我们态度坚决就答应了。路上，我们问他：为什么这么急着上作业，而且催得那么紧？他边开车边告诉我们：这里的井温度低、油稠，温度降到一定程度就采不出来了。如果作业队上得不及时，施工进度跟不上，井内温度低于88摄氏度，地下的原油就很难采出来，等于白作业了。

劳民伤财，给国家造成不必要的损失，谁也负不起这个责。作业之后，必须马上开井。否则，同样开不了井。每隔一两个小时，他就要去井场看一次。

到了井上，作业队还没上来，他就有些急，马上打电话催。为什么还没上来？对方回答：夜里行车，视线不好，再加上道路崎岖、路况不熟，走了不少冤枉路，正在加紧赶路，估计很快就到。

新疆不同于其他地区，“很快”或“马上”伸缩性很大。有时候半小时算快的，一两个小时也可以理解。郑学顺见我们很疲惫，就打算把我们先送回去。没承想，在回去的路上恰好碰到作业队的车，郑学顺有些为难：送我们回去吧，怕耽误事；不送吧，又有怠慢和食言之嫌。

看出了他的心事，我们就说：郑站长，你别考虑那么多，我们本来就是陪你上班的，干脆一起回去，把该干的事干完。你放心了，我们也踏实，还节省时间。

郑学顺很高兴，急忙调转车头，带着作业队的车直奔井场。看着作业队卸了井口，立起井架，紧张而有序地投入了工作，他才长长地出了一口气。知道一时半会儿结束不了，非要送我们回去休息。

对郑学顺，我们既感动又心疼，不约而同劝他：“你太辛苦了，太不容易了，一定要保重身体，注意休息。”“现在已经很好了，比刚来时强得太多了。”郑学顺很知足。

2022年3月8日，哈浅21—平2井投产。因产液量不能自动计量，只好爬到储油罐顶上量油，一小时就要量一次，高的储油罐10米，低的储油罐7米，24小时量油不间断。没有值班房，就睡在车上。手机没有信号，资料、数据传不出去，就爬到沙丘上或储油罐上找信号，和现在根本没法比。

不止我一个，其他人也都这样干。他还说到了新春公司管理四区的付玮。“那小子别看是个书生，白白净净的，还戴着眼镜，干起活来一点儿也不含糊，亲自爬到储油罐顶上量油，亲自动手录取、整理资料，还因陋就简，设计了一套简易化验设备，帮我们进行油水化验。听说他还是新春公司管理四区的副经理，还真没看出来。”

回到驻地，已是凌晨两点半了。马行感到有些饿，就到伙房里找吃的，从冰箱里找了个凉馒头，照样吃得很香。第二天一早起来，就看到了郑学顺忙碌的身影。按时间推算，估计他一夜没睡，或者睡的时间很短。

吃早饭时，郑学顺照例给我们每人泡了一碗方便面，壶里的水烧得照样恰到好处，正好够泡3碗方便面，又额外给我们每人煮了3个鸡蛋，让人既感动又于心不忍。我们一人吃了一个，剩下的放进冰箱。

阿拉德油田所在地是个戈壁滩，正值夏天，太阳从出来到落山，一直像个大火炉，非要把地上的一切烤焦了、烤煳了才肯罢休，怎一个“热”字说得。

大热的天，从来到走，在站上待了11个多小时，郑学顺竟没有让我们喝水。如果没有记错的话，甚至连句话都没说，让我们感到很困惑。好在去的时候，每人带了1瓶矿泉水，喝完之后依然是渴。他不让，我们也不好意思要。

夜里渴得受不了，就挨个到开着门的房间里找水喝。找了好几个房间，终于找到一桶净化水，就用矿泉水瓶子每人接了一瓶。没有水，也不能洗脸、刷牙。

吃完早饭，还有别的采访任务，只好匆匆离去，尽管有诸多不舍，尽管心中还有一个大大的疑问。

哈浅22-1井站，总共不过四五个人。除了我们3人，当天晚上又进驻了7个作业工，还有5个人在来的路上。人数一下子增加了3倍，吃的喝的用的肯定紧张，尤其是水。

作业队干的是重活，宁可让其他人少吃点、少喝点，也不能亏了他们。站上的饮用水，是从外面送的，送水时间也是固定的，万一饮用水告罄，麻烦就大了。

尽管有些不近人情，但肯定事出有因。非不得已，这个热情细致的人，断不会这样做的，我们非常理解。不当家不知柴米贵，郑学顺真的不容易。

牛国庆，惠民县孙武镇人氏，1967 年出生。按他的话说，已是奔 60 的人了。工作单位是临盘德利公司，胜利油田一家改制企业。

2004 年 9 月 17 日，牛国庆来到新春，先是在董 1 井干活。那时的工作单位是纯梁华宇公司，岗位是作业工，一直干了 8 年，还当过作业队长。2020 年牛国庆从纯梁华宇公司到了临盘德利公司，岗位是发电工。

牛国庆记得非常清楚，上次来疆的时间是 2020 年 3 月 25 日，一直干到 2021 年 3 月 31 日才回家，间隔一年零 6 天。最近这次来疆的时间是 2022 年 1 月 13 日，截至 2022 年 6 月 13 日，已过去整整 5 个月。

这次能待多长时间？打算什么时候回去？他说：这要根据工作来定。能离开就回，离不开就待着，反正不坚持不行。很朴实的一句话，道出了许多生活的真谛，同时也“透露”了他的全部秘密。在新疆的每一天、每一项工作，都可以用坚持或坚守解释。当然包括每个西部员工。

牛国庆的妻子在老家，一个孩子也在老家，孩子已结婚生子，孩子的孩子已经 11 岁了，上三年级。说起孙子，牛国庆的脸笑成了一朵花。一辈辈的人，一辈辈的事，人活着图啥？他的心情容易懂。

牛国庆来阿拉德的日子是 2022 年 2 月 20 日，雪还没有化完。来之前他在春风油田，那里的雪比这里大多了。一人管着 6 台发电机组，每天要对发电机进行维修、保养，每 6 小时加一次油，转一圈至少 30 千米，一天最少 4 圈。一辆“540 皮卡”是他的交通工具，他一个人既是发电工，又是装卸工、加油工，还是司机。

新春公司的边远井，每一口他都去过。说起董 1 井、永 1 井、排 2 井，更是如数家珍。从管理 1 区到董 701 井，单程就有 500 千米，照样一个人开着车去维修、保养、加油。在新疆一天跑个二三百千米，还叫跑路吗？和那时比起来，这些活就不叫活，这点路就不叫路。牛国庆不乏豪气和勇毅。

他的父母已 80 多了，身体还好。说到父母，牛国庆心里别有一番滋味，50 多岁的汉子，泪眼汪汪。

“我拍拍腚走人了，一走还那么远，家里啥事就靠她。我挣的钱全部给她，一个子不留。”说起妻子，牛国庆心存感激，又深感内疚，“这里也花不着钱。除了搞石油的，方圆几十里想见个人都难。再说我的工作也离不开，根本没空出去。一天到晚，一年到头，一身工衣，再加上不抽烟，不喝酒，有时候一个月连 100 块钱都花不了。”

说这话的时候，牛国庆脸上挂着笑，一副很高兴的样子。再苦再累、再寂寞、再孤独的日子，习惯了就感觉不出来了，或者说反应迟钝了，忍耐力就显得强了。

牛国庆与站上的每个员工都处得很好，包括外来人员。有事没事，都打声招呼，顺便说几句话，拉几句家常。或许这也是他抗拒孤独、缓解寂寞的方法。

阿拉德是蒙古语“英雄”的意思。只有英雄，才能在魔鬼城这样的地方住得下，待得住；只有英雄，才能够战胜艰难困苦、孤独寂寞；只有英雄，才能在平淡无奇的日子里，表现出不凡的高贵品质。

郑学顺是英雄，牛国庆是英雄，胜利油田的西部员工是英雄。

高高的沙包

去阿拉德的路上，落日的余晖尚未散尽。远处的钻塔已经灯火辉煌，航标一样牵引着我们的目光，引导着前进的方向。

离钻塔不足 500 米的哈浅 22 1 井，是管理阿拉德和春晖油田的一个井站，这个井站就是此行的目的地。在那里我们不仅要进行实地采访，还要陪站上的员工值夜班。正是这次采访，我们认识了郑学顺、牛国庆等西部员工。

去井场的路，是用戈壁滩上的沙石直接垫起来或堆出来的。这些沙石就有了一个不同寻常的名字：戈壁料。意思是修路的原料或材料。以此类推，那路应叫“戈壁路”才对。

高高低低、坎坎坷坷、曲曲折折的戈壁路，把颠簸诠释到了极致。好在那段路不长，否则，我这把老骨头真的经受不起。

一望无际的戈壁，起起伏伏的沙丘，“霸道”汽车在其间穿行，像波峰浪谷中的一叶扁舟。司机告诉我们，前方不远，就是哈浅 22-1 井站。我们暗自庆幸，终于到了。

太阳已经下山，晚霞像高贵的公主，穿着镶金边的衣服出行视察。顺着太阳落山的方向，我们突然发现，约 1 千米处的一个沙包，上面有一个人，穿一身红工衣，旁边站着一条狗。那人拿着手机，手机的屏幕亮着。听不见他说的话，看不见屏幕上的人，甚至连他的面目都看不清。从那个时间段可以断定：一定是和远方的家人视频。

是妻子？是儿女？还是爹娘？具体情况我们不可能知道，也没有必要知道，能看到这一幕就足够了。一幅美轮美奂的画，一首隽永的诗，一支优美的歌，好像是又不全是。所有的艺术作品都没有这一幕真实，所有的艺术作品都没有这一幕震撼心灵。哪怕只看一眼，已在我心中成为永恒；哪怕只看一眼，已让我情不自禁，泪洒戈壁。

虽已进入 5G 时代，这里的手机信号依然很弱。弱得像一粒沙尘，一阵风可以吹跑，一场雨可以冲跑。用它的时候，需要站到高处追它、找它，甚至求它。这喜人又气人、逗人又烦人的手机信号啊。

不用猜就知道，那个红工衣是钻井工人。虽然不知道他姓甚名谁，心里早已认定他就是付波。

伴着 2002 年的第一场雪，付波从黄河尾闾、渤海之滨来到北疆，3 年后又被调回东营。2011 年 4 月，再次出征北疆，直到现在。

夏天炎热，地表温度 50 摄氏度以上，穿着厚厚的工鞋，在外面站不了半小时，鞋底就有化了的感觉。把鸡蛋放在套管上，一个小时就可以吃。

冬天酷寒，气温降至零下 45 摄氏度，如此低的气温下，钢铁都会发脆。有一次在井上干活，用榔头砸东西，东西没砸动，榔头却裂成了两半。

2003 年冬天，在征沙村地区打井时，看到一个黑影钻进了柴油机房，付波立即赶过去，发现那人已冻得说不出话来，浑身直打哆嗦，在柴油机排气管那里暖和了半天才缓过劲来。

那人是个货车司机，天黑路滑，一不小心，车子滑到沟里，怎么也开不出来。天气又冷，汽车又动不了，就顺着灯光找到这里，不然就会被活活冻死。

还有一次，晚上值班，一场暴风雪不期而至。那场雪大得出奇。如果不是亲眼所见，简直让人不敢相信，那雪下得跟暴雨一样，直接从天上往下砸，竟无半点“潇洒飘逸”之状。一转场牧民迷了路，朝着井架的方向走，刚走进井场，人就冻得快不行了，付波忙把他扶进屋里。

遇到这种情况，付波和他的兄弟们都热情相助，倾力相救，每每让被救助者感动得热泪盈眶，以恩人相称。古人云：救人一命，胜造七级浮屠。远在新疆的西部员工，不是菩萨，胜似菩萨，关键在于有一颗菩萨的心肠。

2005年冬天，因井上发生故障，付波和一帮弟兄冒着严寒在二层平台起下钻具，等钻具下完，脚冻得失去了知觉。从平台上下来，就脱了鞋袜，光脚放在暖气片上烤。暖气片的温度很高，平时从不敢往上放，这次放上去竟一点感觉不到烫。

项目部怕把人冻伤，专门做了一条规定：冬天上井干活，尤其是极端天气，必须分成两拨，轮流取暖，轮流干活。尽管如此，依然躲不开那个令人生畏的“冷”。

从此，付波对寒冷产生了“心理恐惧”。每到冬天，只要有人外出，他都一再叮嘱：一定把油加满，一定提前把车辆检查、维修好。不怕一万，就怕万一，如果半路上没了油，或出了故障非常危险，命都可能丢了。

出门在外，远离家乡和亲人，员工个人及家庭都会遇到这样那样的困难和问题。就像有“潜规则”或达成了默契一样，员工与家庭之间也或多或少存在着“报喜不报忧”现象。尤其是在疆员工，能克服的就自己克服，克服不了也轻易不说。

不说归不说，说了也白说。除了让家人着急、分心、增加心理负担之外，毫无用处，甚至“得不偿失”。“两利相权取其重，两害相较取其轻”，所以干脆不说。对此，人人心知肚明。

小的困难和问题，一般都能克服。大事和急事，别人也帮不上忙。家里大人、孩子生病，老人生病，这种事急不急、大不大？天大的事情，等他们赶回去也晚了。坐飞机最快也要两天。所以，家人一般不指望他们，除非情况特殊。

有时真的很怪，虽然家人不说，员工依然能感觉得到。再加上手机视频，一个表情、一个动作，甚至一句话，就很有可能“泄密”。顺着这个线索追下去，什么事情也瞒不住。难道这就是“身无彩凤双飞翼，心有灵犀一点通”？

嘴上不说，心里装着，员工的脸就是晴雨表，情绪高低、心态好坏一看便知。不能让员工带着情绪上班，成了付波心中的一件大事。

他把自己的手机号发给全队每个员工及其家人，用微信告诉员工家人：因为信号不好或正在井上上班等原因，有时不能及时接听电话，请你们千万不要着急。如果有急事，可以直接打给我，我会在第一时间告诉他，并向你们解释原因。

有时看到哪个职工情绪不好，他会主动给其家人打电话，了解情况，询问有什么困难和问题需要帮助。有些事情尽管帮不上忙，总可以安慰一下。顺便把原因摸清楚，及时加以疏导，就会收到事半功倍的效果。

疏导就是安抚，疏导就是宣泄，疏导就是心理治疗，疏导就是稳定情绪，疏导就是爱心传递和正能量聚集。通过疏导，付波化解了不少员工及家庭矛盾，帮助他们解决了不少困难和问题。

有意和无意中，付波成了员工及家庭的“连心桥”“贴心人”，个人或家庭有了问题，都愿意跟他聊聊，请他帮着拿主意。家和万事兴，家稳队伍稳。人心齐，泰山移，工作当然不会差。

除工作外，付波和新疆还有一层特殊关系。1996 年，经人介绍，付波与现在的妻子相识相知相爱，1998 年步入婚姻殿堂，2002 年生下一个男孩，现在正在读大二。

付波的妻子是新疆人，出生在新疆塔城沙湾市，年龄比他小 6 岁，中专毕业，温柔美丽，开朗大方。为了爱情，当年妻子不顾家庭反对，顶着重重压力，放弃了工作，义无反顾嫁给了付波，并且把户口迁到了山东，可见爱情力量的强大。

付波他们的住地就在沙湾。尽管工作很忙，隔上一段时间，他就买上东西，前去看望岳父岳母及其家人，并通过这层关系，扩大交往范围，加强与地方政府的沟通联系，妥善解决工作中遇到的困难和问题。

一个女婿半个儿，这话可不是白说的。比较而言，他与岳父岳母见面的次数，比与自己父母见面的次数多了不少。想老婆、孩子的时候，想父母的时候，他也和那个“红工衣”一样，找一个高高的沙丘，然后打开手机。

“孩子上大学了，将来毕业找工作不用我们操心，你一个人在家不方便，干脆搬过来吧，咱俩在一起也有个照应，还可以在你爸爸妈妈身边尽孝。”付波这样劝妻子。

“当年和你谈对象的时候，你咋不这样说呢？现在晚了。在东营生活了这么多年，已经习惯了，再回新疆，已经不能适应了，特别是干燥的气候、漫天的风沙。再说公公婆婆这边也需要照顾，咱们俩来个角色互换，分头尽孝。”妻子这样回答。

虽然很苦很累，付波依然义无反顾地爱上了新疆，由衷地感恩、感激、感谢新疆。新疆成就了他的家庭，成就了他的事业，新疆让他结识了许多朋友。大美新疆，名不虚传，在新疆待久了，就不愿意离开。

因为新疆的美，付波喜欢上了摄影，拍摄了许多沙漠、戈壁、胡杨、雪景，还有天山、各种动植物和钻井工人工作、生活的照片。或许他的摄影技术算不上高超，但绝对出自内心的喜爱，而且是用心用情拍摄的。

大漠一样深情，大漠一样热烈，大漠一样辽阔，大漠一样坦荡，大漠一样忠诚，一切皆为新疆所赐。付波怎能不留恋大漠，热爱新疆？

付波，1972 年出生，山东滨州人氏，胜利石油工程公司渤海钻井北疆项目部副经理。

一声“娘亲”

刚到新疆那天，负责安排这次采风活动的秦柯就提醒我们，夏天沙漠里蜱虫很多，而且非常厉害，一定要多加小心，不要被蜱虫咬了。

蜱虫嗅觉灵敏，离好远就能闻到人的气味。一旦闻到人的气味，就会争先恐后爬过来，爬到人身上，马上就下口。蜱虫咬人就像蚂蟥一样，咬住不松口，就是把身子拽断了，头还深深扎在肉里。

被蜱虫咬着，千万不要硬拽，最好用烟头烫，蜱虫一疼，身子就收缩，嘴巴一松，身子就掉下来了。如果没有烟头，可以用手捏住蜱虫的身子，轻轻摇晃着慢慢往外拔。听他一说，顿生谈“蜱”色变之感。微信里一查，甚至还有蜱虫咬人致死的消息，甚是吓人。但心中还是有些疑虑，难道蜱虫真有那么厉害？

采风期间，恰逢油田有关部门派了几个心理咨询师，给新春公司一线员工做心理疏导，有个心理咨询师就被蜱虫咬了。那几个心理咨询师都是女同志，胆小怕疼，手忙脚乱，急着往外拽，结果真的是身子断了，头还在里面。

急忙送医院，打上麻药，用刀子划开，把蜱虫的头部取了下来。蜱虫可怕，果然不是虚传。

王国立心灵深处，也有一处软柔，像被蜱虫咬了一样又痒又痛，躲不开，甩不掉，那就是对娘的牵挂。

家中的老娘已 80 岁了，风烛残年，体弱多病，姐弟 3 人都想把娘接到家里照顾。但娘不愿意，非要一个人住老家。王国立的老家，就是以烧鸡闻名的山东省东营市史口镇。

娘毕竟年纪大了，身边没人照顾咋行？他就给娘出主意：到姐姐、弟弟和他家轮流住，或者在一家长住，爱住谁家住谁家，一切由她做主，一切按她的想法办。要不就雇个保姆，在家里照顾她的衣食住行。

主意虽好，但决策权不在他这里。无论怎么说，娘就是不答应，翻来覆去一句话：哪里也不去，就我一个人住。王国立拗不过她，只好恭敬不如从命。

王国立，2013 年来疆，现在是胜利发电厂新疆项目部分管党建和思想政治工作的副主任。项目部规定，在新疆工作 2 个月，回去休息 1 个月；但第 1 次进疆，必须待够 3 个月。这是对耐力、定力和心理承受能力的考验。其潜台词是：既然第 1 次来疆就能熬过 3 个月，以后待 2 个月应该不成问题。

王国立来的时候，新春的生活和工作条件已好了许多，但仍不尽如人意。一年冬天，眼看要过年了，项目部 9 个人，只有 7000 块钱。没有鞭炮、没有春联还好说，关键是缺吃少喝，这年咋过？接下来的日子咋过？

民以食为天，吃饭是个大问题。无奈之下，王国立只好蹚着没膝的大雪，徒步走到新疆生产建设兵团 123 团所在地，好不容易敲开一家商店的门。不等把话说完，店主就火了。

“你是谁呀？我认识你吗？素不相识，平白无故，大过年的，就来店里赊东西，不知你们是咋想的，难道脑子进水了不成？一手钱，一手货，市场经济，天经地义。有钱拿钱，没钱走人，别在这里耽误工夫，俺还忙呢？”接着就要关门。

一分钱难倒英雄汉，虽然脸上挂不住，还得低声下气求人家。人是铁饭是钢，一顿不吃饿得慌，吃饭也是硬道理。好话说了一大筐，人家死活不答应。情急之下，一哥们灵机一动，问店主：你认识张江利吗？店主回答：认识。

“我们跟他是一伙的，刚来这里没几天。这不碰巧了，遇上点难事，想在你这里赊点东西。你放心，我们绝对不会坑你，过几天就把钱送来。”

“张江利，挺好一个人，你们和他是什么关系？”店主的口气一下子缓和了许多。

王国立和弟兄们忙不迭地说：“我们原先一个单位，是非常要好的朋友。要不我们现在就给他打电话，让他跟你说几句。出门在外，谁还没个难处。我们来自孔孟之乡、礼仪之邦，好客山东欢迎你。”情急之下，有些语无伦次。

“等会儿我把电话留给你，如果到了山东，遇到难事，就给哥们说一声，我们肯定帮忙，还请你吃饭、喝酒。”一哥们在旁边帮腔。

善良、诚信虽然不能写在脸上，却可以让人感受得到。一番交流，店主相信了他们。“你们自己看吧，需要什么自己拿。”

胜利人言出必行，一诺千金。不仅很快还了钱，还与店主建立了良好关系。不管是集体还是个人购物，只要可能，就去那家商店。

王国立对日期特别敏感。某年某月某日来新疆，某年某月某日回东营，记得一清二楚。从第 1 次来疆到现在，他一直采取倒计时的方法。在工作日志上，先写上 90，然后逐日减少，直到日志上的数字变为 0，那是他回家的日子。以后来疆，工作日志上先写的是 60。

随着回家时间临近，心里就有一种莫名的激动、高兴和快乐，尤其是最后的那几天。

朋友、同事见面，有时候问一句：你又回来了？就会让他伤感。也许别人不在意，但王国立在意。之所以在意，主要是为了娘。“饱汉子不知饿汉子饥，不信你去新疆试试。”王国立心里说。

远离家乡的人，才对时间的长短、快慢，有更深刻的感悟；远离家乡的人，才能更深刻地体会思念爹娘和家人那种百爪挠心、痛彻心扉的滋味；远离家乡的人，才有更多的情感经历和煎熬；远离家乡的人，才能更真切地感受孤寒之夜的漫长、家人相聚的短暂。

或许心事太重，或许太过敏感，轻轻的一句话，竟有如此“杀伤力”，这是朋友和同事无论如何想不到的。一种因工作区域、岗位、经历不同，产生的情感和认知差异。王国立给出了这样一种解释。他知道说这话的是好人，绝无恶意。

和娘在一起，心思缜密的王国立越发真切地感受到，娘的生命像一枚被抽丝的茧，正在一点点地被岁月掏空。每每想到这些他的心就痛。

一大把年纪，打不了电话，接不了手机，更不会上网、视频、聊天。王国立就在客厅和卧室之间安了个摄像头，一头连着他的手机，一头连着娘那边的电视屏。想娘的时候，打开手机就可以看到她的身影，听到她的声音。这边喊声“娘”，那边能听到；那边叫声“儿”，这边能答应。

一个小小的摄像头，竟能让远隔千山万水、千里万里的母子近在咫尺，可以随便拉呱、聊天。不仅可以录下现在的影像，还可以查阅过去的影像。不能不让人赞叹科学技术的神奇。

不管再忙再累，王国立每天必做的功课之一，就是看娘的“监控视频”。娘的衣食起居，一言一行，都在王国立的监控之下。娘不知道这是儿子在侵犯她的“人权”，反而非常高兴。儿子在那么远的地方都能看到她，她也能看到儿子，高兴还来不及呢。

技术再发达，科技再进步，也比不上母子见面。王国立非常珍惜与娘在一起的日子，哪怕多待一天一小时一分钟都是好的。每次回东营，就想方设法把娘接到家中。如果娘不来，就动员妻子、孩子和他一起回去陪老娘。为此，他谢绝了许多朋友、同事吃饭或外出的邀请。

少了些“头顶天山鹅毛雪，身披戈壁大风沙”的豪迈，多了些儿女情长，或许这也是一种家国情怀的表现形式。古语说“儿行千里母担忧”，此乃天理。儿走千里为母忧，亦是天理。

小时候，那个无微不至、无所不能的娘亲，竟变得如此羸弱。在王国立心中，娘竟成了他手中的一只风筝，不知什么时候牵在手里的那根线就会断，那根蚕丝就会被抽尽。娘会离开他的日子，似乎越来越近了，想到这些就有一种迫不及待的感觉。一定要抓紧尽孝，让娘幸福快乐，尽可能减少“子欲孝而亲不待”的遗憾和痛苦。

一名员工父亲病危，急着赶去见最后一面，王国立亲自驾车送他去机场。疫情原因，必须做核酸检测，核酸检测结果出不来不能上飞机。员工心急如焚，就差给人家下跪了，求人家宽容一下，等他的核酸检测结果出来。如果起飞前，核酸检测结果能出来，就让他登机；如果出不来就作罢。

机场和机组人员为情所动，破例让他在机舱门口等候，以便核酸检测结果一出来就马上登机。直到关上舱门的那一刻，核酸检测结果才出来，但为时已晚，只好改签下一班飞机。最终，那名员工也没见到父亲最后一面。

老吾老及人之老，幼吾友及人之幼。说不定哪一天自己也会摊上这种事。送走那名员工后，王国立感同身受，流下一抔男儿泪。天有不测风云，人有旦夕祸福。2019年4月5日，王国立担心的事发生了。

儿是娘身上掉下来的肉，娘是儿的心头肉。冥冥之中，似乎有种说不清、道不明的感应。看“监控”时，王国立预感到要出事，而且是性命攸关的大事。姐姐、弟弟离得远，不可能第一时间赶到。他就先给一个朋友打电话，让他马上去家里照看老娘，同时赶快叫救护车。然后又给姐姐、弟弟打电话。

救护车赶到时，老人已经去了。通过视频“监控”，王国立看得清清楚楚。虽然心里早有准备，但依然难以接受这个现实。

一声撕心裂肺的“娘亲”，天地为之动容。

大格局，大担当

用“三国四方”形容服务于新春公司的队伍并不为过。

钻井、井下隶属石油工程公司，测井、录井、定向井隶属经纬公司，物探隶属地球物理勘探公司，还有胜利油田属下的现河采油厂、运输分公司、胜利发电厂及部分改制企业。所有队伍加起来不下 3000 人。

表面上看，队伍很多，人员很杂；实际上，内部结构非常严密，指挥有方，运行有序，像一架精密的仪器，也是一个完整的产业链。这些单位和队伍，原先有一个共同的名字：胜利油田。实行专业化管理后，各自有了不同归属。

胜利价值观、胜利文化，是这些单位和员工共同的精神财富及价值认同。血液里可找到这种元素，骨子里可以读到这种基因。于是，就有了血浓于水的亲情，“剪不断、理还乱”“才下眉头，又上心头”的情愫。

正是基于这种历史和现实，2021 年 7 月，新春公司新任董事长、党委书记上任伊始，就提出了“一家人，一条心，一起干，一起拼”的行为理念、价值追求。

新春公司是中国石化集团公司的，也是胜利油田的；是新疆的，也是胜利油田驻疆单位的。不管是甲方还是乙方，不管是主营单位还是改制企业，管好新春，建好新春，经营好新春是共同的责任与使命，谁也不能置身事外。任何一个环节出了问题，就会影响全局。作为甲方，牵头引导、沟通协调、贯彻落实的责任，历史性地落在了新春公司头上。同时，也意味着多付出、多奉献。

“同开生产例会，同上党课，同向发力，共同发展”“统一思想，统一目标，统一行动”等配套措施相继出台。其他的还好说，同开生产例会、同上党课比较困难，过去想都甭想。驻地分散，路途较远，聚到一起确实很难。科学技术的发展，改变了这一状况，打开视频，联通网络，所有问题全部解决。

在中央党校学习期间，刘小波依然牵挂着新春公司和在疆的每个兄弟单位。哪堂课接地气，对新春发展有启示，对开拓思想有教益，对经营管理、提升素质有帮助，他就对照笔记，结合自己的经验、体会，连夜给大家传授。

新疆与内地的时差两个来小时，恰恰这两个来小时的时差为新春公司和在疆单位提供了方便，刘小波就是利用了这个时间差，自己苦点累点算不了什么，反正非常值得。

党委副书记、总经理董臣强是个“老新春”，早在2003年就进疆找油，见证了新春公司从无到有、从小到大的发展历程。为追踪地质露头，董臣强先后十几次勇闯进无人区。

有一次，在海拔3000米的地方刚扎下营地，突然下起暴雨，多亏司机经验丰富，立即带他们转移到附近的一个山坡。过了将近5分钟，刚才的营地已被汹涌的泥石流吞没。所有人惊得目瞪口呆，冷汗直冒。

夏日的沙漠，地表温度高达60多摄氏度，“贴墙烙大饼，埋沙煮鸡蛋”，一点不夸张。火辣辣的阳光直射下来，人就像在蒸笼里蒸，在火盆上烤，皮肤被晒得又疼又痒，却沁不出一滴汗来，灼热的空气使人胸闷气短。到了晚上，温度急剧降到零下20摄氏度，冬天能到零下40多摄氏度。别说人了，连设备都冻得“咯咯”响。

最讨厌的还是大风。有一次，大风竟把宿舍的地基掏空了，板房悬了起来。大风过后，赶紧拉来石子，重新加固地基。沙漠里吃饭，也是一件难事苦事。“一碗饭，二两沙，增强体质助消化”是董臣强调侃时常说的话。

在如此艰难困苦的条件下，他的同事们借鉴东部勘探理论，精心分析、潜心研究，创造性地提出了“环带成藏理论”和“开阔湖盆沉积认识”理论，对西部勘探突破起到了至关重要的作用。新春公司倡导的大漠精神、胡杨精神、骆驼精神，在董臣强身上得到了生动诠释。

疫情防控是大事，新疆管得特别严。作为分管反恐、防控、安保工作的责任人，新春公司党委副书记、工会主席至今依然感到压力很大，不敢有丝毫懈怠。

从东部来新疆的单位大大小小40多家，地域涉及5个州（地）和新疆生产建设兵团的4个师。不管隶属什么单位，人来自何方，新春公司一概视为“家人”，一概称之为“胜利油田驻疆单位”，并按照自治区、生产建设兵团及所在地的要求，负起管理、牵头、协调责任。

对老人、小孩、孕妇、长期用药等重点人员进行摸排，提前做好应对突发情况预案。本着“就近、快捷、方便”的原则，分区域建立联防联控机制，突出重点，多措并举，保防控措施到位、保生活物资供应、保人员安全。

“胜利油田驻疆单位”第一次和第二次摸排的人数，经反复核实都是1071人。摸清人数是做好防控工作的基础，新春公司党委副书记、工会主席不放心，生怕出现任何差错，不怕一万，就怕万一。万一漏掉一个人，万一发生特殊情况，乱子就出大了。个人被问责事小，影响胜利油田的形象和声誉事大。

一家兄弟单位，门锁得死死的，院子里空空荡荡，屋子里没有任何动静，听说人早就撤光了。先后查了两次，均未发现任何情况。第三次排查时，刚好下了一场雪，发现地上有脚印，里面肯定有人。

又是吆喝，又是砸门，折腾半天，从里面出来一老头，是看院子的。经反复核实，确定只有一人无疑。上报数字被改为：1702人。

新冠疫情发生后，新疆分别于2020年1月27日和7月15日，采取“封控”措施。第一次“封”了一个月，第二次“封”了40天。

第一次被“封”正值冬天，克拉玛依这个以“石油”命名的城市，静得出奇，美得出奇。银装素裹，冰清玉洁，像童话里的世界。如果不是3只烟筒还在冒烟的话，真的让人怀疑整个城市进入了冬眠。

刘双全和他的一帮兄弟被“封”在公司租的一栋小楼里。小楼共六层，一楼是饭厅，三楼以上归新春公司租住。刘双全的办公室、宿舍是同一间屋，在三楼。每天除了办公、去一楼吃饭，再就是到六楼站站，隔着玻璃使劲往外看，看天上的云、空中的风、外面的静物，还有三只烟筒冒出的烟。

思乡之情不由自主涌上心头，一人在家的妻子在忙什么？外地上学的儿子可好？远在黑龙江克山县80多岁的老母亲身体咋样？他们的春节是咋过的？虽然经常电话联系或视频，但无论如何不如见上一面。

“独在异乡为异客，每逢佳节倍思亲。”想着想着心里就有酸楚，眼里就有潮湿。又怕被别人看见，急忙转身离去。谁叫他是领导呢？需要注意形象，更要注意影响。

明知道回不去、想不管用，但越是这样就越想。不管是新春公司的员工还是兄弟单位的员工，哪个坚守在新疆的员工不是这样呢。亲人不在身边，员工就是亲人；亲人在身边，员工依然是亲人。在“被封”的日子里，在“孤立无援”的小楼里，一定要照顾好员工，尽最大努力把员工的事情办好，让他们感受到比平时更多的亲情和温暖。刘双全经常这样提醒自己。

为孕妇孕检或生孩子联系医院，为患病老人、孩子疏通就医通道，为长期服药的员工购买药品。但凡能帮上忙的，刘双全无不尽心尽力。这些正常情况下很简单、很容易的小事，特殊时期办起来非常不易，甚至称得上“艰难”。

注汽站燃煤告急，负责供煤的单位无能为力，新春公司发动员工利用各种关系、各种渠道，就近联系上了新疆维吾尔自治区塔城地区和布克赛尔蒙古自治县和什托洛盖镇煤矿，终于解了燃“煤”之急。

胜利油田运输分公司需要为司机、车辆办理特别通行证，多次协商无果。新春公司领导和有关部门亲自出面，协助他们消除制约“瓶颈”，维护正常生产，成就了“胜利之路”这道风景。

新春公司的所作所为，兄弟单位看在眼里、记在心里，当新春遇到困难的时候，同样鼎力相助。

2022 年 5 月 6 日，阿拉德油田所在地山洪暴发，冲毁道路，阻断交通，油田生产受到严重影响。负责道路维修的工程建设公司接到通知后，立即从管理一区所在的春风油田，驱车 200 多千米，紧急赶赴现场，昼夜不停，加紧施工，抢修了一条通往井场的道路。

为减少或避少类似现象发生，征得新春公司同意，在容易过水的地方加修了简易桥梁，铺设了过水涵管。按施工标准结算，甚至不够路途费用。这是用市场规则无法解释的。同样的责任、使命，同样的担当、作为，让他们风雨同舟，患难与共。

新春公司固然不大，员工总数不到 300 人。但正因为有了新春公司和所辖油田，才让胜利人在新疆得以扎根、安家、开花、结果，成就了“西部胜利”。在“为祖国献石油”的同时，带动了数千人的劳务大军，还有产品、技术、服务等，打响了“胜利品牌”。这是一项了不起的成绩，可谓功莫大焉。

大格局必有大担当，大担当必有大作为。这种逻辑关系，不论理论上还是实践上，对新春公司来说都是成立的，对新春公司领导班子来说也是成立的。

伟哉新春，壮哉新春。新春因胜利而骄傲，胜利因新春而自豪。

新春有梦

樊俊利

到过新疆的人不但知道了中国有多大，而且会看到胜利猎猎旗帜有多红，感受到胜利人的骨骼有多硬！

西部，神秘的朝圣之地、得道修行之处也。

是雄鹰，就要到更广阔的天空搏击风雨；是英雄，就要淬火锤炼锻击成钢；是胜利人，就要唱响为国献油、为国担当的战斗之歌。

怀揣着西部“取经”、戈壁探春、胜利寻魂的职责和使命，我们踏着六月初的阳光一路向西！

筑梦：国家大战略

那是 1996 年 4 月 29 日，新疆和田市，天高云淡，春风习习，远处沙丘之上，白雪点点，寒冬驻足回望。几栋绿色的铁皮野营房，披红挂彩，鞭炮齐鸣，一块“胜利油田塔里木和田勘探项目经理部”白底黑字的大牌子揭开了红盖头，露出了初世娇容。

进军西部的号角吹响了！

同年，他们把西部勘探重点北移准噶尔盆地。

胜利人把自己的命运自始至终牢牢系在共和国航船的桅杆上，他们心中装着黑色的梦，肩上扛着为国找油、为国献油的担子，踏着时代新征程，朝着伟大的中华民族复兴梦，一路进发！

作为中国东部石油重要基地的胜利油田，已走过了61年的奋斗历程，仅陆上部分，就为共和国奉献了占全国近五分之一的石油，为工业经济腾飞做出了重要贡献。

石油作为不可再生资源，随着半个世纪的勘探开发，东部油区的主阵地采收率越来越低，胜利油田维持年产量2300万吨、冲上3000万吨的难度越来越大。

“从胜利走向胜利”“走出胜利发展胜利”是胜利人的孜孜追求和奋斗目标。

20世纪90年代中期，改革开放的曙光明媚多彩，共和国提出了“稳定东部，发展西部”的战略方针，中国石化集团公司成立了西部新区勘探指挥部。胜利油田适时提出“从陆上到海上，从东部到西部”的发展战略，把目光盯上了西部的沙漠、戈壁滩和渤海湾浅海区，于是，胜利人翻山越海，在茫茫戈壁、荒凉大漠和滚滚浪花之中雕刻下奋斗的足迹，绘就了新的发展蓝图。

蓝天白云之下，一望无际的戈壁，胡杨、黄羊、古道……连天接地的大漠，沙棘、驼铃、斜阳……大美新疆，美不胜收。

戈壁大漠以其空阔呈现天地之大美，有情无言，有爱无声，有痛无悔，有泪无流，那静默和荒芜绝非冷漠，倒显出一种震人魂魄的伟力！

唯有生命之色的梭梭曾久久沉睡，又似静静沉思，久候在戈壁深处，默默地等待，等待钢铁的碰撞，等待地下的“金子”诞生，裹进日月慈父柔母的怀抱，昭示着自然之厚爱，向人类文明献身报恩。

空旷荒凉之中，蜱虫、狐狸、野狼……

这儿的日子慢得像蜗牛一样，热的长，冷的长，沙尘暴长，一口架设于天地之间的“大锅”，熬干了青春，熬白了青丝……

这儿集聚着爱恨情仇。昔日唐僧师徒西天取经遇到妖魔鬼怪，今朝有肆虐的蚊虫、骇人的蜱虫、出没的野狼……

这儿的时光轻得像一粒沙尘，历史却厚重得像一块块烁石，书写着对戈壁大漠的忠诚……

这儿的你纵有十八般武艺，腾云驾雾，也只有野外孤独的呐喊、泪洒的衣襟……

新疆就是一面“双面镜”，辽阔的大自然之美令人向往，极端天气和恶劣的自然环境，挑战人的意志。

古有“洞房花烛夜、金榜题名时、久旱逢甘霖、他乡遇故知”人生“四喜”，今有“吃娘做的饭、睡自己的床、陪在孩子身边、干自己喜欢的事”之新“四喜”；人生有“亲情、友情、爱情”和对单位、岗位、事业的朴素感情，我称之为“第四种情感”。

然而，对于胜利西部人来说，他们只得到了“干自己喜欢的事”一喜，而且为了这一喜，舍弃了其他“三喜”；他们为了“第四种情感”，而隔离了亲情、爱情、友情，饱受情感的折磨。

哎，人生哟，就是一个等式，总在得失之间！

仰望瓦蓝瓦蓝的天空，如天池的圣水涤荡着灵魂，石油人的豪言壮语挂在一朵朵白云之上、定格在万里苍穹。风吹不跑，雨带不走。感人肺腑的故事、时光磨砺的石油精神，都随着铁树一起流传下来。抚摸着粗粝的钢铁，感受到的不仅是它的硬朗、稳固与坚韧，以及藏在其背后的那些动人心弦的岁月时光。

克拉玛依，维吾尔语是“黑油山”。

这是一座精致的城市：绿树葱葱，翠草红花，马路整洁，一座座西域风格的建筑擦肩比高。

这是一座油香四溢的城市：中心广场的大油泡、花岗岩雕塑，大庆路、胜利路……无不雕刻着石油的胎记。

这是一座创造奇迹的城市：四周环绕着戈壁大漠，渺无人烟，单调荒凉……

新春公司的临时驻地就在这里。

家，是最温暖的港湾和灵魂的栖息之地，然而，胜利新春人却没有长期停泊、安放的幸运，而是像一顶顶放飞的风筝，只不过这风筝飞得实在太远太远，穿越千山万水，穿越大半个中国……远得亲人们紧紧攥着手中的风筝线，焦灼、期盼的目光紧紧追赶着太阳、月亮……

春光：难舍难离的梦

春光，多么富有诗意的名字啊！春天万物复苏、勃勃生机，孕育着未来和希望。

春光，也赋予胜利人新的梦想：在西部寻找能源阶梯阵地，开辟第二个春天！

然而，创业艰难百战多。

戈壁滩给雄心勃勃的胜利人一个冰冷的面孔，大漠给热气腾腾的红衣人浇了个透心凉。

“大漠孤烟直，长河落日圆。”初来乍到的新鲜感，很快就会被一缕缕无情的凉风吹得不见踪影。

“戈壁大漠地连天，孤雁哀鸣残阳斜。纵是心头万般悔，归途已被黄沙掩。”

东部车辆如梭、霓虹闪烁、人群交织、繁华盛世的画面，与眼前砾石沙尘、渺无人烟、单调荒凉的沉寂画面形成鲜明的对比。

有的人刚一下飞机，就要闹着回去。

“选择石油就是选择了荒凉！”当年老一辈石油人就是这么一步一个脚印走过来的哟！

建设初期，住的是野营房。

戈壁大漠犹如爱憎分明的维吾尔族少女，爱起来狂热的要化掉你，恨起来咬牙切齿。夏季最高气温达48摄氏度，铁皮房犹如蒸笼，骄阳撒下一条条紫外线，缠住你裸露的脸蛋、胳膊，涂上一层乌黑的染料，揪起一层层皮；冬季最低零下48摄氏度，房内即使装着电暖器，也是冰火两重天，上铺热下铺凉，地板上面能结冰。厕所是旱厕，晚上出去“方便”要按秒计时，时间稍长屁股冻得麻木，回来钻进被窝再无睡意。

春秋时节，沙尘暴时常光临，黄沙滚滚，来势汹汹，遮天蔽日，满屋尘土。半个月洗一次澡，还是碱性强的地下水，皮肤滑滑的，头发似打上了胶不能打弯。

八条汉子却把艰苦咀嚼成欢乐，铁皮房内不时传出欢歌笑语，惊得戈壁滩的梭梭颤抖不已……

1998年项目部开始钻探第一口井。

中石油从南疆转战到北疆，放弃了许多区块，胜利新春“捡起来”继续勘探，在和田打了3口井。

从1996年到2002年，胜利人踏遍天山南北、穿越茫茫沙海、蹚过皑皑白雪，从昆仑山的“和参1井”到塔克拉玛干沙漠腹地的“胜和2井”，从准噶尔盆地的“英1井”到天山脚下的“固1井”“固2井”，勘探的曙光始终未现，铁石心肠的戈壁、大漠沉默不语。

失败是临明前的黑暗，也是成功的基石。

困惑、焦虑和失败的摧残，并没有动摇过胜利人为国找油的信念，他们从不低头、从不服输。2002 年胜利人把主要精力放在了北疆，在中石油“啃”过的地方继续寻找石油的踪迹。

胜利终究属于锲而不舍、坚韧不拔的奋斗者。

2003 年 9 月 8 日，在北疆准噶尔盆地中部区块钻探的第一口井——董 1 井实现勘探突破，试采获日产原油 80 吨、气 4 万立方米。第二年在准噶尔盆地西部区块钻探的永 1 井建立了储量阵地，在此地质结构复杂的区块一连打了 20 多口井，有 6 口井投入生产。

2005 年 3 月排 2 井实现突破，标志着“油藏埋藏浅、储集物性好、采油指数高、经济效益好”的浅层优质高效油田——春光油田诞生！

春光油田的石油与别处不一样，白的如酒，棕的如槟，都是轻质油，倒进拖拉机的油箱内，拖拉机冒着白烟，呼呼跑得欢。

当年实现 47.5 万吨的产油能力，2 年收回 20 年的投资。时任胜利石油管理局局长牟书令来到新疆调研时，看到春光油田的累累硕果，春梦成真，激动得浑身颤抖，留下了滚烫的泪水……

胜利人终于扬眉吐气，有了原油就有了戈壁“户籍”，就在西部站稳了脚跟。

然而，2008 年随着一道指令，胜利西部“倾家荡产”，“净身出户”。中国石化将春光油田交给了河南油田。

辛辛苦苦养大的“孩子”却被别人领养，胜利人那个心痛啊！

那边锣鼓喧天，庆贺了足足一周；这边唉声叹气，顿足掉泪。

哎！

职工们站在野外，面对远处的天山，像流泪的胡杨沉默不语，他们心中空落落的。

是不是要打道回府？胜利西部之路究竟在何方？

有的职工甚至打好了铺盖卷。

他们找到领导提出了自己的疑虑。领导强装笑颜，解释道：“河南油田是胜利的兄弟嘛，兄弟没饭吃了我们能眼睁睁看着吗？放心吧，油有的采，活有你们干的哩！”

职工们眼含热泪，点点头，悻悻而出。门刚一带上，这边的领导早已泪流满面……

服从大局是胜利人的格局。

新春：从头再来

大漠、骆驼、胡杨，赋予胜利新春人新的精神内涵。

沙漠——胸怀宽广、处变不惊、坦诚厚道；骆驼——吃苦耐劳、奋勇向前、忍辱负重；胡杨——面对困难不屈服、不低头，顽强抗争，生而不死一千年，死而不倒一千年，倒而不腐一千年。

作为“补偿”，中国石化对西部勘探区做出战略调整，将新疆、宁夏、青海等5省区38个区块13.5万平方千米探区交给了胜利，将这些难以开采的硬骨头，交给“胜利战狼”！

这是一张试卷，也是一份考验！

你们不是善于攻坚啃硬嘛，练练锋利的牙齿吧！你们不是叫胜利嘛，亮亮剑打败这些强悍的“敌人”吧！能战的士兵才能出将军，能干的孩子最让“爹娘”放心哟！

其实，这些区块都是其他油田遗弃的“边角料”，早已被贴上“无油”的标签。他们送走了自己的“胖娃娃”，抱起了他人的“病秧子”。

然而，畏惧不前、退避三舍就会关系到胜利西部战略的全线崩溃，关系到胜利发展和未来之梦破灭，关系到胜利再也不能被称为“胜利”啊！

困难面前不言败，胜利人面前无困难。

重打炉子重生火，一切从头再来。已经取得的西部勘探经验和成熟理论，是胜利西部人的底气。在瑟瑟寒风、堆雪如山的寒冬，胜利又“怀孕”了，孕育着又一个崭新的春天。

针对38个区块的地质特点、资源潜力等，他们进行了详细的梳理筛查，再次打破常规，创造性提出“断毯”成藏模式，一个新的油田又怀胎腹中。

当时，井场还没有实现“四化”，没有探照灯，手机没信号，边建边实验，边探索边采油。

春光油田北部的排601区块，是已经被其他油田判了“死刑”的区块，不仅油稠，而且开采难度相当大。2009 年从不信邪的胜利人对这儿的区块进行攻关，部署了 12 口探井，均获得工业油流，当年探明石油储量 1038 万吨，春风油田从此诞生。

乘胜追击，一鼓作气，胜利西部年年有新突破，相继发现了春晖油田、阿拉德油田，原油产量从 2010 年的 5.5 万吨一路飘红，2015 年生产原油 102 万吨，建成了胜利西部第一个百万吨级大油田。

失去了一个"好孩子"，又添了一个"胖儿子"。这就是胜利的胆识和魄力！

2011 年，胜利油田对新疆勘探开发管理中心进行了调整，收回勘探业务，更名为新春采油厂。

2015 年成立中国石化新春石油开发有限公司。时任新疆维吾尔自治区党委书记与中国石化董事长、党组书记参加了揭牌仪式。

根据原油勘探开发的新形势，新春及时调整内部管理机制，相继成立了春光管理区、红柳管理区，后合并为采油管理一区。2020 年，又将采油管理一区一分为三：一区年产原油 80 万吨，是春风油田的主阵地；二区主要阵地是永进油田，年产 5.6 万吨，三区年产 40 万吨。2021 年又成立了采油管理四区，专门攻关阿拉德油田。

追梦：胜利旗帜戈壁红

去过新疆旅游的人无不赞叹新疆的美：湛蓝的天空、如羊的白云、喀纳斯湖的仙境、魔鬼城的神秘……还有甜如蜜的哈密瓜、吐鲁番的葡萄……

在新疆工作、生活过的人却饱尝新疆的苦。

天气喜怒无常，忽冷忽热，早晚温差大，夏天晒得胳膊上爆了皮，踏在井场铁板上的皮鞋底能化了，放在地上的鸡蛋能熟了；冬天最低温度零下 48 摄氏度，钢铁的油管线冻得爆裂，有时一场暴雪，平地里半人厚。

空旷荒凉的戈壁、渺无人烟的大漠，像黑白电视机单调的景色，让人心里空落落的。在井上值一周的班，活蹦乱跳的人会变得目光呆滞，不善言语；搓板的土路，有时一天跑几百千米，颠簸的人五脏六腑要全部倒出来；夏天，板房宿舍的粘蚊纸上，密密麻麻漆黑一片，都是苍蝇蚊子。还有令人望而生畏的蜱虫、随处可见的狐狸、不期而遇的野狼……有时，清晨起床，你会发现床上爬着几只寻觅猎物的蜱虫，鞋子里趴着几只蝎子……你要买一盒烟，或是一斤苹果，你必须跑出至少几十千米。

其实，对于背井离乡的石油人来说，苦、难根本不在话下，让他们难受和无奈的还是心头的伤。

一只孤雁飞离了巢穴，不仅失去了温暖，还有骨肉分离的痛。

外表坚强如铁的石油人，其实内心装着澎湃如潮的情感“油箱”，只不过拧紧了开关，怕一触摸，汁液会流淌出来。鲜有人知道他们恋家爱家、珍惜亲情，当然，更少有人的骨骼像他们如此坚硬！

铁骨柔情，是最好的诠释吧。

为了国家舍弃小家，为了石油忍痛割爱，这本身就是石油人的一种崇高！

“那种想家的滋味，不仅痛，而且痒，让人魂不守舍，吃不下睡不着，夜夜泪洒枕巾……”

“最害怕的是深夜、凌晨家里打电话，一听到电话铃声就心惊肉跳，怕听到老人生病的消息，怕听到孩子学习成绩差，怕听到老婆的牢骚和埋怨……”

“我们心里一直装着亏欠，作为家的顶梁柱却没有了担当，还给家人增添了牵挂和担心。但一想到我们找到的油田，心里还是充满了自豪！”

……

与西部的员工聊起来，大都谈到以上几个话题。

是啊，自古以来，壮士出征，忠孝不能双全啊。

刚在管理一区二楼会议室坐下，党支部书记梁斌突然出去接了个电话，回来后一脸沉重：“刚有个职工打电话来，他的父亲去世了，他昨天刚从东部回来。”

面对老人的生老病死，他们只有无奈，几千千米的路程，辗转大半个中国，赶回家的时候，只能见到冰冷的骨灰盒……

养老送终是作为子女的大孝，然而，他们成就了最忠的石油赤子，却沦为“不孝”的儿女。

最让他们伤心的是见面时孩子的冷漠。走时孩子小，离别的时间长，再见时有的孩子甚至认不出爸爸。孩子有爹但缺少父爱，那本应该最质朴、最浓烈的血肉之情，却隔膜冰冷，甚至无法补救……

在外已经养成单身的生活习惯，长时间的分离，夫妻感情降温，互不适应。回到家里，胳膊碰到身边一个人，会吓一大跳。

在外沐浴风霜、吞沙饮风，装着一肚子酸甜苦辣，回家却忍受着妻子的埋怨和指责，一时硝烟四起，战火不断，温暖牢固的家出现裂痕，笼罩着冰霜……

“有时，心里感到委屈，也要和老婆争两句，男子汉的尊严嘛，然后再服软，毕竟亏欠家的太多……”男子汉味道很浓的贺彦博诉说着自己的心声。他手中拿着一块金丝玉牌，说 8 月老二要生了，这是给孩子准备的礼物。那晚，他和同事杨军见到我就像见到亲人，在乌尔禾镇驻地的宿舍一直聊到凌晨 3 点半。

有苦不言苦，有屈不能诉，你听，夜幕下，戈壁滩上那声嘶力竭的呐喊……

有痛不能疗，有爱不能言，你看，深夜时分，那紧紧盯着星星的泪眼……

有梦不能圆，有情不能牵，你说，戈壁滩上的脚步有多重？那黑油油的笑脸、干裂的嘴唇、油乎乎的大手，对磕头机诉说了多少爱恋？！

听着一个个平凡而撞击灵魂的故事，我心潮澎湃，不能平静。那晚，我眼含泪水，写了一首《为了谁》的歌词：

“泥巴缠满工衣 / 骄阳蹲在衣背 / 我不知道你是谁，我却知道你为了谁 / 为了谁，为了新春梦更美 / 为了谁，为了共和国展翅飞 / 你是谁，为了谁 / 我的石油兄弟何时回？”

当我从西部归来，我要说：

兄弟啊，珍惜吧！珍惜你与亲人团聚的日子，当你陪在父母身边、儿女萦绕在膝前，你可知道此刻大漠中孤单的身影，望着一轮月牙泪流满面？

姐妹啊，热爱你的岗位吧，当你坐在温馨的办公室，你可知道戈壁上那红色的身影正在饮风吞沙饱受大自然的摧残？

同事啊，当你拿到丰厚的工资奖金时，你可知道这里面有你的付出，还有他人的血汗？

亲爱的战友，当你享受美好生活的同时，有人一直为你负重前行！

“选择了新疆，我们值了！”新春人满怀自豪地说。

15年过去，既短暂，又漫长。

从3口试油发现井到1000多口生产井，从零到年产百万吨，从孤零零的几排野营房到集办公、住宿、健身的绿茵成片、鸟语花香、蔬菜果树生长茂盛的石油基地。

弹指一挥间，前行的路上有绊石，有阳光，有泪水，有欢唱，有孤独，有坚守，有牺牲，有收获……

谈“蜱”色变

一到新春，公司领导、机关人员就反复叮嘱我们：“千万要注意蜱虫，不能让它咬了！”

哈，什么虫子这么厉害？堂堂七尺男儿、石油铁人，天不怕地不怕，还怕你这小小的刁虫乎？

雕虫小技罢了。

“哟，可别小瞧这小小的虫儿，它的毒性很强哩，钻进人的血肉，专吸人的鲜血，会鼓起很大的包，运气不好的话，还会危及人的生命呢！”

于是，心中便有了会会这“天敌”的期盼。

第三天早上，我们从克拉玛依出发，一路向天山进发。车子大约行驶了1个多小时，已到公路的尽头。路边是几座白蓝相间板房围起的小四合院，这是采油排10西站，相当于过去的采油队。

中午时分，站上胖乎乎的厨师一直笑嘻嘻，家中来了亲人，高兴得像中了大奖，给我们准备了一篮子蒸包。每人吃了几个后，便急急地向油井上赶。

这儿地处塔城地区乌苏市石桥乡铁架子牧民村哈萨克族甘家湖保护区。

越野车在搓板路上蹦蹦跳跳，颠簸的肠子快要断了。前面的车屁股后面扬起一股尘烟，好像拖着一条长长的白色尾巴，后面的车不得不踩刹车。大约行驶了20多分钟，远远看到茫茫戈壁滩上孤零零坐落着几栋板房，这儿便是苏1-2小站了。

听到动静，走出来一位黑瘦干练的中年男子，他叫马伟才，1973年出生。板房门口挂着厚厚的棉质门帘，防止热浪闯进室内。一会儿，又走出两位穿红工衣的采油工。他们都来自现河采油厂。这儿手机信号弱，电视节目也很少收到。实在无聊，他们从家里带来一只花猫，成为相依的伙伴。

“有蜱虫吗？”

“嗨，多的是哩！”

马伟才便从地上搜寻起来。

“看，这就是呢！”一眨眼的工夫，他便找到一只。这虫看上去类似于东部的潮虫，半个指甲大小，长着无数条腿，爬起来很快。同行的几位作家一番好奇，纷纷举起手机拍照。

“我代表胜利判处你的死刑！”我抬起右腿把所有的仇恨集聚在一起使劲踩下去，脚硌得生疼。蜱虫一动不动，哈，再叫你嘚瑟。几秒钟过去，它突然快速爬起来。

“这种东西是踩不死的，必须用火烧或者搓死它！”马伟才拿起一块石头，按住蜱虫来回搓了几下，它终于命丧黄泉。

我想到了《西游记》中的白骨精，莫非这也是白骨精变的？真没想到这害人的虫子生命力竟是这样的顽强！

长期与蜱虫作战，前线的采油工们便有了丰富的经验：平时工衣里面套着秋衣秋裤，袖口扎进袜子里。每天晚上睡觉之前，抖搂几下衣服，发现蜱虫立即处死。就这样，晚上一觉醒来，还是经常发现有蜱虫在身上爬。

“你们不怕吗？”

“时间一长都习惯了。”回答的轻描淡写。

小小蜱虫袭击了我的魂灵，于是在朋友圈发了几张大漠、戈壁滩石油人的照片，写了3个字：我想哭。很快收到刚加微信好友的几位采油工回复：“其实，蜱虫并不可怕，我们被咬的时候，点一支烟就能把它烫出来……”

我更要哭！上次是怜悯，这次是敬佩。

前天，听新春的工友说，和我们前后脚来了4位EAP女工作者，到前线为职工做心理辅导，第二天有一位肚子上被蜱虫咬了，头钻到肉里，到了医院打了麻药做了手术才取出来。

新“墙头记”

寒风嗖嗖，星儿发抖，一轮镰刀似的月牙挂在西天之上，室外温度零下42摄氏度。春光油田的一座联合小站，几座板房内传出熟睡的鼾声。这时，西边的围墙上出现两个黑影，一会儿交头接耳，一会儿弄出不大不小的响声。

“谁？”突然，一声大喊，从值班室窜出两个人来，耀眼的手电照着墙头。

“下来！不许乱动！”在一声威严的命令之下，两个黑影乖乖地从墙上跳了下来。

“啊，怎么是你俩？鲍书记、梁主任！”

抓到的“贼”是集输管理中心党支部书记鲍振兴、主任梁斌。

原来，为了检验值班职工的责任心，抓好现场管理，爱较真、知识分子出身的鲍振兴提出了爬墙头、“以身做贼”的计谋。

被“骗”的站长

那还是十几年前。

高高的胡杨、碧绿的棉田、连绵的沙丘……如诗如画，人间仙境，真是太美了！刘长军收到了在新疆工作的朋友发来的一组照片。

于是，他对新疆产生了向往，每夜都是西部梦。

机会终于来了！

2018 年 12 月底，现河采油厂从运输公司手中接过油井生产运维的任务，刘长军放弃了舒适的物资供应工作岗位，争先报了名。

2019 年 1 月，他终于圆梦成真。

哈，比照片还美哩。初来乍到，辽阔的戈壁、湛蓝的天空、悠悠白云、奔跑如飞的黄羊……空旷大美，自然风光，一切都是那么新鲜。

然而，一个月过去，这些新鲜的画面犹如采摘的新鲜蔬菜，时间一长开始发黄变质了。

10 月，冬天急不可耐的光临。室外零下 40 摄氏度的低温，冻得骨头疼痛麻木，几十厘米深的白雪堵塞了道路，进出非常困难；撒一杯水，空中好像燃起了一串爆竹噼里啪啦，像雪花在燃烧；用斧头劈柴，斧头脆裂；钢铁的输油管线、闸门时常被冻裂。因采购困难，上一顿土豆、圆葱，下一顿圆葱、土豆，吃得人直反胃。

唉，被骗了，上当了！他后悔得直跺脚。

然而，时间一长，他像一棵胡杨扎下了根，慢慢地喜欢上了戈壁滩。看到自己倾注了大爱的油井，焕发出勃勃生机，他找到了人生的价值。就像蹦极一样，虽然充满着艰险，但十分刺激。

痛并快乐着。

他主动要求到最偏远的排 10 西站——这是新春重点产油区块——担任副站长。全站一共 18 人，管理着苏 1-2、苏 1-5、苏 1-6、苏 1-21 四座小站。

每天他像一台连轴转的机器，穿着一身洗得发白、油乎乎的红工衣，脸蛋儿晒得乌黑发亮。每天早上 6 点钟起床，相当于东部的凌晨 4 点，天还一片漆黑。脸来不及洗就赶往井场装罐，开闸放油，在站台上一直盯着，防止冒罐。

其实，是舍不得洗脸，水珍贵哟，都是用车从外面拉来的。

在岗值班干部 8 点之前整理好资料向管理区上报，吃完早饭后 9 点召开晨会，对站上工作逐项安排，然后到各座小站巡视。午饭经常错过饭点，下午 4 点对各站的资料汇总研判，安排好夜班。晚上 8 点开饭，9 点之前到各井场，既是巡查，又是干活。井场坑洼不平，“三标”工作量非常大。他们拿着铁锨、扫把一干就是几小时。凌晨 2 点、4 点、6 点再到现场装罐。

有一次，凌晨 2 点钟巡井途中，因为戈壁滩土路坑洼不平，他一不小心突然摔倒，膝盖骨裂。他没吭声，继续坚持在岗位上。见到他时，走起路来一瘸一拐，原来，还没好利索。

清晨，初升的太阳照在天山上，多姿多彩，犹如当年唐僧西天取经的佛教圣地，宝光四射，撼人魂魄。

天山近在咫尺。然而，望山累死马。排 10 西站与天山直线距离还有 50 千米左右呢。

美丽的天山景色让人心醉。他喜欢上了摄影，每天转上十几千米，拍朝阳、摄夕阳，然后发到朋友圈共享。回家的时候，他还花钱买了单反相机和镜头，下一步还准备购置无人机哩。

讨饭的狐狸

“呃—呃—呃—”马伟才站在小站的铁丝网跟前，发出了一种特殊的呼唤。

这是他与一只狐狸接头的暗号。

接着，他打开手机视频，播放了狐狸讨饭的过程。

那天，他正在厨房做饭，突然听到一种奇怪的叫声。天哪！竟是一只狐狸！深棕色的毛发油光发亮，拖着长长的尾巴。

小家伙并无恶意，似乎说饿了，想讨点吃的。马伟才明白过来，扔出一个鸡蛋，狐狸扑上去一阵狼吞虎咽。接着，他又送过去一个馒头。看来狐狸真的饿坏了，几分钟工夫，馒头吃得一干二净。马伟才又送给它一杯子水。吃饱喝足之后，狐狸回过头来，对着马伟才“呃—呃—”叫了两声，似乎表示感谢。然后，从铁丝网的洞里钻出，一溜黄烟消失在茫茫戈壁滩。

从此，马伟才与这只狐狸交上了朋友。他知道狐狸就住在附近，与它达成了默契，只要他“呃—呃—”叫几声，狐狸便赶过来。

然而，今天这只狐狸却没给马伟才面子，让他很是扫兴。也许，看到人多，怕有危险。毕竟是一只狐狸嘛，狡猾还是第一天性哟！

回到东部，我们马不停蹄地到现河采油厂采访了几名女职工。她们说，一天傍晚在遛弯的时候，在路边发现一只白色的死狐狸。她们便用铁锨在戈壁滩上挖了一个坑，把它葬了。虽然是一只动物，也不能暴尸荒野啊。

在新疆，狐狸不怕人，也许它们读懂了红工衣石油人的善良和情谊。

神秘的胡杨林

从苏1-2小站出来，我们继续前行。路越来越难走，到了沙洼地带，高高的沙峰，深深的幽谷，稀疏的沙棘……翻过几座沙山，跨过一个又一个峡谷。大漠深处的一块平地上，立着一台深蓝色的链条式抽油机，旁边是一个方形的油罐，几十米远是一座小板房，里面柴油机隆隆作响。这是一台柴油发电机。在这荒无人烟的地方只能靠柴油机发电了。里面有一位戴着蓝色头盔、身穿红工衣的老工人正在维护设备，古铜色的脸庞写着一份认真，头始终不抬一下，衣被已经湿透。咔嚓咔嚓，我用手机为他照了几张相。

其实，戈壁、大漠是骨肉相连的姐妹。同行的油田作协主席马行是全国著名的诗人，他写的诗歌大都是关于戈壁、大漠、沙丘、无人区，他曾先后50多次来新疆体验生活。他是这样定义的：有石子的地方就是戈壁，没石子的地方就是沙漠。

车子继续前行。沙峰逐渐不见了，地势平坦了许多，又是戈壁滩地段，一簇簇红柳恣意生长，那粉红的花儿像维吾尔族姑娘羞红的脸蛋儿，于是戈壁滩有了生机和灵气。车子又转了几道弯、爬了几道坡，面前突现一道亮丽的风景：绿意葱葱，树木撑天，浩瀚的原始森林一眼望不到边。在这滴水如金的戈壁大漠，见到如此广袤的树林真乃一人间奇迹！

这是一块很少有人涉猎的地方。大大小小的胡杨按照大自然的摆布，裹着岁月的风霜，雕刻着历史的痕迹，像忠诚的哨兵笔直地站立，沉默不语。倒下的虽然骨肉分离，裸露着坚韧的骨骼，但不屈不挠的灵魂犹在。

我怀着朝拜的敬畏悄悄地走近，抚摸着粗糙的树干，聆听岁月的回想，寻找穿越历史的蛛丝马迹。这些顽强的胡杨也许经历了几百年、上千年，见证了时光的轨迹和朝代的更替，聆听了金戈铁马、驼铃声声，记录了丝绸之路的繁荣和衰败，这应该是一部活着的史书啊！

太震撼了！

如果可能，我就在这森林腹地建两间茅草房，与胡杨为伴，种菜养花，享受大自然的馈赠，逍遥如仙安度余生，岂不快哉？

66 岁的马祥民老师做起了“世外胡杨梦”。

“呀，这儿竟有一块白骨！”我的脚下有一根长 60 多厘米的皑皑白骨，令人毛骨悚然。

49 岁的女作家黄丽跑了过来，二话没说拿起来就夹在腋下。天哪，这胆大的人哟！

车子顺着林中弯路继续前行，想绕出去。车到山前必有路嘛。然而，哼哼唧唧跑了半个多小时，竟到了终点，是一座牧民小屋。无奈，只有调头返回。这时指示表显示室外温度已达 48 摄氏度，空调呼呼的开到最大，却感觉不到一丝凉爽，衣服全部被汗水浸透。

驶出胡杨林的时候，我们长长舒了一口气。这时，太阳刚刚下山，已是夜里 10 点半了。

回来听油井上的职工说，我们去的是甘家湖林场，总面积 391.92 万亩。

夜战成 6 井

位于准中区块的管理二区，井少、产量低、分布散，地处偏远，位于中国第二大沙漠——古尔班通古特沙漠。每年春秋冬三季，沙尘暴肆虐，铺天盖地，遮天蔽日，白日如昼。四处沙丘连绵，一片死亡之海。成 6 井屹立在沙漠腹地，忠诚地履行着职责，叩打着地宫之门。

已是傍晚 10 点钟，太阳还一丈高呢。一位穿着红工衣、50 岁左右的采油工骑着电瓶车来到井场，黑红的脸蛋儿好像铜铸一般，挂着一脸的汗珠儿。红工衣发白，油乎乎的，背上一道道白碱，湿一块干一块，后面跟着一只小黑狗。他们住在小站上，离这儿还 15 千米远，每两小时就要巡视一遍。

他围着井口仔细检查，忽然，好像听到“嘶嘶”的声音，若隐若现。他把耳朵贴到管壁上，声音高出了许多。不好！肯定是四通泄漏！他迅速跑到附近的沙丘顶上，给站上打电话汇报。

半个小时后，站长、技术员赶到，经过反复研判，确定是大四通泄漏。凌晨 1 点钟，井下试油队的工作人员赶到，把螺丝逐个紧了一遍，似乎声音消失了。试油队的人员撤走之后，天已开始蒙蒙发亮。这时，那位采油工又听到泄漏的声音，用肥皂水擦拭四通冒气泡。

第二天傍晚，泵车到位，开始压井、上作业、摆井口。正在阿拉德巡视的新春公司副总工程师、管理二区经理智卫东饭都没顾得上吃，急忙向董 701 区块赶，一天行驶 1000 多千米，吃了一顿饭。

他一天两夜盯在现场，困了就到驾驶室内眯一会儿。正逢盛夏时期，白天热得脸上脱皮，晚上冻得穿着棉袄直打哆嗦。泵车司机操作了七八个小时，累得实在受不了。智卫东安排现场职工轮班操作，压进 5 车压井液，故障终于排除了，油井恢复了生产。

漫漫人生路

那是 2020 年的冬天，47 岁的鲍朋军从现河采油厂来到了新疆，被分配到沙漠深处的准中注采站。井场有 3 座简易板房，其中两间宿舍，一间厨房。这就是工作、生活的新家了。

天哪，咋会这样？

初来乍到，看到周围一眼望不到边的沙窝子，死一般沉寂，找不到一点生机，好像一下陷入了地狱一般。虽然临来之前，心理上做了充分的准备，却没想到这么空旷、这么枯燥、这么荒凉！

哦，怪不得古代有发配边疆的处罚呢。

七八平方米的宿舍，好像纸糊的，冻得人骨骼咯吱咯吱响。开着空调，冰火两重天，上面光着膀子，下面捂着被子瑟瑟发抖。白天，映入眼帘的是单调的黄白，压抑得让人发疯；夜晚是茫茫一片漆黑，令人头皮发麻。一个小站，两人轮值，一个上夜班，一个白天值班。其实大部分时间都是一个人独来独往。起初，夜晚巡井的时候，他的头发都会竖起来，听说常有野狼出没呢。

那夜，在巡井的路上，突然一缕黄光闪过，他打了一个激灵，原来是一只野兔，吓得他心脏差点蹦出来。回到驻地，看到灯光下错落有致的油井管线，他围着转了两圈，突然灵感闪现，掏出手机对着管线照了一组照片，发到朋友圈，标题是：漫漫人生路！

是啊，路漫漫，时光漫漫，我的人生坐标在哪里？

回到宿舍，他又悔又屈，号啕大哭，那声嘶力竭的声音，在漆黑的沙丘上跳出很远很远……

“那你为什么选择新疆呢？”我提出了疑虑。

他一边提醒着我，别站着，蜱虫闻到味一会儿就爬过来，一边认真地回答着我的问题。

“新疆虽然艰苦，但为了石油总要有人来嘛，我来了就会少一个人受这份苦，做人，不能总想着自己，要有奉献有牺牲，再说，一年多挣几万元供孩子上大学哩！”

掏心窝子的话，没有半点水分。多质朴的石油兄弟啊！我的眼睛突然润湿……

“杨铁人”的故事

性格内向、不善言谈的杨国华，是一名“老新春”了，已经有 12 年的“疆龄”。1974 年出生的他，先后担任过生产保障中心经理、管理区副经理、物资保障和地面建设中心经理。

2009 年刚来新疆的时候，他与另一名同事分配在排 601—平 58 站。地处沙漠 50 千米腹地，没有人烟，没有水，管理区一周送一次补给。身上结了厚厚的泥层，痒得晚上睡不着觉，只能半个月出来洗一次澡；手机没信号、没网络，与外界隔绝。

他一待就是 10 个多月。

2011 年 11 月，新疆出现几十年不遇的极寒天气，零下 48 摄氏度一连持续 20 多天。井口频繁出现卡泵的故障，必须用吊车把光杆提出来，上下活动，清除结垢。24 小时不间断作业，吊车干一会儿就必须缩一下吊臂和撑腿。有一次，因收缩不及时，撑腿冻着收不回去。作为现场指挥员，杨国华站在外面，羊皮袄冻透，棉工鞋冻成板，一回到板房脚丫子发痒。这样常常一干就是一个通宵，一直忙活了 2 个多月。

2011 年大年三十的那天，排 601—平 56 井发生断拖的故障。杨国华迅速赶到现场组织抢修。经过作业队几个小时的紧张施工，终于打捞上来。这时到了该吃年夜饭的时候了，杨国华又组织大伙儿包饺子；吃完后，把剩余的饺子放在车顶。外面是天然的冰箱哩。那时候后勤人员常常集中包上三四天，一次包 3 万多只饺子，装进麻袋放到屋顶，随吃随取。

刚来新疆的第一个月特别难熬，夜深人静的时候是想家的时候，夜夜流泪。为了转移视线，他组织了由 7 人组成的骑行队，晚饭后，出去溜一圈七八十千米。

最让他心痛的是回家。他有两个儿子，老大今年 16 岁，老二 4 岁。刚来新疆时，大儿子才 4 岁，分别六七个月回到家里，儿子不叫爸爸。老二 1 岁多的时候，他回到家里却不让抱，远远地用陌生的眼光打量着他。

杨国华从手机上找到一张 4 岁小儿子所作的画：整个画面是一座机场，有飞机，有汽车。大概是盼着爸爸坐着飞机早日归来哩。小儿子没见过机场，完全凭自己的想象所画。

“其实，特别盼着回家，天天看日历，翻着翻着情不自禁地掉眼泪……”

现在，他又 10 个多月没有回家了，负责一项重点工程——7 号燃煤注汽站的现场监督和协调。工程由胜利油建承建，计划 6 月投产，正在调试阶段。

隔窗相望

许士波是管理一区的生产调度，2020 年底孩子考上大学后，妻子王晓燕随现河采油厂西征大军来到新疆，成为井队的一名资料员。为了回家照看老人，夫妻两人错开轮休时间，你来我往，因此，在疆虽然近在咫尺，却很少能够团聚。2020 年春节前夕，一场史无先例的疫情迅速蔓延，打了人们一个措手不及，惊扰了全世界人们正常的生活秩序。按照新疆防控要求，全城戒严，全民静止。因此，虽然同在一个大院上班，夫妻俩竟然几个月没有见面。

那天，许士波刚从东营返回乌鲁木齐机场，王晓燕在登机楼准备乘坐返回东部的飞机。

“嗨，我在这呢！”许士波隔着宽大的玻璃窗向妻子招手。王晓燕无动于衷，瞪大眼睛四处搜寻。许士波掏出电话，终于听到妻子亲切的声音。夫妻俩隔窗相望，挥手致意，在电话里互相嘱咐两句。

短暂的一分钟过去了，夫妻的身影在各自的泪眼中消失……

被“打败”的胜利者

来去匆匆，大部分时间在路上，11 天的新疆行程很快过去。刚一回来，来不及休整，紧接着又是采访。

那天下午，我们来到现河采油厂二楼会议室，与 3 位西部归来的女工聊了起来。

女人在哪儿，哪儿就是家啊！

她们怀着为采油厂创效、为国献油的使命，像飞天一样来到让人欢乐让人忧的大漠戈壁。

酸甜苦辣，五味俱全。

“去新疆太值了！”这是她们的最终定论。

戈壁的风锤炼了她们，大漠的沙成就了她们，西部的胡杨、红柳铸就了她们！柔弱的肩膀锤炼成钢，娇柔的身躯打造成铮铮汉子。

今年 48 岁的刘延红是个直性子，快言快语，喜欢打排球、羽毛球，是一名体育健将。2017 年男人要去新疆，送别的时候，好像要送亲人奔赴战场。大客车刚刚启动，她早已哭成泪人。

男人离开 16 天，她哭了 16 天。

那天，没想到丈夫突然出现在门前，脸蛋儿乌黑似碳，嘴唇上暴起了一层层皮，让人心痛。

“什么？让人家赶回来的？”她破涕为笑。

真没用，还是一个大老爷们呢。让甲方清退丢不丢人哩？

她是一个不服输的人，想有机会替男人挽回这个面子。

嗨，没想到这机会还真的来了哟！

现河采油厂承包了新春油井的运维任务，刘延红争先恐后地报了名。

2019 年她随队来到了新疆。

初来乍到，一切从零开始。当时，她们租的民房住，9 个人住一套 60 平方米的房子。人多太吵闹，生活像劲风吹海涟漪滚滚，打破了平静。刘延红是一位既爱热闹、又喜欢安静的人，没有家的感觉令她焦躁不安。时间稍长，她竟患了抑郁症，每天晚上睡不着。

失眠的滋味生不如死哟！

逼到绝路，她想到了心理医生，给一位曾经在单位授课的 EAP 工作者李秀峰打电话。李老师是一位热心人，每天与她通 1 个多小时的电话，帮她分析根源、出主意想办法。

祸不单行。

9 月她得了腰椎间盘突出，疼得直不起腰来，精神恍惚，一下瘦了十几斤。实在没办法，她吃了止痛药，坐着火车回到家里。

唉，真没想到自己也从战场上打败撤了下来，她打心眼里憋屈。

躺了 2 个月，没有一丝好转的迹象，心率达到 100 以上。家里人联系了精神科的医生，准备送到八分场精神病院。

“回来吧，咱们这个大家庭需要你呢。”管理区书记梁斌一个劲地劝道。

母亲也劝她回去：“治不好我去接你！”

就这样，她又回到了新春管理一区。

同事们给她亲人般的温暖。班长吴小义给她买来水果和药物，徐大姐搬进宿舍事无巨细照顾着她。管理区的领导一有空就来探望。

每天她被感动着，每时在激动中度过。

温情是疗伤的良药哩。

半个月过去，她能熟睡了；一个月过去，她又成为当年的体育健将，能打球了！

“其实，最让我感动的是各级领导的关心，他们真的把职工当亲人！”

当时她腰疼起不了床，管理区领导开车拉着她去医院，跑前跑后。舍友魏孝华的父亲胃出血，下了病危通知单，书记梁斌又亲自开车把魏孝华送到乌鲁木齐机场。每逢过节的时候，采油厂主要领导都是来到一线与职工同桌吃饭，拉家常问寒问暖……

“您说，有这样的好领导，我们就是累死也值得啊！”

这是一位职工的肺腑之言，现在听到这样的心声很难，很难！

这使我想起了一张旧照片：油田会战时期，时任山东省副省长、胜利油田会战指挥部总指挥李晔，挽着裤腿，光着膀子与职工们抬钻杆……那时候，这检查、那考核少得很，职工们却干劲冲天，革命加拼命！

干部有多重，群众是杆秤，以身示范就是最好的思想政治工作！

但愿我们的领导干部都能体会到这个道理。

子夜送蛋糕

那是 2021 年 8 月 29 日，沉重的夜像一层厚厚黑布遮住了天山、覆盖了戈壁。

在胜利油田新春基地职工宿舍楼的一间宿舍内，却传出轻轻的谈话声。躺在床上的王玉香毫无睡意，心中好像放着大冰块，凄凉不舒坦。

今天是她 47 岁的生日啊。如果在家里会收到许多亲友的祝福。舍友王新丽却兴致勃勃地与她拉着家长里短。

这时，已经 11 点 58 分了。

突然，门被打开，王玉香吓得一股碌爬起来，下意识地用被子裹紧身子。班长吴小义与另一位同事端着蛋糕、点着蜡烛、唱着生日歌走了进来。

“快许个愿吧！”

王玉香双眼紧闭，含着泪水，双手合十默默地许了 3 个愿，然后睁开眼睛一口气把蜡烛吹灭。

掌声如雷，一片欢呼。

“说说你许了什么愿啊？”大伙儿急不可耐。

“好，我许的第一个愿呢，是希望咱新春打出更多的油，永远年轻如春。第二个心愿呢，是希望咱姊妹兄弟的老人健康长寿、孩子学业有成。这第三个心愿嘛——”

她卖起了关子。

“就是男士想着老婆，女人念着老公！”

“哈哈——”

一阵大笑，从窗户里传出。院墙外，嗖——一只黑色的动物飞速穿过，不知是野兔还是一只狐狸……

泪洒红柳

那是 2020 年初，鹿新红刚来到新春不久，接到弟弟的电话：父亲肺癌去世，希望她能回来见上最后一面。此时，恰逢疫情肆虐，新疆采取反恐般的防控战略，全部戒严，人员静止，严禁出入。

鹿新红心急如焚，泪如雨下。

她的女儿刚刚考上大学，供一个大学生一年大概需要 4 万元。作为单亲家庭，无疑经济压力很大。采油厂要组织采油工来新疆，无牵无挂的鹿新红报了名，一是多让一个家庭享受天伦之乐，二是多挣点钱让孩子经济宽裕些。临行之前，她刚刚还完房贷，两手空空。

“这是 5000 元你带上吧，去新疆没生活费咋过啊！”母亲把一沓厚厚的钞票塞到她兜里，鹿新红鼻子一阵发酸。

应该是孝敬老人的时候了，现在却“搜刮”爹娘的钱。父亲身体一直不好，时常住院，日子过得十分拮据。她发誓到新疆攒点钱为老人应个急。上次回家的时候，父亲正在住院。她一连陪了老人几天，耄耋慈父病入膏肓，此刻需要子女的陪护，更需要医疗费用。无奈，她交完住院费后，提前返岗。怎料这竟是与父亲的诀别！她心如刀割，恨不得插上翅膀飞回老人身边，呼唤回渐走渐远的父亲。

她忍着悲痛，没对任何人讲。

春天的新疆天黑得早，太阳早早回家关门休息。5 点钟，鹿新红悄悄溜出宿舍，在一棵高高的红柳下，燃起一堆写满字的白纸，面对东方双膝跪下。

这儿本身前不着村后不着店，况且又是封城期间，她买不到烧纸，在几个办公室划拉了些办公废纸。

火苗呼啦呼啦，好像父亲沙哑的语音，那是沉重的嘱托：好好工作，照顾好孩子……

寻梦：我们拥有同一个姓氏叫胜利

一树难成林，一木难撑天。

开发油田，只靠采油厂不行，还需要其他生产保障单位的相互配合、通力合作。

前 10 年保油上产任务不大，对于 17 支驻疆生产保障单位，他们只是甲、乙方关系。

2021 年 6 月，中国石化集团公司召开了高质量发展推进会，对准噶尔盆地提出了“十四五”新发展目标。

目标宏伟，压力巨大。

17 支队伍各为其主，群龙无首。

新春公司审时度势，提出“一家人、一条心、一起干、一起拼”“同开例会、同上党课、同向努力”的“四个一”“三同”工作理念，将 2000 名胜利人紧紧凝聚在一起。

我们拥有同一个姓氏，在家靠“父母”，出门靠兄弟。一个好汉三个帮嘛。

“同门”理念打造了西部胜利“家族”航母。各生产保障队伍，尊“春风”为大哥，一切围着甲方转，全心全意为石油，“群龙无首”齐头飞，谱写了一曲西部胜利团结奋进、铸造辉煌之歌！

“不务正业”的运输人

“喇叭一响，黄金万两。”

20 世纪七八十年代，运输战线是令人羡慕的行业，天南海北，跨山越河，饱览美景，见多识广。然而，随着油田的改革发展，1993 年运输就被推向市场，成为“最早吃螃蟹的人”。

市场的大风大浪锤炼了胜利运输人的筋骨，也陶冶了他们的思想观念。

1996 年 5 月，塔里木勘探项目部成立不久，“鼻子长”、嗅觉灵敏的运输公司充分了解到新疆原油市场的信息，“缠上了”西部，不但揽下原油运输任务，而且把油井的生产维护工作也承揽下来。

对于靠车轮子吃饭的运输战线来说，采油行业可是一窍不通啊。

但市场就是机遇，机遇就是效益。“不务正业”的运输公司开始招兵买马，培训员工，奔赴油井。两条腿走路，一边是车轮滚滚，一边是铁树高歌。

今年 52 岁的蒋军长得五大三粗，是运输分公司新疆项目部副经理，新疆土生土长的人，父亲是一名“老石油”，住在乌鲁木齐。他来胜利油田工作后，2010 年外闯市场回到新疆。先后在塔河、西北局、伊犁等市场从事运输服务，亲历了胜利西部从小到大、从弱到强的发展过程。

那年春节探亲，他刚回到父母身边，还没来得及喘口气，突然接到从塔河到奎屯的搬迁任务，两地相隔 1100 千米。他二话没说，迅速出了家门，从乌鲁木齐直接赶往塔河，按时完成了任务。

2012 年新春采油厂从西北局撤出来以后，运输 40 多台油罐车集体失业了。

不能坐以待毙啊！

经过多方联系协调，他们承揽了中国石化成品油公司拉送油任务。2013 年为保证新春采油厂的原油运输任务，他们主动放弃了西北局的外部市场。

市场不固定，驾驶室就是流动的家。新春基地投产以后，胜利人才有了固定的家园，所有胜利队伍集聚在一起。蒋军和他的弟兄们终于住进了板房。

2013 年 1 月，气温达到零下 45 摄氏度，一连三天车打不着火，16 台车全部趴窝。如果联合站的原油不能及时拉出去，就会发生冒罐，不但造成资源浪费，还会对环境造成污染。

外面滴水成冰，蒋军心急上火。他们两人一组，用喷灯烤，用开水浇，刹车终于松开，油罐车不情愿的哼哼唧唧上了路，按照要求高质高效完成了任务。

为了一口新井，运输公司在资金紧张的情况下，咬着牙买了 2 台新车。20 年来，他们一直把原油放在第一位，没掉过一次链子。

2020 年疫情来临，新疆采取封城封路的措施，对于运输行业来说，困难重重。为了工作方便，他们用一天一夜，将驻地从独山子搬到奎屯。一间十几平方米的会议室，打地铺睡了 20 多个人。为了保障吃饭，他们派专人到市场上抢购土豆和白菜。

那天下午接到通知，连夜到管理一区开会，有七八千米路段禁止通行，市场副总监、支部书记李善伟，项目部经理温金勇步行赶到会场。那段时间，从奎屯到克拉玛依、从奎屯到乌鲁木齐的公路上，只有胜利运输的车在跑。为了防止疫情传播，每台车的驾驶室门上被贴了封条，不准司机下来。正逢夏季，驾驶室内温度达到 50 摄氏度，许多司机鼻孔出血，不敢喝水，一天做好几次核酸检测，满手都是针眼……人卸车不停，一天两趟，来回四次，保证原油正常运输。

疫情是一次严格的考验。

胜利运输新疆项目部的驻地，与中石油运输公司、地方运输公司同在一座办公楼。今年 4 月初的一天晚上 10 点钟，社区通知 12 点准备封院。原来，中石油运输公司有次密接。55 台车迅即转移，当晚全部职工在车上过夜。每台车上配备了矿泉水、方便面，在外面打了一周的“游击”。

刘耀洋是项目部办公室主任，2008 年来到新疆，培训了一个月的采油业务后，晚上与另一名职工张卫东接管了一口新井。当时正处于寒冬季节，井上停电，在外面待上几分钟全身冻透，头发、眼睫毛都是冰霜。进了值班室的板房也不敢停下来，只有来回走动，否则，一会儿双腿冻麻不能动弹。晚上躺在床上，沙鼠窜来窜去，还咬人的耳朵。

2020 年 6 月妻子带着孩子来疆探亲，7 月第二轮疫情暴发，他天天开会，把妻子放在楼上宿舍待了 37 天，一天只吃一顿饭，土豆炒圆葱。临走的时候，4 岁的儿子说：“我再也不来这个鬼地方了！”

2018 年 12 月 31 日，按照油田“让专业人员干专业的事”总体部署，现河采油厂从运输公司手里接管了新春的油井运营任务。

被“监视”的母亲

每天晚上 9 点半之后，忙碌了一天的王国立终于闲了下来。他掏出手机打开视频，上面显示 80 多岁母亲的一举一动。

因为新春的油质特稠，需要锅炉产生蒸汽注入地下。专业的人干专业的事，烧锅炉胜利发电厂最专业。2011 年 4 月 24 日，胜利发电厂新疆项目部成立。第二天，项目部经理腾玉强一行 9 人踏上了辽河油田 48 吨链条炉运行维护的取经之路，深入学习了注采锅炉相关的理论知识和运行维护经验。

2011年6月，腾玉强带领第一批9人来到天山脚下，做项目前期准备工作。新春采油厂的领导指着戈壁滩上一个深深的基坑："这就是北区注汽站。"

11月17日20时，北区注汽站#1炉烘炉、煮炉、注汽并网一次成功，创造了胜利电厂速度。

2013年底，王国立在先期入疆同事们的感召下，迎着凛冽的寒风、踏着皑皑冰雪来到了新春，担任项目部党支部副书记。

风尘仆仆进疆，头脑中美丽的天山、茫茫草原牛羊遍地的景色，被眼前孤零零的厂房、茫茫戈壁所代替。不久，又领略了昼夜温差大、沙尘肆虐大自然的淫威。当时他装了一肚子的悲凉。

入疆9年，他和同事们共同见证了胜利电厂在疆的发展壮大，二号、五号注汽站先后投产。2017年11月22日，#6站克服重重困难顺利投产，当年完成注汽量69万吨，实现了胜利发电厂新疆项目部年产量突破百万吨的飞跃。

为国献油是责任，照顾家庭也义不容辞。王国立两头兼顾两不误。

父亲还在的时候，他在老人家的客厅、卧室安装了摄像头，每天看看录像。小小摄像头发挥大作用，每天看着父母，他心里踏实了许多。

那是2019年4月5日早上8点钟，当他打开手机时吃了一惊：父亲直挺挺地躺在床上，母亲在一旁又拖又拉，父亲一动不动。不好！他赶紧给大姐打电话，又拨120，向附近的朋友电话求助。

救护车来了。

半小时之后，他接到父亲离世的消息，眼泪夺眶而出，9点钟坐上车赶赴乌鲁木齐机场。

父亲是突发心梗离世的。

处理完父亲的后事返回岗位，无论多晚，他每天深夜回放一遍母亲的录像，监视着母亲的一举一动。

一路狂奔

这是2018年6月8日。

凌晨3点，戈壁滩还在沉睡。胜利新春基地宿舍楼的一间窗户亮起了灯。

原来，胜利电厂新疆项目部5号注汽站站长、48岁的李克洲突然醒了。他感到心脏不舒服，舍友赶紧帮他穿上衣服，立即报告项目部副书记王国立。接到电话后，王国立迅疾警觉起来："快，咱们上医院！"

他急匆匆地穿上衣服，叫上副经理孙宇把李克洲扶上车，孙宇抱着他躺在后驾驶座上，用手捂着他的胸口。王国立驾驶车向克拉玛依一路狂奔。

"哎哟，哎哟——"李克洲疼得直叫唤，惊得公路旁的红柳打着激灵。

快点，再快点！时间就是生命啊。

王国立脸上挂着汗珠儿，他把油门踩到底，银色的越野车在戈壁滩像一头雄狮发疯似的向前冲。

75千米的路程40分钟就到了。他们把李克洲抬上了担架车，一路跑着推进克拉玛依人民医院急诊室。

真是太幸运了！当晚，恰逢心血管科主任值班。

"立即手术！"

凌晨5点30分，支架搭桥手术完成，李克洲从死神怀抱中被夺了回来。

这时，东方一片火红，霞光四射，太阳露出笑脸……

妻子的眼泪

那是2010年10月13日晚上9点钟，忙乎了一整天的曾凯回到宿舍。

"你吃饭了吗？"他深情地问道。

没想到妻子孟倩却呜呜地哭起来，看上去十分伤心。

这是怎么了？一块儿回来不是她也同意的吗？他满腹疑虑。

哎哟，天哪！我咋把这事忘记了？

外面漆黑一片。在这大漠腹地，现在有钱也花不出去。他赶紧给妻子泡了一包方面便，一脸困窘。

真是命中注定与新疆有缘。

1993年刚参加工作时，曾凯分配在临盘采油厂，2010年3月调到运输公司车管中心。运输承包了春光油田之后，因为对采油业务熟悉，他便改行从事油井管理，

2010年3月26日来到新疆，被扔在处于古尔班通古特沙漠腹地的永1—平1井。

这儿抬头只见天、沙漠不见边，只有几栋破旧的铁皮板房，放眼望去一派荒凉，心也随之冰凉。手机没信号，与外面的世界切断了联系。白天巡井，晚上给员工培训。他晒得一张小脸似黑炭，职工们背后都称他为："曾黑子老师！"

在新疆一待就是大半年，10月初回到家里。妻子好不容易盼到他回来，提出要去上海世博会转转，和他再度一次"蜜月"。

火车上，小两口紧紧偎依在一起，妻子紧紧握着他的手，生怕他飞走。

"叮铃铃——"手机响了。

电话是新疆打来的，说13日中国石化要到现场进行生产检查，让他立即返疆。妻子感到很扫兴，一肚子委屈。他立即做起了思想工作：正好到新疆看看，来一次西部旅游，新疆比上海好看的地方多着哩。

孟倩原是供应处临盘供应站的一名职工，十几年没出过远门了。

他吹得天花乱坠。

妻子半信半疑，也实在没有再好的办法，上了"贼船"只能跟"贼"走呗。

没想到一到了新春基地，他把妻子领进板房门一关，人就不见影了。这不，才想起今天是妻子的生日。

"改天请你吃烤羊！"他又许诺。

"哼，鬼才相信你呢！"妻子白了他一眼。

其实，曾凯是一位非常讲信用的人，但因为石油，他"失信"于妻子。

迎检结束后，他把妻子送到乌鲁木齐机场。临别的那一刻，孟倩双眼中满是泪水……

黑脸蛋上的"高原红"

"我是被领导骗来的！"说起来新疆的经历，个子不高、胖乎乎，今年35岁的胜利地质录井公司新疆项目部主任师何标儒一脸激动。

2010年长江大学勘探开发专业毕业后，他被分配到胜利地质录井公司。第二年7月的一天，队长把他叫到办公室，又是倒茶又是递烟，十分热情。

"年轻人嘛，要到艰苦的地方锻炼一下自己，尽快地成长起来，以后这天下还是你们的哟。”

队长一阵高谈阔论之后，才谈到正题。

“这样吧，你先到新疆实习几个月！”

年轻的何标儒愉快地答应了。

没想到，人刚到新疆，关系也给转了过来。他这才明白：被领导“骗”了。

沮丧、徘徊过后，他横下心来：干就干出个样子！

2019 年车排子 601 井、602 井，施工队伍已达 31 支 102 人。他们住在乌鲁木齐，主要阵地在准中、准西。

地质录井，被称为“胜利探索者”，主要负责现场地质录井、水化评价等，进行流体检测分析流体特征，为井筒安全预测监督提供技术服务。车排子会战期间，他一天待在井场 20 多小时，白天毒辣辣的阳光照在脸上嗞拉拉响，脸黑了，嘴唇暴起了皮。

那 1 个月他们干了 4 口井。

2014 年他随队伍转战甘肃敦煌、青海、宁夏等西部市场。2018 年在青海会战时，出现严重的高原反应。但他没有停下来，与大伙儿肩负柴达木盆地区块的突破任务，像高原上的一只雄鹰，搏击风雨，展翅飞翔。7 人在高原完成 5 口井，实现了大突破战略。

也许青藏高原记住了这位优秀的小伙子，为他刻上了印记。他的脸上遍布一块块红色的斑块，不痛不痒，到医院检查吃药打针也没效果。

“这就是高原红哩！”

哈，这小伙子还真幽默！

去年他在准北 601 井坚持 5 个月，出色地完成了无筒取心任务，在永进 1-1、永进 1-3、永进 1-15、永进 1-12 等探井取得良好的油气显示。

其实，他理解当年队长的苦衷。

队伍普遍老化，大多数人达到 50 多岁，外部市场年轻人就要打头阵啊！“骗”也是无奈。

“西部还是来对了，锻炼了我、成就了我！”何标儒感慨道。

脸上那一块块“高原红”，像一朵朵彩云更红了、更亮了……

"中国纯梁"

董1井位于准噶尔盆地中四块董家海子东构造，距离阜康市西40千米处，是胜利油田进疆后打的第一口高产油井。

井场前立着一块高2米的黑色石碑，上书"董1井"3个大字。令人惊奇的是，背面落款"中国纯梁"，一时从西部传到东部，成为笑谈。

那是2004年，胜利油田新疆勘探项目部准备在准中勘探一口重点井——董1井，设计井深6300米，由塔里木第三钻探公司7012钻井队承钻施工，2003年5月13日开钻，9月5日获得高压油气。2004年冬天投产，试采峰值一天原油80吨，天然气4万立方米。这是一口争气井、功勋井，从此，胜利油田在西部站稳了脚跟，吃了"定心丸"。

随后，日常生产运行承包给了纯梁采油厂。

这儿气候恶劣，环境复杂，冬天气温大都在零下40摄氏度以下。因为处于自然保护区，野生动物时常出没，巡井时还会遇到野狼。在这艰苦的环境下，纯梁采油职工克服困难，尽职尽责，保证油井的正常运转。当看到从井罐里流出的一车车原油，他们心里充满着自豪，于是，几位采油工经过精心"密谋"，立了这么一块石碑。

这事传到纯梁采油厂领导耳朵里，考虑再三，认为不合适，于是，背面的落款被抹去了。

190万元罚款

那是在一次油田安全大检查中，新春公司被发现承包商管理存在薄弱环节，被给予通报批评。

一语惊醒梦中人。

原来，他们认为乙方大都是胜利的队伍，实行的是承包管理，抬头不见低头见，拉不下脸面。然而，安全责任是包不出去的，发生事故甲方逃避不了管理责任。

于是，新春公司安全管理部门首先从健全制度入手，制定考核细则，一切按照规章制度办事，不讲情面。去年5月，他们进行了一次拉网式检查，25个现场查出问题

300多项，重大安全隐患50多项，罚款190多万元。

放荡不安的烈马突然给带上了“嚼子”，肯定不受头。

个别被罚单位非常抵触，对罚款单不配合不签字，开着大会吵了起来，认为过于严格，在人烟稀少的戈壁大漠能出什么事？

一种罚款理由，十种推脱理由。

新春公司从上到下横下心来，决心扭转这种歪风，对7家存在严重类违章的单位给予了清退。

一石激起千层浪。

一看动真格的，大部分乙方单位转变观念，提高了安全认识，乖乖交了罚款，整个西部油区安全管理工作上了一个大台阶。

现在，一查出安全问题，乙方管理人员心悦诚服：“马上落实，立即整改！”

“儿子”回家

清晨5点半，家住东营锦霞社区的刘大娘一个劲儿地催促老伴起床。

上午10点多，门铃响起，老两口忙赶紧打开了门。

来人叫王辛未，是新春公司采油管理三区的员工，同事廖阔在新疆值班时，在东营轮班的他一有时间就来到廖阔家，帮助照顾老人、孩子。

“叔、姨，今天我来给家里来个大扫除，检查一下天然气软管……”

在外是战友，回家是兄弟。为了让西部员工减少对亲人的牵挂，安心工作，2021年4月新春公司启动“结对互助帮扶”活动，让职工之间互相认亲结“兄弟”，轮流照看对方的父母、孩子。于是，新春公司的大多数职工有了“两个家”，老人们多了一个“儿子”，孩子们多了一个“爸爸”。

“生活中温暖人的可能只是送碗饺子、接次孩子、换次灯泡、搬次重物；工作中帮助人的可能是一句提醒、一次沟通、一句鼓励。这些在生活工作中非常简单的事情，对在西部的新春人来说却是遥不可及。结对互助帮扶让我感悟很多，灯光互相照耀着才会更加温暖！”

这是王辛未在日记中写的一段话。

逐梦：拿起科技的武器

新春公司勘探开发的区块大都是被其他油田“啃过”而“食之无味”的“弃地”。油层存在着浅、薄、低、稠的特点。

浅，是油层埋藏浅，最浅的地方只有120米，一般在300～500米之间；薄，油层薄，一般在20～40米之间；低，是地层温度低，结蜡严重；稠，是油质稠，踩在上面不沾鞋，难流动。

春风油田已开发区块含水逐步升高，滚动扩边能力不断减弱；永进油田尚未实现高效动用，征沙村、沙窝地、莫西庄、董家海子等区块尚未见到规模产量；春晖油田、阿拉德区块勘探开发“瓶颈”尚未突破。

困难像一座座沙丘，挡住了去路；难题像一块块戈壁石压在身上，气喘吁吁。

推山卸石，不光靠能吃苦、能打善战的拼劲，还要靠科学、靠技术、靠创新。

“建设领先现代化油公司”是新春提出的战略规划，他们在发展科技、创新创效方面下“猛药”、出“妙招”！

创新驱动：跑出“加速度”

春晖油田白垩系浅孔钻遇较厚油层，含油饱和度高，有望成为较好资源接替阵地；阿拉德油田白垩系预测资源量丰富，超浅层稠油储量有望实现快速动用。

“借鸡下蛋”，整合油田内外研究力量，联合院校组建永进油田一体化攻关研究项目组，现场集中办公，开展全链条系统性攻关。

打造“创新航母”，创新“2+4”现场运行模式，组建甲、乙方一体化攻坚运行团队，集中力量攻克钻完井难题，从钻井液体系、提速工具、井身结构三个方面进行迭代提升，缩短钻井周期。采取“自主扶停＋院厂合作＋风险承包”模式治理长停井67口；对注入参数、注入方式、工艺技术进行迭代优化，油汽同比提高0.02；采取“递进式”“层进式”两种体系治理高含水井54井次，含水上升率同比降低0.17。

策马加鞭，对技术人员定目标、压担子；出台激励政策，促进全员创新，万马奔腾，遍地开花，点石成金。

永进1井是一口超高压、超自喷井，在原油喷出的过程中，伴有沥青质、黏稠状絮状物，造成压力上升，出砂严重，整个管线堵塞，一天需要清理四五次，劳动强度非常大。

针对这种情况，技术人员罗志伟与值班职工一道琢磨怎样把絮状物及时清除，防止出砂堵塞管线。经过反复试验，他们研制了一种沉沙捕捉器，安装在井口，把沙子和絮状物提前挡在前面，一两天清理一次即可，大大降低了劳动强度，保证井口的正常原油生产。

永进油田属于特稠油区，油质类似于沥青，埋藏浅、散热快，温度低于 90 摄氏度，按照传统模式，开采难以成功。

他们积极攻关，创新实施了 HDND 技术，就是水平井 + 降黏剂 + 氮气 + 蒸汽，采取沙、油、液一起排。2009 年 5 月，排 601—平 1 井应用这项技术后顺利完井，标志着胜利西部排 601 区块进入试采阶段，新春公司拉开了“百万吨油田”建设的序幕。

经过无数次尝试，依然无法解决热采的热损失问题。针对这里的稠油地质特点，新春公司开始了艰难的调查研究工作，通过高频次的试验、调整，一种以井筒隔热、均匀注汽管柱、大斜度注采一体化泵为特色的注采一体化技术——HDNS 技术应运而生。这种技术就是在水平井应用下，降低注汽压力、减少热损失，提高蒸汽体积和泄油半径，氮气在降低原油黏度的同时，保存了热量，降黏剂和蒸汽则增强原油的流动性。

将 HDNS 技术应用于排 601—平 1 井后，这 4 种技术协同作用，优势互补，进而实现了 1+1+1+1>4 的效果，这口井由开发初期的日产几吨油，升至日产油 59 吨。该井已连续开采近 10 年，依然保持着日均 5 吨多的产油能力，累计产油 2.2 万吨。将 HDNS 技术广泛应用于春风油田相关区块后，油田采收率一跃升至 35%，比国内外浅层超稠油平均采收率高出 17%。这项技术成果荣获胜利油田分公司科技进步一等奖、中国石化科技进步特等奖、国家科学技术进步二等奖。

新春公司副经理荣雁不仅全程参与了 HSNS 技术的创新及实验过程，而且对这项集成技术的创新模式有着深刻的理解和认识。他说，这项新技术的应用，让今后新春公司原油产量实现连续 5 年跨越式增长、年均增长 19 万吨。

新春公司研发 HDNS（水平井 + 降黏剂 + 氮气 + 蒸汽）复合热采技术，先后投产新井 802 口，实现规模上产增效，5 年时间建成百万吨油田，获股份公司“十二五”

油气田开发“特别贡献奖”。

2021 年新春公司承担实施各类科研及技术服务项目 91 项，其中集团公司项目 6 项、油田项目 4 项。国内领先水平成果 3 项，获得授权实用新型专利 5 件，4 件专利实现成果转化。井网加密、热化学驱、驱泄复合等技术取得新进展，进一步丰富了稠油热采后接替技术。短半径水平井钻井技术达到中国石化领先水平；征 10 井应用超深井控压钻井技术，创造准噶尔盆地最深进尺纪录；奎屯 1 井应用“高效垂钻 + 复合冲击”技术，创造中国石化二开技套最深纪录。永进深层控压生产技术有效缓解油井结胶出砂问题，准中超深层碎屑岩改造技术取得突破。全面升级公司网络系统，信息保障能力进一步增强。

你能想到一瓶子微生物能打出油来吗？

继阿拉德油田沉睡多年被成功唤醒、实现高效开发后，新春公司的微生物驱油技术应用于稠油水淹区开采获得成功。

2021 年 4 月 6 日，春风油田的排 6—平 46 井、排 6—平 47 井通过微生物采油技术见到良好工业油流，4 口试验井均获成功，平均单井日产油 8 吨，含水率由接近 100% 下降到 70%。其中，效果最好的排 6—平 48 井已累计增油 4772 吨，高含水停产区块重新焕发青春活力。

这表明边底水水侵区边际废弃油藏微生物采油取得了突破，为稠油油田开发探索了一条新的技术接替之路。

微生物采油技术经过 20 多年发展，经历了从宏观到微观、从单一到复合的过程，形成了完善的研究和应用体系，对低效热力吞吐稠油、高含水稠油和敏感性稠油可实现采收率大幅度提高。

水淹和高含水是国内外稠油开发共同面对的难题。

位于准噶尔盆地西缘的春风油田以浅薄层稠油为主，埋深仅 400 ~ 600 米，油层厚度不到 10 米，温度仅 30 摄氏度左右，黏度却高达 90000 毫帕 · 秒。原油被采出，地下压力随之下降，边底水乘虚而入造成水淹，高含水井排队似的出现，87 口井含水率接近 100%，濒临废弃状态。令人惋惜的是，地质储量采出程度只有 13%，地下剩余油仍然非常富集。

哎，真是望油兴叹啊！

天不怕、地不怕的新春员工捶胸顿足、心急如焚。

因为无法继续热采，仅在春风油田排 6 南和排 601-20 两个区块就造成 320 万吨的储量浪费。

坚决不放弃，不抛弃！只有找不到的油，没有采不出的油。

新春公司技术人员更是责无旁贷，攻不下这个难题无颜回东部面对胜利的父老乡亲！

一个个不眠之夜，一张张绘就的密密麻麻图纸。经过无数滴汗水的挥洒，无数个脑细胞的阵亡，他们首次提出了探索微生物采油技术提升高含水油井生产效益的新思路，与高等院校合作开展微生物采油技术研究。

微生物采油机理是利用微生物在油藏中的生长代谢活动大幅度降低原油黏度来提高原油采收率，通过微生物降解原油，大分子变成小分子、乳化降黏、生物气溶解降黏等，提高原油流动性。微生物菌体能自动寻找目标原油，甚至还能够驱出微细孔隙死油区的原油。工艺施工简单、成本低，既环保又不破坏油藏。春风油田排 6 南区块成为开展微生物采油的试验田。该区块剩余油富集，油层温度适合微生物生存，边底水和营养液有利于微生物生长。在对该区的井位全面排查后，优选出排 6—平 48 井和排 6—平 49 井进行现场试验。

2014 年 10 月，微生物混合液被顺利注入井下，关井反应到 2015 年 3 月 15 日，开井后均获工业油流，含水率由 100% 下降到 60%，至今仍持续有效。分析化验表明，采用微生物采油后，排 6—平 48 井每毫升采出液中检测出的微生物菌种数量高达 720 万个，脱气原油黏度降低了 62%，打破了微生物只能对 5000 毫帕·秒以内的稠油起作用的传统认识。

加大微生物采油技术试验力度。2017 年 11 月，他们对排 6—平 46 井和排 6—平 47 井注入微生物菌液及营养液后关井反应。2018 年 4 月 6 日，这两口微生物采油井开井，平均单井日产油 8 吨，含水率 60%。目前，新春公司正在组织实施排 6 南高含水区微生物驱采油试验，设计油井 25 口，预计可复活储量 220 万吨。

“揭榜挂帅”

1986年出生的关松涛曾任管理三区经理，三区成建制交给现河采油厂承包后，“失业”的关松涛通过方案竞标公开选拔为“董家海子提质提效项目组”经理，项目组共3人。

为了攻克技术难关，激发人才潜能，新春公司建立区块承包、“揭榜挂帅”机制，项目经理按照竞标方案组建团队开展工作，成立“攻关队”，签署“军令状”，配套实施“里程碑式”考核激励政策，编制成熟方案奖励50万元，效益超交按20%提成，封顶50万元。

准中四区属于兵团12师22团，董1井、董701井2004年开发试采，6口井储量不到200万吨，井深在4000米左右，属于凝析气油层。在地下呈液态，在上升过程中吸热成气态，夏天尽管气温高达40摄氏度，但油管线外面依然结成一层白白的冰霜。由于开采工艺不能及时跟上，开采难度大，气回收难度大，井口压力大，安全风险大。这儿的油质都是轻质油。冬天在零下30摄氏度之下金属脆化，无法生产，只有停井。

为了解决这一难题，关松涛与队员们一起研究方案，采取井筒加电热杆的方法，采用矿物绝缘电缆，能下到1600米左右，井口温度始终保持在10摄氏度。地面加油气分离设施，油气化比例在1/1600。调整油嘴方式，由一级减压优化到二级减压，避免冰堵。单井实行信息化改造，6口井全网串通，从而减少到现场实验的频率。

目前，项目有序推进，达到了预定的目标效果。

通过“揭榜挂帅”，新春公司共有2个提质提效项目组（准中区块稠油井口效益开发、凝析油层效益开发）、2个攻关项目组（春晖与阿拉德规模效益开发、超稠油敏感油藏开发），分别取得了重大突破。

决战“魔鬼”

魔鬼城闻名全世界。城堡林立，参差错落；奇形怪状的土丘侧壁陡立，好像刀削一般，有的龇牙咧嘴，状如怪兽；有的危台高耸，垛堞分明，形似古堡；黄土干裂，寸草不生，四周一片死寂。这里四季狂风不断，最大风力可达10 ～ 12级。5天一小风，7 天一大风。风一起，人一张嘴会吞进一口沙子。风大的时候，公路上流动着一股股沙尘，好像一条条黄色的“沙蛇”在飞奔。绿色的铁皮房处在风口的一面，油漆被打磨得一干二净，留下银光乌亮的铁皮……强劲的西北风给了魔鬼城的“名”，更让它有了魔鬼的“形”。每当风起，飞沙走石，天昏地暗，怪影迷离，四周萧索，鬼哭狼嚎，极为恐怖。

不知因何渊源，“魔鬼”竟与石油交上了朋友。

2012 年位于克拉玛依市乌尔禾区东北约 45 千米处的阿拉德油田被发现，成为胜利油田第 79 个油田。

这儿储油丰富，产出的稠油被称为“稠油中的黄金”，刚开采出是白色，凝固之后是黄色，属于稀缺资源，是生产电气绝缘油和橡胶油的优质资源，储量只占世界探明石油储量的 2.2%，是新春人的骄傲，同时也是新春的一块“心病”。它与春晖油田牵手相连，油藏性质却大相径庭。主力区块哈浅 22 块地下储层黏土矿物质含量高、原油黏度大、油藏埋藏浅、温度低，被定为“极强水敏”。

哈浅 22 井是阿拉德油田的发现井，放喷 24 小时产油 17.24 立方米。然而，好景不长，就像一位壮小伙突然变成得了癌症的“病秧子”，产量“断崖式”下滑，从每天 7.2 吨降到 2.1 吨。胜利人拿出“撒手锏”——HDNS，效果不明显；采取绕丝防砂，结果还是不出油；采取混排、酸化、砺石充填、注浆黏剂等，“病人”还是没有见好。投入大、产出少，开发效果差，“患者”处于昏迷状态。

怎么办呢?

“孩子”得了不治之症，急坏了“父母”。春晖、阿拉德油田可是新春产量接替的主要阵地，也是胜利油田稳产保障的希望区块，是西部石油梦的摇篮啊!

2017 年 9 月，新春公司成立了工艺和开发两个攻关小组，对所有探井岩心进行描述和分析，重建地质模型，寻找降黏对策，最终找到了“症结”——储层极强水敏和原油黏度高。

经过“会诊”，他们提出了新的“治疗”方案——采取“中医”方法，以“排”代“防”，以“疏”代“堵”；确立了把防砂管柱、疏通地层、下水力喷射泵进行排沙生产的主导方案。

新的“治疗方案”实施之后，10 月 22 日，哈浅 22-1 井日产峰值 15 吨，油气比提升至 0.52。奄奄一息、病入膏肓的“小伙子”转危为安，重新焕发出青春的活力。

圆梦：有你更精彩

企业发展的根本动力是人才。这是新春公司领导达成的共识。

他们实施人才“沙漠雏鹰”计划，分阶段、分领域建立“个性”培养方案，以基层为熔炉，以实践为课堂，从源头培养新兵。组织大学毕业生深入钻井、采油、作业现场见习，指定现场导师答疑释惑，举办知识竞赛“PK”排名。公开选聘添活力，2021 年选拔基层管理人员 14 人，不拘一格降人才，想干事的有舞台，能干事的有职位。

令人欣慰的是，一代又一代石油人传递着石油精神的“接力棒”，新一代石油人正大步踏在新时代的新征程上。

在西部采访期间，我遇到了几名“80 后”“90 后”，现在正逐步挑起了大梁。

新春有梦，因为朝气蓬勃的青春；新春油梦，因为晨霞而闪光！

妈妈当“红娘”

付玮，一位青春四溢的小伙子，1989 年出生，2018 年石油大学（华东）石油工程专业研究生毕业后来到新春，任管理四区开发管理师。

刚到新疆时他很兴奋，先后在采油队、作业队实习，第二年单独顶岗。第三年从事地质研究工作后，感到很累、压力很大，一天到晚整理资料、编写材料，上传下达，跑现场，常常凌晨一两点睡觉。

“经理，给我调个岗位吧，太累了啊！”

“哈，屁股还没坐热就想跳槽啊！你看咱们这儿哪儿不是一个萝卜多个坑呢？年轻人不想受累让老同志受累去？真没出息！”

他就像一棵小树，在不断地“修理”之中成长。

然而，在妈妈眼里他却不是一棵小树，而是一棵开花孕果的桃树。

“哎，你都 30 岁的人了，连个对象还没有，愁死我了哟！要不赶紧从新疆回来吧！”每次回家，当中学老师的妈妈一想到他的终身大事，愁眉苦脸。

是哩，男大当婚，女大当嫁。孩子的婚姻大事，是父母挂在心上的一只秤砣啊！

那天，妈妈一回到家里，一阵兴高采烈，替他打扮了一番拉着就走。原来，油田团委与电视台联合搞了一个相亲大会，妈妈背着他报了名。

刚一落座，他眼睛突然一亮：哈，就是她了！一位俊秀的女孩，脸上挂着微笑，好像一支水塘的荷花，有一种夺人的气质和天然朴素之美。他的魂好像被勾了过去，情不自禁走到女孩的身边加了微信，想和人家聊聊，没想到女孩一直没有理睬。他的自尊心受到了伤害。

缘分就是前世的注定。

第二年的相亲大会，他主动报了名。他相信自己的另一半一定会在这里找到！

嗨，太好了！他高兴得跳了起来，发现了一张熟悉的面孔。在这儿再次出现那就说明她还没有找到意中人哩，说明就是老天爷为我付玮准备的呢。

他没有再主动出击，怕再受到伤害。

回到家里，他一五一十向妈妈说了实话，妈妈把女孩的微信要了过去。

第二天下午，妈妈突然告诉他，女孩要来咱家。

原来，妈妈以一名阿姨的身份主动与女孩聊了起来："是不是还没找到满意的对象？我给你介绍一位吧，我同事的男孩，长得帅人还机灵。"

天真的女孩答应了。

见面后，女孩吃了一惊。聊着聊着，渐渐对他有了好感。小伙子知识面广，而且事业心强，见解独特。女孩在中石油销售公司加油站上班，同是石油人，共同的话题自然更多。谈了 2 个月关系稳定了，他"出卖"了妈妈。

2021 年 7 月，他们迈进了婚姻的殿堂。

妻子转行

说起张萌，真是一位幸运儿：不但学业有成，2014 年石油大学硕士研究生毕业，而且早日收获了爱情，对象是高中时期谈的同班同学，河北理工大学毕业。两人毕业后一起分到了油田。

没想到，张萌被派到新疆工作，先后在管理一区、三区、科研所，一直从事油藏开发工作，2021 年 5 月调到管理二区担任副经理。

真是春风得意，事业有成哟！

结婚后，小两口聚少离多，河北老家的父母身体不好，照顾不上。妻子一肚子怨言，于是，横下心来考公务员返回老家。2020 年妻子终于如愿以偿，回到河北沧州金融监督管理局工作。

老人、孩子有了着落，张萌在新疆干得更起劲了。上次回到家里，他一天从早到晚手机不离手，关注着油井生产状况。

“哎，你的心不在家里全在油井啊，赶快回去吧！”他被妻子“赶出”家门，提前回到新疆。

被遗忘的大学生

2016 年，新春公司获得排 10 西探矿权。

刚刚分配来的 10 名大学生被安排到井队实习半个月。

2016 年 5 月，天下起了大雨，站上的方油罐冲进雨水，原油流得到处是。站上一共 7 人，3 位采油工负责 11 口油井，手机没信号，只能找到山坡上打电话报数据。还有 1 名司机、1 名厨师。

1991 年出生的王卓然与同伴邱心培投入紧张的战斗，一点点把落地原油舀进储备罐，然后擦拭罐体外面的原油，浑身上下黑乎乎的，细皮嫩肉的双手被汽油浸泡得脱了皮，疼痛难忍，一天下来累得筋疲力尽。2 人干了整整一周才完成了任务。

当时正逢管理区重新划分，人事部门好像把实习的大学生忘了。

待了 27 天后，两个小伙子搭乘一辆送柴油的车，热心的司机把他们送到了管理一区驻地。

其实，王卓然要求来新春与他的父亲有着很大关系。他的父亲王连学就是当年第一批闯新疆市场的八名员工之一，从事财务管理工作，从 1996 年和田项目部成立，一直干到退休。父亲经常对他讲新疆找油的故事，鼓励他大学毕业后到新疆，继承自己的事业，为油田西部发展做贡献。

“作为独生子，你父亲咋舍得让你也来新疆啊？”我有点不解。

“他是党员嘛，献了青春献子孙。”

“哈哈——”

小伙子幽默的回答让在场的人哄堂大笑。

你小子真逗!

接着他又向我们讲起了另外几个故事。

哈浅 1-1 井位于一片胡杨林的心脏位置，一个班 5 个人少一个也不行，1 口井要取 4 筒岩心 60 米。正逢夏季，各式各样的虫子铺天盖地，“嗡嗡”扑面而来。他正忙着取心，不料，一只虫子在他左眼皮上方狠狠地咬了一口，一会儿工夫，一个红枣大的红包鼓起来。

车排子有 4 位大学生常年工作在荒凉的戈壁滩，找不到对象。领导交给他们一个特殊任务：轮番回家相亲。

“你的对象也是回家找的？”

“不是哩，我是师傅给介绍的！”

那是在排 6 井值班期间，热心的邢师傅问他有无对象，当他说没有之后，邢师傅像变戏法似的从口袋中掏出 12 张姑娘的照片，让他挑选。

“都相中了，排个队呗！”

“臭小子，美得你！”

他挑了 2 位去相亲，看中了一位鲁迅美术学院的在校生，直到姑娘 2017 年毕业后分配到油田财务共享中心，不久两人就结了婚。现在妻子已怀孕 4 个多月。

“其实，我真希望生个女孩，这样她就不会子承父业来新疆喽！”

听了王卓然的半真半玩笑的话，不知咋的，我突然鼻子一阵发酸，扭过头去擦一把眼泪……

新春公司 2021 年原油超产 4.2 万吨，“十四五”开局实现“开门红”。

准噶尔盆地是胜利“五个百万吨”产能阵地之一，也是中国石化夯实能源资源基础的重要基地，迎来大突破、大发展时期，发展思路由“主攻深层”调整为“深浅并重”，履行推进增储上产、保证国家能源安全责任担当，落实习近平总书记把能源的饭碗端在自己手里的生动实践。

新春之梦，是胜利之梦，是石油之梦，也是共和国之梦，是伟大的中华民族复兴之梦。

明天新春油梦必定会多姿多彩，辉映着胜利新路。

大漠春潮

姜化明

新疆是个好地方。在到新疆前，听得最多的就是这句话；到了新疆，听得最多的还是这句话。

新疆的确是个好地方！炎热与寒冷、干旱与湿润、荒凉与秀美、壮观与精致奇妙地汇集在一起，独特的美令人神往。

有人说，打开新疆的地图，它的地貌就像一只翩然起舞的蝴蝶，天山、昆仑山、阿尔泰山就是它的轮廓和身体，塔里木盆地、准噶尔盆地就是它的翅膀，绵延千里的天山横亘东西，以一己之躯把新疆分割成南疆和北疆，迥异的风光耐人寻味。

还有人说，南疆是大漠戈壁，是长河落日，是木卡姆歌舞，丝绸之路上的四大文明在这里交汇；北疆是雪山草原，是骏马牛羊，是河流蜿蜒，一首田园牧歌在这里流淌。从南到北是一首冰与火的诗篇。

其实，在新疆，在准噶尔盆地，这只有力的巨大翅膀，不仅扇动出新疆大地上的美丽图景，也扇动出地层能量的蓬勃力量。

准噶尔盆地油气资源丰富，是我国油气增储上产的主战场之一。自胜利油田勘探准噶尔盆地以来，发现了春风、春晖、阿拉德等油田，目前发现三级储量 6.25 亿吨，探明储量 1.53 亿吨。

论潜力，准噶尔盆地油气资源丰富、勘探潜力巨大，是我国油气生产的重要战场，也是集团公司增储上产的战略阵地。

论方向，在准噶尔盆地建设中等油田规模，关键在资源，核心在勘探。

从油气资源探明程度与油气储量增长关系看，准噶尔盆地石油探明率尚处于中期，准噶尔盆地面积 38 万平方千米，胜利探区面积 3.6 万平方千米，增储上产蕴含着无限希望。

走进西部大漠，时而可见“长河落日圆”的美景，时而可见“风掣红旗冻不翻”的凛冽。

坚守在此地的胜利油田新春公司，却如同早已习惯这里的胡杨、梭梭树一般，将根深深地扎进祖国的大西北。

进疆 26 年，新春公司从无到有，在准噶尔盆地边缘和沙漠腹地“贫油区刨食”，成为大漠戈壁上一颗耀眼的明珠。

集团公司党组提出“在准噶尔盆地建设中等油田规模”的部署要求，“十四五”期间，胜利油田在准噶尔盆地要实现阶段新增探明储量 1.5 亿吨，阶段末年油气当量 240 万吨，盈亏平衡点保持在 45 美元 / 桶以下；“十五五”期间，阶段上报探明储量 3.5 亿吨、天然气探明储量 100 亿立方米，阶段末年油气当量 500 万吨，盈亏平衡点保持在 40 美元 / 桶以下，油田有信心把西部主阵地打造成高质量发展的高地。

新时期，新起点；新任务，新目标。创新征程已经开启，新春公司牢记使命，闻歌而动，步履铿锵。

春潮生，激情向大漠

从东部到西部，从东营到克拉玛依，距离不可谓不远，但心的距离却很近。

从机场通往克拉玛依的路上，风景似乎与东部一些荒凉油区有些相似。路两侧是依稀可见的抽油机，还有垒在土包上的油罐，就算空气里的气息也有着石油的芳香。但不同的是，抽油机的脚下是茫茫的戈壁，星星点点的梭梭树、骆驼草肆无忌惮地生长着，或高或低的，仿佛被抽走了些许的绿色，构成了西部大漠特有的干旱的颜色。

克拉玛依，维吾尔语意为“黑油”。走进这座以石油命名的城市，人们说这是源于市区东北角一群天然沥青丘——黑油山。克拉玛依是新中国成立后勘探开发的第一个大油田，2002 年原油产量突破 1000 万吨，成为中国西部第一个原油产量上千万吨的大油田。

西部是中国石油工业发展的摇篮。从克拉玛依的“大油泡”走过，这个类似于东部华八井驻地的地方，凝结成西部油田的荣光。

走进这座城市，不是观光，更不是旅游，皆源于追逐胜利人的脚步，去探寻胜利人、胜利新春人扎根戈壁大漠执着找油的足迹。

走进新春公司，与干部员工座谈交流，他们的脸上镌着坚定和自信，语言里多的是憧憬与自豪——新春的历史过往铺陈而来，如同一首劲歌，给人力量；犹如一幅画卷，大气磅礴。

“大油泡”是以克拉玛依油田诞生的第一口井——克拉玛依一号井而建起的广场。1955 年 10 月 29 日，克拉玛依一号井完钻喷出工业性油流，日初产原油 3.7 吨，成为克拉玛依油田发现的标志。

其实，早在 20 世纪 50 年代，新中国刚刚成立之初，老一辈石油地质工作者就开始了塔里木盆地和准噶尔盆地的勘探找油，并且总结出“源控、断控和梁控”的“三控理论”，相继发现了独山子、克拉玛依等油田，80 年代末又相继发现了吐哈、塔里木等油田。

1996 年，为实施中国石油工业“稳定东部，发展西部”的战略方针，胜利油田参与了新疆塔里木和田探区风险勘探，大批胜利人从山东转战新疆。

1996 年 4 月 29 日，胜利人肩负着“走出胜利，发展胜利”的历史使命，飞越万里山河，从渤海之滨跨入新疆大漠戈壁，踏上了胜利西部找油之路。塔里木胜利和田勘探项目经理部的成立，标志着胜利油田油气勘探正式挺进新疆。

油气勘探，尤其是新区勘探，从来都是艰苦曲折的、循序渐进的探索认知过程。比起东部，西部的环境和条件更加恶劣。

这些“抛家舍业”来到西部的胜利人，有的因为在前线值班，没来得及赶回家见病危的母亲最后一面；有的晚上得知老母亲因为突发脑出血要动手术，便连夜赶回去，手术后的第二天一早又赶了回来……“为了找油加班加点，已经稀松平常。没有加班费，就是为了想把工作干好。”新春公司安全顾问韩文峰似乎说出了所有西部找油人的心声。

说起那段历史，韩文峰如数家珍。胜利新春人带着油田领导的嘱托和胜利的期盼，在极其艰苦的环境中，坚守“为国找油”的理想信念，勠力同心、顽强拼搏，在大漠戈壁开辟着新的战场。

1996年6月，来自胜利物探、物探局地调三处的5个地震队沿北昆仑山北麓，在民丰—和田—皮山一线开始地震项目施工，拉开了胜利油田新疆勘探序幕。

1996年8月，“塔里木油Ⅲ区块”风险勘探承包合同在北京正式签署，区块位于新疆维吾尔自治区西南部和田地区，总面积43117平方千米。

1997年7月7日，勘探项目经理部在库尔勒召开和田区块首轮井位论证会暨成果汇报会，确定了第一口探井井位——和参1井。次日，胜利石油管理局党委、胜利石油管理局决定，塔里木胜利和田勘探项目经理部更名为塔里木胜利和田勘探公司。

1996年至2007年上半年期间，胜利油田在西部登记的勘探主要包括准噶尔盆地、塔里木盆地和中宁县中卫三个探区，面积9万多平方千米。这些探区，实际上是兄弟油田经过半个多世纪反复勘探论证放弃的区块，面临的是世界级的勘探难题。

1998年1月7日，塔里木胜利和田探区的第一口预探井——和参1井正式开钻，设计井深5630米。历经1年多的鏖战，到1999年4月19日顺利完钻，钻井质量、测井质量、地质资料的获取均达到设计要求，测试见到少量油气，成为区块首口顺利完钻并取全取准地质资料的井。

2000年，准噶尔盆地西部隆起车排子地区被登记为胜利油田在西部的探区。次年，中国石化集团公司成立西部新区勘探指挥部，负责中国石化在整个西部新区的油气勘探工作，并号召胜利、中原、河南、江苏、江汉和西北局等六大油田，各自成立西部勘探公司。

当时，这件事被人们称为“六大油田在中国石化西部新区开展社会主义劳动竞赛”。从那时起，胜利油田拉开了从南疆向北疆拓展勘探的序幕。

车排子地区的油气勘探始于20世纪50年代。在20世纪60年代发现了红山嘴油田，80年代发现了车排子油田，90年代发现了小拐油田。这些油田主要分布在胜利探区以东的红—车断裂带。

早在被登记为胜利油田工区之前，中国石油天然气集团公司便已在车排子凸起钻探了8口探井，其中车浅1、车浅5、车浅15、车8和车13口井见到油气显示，但均因油质较稠，受当时技术工艺制约而未有收获，最终不得已而放弃了这一区域。

2001年，胜利油田重新调整战略部署，开始挥师北上，越过天山，转入准噶尔、吐哈盆地开展勘探。他们设立奎屯前线指挥点，准噶尔盆地14个物探项目陆续开工，标志着胜利西部勘探由南疆和田探区转移到北疆准噶尔盆地。11月，准噶尔盆地部署的第一口探井——英1井开钻。

2002年5月17日，胜利石油管理局党委、胜利石油管理局决定：塔里木胜利和田勘探公司更名为新疆勘探公司。

创业艰难百战多。从1996年到2002年，胜利人的脚步踏遍了天山南北，穿过了无数茫茫沙海、皑皑雪海，从昆仑山上的“和参1井”到塔克拉玛干沙漠的“胜和2井”，从准噶尔盆地北端的“英1井”到天山脚下的“固1井”“固2井”，但是胜利西部勘探始终未见曙光。

希望在哪里？突破在哪里？在胜利西部勘探最困难的日子里，胜利新春人也有过困惑，也有过焦虑，可为油而战的信念从没有动摇过。因为胜利新春人只认胜利不认输！

“十年面壁图破壁，难酬蹈海亦英雄。”从认识到实践，从实践再到认识，唯有解放思想，才能突破禁区。

人们都知道大漠的肆虐、无情，但胜利新春人看到了大漠的豁达、包容和那千年孤独也不烦躁的厚实。他们打破常规，在继承上解放思想，在发展上创新创造，提出了准噶尔盆地“断—压—相—隆”四元联合油气成藏主控因素，碰撞迸发出耀眼的智慧光芒。

雾散云开朗月明。2003年9月8日至2005年3月2日，胜利新春人相继在准噶尔盆地中部区块和西缘区块实现了董1井、永1井和排2井的突破。

2003年董1井报捷，首次实现胜利油田在西部勘探的零突破。特别是排2井的突破，标志着一个“油藏埋藏浅、储集物性好、采油指数高、经济效益好”的浅层优质高效油田——春光油田的诞生。

春光油田位于新疆克拉玛依市车排子镇春光农场东约13.7千米，是中国石化在准噶尔盆地西缘发现并投入规模开发的第一个油田，属于典型的三角洲滩坝砂沉积、薄层、稀油、边水驱、非构造油藏。

春光油田矿区面积1023.25平方千米，含油面积13.5平方千米，控制原油探明储量700万吨。这个地区具有单井产量高，且埋藏浅、物性好的特点。

新春人高歌猛进，当年发现当年建产，生产原油15.6万吨，超产5.6万吨。那时起，胜利西部进入了勘探和开发双驱并进阶段。

2006年春天，新疆克拉玛依市南边的胜利西部新区车排子地区一片繁忙景象。拉油车频繁进出，优质的原油从地下深处被采掘出来。

“当时条件非常艰苦的，在井上一待就是几个月，不仅要做好油藏资料规范，还要准备各种汇报材料，一个人干着好几个人的活，洗澡用的都是地下水，哗哗的碱，洗完澡身上都黏糊糊的，可谓是千头万绪。”说起排2井，新春公司党建专家鲍振兴记忆犹新，“新疆的蚊子老实，叮上人就不动，赶都赶不走，上个厕所屁股上不叮上几十个蚊子就不算上厕所，实在是惨不忍睹！”

忆往昔，峥嵘岁月稠。鲍振兴2006年3月进疆，便和5名员工扎根到大漠深处的排2井。鲍振兴说，当时是公司发展的阶段，大家基本上是白天晚上连轴转，都晒得黑乎乎的，但大家积极性都很高，都希望采出更多的原油！

或许正是像鲍振兴一样的胜利新春人，在极其艰苦的环境中，勠力同心、顽强拼搏，在大漠戈壁开辟了新战场，推动了西部找油的发展与超越。

2007年，完全采用国际先进“油公司”勘探开发一体化模式运作的胜利西部春光油田，原油生产以121％的指标完成全年计划。这是胜利油田在西部开发的第一个油田，也是胜利油田谱系里的第75个油田。

2008年，胜利油田在新疆建成49万吨的年产能。2009年9月，中国石化集团公司对西部探区进行战略调整，将春光油田整体移交河南油田，将西部13.5万平方千米探区划归胜利油田。

春潮动，迈步从头越

雄关漫道真如铁，而今迈步从头越。至于春光油田的整体移交，韩文峰说，一纸命令下来，大家一口井一口井建起来的油田就交给了别人，说心里话，实在舍不得啊！可是，见证并参与春光油田找油的胜利新春人虽恋恋不舍，但毅然踏上了新的找油之路，他们坚信前方一定有着新的“春光”。

说起春光油田，胜利油田分公司副总地质师兼新春公司经理、党委副书记董臣强依稀记得当时的场景。2003 年，他告别了美丽的渤海之滨，一脚踏上新疆的土地便开始了对新疆三大山系、两大盆地的野外地质调查。

西部的群山和盆地，90% 以上都是无人区。为了追踪地质露头，董臣强先后十几次带车闯进无人区。无人区里天气变幻莫测，随时都面临着风险。

有一次，他们在海拔 3000 米左右的高山上刚刚扎下营地，突然下起了暴雨，多亏司机经验丰富，立即带着大家转移到高处的山坡上——仅仅过了五分钟，他们刚扎下的营地，就被汹涌的泥石流吞没。

3 年的时间里，董臣强和同事们几乎跑遍了新疆所有的区域，逐步摸清了胜利西部探区的地质构造。

2003 年 9 月，董 1 井首次放喷，日产油 66 吨，气近五万立方米，胜利人在西部“八年征战，终得正果”！

2004 年 8 月，永 1 井获重大突破，日产油 72 吨，气一万多立方米，储量规模超亿吨的整装大油田——永进油田得以发现！

更难忘记的是，2005 年 3 月 21 日排 2 井的重大突破。

经测试，排 2 井取得重大发现，日产油 62 方，一个浅层优质高效油田得以诞生。这是胜利油田有史以来第一次在本土之外找到经济可采储量！

过去的辉煌不在，胜利新春人再踏新征程。因为他们知道，新疆能否取得突破，关系到胜利油田的未来，关系到中国石化能源战略的实施。

春风油田与春光油田，是西部的一对姊妹，所不同的是，一个是稠油，一个是稀油。

2005 年，在车排子地区以南的排 2 井先后获得历史性突破，尤其是排 2 井，获得高产的轻质油。“出来的油甚至可以直接加到车里用。”韩文风对此印象深刻，“油质非常好，阳光下蓝蓝的颜色，冒着青烟，被称为‘水上漂’油田。”

其实，正是由于春光油田的油质好，排 6 井的稠油开发却放慢了脚步。

“最大的失败就是放弃。”经历了春光油田找油的艰辛，胜利人以不言败的气度重新上路。

2010 年，胜利油田加大在车排子地区北部的勘探开发力度，围绕沙湾组主力油藏向外拓展，部署排607、排608口滚动井和评价井，部署开发井41口，实现了当年接手研究，当年部署探井，当年上报探明石油地质储量。

走进新春公司，好多人提起杨国华，都亲切地叫他“杨铁人”。说杨国华是铁人，是因为他参与并见证了一个新油田的发现，并且赢得了“铁人”的称号。

1974年出生的他，如今已是新春公司生产保障中心经理。可他依然风风火火地穿梭在沙漠腹地，穿梭在一口口施工的油井现场。

杨国华，山东临清人，既是季羡林的老乡，又是张自忠将军的老乡，不仅有着文化滋养的睿智，还有着军人般的个性，越是艰难越向前。

2010年，杨国华从东部的现河采油厂来到新疆，2017年任管理一区副经理，2022年4月任生产保障中心经理，负责物资保供和地面工程建设。

胜利新春人都知道，2010年是他们不平凡的年份，“从零开始”让肩上的担子始终沉甸甸的。一入疆，杨国华就投入如火如荼的产能建设。当时管着30多口油井，管了4个台子，杨国华带着新招聘的员工搞管井业务，从最基本的操作培训入手，让新员工熟悉采油工的操作，很快适应了管井工作。

2010年10月，联合站开始投产，放喷温度比较高，经过泵筒以后，析出一部分垢，泵的间隙比较小，往往会出现频繁的卡泵。杨国华就带着解卡，开始用反洗的方法，后来把光杆提出泵筒，用了一策又一策，经常是在井场上连轴转。

杨国华依稀记得，那年的冬天特别冷，一次施工就得连续七八个小时，吊车干一段时间得收一收，不然吊臂就收不回来了。有一次，由于收得不及时，由于天太冷，吊车的腿收不回来了。吊车怕冷，他们不是不怕冷，而是责任和使命让他们坚守，硬是干解卡的活干了一个冬天。

说起当时的情景，杨国华仿佛说的是别人的事，没有说一个“苦”字。最初，他穿的工鞋是胶底的，冻得回到屋里直痒痒，就到奎屯买了毡筒，才勉强好了一些了。当时住在野营房，8个人一间。野营房起夜不方便，露头的地方就结冰了。为了注好气，往往是先注药剂，药剂都冻成了冰坨子，化冻特别慢，一弄一晚上，从来没有停过。

“条件确实不好，有些事情都是想办法做。”杨国华的这句话，仿佛让人想起王铁人的“有条件上，没有条件创造条件上”的呐喊。

2011年大年三十，排601—平56井需捞杆，从白天开始干，大家轮换着一直干到午夜。轮换的人准备包饺子，把包好的饺子放在盘里，拿到外面，放到车顶上、车盖子上，放到蛇皮袋子里，放到房顶上，新年钟声敲响时，杨国华仍战斗在井场。就这样，“杨铁人”的名号在新疆大漠越传越响。

其实，在新疆大漠，不仅杨国华一个人革命加拼命，每一个胜利新春人都憋着一口气，“宁可少活二十年，拼命也要拿下大油田”。

从2010年春天开始，曾凯在永3—平1一待就是6个月，终于回到了东部，见到了家人和妻子。妻子一看又黑又瘦的丈夫，称他是“烧黑的火柴头”。

为弥补两地分居的缺憾，曾凯决定带着妻子一起到上海看世博会。可刚到上海火车站，世博会的影子还没有看到，就接到单位的命令，要求回西部执行任务。

于是，他和妻子直接赶到机场，把妻子从上海拉到了大漠戈壁。农历九月九日是曾凯妻子的生日，由于大家都在忙活，忽略了这个“客人”，加上人生地不熟，妻子没有饭吃，一个人在板房里哭。待曾凯晚上回来，忐忑地把妻子带到128团，到镇上请妻子吃了一顿饭。在深夜里的摇曳烛光里，终于换来了妻子的笑脸。

面对新的起点，其实每一个胜利新春人都是“铁人”，他们以特有的坚持和奉献支撑起西部大漠的一个个突破。

2010年，西部将士从零起步，面对挑战，迎难而上，在排601区块部署的12口探井，均获得工业油流，当年上报探明石油地质储量1038万吨，创造了春风油田当年部署、当年建产、当年超产1万吨的“传奇”速度。

2010年4月22日，排601—平62井开钻，标志着车排子地区2010年产能建设序幕正式拉开。

2010年6月16日，排601产能建设首车原油启运，排601—平53井原油顺利运抵独山子油库，标志着红柳区块产能建设进入新阶段。

2010年底，春风油田开始向国家油气资源储量管理委员会上报储量，胜利油田正式对外公布这个新油田，它是胜利油田勘探开发史上发现的第77个油田。

当时，胜利油田正式对外宣布：在新疆发现一个新油田——春风油田，春风油田位于新疆维吾尔自治区克拉玛依市前山涝坝镇春光农场西南，探明石油地质储量1038万吨，预测储量3359万吨。这也意味着胜利油田在西部找油再度告捷。

“春风油田直到正式命名前一直叫排 6 地区。”新春公司党委副书记、工会主席介绍，刚命名时，曾建议叫“高阳油田”，这是根据当地的一个地名所取。油田领导考虑到南边的春光油田，并且为了取春风吹遍西部大地之意，决定起名“春风油田”。而这也是国内少有的几个没有根据地名命名的油田之一。

2011 年春天，这一振奋人心的消息，连同它的名字，像一股春风从西部一直吹来东部，又从东部吹向祖国的大江南北。2021 年 12 月，春风油田排 612 块产能建设工程荣获国家优质工程奖。

春潮起，瀚海苦征战

新疆是个好地方。提起新疆，很多人憧憬的是美丽的自然风光、壮丽的大漠戈壁和特有的民族风俗。但对于在这里找油采油的人们，注定要远离美丽的风光和城市的喧嚣。

说到沙漠，人们脑海中或许会浮现“大漠孤烟直，长河落日圆”的壮丽景象。可对于在茫茫大漠、戈壁的胜利人，大家的印象却是夏天的太阳毒辣、冬天的酷寒难耐，再伴随着肆虐的沙尘，让人们既爱这个地方、又恨这个地方。

从克拉玛依出发，一路向南到排 10 西，穿梭在苏 1-2、苏 1-6、苏 1-21、苏 1-5 站之间，算是体验了胜利新春人口中的“搓板路”。

从柏油路进入砂石路，行驶的越野车立即抖动起来，咚咚咚地上下颠簸，就像是公路上警示司机的减速带。颠簸稳定、密集而持续，车上的每个人也要跟着一起持续不断地抖动，车速度越快，抖的频率越高，仿佛要把乘车人的五脏六腑都抖出来，实在是难以忍受。

司机马师傅说，在新疆大漠戈壁，四季、昼夜的温差太大，热胀冷缩，再加上大风肆虐，便有了持续的沟槽和砂石，形成了像搓衣板一样的路。

越野车一路哒哒哒的跃动，每个人都全身上下晃动，车里所有东西也咣当咣当地跳动，若不咬紧牙关，舌头都会被咬掉。司机师傅怕大家难以忍受，便放慢了车速，颠簸的频率虽说降低了，但颠簸的幅度反而更大了，同样是扯心扯肺地难受，尝试喝口水压一压，非但没有倒进嘴里，反而弄了一身的水。

终于走出搓板路，接着是起伏的沙丘路。从这口井到那口井之间，前面的越野车碾起的沙尘弥漫着，就算是短短的几十米，也看不到前面越野车的踪迹，要么是前面的越野车已经淹没在沙丘与沙丘之间的洼子里，整个视野都被连绵起伏的沙丘填满。

荒无人烟的戈壁滩上，到处是零零星星的红柳、梭梭树、骆驼草，还有一些叫不上名字的植物。望着窗外的风景，不禁感叹这些植物强大的生命力。其实，坚守在新疆戈壁大漠的胜利新春人，何尝不是扎根的梭梭树、红柳树和胡杨树呢？

在胜利新春人口中流传着一句话，沙漠工作有“四怕”：白天顶烈日，晚上挨寒风，时常碰上小毒虫，最怕莫过沙尘暴。

夏日的沙漠，地表温度最高能达到60多摄氏度，“贴墙烙大饼，埋沙煮鸡蛋”，这话一点都不夸张。

其实在排10西采访，就遭遇了当时的高温天气，当越野车的温度显示45摄氏度时，大家已经很吃惊了。然而，随着一路颠簸，车里的温度持续飙升，竟然达到了48摄氏度。那时，越野车里开着空调，脸上的汗水还是哗哗地往下淌，有一种窒息的感觉，特别的憋闷。试想，只是偶尔走一趟，常年坚守的胜利新春人又是如何度过的呢？其经受的考验可想而知。

这就是新春油区，夏天里，火辣辣的阳光直射下来，人就像是在蒸笼里蒸，在火盆上烤，身上的毛孔被烘烤得奇痒，却沁不出一滴汗来，灼热的空气使人感到胸闷气短。到了晚上，地表温度又急剧降到零下20多摄氏度，冬天能达到零下40摄氏度，别说人了，就连设备都被冻得“咯咯”作响。

沙漠里有一种小毒虫叫“蜱虫”，外号“沙漠吸血虫”。长期在戈壁沙漠里作业的胜利新春人，大部分都有被蜱虫叮咬的记忆。董臣强记得，有一次，他在野外地质采集的时候，两只“蜱虫”钻透厚厚的工衣，爬进他的身体里面。等发现的时候，两只虫已经深深地钻入他的大腿皮下。最后，还是在有经验的同事帮助下，用小刀割开表皮，才把这两只可恶的小虫取出来。

无独有偶，在采访期间，油田群团工作部组织EAP进一线行动，就在排10西的区域，一名工作人员就被蜱虫咬了，送到克拉玛依医院才把蜱虫取出来，这名工作人员被迫下了“火线”。

最令人难忘的是大风，大风不断扬起沙尘，竟然能把胜利新春人的宿舍板房地基都掏空了，整个板房都悬起来，东倒西歪。大风过后，他们只好又拉来了石子，重新把地基填好加固。特别难受的是在沙漠里吃饭，一碗饭，二两沙。新春人经常自我解嘲地说："饭里掺了沙子，能增强胃蠕动，促进消化。"

就是在这样的环境，从东部到西部，从找油人到采油人，都希冀春风油田的春风吹遍新疆大地。

2009 年 10 月，西部 13.6 万平方千米探区划归胜利油田，面积是东部老区的 2 倍，探区面积广阔，看上去很美，却有很多想象不到的困难和挑战。

探区环境异常艰苦不说，更难的是，从 20 世纪 50 年代开始，先后有多家石油公司轮番在这里勘探，都没有找到商业发现，这里被贴上了"贫油"的标签。

能不能把这个标签揭下来，是对胜利人的严峻考验。

"找油的就要找出名堂来。"胜利油田勘探综合研究首席专家、油气勘探管理中心副经理张奎华说。当时，他是准噶尔北缘研究室主任，面对仅有的十几口失利井及少量地震剖面资料，真有点"老虎吃天，无从下口"的感觉。

"哪个油田不是从无到有，不是从小到大，只要坚定信念干下去，总会有收获。"没方向就想办法找，缺资料就想办法建，张奎华带领团队在西部广阔探区登高原、穿沙漠、进戈壁，开展全方位的地质勘查工作。

正值夏季，地表温度高达 40 多摄氏度，坡上坡下一个来回，就热得喘不上气来。为取全取准地层剖面资料，他们用皮尺一米一米量，一厘米一厘米测。

两年时间，在准噶尔盆地周缘开展了两轮踏勘，行程上万千米，观测剖面总长度达 300 多千米，取样 5000 多块，获得了较为丰富的基础资料，建成了探区的地质剖面，为打开西部勘探局面提供了可靠支撑。

准西北缘处于盆地边缘，经历过多期造山运动，地质构造异常复杂，之前浅层从未有过油气发现，可邻区却找到多个油田，是不是之前的认识存在误区？

带着这个疑问，张奎华和大家对前期钻井、地震资料和地质构造反复研究，将以前的两个层细化为 12 个层，像绣花一样精描细绘每个层，逐步发现不是早期认为的以构造圈闭为主，而是以地层圈闭为主，对油气聚集有了全新认识。

有了这一发现，大家非常兴奋，又把工区地震剖面与邻区剖面拼接，夜以继日展开油气运移研究，发现在区内区外有一组厚度大、分布广的砂体，像毯子一样横向贯通；一条断层垂直贯通烃源岩和工区地层，原油通过断层自下而上运移，再借助地毯一样的砂体横向运移，从而形成了“断一毯成藏”认识，实现了西部探区理论认识的突破。

2011 年，胜利油田利用哈山西三维地震资料部署了哈浅 1 井，峰值日产油 14.5 吨。继哈浅 1 井之后，又部署了多口探井，从而发现了春晖油田。

春晖油田是胜利油田在准噶尔盆地北缘发现的第一个稠油油田。2011 年底，春晖油田哈浅 1 井区侏罗系八道湾组一段 1 砂组上报稠油控制含油面积 17.60 平方千米，石油控制地质储量 3261.10 万吨。哈浅 2 井区侏罗系八道湾组一段 2 砂组稠油预测含油面积 10.7 平方千米，石油预测地质储量 2071.45 万吨。

2012 年，胜利油田在春晖油田东部部署 3 口钻探井，均在侏罗系见到了良好的油气显示，随着哈浅 20 井、哈浅 22 井在西山窑组注汽热试获得工业油流，标志着阿拉德油田的发现。

阿拉德油田位于新疆维吾尔自治区克拉玛依市乌尔禾区东北约 22 千米。从乌尔禾到井区，穿梭在雅丹地貌和砾石区，仿佛是在魔鬼城景区里旅行。但起伏剧烈的地表，气候恶劣的条件，四季多风，冬季最低温度达到零下 40 摄氏度，夏季最高气温 40 摄氏度，让新春人眼中似乎早就没有了风景。

理论突破引领找油突围，胜利油田先后发现春晖、阿拉德油田，共上报控制石油地质储量 5000 多万吨，预测石油地质储量 7000 多万吨，打开了西部油气勘探的新局面。

春潮暖，情牵准噶尔

人说，选择了石油，就选择了艰苦，更是选择了奉献。

西部戈壁春秋飞沙走石，夏季骄阳似火，冬季滴水成冰，全年温差最高可达 100 摄氏度。奔赴大漠的胜利人，远离家乡，远离都市，远离亲人，日复一日、年复一年的征战，用真情温暖了大漠、温暖了戈壁，温暖了一口口油井，涌动出暖暖的春潮。

“石油行业的苦和累是一种常态。”在新春公司副总工程师、管理二区经理智卫东看来，石油不会驻足在繁华之地，正是有了他们的到来，才让贫瘠的地方繁华起来，并且展示出广阔的发展前景，给人希望，给人力量，精气神荡涤心灵。

与新春公司管理二区副经理裴卫兵交流，他额头上的伤疤特别引人注目。说起伤疤，裴卫兵才讲述了他的故事。

2011 年 1 月 5 日，新疆准噶尔盆地西缘，皑皑白雪覆盖了整个戈壁荒漠，枯黄的梭梭似乎在零下 40 摄氏度的隆冬中瑟瑟发抖，矗立在梭梭林中的蓝色抽油机默默耕耘，将这荒原衬托得更为寂静。

一辆汽车疾驶而来，停在附近的井场。身着红色工装的裴卫兵急忙推开车门，奔向那台停止运转的抽油机，一看原来是光杆下不去了。他一边仔细查看，一边分析原因，没用几分钟就找出症结。

抽油机又运转起来时，裴卫兵已经冻得手脚冰凉，脚冻得都不知道怎么迈步了。前后不过十来分钟，即使厚厚的棉工装依然不能阻止极端寒气的侵袭。

快驶进管理区门口时，裴卫兵还是放心不下这台抽油机，于是折了回去。压力正常，他又看温度，温度计没有起来，井温不够。就在他低头关注温度的时刻，抽油机的开关卡了，机子顿了一下。裴卫兵毫无防备，抽油机的光杆把他的安全帽一下子打到一边，接着碰触到眉头，划了个不小的口子，鲜血直流，将那一片雪地映得通红。

在去医院的路上，裴卫兵忍着疼痛，打电话派人将井温及时恢复正常。事后，他的额头上留下一个不浅的疤痕。

裴卫兵 1995 年从西北大学地质系毕业，分到临盘采油厂一个偏远井队上。当时没有班车，每天早上骑自行车上班，晚上才能回来。在艰苦的环境中，他从指导员、副队长、队长一路成长起来，积累了丰富的采油经验。

2007 年 12 月，裴卫兵决定到外面闯一闯，便瞒着家人报名到了新疆。他知道，选择新疆，就注定离家远行。理解他心意的老人并未多说什么，只是劝慰，“不要牵挂我们，安心工作”。妻子一如既往地支持他，因为她已经习惯，丈夫在家不在家，家里的大事小事都得自己忙碌，带孩子，忙家务，一点都指望不上他。甚至，孩子上几年级，在哪个教室上课，他都不知道。

12 月的新疆，是厚厚的积雪，是寒冷的空气，是人行稀疏的空旷。“到处是白茫茫的一片”，单调的景色，艰苦的环境，这是裴卫兵对新疆的第一印象。

“既然选择了，就没什么后悔的。”谈及撇家舍业的选择，裴卫兵很淡然，“没有这个平台，自己也不会有好的成长。”裴卫兵觉得，家人对他都很理解，虽然家就在远方，但心的距离很近。

说起家、说起孩子，“杨铁人”眼圈竟然湿润了。

杨国华有两个儿子，老大上高一了，老二上幼儿园，一个属狗、一个属鸡。老二小的时候，他几个月才回去一趟，老二一伸手就让抱。后来孩子熟悉了手机里的爸爸，见到杨国华却不叫爸爸。一说起两个孩子，杨国华脸上掩饰不住的笑意。

2021 年 7 月，杨国华一直盯在重点工程现场，盯 7 号燃煤注气站的建设，每天一个运行会，八点左右，回来八点半，协调建设中的问题。按常规，驻疆 3 个月就会安排休假，可大部分人没有按时按点休假的，杨国华也不例外。直到这项工程完工，到 12 月底他才回到东部的家。

或许是与家人分别太久了，杨国华的小儿子信手涂鸦了一幅画，一幅根本看不懂是什么内容的画。可在视频聊天时，孩子却咿咿呀呀地说，是画了一架飞机和一座机场，等着爸爸坐飞机回家呢。看着孩子涂鸦的画，看着孩子稚嫩的小脸，看着孩子眼神中的期待，赫赫有名的杨铁人的心融化了，竟然有些哽咽了。

杨国华说，刚来的时候，特别想回家，天天看日历，现在已经习惯了。是啊，与在疆的干部员工交流，听得最多的就是“现在已经习惯了”。其实，不为人知的是，他们都经历了“不习惯”的漫漫历程。

其实，新春公司管理四区的付玮同样也是把“不习惯”变成了“习惯”。

到西部去，到新疆大漠去。2015 年，付玮硕士研究生毕业，义无反顾地选择了新春公司，他觉得年轻人就应该志在四方，就应该到最艰苦的地方锻炼成长。

第一年，付玮很兴奋，跟着服务队伍实习，学习作业，学习采油，戈壁、荒漠、胡杨、梭梭树，就连无处不在的蜱虫都是新鲜的，骆驼和野马有金黄的毛发，就连沙鼠都很可爱，尖尖的嘴巴、水灵灵的眼睛，他满眼的新奇，反而没有不适应、不习惯。

第二年，付玮转岗定岗到油藏开发岗位，开始系统地熟悉春风、春晖和阿拉德油田，熟悉地质构造、油藏特征，熟悉能够立起来的稠油和闪着光的稀油，闲暇的时候一个人却有了一份寂寞。

第三年，付玮说感觉很累，各种地质汇报，各种材料，一两点回到宿舍也是常事，每天四五点睡觉是常态，看着别人 7 点半能够正常吃饭，能够放松地刷手机，心理上也有过波动，后来领导谈心、引导，激励他好好干。再就是，他看到副经理马志刚全年在疆，周末有时候也回不去，慢慢地就淡然了，把忙碌的工作变成了习惯和常态。

那时，付玮给自己定了一个座右铭：道固远，笃行可至；事虽巨，坚为必成。

每一个走进新疆的大学生，背后都有一个跌宕起伏的爱情故事，这里承载着彼此的挚爱，也承载着对新疆大漠、对新春公司的爱。

张萌是新春管理二区主管师，他 2014 年硕士毕业来到新春。当时，在中国石油大学做毕业设计，论文写的就是新春，就是春晖油田的火成岩。或许因为是冥冥之中注定，或许是因为热血澎湃，他坚定地选择了大漠戈壁的西部，一直从事油田开发，从稠油到稀油，从浅层到深层，从来没有懈怠过。

张萌的妻子是河北理工大学毕业的，跟着他到了东营，后来考取了河北的公务员。

刚结婚的时候，张萌还感觉不出啥来，当妻子怀孕、生孩子时，自己老往新疆跑，妻子就不太愿意。到了河北后，妻子有人照顾，就没有那么想他了。于是，每次调休，他都尽量从周二开始，到河北连着休五天，然后再到东部工作。

张萌说，妻子说他每次回河北保定，眼神是呆滞的，自己没有这感觉，别人还是能感觉出来的，不过一两天就适应了。

其实对于胜利新春人，从东部到西部需要适应，从西部到东部同样需要适应。或许正是这种时空的转化，才让他们更加珍惜与家人在一起的每一天。

“井上压力一波动，你的心就不在这里了，还是赶快回去吧。”张萌说，在西部就时常惦念东部，在东部就经常牵挂西部，每次在家虽然待的时间很短，妻子总会催促他赶快回单位，毕竟那是丈夫的事业，是大漠的深情召唤。

许士波和王孝燕夫妻俩是现河采油厂员工，他们响应油田人力资源优化政策，夫妻双双来到新疆大漠，成为新春项目管理中心的外闯员工。

2020 年 12 月 17 日 15 时 25 分，东营直飞克拉玛依的包机刚刚落地，现河采油厂新春项目管理中心管理一部生产指挥中心许士波第一个小跑出了舱门，他直奔候机厅外，只为隔着候机厅的玻璃，通过电话传音，与即将登机返回东营的妻子王孝燕，会面短暂的 2 分钟。

原本两人是一套班，但是因为岗位变动以及疫情防控，夫妻俩只能在机场隔着玻璃传递相思。尽管每天都能视频通话，但是站在大厅内见到一路小跑过来的丈夫时，王孝燕眼里竟然闪过一丝泪花。

“新疆冷怎么不穿那件厚棉衣！”王孝燕笑着责备起许士波。许士波一边应允一边嘱咐着妻子：“临走前我包了水饺冻冰箱了，晚上到家记得煮了吃。”他还买了王孝燕最喜欢的红富士苹果和新鲜蔬菜，以便妻子到家后就能吃到。

由于急着核酸检测，许士波只能匆匆离去。王孝燕望着丈夫离开的背影，心头有着一丝丝的不舍。休假一个月后，王孝燕将再次返回到新疆大本营，继续与丈夫奋斗在戈壁滩。

其实，像许士波和王孝燕一样，现河采油厂夫妻双双携手外闯新疆的就有 15 对夫妻。现河新春项目管理中心队伍规模也扩充了近 10 倍，承揽了新春公司一千余口油水井管理业务，并把劳务输出业务拓展到管理和技术领域，成为支撑新春上产的重要力量。

在新春公司，不管是甲方乙方，还是前线后勤，只要在疆就是坚守与奉献。在新春公司综合服务中心副经理张涛看来，他们虽然是在综合服务的岗位，但保障好前线，就是助力增储上产。

像张涛一样，综合服务中心的人们自愿放弃休息、与家人团聚的时间，时刻坚守岗位，严抓生活服务节点管理，为公司安全高效生产提供后勤保障。

有人说，看我的手，就知道我从事的职业；有人说，柴米油盐为伴，一定很枯燥；有人说，让每个人都满意的后勤服务，注定充满挑战。为什么要走？因为盛年正当时，因为平淡不一定平凡，我们的面前是难忘情深，我们的身后是万家灯火……

2020 年 12 月 13 日，张涛送检查人员返回新春公司新疆克拉玛依生活驻地过程中，行至距西门南侧 300 米处时，因地面结冰摔倒导致右踝关节骨折。病情稍有好转，腿上钢板还没有拆除，他就投入工作中，组织单位搬家，协调疫情防控，捧出了一颗赤诚之心。

“征战边疆大漠，谱写壮丽人生。”寒来暑往，岁月更迭，胜利人硬是把亘古荒无人烟，“没有草、没有水、连鸟也不飞”的戈壁大漠变成了“油井像铁塔、罐区像城堡、红旗像花朵”的现代化油田。

2013 年，新春公司实现生产原油 66.6 万吨，再造了一个“春光油田”，2015 年，胜利西部实现了百万吨油田的突破，并且保持百万吨规模持续箭头向上。

2021 年，胜利油田西部探区探明储量占油田总探明储量的 35%，实现原油产量 129.2 万吨，成为胜利油田乃至中国石化重要的增储上产阵地和实实在在的接续力量。

“百万新春”辉煌的背后，却多是些不为人知的无名石油英雄的艰辛付出。

春潮急，沙场秋点兵

走进新疆大地，融入新春公司，“大兵团联合作战”响彻胜利西部。作为管理责任主体，新春公司起到了“穿针引线”的作用。

正如胜利油田分公司副总工程师兼新春公司执行董事、党委书记刘小波所说，在准噶尔盆地增储上产攻坚战中，他们将按照“稳定准西，加快准中”的工作部署，以时不我待、只争朝夕的精气神，与胜利西部各参战单位一家人、一条心、一起干、一起拼，以决战决胜的气势和一往无前的奋斗姿态，全力打造资源有序接替的“新春阵地”、油公司建设的“新春模式”、管理服务支撑的“新春平台”和引领保障发展的“新春力量”。

2021 年底，新春公司把物探研究院、勘探开发研究院、石油工程技术研究院负责西部研究的科研人员集中在新疆办公，实现地质、物探、开发、钻井、地面一体化运行，以现场问题为导向的联合作战。

其实，这种“大兵团联合作战”模式，正让胜利运输公司新疆运输项目部实现着华丽转身。

2003 年，胜利运输公司的车辆第一次进入新疆，一个陌生的市场从此打开。打开的画卷很长，长到可以让那一代人青丝变华发；而这个画卷又很短，在浓墨重彩的西部开发中，他们要走的路才刚刚开始。

如今，经过近 20 载的磨砺与蜕变，运输公司新疆项目部正沿着一条更广阔的大路奔驰，保证西部开发主业，兼顾多元发展，打造胜利危化品运输品牌。

“作为中国石化在疆唯一的成建制运输单位，我们首先要把支撑主业当成一项政治任务来做。”运输公司安全副总监、新疆运输项目部书记李善伟说，“别人能做得我们做，别人不能做的我们也得做！为油田、中国石化乃至国家的西部油气开发战略服好务。”

去过新疆的人都知道，一年中最难熬的就是冬天，零下四五十摄氏度的低温把人冻得通透，很多工作都无法正常开展。冬天出车，他们每隔两个小时启动一次汽车，保证完成冬季任务。

为了保障新春原油运输，新疆运输项目部用了一天一夜，就把驻地从独山子搬到了奎屯。李善伟 2019 年 1 月进疆，一待就是 14 个月，三年半在这里度过了两个春节，仅仅休假 5 次。

2020 年疫情暴发，当地的押运员如果回家，就不能出车。为了能够出车，大家就住在单位的会议室里。正在休假的温金勇经理，本来要在家休息一个月，仅仅休了 4 天，大年初四就赶到了单位。其实，他家就住在乌鲁木齐，可基本上也是四五个月才回一趟家。

“原油运不出去就得关井停产！关井停产的油井就有可能开不起来了！”李善伟说，从高速出口步行七八千米，到地方疫情防控部门协调，最终达成协议，所有车辆上的人员沿途不准下车。夏天非常热，为防止上厕所，驾驶员、押运员都不敢喝水，所有吃喝拉撒睡都在车上解决。

就这样，奎克高速这条一级路上，只有胜利运输的罐车在跑，即使到乌鲁木齐的路上，运输的大车也是寥寥几辆，只有胜利运输的车辆在奔驰，硬是在西部大漠跑出了一条“胜利路”。

走在“十四五”的征程上，滚滚车轮永远向前，轮印清晰坚定如磐。如果说，春风油田开发是胜利运输的第一次发展机遇，那么在加快西部勘探开发的征程上，恰恰让他们迎来第二次春风。

大美新疆，风吹草低，天山脚下，浪漫多情。这是电厂新疆项目部支部书记王国立对新疆的想象。2011 年 6 月，王国立一脚踏上新疆大地，完全颠覆了他的美好想象，面对的是戈壁滩，住的是板房，1 号燃煤注气站只是个基坑。

王国立说，当时的第一考验，感觉日子过得这么长，就像是人们常说的“熬鹰”。到疆第一天，他便在工作日志上写了一个 60，第二天 59，第三天 58……当写到 10 的时候，就开始兴奋着，感觉离回家的日子越来越近了。

为能够掌握年迈父母的情况，王国立在老人的客厅装了一个监控，在卧室里也装了一个监控，而且配上智能音箱和显示屏。对此，他的父母开心地说，现在人太能了，儿子都到边界了，还能看到儿子！

2019 年 4 月 5 日，王国立的父亲突发心梗，躺到地上，老娘慌神了，赶忙给他姐打电话，还拨了 120。当电话告诉他时，他抄起手机看监控，并安排电厂的朋友，叫救护车……随后，他紧锣密鼓赶往乌鲁木齐，乘坐最近的航班向家里赶。最终，他的父亲还是没有抢救过来。可是他却兑现了“千方百计注够汽、注好汽，为稠油生产打‘底气’”的郑重承诺。

说实在话，对于每一个在疆的员工，最难的是面对着老人的生老病死。说起这段往事，王国立情不自禁地抬起脸，持续数十秒的沉默。他抬起头默默不语，那是怕眼泪再次掉下来啊！

“到新疆，至少过三关！”谈起进疆的感受，现河采油厂副总工程师、新春项目部经理杨洪元说，能熬过心理关、亲情关、工作关，就算挺过来了。

心理关。杨洪元是 2018 年 11 月 8 日从现河采油厂进疆的，来时任副经理。从东部到西部，刚下飞机就蒙圈了，人们所说的大美新疆，冬天就没见过太阳，天天牛毛小雪，可谓是冰封的世界，对于初来乍到的人是严峻的心理考验，三个月都会经历从豪言壮语到沉默不语，再到胡言乱语的三个阶段。

亲情关。远离熟悉的环境，远离亲人朋友，到一个陌生地方，偏远的地方没有信号，还需要搬着两个凳子到沙坝子找信号，无疑是亲情上的煎熬。其实，在排 10 西采访，走出装了信号放大器的小站，在外面的井场上是没有信号的，着实体验了一把没有网络的感受。

工作关。初来乍到，新的岗位、新的工作，在东部是 8 小时，在西部 24 小时全程负责。再加上不一样的流程，不一样的操作模式，有的员工一时顶不了岗，急得哇哇地哭。

其实，在电厂新疆项目部，在现河新春项目部，不仅是王国立、杨洪元在坚守。仔细想想，在疆的每一名胜利人，他们的血脉里早已融入了胜利核心价值的基因，不自觉践行着“爱国、创业、创新、开放”的情怀，深刻感受了“一家人、一条心、一起干、一起拼”的浓厚氛围。

“不管是甲方乙方，都站在新春大发展的一方。”胜利工程公司新疆钻井分公司副经理说。他自 2002 年以来一直在西部，经历了冬天“冻得屁股疼”的冷，品尝过夏天“晒得晕头转向”的热，可看着新春发展越来越好，感觉特别自豪。

付波说，在野外确实辛苦，冷的时候，有一种恐惧，下着大雪，零下四五十摄氏度，没有信号，有种与世隔绝的感觉。2005 年冬天，他们起下钻具，半小时一循环，四个人轮着来，每个人下来，都光着脚踩在七八十摄氏度的暖气片上，才能暖和过来。一次，用榔头砸东西，可能榔头在外面冻得太厉害，榔头本体都断了。

何标儒是地质录井公司新井录井部副主任师，自 2011 年 8 月来到新春，便担当起了新春地区的地质录井工作，从车排子地区，到准北、准中，再到永进、哈浅，哪里需要就往哪里迁徙。说是 3 个月一倒班，可基本上没有实现过，最长能干 6 个月，平均下来 4 个月一倒班。他们支撑起了新春的高质量录井，为勘探找油做出了录井贡献。

“大兵团联合作战”在西部大漠戈壁上演，正演绎出一个又一个“新春速度”。

2017 年 3 月 15 日，春风油田南部部署的苏 6-1 井首次在苏 1 西地区钻遇油气显示，展现了苏 1 西地区油气勘探的潜力。3 月 16 日，在春风油田南部部署的苏 1-7 井顺利完钻，成功钻遇沙湾组油层，获得商业油流。5 月 22 日，排 10 西石炭系重点滚动井苏 1-22 井顺利完钻，钻遇良好油气显示。

2018 年 6 月 7 日，胜利油田重点预探井——征 6 井顺利完钻，钻遇多层油气显示。9 月 15 日，中国石化重点评价井永 3—侧平 1 井顺利完钻，12 月 13 日顺利投产，见高产工业油流。12 月 8 日，春风油田石炭系火成岩排 66—平 14 和排 66—平 20 井投产，获高产工业油流。

2021 年 8 月 3 日，集团公司重点风险探井奎屯 1 井开钻，该井设计井深 8200 米，是准噶尔盆地最深井。新春公司成立奎屯 1 井运行专班，强化生产运行，狠抓安全环保，做到工作高标准、管理高水平、钻井高质量，力争将奎屯 1 井打造成“新春公司安全高效绿色钻井样板”。

2021 年 11 月 3 日，胜利西部永进 12 井实施压裂施工，共出动 14 台 2500 型压裂车，将 1471 立方米压裂液、103 立方米支撑剂全部挤入井底，创造出胜利西部投入设备最多、规模最大的一次压裂作业，为西部深层、超深层压裂施工蹚出了路子。

创造仍在继续，胜利人一直在奋斗的路上激情跋涉。

春潮涌，逐梦新征程

这是一次新的探索与新尝试。

2021年5月，在酝酿一年之后，新春公司将年产原油40余万吨的采油管理三区拿出来整体对外承包。

这不仅是新春公司历史上的首次尝试，也是油田范围内的一次全新尝试。

新任务下，新春公司从“破”与“立”之间寻求新的发展方向。

“十四五”期间，面对五年产量增长一倍的艰巨任务，新春公司需要腾出更多“手”来做大稀油上产阵地。

而现在，新春公司将已经成为稠油稳产阵地的采油管理三区“托付”给现河采油厂管理，是双赢的选择。

“整个管理区的生产、技术、经营决策过程都由我们来执行，东部与西部在管理和观念上都存在差异，确实有所担心。”从过去听从指令的“店小二”转变为可以决策的“管家”，现河采油厂副总工程师、新春项目部经理杨洪元直言压力倍增。

但是因为有了做大油田新区产能这个共同目标，双方相信，只要向着同一个目标发力，就一定能形成合力创造更大价值。

“希望能够通过合作，进一步激活观念、人才、技术、管理等方面的资源流动，真正把油藏经营理念植入大家的思想观念里。”杨洪元说。

在新春公司，改变还不止于此，新的尝试一个接一个。

2021年7月8日，是永进一口新井取岩心的日子。

新春公司统筹钻井工程技术研究院、勘探开发研究院、采油工程技术研究院以及经纬公司相关企业等十余家承包商，共同制订了首个资料录取计划书，一次录取资料多家受益。

而在这之前，大家各自为战，一个岩心各取所需。

“勇于尝试新方式”的思路正悄然改变着新春公司多年的旧模式。

“在以后的开发进程中，‘勘探开发一体化运营’将成为主导。勘探开发和地质工程、研究部署和生产运行环环相扣共同发力，实现全链条、全周期效益最大化。”新春公司分管领导说。

新的考核办法、新的管理规则正在起草，考核激励逐步向发现大储层、实现大突破倾斜。

“准噶尔盆地要实现大突破大开发，务必探索新的市场化模式，吸引更多优质的承包商参与到大开发中。”在新春公司分管领导看来，新的市场化模式正逐步在准噶尔盆地形成。

8 月 17 日，新春公司改变之前生产例会只有本单位人员参加的模式，把所有参战单位纳入公司生产例会。每天上午九点半，下午六点半，东营、乌鲁木齐、克拉玛依、春风基地等 6 地 20 多家胜利西部参战队伍同步视频连线，协同解决生产难题，加快运行节奏。

“将参战单位纳入新春公司生产运行，解决之前会后沟通效率不高的问题，参战单位主要负责人参加会议，在会上涉及的问题都可以明确责任，直接落实好时间，避免了推诿扯皮、相互掣肘问题的出现，促进了生产环节的无缝衔接，让生产运行节奏再加快。”新春公司生产管理部负责人介绍。

在全新的协同作战模式下，新春公司、塔里木分公司北疆项目部、钻井院、泥浆及录井地质人员心往一处想，劲儿往一处使，最终取心进尺 17.65 米，出井心长 17.55 米，取心收获率 99.43%，创该区块单趟钻取心长度最高纪录，刷新北疆永进区块单趟取心长度最高纪录。

尝到了创新的甜头，新春公司人人都想做“第一个吃螃蟹的人”。

10 月 24 日下午，新春公司召开视频会议，对参与董 701 和排 601 北、中两个区块项目经理揭榜的 8 名应聘人员进行公开选拔。

实施揭榜挂帅，公开竞聘项目经理，对区块开发进行整体承包，对于新春公司来说尚属首次。

新春公司以此次揭榜挂帅为契机，进一步深化油公司体制机制建设。通过机制创新激发广大干部员工干事创业的活力、动力，逐步树立能者上、庸者下的用人导向，不断探索油藏经营管理新模式，推动老区精益管理、效益开发的实践，促进动用难度大、管理难度大、效益差的区块进一步提质提效。

新方式，换新颜。新春公司在创新中立足现实需求，坚持兢兢业业干好每一项工作，扎扎实实完成每一项任务。

9月的新疆，正是瓜果飘香的收获季节。

9月23日，正在新疆准噶尔盆地开展的排612热化学驱先导试验进展顺利。

这是新春公司确保春风油田稠油热采区块稳产，积极加快浅薄层特稠油热化学驱技术攻关及应用又一重大举措。

新春公司在油田科研院所的支持下，确立了“热（蒸汽）、剂（降黏驱油剂、泡沫剂）、气（氮气）”复合增效的热化学驱技术路线，优选春风油田排612块开展先导试验，设计9个反九点法井组，预计最终采收率52%。

该项试验的顺利开展，表明新春公司在稠油蒸汽吞吐后期进一步大幅提高采收率重要接替技术上的突破。

“新春公司依托技术创新，摸索出一套完备的西部开发模式。”回顾新春公司的开发历史，新春公司主要领导如是说。

早在春风油田开发之初，新春公司面对就是典型的低品位超稠油油藏，埋藏浅、油层薄、丰度低，黏度高达2万~9万毫帕·秒，冬天凝结起来像块石头，跺几脚都不会变形，夏天可卷起来抱走。在前期开发过程中，新春公司始终无法解决热采中的热损失问题。

对此，在国内外无成熟技术可借鉴的情况下，新春公司创新提出蒸汽与气体、化学剂混合注入的技术思路，创新形成了浅薄层超稠油HDNS（水平井+降黏剂+氮气+蒸汽）技术，实现厚度4~6米、黏度9万毫帕·秒超稠油的效益建产，建成百万吨年产能。

该项技术先后获中国石化科技进步特等奖和国家科学技术进步二等奖。

他们还配套了水平井防砂免钻塞钻完井一体化、注汽水平泵采油一体化技术，解决了高效开发难题。

“十三五”期间，新春公司持续深化技术创新。

针对老区高轮次蒸汽吞吐递减大、高含水井增多、采收率低等问题，通过深化应用HDNS复合采油技术、分类治理高含水井、攻关接替技术，实现产量持续攀升。

近几年来，随着油藏条件变化，他们拓展形成VDNS（直井+降黏剂+氮气+蒸汽）技术，实现由单层向多层、超稠油向特稠油的高效动用，年产油量持续攀升到120万吨。

在做好稠油热采低成本开发的同时，新春公司还开辟了石炭系火山岩和沙湾组稀油产能建设新阵地。他们对沙湾组稀油应用隔热管 + 高温电缆技术，既解决了清蜡问题，又提高了生产效率。同时，他们将数模与实践相结合，提高了稀油管理水平。

进入“十四五”，新春公司牢牢牵住创新驱动这个“牛鼻子”，通过一系列关键技术攻关，提高现有储量动用率和采收率，为胜利西部不断注入发展动力。

春风油田老区受油藏“浅、薄、低、稠”影响，蒸汽吞吐轮次高，油藏高存水、高亏空问题突出，严重制约了春风油田效益开发。

面对这些“痛点”，新春公司以滚石上山、爬坡过坎的精神，推动关键技术实现新突破，以奋进姿态开启高质量发展新篇章。

在排 6 南、排 604 区块攻关微生物采油技术；在 4 号燃煤注汽站实施锅炉提干改造，将蒸汽干度由目前 75% 提升至 85%，攻关注汽锅炉提干技术。

在稠油老区，开展四维地震攻关，研究剩余油分布规律，攻关老区加密技术；在征 1 井组开展二氧化碳气驱试验，攻关深层能量补充技术。

新春采油管理三区主动思变，在低压区实施大氮气增能，破解高温低液矛盾，提高生产压差，氮气量由 2000 标立方米增加到 30000 标立方米，平均单井周期产油增加 89 吨。

在边底水区，实施“筑坝”堵水，分类施策治理高含水井，水线推进速度明显减缓，有效补充地层能量，缓解了开发矛盾，所有单元实现全面提效，有效单元由 1 个增加至 3 个，实现老区稠油长期效益稳产。

瀚海寻梦，敢为人先。新春公司将坚持科技发展道路，开拓创新，科技进步助腾飞。

10 月，喜讯从春风油田排 625 区块传来：该区块 5 口井地质浅孔取心近日顺利完成，该技术是新春公司提高薄浅层超稠油开发效益的重要举措，可加快对储层的认识，缩短评价周期。

新局面全面打开，科技创新仍在继续。

春潮升，再谱新篇章

回顾“十三五”征程，新春公司大刀阔斧，在寻找和发现优质储量上，硕果累累：

深化超剥带“断—毯”成藏理论，新增三级储量9467万吨，实现了准西地区多层系持续增储；

深化“断—压—盖—储”控藏模式研究，庄110、征6井区上报预测储量4000万吨；

强化勘探开发一体化，实现永进油区深层碎屑岩储层产能突破；

落实了2 ~ 3个3000万吨以上储量阵地，准中地区实现新突破；

火山岩综合评价技术推动了准西石炭系、哈山山前带、准东北石炭系勘探新发现，拓展了勘探方向及储量阵地，石炭系领域取得新进展。

“十四五”开局，新春公司面对的是更严峻的挑战。

五年产油540万吨，胜利油田西部“十三五”上交了一份出彩成绩单。展望“十四五”，中国石化集团有限公司提出了胜利西部“十四五”末油气产量“翻一番”的任务目标，为此，胜利油田新春公司科学谋划、枕戈待旦。

新时代新征程，新任务新目标。

在中国石化集团公司及油田部署安排下，新春公司全员凝聚合力齐上阵、技术攻关注活力，把“规划图”变成“施工图”，把“时间表”变成“计程表”，加快勘探运行节奏，提高产能建设速度。

他们的目标是：“十四五”持续增储稳产、到2025年原油产量达到240万吨，“十五五”加快发展、力争到2030年原油产量达到500万吨。

志存高远是抬头望天，落在实处是低头看路。

新春公司坚持全员思想“一盘棋”，加快融入集团公司构建“一基两翼三新”产业新格局的战略中。

作为准噶尔盆地高质量发展管理主体，新春公司向全体干部员工发出动员令：“从全局高度理清工作思路，坚决把胜利西部工作放到集团公司党组扛起保障国家能源安全大局中去思考谋划，放到胜利油田较长时间内效益稳产2340万吨大盘子中去推进落实。”

新思路引领新的发展方向，新春公司厚积薄发，为开启全新篇章打好了坚实的基础。

在勘探方面，新春公司将进一步整合勘探资源，强化勘探理论创新，形成两项理论、发展六项关键技术，力争在“十四五”“十五五”期间探明储量5亿吨，形成两个“2亿吨”级、一个“亿吨”级规模储量阵地。

在开发方面，新春公司将着力打好准西效益稳产、准中规模增产和开发技术创新三大攻坚战，在确保百万吨稳产的同时，推动储量大发现，实现储量向产量的快速转换。

在地面工程方面，新春公司将继续推行新技术、新工艺，着力打造“智慧井站”，谋划“数字转型”，进一步盘活老区低效资产，谋划新区“区域辐射”大发展。

在绿色发展方面，新春公司将持续深入推进绿色企业行动计划，应用生物能源技术、可再生能源技术，实现能耗损耗的大幅降低和节能减排标准主动提升。

五年翻一番，十年翻两番。这样的目标，让当前年产仅120万吨的新春公司感到了前所未有的压力。

重压之下，寻找出路。

新春公司领导班子成员及主要科室负责人全部进疆，工作地点由东部向西部一线转移，工作模式由东西部两地办公转变为以西部办公为主。

公司上下传递的是一种“来即战，战必胜”的决心与信心。

“从未感受过如此大的决心，同样也感受到巨大的压力和超快的生产节奏。”新春公司干部员工感慨。

他们连续4天召开务虚会，探索“勘探开发一体化运营”“地质工程一体化推进”“中中合作”等新模式，攻关突破“卡脖子”核心关键技术，坚决打赢准中建产和准西稳产“遭遇战”。

“目的只有一个，早日建成资源有序接替的‘新春阵地’；目标只有一个，全力以赴实现‘五年翻一番，十年翻两番’目标；路径只有一条，凝聚所有参战队伍力量，全力建设引领保障胜利西部发展的‘新春平台’。”新春公司党委副书记、工会主席刘双全说。

任务艰巨、使命光荣。从新春公司决策层到普通员工，一种豪气荡涤开来。

全新的发展思路驱动新春公司昂首阔步向前迈进，为实现胜利西部增储稳油降本贡献智慧和力量。

新征程再出发。“十四五”的宏伟画卷已徐然展开，“十五五”战略目标已然确立。

“我们必须团结一切可以团结的力量，凝聚一切可以凝聚的智慧，激发一切可以激发的活力，同心同德、群策群力，全力推动各项工作落到实处、取得实效。”新春公司主要领导信念坚定。

前进的道路上，新春公司干部员工正铆足精神、勇往直前，大干快干加油干、苦干实干拼命干，以奋进姿态开启公司高质量发展新征程。

公司开发管理部把脉不同油藏、不同单元及不同井组开发规律，对回压、套压、温度等重要生产参数，进行连续跟踪，认真排查每一项生产数据，及时发现低效井、隐性异常井，对症下药，实现效益最大化。

采油管理一区在高含水、低产低液等低效井的治理中，优化控水提效工艺，对两口井实施氮气泡沫调剖，日增油 12.7 吨；针对采出程度大于 20%、地层存水量大于 8000 立方米的 23 口低效油井，检泵过程中调整配注器位置，转周时采用氮气拌注，提高蒸汽热利用率，为每一口油井寻找最佳生产方案、最优化生产参数，推动单井效益最大化。

为打好“十四五”开局之战，采油管理二区员工密切跟踪永 3—侧平 1、永 301、沙 4-1、董 701-2 等重点井含水率、动液面、油套压的变化情况，精准油井油压、套压等资料录取，发现问题及时处理，减少躺井率，提高采油时率，做到“吨油必争、斤油必争”。

胜利西部探井、开发井井位分散，点多、线长，井与井距离远。

钻完井管理部人员兵分两路，一路深入准中腹部及各偏远钻井现场，一路深入春风油田排 673 区块钻井现场，做好安全分析和风险提示，组织现场监督、录井、定向井、泥浆等单位召开现场协调会，不断优化施工方案，提升钻井质量，保证钻井平稳有序高效运行。

在新春公司一年四季里，最美的都是全体员工奋战的身影。

新年伊始，正是新疆最冷的时节。再低的气温、再大的风雪，都阻挡不了新春公司干部员工前进的步伐。

2021 年 1 月 10 日，采油管理一区排 6 南三号线渗漏。为防止管线在严寒天气下冻堵，施工人员打响了一场和时间赛跑的攻坚战。

室外温度已降至零下 28 摄氏度，员工们的脸冻得通红，手指也已不听使唤。但为了新一年工作的良好开局，为了把对产量的影响降到最低，没有人退缩，一切操作都在有条不紊、安全规范地进行。经过两个小时奋战，排 6 南管线顺利修复。

2021 年 8 月 3 日，设计井深 8200 米的奎屯 1 井正式开钻，标志着准噶尔盆地最深井施工全面展开。

奎屯 1 井是集团公司部署在准噶尔盆地西部隆起车排子凸起的一口重点风险探井，主要任务是探索白垩系、侏罗系及石炭系含油气情况，在车排子凸起南翼寻找类似春风油田的复式油气聚集区。

奎屯 1 井所用钻机为胜利西部第一部 90 型纯电动钻机。作为集团公司风险探井，该井可参考资料较少，地层不可预见性因素多，新春公司充分认识钻探过程中的困难。

他们与各施工单位密切协作，做好技术支持，精细组织生产，减少井下复杂情况发生，确保井壁稳定，有效保护储层，强化安全管理，实现安全生产，力争优质高效完成该井施工。

大步向前，只争朝夕。

2021 年 11 月 4 日凌晨 2 点，在中国石化胜利西部永进井场，14 台整齐列阵的 2500 型压裂机组停止轰鸣，胜利西部动用设备最多、规模最大的压裂施工圆满结束。

这个区块油藏埋藏深，施工压力高；水平应力差较大，裂缝复杂程度有限；地理位置偏远，施工组织难度大。同时，正遇到新疆降雪降温天气，施工过程中最低气温降至零下 8 摄氏度。

面对各种困难，新春公司各施工单位紧密衔接，经过 2 个小时连续奋战，最终 1400 方压裂液，103 方支撑剂全部挤入井底，顺利完成施工设计，该井压裂顺利完成。

这口井成功完成压裂，不但创造了胜利油田西部使用设备最多、规模最大的新纪录，也为西部深层、超深层压裂施工打下了坚实基础，积累了经验。

“以‘功成不必在我，功成必定有我’的历史担当和无私奉献精神，引导胜利西部全体干部员工安下心、扑下身，比贡献、做标兵，坚决扛起准噶尔盆地高质量发展历史使命，在推动高质量发展、建设领先企业、打造百年胜利进程中走在前作表率，在胜利西部这片广袤的热土上续写更加辉煌美好的篇章。”辽阔的大漠是奋进的沃土，穿行在一个个突破的阵地上，新春公司的决策者信念如磐。

春华秋实，厚积薄发。四季更迭之后，新春公司定会书写美丽画卷。新春，英雄的新春人一直在书写春天的故事。我们有理由相信，春天的故事里不仅仅是坚守与奉献，也有收获的微笑，也有美丽的憧憬。

石油与大漠之恋

马 行

大漠石油花

她们都是胜利西部油田的员工。准确地说，她们是胜利油田现河采油厂新春项目部的员工。她们的主体工作单位在东部，她们的家在东部，但她们工作在西部。以至于在西部待久了，她们尽管也想念家中的父母、丈夫与孩子，但她们却有一个共同的恍惚感：东部的一切，包括自己熟悉的住房、汽车、商场、酒店什么的，都是虚幻不实的。而西部的一切，却越来越真切，越来越让人不舍。

她们选择来西部的原因是不同的，但她们有一个共同点，那就是：来了，就再也不想离开。

王玉香，这个略有消瘦的女工曾是现河采油厂郝现 1 队的一名采油工。她喜欢采油工这个岗位，也喜欢在郝现 1 队工作，她一个人管理着 3 口油井、2 口水井，或许是工作量有些大，她无时无刻不感到一种疲惫。每天晚上，要吃三种安眠药才能入睡。要是睡不着，就坐在沙发上，抱着玻璃缸中的一群小鱼发呆。

2020 年春节后，采油厂发出了报名去新疆的通知。王玉香看了，连犹豫都没犹豫就报了名，她是这样想的，都说新疆远离家乡，条件艰苦，但再远再苦也比一天到晚睡不着觉好吧。幸运的是，她去新疆那天，也就是 3 月 18 日，正赶上现河采油厂与新春公司的联合包机。百余名员工在东营胜利机场的大飞机前，扯着横幅，扛起了红旗。这情景让王玉香着实激动了一番，想不到，自己一去新疆就赶上了这包机。有人还在窃窃私语：真是幸运，这包机可是我们采油工的专机啊，这待遇，没的说了。可就在飞机起飞的那一瞬间，王玉香突然有了一种很奇异的感觉，也说不清是不舍还是放不下，她就感觉“自己的心，突然掉下来了，是的，就是那种往下掉的感觉”。

到了2021年春节，就在除夕的前一天，王玉香和工友们到食堂帮厨，去包了水饺。除夕晚上，王玉香下了小班，去食堂吃饭，一看，盘子里只有一点儿剩菜，至于水饺，却没看到。跟食堂师傅要，师傅说已没有了。一听师傅这么说，端着餐盘的王玉香就怔住了，她啥也没说，转过身把餐盘又放回原处，就回宿舍了。她说，从记事起，那是她头一年没吃上水饺，也是唯一一个春节没吃上水饺。从那天起，她开始感觉自己来新疆也许是一个错误，她打起了退堂鼓。

她想回山东，却一直没有找到合适的机会。8月的一天早晨，她去食堂吃饭，看到有面条。她自言自语地说：“今天是我的生日，那我就吃两根面条吧。”边说着，边挑了两根面条放在了碗中。她说话时，同宿舍的王新丽就在自己身边，她也不知王新丽是不是听到了。到了晚上，王新丽一直与她聊天。平时，她俩一般在11点就关灯睡沉。可11点早就过了，王新丽居然不困似的。王玉香看了看手机上的时间说：“都11点58分了，天不早了，咱们睡觉吧。”刚说完，突然，门一开，进来两个人。当时，王玉香就吓了一跳，但见两个人拿着一个大蛋糕就进来了，后面还跟着一个人。他们三个人，刚踏进门，就唱起了“祝你生日快乐……”这时，王新丽也坐起了身，跟着他们仨一起唱。这个情景和阵势，让王玉香一下子蒙了，当时就什么话也说不出来了，唯眼泪啪嗒啪嗒地往下掉。原来，早晨王玉香说过生日的话，被同宿舍的王新丽听到了。王新丽就特意托人从30千米外的一个兵团团场买来了蛋糕。她想给王玉香一个惊喜，就把蛋糕放在了男工宿舍。

这件事让王玉香再也不想打退堂了，还坚定地留了下来。

王玉香说，自己在新疆，工作强度一点儿也不比山东弱，工作量也很大，但自己就是不觉得累，并且，心情一直很好。采访时，她向我反复强调了一个“静”字。她说：“我就是喜欢这份静，在新疆，在新春，我感觉自己内心特别静，原有的烦躁、慌乱什么的，都没有了。”

每天下了班，王玉香最喜欢的就是在沙漠里散步。她说，忙碌一天后，到沙漠里走一走转一转，整个人都会感觉特别平静，特别知足。

刘延红，一个看上去特别开朗的人。她出生于1974年，山东淄博人“油二代”。快言快语的刘延红坦言，她是员工中最好组织活动的积极分子。谈到为什么选择了新疆，她说得更实在：“往大了说，是为我们现河采油厂挖潜增效做贡献，实际呢，我是想为我的小家赚点儿钱。”在新疆采油一线，刘延红是典型的活跃分子，工作干得出色不说，甭管劳动竞赛、技术比武，还是唱歌、跳舞、演讲、乒乓球赛、羽毛球赛什么的，她样样拿手。哪想到，2020年7月，刘延红发觉自己腰疼得厉害，到克拉玛依的医院一检查，是比较严重的腰椎间盘突出。连续去克拉玛依治疗多次，不仅不见好转，还疼得更加厉害。这让刘延红很绝望，工作不能干，球不能打……她感觉自己成了一个废人。再后来，她需要吃抗焦虑、抗抑郁的药物，才能入睡。她发现，自己整个人居然抑郁了。当时，她的宿舍内共有9名女工。即使是开门声、洗澡的流水声，都令她万分焦躁。坚持了一个月后，现河厂驻新春油田项目的两位领导一看她的情况越来越不好，就让她回山东。两位领导把她送到了奎屯火车站，还拖着她的行李箱一直把她送到火车上。两位领导走后，她感觉特别孤单，特别凄凉。火车开得很慢，整整走了两天一夜。而两天一夜，她完全靠吃止痛药撑着。到了济南火车站，望着阴沉沉的天空，她特别想掉眼泪，感觉自己落魄至极，就像一名从战场上被打败的士兵。她觉得，自己这一生可能再也回不到新疆的采油一线了。想到这儿，她更绝望了。回到家的第一个晚上，睡到半夜醒来，她一看身边还睡着个人，居然吓了一跳，尖叫起来。她先生问她怎么了，她定定神说，“我都习惯睡单人床了，这醒来，突然发现床这么大，还多了一个人，一时反应不过来了。”第二天，她就在自己先生的陪同下，到油田中心医院去治疗腰椎间盘突出。到了第三天，又去了胜利医院的精神科。从精神科出来，她又去看心理医生。她说，看一次心理医生，要交付200元咨询费。又过了两个月，她已忘记交过多少次“200元”了，依然特别无望，特别紧张，她需要找到自己病症的答案。一天，她对自己的心理咨询医生说：“请告诉我，我的抑郁症到底能不能治好？”那天，心理咨询医生毫不客气地对她说：“我告诉你两点，你记住就行：一，你死不了；二，你的腰椎间盘突出手术是好的。”

到了该回新疆的日子了，现河采油厂新疆项目部的一位大姐，也是一位领导对她说：“刘延红，我是了解你的性格的，也知道你的病情，但是，你必须跟我走，你要是留在山东留在东营，可真的就要废了。”刘延红的妈妈也劝她：“你不能单纯靠吃抗抑郁症的药，你得去嘛，你去了，哪怕你去一星期，把自己没干完的工作处理一下，把自己的东西拿回来，这起码能把该了的心愿了了。你心里痛快了，我看，你这病也就好了。”妈妈还说：“到时就算你自己回不来，我们也去接你回来。”

就这样，刘延红又回到了新疆，又回到自己原来的班组。班长吴小义一看刘延红回来了，就张罗全班员工在驻地院子里举办了一个小型的烧烤活动。大伙又是捡梭梭柴，又是烤地瓜，还请刘延红主持节目。而一位姓徐的大姐，怕刘延红一个人睡太孤单，还特意搬到了刘延红的宿舍，与刘延红一起住。还不到半个月，刘延红发觉，神奇的事情发生了：自己居然能够自主睡眠了。又过了一个月，刘延红发现，一直在吃的抗抑郁药也不用吃，并且，腰也不怎么疼了。是的，采访时，刘延红说到这里，用了“突然”两个字。她是这样说的：“突然间，我发现我从抑郁症中走出来了，我好了，一切都好了起来。我不得不说，新疆的采油一线是如此神奇的地方，居然治好了我的病。”

说到这，刘延红补充说：“我真的特别感谢我的班长吴小义，他这个班长角色，对我们班，对我来说，简直太重要了。”

终于，刘延红彻底找回了原来的自己，每天自起床开始，上班，下班，散步，聊天，无时不刻不在快乐之中。

快乐，也是能传染的。刘延红快乐了，她就想着让大家都快乐。工作之余，她不仅热心于唱啊、跳啊、打球，还热心帮助身边的姐妹和工友。刘延红发现，从现河采油厂来新疆的500多名员工中，有很多人都有抑郁倾向，但是碍于面子，又不愿暴露出来。现在，刘延红要是听说身边工友谁有抑郁症了，她定会结合自己的经历，耐心地听对方诉说，帮对方进行心理疏导。刘延红说：“这抑郁症对人的破坏力太大了，是摧毁性的，我现在都彻底好了一年多了，腰也很少再疼了，都可以打各种球类比赛了。我感觉自己在对抗抑郁症方面是很厉害的人，所以我愿意帮帮身边的人。”

快乐起来的刘延红其实是敏感而又多情的，以至于谈及新疆，她就会情不自禁地说：新疆简直太神奇了，新疆的天空和大地是有疗愈功能的。因此，她对采油驻地周边的一草一木、一花一动物都分外热爱。下雪了，她会和班长等人一起打雪仗、扔雪球。春天到了，她就带队组织各类球类比赛。站上有时会有狐狸前来，她定会拿出自己都舍不得吃的食物喂给狐狸。就在她的手机中，收藏着不少狐狸的照片。有一年大雪，她和班长在巡井时，发现了一只成年狐狸的尸体。班长要走，刘延红说，咱们还是找个地方把它埋了吧。埋掉狐狸后，刘延红和班长就在四周找啊找，终于在 200 米外的一个深沟中找到了狐狸的窝。窝有两个，全是坐北朝南，洞口有三四十厘米宽。刘延红担心小狐狸吃不上食物，就在狐狸窝放上了两个鸡蛋。若是到了夏秋花开时分，刘延红会带上手机，去拍摄那些沙生野花。她在沙漠中发现了一种特别艳丽、特别好看的花，却不知名字。她把那些野花拍成照片，发到微信朋友圈，还加上了一行文字："这些不知名的沙漠红花，特别像我们石油女工穿着红工衣时的样子。"

新疆的大漠，新疆的采油一线，彻底影响了刘延红，也改变了刘延红，让刘延红变得更加坚强，更加快乐，更加自信，也更加健康。

看上去特别文静的李海燕，是一名采油技师。李海燕自上中学时，一直就有一个西部梦。自从到了新疆，她觉得心情特好。过去，自己无法施展的一些才能，都得到了一一展现。她说，西部工作苦是苦了些，但机会也多，一个人只要肯吃苦，就能找到施展自己人生才华的平台。

大漠苍茫，大漠有情。正是王玉香、刘延红、李海燕等一线采油女工，用自己的执着、努力和奉献，组成了胜利西部油田的一道最美、最亮丽的风景线。

揭榜挂帅，攻关准噶尔——迎来世上最美原油

新春公司自成立的那一天起，前面的路就是注定不平坦。中国石油新疆油田、原地矿部新星公司西北局（现中国石化西北石油局）等，曾在准噶尔盆地部分区域，以及东疆的吐哈等地，以国内最先进的勘探开发方式，或撒网勘探，或定点开发，均没发现有价值的油藏。但是，就是在这些地方，新春公司要攻坚克难，找到有价值的油藏。

这难度无异于沙里淘金。但是，再难，也得向前冲。

千里之行，始于足下。难关当前，除了一个一个去克服，别无他路。2021 年秋末冬初，新春公司设下擂台，在全公司内征招能够揭榜挂帅的科研攻关能手。难题共有四个。提质提效方面有两个：一是董家海子区块，凝析油气层如何效益开发；一是排

601 北中区块，稠油进入中后期后如何高效开发。科技攻关方面也有两个：一是征沙村和沙窝地项目组特低渗油层的开发；一是春晖—阿拉德超稠敏感油藏的开发。

董家海子的董 701 井，地质情况特别复杂，2010 年因井筒故障，不得不关井。

董 701 井是一口停歇了 11 年的油井，董家海子是一个沉寂了 11 年的区块。因为停歇，这口井多了份沧桑；因为沉寂，董家海子区块更加神秘。

2021 年 10 月 20 日，关松涛，这个 1986 年出生的年轻人，揭榜董家海子凝析油气层。关松涛之所以敢选择这个难题，是因为他自参加工作以来，就一直与准噶尔地区的油藏打交道。2009 年他从成都理工大学石油工程专业毕业来到新春公司，就在公司油藏办公室任技术员，再后来成长为管理一区分管技术的副经理、经理。这个过程用了整整 11 年。然后又到管理三区任经理。

揭榜后，关松涛从公司内挑选了两个得力干将：1986 年出生的廖阔，1993 出生的袁一平。就这样，关松涛任项目经理，廖阔、袁一平任项目副经理，共同组成了一个 3 人攻关小组。关松涛对攻关小组的要求是，既要有超强的单兵作战本领，又能够综合协作。单兵能力如虎豹，协同合作如狮群。

进入 11 月，关松涛率攻关项目组来到董家海子，并就地安营扎寨。从此，他们以董家海子为家，吃在井上，住在铁板房内。

董家海子区块，包括董 701 井，现有近 10 口油井需要开发或正在开发。其中 6 口井的油藏属“凝析油气层”，且油藏埋藏较深，均在 4000 米以上。凝析油气层的油藏属液态油，在采油过程中，随着压力的递减，油藏会因不断膨胀而吸收大量的热源，从而由液态油转换为气态油。这样的结果之一，就是井口的温度不断降低，低到零下 30 多摄氏度。如此低温，遇水则瞬间成冰。长此以往，还会导致井口的金属体脆化。所以，如何在油藏的吸热过程中做好保温工艺，成了攻关小组首先要面对的一个难题。

在凝析油气层开发方面，国内开发经验最为成熟的是中国石化西北石油局的雅克拉采气厂，但是，董家海子的地质条件与开发条件又与雅克拉采气厂完全不同。关松涛的项目组本想借鉴雅克拉的一些方法，但情况不同，也只能放弃借鉴，选择自己去研究。

他们反复试验。他们不断完善油气分离技术，在采油的同时，也把所有的气采好、用好，确保油气都能充分利用。他们准确计算过，油井在产出 1 吨油的同时，也能产出1600立方米气。同时，他们在油井试采阶段，尝试以物理方法、化学方法或生物方法，给井筒加热。通过试验，比较完备的加热杆技术可使井筒温度提升10摄氏度左右。并且，他们还一次次尝试对电缆的选择与运用。他们把不同型号不同功用的电缆放入井筒做试验，然后记取测试数据，并一一对比。在此过程中，他们发现，普通电缆尽管造价较低，但效果不好，不能满足降温要求；而矿物绝缘电缆是所有电缆中降温效果最好的。然后，他们又对矿物绝缘电缆在井筒中的下放深度进行试验，从1000米到1500米再到2000米，一一对比，终于发现，保持在1600米左右的深度是效果最好的。

给井筒降温的另一个途径就是减压。通过不断减压，减少井口冰堵。同时，也试着在地下，也就是地层深处减压。而地层深处的减压，需要作业队再上一次修井作业才行，费时费力，成本加大。综合对比后发现，还是地面减压较方便。然后，他们又对地面减压的力度与效果反复测试，将地面一级减压改为了地面二级减压。

至此，通过设置加热杆和地面二级减压，彻底解决了井口温度及冰堵现象。

他们除了在采油工艺上不断改进，还改进了开采流程。原来都是单井拉油，一口井一个大的储油罐。当储油罐中的油满了，石油运输卡车就到井上把原油装车然后拉走。这样的拉油方式，在油田的一些边远井站是司空见惯的，但还是引起了攻关项目小组的注意。他们是这样想的，架设长距离输油管线，是不现实的，一是油井的产量还形不成规模，而是距离较远，架设管线的成本太高，也没有必要。但是，如果用“一条线”把6口散落的单井串连起来，形成一个内部的“管线局域网”，是比较可行的。事实上，将6口单井串通后，极大地方便了原油的开采与输送。由于油井在产出油的同时，还要产气，他们也把所有的气集中起来，建设了一个董家海子集气站。

一个又一个试验，一项又一项的改造，令关松涛和项目组看到了科技攻关的希望，也品尝到了其中的快乐。

他们不仅在石油生产工艺和石油开发流程上改进、创新，还着手对油井用电、井上员工生活条件等也加以改进。一直以来，董家海子是用天然气发电。项目组的副经理廖阔却提议，把用电方式改一改。他对比发现，如果用国家电力系统的大网电，用电成本会更低。他们当即与公司的相关部门协同合作，仅用一个月时间，就将原来的天然气发电全部改为大网电。仅此一项，每个月可节省一笔可观的成本。

当董家海子的最紧要问题得以解决后，关松涛和项目组又试着改善井上的通信条件。董家海子区块共有 7 名员工，其中 4 个采油工，再就是项目组的 3 个人。原来，4 个采油工担心发生冰堵现象，对油井不放心，不仅需要住在单井之上，还需保持 24 小时不间断巡井。现在，井上的冰堵现象已没有了，采油工也就没有必要 24 小时绷紧神经盯冰堵现象了，劳动强度自然降低了不少。这样一来，他们就把散点居住的采油工集中到一个生活点（董 701—2 井）。采油工在工作上不仅可以相互照应，在生活上也方便了许多。

董家海子远离城区，位于古尔班通古特沙漠南部，几近无通信信号。有时，井上员工要打电话了，需爬到附近最高的沙丘上去。如果沙丘上没有信号，就去再找下一个沙丘。随着 2022 年春天大网电的通电，项目组的人又与联通公司合作，在沙丘顶上架了个信号塔，将电信信号引了过来，可覆盖方圆 20 千米左右的范围。

仅仅用了半年时间，整个董家海子区块就做到了全天候生产，正常开发。对此，关松涛和项目组是最欣慰的。好多次了，关松涛站在油井前，望着成桶的原油样品激动不已。有时，他都不知该怎么来形容那原油的静和美了——色白如矿泉水，凝固后，呈琥珀一样的淡黄色，美轮美奂，漂亮至极。

在关松涛和项目组的人看来，这董家海子的原油简直就是世上最美、最深情的原油。

就在董家海子区块攻关项目向前推进的同时，排 601 北中区块稠油高效开发攻关项目，也在同步推进。

这个项目的经理是包政强。包政强是甘肃人，生于 1983 年，从长安大学资源勘查工程专业毕业后，来到了胜利油田的胜利采油厂的基层采油队任技术员，后来又在胜利地质所从事采油科研。2013 年，他调到新春采油厂，一直从事采油工作，后又升任新春管理三区的副经理。在揭榜挂帅的 4 个项目中，包政强当即就瞄准了排 601 北中区块。他是这样说的："我自来了新春采油厂，就一直在车排子凸起的这些油井之间转来转去，我在新春的所有采油经验也来自这里，所以，我认为我必须接下这个项目，我也有信心有能力把这个项目攻克下来。"

包政强与另两位同样具有车排子凸起上的工作经验的科研人员常泰乐、柴雪峰组成了排 601 北中区块稠油高效开发攻关项目组。

排601北中区块的油藏只有一个油层。要想提效，就得在油层上做研究。当时，排601北中区块的稠油递减率已达到15%。如果不做好补充，用不了多少年，这个区块就采不出油了。怎么办？包政强和项目组的人，从油藏、油层、地面、管理等不同方面进行梳理、分析，得出的结论只有一个：常规的采油方法只能造成递减，必须采取措施。

另辟蹊径，说起来容易，但真要做起来，又谈何容易。从全球范围看，对稠油递减率的有效控制，一直都没有好的技术。在国内，无论是胜利油田东部，还是其他油田，也没有形成有效的办法。尽管如此，包政强、常泰乐、柴雪峰这三名年轻人，还是敢于去挑战一下。他们边学习，边研究，逐步统一了想法：排601北中区块稠油高效开发攻关项目要想拿下来，既需抓"面"，也需抓"点"，需"面"与"点"的结合。

先说面。从整个车排子凸起，乃至整个春风油田的单一油层入手，研究如何提高驱油技术，加大原油采收率。技术方面，包政强带领项目组实施SDGR驱油技术。针对单一油层的特点，他们从打破油层平衡的角度入手，通过多种方法，尝试通过改变原油层的重力，进行采油。

再说点。这个点，就是对长停井实施定点治理。所谓长停井，就是因采油率递减较大，不得不关停的井。整个排601北中区块，共有50多口长停井。其中，因低效关停的井有9口，因套管损坏而关停的有6口，因高含水而关停的有20多口。

应该说，这些井都是些老大难的"落后井"，顽固、保守、落后，是这些长停井的共同特点。包政强在项目组的运行小会上说："这些井，看似顽固、保守、落后，都是些差生，其实它们各有各的性格与特点，我们只要对它们不放弃，只要对它们有足够的耐心，帮助它们认识并克服自身存在的问题，它们定能成为春风油田的'优秀生'。"就在包政强等人的细心"帮扶"下，目前，排601北中区块已有6口井由长停转入生产状态，且见到了较好的效益。另有2口井正在作业修理中，也即将重回生产状态。

与此同时，征沙村和沙窝地项目组特低渗油层的开发、春晖—阿拉德超稠敏感油藏的开发也在揭榜挂帅科研攻关战略中，找到了各自的科研团队。征沙村和沙窝地项目组所在区域是古尔班通古特沙漠腹地，自攻关小组进驻后，特低渗油层的开发已有了极大提升。而春晖—阿拉德超稠敏感油藏的开发，随着科研攻关的不断深入，更是阔步前行。2022 年 3 月，随着攻关项目的深入，就在春晖—阿拉德区块，新春公司管理四区正式成立，这标志着春晖阿拉德超稠敏感油藏开发将进入规模与集约化开发阶段。

揭榜挂帅，科研攻关，给准噶尔带来了希望，给新春油田带来了新的春天。

春晖—阿拉德之恋

从克拉玛依区向北是白碱滩，从白碱滩向北是乌尔禾，从乌尔禾小城再向北是无边无际的大戈壁滩。大戈壁滩的西边是扎伊尔山，东边是古尔班通古特沙漠。大戈壁滩在地理行政区划上，一半属于乌尔禾区，一半属于塔城地区的和布克赛尔蒙古族自治县。

一直以来，这块大戈壁滩就与众不同。说它不同，是因为这是一块彩色的滩，滩上密布着各式各样的彩石、泥石，还有捡石人最为喜欢的金丝玉和宝石光。可以说，这大戈壁滩的地表之上，遍地都是宝石、美玉。也因此，每逢春、夏、秋三季，大戈壁滩上会吸引来天南地北的捡石人。地上都这么绚烂，地下更应矿藏丰富才是。可是，我国的一代又一代石油人在这里撒网式做了一次次地质勘探，也打了多口探井，就是找不到油气发现。这令我国的石油人对这块大戈壁滩很是失望。

十几年前，当胜利油田的西部勘探者来到这块大戈壁滩时，他们有一个信念是：就算这石油藏到了地宫的最深处，也要把它找出来。当时，胜利油田的西部勘探者已发现了油气储量及品质非常好的春光油田。那也是胜利油田在北疆地区找到的最大油田。仅几年工夫，春光油田的年产量已达 50 余万吨。然而此时，中国石化从集团公司发展的整体平衡出发，让胜利油田将春光油田整建制交给了“吃不饱饭”的河南油田。突然间，胜利油田西部勘探者除了一块块勘探区，变得两手空空。这也让他们不得不以置之死地而后生的精神，在整个准噶尔盆地周边，以最精锐的勘探力量，绝地反击，重新找寻新的油气希望。当他们发现了春风油田之后，就开始挥师这片大戈壁滩，由原胜利物探的 223 队、2114 队、2232 队等，在这片区域展开一次次二维地震或三维地震。终于，在 2012 年，随着哈浅 22 等井的钻探成功，胜利西部石油人发现居然不是一个油田，而是两个油田：一个是春晖油田，一个是阿拉德油田。这两个油田的发现储量相当丰富，且有极好的油气显示。

只是，整整十年了，由于当时采油工艺上的限制，一直在试采，却没有获得有效突破。不过，对两个油田的认识却不断在加深。正是基于此，2022 年 3 月，新春公司通过对两个油田的详细勘探开发评估，决定重启春晖油田和阿拉德油田的勘探开发之旅，并在乌尔禾区正式成立新春公司管理四区。

新生的管理四区，是年轻的，从区支部书记到区经理，再到员工，几乎全是“80 后”。别看全区员工不多，只有 16 名，其中 3 名是来自现河采油厂的采油工程技师，却个顶个都是多面手。每个人都是身兼两职或三职。

管理区的工程师付玮是一个出生于 1989 年的小伙子。用付玮的话说，其实就是一名“90 前”年轻人。付玮算是一名“油二代”，父母是胜利油田第十五中学的教师。付玮在中国石油大学的本科和硕士，读的都是石油工程，毕业时，父母建议他回胜利油田。付玮接纳了父母的建议，只是却选择到胜利油田最偏最远的新春公司。在新春，付玮先后被分到了采油队和注气队。第一年，他看啥都很新鲜，整个人一直处在亢奋状态，无论干什么工作，都觉得特别自在，特别有意思。到了第二年，他就感觉到了压力。新春公司，无论是采油，还是作业工程等，都给他带来了越来越多的难题，他感觉自己在学校学的那些根本不够用。但是，有意思的是，压力越大，付玮的干劲也越大。不懂了，他就一边自学、钻研，一边向身边的师傅、专家请教。第三年到了，付玮的感觉不再是压力，而是疲惫和累。可喜的是，在疲惫和累面前，付玮不仅没有妥协，反而选择了继续挑战。他开始着手研究油藏开发，并进行油藏材料编写，他渴望自己能够以崭新的研究成果转移并缓解自己的疲惫与累。

所以，早在管理四区的成立筹备阶段，付玮就将目光瞄准了春晖—阿拉德这个神秘的石油区块。他是这样想的：哪儿最有挑战，就到哪里去。春晖—阿拉德的石油开采不仅是新春公司的难题，也是我国西部油田的一大难题，作为一名年轻人，就该到那儿去拼一拼、搏一搏。所以，管理四区一成立，付玮感觉自己终于迎来了一个有实力的“对手”，再度处于兴奋状态。

到管理四区上班已近一个月了，付玮却有些一筹莫展。春晖—阿拉德的油藏尽管丰富，却特别浅，是整个准噶尔盆地已知油藏中最浅的。对此，四区经理马强、支部书记李琰等人也是无可奈何。放眼整个西部的油气勘探开发，无论新春公司，还是中国石化的西北石油局、中石油的新疆、吐哈等兄弟油田，都没有成功的开发技术和经验可供管理四区借鉴。一切的一切，除了靠自己，也只能靠自己去摸索、去研究。

困难面前，付玮有一句告诫自己的话："路虽远，笃行可至。"白天，他或到油井作业现场指导现场操作，或在管理四区驻地整理资料，晚上就到井上跟踪监督，第二天再回来继续整资料……不说别的，单单跑一次井，光来回路程就近两个小时。夏天，戈壁滩上深沟中突然来了大洪水，戈壁路全被摧毁，为了跑一次井，光绕路就得绕六七十千米。以至于身边的同事惊叹，这个付玮居然能够一连几天不睡觉，一干就是好几天。其实，付玮也会困的，也要休息，只是，他的休息时间是零碎的，有时是在办公室打个盹，有时是在井上的值班车中小睡一会儿。因为人手不够，从底端到终端的一系列工作，都是由付玮一个人设计，一个人实施，一个人再做总结。

光忙工作了，从 2022 年春节放假回到新疆，整整半年了，付玮居然还没来得及回山东去探亲。其实，按公司的规定，前几个月，他就可以回山东了，管理区的同事们也催他回山东去看看。付玮当然也想回，只是自己的科技攻关正在紧要时候，也是科技灵感最活跃的时候，他不敢停，他怕停下来后，自己的工作状态会受影响。

其实，付玮才结婚一年，是新婚。他不回家，他的妻子在视频中对他说："我倒是也习惯了这聚少离多的生活，谈恋爱时，你就说自己一年至少要在新疆待上七八个月，我才不怕呢。我就想，既然你的新疆油田那么好，你什么时候，也带我去看看。"

尽管一时不能回山东，付玮还是十分疼爱自己的妻子的。见妻子这么说，付玮连连应诺了一个"春晖—阿拉德之约"，承诺今年秋天，一定要带妻子来春晖—阿拉德看一看，看一看戈壁滩上的月亮，以及无边无际的小彩石。并且，还特意给妻子发了个"春晖—阿拉德之约"的大红包。

付玮心里明白，自己的恋爱与婚姻算得上一个奇缘。付玮常年在新疆的戈壁滩上工作，平时根本见不到女孩子，所以找对象也就成了难题。有一年，付玮刚从新疆回到山东的家中，妈妈就催着付玮去相亲，说电视台在嬉水公园搞了个相亲大会。一到大会现场，付玮就看上了一个女孩，还加了女孩的微信，可接下来，无论付玮怎么发消息，女孩都不理睬。又过一年，到了第二届相亲大会时，付玮再次参加，居然又看到了那个女孩。这次，付玮只是远远地看了女孩几眼，就走开了。付玮心想，人家上次都不搭理自己了，也就是拒绝自己了，就别再赖上她了。可是，在付玮的心里，他装得下的却只有这一个女孩。又是一年，第三届相亲大会开始举办，付玮却在新疆一时不能回山东，还好，相亲大会有个公众号，付玮又看到了那个女孩。两个月后，付玮回到山东，对妈妈说："我看那个女孩好像还没找到对象。"妈妈看出了儿子的心思，说："你不好意思，我去加她。"就这样，付玮妈妈加了那个女孩的微信，还成了好友。付玮妈妈对女孩说，她有一个朋友，人特别好，在新疆的油田上班，一直没有对象，问女孩愿不愿意加他微信。就这样，女孩通过了付玮的微信请求。从此，女孩开始和付玮聊天，越聊越投机。就这样，付玮终于得以与那个女孩牵手。而那个女孩，就是付玮的新婚妻子。

春晖一阿拉德大戈壁滩的正中，有个采油小站名叫哈浅 22 站。小站的北面有四栋铁皮房子，东边和西边各有两栋铁皮房子，南面偏西一栋铁皮房子。四面铁皮房子组成了一个小院，小院大门开在东南方。这个院子里共有 2 名职工，站长是郑学顺。准确地说，是郑学顺的岗位相当于一个站长。由于站上没有站长，郑学顺就自觉担起了站长一责。郑学顺，出生于 1975 年，身板很结实，略胖，是山东广饶人。他是 2022 年 2 月 5 日来站上的。四个多月来，他几乎没有睡过一个囫囵觉。

他说："自从来到这儿，就没分过什么白天黑夜，更没有上班、下班之分，这几个月对我来说，只是一个工作班。每天，我几乎是 24 小时都用来工作。哪儿困了，就在哪儿躺一会儿。前两个月，我都没有住过宿舍，一直是住在汽车上。我的皮卡车，是工作车，也是我的宿舍，更是我的办公室。近两个月，偶尔会在铁板房中睡个觉，但睡觉时，也得睁着一只眼，得及时听取井上的情况。"

6 月 12 日，哈浅 22-1 井要修井了。天都黑了，修井的作业工人还没来到站上。郑学顺有点急，站在小站门口向着远方望了又望。可整整一个小时过去了，戈壁滩上也没有看到有车灯靠近。由于前些天，戈壁滩上的沟壑中发洪水，砂石路多处摧毁，郑学顺担心作业工人们找不到路，就通过公司生产办联系上正在路上的作业工人，告诉他们该从哪儿拐弯，该怎样躲开冲垮的砂石路。然后，郑学顺也不等了，自驾车向 7 千米外的哈浅 22-1 井赶去，去处理井上的工作。见到作业工人，郑学顺那个急啊，说这个井刚注了蒸气，必须及时施工，否则，井上温度会下降的，那样一来，作业效果就会受到很大影响。在郑学顺的督促和监督下，9 名现场作业工人，也来不及休息了，当场换上工装、戴上安全帽，开始作业施工。

当哈浅 22-1 井的作业施工全面展开后，已是凌晨 3 点。望着作业架上的灯火，望着忙碌的作业工人，再望一望满天的星星，以及那轮亮得耀眼的月亮，郑学顺感觉自己浑身都是干劲。其实，他已连续 48 个小时没有合过眼了，但是就是不觉得累。他再次回到自己的皮卡车上，驾车向着另一口油井赶去。

郑学顺说："我在现河采油厂都 20 多年了，一直干采油，再难的油井我都干过，可到了春晖—阿拉德才发现，这儿的油井难得不可思议。油层埋藏特别浅，最深的只有 500 米，浅的才 200 米，地下情况尤其复杂。井的开发难度大，管理难度就大，我一天到晚，生怕井上出事，所以这绷着的神经是一刻也不敢松。大伙都说我不知疲惫，不知困，其实，我又不是铁人，我怎会不知疲惫，只是，我既然来到了春晖—阿拉德，就有责任把这儿的井开发好，管理好。不客气地说，在油井开发管理方面，我还是比较内行的，要不，我们现河厂也不会把这么难的一个井站交给我。至于其他方面，比如这儿的生活条件好坏，这儿的外部环境是不是恶劣，这都根本不是事儿。可喜的是，在我们大伙的共同努力下，现在的春晖—阿拉德已见到了曙光。我们站共有 4 口井，前天，其中 1 口井放喷，仅仅 3 天，就产了 4 卡车油。拉油的师傅都说，照这个产油量，这春晖—阿拉德有很大的希望。"

天亮了，郑学顺匆匆吃了一口饭，就又驾车往井上去了。不一会儿，郑学顺的皮卡车，在无边无垠的戈壁滩，就成了一个移动的小亮点。又过了一会儿，小亮点也看不见了，郑学顺和他的皮卡车已没了影踪。望去，除了一轮新生的太阳，只有视线尽头的戈壁滩地平线。

在春晖—阿拉德，几乎所有的人都像付玮、郑学顺这样的员工一样在工作、在生活。他们啊，在春晖—阿拉德油田，像戈壁滩上偶尔可见的胡杨木，就像是戈壁滩上随时可见的戈壁石。

正是他们的生命与青春，在春晖—阿拉德油田的戈壁滩上，闪闪发光！

胜利新篇

作为国家重要的传统能源（石油）工业基地——胜利油田，现今正在大力发展并使用新能源，蕴涵其中的意义且深且广！——它走的是“碳达峰，碳中和”的世界节奏；它践行的是“金山银山不如绿水青山”的理念；它体现的是“‘十四五’末油田直接消耗能源中新能源占比达到20%”的胜利担当！

目前，油田共建成投产地热、余热、太阳能等各类新能源项目106个，年代油7859吨，年代气4090万立方米，年发绿电2.36亿千瓦时，年节标煤9.39万吨，年减排二氧化碳38.5万吨……

胜利油田走过辉煌的“花甲”之年后，现在它却越来越朝气蓬勃，越来越呈现出“年轻态”；油田从传统印象的“黑”正在逐步变成现如今人们眼中的“绿”。因为——胜利油田的新能源发展正在——从“新”出发！

从“新”出发

孙仁宝

盛夏，阳光热烈。

胜利油田营二井区：蓝天白云，绿植纳凉。

营二井是“九二三厂”的命名井，1962 年 9 月 23 日创下当时全国日产油最高纪录。时隔 60 多年，曾经的功勋井赶着碳达峰、碳中和这股时代潮流，成为“传统能源和新能源结合的典范”。

5 万平方米内，9 千块太阳能板向阳而立，将光能转化成电能或热能；两座小型风力发电机迎风而舞，将风能转化为电能……

营二井区域新能源示范区的建成，是为了实现“油田加快新能源发展，‘十四五’末油田直接消耗能源中新能源占比达到 20%”的总目标。

这里曾是一片废弃的池塘和荒地，一年年荒着无用，油田不但要上缴一笔费用，还要防止非法侵占和倾倒垃圾现象发生。

胜利油田新能源中心主要领导介绍说，该项目盘活土地 11.6 万平方米，消除了区域露天水池、天然气加热炉等安全环保隐患，让闲置土地变废为宝。这里每天发绿电 1.8 万千瓦时，不仅能满足营二井区 8 口井的用电需求，还能供周边油水井使用，年可减排二氧化碳 5400 余吨。

功勋井用上了新能源，中国石化领导评价说，这是传统能源与新能源相结合的典范。

在这传统能源与新能源结合的典范之地，感受着胜利油田新能源发展的朝气蓬勃的今天，追溯油田新能源发展从哪里来，展望油田新能源发展将到哪里去，也是一件很哲学、很美好的事了。

你若前行，便是胜利历程

九曲黄河，万里奔腾，浪涛汹涌，滚动雷霆气象，让人热血沸腾！可是，如果我们溯流而上，去拜谒黄河的源头，却发现，不过是几条涓涓细流。正是这涓涓细流，包含了黄河一路的浪涛滚滚，龙啸虎吟——这就是源头的力量。回望胜利油田新能源发展中心的滥觞，像极了黄河源头的那几条涓涓细流。

2013 年，国际、国内石油行业还没有进入油价“寒冬期”。在受供给侧相对宽松和地缘政治利好影响，布伦特油价作为国际油价的标杆，一直 100 ~ 120 美元之间小幅震荡。由此带来的，是油田持续宽松的经营局面。

当时的新能源，在一般人看来，只是一个模糊概念，甚至认为它离我们很远。然而，油田领导站位高远，在新能源还没有得到普遍认可的时候，就有了要走好这步棋的打算，迈出了关键性的一步，组织精兵强将，吹响了向新能源产业进军的号角。

2013 年 11 月 3 日，胜利石油管理局地热余热资源开发项目部正式挂牌成立，标志着油田正式向新能源发展“亮剑”。胜利人凭借过硬的作风，充分发挥油田的技术、装备和人才优势，当年就有 4 个地热余热项目正式启动，聚园区域地源热泵冷热联供项目就是其中的一个。

油田聚园锅炉房早在 1987 年就已经投入运行，到新能源项目实施前已经运行 26 年，设备普遍老化严重，运行状态大不如前，故障频次和维修难度不断增加，导致运行成本日渐增高。同时，聚园锅炉房内的锅炉全部为燃油锅炉，随着运行状态的不断下降，污染物排放很难达标。对此，东营市和油田计划将其拆除，但又苦于周边没有合适的替代热源，问题迟迟得不到解决。

这一情况很快被项目部人员掌握。经过多次走访与实地勘查，最终拿出了地源热泵替代燃油锅炉的解决方案。同时，还利用地源热泵工艺在制冷方面的优势，在夏季通过换能器为用户供冷，实现了冷热联供。在不遗余力地多方协调下，项目实现了当年启动，当年投产，受到了油田领导的充分肯定和用户的一致好评。

投产以来，年替代原油 864 吨，年节约标煤 1234 吨，年减少二氧化碳排放 3122 吨。此外，由于地源热泵系统冷热联供可以实现无人值守，在用工方面，冬季减少用工 22 人、夏季减少用工 11 人，带来提高劳动生产率的多丰收。

当年成功实施的 4 个项目，让项目主体单位尝到了实实在在的甜头，同时也让新能源人积累了丰富的经验。油田领导看在眼里，记在心上，决心做大、做强，让这 4 颗星星之火，迅速引燃胜利这片热土。

河口采油厂机关楼、海洋采油厂基地、临盘社区宏祥小区等多个地热供暖项目在 2013 年做出规划，2014 年迅速铺开，并在最短时间内建成投产。地热供暖面积达到 53 万平方米，每年节约标煤 0.8 万吨，减少二氧化碳排放 1.9 万吨。

在做实地热项目的同时，胜利新能源人还把采出液余热作为一大主攻方向。油田集输站库分布广，其中蕴藏的采出液余热资源丰富，正待开发。

景苑西区采出液余热供暖项目成为油田首例采出液余热民用供暖先导示范项目。景苑西区由于热电联供系统热源供暖能力不足，仍需投运燃油锅炉，年消耗原油 3000 吨以上。为此，新能源人把采出水余热引入解决方案，以胜利采油厂坨四采出水站采出水余热为主，以油田一级网热为辅，推进供暖项目落地。这个项目目前已经稳定运行 4 年，供暖面积 28 万平方米，年节约标煤 3653 吨，减少碳排放 7976 吨，实现了经济效益与社会效益的有机融合。

到目前为止，地热、余热项目已经累计投产 27 个，累计创效 9753 万元，新能源人的足迹遍布了油区各个角落。

在当时，虽然新能源在国际和国内已经不算新鲜，一些地区甚至已经干得风生水起，但新能源的具体实施对于油田而言，仍然是新的领域、新的业务。不同于油气勘探开发，油田在新能源方面没有任何经验可谈，什么事都要探索着干。时任新能源开发项目部主要领导在采访中提到："新单位要有新担当，更要有新作为，我们要像当年的铁人王进喜一样，坚守岗位，坚定信念，坚持创业，有条件要上，没有条件创造条件也要上！"

在贯彻落实局党委部署上，他就是这么坚定。只要是局党委明确的方向，他都创造性地去开展工作、狠抓落实。

有了方向攻技术，他们联合油田相关院所，和国家、地方相关领域知名专家取得联系，开展联合攻关与技术研发，形成了有效利用低品位热源的二类热泵升温技术、有利于提高机组运行效率的采出水直进热泵技术、提高换热效率的在线胶球清洗技术等具有胜利特色的系列成熟技术；有了技术缺项目，他们就千方百计摸项目、搞调研、找市场；有了项目缺资金，他们就深入研究，探索出了多种商业化的运营模式，取得了良好的用户反馈与项目收益。

难在人少事不少，一人当仨使。新能源在项目部运行阶段，只有九个人，却有找项目、定规划、做科研、算效益、搞评价、抓管理等一系列工作需要完成。面对人少活儿多的实际，时任主要领导指出："新能源全体成员都满怀大局意识、担当意识、责任意识，一个人要承担其他单位三个人、五个人甚至十个人的工作，这就是新能源的实际，也是新能源的特点，更是新能源的优势。"

可以这样说，2013 年 11 月 3 日成立胜利石油管理局地热余热资源开发项目部是油田新能源发展史上的"播种机"，它把新能源发展的种子播撒在黄河三角洲这片共和国最新的土地上，播撒在胜利油田的产业链中，更播撒在人们的心田中！

你若挺立，就是胜利担当

黄河走下巴颜喀拉山后，出昆仑，绕积石，穿峡谷，至孟津，搭起一道龙门，为俗物设置了一道不可逾越的"墙幕"，同时，也为拼搏者、志向远大者、奋发向上者出具了尺度，搭建起了舞台。《埤雅·释鱼》："俗说鱼跃龙门，过而为龙，唯鲤或然。"2017 年 5 月，为进一步加快推进新能源产业化，油田正式下文成立新能源开发中心，在定位、职能和发展方向上加以明确，给予了新能源开发中心更高的定位、更大的权限和更为广阔的市场。这是胜利油田新能源发展历程中一个"鲤鱼跳龙门"的日子！

——桩 106 接转站的 4 台燃气加热炉被"打倒"了，在桩西采油厂固定资产库里被彻底销了项，桩西厂也因此甩掉了背负多年的固定资产折旧折耗的包袱，在一定程度上实现了这一领域的轻资产运行，还消除了重点要害部位加热系统的安全环保风险。

该项目利用"离心式热泵 + 螺杆式热泵"技术，充分挖掘桩 106 接转站每天

4000 立方米 40 摄氏度左右的采出水热量，替代 4 台燃气加热炉，同时还承担了站内约 1500 平方米的供暖任务，每年节约天然气 215 万立方米，节约标煤 1872 吨，实现碳减排 1781 吨。此外，由于热泵良好的换热效率，该站外输原油温度较之前使用燃气加热炉时提高了 3 ~ 5 摄氏度。

——油田首个自主实施的采出水余热 + 光伏发电项目——乐安项目建成投产，这个项目标志着新能源开发中心转变观念、做实项目、推进产业化发展迈出坚实一步。项目投产后，仅光伏板块发电量就达到 87 万千瓦时 / 年，节约标煤 349 吨 / 年，碳减排 914 吨 / 年。配合前期建设的采出水余热板块，年替代天然气达到 458 万立方米，年节约标煤 5349 吨，年减排二氧化碳 1.3 万吨，年创效 320 万元。

——河口多能互补智慧绿能示范采油厂项目投产。该项目依托“四化”系统实现多能互联，建成投产后实现清洁能源替代化石能源 60％的目标，年创效 1088 万元，同时满足井组、接转站、注水站、联合站的用能需求，为油田新能源规模开发提供示范。

在地热开发方面，他们实施深层地热供暖项目 1 个，浅层地源热泵冷热联供项目 11 个，供暖面积 25 万平方米，年节标煤 7500 吨、碳减排 1.9 万吨。

在余热开发方面，他们提取集输站库采出水余热，经热泵二次升温后用于油液加温、站库供暖，实施余热利用项目 22 个，年代气 3127 万立方米、代油 0.5 万吨、节标煤 4.1 万吨、碳减排 9.3 万吨。其中，乐安联“采出水伴生地热 + 光伏发电”多能互补项目于 2018 年初建成投产，2019 年 1 月通过国家能源局地热专标委审核，被评为“地热能开发利用标准化示范项目”。

在太阳能开发方面，他们利用油田存量土地、站库屋顶资源、自备电网优势，建设分布式光伏发电项目，建成孤东 80 兆瓦、乐安联等光伏发电项目 4 个，装机规模 82 兆瓦，年发绿电 1 亿千瓦时，年节标煤 1.23 万吨、碳减排 10 万吨。

新能源开发中心成立以来，已建成投产地热、余热、太阳能等各类新能源项目 106 个，年代油 7859 吨，年代气 4090 万立方米，年发绿电 2.36 亿千瓦时，年节标煤 9.39 万吨，年减排二氧化碳 38.5 万吨，为建设绿色油田、打造美丽东营做出积极贡献。

这开放的鲜花、这丰收的硕果背后，是胜利新能源中心对“建设绿色油田，支撑百年胜利”这一美好使命的历史自觉和现实担当。

他们着眼于油田和区域优势，积极盘活各类能源资源。他们发挥油田地热、余热、太阳能、风能以及闲置土地、自备电网等资源优势，推动新能源开发利用融入油气生产全过程各领域，先后形成站库余热资源高效利用、闲置土地光伏发电自发自用、矿区生产办公区域地热冷热联供、井组“光伏＋直流母线”多源微网、油气生产用热“光热＋”替代等五大应用模式，促进了土地、电网、余热等各类资源的有效盘活。

他们坚持示范引领，争做动能转换“新典范”。结合油区特点，加快新能源项目建设。余热资源当用则用、能用尽用，工业为主、民用为辅；光伏发电沿着空地建、跟着电网走，自发自用、就地消纳、余电上网；地热开发发挥优势，因地制宜、冷热联供。优质高效完成了营二井区“风、光、热、储”多能互补示范项目，中国石化集团公司主要领导给予充分肯定和高度评价，称其为“传统能源和新能源结合的典范”。建成集团公司上游板块最大单体光伏发电项目，胜利发电厂灰场37兆瓦光伏发电项目，年发电能力5000万千瓦时；乐安联合站“采出水余热＋光伏发电”项目被国家能源局授予地热开发标准化示范项目；2020年油田获地热能开发利用标准化示范单位。

他们坚持开放合作，构建绿色产业“共同体”。在油田内部，建立齐抓共管的服务联合体，新能源开发中心与电力分公司、热力分公司、胜利发电厂签订战略协议，发挥各方优势，共同推进项目建设；实施分段管理的代建代管模式，优选重点项目、关键环节，委托地面工程监督中心代建代管，发挥专业监督优势，提升项目管理效能。油田外部，与协鑫、隆基、力诺等国际一流新能源企业洽谈交流、深入合作，与国电投、国家电网、山东石油等国企、央企签订战略协议，培育战略合作伙伴；与东营市财金集团、新星公司合资成立鲁辰能源，共同开发深层地热、大型光伏、风场项目，为做大做优新能源产业奠定基础。

他们坚持创新驱动，打造行业发展“硬支撑”。他们涵养人才蓄水池，通过内部招聘、外部选聘、柔性引才等多种方式，引进使用成熟人才62名，博士后、特聘专家等高端人才19名，新能源队伍由最初的9人扩大到目前的105人。开辟新能源大讲堂，搭建新能源实训室，培育新能源智囊团，提升理论技术水平和实战攻坚能力；围绕技术瓶颈解难题，开展“揭榜挂帅”“项目 + 课题”活动，组建专家组、青年创新团队，强化人才梯队建设。把牢技术风向标，紧盯产业前沿，开展光伏发电就地制氢、注水站风力注水、光热制蒸汽等先导试验，为规模应用提供支撑。

他们坚持“技术是第一生产力”的发展道路，不断完善胜利新能源技术体系。他们联合油田相关科研院所，加大设备、工艺集成应用和联合攻关，先后形成了创新技术十余项。其中，低品位热源技术、采出水直进热泵技术、在线胶球清洗技术、宽流道板式换热等技术填补了国内相关领域空白，形成了胜利新能源特有技术体系。余热利用技术经集团公司科技部鉴定，整体达到国际先进水平，走在全国石油石化行业前列，被工信部纳入《国家工业节能技术装备推荐目录》。作为能源行业地热专标委委员单位，他们承担了国家能源局行业标准《油田采出水余热利用工程技术规范》编制。《地热井资料录取规范》《分布式光伏发电项目可行性研究报告编制》《油田采出液板式换热器的选型、使用和维护》《地源热泵系统数据采集要求与能效计算方法》等四项油田标准完成终审，为胜利新能源的可持续发展提供了坚实的技术保障。

新能源中心主要领导介绍说：“胜利油田新能源的发展，之所以能取得今天这样的成绩，奠定持续发展的后劲，更来源于油田领导对发展新能源的政治站位高，责任担当意识强，顶层设计得力！”

为统筹加快油田新能源业务发展，2021 年 7 月，油田成立由分管领导挂帅、职能部门为成员的领导小组和新能源工作专班，加强新能源工作的统筹协调，形成了新能源工作专班引领统筹、机关部门协调服务、新能源中心建设运营、直属单位联动推进的运行模式，汇聚起油田上下一盘棋的强大合力，有力推动新能源产业快速发展。制定了新能源发展“十四五”规划，和“一年开新局、两年上规模、三年大发展”的“三步走、三跨越”战略目标，努力推动新能源开发由单一开发向多能互补跨越、零散分布向规模集约跨越、常规新能源向氢能储能跨越。

如今，胜利油田新能源已成为一个“品牌”。新华社内参调研组先后两次专门到胜利油田采访地热余热开发利用情况，通过《国内动态清样》《内参专题调研》递呈领导人。新能源开发中心多次代表油田在高端论坛做典型发言，获得社会各界认可。中石油大庆油田、辽河油田，中国石化江苏油田、河南油田、中原油田先后多次到胜利学习借鉴，“胜利新能源”品牌正逐步唱响。

你若有梦，即是胜利希望

黄河，携带着民族的颜色，龙身摇曳，雷霆万钧，在东营这片共和国最新的土地上砰然入海，越过那条蓝黄交接带，一个民族的梦想在新时代里完全地蔚蓝起来！

胜利新能源人的昨天、今天和明天都融在这个“蔚蓝”色的梦里，他们为这个梦而拼搏、而奋斗、而创新、而进取。

凤名转行了，去了新能源。

凤名是个读书人。毕业后，从一个校门转战另一个校门，从台下走到台上，做了一名大学老师，一做又是十年。其间，慢慢有了资历，有了业绩，有了妻儿。在别人眼中，李老师的形象已经根深蒂固，人生轨迹一目了然。

凤名转行了？一石激起千层浪，让身边老师眼镜都挂不住，下巴都快掉地上。谁都没想到，平时不大爱说话的“李老师”竟然会弄出这么大动静。一时间成了议论的焦点，处处飘着问号，溢着惋惜。“转行到底图个啥？”

同样被划进这个焦点，被问号围得团团转的还有一个，那就是他的爱人周老师。对待同事议论，她总是嘴上说随他去，心里却一直在犯嘀咕：“新能源到底是个啥？”

凤名面对周围的猜忌什么都没说，一如既往地扑在工作上。他心里明白，要想让同事改观、老婆放心，就必须在新能源方面做出成绩来，才对得起这次“转行”。

俗话说，转行容易入行难。他不断加强学习，慢慢地，凤名的技术积累越来越多，经验也越来越丰富，开始承担项目技术方案设计，桩 106 接转站余热利用项目、油田首个采出水余热 + 光伏发电多能互补项目——乐安项目等工程的设计方案都出自他手！随着项目慢慢做起来，凤名也更加有名儿了，他爱人悬着的心也逐渐放在了心窝里，时不时还对他说：“这个行儿还真转对了。”

就在这时，他又“转行”了。“转”哪儿了？不同于第一次那么明确，哪儿都没转，他玩起了“双跨”，发挥特长，走上了讲台传教授业。以前讲课是代表学院，现在讲课是代表新能源。用大家的话说就是，“凤名就像我们新能源的蒲公英，一张名片，飞到哪儿就把新能源的种子播哪儿”。

由于新能源的“新”——新的领域、新的技术，新的工艺，当年，新能源项目部成立时，只有 9 人，与凤名一样，都是“转行”过来的。有的原来是教师，有的搞基建，有的搞电力，有的从事社区工作，没有一人是专业出身。然而现在，他们成为油田新能源建设的栋梁。他们的“转行”，可能也为了那个“蔚蓝”色的梦吧！

作为全油田最年轻的高级专家，今年45岁的朱铁军曾经在热力分公司从事供热管理工作22年。2019年11月，朱铁军调入油田新能源开发中心工作。来到新能源中心后，他充分发挥个人的专业技术优势和管理优势，全身心地投入油田新能源事业发展，推动胜利新能源快速打开局面，把建立技术标准、理顺技术规范摆在首要位置，带领相关技术人员跑现场、搞调研、查规范、建标准，立足油气应用场景，先后形成光伏发电、余热利用等多项技术标准和规范。其中，《油田采出水余热利用工程技术规范》列入国家能源局行业标准，完成了中国石化最大的36兆瓦地面光伏电站方案立项评审。他组织参与的集团公司、油田课题十余项，多次获得集团公司及油田科技进步奖，为快速推进项目建设奠定了坚实基础。

看着局面打开了，铁军又被调走了，这次直接是跨企业挂职。2021年，他被油田派往山东能源集团挂职一年。

天下人才是一家。这一年，朱铁军成功将山东能源集团新能源与胜利新能源融合成了一家人。其间，深度参与了山东能源集团新能源的“十四五”规划的编制，将胜利经验带往山能，同时将山能经验带回胜利，将胜利油田与山东能源集团两家单位的交流研讨促成了常态。2022年4月，双方就新能源领域深入推进互利合作达成战略共识，为后期深度合作奠定了基础。

挂职回来后，组织又安排他进入油田新能源专班工作，主要负责新能源项目规划、方案论证、评审把关、政策解读等工作。

发展新能源，技术是关键。朱铁军带领技术人员联合油田相关院所，和国家地方相关领域知名专家取得联系，开展联合攻关与技术研发，先后形成低品位热源高效利用技术、深井地热开发利用技术、分布式光伏 + 余热多能互补技术、“风光热储”多能互补技术、油气生产流程用热新能源替代等具有胜利特色的系列成熟技术，为胜利新能源发展进一步强化了核心竞争力。

2020年，油田推荐朱铁军参加东营市突出贡献中青年专家评选。

2021年，组织批准朱铁军加入中国能源学会新能源分会专家委员会，参加论坛交流，向行业大咖学习，继续引领新能源业务发展。

从一名普通的热电管理者到油田新能源高级专家，朱铁军的成长历程，始终伴随的也可能就是那个“蔚蓝”的梦想吧！

胜利发电厂灰场36兆瓦光伏发电项目为中国石化一类工程，总装机容量37.06兆瓦，年均发电量4307.28万千瓦时。项目于2020年8月立项，利用胜利发电厂灰场区域（A+B区）进行太阳能光伏电站建设。2021年3月5日初设批复，批复资金15781.14万元。场平工程于2021年4月10日开始施工，主体工程于2021年8月24日开始施工，2021年12月13日实现投产发电。

该工程共安装535Wp单晶硅组件69264块、225千瓦组串式逆变器132台、2500千伏安升压变压器12台、35千伏开关站1座、光伏电站35千伏接入系统1套；敷设35千伏双回路电缆LGJ-240共计4千米；在基南变安装新建35千伏开关柜10面，单母线分段接线。

目前该项目每天发电18万千瓦时，每年发电能力5000万千瓦时，节约标煤6145吨，减排二氧化碳5.2万吨。

胜利发电厂灰场36兆瓦光伏发电工程负责人，胜利油田新能源中心专家张东明的手机里始终收藏着该项目落地投产发出第一度电的屏幕截图。他收藏的是什么呢？是工程建设过程中无数的苦和累、无数的研判和决策、无数的责任和担当，还是为终于不负众望，工程终于投产发电而自豪？这其中的甘苦滋味也许只有他自己知道！在谈到该工程装机总量为37.06兆瓦时，张东明说：“根据科学计算，就碳排放、碳吸收的量来说，在减排方面，一兆瓦绿电等值于6.2万棵树，37.06兆瓦乘以6.2万，我们等于在东营的大地上植下了230多万棵树。”说到这里，张专家满脸自豪，仿佛绿树成荫的大森林就在眼前。

是的，油田的“树”一路走来，很不容易！始初，油田是一片茫茫荒原，一层薄薄的盐碱花却像沉重的青石板一样，几乎封住了一切植物的通道，只有与碱性近亲的苜蓿、芦苇才能出头，把个荒原弄得越加荒凉。那时，整个荒原只有一棵树，人们像神、英雄一样对待它！有位诗人为此感慨过：“一个荒原只有一棵树，作为树，那是树的骄傲，作为荒原，那是荒原的悲哀！”正因为缺树，油田的拓荒者在这里栉风沐雨，立井架、开钻机，打出一口口油井后，就急匆匆地把立起来的抽油机命名为采油树——油田人太渴望树了！日升日落，六十多个春秋过后，胜利油田早已从荒芜中脱胎，绿树成荫了。现在，楼前楼后、道路两旁、田野里、大堤上，到处都有了树木挺拔的身姿。我在想，一部油田创业史，在外人看来，可能只意味钻井、采油的主旋律；只有工作生活在油田的人才知道：在这部波澜壮阔的创业史中，还包含着石油人植树造林、改造荒原的渴望与行动。植下第一茬树的老一代石油人，挖深坑，换新土，修沟渠，压碱水，为树置棚打伞，为树穿衣御寒。他们植下一棵棵树，同时也把自己耐碱耐盐耐风沙的灵魂赋予树，一棵棵树竟然活了下来，到现在植物园、园博园、森林公园相继建成。从一棵树到绿满城，而现在胜利人又通过发展新能源，栽种看不见却真实有效的大树，这是不是张东明心中那个蔚蓝色的梦？

从“新”出发——胜利油田历经 60 年发展之后，越来越朝气蓬勃，越来越呈现出“年轻态”，从传统印象的“黑”正在逐步变成现如今人们眼中的“绿”。

追光之道

沈顺万

夸父与日逐走，入日，渴，欲得饮，饮于河，渭；河，渭不足，北饮大泽。未至，道渴而死。弃其杖，化为邓林。

——引自《山海经》

古人从不缺乏浪漫的想象力，从“夸父追日”到“后羿射日”的神话传说，不难看出，人类从没停止探索大自然奥秘的步伐，也从没有停止过征服一切艰难险阻的勇气。

但古人无论如何也不会想到，几经斗转星移，沧海桑田，世界会发生如此翻天覆地的变化。电灯早已取代了煤油灯，人类对光的渴望，随着科技的日新月异发展，能源同人们的衣食住行密不可分。如今，科技先驱们利用太阳的光辉和能量，将其转化为新能源，开始大面积为人类谋福祉。

一

日出，每一次都是新的。悬在黄河三角洲上空的太阳，将金色光芒洒向流金淌银的土地。这片年轻而广袤的土地因此显得多情而灿烂。

饶有意味的是，在有着“胜利油田精神符号”之称的营二井附近，胜利新能源开发中心就建起一片占地 11.6 万平方米的风能及太阳能光伏板，在阳光的作用下，金光四射，满目生辉。

营二井作为胜利油田的功勋井，象征着承接中国东部找油希望、承启华北突破大场面、承载胜利精神印记的历史使命。如今，胜利油田在营二井将新能源与传统能源并置一处，二者相映生辉。这不是偶然的巧合，应该是历史的机缘和设计者的独具匠心，共同造化出这一神奇之景。如同早期开发油田探井一样，太阳能开发应用于胜利油田，也是史无前例。从某种意义上，这不亚于在胜利大地上掀起一场新的能源革命。

北京，2014 年中国发展高层论坛如期举行。国家能源委员会专家咨询委员会主任张国宝在论坛上宣称：中国已成为世界上第一大能源生产国和消费国。

有专家指出：“过去是经济与社会发展的五年规划先出，能源专项规划和环境专项规划后出，为经济与社会发展五年规划背书，能源是保障经济增长的手段，环境规划为经济保驾护航。现在，应该把经济发展装进环境容量和资源容量的笼子里，为经济发展这匹马套上环境、能源的龙头。”

各种信息表明，加快新能源发展步伐势在必行。业内人预计，新能源发展规划出台后，未来十年中国新能源投资将达 5 万亿元。在具体实施路径、发展规模以及重大政策举措等方面，规划对新能源的开发利用和传统能源的升级变革进行了部署。可预见，中国新能源产业的发展前景将十分广阔。基于这一认识，国内政策频繁利好新能源以及各个细分行业，在发展政策加持下，新能源行业发展正当其时。光伏、风电、核电与新能源汽车已经在政策利好下率先获得发展。

与国家政策不谋而合的是在 2013 年这个春天，中国石化胜利油田高层已将目光投向这一领域。这一年，国际、国内石油行业还没有完全进入寒冬期，受供给侧相对宽松和地缘政治利好影响，布伦特油价一直处于微幅振荡；胜利油田经过长年勘探开发，自然递减加快，资源接替矛盾突出，全油田 100 多所联合站过度依赖煤炭、天然气加热锅炉及水套炉，不仅成本居高不下，而且无形中增加油田节能减排压力。为此，管理局决策层将热能利用提上重要议事日程，经过综合考察评估，胜利油田具备得天独厚的地热优势。于是，他们开始厉兵秣马，先行一步。

2013 年 11 月 3 日，油田从计划处等相关处室和基层单位抽调精兵强将，由技术监督处牵头，热电联供中心副经理挂帅出征，组建了地热余热资源项目部，机构直属油田机关。而此时，新能源对于油田普通职工而言，仿佛还只是一个传说。

这对于一个在新能源技术方面一穷二白的部门来说，其压力之大，困难之重，人才之乏是意料之中的事情，一切工作都具有高度的挑战性。而当年，他们与中国石化新星公司合作，硬是一口气启动了 4 个地热项目，在初步品尝到胜利的果实后，他们又将目光盯在光、风、氢、储清洁能源领域，陆续开始从外引进项目并进行先导性实验。

光伏作为可助基业长青的清洁能源，让胜利油田决策层眼前一亮，建设绿色油田，支撑百年胜利，以绿能为油气主业保驾护航，一举多得。在项目部积累开采地热技术宝贵经验的基础上，拓展胜利能源结构势在必行。

2017 年 5 月，又是一个万物竞发的春天，黄河三角洲的绿叶开始吐露生机。胜利油田正式挂牌成立了新能源开发中心，足以证明油田对新能源的情有独钟。他们重点在各基层单位布局新能源战略结构，联动部分地方政府和国企，开展技术合作，多方联动，集中力量打一场新能源战役。能否像早年在华北找油一样，再次实现新的突破？这既是关系到绿水青山的千秋大计，也是关系到造福子孙万代的大业。在习近平总书记提出端牢能源饭碗的新时代背景下，这是胜利油田众志成城，吹响向建设第二个绿色胜利前进的号角。

绿色理念浪潮席卷而来之时，大地已是一片春意盎然。次年，中国石化开始正式全面启动“绿色企业行动计划”，提出到 2023 年建成清洁、高效、低碳、循环的绿色企业。对“绿色发展、绿色能源、绿色生产、绿色服务、绿色科技、绿色文化”六个维度进行战略布局，到 2050 年，实现“绿色低碳发展水平达到国际领先水平”的远景目标。由此，胜利油田顺势而为，举油田之力向新能源发起了新的冲锋。

二

2021 年 12 月 13 日，胜利发电厂灰场工地上。张东明领着众弟兄，不分昼夜连续几天鏖战在现场，直到将最后一块光伏板安装完毕，才长舒了一口气。他用熬红的双眼环视了一遍周围，招呼技术人员调试好设备，随着一声令下，12 台变压器 6 台一组，首尾相连，同时发出轻微的震颤声，光通过逆变器在显示屏上跳跃出一组曲线，第一度绿电矫捷而欢快地传送出去。

这一刻，张东明差一点掉下眼泪。这情形，不啻当年父辈看到华八井涌出的第一滴石油。这位看似貌不出众，工作却格外干练、利索的汉子，忍住了眼泪。他此刻心情颇为复杂。

这样一个特殊的日子，从此便永远定格在张东明的脑海里。这一座耸立在山东东营胜利发电厂南面的集中式光伏发电站，目前已成为中国石油化工集团上游最大装机容量的光伏发电站。

沉浸在兴奋和喜悦中的员工还没缓过神来，承载着胜利希望的第一度绿电便飞驰而去，张东明却迅速而敏捷用手机录下这历史性的一刻。他将截屏发给新能源中心主要领导，他要让家里的领导和朋友们一道分享他们此刻的心情。

这时，外面的天气已经很凉了，张东明却全然不觉。他的内心正热浪滚滚。望着眼前占地700亩的光伏电站，上万块太阳能板在阳光的照耀下，光彩夺目，蔚为壮观。220 个日夜的苦战，换来眼前来之不易的胜利果实，而此时，张东明百感交集，所有的酸甜苦辣都涌上心头，往事历历在目。

2021 年 3 月，大地开始逐渐回暖，胜利新能源开发中心显得格外忙碌。一天，中心主要领导把张东明叫到他的办公室，郑重其事对他讲："东明，你看咱们中心准备上一个大项目。"

"什么项目？"

"准备在胜利发电厂灰场建 36 兆瓦光伏电站。"说完，又用目光紧紧地盯着他，以征询的口吻问道："你看谁能胜任此项目？"

"您有什么话就直说吧。"此时，张东明似乎已明白了领导的用意。他望着比自己年轻五六岁的领导，嘿嘿笑着反问道。张东明知道他与自己同是典型的"油二代"，在油田长大，耳濡目染父辈曾在油田艰辛创业的甘苦，他们有着共同的石油根系。两年前，两人前后脚来到新能源开发中心。之前，领导在油田组织部和监察处履过职，用人之道是他擅长的领域。"我们考虑来考虑去，决定还是让你去挑这副担子，有什么困难吗？”领导将目光从窗外移到张东明身上，微笑地看着他。

张东明的脸憋得通红，他急忙摇着头说：“我不行，光伏方面我完全是外行，您还是让年轻人去挑这个大梁吧。”领导收回笑容，神情变得有些严肃了：“你是党员不？不是跟你商量，这是组织的决定，没有回旋余地！”他又接着补充道：“老将出马，一定旗开得胜，我们等候你们凯旋的消息。”

张东明虽然性格直爽，但心里自然清楚，他对这个项目工程的难度早有耳闻。由此看来领导的主意已定，自己只有硬着头皮上了。身为新能源开发中心基建专家，自己不去又能让谁去呢。当初在地面工程维修中心现河维修大队任主任师时，张东明就以艺高人胆大而著称，经常带着队伍啃“硬骨头”，屡创佳绩，虽然他只是技工学校毕业，但英雄不问出处。他肯学习、善钻研，头脑灵活，是活跃在维修战线上的一员虎将。许多战绩早已隔着窗户吹喇叭——名声在外了。

而此次，接手36兆瓦光伏电站建设，他心里确实没底，不仅仅因为这个工程体量巨大，还因为在粉煤灰场地建设光伏电站，是他的人生第一次。调到新能源开发中心不到一年的时间，跨界熟悉整个专业流程已实属不易，何况又是在极其复杂的环境下迎接新的重大挑战，这似乎有些像老虎吃天——无从下口。

与此同时，胜利新能源开发中心成立了以主要领导为组长的项目领导小组，下设5个专项工作小组，全力推动36兆瓦光伏项目运行。为确保此役一战成功，中心领导专门为张东明配备了三位“80后”助手——刘金亮、黄宏、吴磊，四人组合，文武之道，张弛有度，业务协调珠联璧合。刘金亮毕业于西安石油大学，小伙子一来就先拜张东明为师。一个年过半百的猛将带着一位年轻的小帅哥，那情形有些类似“打仗亲兄弟，上阵父子兵”的意味了。

他们驱车赶到胜利发电厂附近的灰场。真是不来不知道，一来吓一跳。老天爷！这哪是什么施工现场呀，简直就是纵横溃散的废墟场，高低不平的煤灰堆得横七竖八，一眼望不到边，远处还有几个漂浮着垃圾的大水洼子。望着眼前的场景，张东明不由得倒吸了一口凉气。他干了大半辈子的基建工程，还从来没碰上这种复杂的施工环境。本来自己就快要退居二线了，应该功德圆满，若掉以轻心，恐怕项目因此翻船而毁一世英名。

一阵凉风吹过来，张东明不由得打了一个激灵。他数了数现场大大小小粉灰堆大约有200个。高的有三四米，矮的也有一两米。

事不宜迟。3月下旬，张东明找到油田高级专家朱铁军寻求锦囊妙计，朱铁军面授机宜，需要先去省内几个光伏电厂家实地考察，多方了解，方能百战不殆。

他与太阳能项目部领导一道赶往烟台市发电厂，次日一大早，他们又马不停蹄，驱车赶往威海市，与华能威海海埠粉煤灰光伏发电站项目经理进行对接。说明来意后，对方给予热情的接待和配合，下午又专门带他们去现场详细了解了生产运行情况。这一趟，张东明感到不虚此行，收获颇丰。

算起来，张东明2020年3月从地面维修中心来新能源开发中心，还不足一年。初来乍到时，正赶上中心太阳能大发展时期，13个工程项目进展迟缓，中心和油田领导都焦急万分，张东明披挂上阵，一连攻克了坨二、纯梁、营二等三个工程项目，一举打开了工作局面。而此次出征，任务非同小可，不仅项目投资大、施工现场复杂，还存在令人头痛、很难处理的工农关系。

万泉村，一个很动听的村名，紧邻胜利发电厂附近的施工现场。张东明记得小时候看过电影《红色娘子军》，里面有一首流传甚广的歌曲："万泉河水，清又清，我编斗笠送红军……"

2021年4月10日，他们将队伍开进现场，准备开始第一阶段的场平施工。所谓的"场平"，顾名思义就是要将这堆积如山的煤灰铲平齐整，以便下一个阶段的打桩及主体安装工程。

十多部吊车、铲车一股脑儿开进施工场地，张东明在路边正准备喝口水时，却听见刘金亮高喊："师傅，您看那边。"顺着刘金亮手指的方向望去，他看见几辆刚驶进灰场的施工车辆，横七竖八窝在场地中。原来，这些附着粉煤灰颗粒光滑而闪亮的地表，看似比较坚硬，实则下面松软无比，越往里走，越像一片沼泽地。车辆往前越使劲拱，下陷越深，"哐当"一声，便熄了火。张东明急得抓耳挠腮，他赶紧通过调度找来拖车，将下陷车辆全部拖出工地。

一波未平，一波又起。还没等他们松一口气，张东明就看见远处匆匆忙忙跑过来几个村民。一个年岁比较大的村民，用手抹了一把脸上的汗珠，气喘吁吁地要找单位负责人。有人将张东明指给他。张东明不明就里，还以为村民过来为他们提供支援和帮助呢，就和颜悦色地问老乡什么事情。村民虎着脸对他说："你们不能在这里施工。”“为啥？”张东明不解。

“这是俺万泉村的场灰，买下了，就是不准你们施工。”这位年岁大的村民斩钉截铁。说着，往路中间一站不让通过，整整两个多钟头。多年处理工农关系的经验告诉自己，小不忍则乱大谋，必须使用巧劲化解危机，在通过找人帮忙、拉感情、讲政策等多种方式运用下才得以脱身。这一次，张东明切身体会到项目遇到的困难远比想象的更复杂。

相关部门处理完地方关系，离第一阶段目标工期的时间越来越近，他们只能加快工作节奏。原计划将场地内 2 万立方米水排到灰场 D 区，实施时，发电厂认为存在溃坝的风险，坚决不同意排放。经过几番协调，最终未果。面对突如其来的变故，他们有些蒙圈，这些水不消化，工程就没办法继续。于是，他们想方设法召集设计、监理、施工三方，对粉煤灰的特性进行充分论证，决定采用增加蒸发量的方式，将大坑倒小坑、小坑倒平地，对几个大水洼子进行排水，利用阳光强烈直晒将场地水汽蒸发掉，经过连续五个昼夜的奋战，终于畅通了施工现场。

完成场平任务后，便开始进入打实验桩阶段，而此时的天气正转入雨季，施工难度进一步增加，打桩机经常陷入泥潭。在粉灰层几米下的地层又碰上坚硬的部分，影响了工程进度。他们根据现场实际，克服重重困难，不断创新工艺和改进工作方法，打牢项目工程基础。

别看张东明平常在工地上，看似不显山露水，而在工程一些关键技术质量环节上的蛛丝马迹，却逃不过他的眼睛。有一次，他在施工现场看到有几根管桩发生细微的裂纹，便迅速叫停施工，对存在质量问题的材料及时返厂更换和修补。一万两千多根管桩呢，都得挨着排查，如果掉以轻心，那存在的安全隐患将是致命的问题。

“基础不牢，地动山摇。”那段时间，张东明经常往返工地与生产厂家之间。他们在去威海某灰场光伏发电项目学习考察过程中，发现项目抱箍设计不合理导致支架变形，进而导致光伏组件倾角发生变化，从而严重影响发电效率。他们汲取教训，提前止损，在运行中与设计人员沟通交流，设计出了加强版的支架抱箍，有效解决了光伏支架整体结构不稳固等问题。

一场浩大的工程，必然牵扯众多单位部门联合作战，方方面面需要协调配合。新能源开发中心联合胜利发电厂、石油化工工程质量监督总站、胜利监督站等 9 家单位成立了临时党支部，发挥红色战斗堡垒作用，让党员在施工场急难险的任务中打头阵，当先锋，做表率；项目工程创出多项优质指标。

与之相配套进行的外线施工，在太阳能项目部领导的带领下，也同时如火如荼地展开。他们克服许多令人头痛的工农关系，聚众之力，沐风栉雨，战寒斗暑，架设供电专线，确保工期优质高效完成。

从初期建设到主体工程完工，当这个装机容量达37.06兆瓦，年均发电量4307.28万千瓦时的光伏电厂矗立在眼前时，时间已进入岁尾。所发电力就近接入胜利油田自备电网110千伏基南变电站，为胜利开发页岩油提供绿电支持。当光明开启的一刹那，张东明同他的伙伴们，虽然没有像当年父辈打出营二井那般欢呼雀跃，但他们内心澎湃的喜悦却像黄河一样的奔腾。这支参战队伍里，活跃着许多像张东明这样普通的劳动者，是他们义无反顾地承载了油田这项光荣而艰巨的使命。

三

“问苍茫大地，谁主沉浮？”油田钻井往地下几千米深处探寻地下太阳河，而开发光伏则向上求索天空太阳的光辉，两个不同维度的探索，目标都是让世界充满光明，提升人们的生活品质和幸福指数。

与石油、天然气等传统能源不同，太阳能清洁能源属于可再生资源，有取之不尽、用之不竭的天然优势。因而，对于绿电发展，油田别无选择。

勘察胜利新能源开发之路，不难发现，36兆瓦光伏电站其实并不是他们第一个光伏项目，只是他们目前建成的最大的一个项目。张东明也不是最早来新能源的那拨人才。

学热力专业，毕业于上海交通大学的王保绪，2014年5月来到这里时，地热余热项目部才成立不到半年时间。戴着一副眼镜的王保绪，看到部里只有赵书波、刘崇江、刘子勇、李凤鸣、李俊、宋鑫等不到十个人，感觉环境简陋得不太像个央企的单位。但就是这几个人撑起了地热余热初期建设的发展。

现在任新能源热力专家的王保绪，同样是“油二代”，两鬓已开始斑白。当初，以苦为荣的“油一代”们建设起以油气为主业的大油田；现在，以科技报国的“油二代”

肩负新的使命开始向新能源领域进军。王保绪一般话不多，但谈起专业上的事情便口若悬河。当王保绪聊起自己第一次上光伏项目的经历时，仿佛还是昨天的事情。

2017 年 9 月，油田准备在广饶县乐安建采出水余热 + 光能发电互补项目，新能源开发中心在地热余热项目部的基础上，刚成立不到五个月。单位虽不像三年前只有七八个人、十几杆枪的时候，但技术和人才依然匮乏。中心专门从几个部门抽出骨干组成太阳能项目部，虽然他们都没有专业知识背景，都是跨界小白，所有工序流程都得摸索前行，但大伙对新事物还是抱有跃跃欲试之感。虽然规模较小，只有 765 千瓦时的光伏发电量，却是新能源接手建设的第一个光伏发电站，意义特别重大。

乐安，位于现河采油厂草桥联合站。11 月他们筹备动工，主体工程计划年底完工。时间紧，任务重，工程质量必须一点也不含糊。因在厂房顶上施工，高空作业难度加大，环境十分复杂。他们突击挖地沟、布电缆，抢上施工进度。王宝绪隔三岔五往现场跑，协调各施工队伍。

进入 12 月，正赶上当地下大雪，雪还没完全融化，他们就投入紧张的工作中。人在屋子里，手脚都冻得不听使唤，而施工人员却在屋顶上坚持作业。高处不胜寒呐，渤海之滨的寒风格外猛烈，鞭子一样抽打在他们身上，而大伙依然干得热火朝天。工期耽误不起，施工队伍必须争分夺秒抢时间。四米高的房屋顶上还有许多遮阳物，他们一边剔除物体，一边安装光伏底座。

在开始铺设电缆前，需要提前把沟挖好，开槽，才能布线，而土地却冻得跟大理石一般硬。要命的是联合站内地下还埋有纵横交错的管网，而了解地下“活动图”的老师傅大都调走了，年轻员工对地下流程走向一知半解。这给施工队伍在作业过程中的安全增添许多不确定的因素。他们千方百计避开地下管线，确保工程万无一失。

王保绪主要行使机关科室职能，既要跑现场督导施工进度，又要在中心协调相关单位工作运行。由于各参战施工单位经验不足，需要他随时根据现场情况调整设计方案，经常因被动设计变更和调整工序内容。

一天，王保绪从电缆施工现场处理完情况，又去光伏安装现场看看工作进度。他从联合站罐区小路穿过，刺骨的寒风一个劲往脖子里面钻，迎面匆匆忙忙走来现场施工监理。他一见王保绪就着急地说：“王总，我还正到处找您呢？”

“什么事情，这么急里忙慌的？”王保绪的表情显得挺诧异。

监理忙不迭地说："快去看看，装太阳板碰到麻烦事了，房顶还有 120 块没法安装呀。"监理一脸的焦虑不安。王保绪安慰着他："别着急，走，咱们一起去现场瞧瞧。"

来到光伏施工现场，王保绪看到现场房屋低的只有几米，而余热站机房高度却有十米左右。在这样天寒地冻的季节，施工人员在房顶上施工的滋味可想而知。

王保绪跟监理一道爬上房顶。操作工人说："我们摆了一上午，就差这 120 块怎么也摆不上，看来是没辙了。"有人建议，干脆装这些就得了，也不会有大的影响。王保绪没吭声，他看看现场，房顶确实不规则。按设计应该安装 240 块太阳能板，若只装一半，势必影响发电量。宁多毋少，保质保量。他一边盘算着，一边果断指挥现场施工拆下光伏板，重新进行组装，经过一番间距测算、错位设置、合理布位，最大限度减少剩余材料，终于将 240 块太阳能板全部安装完毕。现场施工人员不由得暗挑大拇指，不服不行，专家就是专家！仅此一项，年发电量就可多 4 万千瓦时。

2017 年 12 月 30 日，新能源开发中心首个光伏发电（部分）项目初战告捷，实现如期并网发电。至 2018 年 5 月，剩余工程基本结束，进入收尾工程，他们边建设边并网。到 7 月中旬，全部完成并网发电，实现年发电量 100 万千瓦时，节能减排 914 吨 / 年。胜利来得太突然，以至于他们还没有来得及准备欢庆胜利的仪式，这个具有里程碑意义的发电站，就如同胜利当年的发现井一样，被载入油田新能源发展的史册。

2020 年 4 月，东营已是春光明媚，时任胜利油田分公司主要领导在油田二季度节能会上表示，全油田 100 多个采油管理区，每一个管理区年如果建设 1 兆瓦，一年就可建 100 兆瓦，这样，油田全面实现绿电供应指日可待。会上对胜利油田下一步加大光伏开发应用释放出非常强烈的信号。这既可以看作战前动员令，也是再次吹响进军新能源的号角。

由此，胜利新能源开发中心光伏发展驶入快车道。他们迅速调整战略部署，分别成立两个太阳能项目部，开始布局黄河南北。黄河以北地广人稀，孤东、孤岛、海洋、河口等地都有得天独厚的地理优势，适宜大面积布局光伏发电。他们排兵布阵，开始大刀阔斧地在黄河南北投入力量，至 2022 年先后在胜采、纯梁、孤岛等单位建起光伏项目 60 余个，装机容量达 130 兆瓦，年发电量达 1.56 亿千瓦时，减排二氧化碳

16.2 万吨。

新能源开发中心主要领导表示，当前，中心最稀缺的还是技术研发人才，掌握核心技术，才能保持旺盛的创造力。这位曾在油田组织部门履过职的干部，非常清楚人才的分量。从初期不到十个人，发展壮大到现在 105 人，中心每发展一步，都离不开人才的引进和培养。而今，优秀人才正陆续流入团队，像源源不断的光束为中心输入新的动力和能量。

其实，技术，是一个企业灵魂的所在；人才，往往决定企业竞争力的优劣。早期来新能源开发中心的王保绪、李凤名、李俊等都是技术领域的佼佼者，只不过那时候单位名称叫“地热余热资源项目部”，作为开发初期的拓荒者，他们都在这所熔炉里得到历练和成长。江汉石油学院毕业的李俊经过几个岗位磨砺，已领军部门战略发展；而李凤名则担起新能源中心技术研发中心的大任。

李凤名毕业于石油大学，教过书，“80 后”的小夫妻俩都是人民教师，本来可以一直在大学讲台上传道授业，可他偏偏选择来到这个新单位吃苦受累。大学学的热力专业，将所学融入生产实践中成为他人生奋斗的梦想。应聘来到新能源中心后，李凤名从基础入手，建立完善技术资料，持续拓展自己的业务知识面。在新能源不同技术领域均有建树。毕竟有科班出身背景，接受新事物的能力自然卓尔不群。

技术积累和储备不会一蹴而就，作为胜利新能源技术领域的领军人物，李凤名经常组织有关专业技术人员对产品进行分析研判，根据油田特殊环境，结合产品应用情况，设计编制方案，他对厂家品牌提出许多自己的真知灼见。没有一定技术储备，很难有的放矢提出建设性意见。

引领行业发展，需要形成科学规范的标准体系。他结合生产，涉足光伏电站、并网接入等业务领域，编制出一整套技术标准和技术规格书，还编制了《油田采出水余热利用工程技术规范》等行业标准。在夜以继日的工作中，他总是精益求精，废寝忘食。在提出“光热 + 太阳能”替代井口加热炉，为提升光热转化效率，编制光伏板应用方案过程中，通过不同媒介，他格外关注市场技术前沿动态，提前储备相关研发专业知识，以保证引进产品质量及效率达到最优。因技术工作庞杂，平常加班加点便成为常态。

2019 年 11 月的一天，李凤名正在办公室汇总情况、编制方案，准备近期参加中国石化总部组织的各油田在成都召开的新能源项目汇报会议。

突然，手机铃声响起。“凤名，扬扬正发烧呢，你赶紧回来一趟。”妻子周老师的声音显得很焦急。他们出生才满月的小儿子扬扬高烧不退，妻子一时变得手足无措。

李凤名以为小孩子一般性的感冒，本想忙完手中的活再回去，而在一起听情况汇总的主要领导沉不住气了，催促道：“把手里的活先放一放，赶紧回去看看。”等他赶回家一瞧，儿子小脸烧得红扑扑的，温度不仅不退，还持续升高。周老师抱着孩子，眼泪啪嗒、啪嗒往下掉。李凤名迅速将孩子送往中心医院就诊，由于没有床位便转到鸿港医院，但这里医疗条件也有限，无法接收，需要尽快转往东营市人民医院，而这所医院人满为患，住院成了问题。孩子依然昏昏欲睡，李凤名心急如焚。领导和同事得知情况，积极协调关系，让孩子顺利进入人民医院重症监护室。待孩子病情稍微稳定了一些，会议日期已到，领导说：“凤名，实在不行，会议就别去了。”

“前期做了这么多的准备工作，不去咱们中心的新项目就泡汤了。谢谢领导的关心！孩子现已没大碍了，有家人照顾，即使我在跟前陪着也起不了多大作用。”领导望着一脸诚恳的李凤名，点了点头。

从成都开会回来，周老师一连好几天都不搭理李凤名，他却笑脸相迎，说上几句好话。尽管事情过去很久，但一提到这事儿，周老师就杏眼圆睁，怒气冲冲：“李凤名，当初要是孩子有个差错，我这一辈子跟你没完！”

李凤名自知理亏，他的父母走得早，大闺女和小儿子一直都放在岳父岳母家，由二老一手带大，他感觉自己亏欠他们太多。事业和家庭永远存在矛盾，当工作与生活发生冲突时，总会是有所取舍。

李凤名的确不负众望，带领他的技术团队攻坚克难，取得了一项项技术成果，先后申请注册了 10 余项国家实用新型专利；2020 年度，他与团队合作的“污水余热资源综合利用技术研究”项目，获得中国石化科技进步三等奖。2022 年 7 月，他个人因此被胜利新能源中心聘为技术研发中心首席专家。

所有的付出，终将得到回报。2022 年 7 月，中国石化石勘院对国内上游新能源项目专业进行统一评价，在接受各油田评价报告基础上，综合专家组评审意见，结果为胜利油田属于领先型第一名。胜利油田领跑石化行业新能源，由此拉开大幕。

这注定是一场没有终点的竞赛，一个朝阳产业，对于国家和企业，对于民族和个体，将意味着什么，不言而喻。胜利新能源开发中心正是涌现出像李凤名这样一批技术精湛的栋梁，新能源事业才如此蒸蒸日上；正是有张东明这样一批弘扬工匠精神的实干家，胜利的未来将更加充满无穷的魅力。

前景总是充满无限希望和挑战，分管油田新能源的领导向我们描绘了一幅油田新能源战略发展的愿景。他认为，目前油田不足以单纯搞新能源，绿色低碳转型发展战略与传统油气产业并举，以新能源服务并支撑油气主业，才是当前胜利油田新能源发展的主要定位。绿油附加值高，未来需要打造源网合储体系，利用源头、电网、复合，串联起来，实现源策多能互补。同时也为油田未来转型发展创造新模式。过去油田只注重采，而忽视了储，将来推进采储兼备，与清华大学合作开发压缩空气储能，充分利用深地空间技术，形成地下“储都”。只要油田有足够的战略定力，融合创新产业链，拓展技术项目群，合理布局，胜利油田新能源发展也一定能够从胜利走向胜利！

不是有人说，事业是天，把天做大吗？胜利人就是在做大事业，开前无古人之大业，走后无来者之险峻；建设绿色油田，支撑百年胜利。

古有后羿射日之说，今有胜利追光佳话。后羿射去那九个毒日，是为拯救天下黎民苍生；胜利人今天追光，是为了胜利的明天更加光明灿烂，造福千秋。

站在渤海之滨，仰首东望，硕大而鲜艳的红日，正冉冉升起于东方的地平线上……

“热”情不减，“源”源不断

徐智华

2021年7月8日，胜利油田新能源发展工作推进会上，明确了新能源是重要战略性新兴产业定位，新能源被置于同油气勘探开发并举的地位，全方位全领域推进新能源业务规模化、集约化、产业化发展，立志打造油气生产领域洁净能源生产商、综合能源管控服务商和脱碳领域技术解决方案提供商。

源起地热余热

2013年底，胜利油田决定组建地热余热项目部，要以地热余热为突破口，直接进军新能源领域！胜利人以一贯的勇气和决心，一不逃，二不躲，而是选择了正面进攻。

胜利人从来不缺乏勇气，也从来不缺乏智慧。

胜利油田的勇气并不是鲁莽，不是匹夫之勇，而是在深思熟虑之后的沉稳应对。这从项目部的命名上可见一斑，不是直接以新能源命名，而是称之为地热余热项目部，显现出油田党委的审慎。

早在2002年，胜利油田就对污水余热利用进行了大胆的尝试。这就是由胜利油田规划计划部组织的锅炉燃料结构调整重点试验项目——乐安污水余热利用工程。该项目利用了胜利油田和石油大学共同开发的第一类吸收式热泵技术，从含油污水中提取能量用于民用采暖，该技术属国内首创，并申报了国家发明专利。

经过50多年勘探开发建设，胜利油田已进入含水高、采出程度高、采油速度高等“三高”开发阶段。胜利油田综合含水高达92.4%，每10吨采出液，仅有不到一吨原油，剩余全部为采出水，即所谓的“污水”。胜利油田地层温度高，地层温度梯度每100米高达3摄氏度，这样的高温为胜利油田的钻井、开采等各个环节都制造了不少麻烦。但是，任何事物都有它的两面性，胜利人朴素的价值观认为：这并不全是坏事，胜利人总是有把坏事变成好事的智慧。

胜利人要把“污水”变废为宝。

胜利油田的采出液温度可达50～60摄氏度，个别区块可高达70摄氏度，这些污水中所含的热量就是要淘的“宝”。

胜利油田和石油大学共同开发了吸收式热泵，利用水的压力相变特征和溴化锂水溶液的浓度温变特征实现变低品位热能为高品位热能。

油田采出水含油、含聚、矿化度高、腐蚀性强。针对胜利油区污水的特点，为了该技术的配套实施，他们组织研制了具有防腐、防堵、换热效率较高、运行安全可靠的新型钛管式换热器。在采暖的初、末期，直接利用换热器与污水进行换热，可使管网循环水温度达到55摄氏度左右，根据锅炉房记录的运行数据，此温度可满足50天的采暖需要。在采暖中期，还可为热泵提供热源。这样，整个采暖期可节约65%～70%的燃油。

胜南社区乐安小区项目实施后，原来运行的两台10吨热水锅炉、两台4吨蒸汽锅炉停止运行，新开一台10吨蒸汽锅炉，年燃油量将由2350吨降至1000吨左右，年节油1350吨，按2001年平均油价计算，共节省燃料费用220万元。由于该系统可根据气温进行调节，从而提高了供暖的质量；同时整套系统实现自动化，可大大降低工人的劳动强度，安全系数也有所提高；燃油数量的降低，使排放物大大减少，环境质量得到进一步改善，其经济、社会、环保、节能效益相当可观。

这成为余热利用的第一次有益尝试，随后胜利油田把这一技术推广，在胜北花苑、华瑞小区等小区供暖项目中进行了应用。胜利油田找到了进军新能源领域的突破口。

一颗种子，艰难的萌发

最初，地热余热资源利用只是被当作一种试验项目，作为石油开发的副产品，在胜利油田连年高产稳产的前提下，并没有引起人们的重视。

“任何一种事物的发展都需要合适的机遇，晚了不行，早了也不行。”胜利油田新能源管理中心的热力专家王保绪不无感慨地说。1992 年，学习电厂热能动力工程专业的他被分配到胜利发电厂，当时也提出过电厂余热利用的想法，但当时正是胜利油田势头正盛的时期，他的想法没有得到回应。

此后，他调到了胜南社区热力大队，先后参与了胜利油田的集中供热等多个小区供暖项目。

2013 年，胜利油田成立地热余热项目部时，王保绪作为油田供热专家成为项目部元老之一。地热余热利用正当时，当年他余热利用的想法像沉睡在旱季的种子，多年之后，遇到了一场难得的雨水，种子开始萌芽了。

虽然种子萌芽了，但这并不是真正的气候适宜的春天。胜利油田成立地热余热项目部是由于低油价，也正因为低油价，油田不得不大幅压减投资，地热余热项目的资金更是少得可怜。

2014 年的春天对石油行业来说，是一个真正的寒冬期，刚刚萌芽的种子眼看就要冻死在寒冬瑟瑟的冷风里。

胜利油田党委提出，即使是在寒冬期也要发展新能源，这是胜利油田未来的发展方向，再难也不能放弃。

于是，有人提出可以采用 BOO 模式。BOO 即建设—拥有—经营模式，承包商根据政府赋予的特许权，建设并经营某项产业项目，但是并不将此项基础产业项目移交给公共部门。BOO 模式的优势在于，油田既可以节省大量财力、物力和人力，又可在瞬息万变的信息技术发展中始终处于领先地位，而承包企业也可以从项目承建和维护中得到相应的回报。

2014 年 11 月 24 日，胜利油田首个采用 BOO 模式开发污水余热民用供暖项目——胜北景苑西区污水余热供暖项目试运投产。该项目利用胜利采油厂坨四站采油污水余热为景苑西区供暖，供暖用户 1900 余户，建筑面积 27 万平方米，年供热量

9.18×104GJ。

该项目由节能技术服务商负责投资、建设、运营，实现了由自主投资建设向“花钱买服务”的转变，降低了油田投资风险和人工、成本压力。与燃煤锅炉供暖相比，年节约标煤 3653 吨，减排二氧化碳 9243 吨，突显了污水余热利用的节能、环保、低碳、可再生、低成本优势。

创新的投资模式解决了资金问题，给地热余热资源利用提供了强劲的动力，项目部开始运转起来，种子迎来了真正的春风。

利用丰富的地热资源，胜利油田又相继开发了多个小区供暖项目。海洋采油厂厂区基地深井地热供暖项目、华瑞深井地热供暖项目、临盘宏祥地热供暖项目，供暖系统达标稳定，成为低碳环保的新型供暖模式。随后，胜利油田又连续开发了几个浅层地热项目，河口、聚园、胜采 3 个地源热泵冷（热）联供项目也连续、可靠运行，为冬季的胜利油田居民小区带来春天般的温暖。

地热余热项目的连续稳定运营，不仅充分体现了绿色、可再生能源的优势，为油田能源结构调整、节能减排、创效增效探索了一条新路子，更为油田地热余热规模化开发利用奠定了基础。

初心不改，缘分不灭

新能源开发中心的李凤名与地热余热的缘分可谓奇妙，几乎可以说是命中注定的，兜兜转转，最终还是把地热余热作为他为之奉献一生的事业。

故事还要从我们前面提到的乐安污水余热利用工程讲起，那是胜利油田和石油大学（华东）共同开发的第一个污水余热利用项目。彼时，李凤名还是石油大学（华东）的一名研究生，研究节能方向的热泵原理设计。2000 年到 2002 年，他跟随导师参与了这一项目，当时的他对油田余热利用还没有多少认识，这也只是他和导师研究的课题之一。当年的他对自己将来要从事的职业还没有明确的目标。

研究生毕业后，凭借优异的成绩，他顺利地成为胜利职业学院的一名大学老师。虽然学院并没有完全符合他所学专业的课程，但学院给他安排了最接近的储运、热功课。这是一份令人艳羡的职业，他也非常满意这份工作。

然而，李凤名并没有真正满足于大学老师安逸的生活，在他内心深处始终渴望一个机会，能把在学校学习的知识付诸实践，真正把知识变现，给人们带来实实在在的帮助。

2013 年 11 月 3 日，胜利石油管理局地热余热资源开发项目部正式挂牌成立。在网上看到胜利油田地热余热项目部的招聘启事，他兴奋不已，这不正是他一直以来渴求的机会吗？家人反对、亲朋好友不理解，这些都不能阻挡他实现自己理想抱负的决心。

刚刚成立的地热余热项目部求贤若渴，他的专业背景正是项目部急需的，面试双方一拍即合，颇有些相见恨晚之感。

李凤名回到学校把剩余的课程代完，2014 年正式加盟了项目部，成为项目部当之无愧的技术主力。

初到项目部，当了 8 年大学老师的李凤名还是有些不适应。并不是他有大学老师的清高孤傲，相反的，刚刚成立的项目部年轻人多，大家年纪相仿，几乎不需要磨合，很快便融为了一体。也不是不适应项目部工作的高强度，三十出头的年纪，精力旺盛，况且他主动走出舒适圈，就是要大干一场的，早就做好了充足的准备。

让他不适应的反倒是刚开始无事可做的坐班。

项目部刚成立，一切都是从零开始，不要说外人不了解，就连项目部内部思想认识也并不一致。于是，项目部多次研究讨论未来的发展方向，统一思想，明确职责分工，逐步开始对外开展工作。

白天开展工作，晚上用来学习讨论。项目部成员都是来自油田各个单位的，对地热余热的技术知识几乎是零基础，李凤名就成了专业培训老师，给大家恶补基础知识。但油田的地热余热是综合了多专业的系统工程，需要采油、集输等多专业的知识，同事们发挥各自的专长，在相互学习中共同成长起来。

地热余热开启了轰轰烈烈的燎原之势。

2014 年，河口采油厂机关楼、海洋采油厂基地、临盘社区宏祥小区等多个地热供暖项目迅速铺开，地热供暖面积覆盖 53 万平方米，年节约标煤 0.8 万吨，减少二氧化碳排放 1.9 万吨。

随后，项目部又开辟了污水余热资源利用的新战场。油田各大集输站库遍布胜利油区，其中隐藏的污水余热资源极其丰富，景苑西区污水余热供暖项目是油田首例污水余热民用供暖先导项目。

2017 年初，桩 106 污水余热代气项目投产，年替代天然气 215 万立方米，节约标煤 1872 吨，减排二氧化碳 1781 吨。由于热泵良好的换热效率，进一步提高了原油外输的安全性与稳定性。

2014—2015 年，新华社内参调研组先后两次采访油田地热余热开发利用情况，得到中央领导的批示。2016 年，在中国工程科技论坛和中国地热国际论坛上，胜利油田专门介绍了地热余热开发利用情况。

2017 年 5 月，油田党委决心做大、做强新能源业务，加速产业化发展进程，在原来地热余热项目部的基础上，成立了新能源开发中心。新能源开发中心定位更高、权限更大，业务范围扩展到地热、余热（压）、太阳能、风能、生物质能等新能源开发和节能减排业务。面向更为广阔的市场，将面对更大的挑战，也带来更多的机遇。

李凤名和同事们击掌相庆，4 年多的努力付出终于得到了回报，赢得了油田党委的认可，这对项目部的每一位成员都是莫大的鼓舞。同样，对胜利油田的新能源开发利用来说，又是一个新起点。

新能源老将谱新篇

就在油田新能源开发利用风生水起之时，集团公司全面推进绿色低碳战略，大力推广“地热 +”多种清洁能源集成应用。油田板块也要求持续抓好能效倍增工作，大力推广“地热 +”“余热 +”集成应用。

新能源开发中心的成立，极大地刺激了胜利油田新能源开发利用的热情。

新能源开发中心开始招兵买马。通过中国石化内部招聘、油田内部招聘、“柔性引进”等多种形式招贤纳才，2020 年，新能源开发中心迅速从 9 人项目部扩大到 88 人的管理团队，到 2022 年已经扩大到了上百人。

快速吸引人才靠的就是一个“新”字。

正如新能源开发中心主要领导在柔性引进人员培训班开班仪式上讲的一样，新能源“单位新、业务新、机制新、队伍新、机遇新”。虽然大家对新能源还没有足够的了解，但这些新鲜感足以吸引大胆尝试的青年“新人”们。新能源是胜利油田少有的一个平均年龄在40岁以下的单位，这足以彰显胜利新能源的活力。

尹凤杰是这些“新人”中的老将，是中心少有的几个“70后”之一。2018年，他通过油田内部招聘来到新能源开发中心，担任了余热项目部副经理。

尹凤杰深知，中心需要的不仅仅是年轻人的热情和冲劲，更需要他们的老成持重，遇到困难百折不挠的韧劲儿。

2019年，胜利油田的余热利用在东营已经闯出了品牌，某地产公司主动找到新能源开发中心，希望利用坨二联合站余热给正在开发的井下胜北花苑小区供暖，开发商在与业主签订合同时就许诺：即使入住率低于20%，当年也会按时供暖。开发商之所以敢做出这种承诺，无非是看中了利用余热供暖成本低，方式灵活。

双方达成协议时已是8月，9月开工，要实现11月15日按时供暖，留给开发中心的时间不多了。

既然接下这个活，就得保证按时供暖。为了保证工期，项目部所有人员进入紧急状态。

变压器的生产周期至少要两个月，3万多平方米的小区供暖可等不了。为了协调变压器，尹凤杰天天跑到胜利采油厂有关领导的办公室里，软磨硬泡，愣是“逼”着人家给借了一台变压器，保证了施工用电。

项目部车辆紧张，尹凤杰就让妻子充当起了兼职司机。为了保证工期，要求施工人员5点钟进场施工，尹凤杰的妻子每天早上4点多起床做饭，把他送到坨二联合站，然后自己再去上班，晚上9点钟再赶到坨二联合站门口接他下班。盛夏的夜晚，妻子等在车上，不能长时间开空调，只能开着车窗。联合站远离居民区，周围都是荒地，蚊子格外猖獗，闲着没事，妻子把拍死的蚊子放在一张纸上，等到尹凤杰从联合站出来的时候，竟然拍死了近百只蚊子。尹凤杰看着白纸上密密麻麻的蚊子尸体，心里满是对妻子的心疼与歉疚。

尹凤杰和同事们都知道，每一个工程的顺利完工都不只是新能源人的付出，还有多少新能源家人无私的支持。

随着地热余热利用效果的显现，油价也逐步趋于平稳，BOO模式也暴露出一些问题，油田党委决定不再借助第三方，完全由自己投资开发。

新能源开发中心主要领导算了一笔账："目前，胜利油田形成余热资源的集输站及采出水处理站83座，日处理水量93万立方米，水温43到60摄氏度，按10摄氏度温差计算，每年可利用余热资源折合标煤44万吨。"他们的目标就是要把胜利油田的余热资源吃干榨净。

教学相长，克服本领恐慌

"新能源的一切都是新的，到了新能源，感觉自己也变年轻了。"新能源开发中心余热项目部主任师杨勇笑呵呵地说。

2018年，杨勇从河口采油厂调到新能源开发中心。他对新能源并不了解，最初的目的只是解决夫妻两地分居问题，但中心看中的是他多年采油队长的基层管理经验。

以前在采油厂，只是见到有的联合站用上了余热项目，但并没有深入的了解，到了新能源开发中心才发现自己有太多的新知识要学了。身为"70后"，杨勇只感觉自己的时间不够用，时常会有一种"知识恐慌"。

但很快他就镇定下来，不会就学嘛。新能源对所有人来说都是新事物，大家都不会就都一起学，边干边学。很快，什么热效率、吉焦、GW、溴化铝……这些专业名词就变成了口头禅，热功、换热成了他的专业，恐怕连自己都忘了毕业所学的专业了。

在新能源，英雄不问出处。

俗话说：人过四十不学艺。在新能源，没有一天不学艺。四十岁改行的大有人在，由于人手紧张，岗位不断进行调整，改行成了家常便饭。尹凤杰在余热项目部工作了两年之后转去了太阳能项目部，又进入了一个全新的领域。

面对全新的领域，他们都没有怕过。他们与刚参加工作的大学生不一样，年轻人就像一张白纸，可以任意作画，而他们，则能凭借自己多年的工作经验和人生阅历，把画画成自己想要的模样。

在新能源工作了多年后，李凤名还时常被大学请去做新能源开发利用的讲座。此时，他再回到讲台，就觉得自己更有底气了，有了实践的结合，他所讲的理论不再是纸上谈兵，而有了实际应用的价值。近十年的工作经验，赋予了他把专业知识融会贯通的能力，这才让学习和教学变得更有意义。

学习，在新能源是一个永恒的话题。

下一步新能源的发展方向就是要结合油田大地面建设，立足油气应用场景，研发生产集输“光热＋”集成加热系统，形成“光热＋”技术系列。油田联合站的安全管理要求非常严格，为了适应油田安全管理的新形势，新能源开发中心举办了自己的“新能源大讲堂”“安全知识大讲堂”，每两周举办一次，每个人都要当一回老师。当老师，上讲堂，大大促进了大家学习专业知识、安全知识的积极性，正所谓教学相长，新能源人的业务水平取得的进步是有目共睹的。

坨二站余热供暖时，突然出现了补水补不上的问题，项目部连忙召集了各专业的专家开会讨论研究，大家分析了所有可能的原因，也把能想到的办法挨个试了个遍，问题仍然没有解决。

正在大家一筹莫展的时候，尹凤杰把一本专业杂志摊开在大家面前，那是一篇清华大学的论文，论文中提到的问题与之类似。于是，大伙决定试一试，死马当作活马医吧。按照论文中的方法，换上一台泵，问题居然迎刃而解了。

新能源开发中心学习的渠道五花八门，只要比我强的都学。学论文并不算什么，杨勇还经常请换热器厂家的技术人员来给大伙讲课，什么工艺原理、换热参数，只要厂家来人，他就像逮到了宝，抓着人家不放，把所有能利用的空余时间都安排上了讲座。

就是在这样的氛围里，新能源开发中心借着胜利油田加快推进新能源产业化的东风，掀起了一场新能源革命。

从油田首例污水余热民用供暖先导项目开始，几年的时间，已经形成了具有胜利特色的余热利用技术，整体达到国际先进水平，被工信部纳入《国家工业节能技术装备推荐目录》，新能源开发中心成为国家行业标准——《油田采出水余热利用工程技术规范》的编制单位。

胜利新能源一点一点摸索，一步一步前进，并最终实现了“从先行者到引领者”的转变。

再度翻红的“孤东圈”

1986年那场规模宏大、气势磅礴的孤东会战，集结了55台钻机，集结了钻井、采油等各行各业15000多名职工，山东、江苏、安徽、河南、河北五省区的18000多名民工，风餐露宿，战海潮，斗风沙，在半年时间里建成一个年产能力500多万吨的大油田。

这是中国石油开发史上的一个奇迹，也是胜利精神的发端之一。

很多老石油依然记得当年“百井大战”的壮观场面，“孤东累，孤东苦，四两馒头二两土”“康平桥，S路”“孤苦伶仃一棵树”“人无歇脚处，鸟无树做窝”……这些都是当年孤东圈大荒原的真实写照。“困难面前有我们，我们面前无困难”“苦战一百天，原油上一万”喊出的是胜利人战天斗地的豪迈。

1986年7月1日上午，胜利油田党委和会战指挥部在刚建成的防潮大坝旁的土台子上，召开了孤东会战第一战役祝捷大会。5000多人面朝大海席地而坐，回顾100个日日夜夜创造的奇迹，个个心潮澎湃，振奋无比。15名会战标兵披红戴花骑着15匹高头大马，原石油部领导亲自为他们牵马坠镫，缓步进入会场。接着，是15个会战红旗单位代表和10名青年突击手乘坐吉普车进入会场。直到今天，那场景依然鼓舞着一代又一代的胜利人。

时隔二十多年后，“孤东圈”凭借新能源又一次火出了圈。

新能源开发中心成立后，谋篇布局油田内外“地热、余热、太阳能、风能及多能互补”新能源产业发展，全力推进油田常规能源向清洁能源转型跨越。

胜利油田有哪些新能源？该如何利用？有哪些优势？能创造多大价值？在新能源开发利用的务虚会上，大家就这些问题展开了热烈的讨论。最终，大家达成了共识，胜利油田的新能源资源丰富，前景光明，光伏发电、光热利用在油田能源结构调整中大有可为。据统计，目前油田闲置土地、水库、生产井站及厂矿屋顶面积超过130平方千米，生产生活用能需求潜力巨大。

说到闲置土地，人们再一次把目光聚焦到了“孤东圈”。

孤东圈位于黄河新淤积的冲积扇平原上，所辖区域东北面临渤海，南倚黄河，拥有广袤的闲置土地，正是太阳能、风能最好的发电厂。

2020 年，油田利用闲置土地资源优势，推进 100 兆瓦分布式光伏发电工程，全年完成光伏装机规模 20 兆瓦，盘活闲置土地 20 万平方米，年发电能力 2400 万千瓦时，年节标煤 2950 吨，碳减排 2.5 万吨，进一步优化用能结构，提升绿电占比。

2021 年，胜利油田召开的新能源发展工作推进会上，明确提出了构建太阳能、风能、氢能、地热（余热）等多种绿色能源协同发展的供应体系，逐步形成化石能源和新能源并举的局面。

“十四五”期间，胜利油田要统筹结合地面系统优化简化规划布局，建设 500 兆瓦分布式光伏项目，油网就地消纳；盘活盐碱滩涂等闲置土地资源，建设 1500 兆瓦集中式光伏项目，有序接入国网，打造“盐光互补、渔光互补、农光互补”示范项目；结合油田、地方用氢需求布局绿电制氢业务，根据地方政策和行业发展要求配套储能设施，打造滨海油区源网荷储一体化项目，向构建以新能源为主体的新型电力系统的目标迈进。建设 300 万吉焦地热项目，推进地热余热最大限度开发利用。

这些规划都辐射到了“孤东圈”。

近年来，胜利油田有序加快地热、余热、太阳能等新能源开发利用，结合油气生产、油区服务应用场景，形成站库余热资源高效利用、闲置土地光伏发电项目自用、矿区生产办公区域地热冷热联供、井组“光伏 + 直流母线”多源微网、油气生产用热“光热 +”替代等五大应用模式。

“十四五”末，胜利油田将实现地热大开发、余热全替代、光热大推广，新增地热余热供热能力 440 万吉焦，光伏风电年发电能力 30 亿千瓦时，绿氢制备能力 1 万吨，新能源消耗占比达到 20% 以上。

“孤东圈”将成为光伏、风电、绿氢的重要阵地，这片写满老石油创业故事的年轻土地，将在新能源开发中焕发新的活力，又会有新一代的石油人写下他们自己的篇章。

方兴未艾，未来可期

2020 年 3 月 30 日，中国石化集团公司董事长张玉卓在 2019 年度业绩发布会上透露了股份公司未来发展格局：“一基两翼三新”。

中国石化将抓住机遇、顺势而为、乘势而上，践行新发展理念，落实高质量发展要求，着力构建以能源资源为基础，以洁净能源和合成材料为两翼，以新能源、新经济、新领域为重要增长点的“一基两翼三新”发展格局，努力实现更高质量、更有效益的发展。

“十四五”期间，中国石化加快了布局新能源的脚步。积极引领发展氢能，推进太阳能、风能发展，优化发展生物质能。中国石化在推进发展的过程中，更加注重发挥一体化优势，加强产业链上中下游统筹优化，增强抗油价波动的能力，增强抵御各类风险的能力，不断提升整体创效水平；更加注重绿色发展，加快打造绿色低碳循环发展的产业体系，形成绿色竞争新优势……

胜利油田既是能源生产企业，也是能源消耗企业，每年能耗近 400 万吨。作为央企，油田不能光看生产了多少油气，还要看消耗了多少新能源；不能只考虑经济效益，还要考虑社会效益，承载央企对国家、对社会的担当作为，利用新能源替代传统能源消耗，为社会做出更多贡献。

胜利油田也要力争在风能、氢能、储能和移动供热方面取得新突破。

作为油田人来讲，风能还能够理解，氢能就感觉离我们遥远了许多。

最近一次接触氢能还是在北京冬奥会上。开幕式上，当运动员高举象征“冰火相约，激情飞扬，照亮冰雪，温暖世界”的银红两色火炬入场的时候，宾永锋指着电视屏幕情不自禁地喊道：“快看，快看，这火炬是中国石化设计制造的，火炬的燃料就是氢，将来我们也要生产氢。”此时，他的心情似乎比场上的运动员还要激动。

自 2020 年来到新能源开发中心，宾永锋就被分在了风氢储项目部。所谓“风氢储”就是指风能、氢能、储能开发利用。之所以合在一起，最主要的原因就在于这三项技术还处在开发阶段，或者受条件限制还没有大面积应用。

宾永锋和他的同事们每天忙碌工作，但至今还没有一个项目落地。眼看着地热余热技术已经相当成熟，并形成了自己的运作体系，太阳能项目部自 2018 年起也在全油田范围内大面积铺开，营二井、电厂灰场项目以其壮观的景象，一时还成了东营的网红打卡地。相较之下，只有风氢储还是悄无声息，别人虽然不说，但他们心里难免有些着急，在其他项目部面前略显底气不足。

冬奥会的火炬是他向家人解释自己工作的最好途径，他从奥运火炬使用的氢燃料讲到冬奥会使用的氢能汽车，又讲到中国石化建成使用的加氢站，再讲到氢燃料电池……“北京冬奥会期间，将有 212 辆‘100% 国产’氢燃料电池客车通过 5 座加氢站提供加氢服务。”宾永锋为自己从事的工作深感骄傲，也热切地期盼着氢能项目能早一天落地。

氢气是最清洁环保的燃料，燃烧的产物只有水，没有二氧化碳，能实现完全的零排放。虽然氢气被称为“终极能源”，但现有制氢技术大多依赖化石能源，无法避免碳排放。

中国氢能联盟提出的全球首个氢能分类标准，将氢气的制备按照温室气体排放量分为“低碳氢”“清洁氢”和“可再生氢”。人们通常所说的灰氢、蓝氢、绿氢，就是根据氢能生产来源和生产过程中的排放情况分别命名的。

胜利油田大力发展的正是绿氢，也就是来源于自然的风能、太阳能、水能、生物质能、地热能、海洋能等可再生能源。

和大多数油田人一样，宾永锋来新能源以前对于氢能知之甚少，说到氢能就觉得那是只有在航空航天等高科技领域才用到的。真正进入新能源领域，才知道，其实氢离我们并不遥远，氢的应用在石化行业已经是很普遍的了。

这正是中国石化一体化的优势，能形成完整的上下游产业链。胜利油田资源丰富，能生产，同时能消纳也是一种资源优势。

经过多次组织专家论证，胜利油田第一个绿电制氢项目即将在石化总厂落地。

2021 年 10 月 30 日，胜利油田石油化工总厂占地面积近 9 万平方米的 6 兆瓦分布式光伏发电项目正式并网投运。该项目采用“自发自用”模式运行，设计总装机容量为 6.17 兆瓦，年发电量约为 730 万千瓦时，节约标煤约 890 吨，二氧化碳减排约 7600 吨。

有了绿电，接下来，就可以探索实施光伏绿电制氢技术，同样采用自产自销的模式。太阳能发出的电进行电解制氢，制出的氢直接用于石化总厂石油炼制加工。

胜利油田要在石化总厂项目开展百吨级绿电制氢先导试验，为“十四五”末实现万吨级绿电制氢奠定基础，打造绿电、绿氢产业链。

接下来，还要尝试油田生产用车氢能替代等项目，力争在“制、储、运、加、用”氢产业链取得实质性进展，助力中国石化打造中国第一大氢能公司。研发应用储能、新能源高比例消纳等技术，实施源网荷储一体化发展项目。

目前，宾永锋正和同事们一起紧张地筹备着，项目将在年内竣工投产，那将是胜利油田在新能源开发利用上的又一个重大里程碑。

根据规划，“十四五”末，胜利油田将建成地热余热供热能力 340 万吉焦，规划新增地热供暖制冷能力 400 万平方米，光伏发电装机 500 兆瓦，风力发电装机 214 兆瓦，年引进绿电 5 亿千瓦时，加大氢能研究应用力度，跟进储能技术发展。新增新能源供给能力 37 万吨标煤，减排二氧化碳 220 万吨。

宾永锋对胜利油田的新能源充满了期待：建成东营市第一座加氢站，胜利油田的通勤车、东营市的公交车全部用上氢能，这些都将很快得以实现。再远一点的将来，在山东省建立更多的加氢站，氢能公交、氢能重卡，私家车也用上氢能……

胜利油田党委正在筹划一步更大的棋局，提前布局储能领域。胜利石油管理局有限公司领导表示：“新能源领域的采储并进真正体现了油田党委的一以贯之的战略眼光、战略思维和战略定力。”

梦想正在一步一步地变为现实。

胜利油田不再是单纯意义上的“油田”，新能源把“油田”这个概念从内涵和外延上进行了拓宽和延伸，油田将真正成为一个汇集能源产出、流动和存储的能源企业。

到那时，人们想到油田，不再只有黑色的石油，而是将集油、气、太阳能、风能、氢能为一体的能源企业；能够代表油田的元素，也不再只有抽油机，风杆、太阳能板、加氢站……还有真正绿色的黄河尾闾和蓝色的港湾。

后　记

在中国共产党第二十次全国代表大会即将胜利召开之际，胜利油田文联作家协会组织创编了报告文学集《新使命 新担当》，这是继 2021 年创编《胜利报告》、2022 年年初创编《漠北胜利人》之后，油田作协成功进行的又一次集体大型创作行动。本书集中展示了党的十八大以来，胜利油田在中国石化集团公司领导下，认真贯彻落实党中央要求，扛起能源报国责任，坚持创新发展的新作为、新担当。尤其是 2021 年 10 月 21 日习近平总书记视察胜利油田以来，油田上下牢记总书记殷切嘱托，全面推进高质量发展，为端牢能源饭碗再立新功、再创佳绩的雄心壮志和坚定步伐。

《新使命 新担当》分为上、下两卷。上卷《胜利突破》重点书写胜利油田在化学驱、页岩油、CCUS 等三大关键技术攻关中所付出的艰辛努力、取得的突出成就、发生的感人故事、涌现的模范人物，以及三大技术突破对油田未来发展的重要保障作用。

下卷《胜利脚步》重点书写胜利油田打造浅海、西部两大油气产能接替阵地，推进新能源开发利用等方面所做的工作和取得的成绩。从小切口入手演绎大战略、大格局，通过对三大技术突破和三个战略接替的生动描绘，体现胜利油田在新时代、新征程中的新使命、新担当，进一步激发胜利人砥砺奋进、创业创新的昂扬斗志，即是创编本书的初衷。

本书由胜利油田文联作家协会组织 20 多名油田作家历经 4 个多月创作完成。创作团队基本由国家级和省（部）级作协会员组成，是胜利油田文学创作队伍中的骨干和精英。创作期间，作家们克服了时间紧任务重、缺乏科研和生产工作经历、科技主题写作难度大等诸多困难，集中攻坚，在采访启动时间因疫情影响而迟滞两个多月的情况下，连续作战，边学习边采访，边创作边修改，为按时完成创作任务争得了宝贵时间。在采访过程中，作家们从试验室到井场，从海洋到大漠，迎海风，顶烈日，不辞辛苦，全力以赴，用担当精神书写胜利担当，展示了油田作协团结善战和作家们敬业奉献的优良作风。80 多万字的书稿，不知凝结了这些作家们多少心血和汗水！我们由衷地为他们点赞！向他们致敬！

创编《新使命 新担当》一书，是胜利油田群团工作部为迎接党的二十大所开展的重点工作之一，受到油田党委高度重视，油田领导多次对创编工作进行指导并分别审阅书稿，为本书创编指明了正确方向。油田党委宣传部、勘探开发研究院、海洋采油厂、新春公司等部门和单位对本书创编给予大力指导和协助，确保了创编工作顺利进行。与此同时，多位领导和专家也在百忙之中对书稿审校把关，在此一并表示感谢！

由于时间仓促和创编人员水平所限，书中肯定有不少疏漏不足之处，恳请读者谅解并给予指导，对此，我们也诚挚地表示感谢！

编　者

2022 年 9 月